HISTOIRE

DE LA

LITTÉRATURE GRECQUE

A LA MÊME LIBRAIRIE :

ESSAI SUR LE VÉDA, ou Études sur les religions, la littérature et la constitution sociale de l'Inde, depuis les temps primitifs jusqu'aux temps brahmaniques, ouvrage pouvant servir d'introduction à l'étude des littératures occidentales, par M. Em. Burnouf, professeur à la Faculté des lettres de Nancy. 1 v. in-8. Br. 6 fr.

HISTOIRE DE LA LITTÉRATURE ESPAGNOLE, depuis les origines les plus reculées jusqu'à nos jours, par M. Eugène Baret, professeur de littérature étrangère à la Faculté des lettres de Clermont-Ferrand, associé étranger de l'Académie d'histoire de Madrid. 2 vol. in-8. Br .... 7 fr.

HISTOIRE DE LA LITTÉRATURE LATINE, par M. Paul Albert, professeur à la Faculté des lettres de Nancy.

HISTOIRE DE LA LITTÉRATURE FRANÇAISE, par M. Etienne, ex-professeur à la Faculté des lettres de Rennes, professeur de rhétorique au lycée Saint-Louis, à Paris.

HISTOIRE DE LA LITTÉRATURE ITALIENNE, par M. Perrens, professeur au lycée Bonaparte. 1 vol. in-8. Br............................ 6 fr.

Nancy, imp. veuve Raybois.

COLLECTION D'HISTOIRES LITTÉRAIRES

HISTOIRE

DE LA

LITTÉRATURE GRECQUE

PAR

ÉMILE BURNOUF

DIRECTEUR DE L'ÉCOLE FRANÇAISE D'ATHÈNES

TOME PREMIER

PARIS

CH. DELAGRAVE ET Cie, LIBRAIRES-ÉDITEURS

78, RUE DES ÉCOLES, 78

1869

Tous droits réservés

Tout exemplaire de cet ouvrage non revêtu de notre griffe sera réputé contrefait.

Charles Delagrave et Cie

A

L'ECOLE FRANÇAISE

D'ATHÈNES.

PRINCIPAUX OUVRAGES A CONSULTER.

I. ANCIENS.

Apollodore.
Athénée.
Aulu-Gelle.
Diogène Laerce.
Eunape.
Eustathe.
Hésychius.

Pausanias.
Philostrate.
Plutarque.
Photius.
Stobée.
Suidas.

II. MODERNES.

Boeckh. *De Metris Pindari.*
    Trag. græcæ principes.
    Economie publique des Athéniens.
Becker. *Anecdota.*
    Demosthenes als Staatsmann u. Redner.
Bernhardy. *Grundriss der gr. Litteratur.*
Benoît. *Ménandre.*
Barthélemy. *Voyage d'Anacharsis.*
E. Burnouf. *Essai sur le Véda.*
Biographie universelle.

E. Bunsen. *The keys of s. Peter.*
C. Bunsen. *Ægypten.*
Butler. *Lectures on anc. philosophy.*
Champagny. *Les Antonins.*
Cartelier. *L'Antidosis d'Isocrate.*
Clinton. *Fasti hellenici.*
  Philolog. Museum.
Benj. Constant. *De la religion.*
Creuzer. *Symbolique (éd. Guigniaut).*
Delambre. *Histoire de l'astronomie ancienne.*
Duruy. *Histoire de la Grèce ancienne.*
Fustel de Coulanges. *La cité antique.*
Fabricius. *Bibliotheca græca.*
Grote. *History of Greece.*
Girard. *Lysias.*
Hermann. *Platonische philosophie.*
Kingsley. *Alexandria and her schools.*
Lepsius. *Chronologie der Ægypter.*
Litré. *Œuvres d'Hippocrate.*
Lobeck. *Aglaophamus.*
O. Müller. *Die Etrusker.*
   Die Dorier.
   Geschichte der gr. Litter. continuée par Donaldson.
   Handbuch der Arch. der Kunst.
   Eumeniden.
Meineke. *Questiones scenicæ.*
   Historia crit. com. gr.
Mém. de l'Acad. des Inscrip. et Belles Lettres.
Missions Scient. et littéraires.
Montucla. *Hist. des mathématiques.*
Max Muller. *On compar. mythology.*
   Science du langage.
Nake. *Rheinische Museum.*

Osann. *Beitrage z. Gr. und. Rom. Litt. Geschichte.*
Patin. *Etudes sur le théâtre grec.*
Parthey. *Das alexandrinische Museum.*
Pauly. *Real Encyclopœdie.*
Pococke. *India in Greece.*
Renan. *Hist. des langues sémitiques.*
Ritchl. *Die alexandrinische Biblioth.*
Schaefer. *Demosthenes u. s. Zeit.*
Ste-Croix. *Hist. des successeurs d'Alexandre.*
Schoell. *Hist. de la Litt. grecque profane.*
J. Simon. *Hist. de l'Ecole d'Alexandrie.*
Spengel. *Munich Transactions.*
Thirlwall. *History of Greece.*
Vacherot. *Hist. de l'Ecole d'Alexandrie.*
Welker. *Der epische Cyclus.*
Whewell. *Hist. of the inductives sciences.*
Walz. *Rhetores græci.*
Vincent. *Musique des Grecs.*
Wolf. *Prolegomena in Homerum.*
Zaller. *Platonische Studien.*

TABLE DES MATIÈRES.

PREMIER VOLUME.

	Pages.
Préface.	13

INTRODUCTION.

Origine des peuples grecs..	17
La langue grecque et ses origines.	20
Religions grecques..	28
Caractères généraux de la littérature grecque.	32
Loi de son développement.	39

SECTION Ire.

Période des Hymnes.

L'hymne en général.	41
Les auteurs des hymnes.	48
Les Thraces : Eumolpe, Musée..	50
Les Crétois : Chrysothémis. Olen.	52
Les Phrygiens : Corybantes, Marsyas, Olympos, Hyagnis.	53
Orphée..	54
De quelques hymnes : l'hyménée ; le pleur ; le péan ; le linos..	57
Observation générale.	65

SECTION IIe.

Période épique.

	Pages.
Notions générales..	69
Des lieux où furent composées l'Iliade et l'Odyssée.	74
I. La langue.	74
II. Le théâtre des événements	75
III. L'orientation.	78
IV. Les comparaisons.	78
Dates relatives de l'Iliade et de l'Odyssée.	80
I. Les dieux.	81
II. Les hommes.	84
Des auteurs épiques.	87
I. Les aèdes.	87
II. Les rapsodes : Homère.	91
III. Suite des temps épiques : la Thébaïde, les Epigones, la Prise d'OEchalie ; les Chants cypriens de Stasinos ; l'Ethiopide d'Arctinos ; la Petite Iliade de Leschès ; les Retours d'Agias ; la Télégonie d'Eugammon.	97
IV. Fixation du texte des épopées : recollection, correction, éditions.	99
Caractères de la poésie homérique.	102
I. La description.	102
II. La légende.	105
III. Le symbole.	107
La société grecque dans les épopées.	109
I. Les prêtres.	109
II. Les devins.	111
III. Les rois.	112
Des Προοίμια appelés Hymnes homériques.	116
I. A Apollon.	116
II. A Hermès.	117

TABLE DES MATIÈRES.

	Pages.
III. A Aphrodite..	118
IV. A Démêter.	119
V et IX; VI, XV, XXVI. A Dionysos.	121
VII. A Arès; XXX, XXXI, XXXII; XVIII.	121
Hésiode.	122
Le Bouclier d'Hercule..	124
La Théogonie.	126
OEuvres et Jours.	131
Fragments.	135
Observation générale.	138

SECTION IIIᵉ.

D'Homère aux guerres médiques.

Tableau chronologique.	141
I. Elégie.	146
Callinos.	147
Tyrtée..	149
Mimnerme.	152
Solon.	154
Phocylide..	163
II. Iambes.	164
Archiloque.	165
Simonide d'Amorgos.	169
Hipponax et Ananios.	171
III. Lyriques. L'Ode; le rhythme; la mesure.	173
Musique des Grecs.	178
I. Tétrachordes..	180
II. Modes, τόνος, ἁρμονία.	181
III. Genres, τρόπος: diatonique, chromatique, enharmonique..	185
I. *Lyriques éoliens*..	186
Terpandre.	188

Alcée.	189
Sapho.	192
Erinna, et l'école de Sapho.	197
Arion.	198
II. *Lyriques doriens.*	201
Alcmane.	201
Stésichore.	204
Ibycos.	208
III. *Lyriques ioniens.*	210
Anacréon.	211
IV. Mystiques. Philosophes.	216
I. *Mystiques;* les Orphiques : Epiménide, Abaris, Phérécyde, Onomacrite, Persinos, Timoclès, Zopyre, Arignoté, Brontinos, Cercops.	216
II. *Philosophes.* Thalès, Anaximandre, Anaximène, Héraclite. — Xénophane, Parménide, Pythagore.	220
V. Tragédie. Comédie.	226
I. Leurs origines, le dithyrambe, le cômos.	226
II. Commencements de la tragédie.	231
Epigène, Thespis.	232
Phrynichos, Chœrilos.	233
Pratinas.	236
III. Commencements de la comédie.	237
Susarion.	238
Myllos, Chionidès, Magnès, Ecphantide.	239
VI. Histoire.	239
Les logographes Cadmos, Acusilaos.	240
Hécatée, Phérécyde.	241
Charon, Hellanicos, Xanthos.	242

SECTION IVe.

Période des guerres médiques.

	Pages.
Tableau.	245
I. Poésie lyrique.	250
Simonide.	251
Bacchylide.	255
Lasos.	257
Timocréon.	257
Scolies : Tynnichos, Hybrias, Callistrate.	258
Pindare.	260
II. Tragédie.	281
I. Le théâtre : la thymélé, l'orchestre, le théâtre, la scène, le masque, le cothurne, le costume, les acteurs, le chœur.	281
II. Construction d'un drame. Le parodos, les stasima, l'exode; les épisodes; l'emmélie; le dialogue.	290
Lois de construction d'un drame : loi des contrastes; loi du dédoublement; loi des actions implexes.	104
III. Eschyle. Les Sept devant Thèbes. Les Suppliantes. Le Prométhée enchaîné. L'Orestie.	300
III. Comédie.	320
1º Le masque; la parabase; le cordax.	320
2º Cratinos; Cratès.	324
3º Comédie sicilienne : Mæson, Aristoxène, Phormis, Epicharme.	325
IV. Histoire.	328
Hérodote.	329
V. Littérature scientifique.	341
Anaxagore.	341
Diogène d'Apollonie.	344
Archélaos.	345
Empédocle.	346

SECTION Vᵉ.

Epoque de Périclès.

	Pages
Tableau général.	351
I. Tragédie.	262
I. Néophron. Ion. Aristarque. Achæos. Karkinos. Xénoclès.	364
II. La famille d'Eschyle : Euphorion, Philoclès, Morsimos, Astydamas.	365
III. La famille de Sophocle : Iophon, Sophocle le jeune.	365
IV. Agathon. Critias, Denys, Platon, Mélétos. Chærémon. Théodecte.	366
V. Sophocle : L'Antigone, L'Electre, Les Trachiniennes, L'OEdipe roi, L'Ajax, Le Philoctète, L'OEdipe à Colone.	367

TABLE DES MATIÈRES. XVII

SECOND VOLUME.

SECTION VIᵉ.

Epoque de la guerre du Péloponnèse.

	Pages.
Tableau général.	1
I. Tragédie.	5
Euripide : l'Alceste, L'Hippolyte, L'Andromaque.	5
II. Comédie.	25
Aristophane : Eupolis, Les Acharniens, Les Chevaliers. Les Nuées, Les Guêpes, Les Oiseaux, Les Grenouilles, Le Ploutos.	25
III. Sophistes, rhéteurs, orateurs.	45
I. *Sophistes, Rhéteurs.* Protagoras, 47. Corax, Tisias, Gorgias, 48. Hippias, Prodicos, Thrasymaque, Calliclès, Critias, Pôlos, Alcidamas, 50. Socrate.	51
II. *Orateurs*, 55. Cléon, 56. Alcibiade, Hyperbolos, 58. Antiphon, 59. Théramène, Critias, 64. Andocide.	65
IV. Histoire.	66
Thucydide.	66
V. Littérature scientifique.	82
Hippocrate, l'école de Cos, l'école de Cnide	82

SECTION VIIᵉ.

Le IVᵉ siècle jusqu'à Philippe de Macédoine.

Tableau général.	89
I. Histoire.	97
Ctésias, 98. Philistos, 100. Athanès, 101. Xénophon, 102. Les Histoires attiques.	114

TOME I.   B

XVIII TABLE DES MATIÈRES.

	Pages.
II. Rhétorique, éloquence..	115
Lysias, 116. Isocrate, 124. Isée..	134
III. Théâtre : comédie..	155
Antiphane, 140. Anaxandride, Eubule, 141. Ararôs, Amphis, Anaxilaos, Aristophon, 142. Alexis, 143. Antidotos, Axionicos, Callicrate, 145. Cratinos, Epigène, Eriphos, Eubulide, Denys, Diodore, Dromon, Héniochos, Héraclide, 146. Nicostrate, Ophélion, Philétère, Philiscos, Symilos, Sôphilos, Sôtade, Timothée, Timoclès, 147. Xénarque, Théophile..	148
IV. Philosophie.	149
Platon.	150

SECTION VIIIᵉ.

Période macédonienne.

Tableau.	169
I. Théâtre : comédie..	173
Ménandre, 179. Philémon, 182. Diphile, 183. Hipparchos, Lyncée, Archédicos, 185. Apollodore, Anaxippos, 186. Philippide, Hégésippe, Sôsipatros, Euphron, 187. Machon, Baton, Epinice, Eudoxe, Phénicide, Posidippe, 188. Damoxène, Criton, Démétrios, Dioxippe, Stéphane, Straton, Théognète.	189
II. Eloquence..	191
Æschine, Æsion, Alcidamas, Anaximène, Androtion, Antisthène, Apharée, Aristogiton, Aristophon, 196. Autoclès, Callicrate, Callistrate, Caucalos, Céphale, Céphisodote, Coccos, Cydias, Démade, Démétrios de Phalère, Démocharès, 197. Démoclide, Démophile, Démocrate, Démosthène, Dinarque, Eubule, Euthias, Glaucippe, Hagnonide, Hégésippe, Hérode, Hypéride, Iphicrate, 198. Lacritos, Léodamas, Leptine, Lesbônax, Lycoléon,	

TABLE DES MATIÈRES. XIX

Pages.

Lycurgue, Pitholaos, Philinos, Philiscos, Philocrate, Philon, 199. Phocion, Phormion, Polycharme, Polyeucte, Pythéas, Stratoclès, Théopompe, Théodecte, 200. Timarque, Zoïle. 201
III. Philosophie. 215
   1° Aristote, 215. Théophraste, (Eudème, Dicéarque, Aristoxène, Héraclide), Straton (Démétrios de Phalère), Lycon (Hiéronyme), Ariston (Critolaos, Diodore de Tyr). 227
   2° Epicure, 230. Métrodore, 231. Zénon. 233
IV. Histoire. 236
   Euphore, 236, Théopompe. 238

SECTION IXe.

Période alexandrine.

Tableau. 241
I. Poésie. 248
   I. Poètes érudits. 250
      Philétas, Phanoclès, Hermésianax 250
      Lycophron, 250. Callimaque. 253
      Rhianos, Euphorion, Apollonios de Rhode, 257; les Argonautiques d'Orphée. 259
   II. Poésie scientifique. 261
      Aratos. 261
      Nicandre, Archestrate, etc. 262
      Le faux Manéthon, les Pierres. 263
   III. Poésie légère. 265
      Théocrite, 265. Bion, Moschos, 268. Méléagre. . . 269
   IV. Poésie folle. 270
      Matron, Rhinton; Skiras, Sopater, Blæsos; — Timon. 270
      Sotadès, Pyrrhos, Xénarchos, Théodoros, Timocharidas,

TABLE DES MATIÈRES.

	Pages.
Alexandros	271
V. Orphiques	271
II. Histoire et géographie	275
I. Ptoléméc Soter, Démétrios de Phalère, 275. Douris, Lycos, Nymphodore, Straton, Théodecte, Callias, Hiéronymos, Diyllos, Clytos, Méandrios, Léon	276
II. Mégasthène, 277. Déimachos, Patroclès	278
III. Amômétos, Hécatée, Dionysios	279
IV. Bérose, 280. Manéthon	281
V. Eratosthène, Dicéarque, Agatharchide, Isidore, Scylax	282
III. Sciences	283
Euclide, Archimède, 284. Apollônios de Perga, Eratosthène, Hipparque	285
IV. Erudition, traduction	286
I. (Démétrios de Phalère, 286). Zénodote, 287, Aristophane, Aristarque	288
II. Les Septante	290
V. Philosophie	292
I. Académie : Arcésilas, Lacydès, Evandre, Téléclès, Hégésinos, 292. — Carnéade, Clitomaque; Philon de Larissa, Antiochos	293
II. Les Stoïciens : Cléanthe, Chrysippe, Diogène, Zénon de Tarsos, Antipater, Archimède, Panætios, Posidonios	294

TABLE DES MATIÈRES. XXI

SECTION X^e.

Période gréco-romaine.

	Pages.
Tableau général.	297

PREMIÈRE ÉPOQUE : AUGUSTE.

I. Histoire, géographie, archéologie. 304
    I. Polybe, 305 (Timée, 305. Phylarque, 306).
    II. Alexandre polyhistor. Posidonios d'Apamée, 313. Hyrodès, Artavasda, Juba, 314. Théophane, Timagène, Nicolas de Damas.. 315
    III. Diodore de Sicile, 318. Denys d'Halicarnasse.. . . .
    IV. Strabon.. . . . .
II. Littérature, grammaire. . . . .
    Archias ; Polyen ; Denys de Charax, Skymnos, Démétrios de Syrie. Apollonios Molon ; Apollodore de Pergame ; Théodore, Potamon ; Cécilius de Calacté ; Babrios. . .
III. Littérature gréco-orientale. . . . .
    I. Philon le juif, 111, Joseph.. . . . .
    II. Livres hermétiques : le Pasteur d'Hermas, Poïmandrès, la Gnose. . . . .

DEUXIÈME ÉPOQUE : LES ANTONINS.

I. Erudition. . . . .
    Dion-Chrysostome, 111. Favorinus, Apollonios-Dyscole. Hérode-Atticus, 111. Pollux, Maxime de Tyr, 111 ; Hermogène, 111. Ælius Aristide, 111. Les Philostrate, 354. Athénée, 356. Oppien, 111. Elien. 357

II. Histoire.	359
Plutarque, 359. Arrien, 365. Appien, 111. Pausanias, 111. Diogène Laerce, 111. Dion Cassius.	
III. Philosophie morale.	
Marc-Aurèle, 377. Lucien.	378

TROISIÈME ÉPOQUE : DIOCLÉTIEN.

Ecole d'Alexandrie.	386
Ammònios Sakkas, 386. Les gnostiques.	387
Plotin, 390. Porphyre, 393. Iamblique.	394
Longin.	394

QUATRIÈME ÉPOQUE : JULIEN.

I. La sophistique.	398
Himérios	399
Thémistios.	400
Libanios.	402
Julien.	404
II. Les Romans.	408
I. Les fables milésiennes, 111 ; Parthénios, 111 ; Antoine Diogène.	409
Longus (Daphnis et Chloé).	410
L'Ane de Lucius.	411
Xénophon d'Ephèse (Habrocome et Anthia). . . .	411
II. (Josaphat et Barlaam).	412
Héliodore (Théagène et Chariclée).	413
Achille Tatius (Leucippe et Clitophon)	416
Chariton (Chéréas et Callirhoé).	416
Iamblique (Babyloniaca).	417
III. Alciphron ; Aristénète.	418

TABLE DES MATIÈRES.

CINQUIÈME ÉPOQUE : JUSTINIEN.

	Pages.
I. Poésie épique.	241
Nonnos (les Dionysiaques).	422
Quintus de Smyrne.	425
Colouthos.	426
Musée (Héro et Léandre).	427
Tryphiodore (Prise de Troie).	427
II. Ecole d'Athènes.	428
Proclus, Syrianos	427
Damascios, Olympiodore, Simplicius.	435
Index.	437

FIN DE LA TABLE DES MATIÈRES.

ERRATUM.

T. I., p. 183, avant-dernière ligne, au lieu de : Intervalles toniques $1 \; \frac{2}{3} \; \frac{1}{2} \; \frac{1}{2}$; lisez : Intervalles toniques $1 \; \frac{3}{2}$, etc.

PRÉFACE.

Athènes, 1er juin 1868.

Les noms des villes, des montagnes, des rivières et des provinces de l'ancienne Grèce sont presque tous étrangers à la langue des Hellènes et ne trouvent pas leur explication dans ses racines. Ce fait, qui est commun à presque tous les pays de l'Europe, prouve que ces noms existaient ici avant l'arrivée des Hellènes et que ceux-ci les ont acceptés. Ils provenaient donc d'une population qui avait occupé le sol avant eux, soit qu'on lui donne le nom de Pélasges ou tout autre nom.

Les mots *Hellen, Dôros, Ion, Achœos,* sont dans le même cas, bien qu'ils désignent le tronc et les rameaux de la race hellénique. Cette race, divisée en plusieurs branches, portait donc ces noms avant d'être en possession de la langue qu'elle parla sur le sol de la Grèce.

On fera la même remarque pour les noms des dieux : quelques-uns seulement, et ce sont le plus souvent alors des divinités de création postérieure, ont des noms grecs; les autres ont des noms plus anciens et étrangers. Tels sont : Zeus, Kronos, Ouranos, Héra, Héphæstos, Arès, Aphrodite, Hermès, Apollon et beaucoup d'autres.

Même remarque pour les noms des héros : Castor, Polydeukès, Hélène, Léda, Atrée, Thyeste, Ægisthe, Achille, Odysseus, Laïos, Oreste, et une foule d'autres qu'il est inutile d'énumérer. Mais dans le cours de l'âge héroïque, qui fut une période féodale, les anciens noms furent peu à peu abandonnés, et les Grecs, qui n'eurent presque jamais de noms de famille, s'accoutumèrent à tirer de leur propre langue ceux qu'ils donnèrent à leurs enfants. Il vint une époque où l'on s'appela Hérodote, Sophocle, Nikias, Périclès, Démosthène, Callimaque, Lycophron, Ptolémée, mots qui tous avaient une signification dans la langue du pays. Il est bon seulement de remarquer que même durant les siècles où l'*hellénisme* était pour ainsi dire à son maximum, il y eut toujours en Grèce des noms étrangers à la langue classique et qui, n'étant pas des noms de famille puisqu'il n'y en avait pas, démontrent la présence permanente sur le sol de la Grèce d'une population qui ne s'était pas absolument mêlée avec les véritables Hellènes. Quelle était-elle? Sans vouloir résoudre ce problème, nous avons quelques raisons de penser qu'elle était identique aux Albanais d'aujourd'hui et qu'elle occupait beaucoup de terres montagneuses en Europe et en Asie.

A mesure que les Hellènes développèrent leurs relations avec les peuples du dehors, des noms nouveaux d'hommes et de choses s'introduisirent dans leur société. Les uns traduisaient des idées ou des doctrines nouvelles, comme Phanoclès, Isidore, Hermas, Ammonios. D'autres étaient tout à fait étrangers ou indiquaient une origine étrangère : tels furent par exemple Bérose, Juba, Manéthon, Favorinus, Iamblique, Joseph, Libanios, Longinus, Syrianos, Damascios.

L'arrivée, violente ou pacifique, des hommes du nord et surtout celle des Vlaques et des Bulgares, semble avoir modifié notablement les populations de la Grèce. En effet, à la suite de l'expédition d'Alexandre, il s'était produit une dispersion et une émigration qui avaient réduit précipitamment le nombre des habitants des villes, pour la plupart Hellènes, tandis que de rares bergers continuaient d'occuper les montagnes. La Grèce ne se repeupla jamais, et les étrangers y occupèrent une place d'autant plus importante que le nombre des familles helléniques se trouva plus diminué. Il en est résulté qu'aujourd'hui, malgré la renaissance que la société instruite travaille à produire, un nombre assez grand de personnes portent des noms qui ne sont pas grecs et qui ne peuvent pas même s'écrire avec l'alphabet des anciens Hellènes.

Avec ce changement dans la composition du peuple grec s'en est produit un autre, non moins profond, dans sa religion et par conséquent dans tout le reste de sa civilisation. Les hommes qui, après avoir porté des noms étrangers à la langue hellénique, s'étaient appelés Hérodote, Diogène, Dionysios, Apollodore, perdirent le respect de leurs anciennes divinités, se firent chrétiens, et reçurent les noms de Ioannis, Pétros, Georgios, Basileios, déjà portés par des saints de la religion nouvelle, ou d'autres qui étaient en rapport direct avec cette religion, tels que Christopoulos, Panagiotis.

En même temps les temples antiques furent détruits et remplacés par des bâtisses cintrées et voûtées; quelques-uns restèrent debout, mais reçurent un dieu ou un saint nouveau, approprié à leur destination antérieure. Les pics où l'on avait sacrifié au soleil soutinrent au haut des airs une chapelle d'hagios Ilias; les sanctuaires de Déméter furent consacrés à saint Dimitri, ceux de Pallas, d'Héra, d'Aphrodite, le furent à la Panagia. Un calendrier ecclésiastique se substitua aux rituels locaux du polythéisme. Le dogme chrétien réunit en un seul corps de nation, non-seulement tous les Hellènes, mais encore ces hommes venus de tous les points de l'horizon dont la Grèce de nos jours montre les descendants. Seulement les hommes compris dans cette unité ne pensèrent sur presque rien à la façon des ancêtres ; et l'ancienne langue des Hellènes, notablement altérée, servit à exprimer des idées que les Hellènes n'avaient jamais eues.

Entre l'époque primitive, où la péninsule déterminée par le Pinde, l'Aroanion et le Taygète, ne renfermait encore aucun nom grec, et celle où elle vit se former les derniers temples des dieux, se trouve compris l'*hellénisme,* dont les deux extrémités sont insaisissables et dont le point central fut Athènes au temps de Périclès. Comment et par quelles causes s'est-il dégagé de son enveloppe première pour atteindre par degrés à sa perfection? Comment ensuite a-t-il cédé la place à des idées nouvelles, par l'action desquelles il a été s'amoindrissant et a fini par disparaître? C'est ce que nous nous proposons d'examiner dans cette Histoire.

La manière dont nous énonçons le problème sépare totalement notre point de vue de celui où se sont placés beaucoup d'historiens et principalement Otfried Müller. Celui-ci en effet, tout en admettant, sans trop l'affirmer, l'origine asiatique des Hellènes, a parlé d'eux comme s'ils eussent été autochthones et seuls auteurs de leurs religions, de leur langue, de leurs conceptions de toute sorte, en un mot de leur civilisation. Les études indo-perses et surtout la découverte du Vêda ont démontré que l'originalité primitive et absolue des Grecs est une chimère; que la religion, la société, la famille, les principaux métiers, la langue même des premiers Hellènes sont autant d'éléments de civilisation apportés par eux de l'Asie centrale, berceau de toute la race âryenne. On peut aujourd'hui tenir pour certain qu'une fois établis dans les vallées de la péninsule et dans les îles, ils y ont vécu longtemps sur ce fond commun. L'hellénisme s'est développé dans ce rameau du tronc âryen par suite de sa séparation et à mesure que les siècles se sont écoulés; mais le fond commun n'y a pas été détruit pour cela, parce que, outre les traditions indéfectibles que les Hellènes avaient apportées d'Asie, il ne leur était pas plus possible de cesser d'être Aryas et de penser comme des Aryas, qu'il n'est possible à un peuple nègre de devenir blanc ou à un gland, porté en pays étranger, d'engendrer autre chose qu'un chêne. L'hellénisme ne fut donc qu'une phase dans le développement de la civilisation âryenne.

Lorsque, solidement établis sur le sol de la Grèce, les Hellènes eurent des rapports suivis avec d'autres peuples, il ne faut pas croire que ceux de la race Cham ou de Sem exercèrent sur eux une grande influence. Car l'expérience démontre que les races humaines n'exercent, physiquement et moralement, les unes sur les autres que des actions superficielles ou passagères et que les races inférieures sont presque sans action notable sur celle des Aryas. Mais parmi les peuples que les Grecs connurent il s'en trouva deux qui étaient aussi de race àryenne et avec qui les Grecs entrèrent promptement en communauté d'idées : ce fut les Perses et ensuite les Indiens. L'influence de ces deux peuples employa plusieurs siècles à faire disparaître la phase hellénique de la civilisation. Le christianisme, en qui revivait toute la doctrine àryenne dont les Sémites n'avaient saisi que quelques lambeaux, ne se substitua pas à l'hellénisme, mais l'absorba.

La phase hellénique de la civilisation àryenne fut donc comprise entre deux autres, se dégageant de la première pour aller se perdre dans la seconde. Si l'on demande combien de temps elle brilla dans son tout plein, nous répondrons que ce fut pendant un temps très-court et sans durée appréciable. Non-seulement notre Histoire, si nous avons réussi, le démontrera par les faits; mais en outre c'est un principe absolu que tout phénomène naturel qui procède de cette manière ne touche qu'un moment à son maximum, au delà duquel il va diminuant pour disparaître enfin tout à fait. On doit conclure de ces prémisses que la Grèce n'a jamais cessé d'être sous l'influence des autres peuples àryens, surtout de ceux de l'Orient et en particulier de la Perse. C'est dans ces conditions que s'est développée son originalité.

La loi qui a présidé à ce développement est une loi universelle, à laquelle il serait aujourd'hui puéril de prétendre qu'aucun peuple ancien ou moderne ait jamais pu échapper. Dans cette Histoire nous en avons suivi l'application aux divers genres littéraires, autant que les données historiques nous l'ont permis. L'étude de leurs origines nous a paru d'un intérêt majeur et nous avons surtout appelé l'attention du lecteur sur celles de l'épopée, de l'ode, du drame et de l'histoire, qui sont les grandes formes littéraires antérieures à Périclès.

Notre opinion sur les poésies homériques pourra sembler en opposition avec ce qui s'enseigne dans nos Universités depuis l'époque de la renaissance. Mais, outre que cette opinion n'est pas nouvelle, nous avons pensé que la science est toujours préférable à la routine et qu'en matière d'histoire et de critique il ne doit pas y avoir d'orthodoxie, si ce n'est celle qui est établie par les faits.

Les origines du drame reçoivent de la mythologie comparée et de la linguistique des lumières qui ont manqué à nos prédécesseurs et que nous n'avons pas cru devoir négliger. Le drame est une conception essentiellement hellénique, quoiqu'il se trouve aussi chez les Indiens. Les Hellènes l'ont cultivé avec autant d'intelligence et de succès que l'architecture et la sculpture. Une fois conçu ils l'ont amené à un degré de perfection qu'aucun peuple n'a atteint ni même compris. Il était donc nécessaire d'étudier les lois qui ont pésidé aux constructions dramatiques de poètes tels qu'Eschyle et Sophocle, d'en trouver et d'en énoncer les formules. Nous avons essayé de le faire. Nous savions en effet combien le public européen fut étonné, il y a quelques années, lorsqu'on lui montra que dans les temples quadrilatères de la Grèce, que nos architectes avaient cru imiter, il n'entrait pas une seule ligne droite et que cette architecture était soumise à de tout autres lois. Nous croyons qu'il en fut ainsi du drame, surtout de la tragédie, et qu'il est possible de découvrir les règles qui ont présidé à sa construction.

Il en est de même de l'ode, genre expressément hellénique, bien qu'il ait été cultivé par d'autres peuples. Nous avons donné les formules variées d'une ode pindarique, forme littéraire dont on se fait en général une si fausse idée. Mais il est impossible d'arriver sur ce point à une précision aussi grande que pour la tragédie, parce que l'élément musical, qui était une partie essentielle de l'ode, nous fait presque entièrement défaut. Nous avons dû nous borner à le dire et à donner un exposé général du système musical des Hellènes; car ce système, une fois connu, permet de composer des airs dans le genre antique ou tout au moins de se faire quelque idée de la musique des anciens et de son application à l'ode et aux chœurs.

Un mot seulement sur les passages d'auteurs que nous avons cités. Il n'existe que peu de traductions satisfaisantes du grec en français. Celles que nous possédons s'éloignent ordinairement du texte plus qu'il ne faut pour donner une idée exacte non-seulement de ce que l'auteur a pensé, mais aussi de la forme dont il a revêtu sa pensée. Nous avons donc traduit nous-même les morceaux qu'il nous a fallu citer. Comme ils devaient servir à des démonstrations, nous avons moins cherché l'élégance que l'exactitude, afin que la traduction suppléât autant que possible le texte lui-même.

Quant à la composition et à l'ensemble de cette Histoire, elle s'est trouvée naturellement partagée en dix sections, répondant à des intervalles de temps très-inégaux. La période antérieure aux épopées a été fort longue et n'a rien laissé. La dernière période, très-longue aussi, renferme un grand nombre d'ouvrage de décadence sur lesquels il était inutile de s'appésantir. Au contraire l'époque centrale de l'hellénisme a été d'une fécondité merveilleuse en beaux et importants ouvrages. Toutefois les deux dernières périodes offrent un intérêt d'autant plus grand que l'influence étrangère y va croissant au point d'effacer enfin l'hellénisme. De plus elles ne durent pas moins de huit siècles, grand espace dans la vie d'un peuple, pendant lesquels tous les peuples aryens ont montré une activité puissante et féconde. Les histoires de la littérature grecque ont jusqu'à ce jour laissé beaucoup de confusion dans la période alexandrine et dans la période gréco-romaine. Nous avons essayé d'y mettre un peu d'ordre et de lumière : pour cela, nous avons suivi de siècle en siècle et dans chaque genre le progrès des influences étrangères à mesure qu'elles se sont manifestées. Par là on est conduit insensiblement jusqu'à la chute de l'hellénisme, et l'on voit le monde grec devenir chrétien par degrés et se transformer pour toujours.

En tête de chacune des sections et de chacun des chapitres, le lecteur trouvera quelques pages où sont exposées les causes des changements survenus durant les périodes correspondantes. En rapprochant ces pages les unes des autres il aurait en abrégé une sorte de philosophie de la littérature grecque dont l'étude de chaque auteur ne serait plus pour lui que la confirmation. Nous avons espéré, par ce moyen très-simple, répandre quelque clarté sur l'histoire des lettres helléniques et en faciliter l'étude. Le lecteur jugera si nous avons réussi.

INTRODUCTION.

Les pays grecs.

Les arts et la littérature de la Grèce ont eu pour champ les pays baignés par la mer Égée, par la partie méridionale de la mer Adriatique, et par la mer de Sicile ; de plus ils se sont étendus le long des rivages de l'Asie mineure au nord et au sud, ils ont fleuri longtemps en Egypte et ils ont pénétré, après l'expédition d'Alexandre-le-Grand, dans l'intérieur de l'Asie et jusqu'aux frontières de l'Heptapotamie indienne. En un mot, partout où la langue grecque a été parlée, les arts et les lettres grecs ont eu quelque développement particulier : cette expansion du génie grec s'explique par les tendances commerciales de toutes les races helléniques et surtout de la race ionienne ; et ces tendances elles-mêmes paraissent avoir eu pour cause la nature et la configuration topographique des contrées où les Grecs étaient établis.

Les centres de la civilisation hellénique se sont déplacés à diverses époques et ont suivi le mouvement des populations. Dans les temps féodaux ou homériques, les rivages occidentaux de l'Asie mineure et les îles voyaient fleurir la poésie, tandis que la Grèce proprement dite ne produisait rien encore. Après les guerres médiques Athènes devient le centre d'où part le mouvement littéraire. Au temps des successeurs d'Alexandre, la Grèce asservie ou ravagée voit les lettres se réfugier dans des contrées lointaines, en Asie et surtout en Egypte, où elles subissent une influence orientale qui finit par devenir prépondérante. Si l'on envisage dans son ensemble le développement de la littérature grecque, on ne voit pas qu'elle ait eu pour patrie un lieu déterminé; elle tient à la race grecque et se déplace avec elle. Mais si l'on considère seulement son point de maturité et de perfection, c'est au continent de la Grèce, aux îles de la mer Egée et aux rivages occidentaux de l'Asie mineure qu'elle appartient : c'est à la Grèce et à ses colonies.

Le sol de la Grèce est favorable au développement de l'esprit, auquel il offre les occasions les plus variées de s'instruire. Dans un espace resserré il réunit des plaines assez vastes et de hautes montagnes couronnées de neige, des rivières, des torrents et des lacs, des rocs escarpés et de riants coteaux, des hauteurs volcaniques et des émanations brûlantes, des cavernes, des cours d'eau se perdant sous la terre et ressortant à plusieurs lieues de distance, des mines de divers métaux, des minéraux précieux et les pierres à bâtir les plus belles et les plus variées. Celui qui en été part d'un rivage et gravit les collines et les grandes montagnes voit passer tour à tour sous ses yeux les plantes du midi qui garnissent les bas pays, celles de régions plus tempérées qui croissent sur les coteaux; puis, à mesure qu'il s'élève, paraissent les uns après les autres les végétaux des pays froids, les sapins et les hêtres; plus haut les mousses et les lichens tapissent seuls les rochers, qui nus et déserts dessinent leurs masses jaunes et rouges sur le bleu pur du ciel. Ainsi le sol de la Grèce offre en quelque sorte un abrégé de la nature, dont on peut prendre connaissance en quelques jours.

Le climat de la Grèce n'est pas moins heureusement constitué que le sol. Il est compris entre les climats extrêmes : il n'a ni la rigueur des pays froids du nord, ni les chaleurs insupportables du midi. Sa douceur unie à la la salubrité de l'air tient le corps dans cet état moyen entre le plaisir et la douleur, qui donne le bien-être, le calme des sens, et qui laisse à l'intelligence la pleine possession d'elle-même. La pureté de l'atmosphère permet d'apercevoir avec une grande netteté les objets les plus éloignés; l'horizon de la mer et les monts lointains ne se confondent pas avec le ciel; la vue n'apporte à l'esprit que des images claires et distinctes, de sorte que l'éducation de l'intelligence dans laquelle elles ont une si grande part, se fait dans les meilleures conditions. La sonorité de l'air est aussi plus grande dans les pays grecs que dans nos contrées. Les sons se propagent au loin avec clarté : on converse aisément d'un côté à l'autre d'une gorge de montagne; au Pnyx d'Athènes, qui était une grande place découverte sur le haut d'une colline, on entendait facilement l'orateur de tous les points de l'assemblée sans qu'il fût obligé d'élever la voix.

Ainsi la nature extérieure plaçait les hommes dans les conditions les plus propices à la culture de l'esprit et au jeu spontané et régulier de l'imagination. Le travail de l'intelligence était encore aidé par la situation géographique de la Grèce et de ses colonies, partout en contact avec la mer. La vue de tant d'îles s'étendant les unes derrière les autres invitait les hommes à la navigation. Des voyages si courts et si faciles leur permettaient d'être sans cesse en relation les uns avec les autres, et conduisaient les Grecs du continent et des iles dans l'intérieur de l'Asie où ils se trouvaient en contact avec les caravanes et avec des peuples dont la civilisation avait devancé la leur. De l'autre côté la traversée de l'Adriatique les conduisait en Italie; et de l'Italie, ils pouvaient gagner les rivages de la Gaule et de l'Espagne, où ils s'établirent de bonne heure parmi des peuples encore barbares. Il en était de même au nord : dès les temps les plus reculés, les Grecs pénétrèrent par l'Hellespont et le Bosphore dans le Pont-Euxin où ils fondèrent des établissements commerciaux et des centres secondaires de civilisation. Ainsi l'esprit grec se trouva en rapport avec les peuples les plus divers par leurs mœurs et par leurs institutions. Se trouvant eux-mêmes dans un état moyen de culture, ils prirent de l'Orient tout ce que l'Orient pouvait leur donner, et en développant leur propre génie, ils firent rayonner autour d'eux la civilisation à mesure qu'ils la recevaient ou qu'ils la créaient. Il semble que le monde hellénique ait été comme un centre où tous les échos d'Orient et d'Occident venaient se réunir et se mêler : de sorte que la société hellénique a fini par devenir la société humaine par excellence, le plus complet représentant de l'humanité. Ses lettres et ses arts en portent témoignage.

Origine des peuples grecs.

Toutes les races comprises sous le nom latin de *Grecs* sont originaires d'Asie : ce fait ne laisse plus aucune doute. Leur berceau a été le berceau commun de tous les peuples auxquels on a donné le nom général d'*Aryas* et que l'on nomme quelquefois encore indo-européens. Toutes les données scientifiques s'accordent à le placer vers le centre de la Grande-Asie, dans les vallées de l'Oxus. Ces races sont, par leur conformation physique, leurs aptitudes intellectuelles et morales, leurs langues et les produits spontanés de leur génie, profondément distinctes des autres races humaines, dont les principales sont la jaune, la noire, la rouge, et celles que l'on réunit sous le nom de Sémites. Il n'est pas aisé, dans l'état présent de la science, de suivre la marche des migrations àryennes qui parties de l'Oxus sont venues peupler la Grèce. Toutefois il est vraisemblable qu'elles ont suivi plusieurs chemins, les unes marchant directement vers l'ouest et, par les rivages de la mer Noire, aboutissant à la Thrace d'où elles sont descendues en Grèce ; les autres cheminant plus au sud, parallèlement aux premières, et passant des rivages de l'Asie mineure dans les îles de l'Archipel et de là sur le continent européen. L'île de Crète a été de bonne heure habitée par des populations àryennes ; elles y ont fondé un établissement permanent, et s'y sont donné une organisation sociale et politique qui a conservé longtemps avec celle de l'Inde la plus grande analogie. On voit par Pausanias que la plupart des familles féodales du Péloponnèse avaient une origine crétoise.

Les Grecs donnaient le nom de *Pélasges* aux plus anciens habitants du pays et montraient d'eux d'antiques constructions religieuses ou militaires, dont un grand nombre se voient encore aujourd'hui. La science moderne a prouvé que cette race d'hommes appartenait à la famille âryenne et que, partie comme les autres branches de même souche des régions de l'Oxus, elle avait peuplé non-seulement la Grèce, mais les pays situés immédiatement au nord, l'Asie mineure, l'Italie, le sud de la Gaule et un grand nombre d'îles de la mer Méditerranée. Les Pélasges laissèrent après eux dans la civilisation grecque plusieurs éléments qui ne disparurent qu'avec elle. Cependant il est impossible de dire le degré de culture où cette première migration était parvenue lorsque les races helléniques vinrent la soumettre et se superposer à elle comme une nouvelle alluvion. Il n'y a pas de ligne de démarcation entre la civilisation pélasgique et celle des *Hellènes;* la transition de l'une à l'autre est insensible; les races étant de même origine se sont fondues l'une dans l'autre, ainsi que leurs langues, leurs constitutions, leurs cultes. C'est donc aux Pélasges qu'il faudrait remonter si l'on voulait atteindre aux rudiments des arts et des autres productions du génie grec. Mais, même alors, on ne toucherait pas encore aux origines, puisque les Pélasges avaient apporté de l'Asie centrale un ensemble d'idées et d'institutions dont la source primordiale est inconnue.

Les invasions d'Egyptiens et de Phéniciens que l'on place entre les Pélasges et l'arrivée des Hellènes, sont problématiques. Les divinités dont on leur attribue l'importation en Grèce, sont toutes âryennes, aussi bien que les institutions dont on leur fait honneur. Mais l'arrivée des Phrygiens peut être historiquement admise; seulement il faut penser que Pélops et ses compagnons appartenaient eux aussi à la race des Aryas et non à des races étrangères répandues en Asie mineure. La légende de Deucalion, présenté par les historiens comme père des races helléniques, doit être considérée comme un mythe totalement étranger à l'histoire : tous les peuples de race àryenne, en Orient et en Occident, font remonter leur origine à des personnages héroïques qui n'ont jamais existé, et ceux-ci à des êtres idéaux, qui sont des dieux ou des symboles, mais non des personnes réelles. Par la philologie comparée, appliquée à l'étude de ces anciens mythes, on parvient à découvrir leur origine et leur signification première. La même méthode, appliquée aux mots de la langue grecque, ne laisse aucun doute sur leur origine àryenne et permet de conclure que les différentes migrations qui ont successivement peuplé la Grèce, venaient toutes également d'Asie et, par des chemins divers, s'étaient éloignées des vallées oxiennes qui avaient été leur commun berceau.

C'est de ce centre que sont sorties toutes les migrations qui ont civilisé la terre. C'est une erreur de croire qu'elles ont suivi la marche du soleil d'orient en occident. Elles ont rayonné dans tous les sens, et ont autant fait pour l'est et le sud de l'Asie que pour l'ouest de cette contrée et pour l'Europe : car pendant que la Perse, l'Asie mineure, la Grèce et l'Italie, développaient une civilisation brillante qui a passé aux peuples modernes de l'Europe et de là en Amérique, une autre branche des Aryas descendait par Attock dans les vallées de l'Indus où elle a composé les hymnes du Vèda, puis elle s'étendait dans les plaines du Gange, conquérait la péninsule et l'île de Ceylan, et fondait la grande civilisation bràhmanique ; plus tard la religion bouddhique étant née au milieu d'elle rayonna de l'Inde dans toutes les directions, convertit aux idées âryennes la majeure partie des peuples jaunes, de Siam au Japon, pénétra dans les îles, et par le nord s'avança jusqu'au Mexique où nous retrouvons aujourd'hui ses monuments. Il faut donc regarder les races helléniques comme un des plus brillants rameaux du tronc âryen, mais non comme le seul; car il y en a deux autres, la Perse qui a de beaucoup dépassé la Grèce en matière religieuse, et l'Inde dont la littérature est si grandiose et qui est par excellence le pays de la métaphysique et de la morale. A mesure que nous avancerons dans cette histoire, nous verrons ces différentes parties de la famille âryenne exercer l'une sur l'autre une action réciproque et contribuer mutuellement au progrès de leur civilisation, sans que ces influences la fassent dévier dans sa marche parce qu'elles sont exercées par des hommes appartenant tous à une même famille humaine.

La langue grecque et ses origines.

Il y a eu en Grèce une langue commune produite par l'action réciproque des dialectes originairement parlés par les races helléniques. Cette langue commune n'a aucun avantage particulier qui la distingue de ces dialectes, tandis que chacun d'eux a des caractères et des aptitudes qui lui sont propres. Il est difficile d'admettre que ces dialectes soient nés d'un idiome grec primitif et unique, puisque la communauté du langage a été le résultat de leur fusion : les trois idiomes principaux, l'éolien, le dorien, l'ionien, étaient parlés par des populations sans cesse en contact les unes avec les autres, soit en Grèce, où les montagnes ne leur opposaient un obstacle nullement infranchissable, soit en Asie et dans les îles où la mer les mettait sans cesse en relation les uns avec les autres. Les philologues s'accordent à considérer les dialectes comme primitivement indépendants et pensent qu'ils étaient tous formés lorsque les peuples qui les parlaient se fixèrent en Asie mineure et en Europe. D'un autre côté, ces dialectes sont tous également âryens et issus de l'idiome primordial des Aryas de l'Oxus. Il faut donc admettre qu'ils se sont formés pendant le voyage accompli par les races hellénique, de la Bactriane à la Grèce. Ces races ont marché par des chemins différents ou, ce qui est plus probable, elles ont marché les unes derrière les autres à des intervalles de temps peut-être considérables. Au point d'arrivée elles se sont établies les unes à côté des autres, conservant l'usage de leur propre dialecte; et c'est par le mélange continuel que produisent le commerce et la guerre, que la langue commune a fini par se former. Les Doriens occupèrent la Grèce centrale; les Eoliens eurent la Thessalie; les Ioniens avec les Achéens s'établirent dans le Péloponèse. Selon toute vraisemblance, les Eoliens et les Achéens arrivèrent les premiers, les Doriens vinrent après, et les Ioniens les suivirent; c'est du moins ce que l'on peut croire d'après les caractères philologiques de leurs dialectes. Mais dans la suite, de grands mouvements intérieurs jetèrent ces populations les unes sur les autres, et introduisirent certains dialectes dans des pays où d'autres avaient été parlés. C'est surtout après la guerre de Troie que s'opérèrent ces transformations.

Les différences des dialectes portent principalement sur les voyelles, c'est-à-dire sur l'ouverture plus ou moins grande de la bouche dans l'acte de prononciation. L'*a* domine chez les Doriens et rend leur idiome favorable au chant; une partie de la poésie lyrique est née chez les Doriens; les chœurs des tragédies et des comédies sont généralement écrits dans ce dialecte. Chez les Eoliens les formes grammaticales et un certain nombre de racines renfermant le *digamma* rattachent la langue plus directement que tout autre dialecte à la langue àryenne primitive dont le sanscrit et surtout le sanscrit des Vèdas nous présente le type le moins modifié. C'est ce qui fait que l'on regarde l'éolien comme plus ancien que les autres dialectes; il faut néanmoins en dire autant du crétois : ainsi le mot grec αἶγες signifie les *vagues;* on disait en éolien Fαῖγες et en crétois ϐαῖγες, où l'on reconnait aisément le mot *vagues,* l'allemand *wogen* et le sanscrit *vaha.* L'adoucissement des consonnes et la diminution de la sonorité des voyelles caractérisent le dialecte ionien et indiquent ou une conformation organique particulière chez les hommes qui l'ont parlé, ou une sorte d'usure produite par le temps; ainsi l'esprit rude ou même l'esprit doux, qui sont une aspiration presque insensible, remplacèrent l'*h* des Perses, l'*s* des Indiens et des Latins, lettres qui appartiennent à la langue primitive; l'η tient lieu de l'α long des Doriens dans un grand nombre de mots; les voyelles faibles sont souvent redoublées ou laissées sans contraction en contact l'une avec l'autre.

Au temps des épopées le dialecte parlé sur une partie des rivages de l'Asie mineure et dans les îles de la Grèce n'avait déjà plus la pureté primitive de ceux que nous venons de nommer : la langue homérique tient à la fois de l'éolien et de l'ionien, surtout de ce dernier; mais elle exclut le digamma, et elle ne porte aucune trace de l'idiome des Doriens. Le nom de ces derniers ne parait même pas dans ces poésies, qui célèbrent par dessus tout la valeur achéenne et ne parlent qu'incidemment des Ioniens proprement dits. Mais les dialectes se conservèrent longtemps dans la langue littéraire où on les retrouve dans toute leur pureté, tandis que dans la vie ordinaire leur mélange s'opérait de plus en plus. Seulement ils demeurèrent affectés à certains genres littéraires et distribués pour ainsi dire entre les auteurs. La poésie unie au chant adopta le dialecte éolien et le dialecte dorien; la première grande histoire, celle d'Hérodote, est écrite dans le dialecte ionien qui était celui des marchands et des populations les plus mobiles de la Grèce.

Il n'y a pas de dialecte attique. La langue des Athéniens a pour fond l'ionien, dépouillé de ce qu'il avait d'affecté et de faible dans ses articulations et dans sa sonorité. Lorsque Athènes fut devenue le centre du mouvement intellectuel et qu'elle eut acquis la prépondérance que lui donnèrent et le commerce et son rôle dans les guerres médiques, et la politique habile de Témistocle et de Périclès, tous les gens instruits imitèrent le parler athénien, qui tenait comme le milieu entre tous les dialectes de la Grèce, de l'Asie mineure et des îles. On trouve cependant dans les écrivains d'Athènes un certain nombre de formes qui n'appartiennent pas à cette langue commune et qui sont propres aux Athéniens; mais ces formes, trop peu nombreuses pour constituer un dialecte, n'ont d'ailleurs qu'une importance minime en philologie et doivent être considérées comme appartenant à des usages locaux tels qu'il en existe dans tous les pays.

La langue grecque, prise dans son ensemble, fait partie de ce système de langues, parlées les unes en Europe, les autres en Asie, auquel on donne le nom de langues àryennes, parce qu'elles se rattachent aux provinces asiatiques de l'Arie et de la Bactriane, et parce que les peuples qui les parlent se sont donné primitivement à eux-mêmes le nom d'*Aryas*. Ce système renferme six groupes : le *sanscrit,* le zend ou *perse,* le *grec* avec le *latin,* le *slave,* le *germain,* le *celtique.* Tous ces groupes sont dans leurs commencements, indépendants les uns des autres. Le sanscrit n'est pas la souche commune d'où ces idiomes sont sortis ; il est issu, au même degré de parenté, de la langue centrale et primordiale ; seulement, surtout dans ses formes védiques, il se rapproche évidemment beaucoup plus de cette langue que tous les autres idiomes àryens. Le grec ne procède pas du latin, et le latin ne procède pas du grec ; mais l'un et l'autre, qui sont deux branches égales d'un même rameau, tirent leur origine d'une langue commune avec laquelle les langues survenues plus tard en Grèce et en Italie se sont fondues. Les formes de la langue latine sont généralement moins altérées que celles de la langue commune des Grecs et ressemblent beaucoup aux formes sanscrites, surtout dans les racines et dans les flexions nominales. Ainsi *serpo,* qui en latin signifie *marcher, ramper,* est une forme plus complète que le grec ἕρπω et se rapproche plus que lui du sanscrit *sarpâmi*, je marche. D'un autre côté, les formes grecques ont plus d'analogie avec l'ancienne langue des Perses que le latin. Ainsi le perse *histâmi*, je suis debout, ressemble plus au grec ἵστημι, ἵσταμαι qu'au latin *sto ;* mais tous ces mots proviennent également de la racine *stà* ou *st'â* qui a la même signification. Il semble donc qu'il y ait eu diverses périodes dans les migrations àryennes, que le perse et le grec appartiennent à l'une d'entre elles, le sanscrit et le latin à une autre.

La langue grecque réunit des qualités réparties inégalement entre les autres idiomes de la même famille. Elle n'est ni synthétique à l'excès comme la langue sanscrite, ni exclusivement analytique comme les langues néolatines. Son caractère synthétique se montre dans la facilité avec laquelle elle forme les mots composés; dans les formes grammaticales qui, outre les cas ordinaires des noms, admettent beaucoup de terminaisons adverbiales, lesquelles sont d'anciens cas nominaux; dans les flexions verbales, capables d'exprimer en un seul mot une proposition entière avec le sujet, le mode, le temps, la personne, le nombre et le complément; enfin dans la construction de la phrase, où le déterminant est naturellement avant le déterminé. Ces qualités synthétiques du grec le rendent éminemment propre à la poésie. Mais il n'est enchaîné par aucune d'elles : tout ce qu'il exprime synthétiquement, il peut également le rendre sous une forme analytique en séparant et énonçant isolément chacun des termes et des rapports de la proposition. Par exemple, le sanscrit possède plus de cas que le grec, et, en revanche, est à peu près dépourvu de prépositions et d'articles; le grec possède un assez grand nombre de cas, beaucoup de prépositions, un article défini et un article indéfini dont il peut au besoin se passer. La construction de la phrase y est aussi beaucoup plus libre que dans le latin : l'ordre des mots n'y est astreint qu'à un petit nombre de règles, dont aucune n'est absolue, de sorte qu'il peut toujours s'opérer d'après l'ordre des idées, en exprimer la suite, les nuances, les rapports de la façon la plus précise.

Malgré ces qualités, qui font du grec une langue poétique et un instrument très-commode dans la vie réelle, il est un ordre d'idées pour l'expression desquelles cette langue a toujours été insuffisante : ce sont les idées philosophiques ; le langage des métaphysiciens grecs d'Athènes et d'Alexandrie l'emporte de beaucoup par sa facilité sur la langue latine tout à fait rebelle à la science ; mais il est très-éloigné, pour la précision et la justesse, de celui des philosophes et des théologiens sanscrits. Par exemple, le mot ἄπειρος, qui paraît signifier *infini,* s'applique le plus souvent aux choses finies ou à leurs qualités ; et le mot τελεῖος, qui veut dire *parfait,* vient du mot τέλος qui signifie *terme, fin.* Le vague de ces expressions se rencontre dans presque toute la langue philosophique des Grecs, et la phrase leur donne une clarté apparente souvent trompeuse.

Quant aux qualités pour ainsi dire matérielles du grec, elles consistent surtout dans la facilité de la prononciation des consonnes qui, d'après le système moderne, très-voisin de l'ancien, n'exige aucun effort organique, et dans la variété de l'accent tonique qui donne au débit de la phrase ou du vers l'aspect musical, la légèreté et l'élégance. L'accentuation est un des éléments essentiels du langage chez les Grecs comme chez les autres peuples ; elle entre pour une part considérable dans l'harmonie de la phrase comme dans celle des vers ; de plus, soumise qu'elle est à des règles fixes, généralement simples et faciles, elle détermine souvent la valeur des flexions des mots, soit dans les verbes soit dans les noms ; elle en détermine le sens ou l'emploi dans la phrase et contribue ainsi à la clarté de l'expression : pour un Grec, un mot privé de son accent est un mot inintelligible.

De toutes les langues de l'Europe, le grec est celle qui a subi avec le temps les moins grandes modifications. Entre la langue de Platon ou de Xénophon et celle des Pères de l'Eglise, la différence est au fond très-petite : les idées nouvelles ont exigé des mots nouveaux ; mais ces mots ou existaient déjà avec d'autres significations ou ont été composés d'éléments anciens. C'est dans ses temps primitifs, lorsqu'il était encore à l'état de dialecte, et que ses flexions verbales ou nominales flottaient pour ainsi dire entre des formes diverses, que le grec a le plus changé. S'il y a peu de différence entre le grec du IVe siècle avant J.-C. et celui du IVe siècle de notre ère, il y en a une très-grande entre le grec des épopées homériques et celui d'Eschyle ou de Thucydide. Toutes les œuvres du génie grec ont obéi à la même loi. A partir d'une certaine époque elles ont subi des transformations rapides dans le sens de la perfection : et quand elles l'ont eu atteinte, elles l'ont conservée pendant des siècles nombreux ; l'esprit et la portée morale, métaphysique ou politique de ces créations pouvaient changer, mais les formes créées par le travail intelligent et continu des siècles antérieurs se perpétuaient et ne souffraient que des altérations secondaires. La langue grecque a été, plus que toute autre peut-être, un produit de l'art. C'est au siècle de Périclès qu'elle a atteint sa perfection, comme la plupart des autres arts de la Grèce, et il n'a fallu rien moins que les invasions des Barbares et celles des Musulmans pour l'en faire déchoir. Encore a-t-elle résisté dans ce qu'elle a d'essentiel à ces influences destructives : le grec moderne, après avoir reçu des mots et des formes barbares, s'en débarrasse de plus en plus chaque jour ; rien n'empêche qu'il ne recouvre la pureté de la langue antique par l'effort soutenu des bons écrivains de nos jours.

Religions grecques.

Pendant toute sa durée, la religion grecque a été le polythéisme. Les dieux grecs appartiennent les uns à toutes les branches de la famille âryenne ou à plusieurs d'entre elles, les autres aux Hellènes, qui les ont créés ou reçus du dehors en les harmonisant avec le panthéon primitif qu'ils avaient apporté d'Asie. Toutes ces divinités, sans exception, représentent des forces de la nature, la plupart physiques, quelques-unes morales ou intellectuelles. Comme ces forces sont plus ou moins étendues et embrassent un nombre plus ou moins grand de phénomènes dont elles sont les causes, la puissance et le domaine de chaque dieu ont des limites déterminées, dans lesquelles s'exerce son activité. De plus, lorsque la réflexion eut montré aux Grecs que ces forces sont dépendantes les unes des autres et que de leur subordination dérive l'harmonie du monde, ils en conclurent que les dieux sont aussi rangés dans une sorte de hiérarchie, que quelques-uns commandent en maîtres et que les autres exécutent leurs ordres. Chaque grande divinité eut ainsi comme un cortége et une cour céleste, d'autant plus nombreuse que les phénomènes auxquels elle présidait formaient des groupes plus nombreux et plus variés. Les forces de la nature embrassent non-seulement les phénomènes du monde inorganique, mais aussi les phénomènes de la vie et de la pensée : or la pensée est toujours unie à la vie, et la vie se perpétue par la voie de la reproduction qui a pour condition ordinaire la distinction des sexes. Ainsi les dieux furent conçus sous la forme masculine, mais tous ceux d'entre eux qui président aux fonctions de la vie et à sa perpétuation eurent une déesse pour épouse; cette déesse est pour le dieu ce que l'on nomme dans l'Inde son énergie féminine (*çakti*). Mais comme la nature forme un tout harmonique, dans lequel des forces diverses et indépendantes les unes des autres se réunissent souvent pour produire des phénomènes complexes, la mythologie mit souvent en relation entre elles des divinités d'ordres divers et leur fit contracter des unions extraordinaires qui plus tard parurent illégitimes aux moralistes : tel est, par exemple, le mythe de la naissance du cheval Arion (en sanscrit *arwan*), issu, aux bords du Ladon d'Arcadie, au pied des monts Aroaniens, du commerce de Poseidôn, dieu des eaux, et de Dêmèter, la Terre mère des vivants. Telles furent tant d'autres unions locales, irrégulières, souvent clandestines, dont la mythologie grecque est remplie : ces mythes seraient l'œuvre d'âmes perverties s'ils ne trouvaient leur explication dans le symbolisme naturaliste des religions. Enfin il y a des forces naturelles dont la fonction n'est pas d'engendrer la vie et qui pourtant doivent, comme les autres, être représentées dans un panthéon complet : les Grecs les ont généralement conçues sous la forme féminine et leur ont attribué une virginité perpétuelle et la chasteté : telles sont Pallas-Athêné, Hestia, les Euménides.

La portion de la mythologie que les Grecs des différentes

races ont ajoutée au fond commun après leur départ de l'Asie centrale, ne forme qu'un développement secondaire de la religion nationale, quoique plusieurs de ces divinités nouvelles aient pris dans les lettres et les arts une grande importance. Les anciens dieux occupent généralement les premières places dans le panthéon olympien et commandent à la hiérarchie toute entière. Ces dieux, on les retrouve presque tous dans les mythologies des autres peuples âryens, soit en Asie, soit en Europe; mais c'est surtout dans l'Inde et particulièrement dans le Vêda qu'ils se présentent avec leur signification symbolique originelle. Dans les hymnes vêdiques en effet le nom de chaque dieu a dans la langue commune la valeur d'un mot ordinaire; et ce mot désigne précisément les phénomènes auxquels ce dieu commande et la vertu symbolique que la religion en vigueur lui attribuait. Il en résulte que ce n'est pas dans la langue grecque seulement ni dans les seules traditions de la Grèce qu'il faut rechercher la signification vraie de chacun des dieux, mais dans la comparaison philologique et historique des divers panthéons âryens : la mythologie comparée peut seule éclairer chacune des mythologies anciennes ou modernes : elle a aujourd'hui pour centre le Vêda.

La Grèce n'a jamais eu de théologie. Quand la doctrine sémitique de la création s'y introduisit avec le christianisme, les prêtres payens ne reconnaissaient rien de supérieur à Jupiter; et quoique ce dieu exerçât dans l'Olympe un pouvoir très-étendu, cependant il n'avait fait perdre à ses frères Hadès (Pluton) et Poseidôn (Neptune) aucune de leurs positions et n'exerçait encore sur eux qu'un faible droit de suzeraineté. Il ne semble pas que la métaphysique des sanctuaires se soit jamais élevée plus haut : le polythéisme pur et simple se trouva ainsi face à face avec les prédications chrétiennes. Dans la Perse le polythéisme primitif avait de bonne heure engendré le dualisme d'Ormuzd et d'Ahriman, qui n'était lui-même qu'une forme pratique d'un panthéisme plus élevé : ces doctrines existaient dans toute leur vigueur au temps des rois Achéménides, avant les guerres médiques. Dans l'Inde le polythéisme âryen du Vêda avait reçu dans les cultes populaires un grand développement; mais en même temps les brâhmanes avaient dégagé de ce fond l'unité absolue de Dieu, à laquelle les Grecs ne se sont jamais élevés par une voie religieuse. Chez eux, dans la période comprise entre la révolte de l'Ionie (501) et la prise d'Athènes par Lysandre (404) une révolution dans l'esprit public mit la philosophie entre les mains des laïques et remplaça en quelque sorte la théologie par des essais libres de théodicée. La religion demeura ce qu'elle était auparavant et ne disparut que bien des siècles après devant une religion nouvelle.

La perpétuité du polythéisme fut une des principales causes de l'unité qui caractérise les arts et les lettres dans l'ancienne Grèce. En effet la poésie et les arts étaient nés de la religion primitive et l'avaient suivie dans sa marche; ils se perfectionnèrent avec elle et ne s'en détachèrent jamais. Cette religion leur était plus favorable que toute autre : celles qui reposent sur l'unité d'un dieu créateur ne laissent à l'art pour toute figure que celle de l'homme plus ou moins idéalisée, car ce dieu ne tombe pas dans le domaine de l'imagination; au contraire, le polythéisme grec occupait cette région moyenne entre Dieu et la nature, qui est précisément la région du monde idéal.

Comme ces dieux représentaient éminemment les forces réelles de la nature, ils offraient aux artistes et aux poètes des images que les progrès de l'observation et de la science ne pouvaient qu'épurer et rendre de plus en plus véridiques; en même temps, elles gagnaient en mobilité et en élégance, sans rien perdre de leur vigueur originale. A mesure que les mœurs publiques s'adoucirent et que la science morale se développa, le côté moral des anciennes divinités prit une importance de plus en plus grande : et c'est à ce titre surtout qu'elles intervinrent dans la sculpture et dans la poésie à partir du siècle de Périclès. On ne revint à leur signification physique que dans les derniers temps, lorsque l'on connut, dans Alexandrie et dans les royaumes grecs de l'Asie centrale, les divinités symboliques de l'Orient. Mais à partir de ce moment il se fit un mélange de toutes les idées, de tous les usages, de tous les arts, comme aussi de toutes les religions; et les lettres grecques reproduisirent cette confusion d'où la civilisation chrétienne devait sortir.

Caractères généraux de la littérature grecque.

Les faits généraux que nous venons de signaler plaçaient les lettres grecques dans les conditions les plus heureuses. La religion fournissait aux poètes tout un monde idéal d'une richesse et d'une variété égales à celles de la nature; et comme ces dieux étaient des symboles naturels nés de l'observation la plus simple des faits, leur vérité se transmettait à la poésie; le poète qui les voyait se mouvoir devant ses yeux était soutenu, non-seulement par la tradition religieuse, mais par la vue de la réalité dont ils étaient les emblèmes : les images qu'il présentait de ses dieux étaient donc à la fois idéales et vraies. Ces dieux n'étaient pas, comme le croyait Boileau, « éclos du cerveau des poètes », c'est-à-dire produits par la fantaisie sans autre règle que le caprice. C'étaient les dieux nationaux : ils avaient des temples révérés, des cérémonies brillantes : on leur offrait des sacrifices, à chacun selon son caractère ; les Etats comme les particuliers tenaient à honneur d'entourer leurs personnes de respect et de vénération. Les dieux étaient mêlés à tous les actes de la vie publique et privée : on n'entreprenait rien d'important sans les consulter et sans se mettre sous leur invocation. On croyait à leur réalité : les poètes et les artistes avaient foi en eux comme le commun des hommes. Par là les œuvres d'art et les productions littéraires étaient en rapport avec la vie réelle dans ce qu'elle avait de plus élevé, la religion : le poète et l'artiste étaient en quelque sorte des personnes sacrées et portaient en eux quelque chose du caractère du prêtre.

A toutes les époques de sa durée la littérature grecque a été étroitement unie aux choses ordinaires de la vie, non-seulement parce qu'elle en reproduisait les tableaux, mais parce que toute œuvre d'esprit était une chose pratique et non une conception spéculative et une œuvre de cabinet. Les hymnes orphiques étaient chantés devant les autels ; les fragments épiques et les épopées racontaient aux Grecs les hauts faits de leurs ancêtres et renouaient les traditions populaires ; les odes d'Alcée, celles de Sapho, de Simonide, de Pindare, ont été le plus souvent mêlées à des luttes politiques ou à des événements nationaux ; il en était de même des tragédies et des comédies, que leurs sujets et les doctrines des poètes transformaient presque toujours en leçons de morale, de politique ou d'histoire adressées aux spectateurs. La philosophie, l'histoire, l'éloquence, la science elle-même avaient toujours un côté pratique, de sorte que chaque écrit, dans tous ces genres, était un acte dans la vie publique des Grecs et faisait partie de leur histoire. Ce qui est vrai des œuvres littéraires l'est aussi des œuvres d'art : on n'élevait pas un temple ou un autre monument, on ne sculptait pas une statue, on ne peignait pas un tableau par simple amour de l'art et pour le plaisir de le faire, mais parce que ces choses répondaient à quelque besoin public ou privé.

C'est un des caractères les plus saillants des œuvres grecques et surtout des œuvres littéraires, d'être toujours unies à la vie réelle et d'en faire partie. Mais l'habitude, contractée dans la partie religieuse de la vie, de voir la nature sous un aspect idéal, accoutumait les Grecs dès l'enfance à voir tout de cette même manière, à idéaliser les choses les plus vulgaires et en apparence les moins idéales. En même temps l'union constante des lettres et des arts, qui se trouvaient rapprochés dans des occasions toujours renaissantes, enseignait aux artistes la partie théorique et interprétative de l'art et élevait leurs idées; elle accoutumait les écrivains aux formes pures et parfaites que le dessin mettait sous leurs yeux. De ces causes et de plusieurs autres que nous avons signalées ou qui paraîtront à leur place, provenait pour les écrivains de la Grèce cette distinction qui ne souffre rien de bas ni de négligé : la vulgarité est un défaut pour ainsi dire étranger à la littérature grecque toute entière.

Le perfectionnement des formes s'est du reste opéré

avec lenteur et par suite d'un travail non interrompu. Les Grecs l'ont réalisé dans la littérature par la division des genres, dont la clarté de leur esprit n'a jamais toléré le mélange. Les genres se sont eux-mêmes produits tour à tour, suivant leur ordre naturel, et se sont accommodés aux états successifs de la civilisation hellénique. Les hymnes ont rempli les temps primitifs; les épopées sont venues plus tard, aux temps de la féodalité; puis ont apparu l'ode avec des genres accessoires, le drame sous ses deux formes et avec lui l'histoire, la philosophie et les autres genres de prose, qui se sont continués, dans des conditions variables, jusqu'aux derniers temps de la société hellénique. De plus chaque genre littéraire a son histoire particulière, où, de commencements imperceptibles, on le voit se dégager par degrés, grandir et parvenir enfin à sa forme parfaite et définitive.

La Grèce est le seul pays d'Occident qui présente une marche aussi régulière dans son développement littéraire; les autres peuples anciens ou modernes de l'Europe offrent un mélange de productions dont presque aucune n'arrive à son heure naturelle. Lorsque les lettres latines commencèrent à naître, ce fut sous l'influence directe de la Grèce, qui se présentait avec un passé littéraire presque complet : les premiers genres qui furent imités en latin ne furent pas ceux qui étaient nés les premiers chez les Hellènes, mais ceux qui parurent aux imitateurs les plus propres à réussir dans Rome; ce fut le drame; encore ces premières œuvres latines furent-elles simplement des traductions, et les premiers traducteurs furent des Grecs. Depuis ce moment les lettres latines virent apparaître les autres genres ou tour à tour ou plusieurs ensemble sans ordre et au hasard ; cette confusion dura jusqu'à la fin. Parmi les modernes prenons la France pour exemple : nation néolatine, elle eut derrière elle et pour modèles les auteurs latins. Cependant elle paraissait au moyen-âge entrée dans la voie d'un développement régulier : à la cantilène carlovingienne, qui répond aux Hymnes, avait succédé une épopée, à la vérité grossière, mais qui du moins arrivait dans son temps. Le siècle de la Renaissance, en mettant sous les yeux des Français, avec les œuvres latines, celles que les Grecs de Constantinople apportaient chez nous, plaça la France dans une condition analogue à celle de Rome au temps des Scipions, et offrit à notre imitation des modèles de tous les genres entre lesquels chacun choisit selon sa fantaisie. La littérature française cessa de suivre dans sa marche un ordre régulier et naturel. Il en fut de même des autres nations de l'Europe.

Les Grecs, étant venus les premiers, eurent l'avantage de créer eux-mêmes les genres littéraires, à mesure que la force des choses les y poussait. Ils produisirent ainsi des œuvres originales, où nulle imitation étrangère ne se fait sentir : on ne saurait leur en faire un mérite, puisqu'ils n'avaient derrière eux aucune littérature qu'ils pussent imiter ; leur mérite est de n'être pas restés stériles comme certains peuples et d'avoir su continuer jusqu'à la fin le mouvement qui les portait vers des productions parfaites. C'est par cette originalité féconde que les lettres grecques ont pris dans le monde l'importance qu'elles ont conservée. En effet dans leur marche elles ont suivi le mouvement spontané et vrai de l'esprit humain, et, par l'éducation, aidée de circonstances favorables, elles ont réalisé dans chaque genre la perfection. La liberté d'esprit qu'on laissait au jeune homme durant le cours de ses études, permettait à sa nature de se développer suivant l'harmonie naturelle de ses facultés ; et d'autre part les ouvrages des maîtres constituaient une tradition dont on ne s'écartait jamais que pour mieux faire. Les mêmes sujets, soit dans l'art, soit dans la poésie, se reproduisaient sans cesse, mais toujours avec quelque perfectionnement nouveau. Ainsi se formèrent ces écoles, qui dans les lettres comme dans les arts, s'appliquèrent à tirer d'une idée juste, née spontanément et par le mouvement même de la civilisation, tout ce qu'elle pouvait contenir de beauté et de perfection. Par là les Grecs ont réussi à produire des œuvres qui, dans chaque genre, ont dû servir de modèles aux siècles suivants. Les peuples qui sont venus après eux ont pu introduire des idées nouvelles, parce que la science marche toujours : mais ils n'ont créé aucun genre nouveau, ni dans les lettres, ni dans les arts, parce que les formes idéales ne sont pas en nombre indéfini, et que, les Grecs en ayant parcouru le cercle une première fois, les autres peuples sont bien forcés de refaire le même chemin dans des conditions nouvelles et souvent moins heureuses. Nous verrons même dans la suite de cet ouvrage, que plusieurs genres n'ont point reparu avec les formes pleines que les Grecs leur avaient données : telle a été par exemple la poésie lyrique, qui avait offert chez eux l'union intime de la musique et de la poésie et qui chez nous est un genre incomplet dont les règles et les formes sont indécises.

Un seul peuple, dans la race àryenne, possède une originalité comparable à celle des Grecs et les égale, souvent même les surpasse en fécondité ; c'est le peuple indien. N'ayant avec l'Occident de communications faciles que par le passage d'Attock au nord-ouest ou par la mer, il est en réalité resté le seul peuple blanc de l'Asie orientale; et possédant les vastes contrées de l'Indus et du Gange, il y a déployé une puissante civilisation. Les arts sont loin d'avoir acquis entre ses mains la perfection que les Grecs ont su leur donner : mais il a produit en tout genre des œuvres littéraires que l'on peut comparer à celles de la Grèce. Non-seulement son originalité est la même; mais, ce qui confirme ce que nous avons dit tout à l'heure, les mêmes genres littéraires ont paru dans l'Inde et dans la Grèce, et cela dans le même ordre de succession : les Hymnes avant tout, puis les épopées, les drames avec la poésie lyrique et les genres secondaires. Les grands genres avaient reçu leurs développements essentiels lorsque s'exerça directement l'influence réciproque de la Grèce sur l'Orient et de l'Orient sur la Grèce; de sorte que cette action extérieure ne troubla pas la marche des littératures et ne fit qu'introduire des idées nouvelles sans modifier sensiblement les formes dont on les revêtait dans chaque pays.

A mesure que nous avancerons dans cette histoire, nous verrons le génie grec, primitivement tout oriental, se dégager peu à peu des formes hiératiques qu'il apportait d'Asie, croître pendant la période de féodalité, conquérir sa pleine indépendance et sa complète vigueur au temps de la guerre des Mèdes et de la guerre du Péloponèse; c'est là son point de maturité; à partir de cette époque les relations de la Grèce avec l'Asie vont se multipliant; les idées de l'Orient pénètrent de plus en plus dans les esprits par l'intervention des Perses dans les affaires de la Grèce, par les expéditions des Grecs en Asie; puis le centre autour duquel gravite le génie grec se déplace et se fixe dans Alexandrie où s'opère un mélange de toutes les idées, de toutes les coutumes, de toutes les religions. L'originalité de l'esprit grec décline par degrés; l'Orient se substitue à la civilisation hellénique et le christianisme aux antiques religions âryennes : les écrivains de l'ancienne Grèce sont remplacés par les Pères de l'Eglise, et les arts de l'antiquité par les productions des écoles byzantines. Cette longue série de siècles et d'actions réciproques est ouverte et close par deux noms, les noms d'Orphée et de Justinien. Elle pourrait être représentée par une courbe dessinant sur la ligne horizontale des ordonnées de plus en plus grandes jusqu'au temps de Périclès, et qui décroissent ensuite jusqu'à l'époque de Justinien : ces ordonnées représenteraient le mouvement de l'esprit grec; et si par le haut de la plus grande d'entre elles on menait une seconde ligne horizontale, leurs compléments représenteraient la part de l'esprit oriental dans les œuvres de la Grèce; seulement toute la première partie devrait porter le nom d'Orient ancien ou primitif, et la seconde celui d'Orient nouveau.

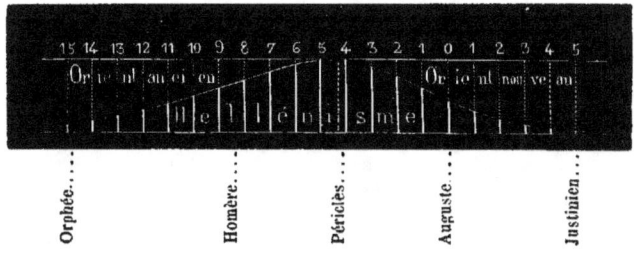

Les espaces compris entre les ordonnées répondraient

à chaque période de la civilisation et de la littérature grecque; les ordonnées elles-mêmes formeraient les époques et seraient marquées par quelque grand nom. Par ce simple tracé l'on verrait qu'il fallut un grand nombre de siècles au génie grec pour sortir de l'enfance, que parvenu à être maître de lui-même il s'éleva pour quelques années seulement à sa plus haute perfection, et qu'enfin sa décadence se prolongea sur une étendue de plus de sept cents ans. Nous arrêtons au règne de Justinien ou plutôt à son édit fameux l'histoire de la littérature grecque: cependant comme un homme n'a jamais la puissance d'arrêter par un décret la marche des idées, il serait encore possible de poursuivre au delà de ce terme l'influence du génie antique, et l'on se convaincrait que non-seulement elle ne s'est pas éteinte au sixième siècle de notre ère, mais qu'elle a continué de vivre et qu'elle s'est mêlée pour une part appréciable à nos modernes civilisations.

SECTION PREMIÈRE.

PÉRIODE DES HYMNES.

L'HYMNE EN GÉNÉRAL.

On ne peut fixer ni le commencement, ni la fin, ni la durée de la période primitive de la poésie grecque. Quand les populations àryennes quittèrent tour à tour le centre asiatique, elles emportèrent avec elles les antiques usages qui furent communs à tous les peuples de cette race : il en est un qui se retrouve à l'origine de toutes leurs traditions ; c'est celui de sacrifier dans le feu et d'accompagner par un chant cette cérémonie sacrée. Ce chant, mesuré et rhythmé, c'est l'*hymne*, ὕμνος, mot qui en grec n'a pas de signification étymologique, mais qui, sous sa forme sanscrite *sumna*, signifie la bonne ou la belle pensée, c'est-à-dire l'expression de la pensée par excellence. La présence de ce mot dans la langue grecque la plus ancienne prouve que les Aryas de l'Oxus composaient des hymnes avant le départ des migrations qui peuplèrent la Grèce comme de celles qui conquirent l'Indus et le Gange. Ces chants primitifs étaient donc composés dans la langue commune avant d'avoir reçu la forme particulière que chacun des peuples àryens leur donna. Le temps a fait disparaître sans exception tous ceux que les migrations helléniques apportèrent ou composèrent, soit pendant leur voyage, soit après qu'elles se furent fixées en Occident : mais les sanctuaires de la Grèce en conservèrent un certain nombre jusque dans les siècles de la décadence, et il est probable qu'ils furent connus des poètes alexandrins, auteurs de ce que l'on nomme *poésies orphiques*. Ces poésies ne donneraient qu'une idée fort incomplète et fausse à beaucoup d'égards de ce qu'ont dû être les hymnes de la Grèce primitive, si nous ne possédions depuis quelques années les hymnes de l'Inde. Ces derniers, dont la plupart ont été composés dans les vallées de l'Indus, mais dont quelques-uns sont probablement antérieurs à l'arrivée des Aryas sur ce fleuve, ont été conservés par les bràhmanes avec un soin religieux et forment un recueil considérable divisé en plusieurs parties dont la plus ancienne est le Rig-Vêda. Ils peuvent être considérés comme les types des chants sacrés de tous les autres peuples de la race. Nous allons en donner les caractères généraux.

L'hymne est un chant en l'honneur d'une ou de plusieurs divinités ; il est récité pendant une cérémonie et par conséquent n'a qu'une longueur assez bornée, comme celle des hymnes dans les églises chrétiennes. Il a pour but d'appeler les dieux au festin sacré, qui leur est servi dans l'enceinte du sacrifice et qui consiste en une offrande solide ou victime et ordinairement en une liqueur fermentée telle que le vin. La matière du chant, ce sont les vertus du dieu auquel on l'adresse : les louanges qu'on lui donne sont le plus souvent accompagnées d'une demande et constituent une rogation. Comme le dieu préside à tout un ordre de phénomènes naturels, à la production desquels la vie et le bien-être de l'homme sont intéressés, et comme d'un autre côté la vie des dieux est entretenue par la production des phénomènes naturels, le sacrifice, qui en est le symbole, sert à unir les hommes aux dieux; et l'hymne est un échange de vie intellectuelle et morale entre les âmes humaines et les âmes divines : c'est pour cela même qu'il porte ce nom. On voit que dans ces temps reculés du polythéisme àryen, le chant sacré faisait partie de la vie ordinaire et en était l'expression la plus haute.

D'après le Véda, le sacrifice était offert trois fois par jour, au lever de l'aurore où l'hymne appelait le Soleil et le retour de la vie, à midi, qui est le point culminant et le plus glorieux de cet astre, et le soir, heure triste où s'assoupit la vie, où l'homme commence à craindre les attaques nocturnes des bêtes sauvages et des brigands. L'hymne exprime ainsi tour à tour la joie avec l'espoir, la sérénité du triomphe, et enfin la crainte avec la mélancolie. C'est le cercle de sentiments où se meut d'ordinaire la poésie des hymnes védiques, et selon toute vraisemblance il en fut de même dans la Grèce primitive.

Mais outre ces retours réguliers du saint-sacrifice, les hommes célébraient, fêtaient certaines époques spéciales dans la marche annuelle du Soleil, par exemple les solstices et les équinoxes, les conjonctions et les oppositions du Soleil et de la Lune ; ils fêtaient la Lune elle-même dans sa marche rapide et ses phases souvent reproduites. Les grands principes de vie auxquels on donna le nom de dieux, θεοί (en sanscrit *déva*), c'est-à-dire d'êtres brillants ou glorieux, agissent aussi dans le monde de plusieurs façons qui leur sont particulières : les uns développent la vie animale et végétale, comme Artémis (Diane) et Dèmèter (Cérès); d'autres, comme Zeus (Jupiter) et Héra (Junon) son épouse, dirigent les nues, tiennent la foudre, répandent la pluie; d'autres président au feu comme Héphaistos (Vulcain) ou au foyer domestique, comme Hestia (Vesta); d'autres enfin sont d'un ordre purement intellectuel ou moral. On ne saurait douter que chacune de ces divinités n'ait eu ses hymnes, longtemps même avant d'avoir des temples, et qu'à ce point de vue la période littéraire dont nous parlons n'ait été très-féconde.

Enfin les actes ou les événements importants de la vie humaine étaient l'objet de chants particuliers adressés à certains dieux ou du moins ayant un caractère sacré. C'est ce que prouvent les traditions grecques relatives à ces sortes d'hymnes perdus; c'est ce que nous voyons aussi dans le Vêda, qui renferme un assez grand nombre de ces d'hymnes : la conception, la naissance, le mariage, la mort, la maladie avec la guérison, la guerre avec la victoire donnaient lieu à des chants particuliers dont plusieurs se sont conservés en Grèce jusque dans les temps historiques. Aristophane, dans les Grenouilles, cite les premiers mots de deux chants enseignés avant son époque aux enfants dans les écoles et qui étaient certainement d'anciens hymnes. Hérodote parle aussi de chants sacrés conservés dans certains sanctuaires de la Grèce et des îles. Antigone, dans Sophocle, se plaint avant de mourir que l'on n'ait pas chanté pour elle le chant de l'hyménée, et elle donne à ce chant le nom d'hymne.

La forme littéraire de l'hymne varie suivant la nature

du sujet dont il traite. Les imitations alexandrines nommées *Orphiques* en offrent plusieurs qui ont la forme d'une énumération; aucun n'a celle de la litanie, car ce qui caractérise l'énumération litanique c'est le retour d'un refrain après chaque verset. Il est probable pourtant que certains hymnes très-anciens étaient des litanies : le prêtre énumérait les vertus ou les actions célèbres de la divinité; le peuple ou les prêtres assistants répondaient par une formule toujours la même, qui contenait ou une pensée d'adoration ou une demande. Le recueil du Vêda renferme un assez grand nombre de litanies sur le caractère desquelles il ne peut s'élever aucun doute : elles ressemblent, à beaucoup d'égards, à celles qu'on chante ou que l'on récite dans les églises chrétiennes, et leur mode de récitation était certainement le même. Lorsque les Grecs de temps plus civilisés eurent construit des temples, dans le *sécos* desquels était enfermée la divinité et d'où le peuple était exclu, les litanies qui se récitaient dans l'intérieur ne pouvaient avoir pour répondants que les prêtres qui assistaient le pontife; mais la période des hymnes remonte beaucoup plus haut dans le passé que l'usage de construire des temples aux dieux. La première enceinte sacrée, qui porta le nom de *téménos*, contenait l'autel où s'allumait le feu et où s'offrait la victime : elle ne recevait certainement que les prêtres et les personnes d'un rang distingué ou celles qui faisaient les frais du sacrifice; c'est ce que l'on voit encore dans les épopées grecques, par exemple au festin sacré de Nestor. Mais la foule du peuple, qui se tenait autour du téménos, n'étant arrêtée que par une barrière ou par un petit fossé, assistait par le fait à tous les actes du sacrifice et pouvait répondre à la litanie. L'hymne litanique doit donc être considéré comme un chant sacré à l'usage du peuple et comme faisant partie de la vie religieuse des nations antiques.

La forme épique, c'est-à-dire la forme du récit, était certainement aussi l'une de celles que les auteurs des hymnes employaient le plus souvent. Par exemple quand le poète exposait la lutte d'Apollon et de Python, son chant prenait naturellement une forme narrative : le phénomène naturel que ce mythe représente, et qui n'est autre que la lutte du soleil et du nuage, se développe comme une action humaine et appartient à l'histoire naturelle. Les hommes de ces anciens temps voyaient les choses comme elles étaient et les représentaient comme ils les voyaient, quoique sous des couleurs symboliques. Le Rig-Vêda contient un grand nombre d'hymnes ayant la forme épique, et ce sont surtout ceux où l'on raconte ces phénomènes météorologiques dont nous venons de parler : tels sont les hymnes où est décrite la lutte d'Indra et d'Ahi, lutte identique pour sa signification à celle d'Apollon et de Python. Les plus beaux hymnes du Vêda, les plus poétiques du moins, sont ceux qui renferment de telles narrations. Les fragments épiques connus sous le nom d'hymnes homériques appartiennent à une époque de beaucoup postérieure à la période de poésie sacrée, et ne sauraient donner aucune idée des hymnes véritables. Ils faisaient probablement partie d'épopées dans le sens propre de ce mot, et ils ne remontent pas au delà des temps où furent composées l'Iliade et l'Odyssée : ils n'ont d'ailleurs en aucune façon la forme liturgique qui était celle des poésies primitives.

La stance est la forme extérieure de l'hymne, soit

qu'elle se compose de vers et soit écrite dans un langage mesuré, soit qu'étrangère à toute mesure prosodique elle ne renferme que des *rhythmes*. Les hymnes du Rig-Véda sont généralement rhythmés et mesurés en même temps, comme nos hymnes d'église et nos chansons : on ne saurait pourtant, même d'après les *Orphiques,* affirmer que les poésies sacrées des Grecs fussent soumises aux lois de la mesure ou qu'elles le fussent toutes également. L'ode, qui est à la vérité très-différente de l'hymne, mais qui pourtant remonte jusqu'à lui par ses origines, est mesurée dans Sapho, et dépourvue de mesures dans Pindare : dans l'un de ces poètes, la stance se compose de vers; dans l'autre elle ne renferme que des rhythmes. On ne saurait établir par aucune donnée réellement scientifique que les poètes primitifs de la Grèce aient chanté en vers.

Mais il est certain qu'ils chantaient. Quand on remonte l'histoire de la musique chez les Grecs, on voit leurs modes naître ou venir du dehors à des époques différentes et ne se réunir dans un système unique que peu de temps avant Pindare. On ne saurait affirmer qu'aucun de ces modes existât au temps des poésies primitives, pas même les modes des Doriens ou des Eoliens qui sont les modes grecs par excellence. On est ainsi conduit à penser que ces chants, dont la tradition raconte tant de merveilles, étaient d'une simplicité extrême et se réduisaient à des cantilènes comme on en entend aujourd'hui dans les églises grecques et dans les chants populaires du Levant. Les chants des psaumes dans les églises catholiques ne pourraient donner une idée des chants primitifs, puisque le plain-chant procède tout entier de la musique grecque d'où il est sorti à une époque où elle était dans sa plénitude. Si l'on voulait avoir sur ce point quelques renseignements probables, il les faudrait chercher dans les plus anciennes parties du rituel brâhmanique et dans les commentaires des hymnes du Vêda.

LES AUTEURS DES HYMNES.

Les traditions grecques relatives aux premiers poètes des hymnes n'ont aucun caractère historique et les présentent le plus souvent avec un entourage de faits extraordinaires et de légendes qui ont leur place marquée dans la fable. Les poètes des temps postérieurs les ont pris pour sujet de leurs chants et ont augmenté le merveilleux qui s'attachait à leurs noms. D'ailleurs quelques-uns d'entre eux ne sont que des êtres fictifs ou des symboles à la réalité desquels on ne saurait croire : c'est ce que prouvent les métamorphoses par lesquelles les poètes ont cru pouvoir les faire passer. Si nous possédions les hymnes de ces temps primitifs, ils nous instruiraient sur leurs auteurs et sur la société pour laquelle ils furent composés : leur perte nous force encore à chercher à cet égard quelques lumières dans les seuls hymnes primitifs que nous ait légués notre race, ceux du Vêda.

Les poètes, auteurs des hymnes, étaient en même temps des hommes divins, des prêtres : on ne séparait pas alors ces deux rôles. Quand les dieux n'avaient encore que des autels et point de temples, ces prêtres poètes n'avaient aucun caractère sacerdotal, hors le moment où ils offraient le sacrifice. L'autel était fait de terre et portait le nom de βωμός (en sanscrit *bhûmi*, terre; latin *humus*). Le tertre quadrangulaire était élevé par le père de famille pour lui-même, pour sa femme et pour ses enfants ; et ce père était poëte comme auteur du chant sacré et pontife comme présentant l'offrande au nom de la famille réunie. La cérémonie terminée, chacun vaquait à ses occupations ordinaires, au labour, à la garde des troupeaux, aux métiers, à la guerre. Tel fut l'état primitif. Mais quand la société se constitua et que les fonctions commencèrent à se partager entre les hommes, comme il y eut des laboureurs, des artisans, des guerriers, il y eut aussi des prêtres et l'on vit avec le temps le sacerdoce se perpétuer dans certaines familles. Les Indiens ne commencèrent que très-tard à élever des édifices sacrés : les Grecs au contraire en construisirent de très-bonne heure. L'usage, très-antique chez eux, de se représenter les dieux sous des formes physiques déterminées fit naître celui de sculpter leurs images : plusieurs de ces statues primitives, fort antérieures aux temps homériques, furent conservées en Grèce et demeurèrent l'objet d'un culte spécial. Elles étaient de bois et portaient le nom de ξόανα. Pour les défendre contre l'injure de l'air, on les plaça soit dans des grottes, soit dans des constructions faites exprès, qui furent les temples, ναοί. A ces temples furent attachés certains hommes chargés par cela même de ce qui concernait le service divin et qui se nommèrent ἱερεῖς et quelquefois hiérophantes. Parmi les fonctions de ces prêtres se trouvait la partie de l'office qui consiste dans l'hymne en l'honneur du dieu, hymne quelquefois récité ou psalmodié, mais ordinairement chanté. Les prêtres attachés aux temples ou au service des dieux devinrent donc les conservateurs des hymnes : c'est des sanctuaires que sortirent à la fois et la poésie et la musique. Mais, comme les prêtres de la

Grèce ne formèrent jamais un clergé, comme les cultes demeurèrent locaux et ne furent point systématisés en une religion commune, l'absence d'unité et de hiérarchie sacerdotale empêcha les hymnes de sortir des sanctuaires où ils étaient confinés : trop peu d'hommes furent intéressés à les répandre, et ces poésies primitives ne furent entendues que des initiés ou des fidèles de chaque petit coin de terre. La langue archaïque dans laquelle ils avaient été composés, devint, avec le temps, de moins en moins intelligible pour les prêtres eux-mêmes. Il n'y eut pas, comme dans l'Inde, une caste savante et de grandes écoles dont la conservation et l'interprétation des textes sacrés fût une des fonctions obligatoires. Comme il n'y eut pas de clergé, il ne se forma pas non plus un corps des Saintes-Ecritures. Aucune cause de durée ne se rencontra pour sauver ces anciennes poésies : et les causes variées que le temps et le progrès de la civilisation font apparaître, se réunirent pour les anéantir.

Thraces. *Eumolpe*, Εὔμολπος, et ses descendants sont la famille des chantres sacrés la plus célèbre de l'ancienne Grèce. Elle était attachée au culte de Dèmèter dans la ville sainte d'Eleusis ; des prêtres de cette famille existaient encore dans les temps historiques. Le nom d'Eumolpe signifie chantre excellent : il passait pour fils de Poseidòn et de Chioné fille du vent du nord, légende où l'on peut voir la double origine des Eumolpides, si cette légende n'a pas elle-même une signification mystique et symbolique ; il vivait, dit cette fable, au temps d'Hercule, qui fut initié par lui aux mystères d'Eleusis avant de descendre combattre Cerbère, et au temps du roi d'Athènes Erechthée auquel il fit la guerre et par qui enfin il fut tué. La légende d'Eumolpe le fait voyager deux fois en Thrace et traverser des aventures moins célèbres que celles d'Orphée mais non moins significatives. Il est en outre cité comme le chantre le plus fameux de son temps, parmi ceux qui mariaient leur voix aux sons de l'αὐλός, c'est-à-dire des instruments à bec. Nous citons ces faits parce qu'ils indiquent certains caractères essentiels de l'ancienne poésie des hymnes et des auteurs de ces chants : on voit en effet le fondateur des chants éleusiniens à la fois père de famille, prêtre, poète, chantre et guerrier. Ses relations avec la Thrace rattachent en outre sa légende au même pays que celle d'Orphée : la Thrace est le premier rivage européen que rencontra la grande migration venue par le nord de l'Asie mineure et qui de là descendit vers le sud. La légende d'Eumolpe se rapporte à la période où cette descente s'opéra et où les populations de cette branche commencèrent à perdre de vue l'Asie qui avait été leur berceau.

A partir de la Thrace, on peut suivre la marche des populations âryennes qui apportèrent en Grèce l'usage des chants sacrés et avec eux le culte des Muses. Elles se répandirent vers le sud de la Piérie, nom donné à un pays dont la situation varia et qui se transporta au midi jusque dans le voisinage de la Thessalie. Les surnoms que portent les Muses dans la poésie antique signalent les centres divers où leur culte s'établit et où la poésie des hymnes se développa tour à tour : on les nomme *Piérides, Parnassides, Héliconiades, Aonides, Pagasides, Aganippides, Ilissides,* sans compter plusieurs autres surnoms, qui tous se rapportent à la partie du monde grec comprise entre la Thrace et le cap Sunium en Attique et qui s'étend en longueur à l'est de la chaîne du Pinde et des montagnes célèbres qui la continuent au nord et au sud.

Mais ce serait se tromper que de circonscrire la poésie des hymnes dans cette bande de terre : elle s'est répandue sur tout le sol de la Grèce; et il ne s'agit dans le mythe relatif aux Muses que de la portion de cette poésie qui tire son origine du nord. Les chants en l'honneur des Muses cultivés dans la Grèce du nord-est ont donné lieu vraisemblablement à la légende de *Musée*, citée par Cicéron et par Virgile; ce poëte ou du moins ce nom, qui paraît avoir symbolisé la poésie dans cette contrée, se rattache d'une part à la Thrace, où un roi Musée, qui est sans doute le même, donna l'hospitalité à Jupiter, et de l'autre à l'Attique et à Eleusis où se développe le reste de la légende. Musée était du reste considéré comme un disciple d'Orphée.

Les Crétois. Le culte d'Apollon delphien, comme le raconte un des fragments épiques attribués à Homère, tire son origine de l'île de Crète, habitée de bonne heure par des populations àryennes. Delphes et Castalie, Délos et plusieurs lieux célèbres du Péloponnèse et des côtes d'Asie donnèrent un grand éclat aux fêtes d'Apollon. C'est de Crète que vint à Delphes le chantre *Chrysothémis,* auteur de l'hymne en l'honneur d'Apollon pythien. On connaît la signification symbolique de la lutte du dieu contre le serpent qui n'est autre que le nuage, et celle de sa naissance commune avec Diane du sein de Latone qui est simplement la nuit. Ce mythe, astronomique à Délos, météorique à Delphes, donnait certainement aux chants de Chrysothémis et d'*Olen* cet aspect oriental qu'avaient toutes les conceptions venues de la Crète. On s'en ferait probablement une idée assez exacte en lisant ceux des hymnes védiques où sont dépeintes l'apparition du Soleil et la lutte d'Indra et d'Ahi ou de Vritra. C'est la seule ressource que nous ayons pour acquérir par analogie quelque notion sur ces hymnes entièrement perdus. Constatons seulement ici qu'une portion de cette antique poésie grecque était venue d'Asie par le sud et par mer, qu'elle se rencontra avec les traditions de la même race venues par le nord, et que ce fut vraisemblablement à Delphes et dans les sanctuaires qui en dépendaient que ce fit leur alliance.

Les Phrygiens. Une troisième génération de chantres sacrés vint par le centre de l'Asie mineure avec des hymnes d'un caractère enthousiaste et le culte orgiastique de Cybèle qui est la Terre mère des dieux. La musique phrygienne avait pour instrument ce qu'on nomme la flûte, αὐλός, simple tuyau résonnant à plein vent et ne rendant par conséquent que les notes du mode majeur. Les prêtres de ce culte étaient les Corybantes, dont le nom se répète sur toute la chaîne asiatique du Bérécinte et signifie *montagnards* (en zend *gerevantô*); on les nommait aussi Orthocorybantes (en zend *eredwa-gerevantô*). Le nom de la montagne qu'ils avaient suivie d'Orient en Occident est aussi un nom âryen, en zend *berezat*, en sanscrit *brihat*, qui signifie montagne élevée et paraît identique au mot germanique *berg* qui a la même signification; le Bérécinte des Grecs n'est autre que l'El-bourzim ou Borj, la montagne sainte des Iraniens, au sud de la mer Caspienne et plus loin encore vers l'Asie centrale.

Plusieurs légendes célèbres ont eu cours chez les Grecs relativement aux hymnes phrygiens : à ces légendes sont attachés les noms de *Marsyas*, d'*Olympos* et de *Hyagnis*, dont nous parlerons plus bas à l'occasion de l'ode et de la musique. Remarquons seulement ici que le culte d'Apollon et par conséquent la poésie qui s'y rattachait, existaient déjà en Grèce lorsque survinrent les chants orgiastiques des Corybantes : c'est ce qu'indique clairement la lutte du satyre Marsyas et d'Apollon et le traitement que ce dieu lui fit subir. Son père Hyagnis portait cependant le nom d'homme pieux, puisqu'il signifie : qui offre de beaux sacrifices, en sanscrit *suyajna*. Mais une transaction dut s'opérer dans la suite et un accord s'établir entre les chantres phrygiens et ceux de la Grèce; car Olympos, dont la légende fait un disciple de Marsyas, est en même temps présenté comme accompagnant de sa flûte les chants du prêtre éleusinien Eumolpe.

Il est digne de remarque que tous ces noms de chantres primitifs, sauf un ou deux, n'ont aucune signification étymologique dans la langue grecque et appartiennent à une période de temps antérieure à la formation des noms propres helléniques. Si l'on voulait remonter à leur origine, il faudrait donc sortir des traditions grecques et s'approcher davantage des commencements de la race àryenne : on verrait que la plupart de ces noms ont dans les langues indo-perses des racines parfaitement reconnaissables; que quelques-uns, comme ceux de Marsyas et de Hyagnis n'ont subi que des modifications très-petites ; et que d'autres au contraire, comme celui d'Olen, chantre lycien de Délos cité par Hérodote, ont été profondément altérés. Ces noms semblent ainsi se rapporter à des périodes hymniques plus ou moins anciennes, ceux qui sont grecs, comme Eumolpe et Musée, étant les derniers venus.

ORPHÉE, Ορφεύς. Aucune légende relative aux chantres

antiques de la Grèce n'a eu la célébrité de la légende d'Orphée. Nous lui donnons ici une place à part, non-seulement parce qu'Orphée est regardé comme le père de la poésie et de la musique, mais aussi parce que l'origine de ce personnage est aujourd'hui reconnue et qu'Orphée n'appartient pas en propre à la Grèce. Seulement la tendance de l'art grec à tout humaniser a transformé peu à peu les détails de la légende et remplacé par un sentiment exquis ce qui n'était primitivement qu'un symbole mystique. L'Orphée grec, c'est le Ribhu (Arbhus) des hymnes du Véda. Considéré comme homme, Ribhu est un antique initiateur sacré : le vase du sacrifice a été par lui divisé en quatre, c'est-à-dire qu'à la place d'un seul prêtre, qui était le père de famille, il a mis quatre pontifes et par là substitué le culte public aux sacrifices domestiques ; c'est lui qui, avec ses deux frères, a construit le char d'Indra et formé ses deux coursiers jaunâtres ; il a rendu la jeunesse aux deux parents, et de la peau d'une vache morte (qui est le filtre sacré) il a fait une vache vivante ; il a institué le sacrifice du soir. Par tous ces faits le fils de Sudhanwan a été l'un des grands civilisateurs des peuples aryens et il a mérité d'être rangé, près d'Indra, parmi les Immortels. Chez les Grecs, la vache du sacrifice, c'est-à-dire l'offrande pieuse, est devenue l'épouse d'Orphée, pleine de jeunesse, puis perdue par la morsure du serpent ennemi des dieux, bientôt après rendue un instant à la vie par la force de la prière et du chant sacré, perdue de nouveau, et enfin reçue au ciel avec son époux qui jouit près d'elle d'une immortelle jeunesse parmi les dieux.

La légende d'Orphée paraît être venue de la Thrace comme celle des Muses et avoir par conséquent cheminé d'Orient en Occident par le nord de l'Asie mineure. La preuve de sa haute antiquité est dans sa nature même qui, de réelle qu'elle était d'abord, a pris la forme mystique qu'elle a dans le Vèda et la forme humaine et surnaturelle à la fois que les Grecs lui ont donnée. De plus comme elle se trouve en même temps chez ces derniers et chez les Indiens des plus anciens temps, on en doit conclure qu'elle est antérieure aux époques où les uns et les autres ont quitté le berceau commun de leur race et qu'ainsi elle appartient à toute la race àryenne.

Le nom d'Orphée devint le symbole de la poésie primitive et du chant sacré : quand il eut été mis en pièces par les femmes (déjà irritées contre lui dans l'hymne de Dirghatamas), sa bouche parlait et chantait encore, et sa tête portée sur les vagues de la mer fit naître dans les îles de la mer Egée la poésie lyrique et une école devenue célèbre. Ces faits merveilleux et beaucoup d'autres que contient la légende d'Orphée, peuvent trouver dans le Vèda leur explication naturelle, que nous ne pouvons donner ici. Remarquons seulement que dans cette grande expédition des Argonautes, si dénaturée par la tradition et qui n'a probablement aucun fondement historique, mais qui remonte par son origine aux temps les plus anciens de la race grecque, Orphée est le poète, le chantre et le prêtre de tous les héros du navire Argo, et les fonctions saintes qu'il remplit ont un caractère public très-marqué.

Orphée, Eurydice, sa résurrection et son apothéose, la puissance de l'incantation qui s'exerce même sur les êtres inanimés, la révolte des femmes consacrées au service de Bacchus (la liqueur sacrée du *sóma*), la dispersion des membres d'Orphée, leur chute dans les eaux et les sons mélodieux que la tête divine du chantre y rendait encore, tous les détails de la légende d'Orphée n'ont dans la mythologie et les traditions de la Grèce aucune signification intelligible. Au contraire ils s'expliquent d'eux-mêmes et le plus souvent sans difficulté dans la légende védique des Ribhus. Soit que l'on attribue une existence réelle à ces personnages, soit qu'on les regarde comme des créations symboliques des anciens temps, Orphée et Ribhu ont un caractère exclusivement oriental et ne sont grecs ou indiens que par les caractères particuliers que la légende primitive a plus tard revêtus. Mais, comme cette légende est plus ancienne que les Indiens et que les Grecs, puisqu'elle se trouve à la fois en Thrace et sur les rives de l'Indus, on voit combien est vaine l'opinion des critiques qui s'imaginent retrouver quelque chose d'Orphée dans des poésies alexandrines ou dans le livre apocryphe d'Aristote περὶ κόσμου. Car il est évident que, s'il a jamais existé un homme du nom d'Orphée, il ne parlait pas plus grec que sanscrit et il s'exprimait dans une langue beaucoup plus ancienne, d'où le grec et le sanscrit sont également dérivés. Les Grecs eurent cependant raison de rapporter à Orphée l'origine de leur poésie et de leurs chants, puisque ce nom personnifiait, non-seulement pour eux mais pour d'autres peuples de la même race, l'hymne dans ce qu'il avait de plus idéal, de plus pratique et de plus puissant à la fois.

DE QUELQUES HYMNES.

La tradition nous a conservé les traces d'un certain nombre d'hymnes se rapportant à des circonstances particulières de la vie humaine ou à des époques spéciales de l'année. Ce sont principalement : l'hyménée, le thrène, le péan, le linos et l'ialénos. Remarquons d'abord qu'aucun de ces noms n'a de racine ni de famille dans la langue grecque et que par conséquent ils lui sont antérieurs ou étrangers. Il faut en excepter peut-être le thrène, puisqu'il existe un verbe grec peu usité, θρέω, qui signifie se lamenter. Il est certain d'un autre côté que les usages indiqués par tous ces noms remontent à une époque très-antique de la Grèce et sont de beaucoup antérieurs à la période des épopées.

L'hyménée, ὑμέναιος, n'est pas un chant, mais le mariage lui-même, dans la langue ordinaire de la Grèce; cependant ce mot est aussi employé par les anciens auteurs pour désigner l'hymne nuptial avec les chants et les danses dont le mariage était l'occasion : on trouve au xviiie chant de l'Iliade la description de ces fêtes telles qu'on les célébrait aux temps féodaux de la société hellénique. Mais l'auteur de ce tableau ne présente que la partie extérieure et profane de la fête nuptiale, celle qui s'accomplissait après la cérémonie sacrée. Il y avait là sans doute des chants populaires ayant plus ou moins la forme d'hymnes et dont l'épithalame de Catulle peut donner quelque idée. Mais le chant liturgique, l'hymne chanté par le prêtre quand il unissait et bénissait les fiancés, toute cette poésie sacramentelle et symbolique est perdue pour nous. Le recueil du Vèda nous offre un hymne de cette espèce contenant tout le cérémonial et la mystique du mariage aux temps anciens de la race âryenne : ce n'est pas un chant joyeux, mais un morceau plein de gravité, d'une métaphysique et d'une moralité profondes.

Quand je vois la sainteté du mariage chez les Grecs, où la monogamie a toujours été le fondement de la famille, je ne puis croire que le seul chant qui en consacrait les liens fut tel que le poète romain nous le représente : l'hymne vraiment antique du mariage n'est pas ce chant populaire, quelque monotonie que présente sa ritournelle ; c'est celui qui se chantait à l'autel où l'un des actes les plus sérieux de la vie s'accomplissait ; il devait chez les Grecs primitifs ressembler beaucoup à l'hymne nuptial du Vèda, bien plus voisin de ces anciens temps que ne le fut le poète Catulle. Mais après la cérémonie sainte, venaient les festins, les chansons joyeuses et cette espèce de farandole dépeinte sur le bouclier d'Achille. Voilà les deux faces de cette poésie primitive, l'une hiératique et mystique, l'autre mystique aussi sans doute et traditionnelle, mais populaire, joyeuse et peut-être même plus libre que des mœurs épurées ne le permettraient. Du reste les mots *hymen*, *hyménée,* peuvent avoir cette double signification, s'il est vrai qu'ils viennent des mêmes racines que le mot *hymne;* en sanscrit, *sumna* et *sumanas* viennent également de la particule *su* qui veut dire *bien* et de la racine *man* qui signifie *penser*.

Le *pleur*, θρῆνος, n'est probablement pas un usage moins antique que les chants d'hyménée : la mort donnait lieu à des cérémonies les unes sacrées, les autres profanes, dont on voit encore la distinction au dernier chant de l'Iliade, là où s'accomplissent les funérailles d'Hector. Toutefois il ne faudrait pas prendre ce qui se trouve dans les épopées comme une image exacte de ce qui avait pu se faire au temps des hymnes. Quand le sacerdoce n'avait pas une existence séparée, quand le poète était en même temps prêtre et père de famille, l'hymne funèbre était chanté par quelque membre de la famille elle-même au moment où s'accomplissait la levée du corps, l'enterrement ou la crémation. On peut voir à ce sujet dans le Vêda un hymne récité en l'honneur d'un guerrier mort; ce chant, qui est très-beau, fait connaître les différents actes de l'inhumation. Après une prière, l'officiant ordonnait aux personnes présentes de soulever le cadavre, puis aux femmes pieuses de s'approcher avec l'offrande du foyer sacré; elles étaient couvertes de leurs parures. Ensuite il renvoyait la veuve du guerrier en lui disant :

« Et toi, femme, va dans le lieu où est encore pour toi la vie; retrouve, dans les enfants qu'il te laisse, celui qui n'est plus; tu as été la digne épouse du maître à qui tu avais donné ta main. »

L'officiant prenait alors dans la main du trépassé son arc de guerre et lui disait :

« O toi, voilà ce que tu es devenu... va trouver la terre, cette mère grande et bonne. Toujours jeune, qu'elle soit douce comme un tapis pour celui qui a honoré les dieux par ses présents.

» O terre, soulève-toi; ne le blesse pas; sois pour lui prévenante et douce. O terre, couvre-le, comme une mère couvre son enfant d'un pan de sa robe. »

On mettait le mort en terre, et le prêtre prononçait ces mots :

« J'amasse la terre autour de toi; je forme ce tertre pour que ton corps ne soit pas blessé. Que les Ancêtres gardent cette tombe...

» Les jours sont pour moi ce que la flèche est pour les plumes qu'elle emporte. Je contiens ma voix, comme le frein le coursier. »

C'est après cette cérémonie funèbre ou entre les actes divers dont elle se compose, qu'avait lieu chez les Grecs le *pleur* ou lamentation. Les femmes prononçaient tour à tour des paroles rhythmées, accompagnées d'une sorte de chant ou de cantilène lugubre : elles se reprenaient l'une l'autre, et finissaient par pousser toutes ensemble cette lamentation dans une sorte de chœur. Les funérailles d'Hector dans l'Iliade peuvent indiquer ce qui se pratiquait aux temps homériques : mais il y a des tragédies, par exemple celle des *Perses* et celle des *Sept chefs*, qui semblent reproduire l'antique usage d'une façon plus exacte encore.

On voit par ce qui précède qu'il y aurait lieu de distinguer l'*hymne* funèbre proprement dit et le *thrène*, c'est-à-dire la partie liturgique et la partie extérieure et populaire des cérémonies funèbres : la première, qui est l'œuvre poétique vraie des temps primitifs, resta dans les sanctuaires et appartint pour ainsi dire au sacerdoce, quand celui-ci fut représenté par une classe d'hommes distincte dans la société hellénique; la seconde se transmit dans le peuple, et c'est elle qui paraît dans la poésie épique et dans les œuvres dramatiques des temps postérieurs. Cette distinction répond à celle que nous avons faite plus haut à l'occasion des cérémonies nuptiales, et prouve que dès l'origine les populations grecques avaient une tendance à séparer la poésie des formes liturgiques qu'elle avait prises d'abord et à créer cette poésie laïque et libre qui devait peu à peu se substituer à la poésie primitive. Que celle-ci ait existé à l'origine de ces populations, c'est ce que prouvent et les traditions gréco-asiatiques analogues à la légende d'Orphée, et les témoignages de beaucoup de chantres vèdiques parlant d'une poésie très-antique antérieure à la période indienne qu'eux-mêmes représentent. Quant à l'autre, l'usage du *pleur funèbre* et celui du chant joyeux d'*hyménée* en ont prolongé la durée jusque dans les temps historiques.

Le *péan*, παιάν, ne fut aussi sans doute à son origine, qu'un chant sacré faisant partie du rituel relatif au culte d'Apollon et de Diane. Ce chant passait pour originaire de Crète. Il y eut une classe de poètes qui portaient le nom de *péanistes* et dont la fonction était de composer des péans. Le mythe d'Apollon est primitivement un mythe exclusivement solaire, comme celui de Diane procède de la Lune et de ses mouvements dans le ciel. Les fonctions naturelles du Soleil ne se rapportent pas seulement à la lumière, mais aussi à plusieurs phénomènes météorologiques et terrestres dont quelques-uns font partie du développement de la vie, de sa production, de sa destruction. Si l'on voulait trouver dans le Vèda des hymnes ayant quelque analogie avec ce que durent être les péans primitifs, il les faudrait chercher parmi ceux où l'on célèbre Indra ou Vishnu. Il paraît certain du reste que le péan fut dès l'origine un chant de triomphe : on y célébrait les victoires d'Apollon sur les forces de la nature ou sur les monstres, par exemple celle qu'il remporta sur Python qui n'est autre que l'Ahi vèdique, ennemi d'Indra et symbole du nuage obscur.

Plus tard le nom de *péan* fut employé pour désigner un chant de victoire en l'honneur d'un dieu quelconque, pourvu que l'action de ce dieu fût bienfaisante. Il n'y a cependant aucune raison philologique de croire que le mot παιάν dérive de παίω qui signifie *frapper,* ni même qu'il ait sa racine dans la langue grecque; car la syllabe παι n'est pas une forme primitive et procède naturellement d'une forme plus simple qui serait *pi;* celle-ci veut dire en sanscrit (comme en grec et en latin) boire, absorber; et le mot *pâyu* est, dans le Vêda, un des surnoms du Soleil et de la divinité qui le représente; il exprime la vertu absorbante des rayons solaires qui attire les vapeurs, dissipe les nuages et assure ainsi son règne triomphant au milieu du ciel serein.

L'usage d'employer le mot *péan* en dehors même du culte d'Apollon, s'étendit encore et en fit un terme commun par lequel on désigna un chant de victoire quel qu'il fût : ainsi le retour d'Agamemnon est célébré par un péan; la rentrée d'Oreste dans Argos l'est aussi, quoiqu'il n'y ait pas ici de bataille, ni de victoire proprement dite. Toutefois le péan ne fut jamais simplement un chant de joie, et supposa toujours quelque succès remporté et par conséquent une lutte soutenue; d'ailleurs Péan était Apollon lui-même; tous les Grecs le savaient, et, quand ils donnaient ce nom à un chant, celui-ci avait par cela même un caractère religieux. C'est ce que nous pouvons observer jusque dans les temps historiques, où le péan fut chanté, même avant la bataille, par les Grecs s'encourageant au combat et se présageant la victoire. Les poètes qui se donnaient pour rôle de composer des hymnes de guerre recevaient le nom de *péanographes :* mais ces chants ne faisaient plus partie d'aucun rituel et n'avaient conservé aucunement le caractère liturgique des anciens péans.

Linos, Λίνος, selon la légende était fils d'Apollon et d'Uranie et maître d'Orphée et d'Hercule; vainqueur de ce dernier sur la cithare, il fut tué par lui, et son nom devint celui d'un chant célèbre, le *linos*. Selon un autre récit, Linos était un beau berger de l'Argolide qui fut dévoré par des chiens sauvages. Il est vraisemblable que la légende de Linos fut primitivement un mythe solaire, comme permettent de le penser ses rapports avec les mythes d'Apollon, d'Uranie, d'Hercule et d'Orphée, et que le chant qui portait ce nom était l'hymne de l'automne et de la disparition de la vie végétale. Dans le xviiie chant de l'Iliade, un jeune vendangeur chante le linos en s'accompagnant de la cithare; les jeunes gens le suivent, frappant la terre en cadence. Un fragment d'Hésiode, cité par Eustathe, parle du linos comme d'un refrain que les citharistes exécutaient dans les chœurs de danse et dans les festins. Ces deux citations de poèmes antiques n'indiquent pas que ce chant eût le caractère de la tristesse; mais il pouvait respirer une sorte de mélancolie, exprimée par les mots homériques ἱμερόεν κιθάριζε.

Il n'est pas démontré que le linos fut le même chant que l'*ailinos* αἴλινος; ce mot, ordinairement employé au vocatif, indique certainement un refrain lugubre, peut-être même funèbre. L'expression : « dis ailiné » est la forme ordinaire que revêt ce refrain, qui se réduit ainsi à une sorte d'exclamation et ne saurait être considéré comme un hymne. Eschyle, qui suit avec une exactitude scrupuleuse les traditions antiques, emploie cette formule comme expression de la douleur causée par la mort d'une personne chère. Moschos, en sa qualité de poète érudit comme l'étaient tous ceux de son temps, l'a renouvelée dans son morceau célèbre sur la mort du poète Bion, son ami; et il l'emploie aussi comme refrain d'un chant funèbre. Mais, si l'ailinos a été originairement le même que le linos ou s'il en est un débris conservé dans les usages de la poésie grecque, on voit que dans les temps nouveaux il n'avait plus aucun caractère liturgique et avait entièrement perdu la valeur symbolique des hymnes sacrés. Du reste son antiquité est établie non-seulement par la légende de Linos, quelle qu'elle soit, mais aussi par ce fait si simple que le mot λίνος n'a pas son explication étymologique dans la langue grecque, non plus que les mots αἴλινος et οἰτόλινος, et qu'ainsi tous ces termes furent en usage chez les ancêtres des Grecs avant que ceux-ci fussent parvenus dans les pays où ils se sont fixés.

Observation générale. Les pages qui précèdent prouvent deux choses : Premièrement, ce que nous savons de la période des hymnes se réduit presque à rien, si on ne l'étudie qu'au moyen des seuls documents grecs. Ceux-ci ne nous offrent que des mots, la plupart étrangers à la langue grecque, et des traditions dont quelques-unes ont un caractère hiératique très-marqué et dont les autres sont tellement vagues qu'on ne peut dire si elles se rapportent à des faits réels dont le souvenir s'est oblitéré, ou à des conceptions symboliques personnifiées. Parmi les chants dont le nom s'est conservé, aucun ne nous est connu directement; il n'en reste guère que la formule de l'hyménée et celle de l'ailinos, lesquelles sont absolument insignifiantes. Quant aux prétendus poètes dont la célébrité antique s'est prolongée jusque chez les modernes, ou leurs noms ne sont pas grecs, ou ces noms ont une signification si bien appropriée à la fonction de ceux qui les portent qu'on est autorisé à regarder ces derniers comme des personnifications du chant sacré et non comme des hommes réels.

Secondement, les noms d'hommes, les traditions, les mots qui désignent les chants, le mot *hymne* lui-même, ont un caractère tout à fait oriental. Leur comparaison avec les documents positifs que nous fournit l'Asie et notamment avec les hymnes du Vèda, éclaire plusieurs de ces traditions d'un jour très-vif, en explique le sens et donne sur l'état social, intellectuel et moral des populations âryennes primitives des notions qu'on ne peut trouver ailleurs. Elle rattache la Grèce à l'Asie centrale; elle montre que la période grecque des hymnes a suivi de très-près l'époque où les migrations grecques ont quitté le berceau commun de leur race et que peut-être même elle était commencée avant leur départ. De toute manière il ressort de cette comparaison que, durant la période des hymnes, la Grèce avait un caractère oriental et que son génie propre commençait à peine à se montrer au jour : les peuples qui composèrent plus tard la nation hellénique, n'étaient pas encore fixés dans leur résidence définitive; la plupart d'entre eux étaient en mouvement, les uns au nord vers les pays de Thrace et de Macédoine, les autres au sud dans l'île de Crète et les îles avoisinantes, quelques-uns même encore en Asie. Tous, par des marches concentriques, tendaient vers un même point, la Grèce propre et le Péloponèse; mais ils étaient loin encore d'y être parvenus. Quant à leur langue, on n'en peut rien dire, si ce n'est qu'elle n'était pas le grec, puisque le grec est encore en voie de formation dans les épopées; mais elle n'était pas non plus le sanscrit ancien ni la langue primitive des peuples de l'Oxus, puisque ces peuples en marche avaient déjà des différences de dialectes, quoique appartenant à une même branche des Aryas. Leurs idiomes devaient donc tenir le milieu entre la langue primitive et ces dialectes, qui en sont sortis peu à peu par un travail propre à chacune des migrations pélasgiques ou helléniques.

Ces réflexions nous rejettent bien loin des hymnes alexandrins publiés sous le nom d'Orphée, bien loin aussi d'Attis, de Sabas, d'Adonis et d'autres personnages de ce genre, étrangers non-seulement aux anciennes religions grecques, mais à la Grèce elle-même. Il arrive un temps où, les genres littéraires et les traditions nationales étant épuisés, les poètes reprennent les formes antiques de la poésie et de l'art, en revêtent des idées nouvelles, des croyances abstruses et des personnages étrangers. C'est ce que nous voyons de nos jours et sous nos yeux ; c'est ce qu'ont vu les Grecs d'Alexandrie ; mais la critique vraiment scientifique rend à chaque époque les œuvres qui lui appartiennent et distingue les productions de la décadence des essais pleins de vigueur et d'enthousiasme qui caractérisent la jeunesse des nations.

SECTION DEUXIÈME.

PÉRIODE ÉPIQUE.

DATES APPROXIMATIVES DES ÉPOPÉES.

De 1200 à	IONIE.	BÉOTIE.
1100	L'Iliade.	
1000	»	Le Bouclier.
900	L'Odyssée.	La Théogonie.
850	Stasinos.	Les OEuvres et Jours.
800	»	L'Ægimios.
	»	La Mélampodie.
770	Arctinos.	Les Eées.
	Agias.	Les Institutions de Chiron.
715	Leschès.	L'Astronomie.
	Eugammon.	Le Périodos.

NOTIONS GÉNÉRALES.

La période des hymnes n'a rien laissé ; celle des épopées a laissé deux grands monuments, l'Iliade et l'Odyssée, et un certain nombre de fragments épiques d'une grande valeur mais d'une origine inconnue; de plus on peut rattacher à l'épopée les deux poèmes qui nous restent d'Hésiode, quoique leur sujet ne soit pas épique dans le vrai sens de ce mot. De l'aveu de tous les historiens, Hésiode est postérieur à l'Odyssée, l'Odyssée est postérieure à l'Iliade. Quoique celle-ci ait été probablement précédée d'essais épiques, comme elle est le plus ancien monument connu de la poésie grecque, on peut la considérer comme le premier modèle de toutes les épopées occidentales. Depuis l'Iliade les œuvres épiques se sont succédé pour ainsi dire sans interruption : après la grande période de production qui a précédé les temps historiques de la Grèce, une suite de chantres homériques a été répétant les œuvres anciennes sous le nom de *rhapsodes;* il y en avait encore de très-renommés au temps de Platon. A ces récitations des rhapsodes a succédé immédiatement une nouvelle période de production épique, faisant partie de la littérature alexandrine. Les maitres alexandrins ont instruit les épiques romains et notamment Virgile auquel ils ont servi de modèles. Par Lucain, Stace et les autres imitateurs latins de l'épopée grecque, la série se prolonge jusque dans les premiers temps du moyen-âge. Ici commence cette longue liste des épopées occidentales connues sous les noms de *romans* et de *chansons :* quoique imitées du latin, duquel elles avaient reçu leur forme, elles avaient pourtant une certaine originalité due à la nature des sujets qu'elles traitaient. Une connaissance plus juste de l'œuvre de Virgile fit naitre au sortir du moyen-âge Tasse, Arioste, et plus tard Milton : enfin l'étude directe des épopées helléniques exerça sur les œuvres épiques des Français, des Allemands et des Anglais modernes une action prépondérante.

La forme épique s'est donc transmise depuis l'Iliade chez les peuples occidentaux appartenant à la race âryenne. Et comme d'un autre côté on la trouve aussi chez les Perses anciens ou modernes et surtout dans l'Inde, où elle a reçu son plus grand développement, on peut dire qu'elle est dans le génie même de notre race et répond à un des besoins les plus permanents de notre esprit. Il faut ajouter qu'elle est étrangère à toutes les autres races humaines, puisqu'elle n'y a fait naître quelques œuvres que par imitation et sans qu'il y eût chez elles aucun besoin national ou populaire qui poussât les poètes à les produire. L'épopée est donc non-seulement universellement âryenne, mais elle l'est exclusivement; son existence chez tous les peuples de notre race prouve qu'elle a son origine et sa cause dans le fond même de leur constitution morale et qu'elle est un produit spontané de leur civilisation.

Ce qui caractérise les épopées, dans leur fond, c'est le merveilleux et l'héroïsme. Le merveilleux n'est pas une machine poétique, comme on l'a cru longtemps, mais simplement l'intervention dans les choses terrestres d'une puissance supérieure et divine. La notion de providence ne constituerait pas à elle seule le merveilleux poétique, parce que la providence agit par des lois universelles et ne s'écarte par conséquent jamais de l'ordre du monde. Mais si l'on symbolise une puissance surnaturelle quelconque sous des formes et avec des attributs définis, et si on lui prête des actions locales qui puissent, en apparence du moins, s'éloigner de l'ordre universel et du cours ordinaire des choses, ces actions mêmes ont un caractère individuel et leur développement dans la poésie constitue le merveilleux. Les dieux, les démons, les saints, les anges, les magiciens, les devins, sont, suivant les époques, les représentants ordinaires du merveilleux dans les épopées. Chez les modernes et en général chez les peuples qui connaissent l'unité de Dieu, les personnages que nous venons de nommer tiennent de l'Etre suprême le pouvoir surnaturel qu'ils exercent dans les poèmes. Chez les anciens les dieux sont comme les forces naturelles sous l'empire desquelles se produisent toutes choses ; il semble donc qu'ils ne devraient jamais agir que conformément à la nature. Les choses merveilleuses dont ils sont les auteurs prouvent une fois de plus qu'ils sont supérieurs aux forces naturelles et que celles-ci n'agissent qu'en sous-ordre dans des événements dont les dieux sont les véritables causes. C'est pour cela même que dès les temps les plus reculés, les Grecs et tous les peuples àryens ont fait d'eux des personnes divines et leur ont généralement donné la forme humaine ou du moins les formes de la vie. Celui qui ne comprend pas que telle est la nature des dieux ne peut s'expliquer ni l'art antique ni le merveilleux dans la poésie, qui reposent l'un et l'autre sur cette idée.

Les héros sont les personnages propres de l'épopée. Ce sont des hommes, d'une nature supérieure en bien ou en mal. Nous verrons plus bas quels liens ont les héros grecs avec la société des temps épiques et avec les traditions religieuses. Nous ferons seulement remarquer ici qu'une épopée sans héros n'existe pas : la supériorité de leur nature fait d'eux des représentants de l'humanité, dont ils possèdent les vertus ou les vices d'une façon éminente. Le courage n'est pas une condition nécessaire pour être un héros épique : il existe des qualités qui ne supposent pas le courage ou qui même l'excluent; pour être un héros il suffit de posséder une d'elles à un degré supérieur. Si l'héroïsme n'était que la bravoure ou s'il la supposait toujours, le poète épique se priverait de beaucoup de personnages intéressants et que la société de son temps lui offrirait; parmi les femmes, la vaillance n'est pas une vertu commune et cependant les femmes des temps épiques appartiennent à la société héroïque au même titre que les hommes. Les dieux non plus ne sont pas tous également bons et braves : les qualités supérieures des héros les rapprochent des dieux, auxquels ils tiennent d'ailleurs le plus souvent par leur naissance. Ce double monde épique est par sa nature essentiellement idéal, les dieux parce que le monde idéal est peuplé par eux, les héros parce qu'ils sont des types humains que leur constitution physique et morale aussi bien que leur origine rapproche des dieux.

Un acte qui s'accomplit entre les dieux ou entre les héros peut constituer le fond d'une épopée. Les épopées grecques, qui se passent dans ces deux mondes à la fois, doivent être envisagées de ce double point de vue : car la société des héros, tels qu'ils s'y présentent, n'est autre que la société grecque des temps épiques; et ce qui est dit des dieux, les actions qu'on leur prête, indiquent l'état des croyances religieuses dans cette société. Mais ces questions sont précédées de trois autres, dont aucune n'est encore complétement résolue et qui peuvent s'énoncer ainsi : en quels lieux furent composées les épopées grecques, en quels temps, par quels auteurs? Réunies, ces trois questions se résument en une seule, celle de l'authenticité.

LIEUX OÙ FURENT COMPOSÉES L'ILIADE ET L'ODYSSÉE.

I. La langue. L'examen des dialectes employés dans ces deux poèmes n'établit pas une différence entre les pays où ils furent composés. Leur simple lecture prouve qu'aux temps épiques, les dialectes grecs avaient pénétré les uns dans les autres et s'étaient en partie mêlés. Les formes des mots sont sensiblement les mêmes dans l'Iliade et dans l'Odyssée; tout au plus y a-t-il quelque prédominance de l'éolien dans la première et de l'ionien dans la seconde. Mais cette différence est loin de constituer un contraste; elle ne s'aperçoit que par une étude approfondie des deux poèmes. D'ailleurs elle s'expliquerait assez bien par la différence des deux sujets dont l'un est une guerre sur le continent d'Asie, et l'autre une navigation et une lutte domestique accomplies par des hommes de race ionienne.

Quand même les dialectes différeraient assez pour que l'on crût devoir en conclure que les poèmes appartiennent à des pays séparés, on n'en pourrait pas tirer une conséquence bien sérieuse, puisqu'il faudrait d'abord établir que tel dialecte était parlé dans tel pays grec : or les poèmes épiques sont les seuls monuments que l'on puisse consulter sur ce sujet. On fait donc ici un cercle vicieux, à moins que les poèmes ne déclarent qu'en effet on ne parlait pas la même langue dans les divers pays où ils se passent; ce qui n'est pas.

Mais il y a entre les deux épopées grecques une différence de langage beaucoup plus importante que celle des dialectes et qui provient du développement des idées qui s'est opéré d'un poëme à l'autre. L'Iliade ne renferme qu'un très-petit nombre de termes abstraits exprimant des idées générales; l'Odyssée en renferme un grand nombre; les uns énoncent des notions morales, les autres des doctrines métaphysiques, quelques-uns même des faits sociaux et des relations qui ne paraissent aucunement dans l'Iliade. Ce contraste des deux langues peut être aisément constaté par l'examen même superficiel des Lexiques où tous les mots des épopées se présentent dans leur ordre alphabétique. Mais il indique une différence entre les dates des poëmes et non entre les lieux où ils furent composés.

II. Le théatre des événements. Nous voyons, par des exemples modernes très-nombreux, qu'un même homme peut écrire des poëmes dont les actions se passent dans des pays divers. Il se pourrait donc que l'Iliade et l'Odyssée eussent été faites dans une contrée qui ne serait ni l'Asie mineure ni les îles ioniennes, en Grèce, par exemple, ou dans quelque île de la mer Egée. Toutefois, la description plus ou moins précise d'une contrée indique que le poëte y a séjourné plus ou moins longtemps; les descriptions erronées, qu'il n'y a pas été ou qu'il ne l'a pas assez observée, et qu'enfin il ne l'a pas sous les yeux; les descriptions fantastiques, qu'il ne la connait que par ouï-dire et ne la voit qu'à travers des récits enthousiastes ou mensongers. En suivant cette méthode d'examen, on peut réduire de proche en proche l'espace où se meut l'esprit du poëte pendant qu'il fait son œuvre.

Or dans l'Iliade, les pays méditerranéens situés au midi, à l'est et à l'ouest, sont à peu près inconnus du poète; on nomme la Crète, la Carie, Sidon même et les Éthiopiens; mais il n'y a sur tous ces lieux aucune description, aucun fait précis. La Grèce proprement dite parait peu connue de l'auteur : les pays à l'ouest de la Troade, d'où viennent les Grecs, mais qui sont séparés d'elle par la mer, ne donnent lieu à aucune description, même là où des légendes de ces pays sont racontées; le poète n'ajoute à leur nom que ces épithètes caractéristiques qui courent de bouche en bouche, et souvent même les épithètes les plus générales et les moins significatives. Au contraire, la côte d'Asie mineure est décrite avec des détails précis, locaux, qui indiquent une connaissance spéciale des lieux et un séjour prolongé : Lesbos, le Tmolos, le lac Gygée, l'Hyllos, l'Hermos, le Caïstre avec les animaux qui l'habitent, ont été vus et étudiés de près. Il en est de même du pays de Troie et des régions qui l'avoisinent : la plus grande exactitude règne dans ces descriptions. J'ai parcouru, l'Iliade à la main, la plaine de Troie, et ce que dit ce poème d'Ilion et de son site, des sources, des collines, des rivières, des tombeaux, du rivage aplani, de la rade entre les deux promontoires, de Ténédos et des sommets lointains de la Samothrace, d'Imbros et des monts de la Thrace, s'est trouvé à mes yeux parfaitement véridique. Les descriptions qui concernent l'Ida et l'Olympe de Bithynie prouvent de même une connaissance exacte de ces lieux. On peut donc penser que l'Iliade a été composée sur les rivages de l'Asie mineure, non loin de l'Hellespont, ou dans quelqu'une des îles qui bordent ces rivages.

Dans l'Odyssée, le lecteur distingue deux sortes de contrées, les unes fantastiques, les autres réelles. Les premières sont plus ou moins éloignées de la Grèce et paraissent aux limites de la navigation du temps; on n'y va que par mer. Telles sont les îles d'Eole, de Calypso, de Circé, du Soleil, la contrée des Cyclopes, celle des Cimmériens, l'île d'Æa, qui est la Sicile presque méconnaissable. La situation astronomique de ces pays est indiquée de la façon la plus générale et placée à l'ouest, sauf le pays des Cimmériens, qui est au nord, et où s'accomplissent les plus étranges prodiges. Parmi les pays réels, ceux qui sont les mieux connus et les mieux décrits dans l'Iliade sont presque ignorés dans l'Odyssée : le Bosphore est confondu avec le détroit de Sicile, et les Symplégades avec les roches de Charybde et de Scylla. L'Olympe n'a plus aucune réalité : dans l'Iliade, c'est bien l'Olympe de Bithynie qui domine le Bosphore, l'Hellespont et toute la partie nord-ouest de l'Asie-mineure; sa réalité est complète; dans l'Odyssée, c'est une montagne idéale, dont la situation n'a rien de fixe, dont l'existence est impossible et qui ressemble de tout point à celui du poète latin Lucrèce. Le pays de Troie est presque inconnu, ainsi que la côte d'Asie; les lieux circonvoisins ne sont nommés qu'à l'occasion de certains cultes célèbres dans tout le monde ancien, Lemnos à propos de Vulcain et de ses forges, la Thrace à propos de Mars. Il faut donc chercher ailleurs le pays où fut composée l'Odyssée.

En avançant vers l'ouest, on rencontre l'Eubée, qui est présentée comme lointaine. Mais bientôt on arrive à des pays que le poète a certainement vus. C'est d'abord, Thèbes, Orchomène, la Béotie, le Parnasse; dans le Péloponèse, Argos, Lacédémone, l'Erymanthe, le Taygète, Pylos, le cap Malée et ses courants redoutables ; toute la côte ouest de la péninsule et de la Grèce est décrite avec une exactitude scrupuleuse, ainsi que les îles qui l'avoisinent, et avant tout celle d'Ithaque, qui est le centre d'action de tout le poème.

III. L'ORIENTATION. Suivant le lieu où se trouve le poète, les phénomènes généraux de la nature ont une certaine direction qui peut se retrouver dans son œuvre. Il n'y a presque rien à conclure des levers et des couchers du soleil, qui dans l'un et l'autre poème présentent la mer à l'horizon : la fiction très-antique de l'Océan considéré comme un fleuve qui entoure la terre, fait que, même au milieu d'un continent, un poète grec pourrait encore nous montrer le soleil se levant et se couchant sur les eaux. Mais il n'en est pas de même de la mer. Dans l'Odyssée, les vagues viennent de l'ouest, sans exception ; la mer est vue à l'ouest dans tous les endroits où le poète parle en son propre nom sans tenir compte de la situation épique des personnages ; dans ce dernier cas, elle est partout. Dans l'Iliade, la mer est poussée au rivage par le Zéphyre, mais elle l'est souvent aussi par Borée, phénomène qui a lieu dans la Troade, mais qui est inconnu sur les côtes ouest de la Grèce. La neige, décrite par le poète de l'Iliade comme un phénomène habituel, est représentée venant de l'Olympe, poussée par le vent du nord, ainsi que la tempête qui montre les montagnes de Thrace à l'horizon, tandis que dans l'Odyssée elle vient d'une haute mer sans rivages.

IV. LES COMPARAISONS. Toutes les indications qui précèdent concordent et semblent fixer le lieu où fut composée l'Iliade, vers les côtes ouest de l'Asie mineure, non loin de la Troade, et peut-être, en partie du moins, dans la Troade elle-même. Le poète de l'Odyssée semble avoir habité les îles ioniennes ou les rivages grecs qui les avoisinent. Toutefois, comme en définitive un poète peut toujours prendre pour point de vue les lieux où se passent les événements, aucune des raisons que nous venons d'énumérer n'est absolument décisive. Il n'en est pas de même des comparaisons, où le poète s'adresse pour son compte à ceux qui l'écoutent et qui sont prises des objets qui leur sont les plus familiers. Or les comparaisons de l'Iliade offrent avec celles de l'Odyssée le contraste le plus saisissant. Dans le premier de ces poëmes, les images les plus ordinaires sont tirées du lion, animal asiatique qu'aucune tradition antique ne nous montre en Europe (si ce n'est celle du lion symbolique de Némée, tué par Hercule) et dont les naturalistes n'ont rencontré en Europe aucune trace appartenant à la période actuelle. Or, le lion est partout dans l'Iliade, comme terme de comparaison : il attaque les bêtes sauvages; il se jette à l'improviste sur les troupeaux dans les montagnes; il descend jusque dans les plaines, où il égorge les bœufs et les autres bêtes de labour. Les hommes sont en garde et en lutte continuelle avec lui ; ils lui font la chasse de plusieurs manières, que le poète et ses auditeurs connaissaient également bien. Cette chasse, du reste, n'est pas la seule qui soit décrite dans les comparaisons de l'Iliade : il y a aussi des chasses au cerf, au sanglier, au loup, au taureau sauvage, au loup cervier, au léopard, à la panthère, animaux dont plusieurs appartiennent à l'Asie. Enfin une des comparaisons qui laissent le moins de doutes sur le lieu où chantait le poète, c'est celle qui, au xxi⁰ chant, est tirée du fléau des sauterelles, phénomène dont j'ai moi-même été témoin dans la plaine de Troie, et qui est absolument inconnu dans la Grèce et dans ses îles.

Dans l'Odyssée, il n'y a ni taureaux sauvages, ni lynx, ni panthères, ni léopards, ni sauterelles. Le lion paraît dans cinq comparaisons, dont trois le représentent d'une manière vague, générale et comme un poète imitateur pourrait le dépeindre ; les deux autres, ce qui est grave, le représentent à faux (Od. iv; xvii); car un poète, connaissant les lions et leurs rapports avec les animaux ruminants, sait très-bien qu'une biche ne va jamais déposer ses petits dans le repaire empesté de son ennemi. Au contraire, les mœurs des lions, leur allure, leurs démarches ont évidemment été observées par le poète de l'Iliade avec la plus grande exactitude.

Nous concluons de tous ces faits que l'Iliade a été composée en Asie, et l'Odyssée dans l'ouest de la Grèce, et qu'ainsi un intervalle maritime de deux cents lieues au moins sépare les pays où ces deux poèmes sont venus au jour. Si l'on tient compte de l'état de la navigation, cet espace était aussi grand pour les Grecs d'alors que le serait pour nous la distance de Bordeaux au Brésil.

DATES RELATIVES DE L'ILIADE ET DE L'ODYSSÉE.

On ne possède aucune donnée historique sur l'époque de ces deux poèmes. On peut les avancer ou les reculer à volonté dans un intervalle de quatre ou cinq siècles, d'un plus grand nombre peut-être. L'histoire grecque commence beaucoup plus tard : les événements qui l'ont précédée n'ont même pas tous le caractère de la réalité ; et ceux dont la réalité est la plus probable ont été transformés par la poésie et par la tradition, à tel point que leurs dates sont mêlées et confondues d'une façon presque inextricable. Les poèmes qui les racontent appartiennent eux-mêmes à cette période où la pensée de classer les événements selon l'ordre des années n'était pas encore venue aux peuples de la Grèce. Nous ne pouvons donc connaître que leurs dates relatives et estimer qu'approximativement l'espace de temps qui les sépare. Et ce résultat ne peut être obtenu que par l'examen des poèmes eux-mêmes et de leurs caractères particuliers.

I. Les dieux. Les dieux de l'Iliade ont une signification physique très-marquée et représentent souvent les forces de la nature de la façon la plus claire : ils tiennent encore de très-près aux dieux primitifs, tels qu'ils étaient conçus au temps des hymnes et tels qu'on les voit dans les anciennes poésies de l'Orient. A cause de l'étendue des forces naturelles dont ils sont les symboles, ces dieux sont d'une stature colossale. Pallas-Athéné est une femme guerrière et violente, dont le casque et la lance couvrent à eux seuls plusieurs bataillons (Il. V). Arès (Mars), le dieu belliqueux et détesté de tous les autres, d'un seul cri de sa bouche couche à terre une armée entière. Héphæstos (Vulcain) est le dieu du feu et rien de plus, c'est le forgeron divin ; quoique boiteux et ridicule, il est très-fort et il a pour épouse Charis, aussi chaste qu'elle est belle. Tous les dieux ont un commun séjour, qui n'a rien d'imaginaire : c'est l'Olympe, en Bithynie, la dernière grande montagne de cette chaîne asiatique nommée depuis *diaphragme de Dicéarque*, et qui de l'Himâlaya au Bosphore offre une suite non interrompue de sommets sacrés. Cette montagne a tous les caractères de la réalité, des forêts, des rochers, des torrents, des sommets autour desquels les nuages se tiennent suspendus. C'est sur les hautes cimes qu'est la demeure de Zeus, dieu des régions supérieures de l'air; c'est là qu'il tient sa cour; c'est de là que les dieux descendent et vont en personne sur l'Ida de Troade, sur les collines qui entourent la plaine de Troie, sur la Samothrace et dans beaucoup d'autres lieux d'une égale réalité.

La dynastie olympienne est loin d'être constituée, dans l'Iliade. Quoique Jupiter tende à devenir le maître souverain des dieux, il ne règne pas sans conteste; non-seulement il n'exerce aucune action directe dans le royaume d'Aïdès (Pluton); mais Poseidôn, son autre frère, est presque son égal et ne reconnaît pas sa suprématie comme légitime. Les dieux ourdissent contre lui des conjurations, et il n'échappe au péril que par des actes énergiques et en inspirant la terreur à tous. Les dieux titaniques n'ont pas encore perdu tout empire, comme on le voit dans une scène célèbre où, les dieux étant entrés en querelle au milieu même de la cour olympienne, ce n'est pas Jupiter qui rétablit l'ordre parmi eux; c'est Ægéon, nommé aussi Briarée, prédécesseur de Poseidôn, qui vient s'asseoir dans l'assemblée et, par sa seule présence, impose le silence à tous les Immortels.

La nature toute physique des dieux fait que leurs relations avec les hommes sont fort peu mystiques et ressemblent à celles que les héros ont entre eux : seulement les dieux sont plus grands et plus forts. Ils paraissent en corps et en personne, conversent sans mystère avec les hommes, combattent contre eux, sont blessés par eux, et, de quelque secret qu'ils s'enveloppent, sont entendus et compris par les devins.

Les dieux de l'Odyssée forment avec ceux de l'Iliade un contraste qu'il est impossible de méconnaître. Dans ce poème Jupiter est reconnu et accepté comme maître des dieux, même par Poseidòn, qui, cependant est l'une des deux grandes forces en lutte dans cette épopée. Il n'y a plus de révoltes; l'Olympe est pacifié, les dissentiments s'y apaisent par la raison et les concessions, et non plus par la force et l'usurpation. La nature physique et grossière des dieux de l'Iliade s'est adoucie et pour ainsi dire spiritualisée. Vulcain est encore le dieu boiteux; mais quelle noblesse dans son caractère! et combien il s'est élevé moralement au-dessus de son épouse, qui n'est plus la chaste Charis, mais une Aphrodite débauchée. Les Titans ont entièrement disparu : les formes colossales non-seulement se sont rapprochées des proportions humaines, mais elles ne sont plus à cet état d'ébauches où l'Iliade nous les montre. Le caractère moral s'est développé aux dépens de la force physique. Athéné domine partout dans l'Odyssée : mais son action n'a plus rien de matériel; elle est calme, sereine et due toute entière à la supériorité de l'intelligence. En général les dieux sont physiquement éloignés des hommes, ne se montrent presque plus à eux, ne les aident ou ne les combattent que par l'intermédiaire des phénomènes naturels dont ils disposent, et agissent plus sur leur cœur et leur esprit, qu'ils éclairent ou obscurcissent, que par l'énergie corporelle qu'ils leur donnent ou qu'ils leur ôtent.

Ces êtres spirituels habitent un Olympe absolument

idéal, élevé au-dessus de toutes les cimes réelles des montagnes, au-dessus des nuages, des intempéries de l'air et des souffles variables des vents, véritable empyrée, pareil au Borj des Perses, et qui ne conserve plus de la réalité terrestre que le nom traditionnel d'Olympe.

Il s'est donc produit dans l'idée que l'on se faisait des dieux une modification profonde. Ils sont hiératiques et orientaux dans l'Iliade, et ressemblent à beaucoup d'égards aux dieux Asuras des hymnes du Vêda; la tradition âryenne vit en eux; l'esprit des Hellènes ne les a pas encore idéalisés; ce sont des symboles de la nature, chez qui les attributs physiques dominent et où le travail de l'art grec se fait à peine sentir. Il en est tout autrement des dieux de l'Odyssée : ils sont poétiques, ils sont helléniques; il y a autant de différence entre eux et les premiers qu'entre une construction cyclopéenne et un temple dorique orné de colonnes. Des uns aux autres, le temps a marché, l'esprit grec s'est dégagé de son enveloppe orientale, les formes divines se dessinent et n'auront plus qu'à recevoir les perfectionnements que le travail des artistes saura leur donner, pour atteindre à la beauté idéale qu'elles auront dès les premiers temps de l'histoire. Quel intervalle de temps un pareil changement a-t-il exigé? On ne saurait le dire exactement sans doute. Mais si l'on envisage la loi du développement du génie grec que nous avons signalée au commencement de ce livre, nous estimons qu'il s'est écoulé, de l'Iliade à l'Odyssée, de deux cents à trois cents ans.

II. Les hommes. L'étude des hommes, qui sont les héros des deux poèmes, conduit à la même conclusion. Leurs mœurs sont grossières dans l'Iliade : chacun y cède à son tempérament et à ses instincts ; les plus réfléchis, les mieux civilisés, tels qu'Ulysse, par exemple, y ont encore des façons d'agir presque barbares. Comme les dieux s'y battent à coups de pierres, les héros s'y injurient en employant les termes les plus bas de la langue usuelle. Ces héros, qui sont les rois de cette époque, n'ont presque aucune idée des lois du mariage : il n'en est presque pas un qui n'ait plusieurs femmes ; quoiqu'ils aient laissé en Grèce leurs femmes légitimes, ils contractent d'autres unions ostensiblement et sans que personne y trouve à redire. Le poète ne blâme pas cet usage ; il dépeint, comme une chose admise dans la société du temps, la condition peu considérée des femmes, qui sont estimées, non d'après leur mérite moral, mais selon leur beauté et les services qu'elles peuvent rendre. Dans l'Odyssée, tout est changé : outre l'élégance de la vie, si brillamment dépeinte dans l'épisode d'Alcinoos, ce poème respire une politesse déjà poussée très-loin et une rare délicatesse de sentiments et de manières ; l'ironie a remplacé l'injure ; tout ce qui peut se régler par raison exclut la violence ; les hommes, comme les dieux, appartiennent à une société civilisée ; le luxe et l'absence de naïveté sont déjà poussés si loin que le poète va jusqu'à nous dire que Vénus porte du fard. Au fond, la condition des femmes s'est singulièrement relevée : on trouverait difficilement dans l'Iliade des types féminins approchant de ceux de Pénélope, d'Arété, de Nausicaa ; Hélène elle-même, qui se traite de chienne hargneuse dans cette épopée, est pleine de dignité dans l'autre : toutes, sans exception, sont estimées en proportion de leur vertu.

La constitution sociale s'est aussi profondément modifiée. Elle nous offre dans l'Iliade un type parfait de la féodalité : ici le peuple n'est rien; il ne paraît presque jamais; il est dévoré par les rois, taillé à merci par eux, maltraité par le roi Priam; il ne jouit d'aucune considération, d'aucun droit, même dans les légendes. Les rois, ou ἄνακτες sont égaux entre eux, jouissant chacun chez soi d'une entière indépendance, ils n'ont aucun compte à rendre à personne, si ce n'est peut-être à Jupiter de qui ils tiennent leur sceptre ou bâton monarchique et à qui remonte leur droit divin. Pour compléter ce tableau de la féodalité hellénique, l'Iliade nous montre ces petits rois réunis sous le commandement d'Agamemnon, qui n'est pas leur suzerain, mais leur pair, comme Achille le lui rappelle, et qui n'est que leur chef militaire, choisi pour commander l'armée pendant cette sorte de croisade contre Troie. Les rois de l'Odyssée gouvernent, mais constamment appuyés sur le peuple : le peuple est consulté en toute circonstance ; il est maître de son avoir, il vote l'impôt; il est craint; opprimé par les princes ses voisins, Télémaque les menace d'avoir recours au peuple ; enfin l'idéal d'un roi de ce temps est décrit au chant XIXe, et ce portrait ne ressemble presque plus en rien à celui que l'on peut tirer de l'Iliade.

Pour compléter le contraste, les grands rois de la première épopée, Ménélas lui-même, sont devenus commerçants. Il n'y a que fort peu de commerce à l'époque de l'Iliade : il y est en majeure partie continental; on y compte par bœufs et non d'après une unité monétaire. Le commerce maritime y est fort restreint, et presque tout entre les mains de peuples orientaux dont les pays sont l'objet de grossières erreurs. Les pays du sud et du sud-est de la Méditerranée sont, dans l'Odyssée, fréquentés par les Grecs, qui font des voyages réguliers de Crète en Egypte. Ces mers sont parcourues par des négociants et par des pirates; les Grecs sont en relations fréquentes avec les Phéniciens pour la probité desquels l'auteur du poème professe peu d'estime. Enfin ce commerce porte sur des objets très-variés et notamment sur les métaux dont le transport et le change procurent aux navigateurs de grands bénéfices. La tendance de la race ionienne vers les opérations commerciales, tendance qui entraîne dans son mouvement les rois eux-mêmes, est un des faits qui marquent le plus nettement le changement qui s'est fait dans les esprits entre l'époque de l'Iliade et celle de l'Odyssée. Il n'est pas vraisemblable que, dans ces temps où les transformations sociales étaient nécessairement très-lentes, celle-là ait exigé moins de deux ou trois siècles.

DES AUTEURS EPIQUES.

I. Les aèdes. Il n'y a dans l'Iliade aucun nom de poète, aucune légende relative à la poésie. Les traditions recueillies plus tard prouvent que des chantres existaient dans la race grecque longtemps avant la guerre de Troie : mais elles se rapportent ou à des chants liturgiques et locaux, comme celles qui concernent Olen, Chrysothémis, Pamphôs, ou aux origines de la musique et de la poésie lyrique, comme celles d'Orphée, de Marsyas, d'Olympos, et comme celle de Thamyris, le seul nom de chantre qui se rencontre dans l'Iliade. Ce poème ne cite non plus aucun nom de poète épique; le mot ἀοιδός **aède**, n'y est pas, non plus que le mot ἔπος dans le sens de récit héroïque, d'épopée. Il n'y a aucun passage duquel on puisse induire que le chant épique constituât, pour celui qui le cultivait, une condition particulière dans la société du temps. Cependant, s'il y eût eu des aèdes épiques au siége de Troie ou seulement dans les pays grecs qui ont participé à la guerre, l'Iliade eût certainement mentionné ce fait : car ces aèdes eussent été les prédécesseurs et les maîtres du poète de l'Iliade et les créateurs du genre.

D'autre part on avait la notion du chant épique, comme Hélène le déclare elle-même. Les descriptions de combats sont tellement développées dans l'Iliade, les détails qu'on y donne des mouvements militaires, des coups qui sont portés, des blessures et de leurs effets immédiats, ont une telle précision et une vérité si frappante qu'il est difficile de croire que ces tableaux ne soient pas originaux et faits d'après nature par un témoin oculaire et probablement par un acteur du drame. Comme les scènes de chasse sont l'œuvre d'un chasseur, les récits de combats sont l'œuvre d'un guerrier et portent tous les caractères de la spontanéité. Il faut rapprocher de cette réflexion le passage célèbre où les envoyés des Grecs trouvent dans sa tente Achille tenant en main une phorminx et chantant les exploits des héros; et cet autre où le poète nous dépeint Hélène brodant à l'aiguille ces mêmes exploits. On demeurera convaincu que les poètes épiques d'alors étaient les héros eux-mêmes, soit à la guerre après les batailles, soit après le retour dans leur patrie. Nous savons qu'un fait tout semblable s'est renouvelé au temps des épopées carlovingiennes dont les premières ont eu pour éléments les *cantilènes* chantées par les guerriers au temps même de Charlemagne. Dans l'Inde, le chef ârya, le xattriya qui est l'ἄναξ de ce pays, était accompagné à la guerre par un homme (*sûta*) presque de même rang que lui, qui conduisait son char, assistait à ses actions de valeur et les chantait au retour : l'épopée y était donc organisée et faisait partie, comme toute autre fonction, du système des castes. Dans la Grèce héroïque, où rien de pareil n'existait, il fallait bien que les guerriers chantassent leurs exploits : et ce sont ces chants primitifs qui ont dû, comme les cantilènes franques, donner naissance à l'épopée.

Quant à la forme de ce genre de poèmes, l'histoire de l'épopée française et de celle de l'Inde prouvent de la manière la plus nette qu'elle s'est développée peu à peu et qu'elle n'est pas sortie toute faite du cerveau d'un poète : une telle création contredirait la plus grande loi de la nature, qui exige un temps très-long pour amener une forme quelconque à l'existence. La cantilène chez les Francs et l'hymne chez les Indiens, surtout l'hymne où sont décrits et racontés les combats de certains dieux contre des forces ennemies, ont été la première forme de l'épopée. Il y a parmi les fragments connus sous le nom d'*Hymnes homériques,* des chants qui forment une unité parfaite et qui sont comme de petites épopées : qu'on les suppose développés par des additions et des épisodes et enveloppant une action plus longue et plus variée, ce sera des épopées véritables et complètes. L'hymne a donc donné naissance à l'épopée par un développement naturel et par l'application de sa forme récitative à des événements de l'histoire héroïque.

Quand fut composée l'Odyssée, tous les éléments de l'épopée hellénique avaient grandi. Par son sujet ce poème se rapporte aux années qui ont suivi la prise de Troie. Mais par le lointain où le poète semble voir les événements, il se rapporte à un temps bien postérieur. Dans l'intervalle le chant épique a pris une place déterminée dans la société grecque. Ce ne sont plus les guerriers qui chantent : de tous les héros de l'Odyssée, pas un seul de tient la cithare. Les *aèdes* sont partout, et dans le poème, et dans la société du temps. Il y a des écoles de poésie et de chant, des maîtres et des élèves : l'auteur loue quelques-uns d'entre eux de n'avoir pas eu de précepteur, preuve qu'il en existait au temps du poète.

Les *aèdes* sont des hommes du peuple : aucun d'eux n'appartient à la classe des seigneurs; et leurs chants ont dès lors un caractère populaire. Ils vivent ordinairement à la cour des princes qui sont les fils ou les descendants des anciens héros, et ils y remplissent un rôle analogue à celui des *sûtas* de l'Inde dont nous avons parlé plus haut; seulement leur condition est moins relevée. Ils mangent à part et non à la table des princes, ils sont nourris et entretenus par eux, mais au prix de leur liberté, qui ne va même pas jusqu'à choisir à leur gré le sujet des chants dont ils égaient les festins. Du reste ils sont honorés; on les épargne comme étrangers aux querelles que les rois ont entre eux; et comme leur art et leurs connaissances les mettent moralement fort au-dessus de beaucoup de ces princes et les distinguent de la foule populaire d'où ils sont sortis, on va quelquefois jusqu'à les considérer comme de race divine et comme inspirés par les Muses et par Apollon; on trouve dans l'Odyssée l'exemple d'un aède mis par un prince auprès de sa femme comme gardien et comme directeur spirituel pendant le temps que doit durer la guerre.

Ce que chantent les aèdes, c'est les aventures des dieux et des héros; et cela dans ce mètre héroïque nommé ἔπος dont l'Iliade et l'Odyssée sont les principaux exemples. Le mot est employé en ce sens dans ce dernier poème; d'après lui, les ἔπεα n'étaient que des fragments; et ils ne pouvaient guère être autre chose puisque les aèdes, chantant dans les festins et dans d'autres assemblées, ne disposaient jamais que d'un temps très-limité. L'Odyssée ne cite du reste ni un grand poème, ni un grand poète. Les deux aèdes cités sont fictifs : Phémios, chantre d'Ithaque, n'est pas nommé dans l'Iliade et nous avons vu que la classe des aèdes n'existait pas à l'époque de ce dernier poème; de plus son nom est métaphorique et dérive de φήμη qui signifiait alors tradition, renommée. Démodocos fait partie d'un épisode où tout est imaginaire, où tous les noms ont une signification accommodée au caractère et au rôle des personnages, et qui paraît être une peinture idéale de la société du temps; c'est l'épisode d'Alcinoos et des Phéaciens. Quant au fait célèbre d'un aède laissé comme surveillant et comme directeur de conscience auprès de Clytemnestre par Agamemnon, non-seulement il n'est pas confirmé par l'Iliade, mais il paraît avoir été inventé par l'auteur de l'Odyssée et reporté par lui à ces temps antérieurs, pour rehausser, comme il cherche toujours à le faire, la condition et le rôle des aèdes.

II. Les rhapsodes. Il ne paraît pas y avoir eu d'interruption entre l'âge des *aèdes* et celui des *rhapsodes*, quoique ce mot ne se trouve pas dans l'Odyssée ni, à plus forte raison, dans l'Iliade, et que le mot ῥάπτω, coudre, n'y soit jamais employé pour signifier réunir des fragments épiques. Mais l'exemple de ce qui s'est passé chez d'autres peuples prouve que les premiers chants héroïques ont été se répétant de bouche en bouche et sont devenus le point de départ et les éléments de grands poèmes composés plus tard. De plus ils ont donné lieu à un véritable enseignement et à la création spontanée d'écoles de poésie, où les œuvres des maîtres et les règles d'art qu'ils avaient découvertes servaient de guides aux nouvelles générations de poètes. Le rhapsode est donc un poète scholastique transmettant à ses contemporains les chants qu'il a reçus de ses devanciers : c'est là son rôle ; mais son nom indique qu'il s'occupe aussi de rattacher ces chants les uns aux autres, de leur donner l'unité et de remplir par conséquent les vides qu'ils laissaient entre eux. Ce travail des rhapsodes, qui étaient en même temps aèdes, fut l'origine des *poèmes épiques*. Il est cependant à remarquer que les mots ποίημα, ποίησις, ποιητής, ne se rencontrent ni dans l'Iliade ni même dans l'Odyssée pour signifier poème, poésie, poète. Mais, quoique le mot soit postérieur aux temps épiques, les aèdes de l'Odyssée et l'auteur de ce poème sont sans contredit des rhapsodes, même quand l'auteur les loue de ne pas avoir eu de maîtres.

Homère est représenté par la tradition comme le plus célèbre des rhapsodes. Son histoire, racontée dans plusieurs Vies, dont la plus célèbre est celle que l'on a attribuée à Hérodote, est une suite d'aventures évidemment imaginées pour rendre compte de la possibilité des deux épopées placées sous son nom, et pour expliquer les descriptions qui s'y rencontrent. Mais les contradictions que nous avons indiquées et qui mettent entre ces poèmes un intervalle de deux cents lieues et de plus de deux cents ans, réduisent à rien ces prétendues histoires d'Homère et en relèguent les événements parmi les fables ; il n'est pas jusqu'au nom de Mélésigènes qui ne doive être traité de la sorte, car il indique seulement que dans l'Iliade cette portion de la côte d'Asie est décrite avec exactitude et par un homme qui l'avait habitée. Quant au nom d'Homère, qui a été pour les Grecs l'occasion d'une fable pareille à beaucoup d'autres, il ne peut avoir pour origine que la préposition àryenne *sam* représentée en grec par ὅμ (ὅμος, ὁμοῖος) et la racine *ri* qui, dans sa forme causative, devient *ar* ; il signifie donc arrangeur et personnifie en quelque sorte l'art de la composition épique et la fonction ordinaire des rhapsodes.

Si l'on applique ces réflexions à l'étude des deux épopées attribuées à Homère, on remarque entre elles un véritable contraste quant à l'art de la composition. En prenant l'Iliade telle que nous l'avons, c'est-à-dire après les remaniements successifs qu'elle a subis, on constate par la simple lecture qu'elle suit exactement la marche des faits sans jamais intervertir par le récit la place d'aucun d'entre eux. Elle appartient donc à cette classe de poèmes qu'on peut appeler épopées *droites* ou chronologiques. Elle commence court à la querelle d'Achille et d'Agamemnon, et entre dans les faits sans aucune introduction poétique; elle finit court, non après l'apaisement de la colère d'Achille, mais un peu plus tard après les funérailles d'Hector. On dirait qu'elle faisait partie d'une épopée beaucoup plus longue, embrassant dans son développement chronologique tout le cycle troyen, et qu'on l'en aurait détachée par une double coupure. Il en résulte

que le cadre de l'Iliade a une grandeur arbitraire et que
ses limites eussent pu être plus étendues et embrasser un
plus long espace de temps dans la série des événements.
Ce cadre est lui-même rempli d'une façon arbitraire et
contient, sous forme de récits, un assez grand nombre
d'épisodes qui n'ont avec le récit principal qu'un rapport
très-éloigné ; ces épisodes eussent pu être multipliés par
la même raison qui a fait admettre dans l'Iliade ceux qui
s'y trouvent : et l'unité de l'œuvre n'y eût rien perdu. En
effet, cette unité n'est pas une unité poétique, c'est-à-dire
une unité de composition : c'est la marche des faits qui la
donne ; c'est une unité chronologique que l'histoire suffit
à produire. D'ailleurs ici l'invention poétique ne joue
presque aucun rôle : les faits, les personnages, les caractères, les lieux, tout est donné par la tradition et la
réalité : c'est cela même qui constitue la vraie naïveté de
l'Iliade et ce charme particulier qu'ont toujours les œuvres
primitives où la personne et l'art de l'auteur ne se font
point sentir. Quant à l'art de la composition, il est à peu
près nul dans ce poème où tous les récits sont rangés
selon l'ordre des faits et non pour leur plus grand effet
poétique. Il n'y a donc aucune raison d'art à opposer à
ceux qui nient que l'Iliade soit l'œuvre d'un seul homme :
car un simple travail de rhapsodie et de coordination
entre des fragments épiques provenant des premiers
chantres d'épopées, a suffi pour produire l'unité de l'I-
liade. Or nous verrons plus loin que ce travail a été fait
à différentes époques de l'histoire grecque.

L'Inde nous a laissé dans le Mahâbhârata une épopée
présentant tous les caractères que nous venons de remarquer dans l'Iliade, mais avec des dimensions beaucoup

plus grandes. Cette immense épopée n'est l'œuvre ni d'un homme, ni d'un siècle; elle a reçu avec le temps des développements qui n'en ont pas rompu l'unité, parce que cette unité est chronologique ; en remontant dans le passé, on voit ces additions s'en séparer tour à tour, et le nombre de 250,000 vers qu'elle renferme se réduire à quinze ou seize. Encore cette épopée primitive se montre-t-elle non comme l'œuvre d'un seul homme, mais comme composée de fragments épiques provenant des *sùtas* qui furent les aèdes ou bardes de l'Inde. Quant à Vyâsa, dont le nom symbolique offre à peu près la même signification que celui d'Homère, on sait qu'il représente le travail de coordination d'où le premier Mahâbhârata est sorti. Les Indiens ont donné le nom de *purânas* à ces antiques collections de légendes et de récits, et ont distingué les anciens et les nouveaux purânas, dont les premiers répondent à l'Iliade et aux poèmes du même genre, et les seconds aux épopées alexandrines construites sur le modèle de l'Iliade. Celle-ci est donc un purâna.

L'Odyssée est une épopée *implexe* et une œuvre d'art. Son unité n'a rien de chronologique : le poème commence par des événements venus après d'autres qui sont racontés plus loin ; et ce procédé est employé par le poète dans les parties de son œuvre comme dans l'ensemble. Il y a une mise en scène très-soignée, une exposition qui ne le cède point à celles des meilleures tragédies; les faits sont divisés en séries croisées qui ne se développent ni successivement, ni parallèlement les unes aux autres. C'est de la contexture du poème que ressort son unité de composition; et quoique la durée du drame embrasse plusieurs années et soit beaucoup plus longue que celle de l'Iliade, le poète a ménagé certains points d'arrêts ou *époques* autour desquelles se groupent les séries complexes des événements. Enfin il y a dans l'Odyssée un dénoùment, lequel n'arrive qu'à la fin et après lequel le lecteur n'a plus rien à attendre. Le tissu du poème ne laisse aucun vide et nous n'y voyons ni épisode inutile, ni ornement superflu. Il est composé comme une œuvre d'architecture grecque et présente l'art hellénique porté déjà à un haut degré de perfection. Il faut ajouter que l'Odyssée n'a plus, dans les faits qu'elle raconte, la réalité naïve de l'Iliade : elle est remplie de personnages créés par le poète ou profondément modifiés par lui ; hommes, héros, dieux, n'y sont plus tels que dans l'épopée antérieure ; les récits, les tableaux y sont le plus souvent imaginaires ; le poème tout entier et ses épisodes sont une peinture idéale de la société du temps.

L'Odyssée répond en beaucoup de choses au Râmâyana des Indiens. J'en compare l'auteur à Vâlmiki : ce ne sont plus de simples aèdes, ce sont des poètes ; les critiques indiens ont toujours donné le titre de *kavi* à leur grand poète épique et ont regardé son œuvre comme le type le plus parfait de la classe des *kâvyas,* c'est-à-dire de ces compositions d'art auxquelles les Grecs donnèrent plus tard le nom de ποιήματα ou poèmes. Dans le sens rigoureux du mot grec, l'Iliade n'est pas un poème, l'Odyssée en est un : pour passer de la forme droite de la première à la forme implexe de la seconde, il ne suffit pas de quelques années, ni de la vie d'un homme, il faut un long apprentissage public, plusieurs générations de poètes et un perfectionnement prolongé de l'art de la composition épique. On peut donner le nom d'Homère à l'auteur de l'Odyssée, qui certainement est l'ouvrage d'un seul poète ; on peut aussi le mettre en tête de l'Iliade, puisque ce nom a une valeur symbolique et peut être pris comme le résumé de toute la période des aèdes primitifs.

III. SUITE DES TEMPS ÉPIQUES. Les anciens Grecs attribuaient à Homère tout un *cycle troyen,* dont l'Iliade et l'Odyssée n'étaient que deux parties et qui avait l'unité des événements. On lui attribuait en outre une *Thébaïde* composée de cinq mille vers, où était racontée l'expédition d'Amphiaraos contre Thèbes et toute cette grande légende des Labdacides ; un poème des *Epigones* ou de la seconde guerre de Thèbes ; une *Prise d'OEchalie* faisant partie de la légende d'Hercule ; et en général toutes les œuvres épiques parvenues sans nom d'auteur aux Grecs des temps historiques. Que ces poèmes aient existé, c'est ce dont on ne peut douter, puisque leur réalité est attestée par plus d'un auteur grec et qu'une partie au moins d'entre eux existait encore au temps d'Horace.

Homère était considéré comme le fondateur d'une grande école de poésie épique, et parmi ses disciples on nommait un assez grand nombre d'hommes célèbres, entr'autres : *Stasinos,* de l'île de Cypre, auteur des *Chants cypriens* où étaient racontés les événements antérieurs à la querelle d'Achille et d'Agamemnon ; *Arctinos,* de Milet, auteur d'une *Ethiopide,* poème en neuf mille vers faisant suite à l'Iliade et s'étendant jusqu'à la prise d'Ilion ; *Leschès,* de Lesbos, qui vers le commencement du septième siècle avait composé une *Petite Iliade* traitant des mêmes événements que le poème d'Arctinos ; *Agias,* de Trézène, poète des *Retours,* dont l'œuvre analogue sans doute à l'Odyssée, comprenait cinq chants et racontait le retour des Atrides et des autres héros grecs dans leur patrie; *Eugammon*, de Cyrène, auteur d'une *Télégonie* faisant suite à l'Odyssée et conduisant les faits jusqu'à la fin du Cycle troyen. Nous n'avons rien à dire de ces poètes ni de leurs ouvrages, puisqu'il ne nous reste que des noms et de très-courts fragments; mais leur nombre prouve la fécondité de la période épique chez les Grecs; et les dates approximatives de quelques-uns nous permettent de croire qu'elle s'étendit jusque dans le voisinage des temps historiques (1).

Il est très-probable que durant une grande partie de cette période, les chants épiques se transmirent par la mémoire, sans cesse rafraîchie par les récitations scholastiques des rhapsodes. La légende indienne raconte la même chose de l'œuvre de Vâlmiki, apprise par cœur et répétée par ses deux disciples Kuça et Lâva malgré sa grande étendue. Plus tard les chants des aèdes et des poètes purent se fixer par fragments au moyen de l'écriture et ne subirent dès lors que de faibles altérations. Le problème de l'antiquité de l'écriture chez les Grecs n'intéresse que très-peu celui de la transmission des épopées : car les chants du Vêda étaient certainement écrits lorsque

---

(1) On peut rapporter à la fin de la période épique la *Batrachomyomachie* ou combat des grenouilles et des rats, petit poème tragicomique, arbitrairement attribué à Pigrès, frère d'Artémise. C'est une petite épopée d'un caractère artificiel, mais qui ne semble pas être la parodie de la grande épopée. Les scènes quelquefois burlesques que l'on trouve déjà dans l'Iliade expliquent assez la naissance d'une œuvre factice, faite pour l'amusement des seigneurs féodaux et qui peignait sous des traits bizarres leurs occupations guerrières.

chantèrent les poètes épiques de l'Inde, qui passent néanmoins pour n'avoir confié leurs vers qu'à la mémoire de leurs disciples. Nous savons aussi qu'il en a été de même chez la plupart des nations de l'Europe moderne quoique l'écriture y fût connue depuis bien des siècles ; et nous voyons encore circuler chez nous beaucoup de chants populaires qui ne sont pas encore confiés à l'écriture, malgré l'intérêt qui s'y attache et les facilités que donne l'imprimerie.

IV. Fixation du texte des épopées. Rien de plus douteux que l'existence d'une copie des œuvres d'Homère faite par Lycurgue, le législateur de Sparte. Si elle avait existé, ni Solon, ni Pisistrate n'eussent été obligés de la refaire; car il est peu probable qu'elle se fût perdue dans l'intervalle de temps qui les sépare. Le premier travail relatif aux épopées fut celui de Solon, le plus puissant promoteur de ce progrès en toutes choses qui caractérise le sixième siècle. Toutefois on ne dit pas que Solon ait fait plus que régulariser les récitations des rhapsodes et leur imposer un certain ordre qui pût donner une idée de l'ensemble des poèmes et des événements héroïques. Il faut descendre jusqu'à Pisistrate, vers le milieu de ce même siècle, pour rencontrer une œuvre durable. Cet habile administrateur, aidé de son fils Hipparque, réunit autour de lui un certain nombre de savants et de critiques, parmi lesquels on cite Onomacrite d'Athènes, Zopyre d'Héraclée, Orphée de Crotone, et auxquels s'adjoignit peut-être le poète lyrique Simonide de Céos, encore tout jeune. Cicéron, Elien, toute l'antiquité érudite, attribuent à cette compagnie la première rédaction des épopées homériques, dont la confusion et le désordre étaient extrêmes. L'œuvre de ces savants, auxquels on a donné le nom de *diascévastes* ou dispositeurs, consista certainement non pas seulement à recueillir les fragments dispersés des poèmes, mais encore à les unir les uns aux autres par des vers antiques que la tradition leur livrait et qui formaient les transitions. Les plus anciens de ces poèmes durent être ceux où les diascévastes mirent le plus du leur, et l'Iliade dut être l'objet d'un travail plus difficile que l'Odyssée. Quoi qu'il en soit, il sortit de leurs mains une première édition complète des deux poèmes, où l'on put voir une véritable composition de l'Iliade et une reconstitution de l'Odyssée.

Après l'œuvre de Pisistrate, il n'y avait plus à opérer dans ces deux poèmes que des corrections de détail : c'est à cela que s'attachèrent ceux qui portent le nom de *diorthountès,* qui furent de véritables éditeurs. Tels furent le poète épique de Colophon, Antimaque, et le philosophe Aristote qui, vers l'an 334, fit, dit-on, pour son disciple Alexandre-le-Grand la célèbre édition *de la cassette.* Il faut citer aussi les éditions dites *des Villes* ou éditions anciennes, dont on nomme plusieurs, celles d'Agos, de Chios, de Crète, de Cypre, de Marseille et de Sinope. Ce travail de correction se prolongea pendant plusieurs siècles, Homère étant devenu l'auteur classique par excellence, la mine d'où les poètes et les artistes tiraient la plupart de leurs sujets, et le centre de l'éducation littéraire des jeunes Grecs. Il est remarquable que la publication du texte d'Homère ne fit point cesser les récitations des rhapsodes. Ceux-ci continuèrent de paraître dans les fêtes publiques de la Grèce, de parcourir les villes pour y déclamer des fragments épiques selon l'ancienne tradition, vêtus de rouge quand ils récitaient l'Iliade, et d'une robe couleur de mer quand ils récitaient l'Odyssée. On trouve dans l'Ion de Platon l'exemple intéressant d'un de ces rhapsodes homériques et l'on sait qu'il y en avait encore au temps des Alexandrins.

C'est dans Alexandrie que les professeurs du Musée mirent la dernière main aux épopées antiques et leur firent subir un dernier remaniement. Voici les noms et les dates des plus célèbres de ces critiques : Aristophane de Byzance florissait vers l'année 180 avant J.-C., Apollodore en 150, Apollônios de Rhodes en 160, Zénodote vers le même temps, Aristarque vers l'année 120. Ce dernier retrancha des textes épiques un grand nombre de vers et des passages entiers, corrigea beaucoup d'entre eux, perfectionna les transitions, épura les formes du style et introduisit la division en vingt-quatre chants. C'est l'œuvre des Alexandrins que nous possédons; les éditions antérieures ont totalement disparu et le travail des diascévastes ne nous est connu que par l'histoire. Il est donc probable que nos éditions modernes, reproductions fidèles des textes d'Alexandrie, diffèrent notablement des chants primitifs des aèdes et de ceux qui les avaient précédés. Quand la critique littéraire aborde les épopées homériques et envisage leur composition, elle doit avant tout tenir compte de ce fait que les poèmes, tels que nous les avons, avaient été remaniés par les Grecs sans interruption pendant près de quatre siècles.

CARACTÈRES DE LA POÉSIE HOMÉRIQUE.

Trois caractères dominent dans les chants épiques attribués à Homère : la poésie en est descriptive, légendaire, symbolique; ses trois faces répondent à la nature réelle, à l'histoire humaine, à la religion, envisagées comme matières poétiques.

I. LA DESCRIPTION. Il y a deux sortes de descriptions : l'une courte, rapide, procédant par les faits les plus généraux et les traits les plus saillants, les plus essentiels et les plus durables; l'autre longue, lente, recherchant les détails et s'attachant à faire ressortir la couleur locale. La première façon de décrire est seule usitée chez les anciens Grecs et forme un des caractères les plus saisissants de l'art antique. Cependant lorsque la décadence littéraire fut commencée, on vit les descriptions perdre peu à peu leur sobriété primitive, à mesure que la science prenait la place de l'art : en effet le grand art procède par les masses et d'une manière synthétique; la science a pour procédé l'analyse et s'attache aux parties les plus petites des objets. Ce changement dans les descriptions se fait déjà prévoir dans Pindare et dans Sophocle, est sensible dans Platon, dans Théocrite, dans les Alexandrins; il est définitivement accompli dans Virgile et Lucain, dans les romans grecs, dans Apulée, et de là se transmet aux littératures modernes.

Les descriptions homériques portent sur la nature extérieure, sur l'homme, sur l'homme dans ses rapports avec la nature. Il n'y a pas dans l'Iliade et dans l'Odyssée un seul tableau détaillé des grandes scènes, ni des grands phénomènes de la nature ; mais on y trouve beaucoup de tableaux esquissés où sont mis en relief les caractères dominants des faits et des lieux. Les traits qui composent ces esquisses consistent en épithètes pleines de sens et vraiment pittoresques, dont tous les voyageurs peuvent aujourd'hui même constater la vérité locale. Il est très-faux que la poésie homérique n'emploie que des épithètes communes applicables à une foule de lieux très-différents les uns des autres. J'ai vérifié moi-même, soit en Grèce, soit en Asie, l'exactitude des tableaux homériques ; ce qui est vrai, c'est que dans l'Iliade les traits descriptifs sont d'autant plus précis et plus multipliés qu'on approche davantage du pays de Smyrne et de la Troade ; dans l'Odyssée le centre des descriptions pittoresques et locales est dans les lieux qui avoisinent Ithaque. Les épithètes générales sont elles-mêmes employées avec justesse ; seulement les détails des tableaux diminuent à mesure qu'on s'éloigne des centres où se passe l'événement principal de chaque poème ; et au delà d'une certaine limite, les descriptions sont fantastiques et étrangères à toute réalité.

Du reste la nature extérieure apparaît rarement et toujours rapidement dans l'Iliade. Les scènes de la vie humaine occupent presque tout le poème, et ce sont surtout des scènes de la vie militaire : les tableaux de la vie pacifique y sont extrêmement rares et ne se rencontrent guère que dans certaines légendes et dans la description du bouclier d'Achille, c'est-à-dire, dans des épisodes. Quant à l'homme, la simplicité et la naïveté de l'art primitif ne permettaient pas encore au poète de le séparer des événements et de le faire en quelque sorte poser devant lui. Il n'y a pas dans l'Iliade un seul portrait d'homme au repos : là tout le monde est en mouvement et c'est dans cette mobilité continue que les personnages du poème sont toujours représentés; ce sont des combats individuels, des dialogues, des défis, de grands mouvements de masses militaires d'où se détachent des scènes particulières en très-grand nombre et d'une animation surprenante; ce sont des jeux militaires qui sont encore des espèces de combats, des funérailles de guerriers avec des lamentations et des discours. Les scènes de sentiment sont très-rares dans l'Iliade et ont aussi rapport aux événements de la guerre : tels sont les adieux d'Hector et d'Andromaque, la grande scène de Priam venant racheter le corps de son fils. Mais ces deux ou trois récits sont d'une vérité pénétrante et d'une réalité tellement générale qu'ils peuvent aujourd'hui même tirer des larmes de nos yeux.

L'Odyssée nous montre l'homme en relation perpétuelle avec la nature : la lutte d'Ulysse contre la mer et les vents est une mine presque inépuisable de descriptions dont aucune ne rappelle les tableaux de l'Iliade. Dans sa première moitié l'Odyssée est vraiment le poème de la mer ou, pour mieux dire, de la portion centrale de la mer Méditerranée. La seconde moitié forme avec la première une sorte de contraste : car les descriptions y portent presque toujours sur des faits de la vie intérieure, domestique, civile, quelquefois même de la vie politique. On voit paraître des personnages de toute classe, des princes et des princesses avec leurs gens, des poètes, des hérauts, des mendiants, des gardeurs de porcs, des marins; les sentiments de la vie de famille y sont exprimés avec une vérité touchante et un charme infini; les scènes gracieuses et les massacres, les jeux de la paix et les festins se mêlent avec un art parfait, dont on n'aperçoit presque pas de traces dans l'Iliade. Du reste les descriptions de l'Odyssée, quoique plus développées que celles de l'autre poème, sont faites avec une sobriété qui n'exclut jamais l'ampleur. Si l'Odyssée ne renfermait pas le merveilleux qui caractérise les œuvres épiques, on pourrait dire qu'elle est un roman parfait.

II. La légende. L'Iliade renferme trois classes de légendes. Les légendes de haute antiquité présentent des faits d'un caractère humain mêlés en proportion très-petite à des récits d'histoire divine et de mythologie. Telles sont la légende de Minos et de Rhadamanthe, celle des Curètes, celle de Ganymède. Elles ont une origine asiatique sur laquelle la science ne permet plus aucun doute : car non-seulement elles se rencontrent parmi les plus antiques traditions de l'Asie centrale, mais les noms mêmes trouvent dans la mythologie comparée leurs racines, leur forme première et leur signification symbolique ou réelle. C'est ainsi que Minos est reconnu pour être Manou, père de la race humaine et législateur de l'Inde, et que la légende de Ganymède se confond à son origine avec celle de l'antique Kanwa des Vêdas. Cette classe de légendes n'est donc ni grecque, ni essentiellement épique ; elle fait partie du domaine commun des races àryennes.

Les légendes moyennes de l'Iliade mêlent à la mythologie une proportion plus grande de faits humains et d'antiques souvenirs. La plupart d'entre elles paraissent moins anciennes que les premières, du moins sous la forme qu'elles ont dans cette épopée. On peut ranger dans cette classe la légende d'Hercule et d'Hésione, celle de l'origine et de la fondation de Troie, celles de Méléagre, de Deucalion, de Bellérophon. Plusieurs ont un fonds très-antique, sur lequel sont venus s'ajouter des faits propres à la race grecque et qui peuvent eux-mêmes se rapporter à des époques très-diverses. On peut donc les considérer comme faisant partie des traditions gréco-asiatiques et admettre qu'elles appartiennent à la période d'établissement des migrations àryennes sur le sol de la Grèce et de l'Asie mineure.

Enfin la légende gréco-troyenne forme le fond de l'Iliade et de plusieurs autres poèmes épiques entièrement perdus pour nous. Ici l'élément mythologique ne se rencontre que dans une proportion minime eu égard aux événements humains. Quoiqu'il soit possible de réduire à des conceptions mythiques plusieurs personnages de l'Iliade, tels qu'Achille et Pélée, Hélène elle-même et son amant Pàris, en somme le fait de l'expédition des Grecs contre Troie a laissé dans les souvenirs de la Grèce, et sur les lieux mêmes, des traces trop durables et trop faciles à reconnaître, pour qu'il soit scientifique de le révoquer en doute. D'un autre côté, les récits d'actions militaires ont dans l'Iliade une précision extrême qui rapproche beaucoup d'entre eux des faits qu'ils racontent, et ne laisse guère de doutes sur leur réalité historique. Il est à remarquer qu'il n'y a dans le poème aucune allusion à l'expédition des Argonautes, et que cependant Iolcos (Ἰαωλκός) est cité, mais sans détails caractéristiques, dans le dénombrement du second chant.

Les légendes dans l'Odyssée peuvent à peine donner lieu à une classification, à cause des transformations qu'elles ont subies et du caractère poétique qu'elles ont revêtu depuis l'époque de l'Iliade. Des légendes de la Haute-Asie, il ne reste guère que celles qui concernent la Crète. La plupart des autres sont imaginaires et semblent inventées par l'auteur du poème : c'est elles qui ont pris la place de ces légendes moyennes si nombreuses dans l'Iliade ; telles sont celles de Circé, de Calypso, des Lestrygons, d'Eole, auxquelles il faut ajouter le grand tableau de l'évocation des morts au xie chant. Quant à la légende troyenne, elle a dans l'Odyssée un caractère exclusivement hellénique : les héros d'Asie sont presque entièrement oubliés ; on ne parle que des héros grecs, presque tous revenus dans leurs foyers, d'Agamemnon, d'Hélène, de Ménélas, surtout d'Ulysse et des siens ; et ce sont des scènes de la vie des héros grecs qui sont partout racontées. Le navire Argo est nommé dans le poème.

En outre, les légendes n'ont plus ici le caractère naïf et traditionnel qu'elles ont dans l'Iliade : le poète de l'Odyssée leur donne toujours une couleur particulière due aux réflexions qu'elles lui inspirent : elles ont ou une portée morale comme celle d'Egisthe et Clytemnestre, ou un caractère géographique comme la plupart de celles que traversent les aventures d'Ulysse ; ou bien elles sont poétiques, idéales et présentent les personnages sous des formes plastiques, comme tout ce qui concerne l'épisode d'Alcinoos et des Phéaciens.

III. Le symbole. Le rôle des dieux dans les épopées grecques est de la plus haute importance : ils y sont partout en action, dirigeant les phénomènes de la nature et se mêlant comme aides, comme conseillers, comme adversaires, aux actes les plus ordinaires de l'humanité. Conçus premièrement comme des êtres théoriques, comme des symboles en qui se personnifiaient les forces naturelles, ils ont été dès lors l'objet du culte, et c'est à eux que s'est adressée, sous la forme de l'hymne, la poésie primitive. L'épopée grecque répond à un âge plus avancé. Les symboles avaient déjà vécu longtemps, et, après des révolutions profondes, étaient arrivés au pur anthropomorphisme : il n'y a pas dans l'Iliade, ni à plus forte raison dans l'Odyssée, un seul dieu qui n'ait la figure humaine, qui n'agisse et ne raisonne comme nous, qui n'ait les passions et ne soit soumis aux nécessités auxquelles l'humanité est sujette. Après cette période l'art grec n'aura plus qu'à perfectionner la figure humaine des dieux.

Au point de vue de la poésie, les dieux sont des personnages épiques : ils ne sont plus donnés comme des explications symboliques de la nature; le sens du symbole est déplacé; les dieux sont des images amplifiées de l'humanité telle qu'elle se présentait aux yeux des poètes. Les scènes qui se passent entre les dieux sur l'Olympe, ou, sur terre, entre les dieux et les hommes, ont une couleur héroïque très-marquée : qu'on lise, par exemple, les passages des deux poèmes où sont racontées les délibérations des dieux, l'hymen de Jupiter et de Junon, les querelles des dieux, la scène de Mars et Vénus, l'entretien de Charis et de Vulcain, celui de Thétis et de Jupiter, le combat de Diomède contre Vénus, d'Achille contre Xanthe, les entretiens de Minerve avec Télémaque ou avec Ulysse; on y reconnaîtra autant d'images de la société du temps. L'Odyssée n'est même qu'une grande action épique où luttent l'un contre l'autre un héros et un dieu.

Aussi voyons-nous dans l'Iliade les dieux se conduire comme des héros, c'est-à-dire comme des seigneurs féo-

PÉRIODE ÉPIQUE.   109

daux, ἄνακτες, et porter les mêmes titres qu'eux. Jupiter est roi des rois comme Agamemnon, il est le seigneur par excellence ; sa cour est féodale ; les hommes sont les sujets des dieux, qui ne rencontrent chez eux de résistance que de la part de quelques héros, leurs fils. Dans l'Odyssée, où la royauté a fait un progrès et où les seigneurs féodaux ont moins de puissance parce que le peuple commence à être quelque chose, Jupiter règne sans conteste, et un homme, Ulysse, peut avec son appui lutter contre la plus grande des divinités après Jupiter, contre Neptune.

Un temps viendra où, la notion métaphysique primitive ayant tout à fait disparu, il ne restera plus que le côté plastique des symboles, la forme vide. Ce sera la fin du grand art et de la poésie grecque. Ce sera aussi la fin de la civilisation hellénique, dans laquelle la poésie épique marque la deuxième étape.

LA SOCIÉTÉ GRECQUE DANS LES ÉPOPÉES.

On répète à tort que les épopées grecques sont des peintures complètes de la société du temps ; elles ne chantent en réalité que les héros, et ne font presque point mention des autres classes de la société.

I. Les *prêtres* n'ont jamais formé chez les Grecs une corporation, un clergé, ni à plus forte raison une caste. Ils portent dans les épopées le nom de ἱερεῖς ; c'est un d'entre eux qui paraît au commencement de l'Iliade ; et l'on voit par cet exemple de Chrysès que leur fonction les attachait au service d'un dieu, qu'ils étaient chargés du soin de son temple et qu'ils offraient le sacrifice en son honneur. Leur nom signifie sacrificateur et appartient à une famille de mots qui tous expriment l'idée de l'immolation et de l'œuvre sainte. Ces prêtres étaient mariés; Chryséis, fille du prêtre que nous venons de nommer, ouvre avec son père l'action dans l'Iliade; plus loin, au vi[e] chant, se développe une scène religieuse où la fonction sacrée est remplie par la fille du roi de Thrace Cissès, par Théano, femme d'Anténor fils d'Æsyétès. Cette princesse avait été établie prêtresse de Pallas-Athéné par le choix des Troyens. Sauf de rares exceptions les prêtres ne paraissent point dans les épopées. Il est certain cependant que les sanctuaires étaient très-nombreux alors dans tout le monde grec, que la croyance aux dieux, à leur pouvoir et à la vertu surnaturelle du culte, était très-vive. Il y avait partout des temples, dont quelques-uns étaient très-renommés, par exemple ceux de Délos, d'Argos, de Dodone, de Delphes. Des cérémonies religieuses attiraient solennellement un grand concours de peuple autour de ces temples, dans certains lieux sacrés, auprès d'oracles célèbres et d'antiques tombeaux tels que celui d'OEnomaos. Mais le prêtre demeure attaché à son temple et ne s'en éloigne pas pour marcher en guerre. De plus la nature de sa fonction le sépare de la société laïque et le place dans un monde idéal et supérieur et dans un commerce intime avec sa divinité. Il n'est donc pas nécessaire de supposer qu'une révolution sociale plus ou moins antique avait abaissé la classe des prêtres et qu'elle vivait méprisée : car les deux ou trois exemples cités dans l'Iliade prouvent le contraire. Seulement les fonctions du ἱερεύς sont locales et ne lui permettent pas de suivre les héros dans leurs guerres ni de partager leurs aventures.

II. Ceux qui les remplacent à l'armée sont les *devins,* qui portent différents noms appropriés à leur genre de divination, θεοπρόπος, ὀνειροπόλος, οἰωνιστής. Ils ne sont pas tous prêtres : ce sont souvent des hommes ou des femmes sujets à l'enthousiasme divin et prétendant tirer de faits souvent très-simples une interprétation surnaturelle et la connaissance de l'avenir. Tels sont Hélénos, Mérops, Théoclyménos, Cassandre, Calchas et plusieurs autres, tous fils de héros et dont plusieurs sont mariés et manient le glaive avec les autres guerriers. Mêlés à la vie civile et militaire, ils ne se livrent que par occasion à la pratique de leur art; ils prédisent ordinairement le malheur et, à cause de cela, ils sont craints parce que leurs prédictions se réalisent quelquefois, raillés et mal menés parce que souvent elles sont démenties par la réalité. Du reste, les héros ont peu de confiance en eux, parce qu'eux-mêmes sont les enfants des dieux et ont souvent avec les dieux des relations plus directes et plus familières que les devins. Mais le poète, surtout dans l'Odyssée, donne ordinairement raison à ces derniers et représente la croyance que le peuple avait en eux.

A la guerre, en voyage, parfois aussi en paix et dans leur propre ville, les héros accomplissent eux-mêmes la fonction sacrée, comme s'ils étaient des prêtres. Il y a, surtout dans l'Iliade, des exemples développés de sacrifices offerts par des rois en personne : ces sacrifices sont de tout ordre, depuis la simple libation accompagnée de quelques paroles pieuses jusqu'à l'hécatombe parfaite, jusqu'à l'immolation de l'homme. Nul prêtre n'assiste les héros dans ces œuvres saintes, où l'on trouve tout ce qui constitua dès l'origine la cérémonie du culte : le feu allumé sur l'autel, la libation d'une liqueur spiritueuse, l'offrande liquide et solide, l'hymne, le festin sacré. Ainsi, dans les épopées grecques, les prêtres ont conservé parmi leurs fonctions le service divin dans les temples et les sanctuaires, les cérémonies solennelles, la garde des lieux sacrés, les mystères. Mais tout ce qui dans la religion se produit fortuitement et au jour le jour, est entre les mains des devins et des héros.

III. Les *rois* ou princes, ἄνακτες, appelés aussi βασιλεῖς et ἥρωες, sont les personnages épiques par excellence. Leur supériorité sociale n'est nulle part mise en doute dans les épopées : ils sont la véritable race des ἀνέρες, c'est-à-dire des purs Aryas, par opposition aux hommes du peuple, qui n'ont avec eux qu'une ressemblance (ἄνθρωπος = ἀνήρ, ὄψ) sans être en aucune façon leurs égaux. On trouve souvent réunis les mots ἀνὴρ βασιλεύς, ἀνὴρ ἥρως, ἀνὴρ Ἀργεῖος ; Agamemnon est communément qualifié du titre d'ἄναξ ἀνδρῶν qui signifie rois des rois ou prince des héros.

L'indépendance des rois à l'égard des prêtres est complète : quoique ces derniers soient les organes des dieux, ils n'ont d'autorité que celle de la parole et ne possèdent aucun pouvoir temporel qui puisse s'imposer à la royauté. Le poète affirme souvent que la voix des dieux doit être écoutée : mais les ordres divins, dont les prêtres sont les prophètes, sont purement verbaux et ne rencontrent aucune sanction dont les prêtres soient, même indirectement, les exécuteurs. Du reste le droit divin des ἄνακτες est partout dans les épopées, surtout dans l'Iliade : le sceptre qui en est le symbole est mis entre leurs mains par Jupiter même. Mais nulle part on ne trouve la trace d'un sacre ou institution sacerdotale d'un roi : cet usage se montre dans le Vêda et devint un des points fondamentaux de la constitution brâhmanique. Chez les Grecs des temps homériques la génération seule établit le droit divin des ἄνακτες : les héros, fils de Jupiter, se transmettent le sceptre par ordre de primogéniture et prennent à cause de cela le nom de ποιμένες λαῶν, pasteurs des peuples. L'absence de sacre, la confusion des pouvoirs sacrés entre les rois et les prêtres, le manque d'une base populaire, firent que les princes ne purent se constituer en caste, comme ils le sont dans les épopées indiennes, et ne furent jamais que des seigneurs féodaux.

Leur pouvoir est presque absolu dans l'Iliade; ils n'y doivent compte à personne de leurs actions. Mais il est déjà amoindri dans l'Odyssée où l'on voit paraître, non-seulement un conseil des seigneurs, mais aussi le recours au peuple, le vote de l'impôt en assemblée populaire, les tribunaux réguliers en dehors de la justice royale, et ce commerce maritime qui force les rois à se faire marchands et à s'égaler au peuple. Mais dans l'un et dans l'autre poème les rois et le peuple vivent entièrement séparés : les princes se servent eux-mêmes à table et en mainte circonstance; ils attèlent leurs propres chars, préparent leur manger, jouent entre eux sans qu'aucun homme du peuple se mêle à leur société, si ce n'est peut-être les aèdes dans l'Odyssée, où leur infériorité à l'égard des princes n'est pas moins visible que leur supériorité par rapport au commun des hommes. La vie des seigneurs est une vie de guerre, de jeux et de festins : ils ne savent rien que ce qu'une longue expérience leur a appris; l'audace, la vigueur de l'âme et du corps sont leurs vertus ordinaires; mais le premier mouvement les emporte presque toujours, parce que maîtres absolus ils n'ont pas appris à lutter contre les difficultés de la vie, à les tourner et à les prévoir. Ulysse fait presque seul exception, mais l'Ulysse prévoyant et adroit, cet homme à la fois intègre, courageux et prudent, ce πολύτροπος ἀνήρ est le héros de l'Odyssée c'est-à-dire d'un âge qui n'est plus l'âge héroïque de l'Iliade.

Cet état de choses est plus que tout autre favorable à la poésie épique. Une constitution féodale donne aux seigneurs une initiative et une indépendance mutuelle qui, non-seulement les distinguent du reste des hommes, mais impriment un caractère de personnalité à toutes leurs actions : celles-ci procèdent naturellement des passions et des intérêts individuels de chacun d'eux, qui peuvent ou s'unir et former des ligues ou se contrarier et engendrer des guerres. Dans ces luttes le bien des peuples est rarement le mobile : les princes seuls sont en cause et toute l'épopée se concentre autour de leur personne. Ces chefs sont donc pour le chantre populaire comme des idéaux réalisés, dont la peinture est naturellement poétique. Il les voit dans un monde supérieur et presque divin; ils les entoure, comme Achille au xviiie chant de l'Iliade, d'un nimbe d'or et d'une auréole de lumière, et il les transmet à la postérité avec ce caractère particulier que nous attribuons encore nous-mêmes aux antiques héros.

Plus tard, les seigneurs féodaux perdent de leur prestige, l'idéal s'éloigne dans le passé; l'auteur de l'Odyssée oppose déjà « les hommes d'autrefois à ceux d'aujourd'hui ». Le mélange des classes s'opère peu à peu par l'enrichissement du peuple, par l'instruction qu'il se donne et l'expérience qu'il acquiert; et quand les états se constituent, ils ne laissent plus aucune place aux héros. Chacun alors a sa fonction dans le grand corps social; un chef militaire, si haut qu'il soit, agit toujours en sous-ordre et fait parfois des guerres qu'il désapprouve. Le chef de l'État n'a lui-même que l'initiative de l'action ; mais la cause n'est ni dans son intérêt privé ni dans ses passions personnelles ; elle est abstraite, nationale, et c'est elle qui entraîne tous les hommes, sans pouvoir être figurée par la poésie. L'histoire a remplacé l'épopée et les héros ont disparu. C'est ce qui eut lieu chez les Grecs où l'histoire prit, par une transformation insensible, le rôle de l'épopée et fut vraiment l'épopée des temps constitutionnels comme l'épopée avait été l'histoire des temps féodaux.

Il est donc possible de tirer des épopées homériques un ensemble de faits réels dont la valeur n'est pas moindre que celle des faits que l'histoire nous raconte. Ces faits répondent aux questions suivantes : constitution de la famille grecque aux temps épiques ; état de la société civile, de la société politique ; des races d'hommes, soit en Europe soit en Asie, d'après les épopées ; des arts et des métiers ; des symboles religieux, leur classement, leur signification, leur origine ; état des idées philosophiques et morales. La plupart de ces problèmes ne peuvent se résoudre sans le secours de la philologie comparée, qui se fonde elle-même sur la connaissance de l'Orient : car c'est dans l'Inde védique que se trouvent les termes et les formules les plus claires qui puissent rendre compte de tous ces éléments communs des civilisations primordiales.

DES πρooίμια APPELÉS HYMNES HOMÉRIQUES.

Quoique les chants isolés, publiés ordinairement après l'Iliade et l'Odyssée, portent le nom d'hymnes, ils n'ont presque rien de commun avec les hymnes religieux dont traite la première section de ce livre. Ce sont des compositions d'un autre âge, d'une autre nature, d'une langue plus faite, et qui portent tous les caractères de la poésie épique. On ne sait ni les auteurs ni les dates précises de ces chants, dont plusieurs peuvent bien appartenir à la poésie alexandrine, mais dont la plupart semblent remonter aux siècles de l'Odyssée et de l'Iliade.

I. A APOLLON. L'auteur de ce premier chant était ionien ; il avait des connaissances géographiques plus étendues que celles qu'on trouve dans l'Iliade ; il était d'un temps où le culte d'Apollon avait pris en Grèce une importance qu'il ne paraît pas avoir eue même à l'époque de l'Odyssée ; enfin c'est un poète descriptif plus ne que l'était l'auteur de l'Iliade ou ceux dont les anciens chants ont servi à composer cette épopée.

L'hymne à Apollon se compose de deux fragments qui n'ont entre eux aucun rapport et qui sont réunis par une transition de fantaisie sur le thème usé de la cécité d'Homère. Le premier fragment, en l'honneur d'Apollon Délien, se termine au vers 165 et contient le récit de la naissance du Dieu. Le second commence au vers 177 et comprend toute la fin du morceau dont la longueur totale est de 546 vers. L'énumération des lieux où s'est essayé tour à tour le culte d'Apollon et les descriptions variées qu'elle contient supposent une époque relativement moderne ; il en est de même de l'ensemble du morceau qui, dans de petites proportions, est aussi irréprochable que l'Odyssée et offre des discours et des tableaux faits avec beaucoup d'art, ainsi que des narrations dont les parties sont très-habilement disposées ; enfin la supériorité de Jupiter sur Saturne est admise et affirmée sans hésitation au vers 339. Tout, dans ce fragment, indique une époque de l'art déjà avancée, et prouve que, s'il est réellement de la période épique, il appartient à la fin et non pas au commencement. Quoi qu'il en soit, ce premier fragment est d'un vif intérêt par le récit qu'il renferme de l'établissement du culte d'Apollon à Delphes et de ses origines crétoises, et par le tableau tout asiatique et pour ainsi dire védique, du combat de ce dieu contre l'hydre et le serpent Python. Ce combat est localisé au point même où s'élevait le temple de Delphes, au pied des roches escarpées du Parnasse ; c'est là que le poète conduit les navigateurs crétois débarqués avec le dieu sur le rivage de Crissa et qu'il nous fait assister à la transformation de leur culte transplanté sur le sol de la Grèce.

II. A Hermès. Ce morceau épique ne porte point les caractères de l'antiquité ; non-seulement les différents mythes relatifs à Hermès sont confondus et mêlés ; mais les situations sont vagues, le lieu de la scène n'est pas nommé ; la composition de ce récit, qui renferme 580 vers, indique un art abâtardi dont on aperçoit les procédés appris et les formes de convention. L'œuvre entière ressemble à une imitation alexandrine et doit au moins appartenir à une époque postérieure à la période épique, à une période d'érudition. D'un autre côté si l'enlèvement des vaches d'Apollon est raconté avec esprit, il n'en est pas de même du festin sacré préparé par Hermès et offert aux dieux : il y a dans ce récit des détails qui sentent une époque d'incrédulité et n'ont rien d'analogue aux plaisanteries, même grossières, que l'on trouve çà et là dans les épopées à l'adresse de certains dieux. L'auteur a cherché à réunir dans une seule pièce de vers tous les caractères, toutes les fonctions d'Hermès, celles qu'il eut dans la mythologie primitive quand il était conducteur des troupeaux du Soleil, c'est-à-dire des nuages, ou qu'il menait chez Hadès les âmes des trépassés, et celles qui lui furent attribuées plus tard de dieu musicien et de patron des commerçants et des voleurs. Le style et la langue de cette composition ont aussi une couleur moderne, soit dans les formes de la phrase qui rappellent souvent les temps de la décadence, soit dans les mots dont beaucoup expriment des idées qui n'ont rien d'ancien ni de véritablement épique.

III. A Aphrodite. Ce chant épique en l'honneur de Vénus-Aphrodite comprend 294 vers : c'est une narration parfaite, conduite avec un art irréprochable, où sont combinés dans les proportions les plus justes tous les éléments qui entrent dans la composition d'une grande épopée, introduction, mise en scène, récits, dialogues, épisodes, portraits ; elle est donc d'une époque où l'art de la composition épique n'avait plus aucun secret. On peut soutenir que ce morceau appartient aux derniers temps de la période épique, antérieurs à l'histoire : cependant toute la seconde moitié, où se trouvent racontées les amours d'Anchise et de Vénus et annoncée la destinée merveilleuse d'Énée et de ses descendants, renferme plusieurs détails qui sentent l'époque alexandrine et même les temps de la domination romaine qui avoisinent Auguste et Virgile. L'explication du nom d'Enée (v. 199), le souvenir habilement rappelé de Tithon et de Ganymède, le mélange, qui n'a rien d'antique, des Silènes, d'Hermès et des nymphes des monts ou dryades, les précautions ethnographiques de Vénus disant qu'elle sait la langue de Phrygie et celle de la Troade et expliquant à Enée comment elle a pu apprendre l'une et l'autre, les ménagements de toute sorte qu'elle croit devoir employer, beaucoup de faits et de vers supposent une érudition qui n'a rien d'homérique et qui nous rapproche de temps beaucoup plus modernes. Du reste les récits, les portraits et le dialogue sont d'une grâce charmante et n'ont rien d'inférieur aux plus beaux passages du même genre qu'on puisse trouver dans Virgile.

IV. A Déméter. Le chant à Cérès n'a rien de liturgique; il a la couleur épique et entrerait aisément comme épisode dans une épopée. Il est parmi les *proœmia* un de ceux dont l'antiquité est la plus manifeste : pas une pensée, pas un mot, pas une forme de style qui sente l'imitation ou la décadence ; si un alexandrin en eût été l'auteur, ce morceau eût suffi pour le rendre célèbre. Le mythe de Cérès et Proserpine, où est symbolisée la marche de l'année et de la végétation, s'y trouve combinée avec les phénomènes naturels de la façon la plus naïve et la plus instructive pour nous : c'est pour la mythologie comparée un des fragments les plus précieux que nous ait légués l'antiquité. D'un autre côté, le mythe avait pris, à l'époque où ce chant fut composé, assez d'indépendance pour que les personnages qu'on y fait paraître eussent tous une figure humaine et une expression pleine de sentiment. Déméter cherchant Perséphone n'est pas simplement un personnage mystique; c'est une mère cherchant la fille qu'un inconnu lui a ravie et interrogeant ciel et terre pour découvrir un indice du lieu où elle est. Et quand elle a appris que la permission du roi des dieux l'a livrée entre les mains d'Hadès où la loi fatale de la nécessité la retient, elle use du seul pouvoir qui lui reste : comme déesse des moissons, elle frappe la terre de stérilité, affame les dieux, et obtient enfin que, sous la condition de la loi du monde, sa fille lui soit rendue ; le récit de ce retour et de l'entrevue de la mère et de la fille, égale, comme morceau épique, les plus beaux passages de l'Iliade et de l'Odyssée.

On peut rapprocher utilement ce beau morceau de poésie du chant n° i en l'honneur d'*Apollon pythien*. L'un et l'autre contiennent le récit de l'établissement d'un des grands cultes de la Grèce centrale, celui de Delphes et celui d'Eleusis ; tous deux réunissent dans une même mesure le mythe accompagné de son explication naturelle et la personnalité humaine des dieux. Ceux-ci sont parvenus, dans leurs formes plastiques, au même degré de perfection. L'art de la composition est égal de part et d'autre, plus simple et aussi plus grandiose que celui des fragments ii et iii. On ne peut pas dire si ces deux morceaux sont de la même main ; mais ils paraissent bien appartenir à la même époque, laquelle ne saurait être éloignée de celle de l'Odyssée. Ils se rapportent, du reste, à deux pays assez voisins l'un de l'autre, et qui de très-bonne heure, soit par terre soit par le golfe et l'isthme de Corinthe, ont été en relation continuelle.

L'hymne à Dèmèter fut découvert au siècle dernier par Ruhnken : il nous est parvenu dans un état de mutilation regrettable ; le plus beau passage est le plus mutilé. Tel qu'il est, il renferme 495 vers. Ceux dont il nous reste à parler sont loin d'égaler en étendue les quatre premiers.

V et IX. Ces deux fragments sont deux petits tableaux représentant la déesse Aphrodite.

VI, XXV et XXVI. A Dionysos. La littérature a moins que la mythologie à revendiquer les deux premiers fragments, dont l'un offre pourtant une description animée des effets tumultueux du vin et de la puissance de son dieu Bacchus. L'un et l'autre peuvent être considérés comme antiques et ont même une apparence plus archaïque que les fragments en l'honneur de Déméter et d'Apollon pythien. Le symbole et la réalité, c'est-à-dire la figure divine et le vin, s'y trouvent mêlés de telle sorte que l'un sert d'explication à l'autre : or c'est là précisément ce qui caractérise la poésie primitive, telle que le Vêda nous la fait connaître. Le troisième morceau est moderne, quoique fort mutilé.

VII. A Arès. Le fragment en l'honneur de Mars est une espèce de litanie d'un caractère alexandrin, qui permettrait de le rapprocher des poésies *orphiques*. Il n'a aucune valeur littéraire.

XXX, XXXI, XXXII. On peut en dire autant des trois morceaux adressés à la Terre mère de tous, à Hélios et à Séléné, si ce n'est que ce sont des portraits d'un style archaïque et d'une authenticité plus que douteuse.

XVIII. Parmi les autres fragments rangés sous le nom d'Homère, un seul a quelque importance, celui qui est adressé à Pan. Pour l'auteur de ces vers, Pan est la personnification des chevriers des montagnes; c'est le fils velu d'Hermès, ayant des pieds de chèvre et la tête armée de deux cornes, symboles du troupeau lui-même. Les dix-huit premiers vers présentent une peinture animée de la vie du chevrier; les vingt derniers racontent la naissance de Pan dans cette partie de l'Arcadie nommée le *téménos* du Cyllène, pâturage alpestre qui nourrit encore de riches troupeaux. Le fragment tout entier, composé seulement de 47 vers, porte tous les caractères de la période homérique, si ce n'est qu'on y rencontre le nom de la nymphe Echo, qui n'est ni dans les deux grandes épopées, ni dans Hésiode, et qu'on y donne du nom de Pan une interprétation étymologique d'un caractère moderne.

HÉSIODE.

Le bassin central de la Grèce, compris entre la mer d'Eubée et les sources du Céphise béotien, offre un ensemble géographique que ne présente aucune autre partie du monde grec. Il s'allonge de l'est à l'ouest, borné par les montagnes qui suivent le bord du canal eubéen et par la chaîne dont les principaux sommets portent les noms de Cithæron, d'Hélicon, de Parnasse; l'Œta s'élève à son extrémité occidentale et réunit les deux chaînes. Les eaux qui découlent de tous ces monts se rassemblent dans le grand bassin du lac Copaïs, qui par des conduits souterrains en verse une partie dans le lac Hylica et dans la mer. Le pays rocailleux d'Haliarte ne sépare pas ce bassin de la plaine de Thèbes, dont les eaux vont elles-mêmes au lac Hylica. Pour aller de cette plaine à la mer d'Eubée, on franchit le col assez élevé du Mycalesse et l'on débouche sur Chalcis. Toute cette vallée est un pays de labour, célèbre par sa terre noire et fertile, produisant plus que ce qui lui est nécessaire et exportant son superflu par la petite navigation de l'Euripe, qui le rattache à toute l'Eubée et à la Thessalie. Il n'est, du reste, séparé de cette dernière que par un passage facile qui mène aux Thermopyles; par cette ouverture et par-dessus les monts Cnémis et Cyrtone, les vents du nord viennent frapper de face toutes les pentes septentrionales de la grande chaîne ; en été, l'air chaud et les vapeurs de la vallée montent le long de ces montagnes et y entretiennent une sorte de tiédeur humide aussi favorable à la végétation que fatigante pour l'homme. Mais on y trouve aussi des vallons pleins de fraîcheur et des sources entourées de verdure où les anciens peuples grecs ont fixé le culte des Muses : là sont Aganippe, Hippocrène, le Permesse et ces noms célèbres que la poésie moderne a adoptés.

Cette longue vallée béotienne a eu ses légendes et ses héros ; elle a beaucoup fourni à la poésie dramatique; elle a donné le jour à toute une famille d'aèdes dont les œuvres, longtemps conservées chez les Grecs, se sont réunies sous le nom, réel ou symbolique, d'Hésiode, Ἡσίοδος. Parmi ces œuvres, les unes ont les mêmes caractères épiques que les poésies homériques, et exposent les faits avec une impersonnalité comparable à celle de l'Iliade : tel est le morceau connu sous le nom de Bouclier d'Hercule ; les autres portent en quelque sorte le nom de leur auteur et nous font connaître quelque chose de ses sentiments et de sa vie. Enfin la plupart d'entre elles sont tout à fait perdues ou ne nous sont connues que par de très-courts fragments. Hésiode est donc l'Homère de la vallée béotienne, et les œuvres qu'on lui attribue appartiennent vraisemblablement à des époques très-éloignées les unes des autres.

LE BOUCLIER D'HERCULE (ἄσπις Ἡρακλέους).

Si l'on n'envisage que le sujet et la manière archaïque dont il est traité, la pièce de 480 vers, connue sous ce nom, est le plus ancien des trois poèmes hésiodéens. Le mythe d'Héraclès et Cycnos est peut-être celui des travaux d'Hercule dont la couleur est la plus asiatique : le Véda nous en a donné le sens et l'expose lui-même un grand nombre de fois, avec une poésie dont plusieurs traits se retrouvent dans le fragment du poète grec. Héraclès est un personnage solaire, identique ou fort analogue à Indra ; Cycnos, dont le nom n'a de commun avec celui du cygne que les lettres qui le composent, c'est Çushna, lequel représente la force qui retient l'eau dans le nuage et produit la sécheresse et la stérilité; la lutte d'Héraclès et de Cycnos, c'est la lutte du Soleil contre cette force, dont la défaite a pour résultat de précipiter la pluie.

Amphitryon étant en guerre, Zeus a commerce avec sa femme Alcmène, qui met au monde deux fils, l'un brave et l'autre lâche : c'est Héraclès, fils de Zeus, et Iphiclès, fils d'Amphitryon. Cycnos, fils d'Arès (Mars), monté sur un char avec son père, soulevait la poussière et infestait les bois sacrés d'Apollon. Apollon lance contre lui Héraclès, accompagné de son fidèle écuyer Iolaos. Le char est traîné par le cheval immortel Arion (sanscrit *arwan*); Héraclès a pour armure un bouclier divin, ouvrage d'Héphæstos (Vulcain), qui le doit rendre invincible. La rencontre des deux rivaux a lieu au fort de l'été

« Quand la cigale sonore aux ailes noires, posée sur un rameau [vert commence à chanter aux hommes la saison brûlante, la cigale [qui boit et mange la féconde rosée, et qui dès l'aurore et tout le jour fait entendre sa voix durant les plus fortes chaleurs lorsque Sirius dessèche la peau des hommes. »

Athêné assiste au combat et avertit les héros de ce qu'ils ont à faire.

« Alors le fils de Zeus, Iolaos, gourmande violemment ses che- [vaux ; à sa voix ils emportent précipitamment le char rapide et soulèvent la poussière de la plaine. Car la déesse aux yeux de chouette, Athêné les avait remplis d'ardeur en secouant son égide ; la terre gémissait sous eux. Les rivaux aussi s'avancèrent pareils au feu et à l'ouragan. Les chevaux en s'abordant poussèrent les uns aux autres des hennissements aigus dont le son se brisait alentour. »

Les ennemis se provoquent, mettent pied à terre, se jettent l'un sur l'autre comme des rochers qui roulent du haut des montagnes. La lance de Cycnos ne peut percer le bouclier d'airain ; mais celle d'Héraclès atteint Cycnos à la gorge et le jette à terre privé de vie. Le combat s'engage entre Héraclès et Arès ; vainement Athêné veut arrêter le dieu de la guerre par ses conseils ; Arès se précipite contre le fils de Zeus avec sa lance, qu'Athêné détourne, puis avec son glaive. Mais pendant qu'il frappe, Héraclès lui perce la cuisse et le renverse à côté de son fils. La dépouille de Cycnos échut à Céyx, roi d'Iolcos.

Le récit que je viens d'analyser a la couleur épique au plus haut degré et ne sent point la décadence. On lui a donné le titre qu'il porte, parce qu'il renferme une description détaillée des figures en relief faites par Vulcain sur le bouclier d'Héraclès. On a rapproché avec raison ce passage de la description du bouclier d'Achille dans l'Iliade; mais on aurait tort de conclure de cette comparaison que l'un des deux morceaux soit imité de l'autre. On doit réfléchir qu'Achille n'est lui-même, en dehors de la tradition troyenne, qu'un personnage symbolique ayant la même origine qu'Héraclès; que le bouclier de ces deux héros n'est autre chose que le disque du soleil dans la lumière duquel apparaissent toutes les formes de la vie et de l'activité humaine; et qu'ainsi ce mythe est de beaucoup antérieur aux deux descriptions épiques que l'antiquité nous a laissées. Du reste la description du bouclier d'Hercule, placée en manière d'épisode dans un récit dont elle occupe une grande partie, prouve que le morceau tout entier n'est qu'un fragment d'un poëme beaucoup plus étendu dont nous ne connaissons peut-être pas même le nom. La ressemblance du récit avec plusieurs hymnes du Vêda et l'identité des noms de Çushna et de Cycnos prouvent que cette légende, venue d'Asie avec les migrations âryennes, avait existé dans les chants sacrés de la Grèce avant d'être traitée par la poésie épique.

LA THÉOGONIE.

L'auteur de la Théogonie vivait au temps des aèdes; il distingue même les *aèdes* des *citharistes*, c'est-à-dire les poètes des musiciens, et il attribue aux premiers le

PÉRIODE ÉPIQUE. 127

don de calmer les chagrins « en célébrant les actions illustres des hommes d'autrefois. » Jupiter est déclaré sans hésitation le plus fort des dieux. Les rois ne sont plus les maîtres absolus des peuples, irresponsables et dévorant leurs sujets : ils en sont les protecteurs, leur rendent la justice en public, ἀγόρηφι, et, quand ils se révoltent, les répriment non par la force mais par de douces paroles. Le poème de la Théogonie est donc plus voisin de l'Odyssée que de l'Iliade. Si les trente premiers vers sont authentiques, l'auteur vivait sur les coteaux des monts de Béotie au milieu des bergers, auxquels il tentait par ses vers d'enseigner leur religion et de donner quelque politesse. Du reste, il ne regarde jamais la plaine; ses tableaux, ses récits, les légendes qu'il raconte appartiennent presque toujours à la montagne : tel est le célèbre morceau où il décrit le combat des Titans et des Dieux, les uns se tenant sur l'Othrys, les autres sur l'Olympe; telles sont encore les descriptions du Styx, fleuve d'Arcadie, de Typhon, image des volcans, et ce qui est dit en plusieurs endroits du Cithæron, de l'Hélicon, du Parnasse, de l'OEta, du Pinde, de l'Olympe, des sources qui en découlent, des bois et des pâturages qui les recouvrent, des déités qui les habitent. Il est évident que le poète a pour horizon ces montagnes et qu'il habite les pentes de la chaîne méridionale des monts béotiens. La Théogonie est donc le poème des montagnes.

Là séjournent les Muses : le poète est en relation avec elles, il met son œuvre sous leur invocation. Les Muses habitent le ciel; revêtues d'un corps glorieux, ces filles de Zeus et de Mnémosyne viennent se baigner dans le Permesse et l'Hippocrène; elles savent tout; la nuit elles chantent des hymnes en l'honneur de Jupiter, de Héré, d'Athêné, d'Apollon, d'Artémis, de Poseidôn; par leur chant elles réjouissent l'Olympe, disant les temps et les destinées, les Intelligences, les actions des héros et des hommes; elles exécutent des danses, calment les chagrins et la tristesse, inspirent les bons rois et les aèdes.

Hésiode a tenté de systématiser les traditions religieuses de son temps : il a recueilli d'abord les traditions béotiennes au milieu desquelles il vivait; puis il a été lui-même en apprendre ou en éclaircir d'autres dans les pays grecs où elles étaient en vigueur. L'auteur de la Théogonie a certainement vu plus d'une montagne célèbre de la Grèce et des pays du nord; il a été dans le Péloponèse, comme le prouve la peinture qu'il a faite du Styx d'Arcadie. J'ai vu cette source qui des monts neigeux de Nônacris tombe en une longue cascade au fond d'une gorge stérile, formant un ruban d'eau qui coule toujours, s'évapore dans sa chute et, n'arrivant pas jusqu'à terre, flotte dans les airs sans troubler le silence de la solitude; j'ai vu le ruisseau blanchâtre et méphitique qui coule au fond de la vallée, et le rivage où il se jette à la mer dans les eaux de laquelle il s'enfonce sans s'y mêler. Voici ce qu'en dit Hésiode :

« Là, demeure une déesse en horreur aux Immortels, la redoutable Styx, fille aînée du mouvant Océan. Loin des dieux, elle habite une demeure éclatante que surmontent d'immenses rochers et que soutiennent dans le haut des airs mille colonnes d'argent..... Une eau froide découle d'une roche éclairée du soleil et très-haute. L'onde sacrée de cette source océanienne se perd en grande partie dans la nuit sous la terre; la dixième partie s'évanouit; les neuf autres roulent en flots argentés sur

le sol et sur le dos immense de la mer. Quant à elle, elle
s'épanche dans la solitude des rochers. »

Théog. 775.

Nulle part, dans l'antiquité grecque on ne trouvera une description locale plus complète et plus juste. La tradition relative à Styx appartient à toute la race âryenne ; mais chaque peuple l'a localisée, les Indiens dans le Gange, fleuve céleste, terrestre et infernal, les Médo-perses dans la source sainte d'Ardouisour, les Grecs dans celle de Styx ; une description précise de chacune d'elles ne peut être donnée que par un poète qui l'a vue. Nous nous contentons de cet exemple.

Le système théogonique tenté par Hésiode s'écarte de la tradition commune de la Gréco-asie, en beaucoup de points, mais surtout en ce qu'il fait d'Ouranos un fils de la Terre, plaçant ainsi à l'origine des choses un principe féminin. Car le Chaos n'est pas un dieu, mais la matière dépourvue de la forme, aussi bien que l'Erèbe et la Nuit, l'Ether, le Jour, Eros et les Tartares, qui ne sont en quelque sorte que les conditions mêmes de la possibilité des choses. Ouranos, fils de la Terre, est mis au même degré que Pontos (la Mer), ce qui est inadmissible dans la mythologie grecque. Puis viennent les six Titans et les six Titanides, enfants du Ciel et de la Terre, les trois Cyclopes et les trois Hécatonchires. L'auteur raconte la conjuration du titan Kronos contre son père, la mutilation d'Ouranos, la naissance des Erinnys, des Géants, des Mélies et d'Aphrodite avec Erôs et Himéros. Vient ensuite une longue énumération d'êtres abstraits et de personnages mythologiques, tels que les Parques ou Mœres, les Phorcydes, les Néréides, les Harpies, les chevaux primitifs

Chrysaor et Pégase, Typhon, Cerbère, l'Hydre, la Chimère, le Sphynx. Le poète raconte les enfants de Téthys et d'Océan, de Rhéa et de Kronos, d'Iapet et de Clymène, la dispute de Zeus et de Prométhée, le rapt du feu, la formation de la femme, le grand combat des Titans et des Dieux et la victoire de Jupiter. Après quelques récits et quelques descriptions, parmi lesquelles on remarque celle de Styx, l'auteur énumère les sept épouses de Zeus et les enfants qu'il a eus d'elles, et, sans s'attacher à un ordre bien rigoureux, il expose la naissance d'un assez grand nombre d'autres divinités, de personnages mythologiques et de héros. Le poème contient en tout 1022 vers. L'ordre suivi par l'auteur est assez régulier, puisqu'il passe successivement en revue les générations primordiales des dieux titaniques, celles qui répondent au règne de Kronos, et enfin les divinités olympiennes venues les dernières.

Ces longues énumérations sont en général dépourvues de poésie, si l'on en excepte quelques mots heureux et la forme du vers épique. Mais çà et là on rencontre des tableaux, des descriptions et des récits qui ont une couleur éminemment poétique. On peut citer par exemple les récits du *rapt du feu*, de la *création de la femme*, le *combat des Titans et des Dieux*, la description de la *chute du Styx*, celle du *combat de Typhoée et de Jupiter*. Le poème, pris dans son ensemble est complet; car il n'omet aucune divinité de quelque importance, et il sert de point de départ à tous les travaux anciens ou modernes concernant la mythologie grecque. Seulement on conçoit qu'un poète de plus de génie eût pu varier son œuvre en intercalant dans cette liste un peu froide des tableaux et des récits en plus grand nombre. Mais nous le jugeons tel qu'il a été et non tel qu'il eût pu être s'il avait égalé en génie l'auteur de l'Odyssée. Le jugement de Quintilien reste vrai (Livre x; ch. 1), quoiqu'il s'applique mieux à l'auteur des *OEuvres et Jours* qu'à celui de *la Théogonie.*

OEUVRES ET JOURS (Ἔργα καὶ Ἡμέραι).

La personnalité de l'auteur se marque fortement dans le poème des *OEuvres et Jours.* Non-seulement il parle de lui-même, de son père, de son frère, du lieu qu'il habite; mais ses sentiments, ses jugements personnels sur les hommes et sur les choses remplissent ce petit poème de 828 vers. Le poète habitait Ascra, sur les coteaux de l'Hélicon, au-dessus de la plaine d'Haliarte, en vue et à deux lieues environ du lac Copaïs. Ce pays n'est pas aussi désagréable que le dit le poète au vers 640 : les saisons intermédiaires y sont charmantes comme dans presque toute la Grèce; mais l'été y est brûlant et fiévreux à cause des émanations lacustres de la plaine, et l'hiver y est rude parce que toute cette face des monts de Béotie est battue par les vents de la Thrace :

V. 504. « Redoute le mois lénæon, mauvais jours qui font tort aux vaches, et les glaces qui s'étendent sur le sol au souffle de Borée, quand ce vent de la Thrace nourricière des chevaux souffle sur la vaste mer et la soulève : la terre et la forêt mugissent. Les chênes à la haute chevelure et les épais sapins sont jetés sur la terre féconde, quand Borée tombe sur les forêts de la montagne. Les bois immenses résonnent. Les bêtes fauves frissonnent et rentrent la queue sous leur ventre, celles mêmes dont la peau est garnie d'une fourrure ; car le vent la pénètre aussi malgré son épaisseur ; il traverse la peau du bœuf, qui ne le protége plus ; il traverse celle de la chèvre au long poil ; les moutons seuls, avec leur épaisse toison, résistent au souffle de Borée. Mais il courbe le vieillard. »

Nous citons ce passage, que quelques-uns regardent à tort comme interpolé, parce qu'il donne une idée de la poésie des Œuvres et Jours et du milieu habité par l'auteur. D'après le poème, le père de l'auteur était venu d'Eolide pour chercher fortune, et s'était fixé dans le pays d'Ascra, où il avait eu deux fils, Persès et l'auteur du poème. Il semble que celui-ci ait eu à souffrir des prétentions injustes et des intrigues de son aîné, auquel il adresse son œuvre. Quant à lui, c'est un homme sage, un homme sédentaire, plein d'expérience, n'ayant jamais voyagé, du moins sur mer, que pour aller d'Aulis en Eubée, où le roi de Chalcis, Amphidamas, avait ouvert un concours de poésie. L'auteur gagna le prix, qui était un trépied (v. 655). Ces faits semblent nous éloigner non-seulement de l'Iliade, mais même de l'Odyssée et placer la composition des Œuvres et Jours dans un temps plus moderne, qui toutefois est encore celui des aèdes (v. 26) et de la puissance des rois féodaux (v. 39).

On trouverait difficilement, parmi les ouvrages de cette période, deux poèmes différant entre eux aussi profondément que les Œuvres et Jours et la Théogonie : sujets sans aucun rapport, tirades poétiques sans analogie, manières de penser tout opposées ; car la Théogonie a le caractère d'une œuvre impersonnelle, comme l'Iliade, l'autre poème porte partout la marque de son auteur. Les Œuvres et Jours sont le poème de la plaine :

les 380 premiers vers sont le développement de cette idée morale, qu'il faut vivre selon la justice, pour être en paix avec les hommes, pour n'avoir pas besoin d'eux et pour s'enrichir soi-même ; ce précepte est démontré de plusieurs façons, d'abord par une sorte de théorie, puis par la fable de Pandore, par celle des quatre âges de l'humanité et par le court apologue de l'autour et du rossignol. La seconde partie du poème traite du labour considéré comme le véritable moyen de s'enrichir ou du moins de se mettre à l'abri du besoin : les travaux de la ferme, la saison convenable pour chacun d'eux, avec quelques mots seulement sur la taille de la vigne, voilà ce qui remplit cette partie du poème. L'auteur, après s'être excusé de n'être pas navigateur, croit devoir donner les préceptes les plus utiles sur la navigation, considérée par lui comme un moyen d'exporter les produits des campagnes. Toute la fin du poème est remplie par des préceptes relatifs au mariage, aux relations de société, à la conduite de l'homme envers les dieux, à la pudeur et aux vertus propres à certains jours de l'année ou de la lunaison. Dans toutes ses parties le poème est rempli de recommandations et d'adages s'adressant surtout aux habitants des hameaux et des petites villes de Béotie et plus particulièrement à Persès, dont le nom peut n'être que l'emblème de ceux pour lesquels le poète a chanté.

Il y a infiniment peu de poésie dans les OEuvres et Jours : il semble difficile que le même homme ait composé ce poème et celui de la Théogonie. La présence dans l'un et l'autre de la fable de Pandore ne prouve rien à cet égard, puisque ce mythe est de beaucoup antérieur à la période des aèdes, qu'il était nécessairement à sa place dans une histoire divine et que la haine singulière de l'auteur des OEuvres et Jours pour les femmes le conduisait naturellement à la développer. Quoique l'art de la composition soit assez médiocre dans la Théogonie, il est de beaucoup supérieur à celui des OEuvres et Jours, qui pourtant paraissent une œuvre de vieillesse. Ce vieillard est morose; il se plaint de tout, de son pays, des rois qui se laissent gagner par des présents, des hommes et de leurs réunions, des femmes surtout et de son frère. Ces plaintes sont exprimées sans poésie et nous jettent dans cette réalité mesquine que peut présenter la vie des champs, quand rien d'idéal ne la relève et quand les nécessités de chaque jour et la crainte des jours à venir courbent l'homme sur ses sillons. Il y a du moins de l'élan et de la grandeur dans le second tiers de la Théogonie; on sent en la lisant qu'il a pu y avoir en Béotie une sorte d'école de poètes vraiment épiques, de véritables générations d'aèdes. Au reste, une partie de l'antiquité, les Béotiens eux-mêmes, n'attribuaient à Hésiode que les OEuvres et Jours et lui refusaient la Théogonie. Si nous avions à fixer les dates relatives des trois poèmes béotiens que nous avons examinés, nous mettrions au premier rang le Bouclier d'Hercule, du moins dans ses parties les plus anciennes et les plus authentiques, la Théogonie, dont nous retrancherions peut-être le préambule ou quelques-uns des vers qu'il contient, et enfin le poème des OEuvres et Jours, n'attribuant à Hésiode que ce dernier. Quant aux dates relatives de ces trois compositions d'une part, de l'Iliade et de l'Odyssée de l'autre, il paraît évident qu'elles sont postérieures à tous les chants dont l'Iliade a été composée; mais il est presque impossible de dire si l'Odyssée leur est ou non postérieure. Ce qui est dit des héros de la guerre de Troie dans les vers hésiodéens indique que leurs auteurs vivaient longtemps après l'expédition des Atrides : mais l'Odyssée est aussi très-postérieure à la guerre de Troie. De plus, le développement béotien de la poésie épique a pu ne pas coïncider avec celui des épopées ioniennes : les relations de la Béotie avec la mer se réduisent à peu de chose, comme on le voit dans les Œuvres et Jours ; les laboureurs et les bergers béotiens n'ont guère d'issue que vers le nord-ouest de leur vallée, c'est-à-dire du côté de la Thessalie ; de plus, l'Eubée leur ferme l'aspect de la mer et fait d'eux une population continentale et isolée. Au contraire, les peuples ioniens ont été dès l'origine des peuples navigateurs, parce que, habitants des îles et des rivages, ils étaient en relation continuelle avec la mer, où les poussait d'ailleurs la stérilité de leur pays. En contact de bonne heure avec des peuples divers et, par les caravanes, avec ceux de l'Asie qui les surpassaient de beaucoup en civilisation, les Ioniens purent parvenir à l'art parfait qui brille dans l'Odyssée lorsque les Eoliens de Béotie ne faisaient encore que bégayer. Ainsi l'infériorité des poésies béotiennes ne prouve pas leur antiquité, tandis que quelques détails sur la société du temps indiquent au contraire que leur date est relativement plus récente que celle de l'Odyssée même.

FRAGMENTS.

Quand on traite des chants épiques de la Grèce, il ne faut pas chercher la date probable des poètes, puisque l'on ne peut même pas prouver que ceux qu'on nomme aient existé. Le nom d'Hésiode prend un caractère de plus en plus emblématique, quand on cherche à l'entourer de plus de lumières. La poésie béotienne avait produit un grand nombre d'ouvrages, que l'on attribuait tous également à Hésiode, comme on mettait le nom d'Homère en tête de toutes les épopées ioniennes. Cependant, par les fragments qui nous restent, on est conduit à reporter ces épopées béotiennes plus ou moins loin dans le passé, à les séparer par des intervalles de temps considérables et par conséquent à les attribuer à des auteurs différents. Le corps d'Hésiode se trouve ainsi démembré comme celui d'Homère : on ne sait plus à quels poèmes ces noms fameux doivent demeurer attachés, ni même si des hommes réels ont jamais porté ces noms.

Voici les titres des principaux poèmes béotiens : l'*Astronomie*, *Ægimios*, *Epithalame de Pélée et de Thétis*, *Descente de Thésée et de Pirithoos* aux enfers, *Mariage de Céyx*, le *Catalogue* ou les *Eées*, la *Mélampodie*, les *Institutions de Chiron*, l'*Ornithomancie*, etc. — Il nous reste quelques fragments de l'Αἰγίμιος, poème en deux chants sur un héros de ce nom et où était racontée l'aventure d'Io. L'Ægimios était aussi attribué à un certain Cécrops de Milet, et considéré ainsi par quelques-uns comme faisant partie des épopées ioniennes. — De l'*Astronomie* il nous reste trois hémistiches sur les Pléiades. — Les *Catalogues*, nommés aussi *Eées*, 'Ηοῖαι, ou *Grandes Eées*, étaient une liste des femmes qui avaient eu commerce avec les dieux, et à chaque nom était attaché un récit épique de ces aventures plus ou moins célèbres. Le nom de cet ouvrage, qui évidemment était dépourvu de tout art de composition, venait de ce que chaque récit commençait par les mots ἢ οἵη, *ou telle que;* cette œuvre n'était qu'une série de petites compositions épiques et ne saurait porter le nom d'épopée ni, à plus forte raison, celui de poème. Il ne reste des Eées que 149 vers que l'on puisse considérer comme à peu près authentiques; ces vers sont répartis entre 48 citations dont la plus longue n'a que dix vers. Généralement attribués à Hésiode par les auteurs qui les ont cités, ces fragments suffisent au moins pour prouver que les Catalogues appartenaient bien à la poésie béotienne; mais ils n'indiquent rien relativement à l'auteur de l'ouvrage. On peut être surpris, si l'auteur des OEuvres et Jours est réellement Hésiode, que ce poète, ennemi des femmes par système, se soit mis précisément à composer les histoires des femmes les plus célèbres. La date de cette composition paraît aussi assez récente; les fragments qui nous en restent indiquent que la science de la mythologie était très-avancée et probablement plus complétement systématisée qu'elle ne l'est dans la Théogonie. On voit du reste, par les titres et la nature des poèmes hésiodéens, que les chantres de Béotie étaient des érudits plus encore que des poètes : la Théogonie et les fragments des autres poèmes nous font connaître plus d'anciennes légendes que l'Iliade et l'Odyssée tout entières. Mais le grand art, l'art de la composition, est durant cette période chez les Grecs de race ionienne. — De la *Mélampodie*, poème en l'honneur de Mélampous d'Argos comprenant au moins trois chants, il ne nous reste que vingt-cinq vers. — Des *Institutions de Chiron* (Χείρωνος ὑποθῆκαι) il ne reste que six vers en quatre fragments. — Enfin on attribuait à

Hésiode un *Voyage autour du monde* (Γῆς περίοδος) dont Strabon, Origène, Clément d'Alexandrie et plusieurs scholiastes citent quelques vers. Ce que ces auteurs rapportent de cet ouvrage suppose une date de beaucoup postérieure à la période épique proprement dite et des recherches géographiques impossibles à réaliser dans un temps où la navigation était encore dans l'enfance (1). Mais comme l'antiquité de ce Voyage est incontestable, on est naturellement conduit à en placer la rédaction sur la limite ou dans les commencements des temps historiques.

OBSERVATION GÉNÉRALE.

L'étude que nous venons de faire des œuvres et des fragments épiques de la Grèce nous a montré deux grands

---

(1) L'auteur des *Catalogues* connaissait :
les Arabes; Bélus;
les différents peuples de Crète, Minos, Ariadne, Thésée;
les origines grecques, Γραῖκοι;
l'Ossa, le Boebéis, la Thessalie;
Thamyris; la construction d'Ilion par les dieux;
Dodone, l'Hellopie;
Phthie, les Mirmidons;
Argos, Orchomène des Minyens;
les Argonautes, le Phase, la Libye, etc.;
l'Egypte, les Danaïdes, Lerne;
Alcinoos, Arété;
les Atrides, Mycènes, etc.;
Athènes;
la légende d'Apollon chez Admète;
Chiron, Jason, Æson;
Linos, fils d'Uranie;
les aèdes et les citharistes;
OEnomaos.

courants de poésie de nature et d'aspect très-divers. La race ionienne est la race poétique par excellence : là sont les grandes compositions littéraires, là est cette forme de l'*épopée* qui, née de chants détachés et héroïques qui la contenaient en petit, va grandissant dans les écoles homériques et par le travail non interrompu des récitateurs. Trois âges principaux peuvent être distingués dans le long développement de l'épopée ionienne : l'âge primitif qui commence aux événements eux-mêmes; l'âge des aèdes ou chantres populaires qui sont d'abord sans maîtres et ne suivent que leur inspiration, mais qui chantent ensuite de mémoire et commencent, dans les loisirs que leur fait la société féodale, les grandes compositions; l'âge des poèmes, qui est aussi celui des rhapsodes et qui s'étend jusque dans le voisinage des temps historiques. L'Iliade appartient au premier âge, non sous la forme où nous la possédons, forme que lui ont donnée les *diascévastes* et que les éditeurs et les critiques ont perfectionnée, mais sous la forme primitive de fragments isolés rattachés entre eux par la continuité des événements. L'Odyssée appartient à la fin du second âge ou au commencement du troisième, que remplissent les autres poèmes attribués aux Homérides. Le nom d'Homère résume le second âge et une partie du premier.

L'épopée béotienne est résumée toute entière dans le seul nom d'Hésiode. Elle n'a pas été beaucoup moins féconde que celle des Ioniens; mais tandis que cette dernière était répandue dans les iles et sur plusieurs rivages d'Europe et d'Asie mineure, l'épopée béotienne était comme concentrée dans la grande vallée de la Grèce, entre l'Eubée et le Parnasse. Ce pays de plaine et de labour est en même temps celui des recherches savantes et de la poésie érudite. La forme ne paraît pas avoir beaucoup préoccupé les poètes béotiens; mais, placés au centre du continent grec, touchant par les Thermopyles à la Thessalie et aux contrées du nord, par le col d'Eleuthères à l'Attique, par celui de Delphes et par l'Isthme de Corinthe à tout le Péloponèse, par l'Euripe à Chalcis point central de la navigation, ces poètes ont recueilli des traditions sans nombre et des légendes d'origine très-diverse dont ils ont composé la plupart de leurs poésies. Il faut ajouter que les montagnes béotiennes, où étaient venus s'arrêter et se fixer la tradition et le culte des Muses et d'Apollon Musagète, étaient comme un fil conducteur que l'esprit du nord a toujours suivi pour s'insinuer parmi les races helléniques et pour les pénétrer : cet esprit est un esprit de science et d'érudition plutôt qu'un génie poétique. Les Muses elles-mêmes président plus encore à la science qu'à la poésie, à la danse et à la musique. Et comme la science, dans ces anciens temps, revêtait encore les formes de la poésie, on voit que plusieurs causes se réunissaient pour donner à la poésie béotienne le caractère que nous lui reconnaissons encore aujourd'hui dans les fragments qui nous en restent. Les Grecs anciens cherchaient dans Homère l'enthousiasme et la beauté des formes de l'art, dans Hésiode la réflexion sérieuse, les règles de la vie pratique et la connaissance de leurs traditions héroïques ou sacrées.

SECTION TROISIÈME.

D'HOMÈRE AUX GUERRES MÉDIQUES.

ANN.	ÉLÉGIE.	IAMBES, ETC.	LYRIQUES.	PHILOSOPHIES.	TRAGÉDIE.	COMÉDIE.	HISTOIRE.
714	Callinos.						
675	Tyrtée.						
670		Archiloque.					
660		Simonide d'A.					
646			Terpandre.				
612			Alcée.				
			Arion.				
600	Mimnerme		Alcmane.	Thalès.			
	Solon.		Sapho.				
			Erinna.				
			Stésichore.				
580				Xénophane.			
570				Phérécyde.			
560	Phocylide.	Esope (?).		Anaximandre			
550			Anacréon.	Pythagore.	Thespis.	Suzarion.	
				Anaximène.			
540		Hipponax.	Lycos.				
530		Ananios.					Cadmos.
520					Phrynichos		
					Chérilos.		
					Pratinas.		

La période qui s'étend jusque dans le voisinage de la révolte de l'Ionie et qui comprend le septième et le sixième siècle avant J.-C., est la plus féconde de toute l'histoire grecque : elle n'a élevé à leur point de perfection aucun genre littéraire, aucun art; mais elle les a tous vus entrer définitivement dans la voie du grand art et a préparé le siècle suivant, qui est celui de Périclès. Si l'on excepte l'hymne et l'épopée, genres antérieurs à l'histoire, cette période a donné naissance à tous les autres grands genres et à plusieurs genres secondaires, soit en vers, soit en prose. Le tableau ci-dessus les présente dans leur ordre de succession : la date indiquée pour chaque auteur est celle où il a dû fleurir et être en possession de toute sa force créatrice. On pourrait dresser des tableaux du même genre pour les arts du dessin et pour la musique : on se convaincrait à la première vue que là aussi le génie grec a empreint ces deux siècles de son originalité. C'est la période de préparation dans tous les genres pour les œuvres de l'esprit. L'architecture, par exemple, sort définitivement des vieilles formes hiératiques et primitives qui se voient encore à Syracuse, à Sélinonte, à Corinthe, à Assos : on voit s'élever des temples d'une construction déjà très-parfaite, tels que ceux de Diane à Éphèse (600), de Junon à Samos, d'Apollon à Delphes (545), de Jupiter olympien à Athènes (sous Pisistrate), de Jupiter hellénien à Égine, de Cybèle à Sardes (505), etc. La plastique, durant le sixième siècle, se développe avec une énergie et une certitude de méthode extraordinaires dans toutes les parties de la Grèce : Dipœnos et Scyllis, Crétois, commencent à tailler le marbre, qui désormais remplace la pierre tendre et le bois des anciens sculpteurs : leurs élèves se retrouvent dans tout le monde grec; les écoles d'Argos, d'Egine, de Sicyôn produisent des artistes illustres dans l'art de sculpter, de modeler, de ciseler et de fondre sur métaux. Un sentiment de foi profonde et d'admiration paisible pour les formes des dieux et des héros caractérise cette période dans les arts et dans la littérature : la manière dont on les conçoit va s'épurant et s'élevant sans cesse; les antiques traditions helléniques fournissent une matière que les arts et les lettres renouvellent par les formes dont ils les revêtent et par le sentiment moral et philosophique dont ils les animent. Tout le développement de la poésie et de l'art durant ces deux siècles peut être considéré comme équivalent à celui de l'épopée, dont tous les sujets reviennent tour à tour, mais dans des cadres variés et avec une vie intellectuelle plus avancée dans l'ordre de la civilisation.

L'union étroite qui mêle, pendant toute sa durée, les lettres à la vie réelle et quotidienne des Grecs force celui qui étudie les œuvres littéraires à se reporter sans cesse à l'histoire. Il doit se souvenir que la royauté féodale est abolie dans presque tout le monde grec dès le commencement du septième siècle, et que vers la fin du sixième la constitution démocratique n'est encore presque nulle part parvenue à sa perfection. Cette période de deux siècles est donc un âge de transition et d'enfantement dans le monde politique, aussi bien que dans les lettres et les arts. Il y a des tyrans dans un grand nombre de cités helléniques, c'est-à-dire des citoyens qui de la condition privée se sont élevés au pouvoir suprême dans leur patrie : parmi eux les uns appartiennent à d'anciennes familles aristocratiques ou féodales; les autres sortent des classes populaires. Le nom de tyrans qu'on leur donne n'entraine souvent aucun blâme : il y a plusieurs tyrans parmi les sages de la Grèce; quelques-uns réunissent autour d'eux des poètes et des artistes et se font une sorte de cour, où se développe, dans ce qu'elle a de plus élevé, la civilisation hellénique. Mais la tendance demeure aristocratique dans les états doriens et démocratique dans les cités ioniennes ou mêlées. Parmi ces dernières, Athènes n'a pas encore acquis cette prépondérance qu'elle devra à son commerce et à son rôle dans les guerres médiques : toutefois l'œuvre de Solon fait d'elle un modèle que les autres états ioniens ont sous les yeux et un type qu'ils s'efforcent d'imiter. Un grand mouvement social et en partie politique se produit dans tout le monde grec : les tendances de chaque cité s'accusent de plus en plus; la civilisation sous toutes ses formes exécute une marche rapide.

Au dehors, du côté de l'Egypte, l'influence du génie grec se faisait déjà puissamment sentir, comme le prouve le règne d'Amasis; et des relations commerciales très-suivies s'établissaient entre la Grèce et ce pays d'une si antique civilisation. Le mouvement des esprits, qui dans le monde hellénique substituait des constitutions aux anciennes royautés, s'étendait de même dans l'Italie du centre : c'est vers la fin de cette période que fut constituée la république aristocratique des Romains. Mais le plus grand mouvement de faits et d'idées avait lieu vers l'Orient, chez des peuples que les Grecs commençaient à apercevoir ou avec lesquels ils devaient plus tard entrer en relation d'idées. De grandes révolutions amenaient sur le trône Cyrus et plus tard Darius fils d'Hystaspe sous qui fut constitué dans son unité l'empire des Perses et avec lui, sans doute, la religion de Zoroastre. Dans l'Inde avait lieu, durant le sixième siècle, la prédication du Bouddha suscitée par des causes agissant depuis longtemps et qui fut immédiatement suivie de missions religieuses envoyées dans toutes les directions : il n'est pas impossible qu'elles aient dès cette époque pénétré dans le monde grec, déjà ouvert à toutes les influences, et qu'elles aient été l'origine des établissements pythagoriciens ; dans ce cas le nom même de Πυθαγόρας pourrait avoir une étymologie indienne et non pas grecque, et n'être que le mot *buddhaguru* qui signifie missionnaire bouddhiste. Quoi qu'il en soit, le mouvement démocratique suscité dans tout l'Orient par cette réforme morale coïncide avec un développement analogue du génie grec : et cette transformation caractérise, dans la majeure partie du monde indo-européen, la période dont nous nous occupons.

En Grèce, l'apparition successive des genres littéraires suit l'ordre des colonnes indiqué par le tableau. Le premier, qui a succédé à l'épopée et qui lui ressemble à beaucoup d'égards, est l'élégie ; par l'introduction du vers pentamètre, on fut conduit à des formes de vers plus libres encore et plus restreintes : l'iambe et ses diverses espèces furent créés. Bientôt, par l'union intime de la musique et de la poésie, par le développement des modes musicaux et le perfectionnement des instruments de musique, les poètes furent conduits à remplacer la mesure prosodique par des *rhythmes* et ils créèrent la poésie lyrique. C'est vers le commencement du sixième siècle qu'apparurent en Grèce les premières écoles de philosophie, marquant à la fois l'affranchissement de l'esprit laïque et individuel et un retour puissant de la pensée sur ses propres notions. Les mêmes causes firent naître à quelques années de distance le drame, sous ses deux formes, et l'histoire, à laquelle s'ajouta bientôt l'éloquence, qui fut le dernier genre littéraire et le plus intimement uni à la vie réelle. En établissant les dates de dix années en dix années, on peut tracer d'après notre tableau une courbe passant par les noms de Callinos, Archiloque, Terpandre, Thalès, Thespis avec Susarion, et Cadmos. Rapportée à la ligne horizontale, cette courbe représente la marche de l'esprit grec s'éloignant des formes primitives de la poésie sacerdotale et féodale qui avaient précédé l'élégie, et se rapprochant de plus en plus de la vie active, à laquelle il se mêle entièrement par la création du genre oratoire qui succède de près au genre historique. Nous allons exposer successivement l'histoire des genres littéraires créés dans le septième et dans le sixième siècle avant notre ère.

I. ÉLÉGIE.

On se ferait une fausse idée de l'élégie, si l'on en jugeait par les vers que Boileau lui a consacrés dans son art poétique. Toutes les idées, tous les sentiments, toutes les situations peuvent être abordés par les poètes élégiaques : plusieurs œuvres de poètes grecs élégiaques ne diffèrent pas beaucoup, quant au fond, des *OEuvres et Jours* attribués à Hésiode; d'autres sont comme des hymnes de guerre; fort peu expriment des passions amoureuses ou des sentiments de tristesse et de regret : la mélancolie est un état de l'âme que les Grecs ne connaissaient guère, et la rêverie ne s'accorde point avec le génif actif et le sentiment de l'énergie personnelle qui caractérisent ce peuple entre tous. De plus, la période de la civilisation grecque où fleurit l'élégie n'est pas l'âge du découragement, mais celui de la production et de l'activité féconde : le Grec n'oublie pas son passé, mais il ne s'en souvient que pour rivaliser avec lui en améliorant sa vie et en perfectionnant ses ouvrages.

L'*élégos*, ἔλεγος, est une forme de vers; c'est le vers pentamètre, composé de deux hémistiches égaux, de deux pieds et demi chacun, et soumis à certaines règles prosodiques, que nous n'avons pas à exposer ici. Tout morceau de poésie contenant l'élégos est une *élégie*, quel que soit d'ailleurs le sujet qui y est traité. Quant à l'origine du vers élégiaque, on peut le considérer comme issu du vers héroïque ou ἔπος dont on a retranché deux syllabes, celle du milieu et celle de la fin. Il faut observer cependant que le mot ἔλεγος n'a pas sa racine dans la langue grecque, puisque les lois philologiques ne permettent pas de le dériver du verbe λέγω. Il faut donc admettre ou que cette forme de vers est venue du dehors, ce qui est invraisemblable, ou qu'elle remonte chez les Grecs à une époque de beaucoup antérieure au septième siècle : c'est ce qui est probable; seulement elle n'a donné lieu à des poèmes suivis et à un genre littéraire nouveau qu'à cette époque de l'histoire grecque. Elle a régné presque seule durant le sixième siècle. Depuis lors elle n'a plus cessé d'être en usage, et des Grecs elle est passée aux Latins, dont quelques-uns l'ont employée presque exclusivement.

Callinos. Ce poète d'Ephèse passe pour le plus ancien auteur d'élégies. Il vivait, vers l'année 714, dans un pays où la civilisation, par son contact avec l'Asie, était plus avancée qu'en Grèce et où les idées, les mœurs et la richesse tenaient quelque chose des peuples orientaux. Il parlait la langue ionienne, plus pure qu'elle ne l'est dans les parties les plus ioniennes de l'Iliade. L'histoire raconte les guerres qui vinrent, jusqu'à ces rivages, de l'intérieur et du nord de l'Asie mineure : la ville de Sardes les attirait par les richesses qu'y apportaient depuis tant de siècles les caravanes (*sârda*) de la Haute-Asie. C'est pour une de ces guerres que fut composée par Callinos l'élégie dont il nous reste vingt et un vérs conservés par Stobée : ce fragment, dont la fin n'est peut-être pas authentique, est rempli d'ardeur guerrière et d'élévation morale :

« Jusqu'à quand serez-vous au repos? Quant aurez-vous le courage vaillant, ô jeunes gens ? Ne rougissez vous pas en face des voisins de cette extrême indolence? Vous vous croyez en paix : mais la guerre tient tout le pays... et qu'en mourant il frappe un dernier coup. Car il est glorieux, il est beau pour un homme de se battre contre l'ennemi pour sa terre natale, pour ses enfants, pour sa jeune femme. Quant à la mort, elle viendra quand les Parques l'auront filée. Ainsi, que chacun marche devant soi, dressant sa lance et couvrant sous le bouclier un cœur vaillant, au moment même de la mêlée. Car il n'est dans la destinée d'aucun homme d'échapper à la mort, fût-il issu d'ancêtres immortels. Bien souvent un homme fuit devant les blessures et les coups des javelots, il revient et trouve la mort dans sa maison : mais le peuple n'a pour lui ni amour, ni regrets. L'autre, s'il meurt, est pleuré des petits et des grands ; car tout le peuple regrette l'homme au cœur vaillant, quand il meurt ; s'il vit, il est estimé comme un demi-dieu ; ils le regardent comme une citadelle, car il fait l'œuvre de plusieurs, quoiqu'il soit seul. »

Les vers que nous venons de traduire sont des distiques composés d'hexamètres et de pentamètres alternativement.

Tyrtée, Τυρταῖος. Beaucoup de faits relatifs à Tyrtée et racontés par les auteurs anciens peuvent s'expliquer allégoriquement : on a pu dire qu'il était boiteux parce qu'il composait des distiques de deux vers inégaux, qu'il fut appelé d'Athènes à Sparte, parce qu'il composa en langue ionienne pour des Doriens, et qu'il le fut par l'ordre de l'oracle à cause qu'il était poète. Mais il est peu d'auteurs ou de personnages antiques dont la vie ne puisse être interprétée de cette manière ; s'il y a une sorte de merveilleux dans la vie de Tyrtée, n'y en a-t-il pas dans celle de Pisistrate lui-même et dans celle d'hommes beaucoup plus récents? Selon toutes les traditions, Tyrtée était Athénien du dème d'Aphidné ; il vivait à la ville comme γραμματίστης ou διδάσκαλος γραμμάτων, mots qui paraissent signifier maître d'école ou maître d'écriture ; il était boiteux ou mal fait ; on le croyait dépourvu d'intelligence. On rapporte que, lors de la seconde guerre de Messénie (685-668), l'oracle ordonna aux Lacédémoniens découragés, de faire venir d'Athènes un homme pour les conseiller (σύμβουλος), et que les Athéniens, par dérision, envoyèrent à Sparte Tyrtée (*Pausan. Mess.* 15). Les conseils de ce poète rétablirent d'abord la bonne harmonie entre les citoyens et leur montrèrent la guerre comme le vrai but qu'ils devaient poursuivre. Devenu citoyen de cette république, il devint apte à remplir les mêmes fonctions que les Spartiates et, pendant la seconde guerre de Messénie, il eut un commandement militaire.

La première élégie de Tyrtée fut connue dans l'antiquité sous le nom d'*Eunomia* ou, peut-être, de *Politeia* :

il nous en reste trois fragments de cinq, de quatre et de cinq vers. Il la composa quand il avait un commandement militaire ; il y parle comme s'il était, non-seulement de la même cité, mais du même sang que les Lacédémoniens. Deux autres fragments, de deux et de six vers, appartiennent à une autre élégie.

Nous possédons trois élégies de Tyrtée, qui paraissent être complètes, l'une conservée par Lycurgue (*in Leocratem*), les deux autres par Stobée. La plus grande analogie de langue, d'idées et de sentiments rapproche ces morceaux de celui de Callinos que nous avons cité : l'ardeur guerrière, le mépris de la mort, la passion de la gloire et l'amour de la patrie, voilà ce qui respire dans les élégies de Tyrtée. L'expression est énergique et les images sont d'une réalité qui n'exclut en rien l'idéal. Quant à la langue de Tyrtée, il est remarquable qu'il emploie uniquement le dialecte ionien, quoique ses vers aient été composés chez des Doriens et pour eux, dans un temps où la langue commune de la Grèce n'était pas encore formée. Ces chants portaient les noms d'*embatéria* ou d'*énoplia*, mots qui signifient à peu près marche militaire : ils étaient accompagnés de l'instrument appelé *aulos* [Voy. l'Index, au mot αὐλός] ; les Spartiates les chantaient en marchant au combat et dans les repas publics ou *syssities*. Cette application que fit Tyrtée de l'aulos à des chants guerriers, fut cause qu'on le regarda quelquefois comme l'inventeur de cet instrument de musique, qui en réalité existait depuis longtemps.

Voici quelques passages des élégies de Tyrtée :

1. ..... « Combattons avec courage pour cette terre, mourons
[pour nos

enfants, n'épargnons plus nos vies. Jeunes gens, battez-vous
demeurant l'un contre l'autre ; que nul ne commence hon-
[teusement
à fuir ou à trembler. Faites naître en vos cœurs un grand et
[vaillant
courage, et oubliez l'amour de la vie en luttant contre des
hommes. Et les vieillards, dont les genoux ne sont plus
agiles, ne fuyez pas en abandonnant des vieillards. Car
c'est une laide chose que, tombé aux premiers rangs, gise
à terre, en avant des jeunes hommes, un vieillard à tête
chenue, à barbe blanche, exhalant dans la poussière son
âme vaillante, tenant dans ses mains l'organe sanglant
de sa virilité... Mais tout sied au jeune homme : tant
qu'il possède la belle fleur de la jeunesse, vivant les hommes
l'admirent, les femmes le chérissent ; il est beau
encore, tombé au premier rang. »

II. « Vous êtes les fils de l'invincible Hercule : courage ; Jupiter
n'a pas encore détourné sa face. Ne craignez pas le grand
nombre des ennemis ; n'ayez peur ; que le soldat tienne
son bouclier dressé contre les premiers rangs. Qu'il prenne
en haine sa vie ; et que les noires chances de la mort,
il les aime comme les clartés du soleil... »

III. « Je ne regarderais pas, j'estimerais pour rien dans un
[homme
la vitesse et la supériorité dans la lutte, eût-il la taille
et la force des Cyclopes, plus de légèreté que Borée, plus de
[grâce que
Tithon, de plus grandes richesses que Midas et Cinyras,
plus de puissance royale que Pélops le Tantalide, un
langage plus doux qu'Adraste, eût-il toutes les gloires
du monde, s'il n'a pas la vertu guerrière. Un homme
n'est pas bon à la guerre, s'il n'ose regarder le meurtre
et le sang et s'il ne brûle de se battre face à face
avec l'ennemi... »

Les élégies de Tyrtée continuèrent à être chantées par les Spartiates longtemps après sa mort : il y eut même comme des concours institués entre eux et des prix décernés à ceux qui chantaient le mieux ces hymnes de guerre. On attribue à ce poète l'établissement à Sparte du triple chœur des vieillards, des guerriers et des enfants, que ces vers, traduits du grec, ont rendu célèbre :

> Nous avons été jadis
> Jeunes, vaillants et hardis, etc.

On peut consulter sur ce sujet la Vie de Lycurgue, dans Plutarque.

Tyrtée avait aussi composé des anapestes ou petits vers de quatre pieds : il nous en reste six, que l'on écrit quelquefois en trois ou même en deux grands vers. Cette incertitude des règles prosodiques auxquelles on croit devoir les soumettre prouve que la mesure y joue un rôle moins important que dans l'hexamètre héroïque, dans le pentamètre de l'élégie, et dans l'iambique, qui sont les trois espèces fondamentales de mètres grecs. Les anapestes de Tyrtée sont plutôt soumis au rhythme qu'à la mesure, à la musique qu'à la prosodie, et sont un acheminement vers la poésie lyrique qui devait briller un demi-siècle plus tard.

Les poésies de Tyrtée, comme celles des poètes épiques, se conservèrent longtemps dans la seule mémoire des hommes : elles devinrent célèbres dans toute la Grèce et furent recueillies au temps de Pisistrate comme celles d'Homère et d'Hésiode.

MIMNERME Μίμνερμος. Selon Suidas, Mimnerme était de Colophon, de Smyrne ou d'Astypalée, et vivait vers la

37ᵉ olympiade, un peu avant les sept Sages. Cependant ses relations avec Solon permettent de le rapprocher de l'âge de ce législateur. A cette époque l'Ionie faisait partie des provinces maritimes des rois lydiens, et par la commodité de ses ports servait d'entrepôt entre l'Asie et les pays de l'Occident; les richesses et le luxe y avait pris un développement qu'ils n'avaient pas reçu encore dans la Grèce; les mœurs y étaient plus douces et les caractères plus amollis, en même temps que les connaissances de toute sorte y étaient plus avancées. Mimnerme avait composé une élégie sur le combat des Smyrniens contre Gygès, roi de Lydie. Il vivait encore au temps de Crésus et de la conquête de l'Asie mineure par Cyrus, roi de Perse.

Il nous reste treize fragments de Mimnerme dont le plus long est de seize vers, et qui en comprennent en tout quatre-vingt-un. Il est difficile de juger un poète sur de si faibles documents. Voici pourtant le caractère des principaux d'entre ces fragments : le premier offre un contraste entre la jeunesse amoureuse et la vieillesse triste et délaissée ; un second et un troisième, roulant sur cette même idée, présentent un triste tableau de la vieillesse et des maux qui l'accompagnent :

« Nous ressemblons aux feuilles que fait naître la saison fleurie de printemps, lorsque croît la lumière du soleil. Comme elles, de courts moments nous jouissons des fleurs de jeunesse, sans attribuer aux dieux ni maux, ni biens. Mais viennent les Parques noires ; l'une tient dans sa main la pénible vieillesse, l'autre la mort. Peu d'instants dure le fruit de jeunesse, autant que sur terre luit le soleil. Quand donc se fait ce triste retour, mieux vaut aussitôt mourir que de vivre. Bien des maux alors viennent sur nous : c'est la maison qui dépérit sous l'action douloureuse de la pauvreté ; tel autre n'a point d'enfants, et plein du désir d'en avoir, il s'en va sous terre chez Adès ; un autre souffre d'une maladie qui lui ronge le cœur. Il n'est personne à qui Jupiter n'envoie des maux sans nombre. •

Mimnerme, qui était poète et musicien, aimait une joueuse de flûte nommée Nannô; il composa sous son nom une élégie dont Athénée nous a conservé onze vers et Strabon six autres vers. Les premiers contiennent une description poétique de la marche et du char du soleil; dans les six autres, l'auteur raconte qu'il est venu de Pylos en Asie, qu'il a séjourné à Colophon et que de là il est venu se fixer à Smyrne.

Stobée cite encore un fragment de onze vers, où est décrite la marche d'un chef de Lydiens envahissant les plaines de l'Hermos. Ce morceau faisait probablement partie de l'élégie dont nous avons parlé en commençant.

On voit qu'à l'exception de cette dernière, Mimnerme n'avait guère composé que des élégies amoureuses : c'est comme poète érotique qu'il est demeuré célèbre dans l'antiquité; il passait pour avoir peint l'amour avec plus de vérité qu'Homère ; et nous pouvons le considérer comme ayant appliqué le vers élégiaque à l'expression des sentiments de ce genre et de ceux qui en dérivent. C'est donc de Mimnerme qu'il faut faire dater l'idée qu'on s'est faite plus tard du genre élégiaque. Du reste il composait dans la langue ionienne qui est, plus que les autres dialectes, propre à l'expression des sentiments tendres et voluptueux.

Solon. Ce grand homme n'est pas seulement un poète, un des sages de la Grèce et un grand politique : Solon est de tous les Grecs, avant Périclès, celui qui a exercé la plus grande influence sur la société, sur l'esprit des lettres et des arts dans les siècles qui l'ont suivi. C'est de lui que date l'affranchissement définitif du génie grec : ses efforts ont eu pour conséquence d'accélérer le mouvement des esprits vers la perfection, en les dégageant des entraves qui les retenaient encore et en les plaçant dans les conditions les plus favorables pour la production d'œuvres parfaites. Solon fut l'organisateur de la démocratie. L'égalité sociale, politique, civile donne à chaque homme le sentiment de sa propre valeur et pousse au développement normal et complet des facultés de l'esprit. La division des Athéniens en quatre classes était fondée sur le cens, principe qui effaçait d'abord les distinctions héréditaires de l'ancienne noblesse. Le grand mouvement commercial de presque tout le monde grec, dont Athènes ne devait pas tarder à devenir le centre, devait faire le reste : car il avait pour conséquence la mobilité des fortunes, ouvrait aux hommes actifs et intelligents des dernières classes l'accès des premières, leur permettait par là de parvenir à toutes les fonctions publiques et achevait de mettre entre les mains de chacun d'eux les moyens de se faire dans la société la place à laquelle par sa valeur personnelle il avait droit d'aspirer. Le principe démocratique étant admis comme le fondement de l'Etat, on vit cesser la lutte des montagnards, des gens de la plaine et des hommes de mer, tous ayant désormais les mêmes droits et les mêmes avantages dans la cité. La grande émulation qui en résulta fut encore accrue par les lois concernant les étrangers : car ils purent comme les autochthones, à de certaines conditions, acquérir tous les droits des citoyens d'Athènes et faire partie intégrante de la communauté; on appelait ainsi du dehors tous les talents, auxquels on offrait l'avantage d'une vie libre et d'une multiplicité de moyens d'action qu'ils n'eussent pas trouvés ailleurs.

Le siècle qui sépare la législature de Solon (595) des guerres médiques (502) vit apparaître ou se développer tous les genres littéraires qui exigent le plus d'indépendance et la plus grande liberté d'esprit, la philosophie avec la science, le drame sous ses deux formes, l'histoire; l'ode même et l'élégie prirent durant ce siècle un caractère nouveau, sortirent des luttes de personnes ou de partis, pour exprimer les idées générales et les sentiments patriotiques qui conviennent aux démocraties bien constituées. Enfin on peut dater de cette même période la naissance de l'éloquence nationale et politique, et sans doute aussi de l'éloquence judiciaire, bien qu'elles ne se soient développées suivant des règles précises que dans le siècle suivant. La culture de l'esprit et la production d'œuvres d'art, exigeant précisément les qualités qui, au sein des démocraties, font qu'un homme est supérieur à un autre ou peut le devenir, étaient fort honorées dans Athènes et dans une grande partie de la Grèce. Au temps des épopées, le poète jouissait de quelque considération; mais né dans le peuple il devait tout à la munificence des seigneurs à la cour desquels il s'attachait; à mesure que la puissance de ces derniers avait décliné, la condition des gens de lettres et des artistes s'était élevée; la constitution de Solon, en établissant l'égalité, les plaça pour ainsi dire au premier rang, de sorte que le peuple vit en eux ses instituteurs et ses vrais conseillers; un homme ne put plus exercer quelque puissance dans l'Etat sans avoir reçu l'éducation que les lettres et la musique [μουσική] pouvaient seules donner.

Solon lui-même fut compté parmi les meilleurs poètes de son temps. Il était né vers 638, à Athènes selon les uns, à Salamine selon les autres ; il était fils d'Exèkestide et descendait, dit-on, de Codrus. Il mourut dans la LIVe ou LVe olympiade, peu de temps après l'avènement de Crésus au trône de Lydie. Dans sa jeunesse il se livra au commerce, soit pour réparer sa fortune paternelle, soit pour voir les villes et étudier les mœurs et les usages des différents peuples. Solon composa de bonne heure des poésies élégiaques dans le genre de Mimnerme, mais avec plus de gaîté que ce dernier : il n'a jamais pris la vie par son côté triste et mélancolique ; jusque dans sa vieillesse il considéra Vénus, Bacchus et les Muses comme les divinités qui charment et embellissent la vie. Avant de s'occuper des affaires publiques, il avait écrit des *nomes*, des discours au peuple (δημηγορίας), des iambes, des épodes, des exhortations à lui-même ; il y ajouta ensuite ses deux célèbres élégies sur Salamine et sur le gouvernement d'Athènes. L'ensemble de ses poésies formait un total d'environ cinq mille vers.

La pièce intitulée *Salamine* était de cent vers : ce fut son premier acte politique. On raconte (Plutarq. Solon) que pour échapper à la loi qui interdisait de parler de cette île, depuis l'insuccès de la dernière guerre contre Mégares, Solon contrefit l'insensé et parut un jour sur la place publique déclamant cette élégie dont Plutarque et Diogène de Laerte nous ont conservé les vers suivants :

« J'arrive en héraut de l'aimable Salamine,
ayant composé au lieu d'un discours un chant et
des vers..... Que ne suis-je un homme de Pholégandros ou de Sikinos au lieu d'être Athénien;

> que n'ai-je changé de patrie ! Car bientôt parmi
> les hommes on entendrait ces mots : voilà un
> Athénien, de ceux qui ont perdu Salamine.....
> Allons à Salamine, combattons pour cette île
> aimable et chassons un affreux déshonneur. »

Ces neuf vers donnent quelque idée de l'élégie de Solon : les historiens ajoutent que, le charme étant rompu, on ne parla plus que d'aller à Salamine, que Solon fut chargé de cette guerre et que l'île fut recouvrée. Le chant sur Salamine est de l'année 604 ; quand Solon le composa, il avait à peu près trente-quatre ans.

Le beau fragment de trente-neuf vers, en trois morceaux, où sont dépeints les maux produits par l'anarchie et par la corruption des gens avides, paraît dater d'une époque comprise entre l'année 604 et l'année 595 où fut promulguée la constitution nouvelle. L'espérance d'un avenir meilleur et la peinture des biens qui naissent d'une bonne constitution de l'Etat, prouvent que la législation de Solon n'existait pas encore, et qu'il n'avait même pas reçu la mission de la préparer. Le sentiment démocratique se fait déjà remarquer dans ce passage par le blâme qu'il porte contre les hommes au pouvoir et par la triste image qu'il offrait aux Athéniens de la misère du peuple tombé dans l'indigence,

> « de ces pauvres qui s'en vont en foule sur une terre
> étrangère, vendus et chargés de chaînes honteuses....
> et le mal public atteint chacun chez lui : les portes
> des cours ne le peuvent arrêter ; il s'élance
> au-dessus des hautes barrières et trouve celui qui
> s'enfuit jusque dans sa retraite
> obscure et dans son lit. »

Plus tard, lorsque, après une absence prolongée, il revint dans Athènes qu'il avait mise en possession d'une constitution sage et équitable, il trouva, comme on le sait, la ville de nouveau en proie aux factions. Le peuple, qui n'était pas encore accoutumé à l'exercice de sa souveraineté, se livrait aux mains des plus riches, ou des plus habiles, ou des plus hardis. Les querelles de la plaine, de la montagne et des rivages avaient repris toute leur force : trois hommes dirigeaient ces partis, Lycurgue, Pisistrate et Mégaclès. C'est à cette période de la vie de Solon qu'on peut le mieux rapporter certains fragments d'élégies cités par Plutarque :

« C'est de la nue que descend la fureur de la neige et de la
[grêle ;
le tonnerre suit l'éclair lumineux, ce sont les vents qui troublent
la mer, si inoffensive quand nul d'eux ne l'agite. Ce sont
les grands qui détruisent la cité : et le peuple, par son ignorance, est tombé dans la servitude monarchique. »

« J'ai donné au peuple sa juste part de pouvoir, sans
lui ôter rien de ses honneurs, sans rien donner de trop à per-
[sonne.
Les puissants et les riches dignes d'envie, je leur avais enjoint
de ne rien posséder injustement..... »

« Si par votre mauvaise nature vous attirez sur vous tant
de maux, ne vous en déchargez pas sur les dieux. Car
c'est vous-mêmes qui avez grandi ces hommes, en leur livrant
vos remparts, et maintenant vous souffrez une dure servitude.
Chacun de vous se met à la suite d'un renard, et votre
esprit à tous est d'une légèreté extrême : dans un
homme vous ne regardez que sa langue et ses belles
paroles; mais ce qu'il fait, vous n'y regardez pas. »

On sait que ces invectives de Solon n'empêchèrent pas les Athéniens de se donner des maîtres. Pisistrate, qui représentait la montagne et le parti populaire le plus avancé, l'emporta sur Lycurgue et sur Mégaclès; la garde qu'il se fit donner comme ami et protecteur du peuple, lui servit à consolider son pouvoir. Les mécontents partirent pour la Chersonèse sous la conduite du premier Miltiade. Solon, qui vieillissait et qui, après tout, penchait plutôt dans le sens de Pisistrate que vers les deux autres partis, se rapprocha du chef de l'Etat et crut même devoir le guider par ses conseils. Mais les révolutions continuèrent. Aussi, sur la fin de sa vie, le grand législateur qui s'était montré grand poète, devint-il un moraliste exprimant en vers les réflexions que lui avaient inspirées la vue et le maniement des affaires humaines. C'est à cette portion de sa vie qu'on peut le mieux rapporter, s'il est authentique, le fragment de dix-sept vers relatif aux neuf époques de la vie de l'homme et quelques autres fragments d'une moindre étendue.

Il est probable que Solon était vieux lorsqu'il composa la grande élégie morale que nous possédons de lui et qui, dans l'état où Stobée nous l'a transmise, ne compte pas moins de soixante-seize vers. C'est un morceau de haute poésie, comparable aux plus belles inspirations morales de la Muse hellénique. En voici le commencement :

« Brillantes filles de Mnémosyne et de Zeus olympien, Muses de Piérie, écoutez ma prière. Faites que des dieux immortels j'obtienne le bonheur et de tous les hommes une bonne et éternelle renommée. Que je sois doux pour mes amis, amer pour mes ennemis, respecté des uns, terrible aux autres. Je désire les richesses, mais je n'en veux pas jouir par l'iniquité : toujours après vient la justice. La richesse qu'ont donnée les dieux est stable de

la base au sommet. Celle qui n'est estimée que des
hommes est un fruit de l'injure et du désordre ; elle
est amenée par des actions coupables ; mais elle suit
malgré elle. Bientôt s'y mêle le malheur : ses commencements sont petits, comme ceux du feu ; faible d'abord,
à la fin il est terrible ; car pour les mortels les fruits de
l'injure ne durent pas. En toutes choses Jupiter surveille
la fin. Comme un vent printanier dissipe tout à coup les
nuages, ébranle dans ses profondeurs stériles la mer aux
innombrables flots, dévaste sur la terre couverte de
moissons les beaux ouvrages de l'homme, et montre
de nouveau le ciel lumineux ; la puissance du soleil
resplendit dans sa beauté sur la terre immense, et
des nuages l'œil n'aperçoit plus rien : telle est la
vengeance de Jupiter. Il n'est pas comme un homme mortel
qui s'irrite à tout propos. Mais rien ne lui échappe de
ce que médite un cœur coupable ; et c'est à la fin qu'il
apparaît. Il punit l'un plus tôt, l'autre plus tard. S'ils
échappent et si la justice des dieux ne les atteint pas aussitôt,
elle finit par venir. Leurs œuvres sont punies, même
sur leurs fils innocents et sur leurs descendants. Nous
mortels, nous disons : le sort est le même pour le bon et pour
le méchant. Chacun garde pour soi l'attente la plus
favorable, jusqu'au jour où le malheur l'atteint ; alors
il se lamente. Jusque-là, la bouche béante, nous jouissons
de nos espérances frivoles..... »

Ainsi se continuait et s'épurait sans cesse le caractère
moral et le sens pratique des œuvres littéraires de la
Grèce. On peut constater dans ce morceau l'idée que se
faisaient alors de Jupiter les hommes d'un esprit cultivé.
Ce dieu patient et suprême, n'est plus le prince colère et
discuté de l'Iliade ; il est presque devenu une conception
philosophique, et c'est désormais dans cette direction que
doivent marcher les littérateurs et les artistes athéniens.

Solon avait composé des iambes dont il nous reste quelques fragments ; le plus long, qui est de vingt-sept vers, faisait partie d'une apologie qu'il avait faite de lui-même et de ses lois et qu'il avait adressée à son ami Phocos ; en voici quelques vers :

« ..... J'ai arraché de la terre les bornes dressées en beaucoup
de lieux ; elle était esclave, maintenant elle est libre. J'ai
ramené dans la divine Athènes beaucoup d'hommes qui avaient
[été
vendus, les uns injustement, d'autres avec justice,
... et qui dans leurs courses errantes avaient déjà oublié
la langue athénienne..... J'ai su mettre d'accord la
force avec la justice et j'ai accompli ma promesse ; j'ai
écrit des lois égales pour le méchant et pour le bon
et j'ai fait rendre à chacun bonne justice. »

Enfin Solon avait écrit différents morceaux de poésie dans des rhythmes qui se rapprochent beaucoup de ceux de la poésie lyrique ; nous en possédons de très-courts fragments, d'après lesquels on ne saurait porter aucun jugement. Toutefois la variété des formes employées par ce poète prouve deux choses : qu'il possédait l'art de la composition poétique dans les différents genres alors cultivés, et que dès cette époque les genres créés et autrefois répartis dans les diverses contrées de la Grèce étaient répandus dans le monde hellénique tout entier et abordés ailleurs que dans certaines écoles existant dans des lieux déterminés. Cette diffusion des connaissances littéraires contribua puissamment à affranchir la poésie des formes archaïques et hiératiques qu'elle a encore au septième siècle : dans Solon cet affranchissement est complet : nous verrons comment d'autres auteurs du même temps ont

contribué pour leur part à le consolider. Remarquons
que ce mouvement des esprits fit naître le besoin de revenir
sur le passé, de réunir les œuvres des anciens
poètes et d'en fixer les textes authentiques. C'est Solon
qui tenta le premier d'accomplir cette œuvre; mais il ne
réussit qu'à la préparer; l'exécution en était réservée à
ses successeurs, Pisistrate et les Pisistratides. La philosophie,
c'est-à-dire la science, commença aussi dès cette
époque à être cultivée et à susciter de véritables écoles,
qui toutes se firent remarquer par l'indépendance de leurs
doctrines. L'histoire naîtra bientôt à son tour et avec elle
la prose, qui est le véritable instrument de l'esprit humain
mis en possession de lui-même et entré dans la voie des
conceptions scientifiques. Quoique beaucoup de pays helléniques
aient contribué à ce mouvement de l'esprit grec,
les états ioniens se sont pourtant à cette époque montrés
plus hardis et plus avancés que les autres; et Solon,
par ses lois et par son propre exemple, fit que parmi
les états ioniens Athènes devait bientôt prendre le premier
rang et marcher en tête de la civilisation. Le sixième
siècle continua son œuvre, et le cinquième l'acheva.

Phocylide, Φωκυλίδης. Il nous reste de ce poète de Milet
vingt-cinq vers en douze fragments dont le plus long
en contient huit. C'est peu pour juger un auteur. Voici
ce que dit de lui Dion Chrysostome, après avoir cité la
sentence suivante en deux vers :

« Voici encore un mot de Phocylide : une petite ville, sur un
[rocher
... Mais bien ordonnée, vaut mieux que l'extravagante Ninive».

« Ces vers, écrivait Dion, peuvent servir d'exemple des
« poésies de Phocylide; il n'est pas de ceux qui ont com-
« posé des œuvres poétiques de longue haleine, comme
« le poète qui raconte une seule bataille en plus de cinq
« mille vers; sa composition commence et finit en deux
« ou trois vers, en tête desquels il inscrit son propre
« nom; comme attachant beaucoup de prix à sa pensée... »
En effet, parmi les douze fragments de Phocylide, il y en
a cinq qui commencent ainsi; mais un d'entre eux se
compose de huit vers résumant au sujet des femmes les
comparaisons satiriques des poètes ses prédécesseurs.

La nature sentencieuse des poésies de cet auteur le
rattache pour le fond à la classe des poètes gnomiques
dont le plus célèbre est Théognis. Quant à la forme, c'est
celle de l'élégie, mais c'est aussi celle du vers épique ou
hexamètre. On ne peut donc, ni pour le fond ni pour la
forme, classer les ouvrages de Phocylide dans un genre
littéraire bien déterminé.

Remarquons en passant la citation que fait cet auteur
de la ville de Ninive, comme célèbre par sa magnificence
presque insensée. Ce vers nous montre que des relations
positives existaient entre la Haute-Asie et les rivages grecs
de l'Asie mineure depuis assez longtemps pour qu'une
ville d'Assyrie pût être prise par un poète ionien comme
un terme de comparaison. Phocylide florissait avant le
milieu du sixième siècle.

II. IAMBES, ETC.

L'*iambe*, ἴαμβος, est un pied de vers composé d'une
brève et d'une longue; par extension, les Grecs nom-

mèrent de ce nom tout vers dont l'iambe était l'élément métrique fondamental. On considère Archiloque comme l'inventeur de ce pied : mais c'est à tort; car le mot ἴαμβος n'a pas son étymologie dans la langue grecque, et par conséquent il est antérieur, non-seulement au septième siècle, mais à la langue grecque elle-même. C'est dans la métrique du Vêda que l'on pourrait trouver des documents propres à élucider cette question. De toutes les formes du langage mesuré, l'iambe est celle qui s'accommode le mieux au dialogue et qui convient le mieux pour exprimer les choses ordinaires de la vie. La suite l'a bien fait voir : au septième siècle, Archiloque et après lui Simonide d'Amorgos en ont fait l'instrument de la vengeance et de la satire. Aux siècles suivants il a été presque seul adopté par les poètes dramatiques pour la partie des tragédies et des comédies qui n'était pas accompagnée par les instruments de musique. Cet emploi du vers iambique l'a mis chez les Grecs au même rang que l'*épos* ou vers hexamètre et lui a donné plus d'importance que l'*élégos* ou vers pentamètre n'a jamais pu en acquérir.

Le vers iambique s'est employé soit seul, soit combiné alternativement avec un grand vers, dont il est alors précédé : l'ensemble d'un grand vers et d'un vers iambique portait le nom d'*épode* ἐπῳδός. On en trouve des exemples dans les fragments d'Archiloque et, en latin, dans les épodes d'Horace. Cette combinaison n'a pas eu chez les Grecs un très-grand succès, probablement parce que la grande différence qui existe entre les deux vers, dont les pieds sont composés d'éléments hétérogènes, choquait des esprits qui cherchaient en toutes choses l'harmonie.

ARCHILOQUE, Ἀρχίλοχος. Ce poète, né dans l'île de

Paros, vivait, selon Cicéron, à l'époque de Romulus. D'autres le font descendre jusqu'à l'époque de Sapho. Il est probable que la vérité est entre ces deux extrêmes et qu'Archiloque florissait vers le temps de Tyrtée, peut-être même un peu après lui. Ses ouvrages et sa vie ont beaucoup exercé la sagacité des érudits dans les derniers siècles de la Grèce, sans que l'on ait pu suffisamment éclaircir les faits qui s'y rapportent. Presque tout ce qu'on en raconte se rapporte à ses relations avec Lycambès : ce Grec de Paros avait une fille nommée Néobule ou Néobulie qu'il promit en mariage au poète et qu'ensuite il maria avec un autre homme. Archiloque s'en vengea en composant contre le père et contre ses filles des iambes diffamatoires qui devinrent célèbres dans toute la Grèce. Archiloque n'avait pas inventé ce vers pour la circonstance; mais ce vers s'y prêtait mieux que tout autre. Selon Aristote, le poème homérique intitulé *Margitès* (1)

---

(1) Rien de définitif n'a encore été dit sur le *Margitès*. Il n'est guère possible de douter de son antiquité attestée par un critique aussi judicieux qu'Aristote. Le mélange de vers épiques et de vers iambiques qu'il présentait n'est pas une difficulté sérieuse, puisque le mot *iambe* remonte à une époque anté-hellénique. Il en est de même du mot *lyre* qui se voit dans les deux ou trois vers qui nous restent du poème ; ce mot n'a pas son origine en grec. Le nom de *Margitès* paraît étranger et semble perse ou indien par sa racine. Qu'on ait eu de très-bonne heure l'idée de composer des poèmes satiriques, c'est ce que démontre l'hymne du Rig-Vêda où les brahmanes sont représentés par des grenouilles babillardes. Le poème a donc pu être fort ancien même sous la forme qu'il avait au temps d'Aristote. Quant à l'idée de ce philosophe qu'il ait pu être le point de départ de la comédie, nous verrons plus bas qu'elle est tout à fait fausse.

contenait déjà des vers iambiques et on en rapportait l'invention fortuite à une femme d'Eleusis du nom d'Iambé : celle-ci était servante de Métaneira femme d'Hippothoon, lors du séjour que Cerès à la recherche de Proserpine fit chez ce prince ; cette Iambé était Thrace d'origine. Cette légende montre qu'il faut chercher au delà des temps historiques les commencements de l'iambe. Archiloque, dans ses satires, combina ce vers avec des rhythmes lyriques qu'il est impossible de scander et qui ne sont soumis à aucune mesure. Ses *épodes* n'étaient pas seulement des distiques composés d'un hexamètre et d'un vers iambique, mais aussi des *semiélèges* de son invention, formés d'un hexamètre suivi d'un demi pentamètre dactylique.

Archiloque composa aussi des élégies, un poème intitulé *le Naufrage* ναυάγιον, sur la mort malheureuse de son beau-frère, un *Telèphe,* et enfin des *Iobacques*, espèce d'hymnes en l'honneur de Bacchus. Toutes ces œuvres étaient déjà perdues au temps d'Eustathe. Il nous en reste une centaine de fragments dont le plus long n'a que dix vers. Les Grecs tenaient en haute estime la poésie d'Archiloque, la forme brève et mordante de ses expressions. Mais les poètes d'un génie sérieux et les critiques de quelque moralité blâmaient sa méchanceté sans mesure, son bavardage excessif, ses pensées obscènes, son injustice à l'égard des personnes qu'il n'aimait pas. On raconte qu'étant allé à Sparte, il fut chassé de cette ville pour avoir jeté son bouclier et pour s'en être vanté dans ces vers que nous avons :

« Un Saïen se pare maintenant du bouclier que
j'ai laissé intact et sans le vouloir dans les broussailles.
Mais j'ai échappé à la mort : qu'il aille où il voudra ;
j'en achèterai un autre qui le vaudra bien. »

Les méchancetés d'Archiloque tournèrent mal pour lui, comme le fait entendre Pindare; il périt assassiné. D'après la légende, sa renommée était si grande que, son meurtrier s'étant présenté à Delphes, l'oracle le repoussa en lui disant : « tu as tué un serviteur des Muses, sors de ce temple. »

Nous ne possédons presque rien d'Archiloque qui mérite d'être cité. Voici un fragment d'élégie :

> « Allons, parcours avec une coupe les bancs du vaisseau rapide ;
> tire à boire du creux de tes tonneaux ; verse nous un
> vin rubicond, car nous ne pourrons rester à jeun
> dans cette prison. »

Voici encore un petit tableau dont le dessin n'est pas mauvais :

> « Je n'aime pas un grand général, qui danse en marchant, fier
> de ses cheveux frisés et fraîchement rasé; j'aime qu'il
> soit petit, les jambes un peu torses, solidement établi sur
> ses pieds, plein de cœur et fécond en ressources. »

Il est difficile de dire quelle a pu être l'influence d'Archiloque sur la marche de la poésie grecque. Car si le *Margitès* était antérieur à Archiloque, comme on est porté à l'admettre, ce poème contenait déjà en partie les qualités satiriques qui firent la fortune du poète de Paros, et montrait une première fois l'application de l'iambe à ce genre de poésie. Mais la vie d'Archiloque, la personnalité de ses sentiments, la virulence de ses expressions, sans doute aussi la nouveauté de son langage qui avait quelque chose de familier, de populaire et de singulièrement animé, purent engager la poésie dans des voies nouvelles, la dégager des formes solennelles qu'elle avait eues jusque-là, et préparer l'avénement définitif de l'iambe dans les compositions dramatiques.

Simonide d'Amorgos. Les éditeurs publient souvent sous le nom du grand Simonide de Céos des iambes qui viennent d'un autre Simonide contemporain d'Archiloque et né dans l'île d'Amorgos. Celui-ci appartient à cette famille de poètes qui ont à toutes les époques de l'histoire pris les femmes pour objet de leurs railleries et de leurs malédictions. Parmi les divers fragments de ce poète, il nous reste une pièce de cent dix-huit vers *sur les femmes;* on pourrait la rattacher au passage de la Théogonie traitant du même sujet, si l'on était certain que le poète ionien d'Amorgos a connu les œuvres de la muse béotienne. On peut aussi bien admettre que l'idée de comparer les différents caractères humains, comme le fait Simonide, à des caractères d'animaux ou d'objets naturels, était en circulation dans tout le monde gréco-asiatique : car c'est cette pensée qui dans la Grèce avait déjà inspiré beaucoup de comparaisons à des poètes qui ne se connaissaient pas entre eux, et qui dans l'Orient avait fait naître l'apologue et la fable, genre adopté par les Grecs à l'époque où nous sommes parvenus (1).

---

(1) La fable primitive des Hellènes s'est personnifiée dans Esope (Αἴσωπος) comme l'épopée dans Homère. Quant au nom, à la patrie, à la vie, à l'existence même de ce prétendu fabuliste, ce sont autant de questions non résolues. Au sixième siècle on répétait oralement de courts récits d'une origine inconnue, sous les noms de fables cypriaques, libyennes, cariennes, phrygiennes, ciliciennes et sybaritiques. Esope représente la tradition phrygienne qui était la plus importante et la plus centrale, la plupart de ces traditions semblent tirer leur origine de l'Asie

Le poète d'Amorgos distingue parmi les femmes un certain nombre de caractères qui lui rappellent des animaux connus ou certains éléments naturels. Il en fait l'énumération et dessine les traits les plus saillants de chacun d'eux :

> « Ce fut sans femme qu'un dieu forma d'abord l'intelligence. Parmi les femmes l'une est née de la truie au poil hérissé ; par elle la maison ressemble a un bourbier, tout y roule à terre en désordre ; elle-même est sale et ne lave point ses vêtements ; elle s'engraisse assise sur son fumier. »

Il passe ensuite en revue la femme rusée née du renard, la hargneuse, née de la chienne, la paresseuse qui est faite de terre, la femme changeante et d'humeur inconstante issue de la mer, la femme sensuelle et gourmande née de l'âne, la femme voluptueuse et voleuse, fille de la chatte.

> « Telle autre est née de la fière cavale aux longs crins ; elle dédaigne tout travail servile et ne se donne point de mal ; elle ne toucherait ni au moulin ni au crible, elle n'ôterait pas l'ordure de la maison.... Mais elle se nettoie toute la journée ; elle se parfume deux fois, trois fois ; elle porte une chevelure bien peignée, abondante, ornée de fleurs. Cette femme est un objet charmant pour les autres hommes ; pour le sien c'est un fléau, à moins que ce ne soit un prince ou un monarque qui trouve de l'agrément à ces sortes de choses. »

Le poète parle encore de la femme laide et méchante qui tient du singe, et enfin de celle qui est née de l'abeille,

---

centrale et avoir constitué une sorte de sagesse populaire chez des peuples qui n'écrivaient pas encore.

laborieuse, irréprochable, aimée de son mari qu'elle aime; elle est un bien pour qui la possède. Mais, comme si l'auteur se repentait de ce court éloge, revenant à son idée dominante, il conclut que la femme est le plus grand des fléaux et une entrave indestructible dans laquelle Jupiter nous a enchaînés.

Il faut probablement attribuer au même Simonide un autre fragment de vingt-quatre vers iambiques également conservé par Stobée; cette pièce dont le style n'est pas sans vigueur, roule sur cette pensée qu'il faut savoir supporter nos maux. Il semble par ces deux morceaux que le poëte d'Amorgos ait été principalement un moraliste et un satirique. Il est loin d'avoir égalé en renommée Archiloque : on peut juger aussi qu'il est loin de l'égaler. Sa critique des femmes exprime-t-elle une vérité générale? on peut au moins en douter. La manière dont il la développe est sèche et froide; elle n'est rehaussée par aucun trait saillant; le poëte ne présente que des esquisses dépourvues de vie et d'agrément; les passages que nous avons cités sont de beaucoup les meilleurs.

Toutefois Simonide d'Amorgos avait composé, outre ses iambes, deux livres d'élégies entièrement perdues et où il avait montré plus de génie poétique que dans ses iambes. C'est à lui aussi que quelques critiques attribuent l'invention des lettres η et ω.

HIPPONAX ET ANANIOS. Le *chôliambe*, Χωλίαμβος, est un vers iambique dont le dernier pied est un spondée (— —) au lieu d'être un iambe (⏑ —); il est donc plus long que lui d'une brève et ne renferme rigoureusement que deux iambes, l'un au second pied, l'autre au quatrième. Son nom signifie iambe boiteux; on le nomme aussi scazon, mot qui a la même valeur. Hipponax d'Ephèse est considéré comme l'inventeur de ce mètre qu'il appliqua à la satire. Il vivait dans la seconde moitié du sixième siècle; c'était l'époque où s'achevait dans les états ioniens la lutte de l'aristocratie et du peuple, ou pour mieux dire de la féodalité et de l'état constitutionnel. Hipponax, engagé dans cette lutte, fut frappé par les tyrans Comas et Athénagoras et s'exila volontairement dans la presqu'île de Clazomène. Il trouva dans ce pays smyrnien le souvenir de Mimnerme; mais ce fut Archiloque qu'il prit pour modèle. Caractère violent et irrité par des luttes politiques où il avait eu le dessous, il exhala sa rancune dans ces iambes boiteux qui l'ont rendu presque aussi célèbre que le poète de Paros. Laid, maigre et petit, il fut raillé et peut-être mis en caricature par deux sculpteurs de Chios, Boupalos et Athénis, frères l'un de l'autre et appartenant à une famille d'artistes. On raconte que ces deux jeunes gens ne purent supporter la violence des vers d'Hipponax et qu'ils se pendirent; mais cette histoire semble être renouvellée de celle qu'on racontait des filles de Lycambès poussées au même désespoir par les satires d'Archiloque (Voy. Welcker, Hipponax).

Il ne nous reste presque rien d'Hipponax d'Ephèse. Quelques vers indiquent que ses poésies avaient aussi un caractère moraliste qui les élevait au-dessus des vengeances personnelles. Mais nous ne pouvons porter aucun jugement sur des œuvres entièrement perdues pour nous.

Nous possédons moins de données encore sur Ananios, autre poète satirique contemporain et disciple d'Hipponax. Nous n'avons peut-être pas de lui un seul vers. Nous savons seulement qu'il apporta au vers iambique une modification, sinon absolument nouvelle, du moins constamment admise par lui : il termina le vers par deux spondées; la syllabe du quatrième pied se trouvant déjà longue, il y eut ainsi à la fin du vers d'Ananios cinq syllabes longues consécutives. Le chôliambe d'Hipponax eut des imitateurs chez les Grecs et chez les Latins; mais le vers d'Ananios s'éloignait trop du type naturel pour avoir un succès durable.

III. LYRIQUES.

On appelle *ode*, ᾠδή, les œuvres comprises sous le nom de poésie lyrique; ce mot est la contraction de ἀοιδή, mot qui se rapporte au verbe ἀείδω, *chanter*. La forme ᾠδή est postérieure à la forme non contractée et date de la période comprise entre l'Odyssée et la fin du septième siècle; le mot est hellénique sous cette forme, il a son explication dans la langue grecque, il répond à une idée grecque et non étrangère. Il faut donc distinguer profondément l'*ode* de l'*hymne*. Celui-ci remonte au berceau des peuples indo-européens; c'est le chant sacré et liturgique commun à toute la race áryenne. L'ode date d'une époque bien postérieure; elle n'a aucun caractère sacerdotal; elle appartient à la poésie laïque et elle n'apparaît qu'au commencement des temps historiques de la Grèce, vers le milieu ou la fin du septième siècle. Elle succède sans interruption à l'épopée et coïncide par ses commencements avec l'élégie, qui l'avait pourtant devancée de quelques années.

L'ode grecque est caractérisée, entre les genres de poésie, par l'absence de vers : on n'a jamais dit en grec les *vers* de Pindare, ni même les *vers* de Sapho ou d'Alcée; Horace affirme que la poésie lyrique n'est pas soumise aux règles de la mesure et du nombre :

>..... Numerisque fertur
>Lege solutis.

C'est ce qu'ont rendu parfaitement clair les derniers travaux relatifs à la musique des Grecs, et en particulier ceux de M. Vincent. Le *rhythme,* ῥυθμός, est pour l'ode ce qu'est, pour l'*épos,* l'*élège* et l'*iambe,* la mesure c'est-à-dire le total des syllabes brèves divisé en un nombre déterminé de pieds; le pied est étranger à la poésie lyrique. Or on ne peut comprendre ce que les Grecs entendaient par rhythme, si l'on ne distingue les deux éléments qui le constituent : l'un est poétique, l'autre est musical. Le développement naturel de la pensée engendre des périodes : la plus simple n'est autre que la proposition réduite à ses éléments logiques et grammaticaux; un ensemble de propositions, subordonnées les unes aux autres et coordonnées grammaticalement sous la raison de l'unité, forme la phrase périodique. Dépourvue de mesure et séparée de toute addition musicale, elle constitue la prose ; soumise aux règles de la prosodie, elle prend le nom de période poétique. On peut remarquer que dans les bons auteurs, quelle que soit d'ailleurs la nature des vers dont ils se servent, la pensée, dans son développement périodique, marche avec la mesure et que le dernier vers finit avec la pensée. Les anciens aèdes, auteurs d'épopées, accompagnaient leurs récitations par quelques notes de musique, qui soutenaient leur voix; et nous faisons nous-mêmes usage, en parlant, d'une cantilène dont le développement s'adapte très-exactement à celui de la phrase, soit en vers soit en prose. Supprimez la mesure des vers et donnez à cette cantilène une valeur musicale, vous ne changez rien au mouvement de la pensée, mais la cantilène, soumise aux lois de la musique, devient aussitôt un *air*. Cet air commence, marche et se termine avec la pensée, qui se présente ainsi à la fois sous une double forme, la phrase et l'air. L'air, dans son rapport avec la pensée qu'il exprime ou, ce qui est la même chose, avec la phrase, c'est ce que les Grecs appelaient *rhythme*. On disait : les rhythmes de Pindare, les rhythmes de Simonide, pour désigner les périodes poético-musicales de ces deux grands auteurs.

L'ode est donc un genre littéraire qui tient le milieu entre la prose et les vers. La musique y joue un rôle égal aux paroles; le poète était en même temps musicien ; la pensée qu'il concevait se présentait à son esprit sous la double forme d'une phrase et d'un chant, et il n'y avait pas pour lui de séparation possible entre ces deux éléments de sa composition. Il en résulte que l'on ne peut comprendre l'histoire de la poésie lyrique chez les Grecs que si l'on suit en même temps celle de la musique. Si l'ode contribua au progrès des études musicales, elle ne put elle-même se perfectionner que par la création ou par le rapprochement des divers systèmes musicaux : en effet les *modes* grecs ne sont pas également propres à exprimer tous les sentiments ni par conséquent toutes les idées ; les poètes lyriques n'eurent donc toute leur liberté d'action que quand ces modes furent venus se coordonner dans un vaste système. D'un autre côté le monochorde avait pu suffire aux premiers aèdes qui ne lui demandaient qu'une *tenue* pour les aider dans leur récitation ; la lyre à trois et plus tard à quatre cordes satisfaisait aux besoins du culte pour les chants naturellement très-simples qui accompagnaient les hymnes. Mais à mesure que l'ode, sentant sa force, se porta à rendre les sentiments et à exprimer les situations les plus variées, elle eut besoin d'un instrument complet ; elle le posséda dans l'heptachorde, sur lequel purent être exécutés tous les modes fondamentaux de la musique. De plus elle trouva dans la distinction des *genres* des ressources nouvelles et infiniment variées dont elle profita.

C'est dans l'école pythagoricienne, par le travail des mathématiciens, que s'opéra la combinaison des modes antiques et que vinrent se systématiser et se coordonner sur une même échelle tous les éléments de la musique des Grecs. Les instruments purent dès lors se fabriquer conformément à la théorie et répondre d'une manière complète aux besoins de la pensée, soit dans les exécutions lyriques, soit au théâtre, soit dans les odéons et les concours. Or ce travail des pythagoriciens ne date que de la fin du sixième siècle : Simonide était déjà vieux quand ces ressources nouvelles furent mises aux mains des poètes ; Pindare seul put en profiter complétement.

Les commencements de la poésie lyrique sont obscurs. On peut cependant affirmer qu'elle est entièrement grecque et qu'elle n'a été importée de chez aucun peuple sémitique. Son union étroite et indissoluble avec la musique en est une preuve suffisante, puisque les trois modes fondamentaux sont d'origine âryenne et qu'ils étaient depuis longtemps en usage chez les Grecs d'Asie et d'Europe quand l'ode commença à paraître. D'un autre côté les traditions rattachent les premiers essais lyriques à deux origines également âryennes : par les récits relatifs à l'école de Lesbos, elles nous conduisent en Thrace et à ces hiérophantes orphiques dont le Vêda nous dévoile le point de départ; les chants phrygiens et le mode qui leur était consacré faisaient partie du culte des Corybantes ou montagnards d'Asie mineure, dont la langue zende et par conséquent aussi le Vêda nous font connaître la première patrie. Il faut donc admettre que par une sécularisation progressive la poésie et la musique des hymnes engendrèrent le chant lyrique. On peut suivre dès ce moment dans l'histoire leurs perfectionnements successifs qui furent le fruit, non d'une imitation étrangère, mais d'analyses mathématiques et physiques souvent très-subtiles. L'influence de l'Asie mineure et des traditions orphiques se fit sentir longtemps sur les œuvres lyriques nées dans les îles et même dans la Grèce continentale. Lorsque le peuple grec, par ses constitutions originales et par l'effet des guerres étrangères, eut pris définitivement conscience de sa propre valeur, les odes eurent dans toute sa pureté le caractère hellénique. Mais après la conquête d'Alexandre, les chants lyriques se trouvèrent de nouveau sous l'influence directe de l'Orient et exprimèrent un mélange d'idées venues en majeure partie de la Grèce, de la Perse et de l'Inde; enfin ils se firent chrétiens.

Chaque dialecte eut ses poètes lyriques comme chaque race avait ses modes musicaux de prédilection, dans un temps où les Grecs n'agissaient pas encore en commun et n'avaient ni une langue, ni une pensée commune. Le principal dialecte, comme le mode musical par excellence, était celui des Doriens, qui demeura la langue des chœurs tragiques, comme le mode dorien est moralement le plus beau des modes musicaux. Le dialecte dorien est aussi le moins capable de se mêler aux autres et de recevoir une influence étrangère. Celui des Eoliens, moitié grec, moitié asiatique, se combina de bonne heure avec les autres dialectes de l'Asie mineure et des îles et ne fut presque jamais employé dans toute sa pureté. Flexible et mou, il s'adapta aisément aux divers modes musicaux, surtout au phrygien, mode majeur des Corybantes, au lydien qui est pour ainsi dire ultra-mineur, à l'éolien qui se rapproche du dorien. Le dialecte ionien, qui est celui de la prose et dont l'usage général précéda la création de la langue commune, fut employé le dernier dans la poésie lyrique. Enfin, après la fusion des races, la langue commune étant née du mélange des dialectes, les poètes lyriques chantèrent indifféremment dans tous ces dialectes, en conservant la tradition qui attribuait à chacun d'eux certains modes musicaux déterminés. Ce fait coïncida avec le rapprochement de ces modes et la construction du système général dans l'école pythagoricienne : il contribua beaucoup à la supériorité de Pindare.

MUSIQUE DES GRECS.

Nous allons exposer, au moyen de la notation moderne, les principaux éléments de la musique des Grecs, tels qu'ils furent adoptés dans la pratique ordinaire de la poésie lyrique et de l'instrumentation (1).

---

(1) Ouvrages principaux concernant la musique des anciens Grecs :

Le son parcourt entre le grave et l'aigu un intervalle que la voix ou la corde peut monter ou descendre d'une manière continue, sans qu'il y ait aucune note distincte, aucun point fixe. Cet effet se produit quand on raccourcit sans s'arrêter la partie résonnante d'une corde tendue. Dans cette série indistincte il est possible de fixer certains sons ou notes entre lesquels on établit ainsi des intervalles également fixes. Les anciens ont distingué de très-bonne heure les intervalles d'un *ton*, d'un *demi-ton*, d'un *tiers* et d'un *quart* de ton; puis les consonnances mélodiques, qui portent la voix à parcourir dans un certain ordre la série des tons et des demi-tons, en établissant la première note sur un point quelconque de la série indistincte. Il existe une consonnance fixe, déterminée physiquement par le rapport du simple au double dans le nombre des vibrations, c'est l'octave. L'intervalle de seconde *(ut, ré)* est également fixe; et, celui-ci étant retranché, il reste

---

Θεωρητικόν μέγα, méthode suivie dans l'Eglise d'Orient.
Aristide Quintilien.
Tables d'Alypius.
Porphyre.
Euclide.
Ptolémée, liv. II.
Plutarque, *de Musicâ*.
Boulanger, édition 1603.
Gaudence.
Bacchius l'ancien.
Bryenne.
Burette.
Henri Martin (comm. sur le Timée).
L'Hagiopolite.
Vincent, manuscrits grecs.

pour compléter l'octave deux quartes, de composition différente quoique formant en somme deux intervalles égaux. Ces trois intervalles pris ensemble et composés exclusivement de cinq tons et de deux demi-tons, forment ce que l'on nomme la *gamme diatonique*. Tous les modes fondamentaux de la musique grecque sont contenus dans cette gamme.

I. Tétrachordes. L'intervalle de quatre étant invariable est commun à tous les systèmes musicaux et leur sert de base. Les musiciens gréco-asiatiques observèrent de bonne heure que sur l'échelle diatonique les mêmes séries mélodiques, consistant en quatre notes semblablement disposées, se reproduisent indéfiniment, par exemple :

  1° *ut ré mi fa; sol, la, si, ut;* etc.
  2° *ré mi fa sol; la si ut ré;* etc.
  3° *mi fa sol la; si ut ré mi;* etc.

Ces séries sont caractérisées et diffèrent les unes des autres par la place du demi-ton qui est au troisième rang dans la première série, au second dans la deuxième, au premier dans la troisième.

Telle est l'origine du *tétrachorde,* lequel répond, dans l'histoire de la musique, à la longue période qui a précédé l'invention des instruments à sept cordes ou à sept notes fixes.

Quand on fait entendre consécutivement deux tétrachordes superposés, on observe trois cas parfaitement distincts : 1° ils peuvent être séparés par un intervalle d'un ton, comme *ut ré mi fa, sol la si ut;* et dans ce cas la dernière note reproduit à l'aigu la première; 2° ils peuvent se suivre immédiatement, comme *si ut ré mi, mi fa sol la*, et alors il faut ajouter à l'aigu un ton pour obtenir la note qui reproduit la première et recommence la série des tétrachordes ; 3° enfin on peut concevoir que l'addition d'un ton doive se faire au grave avant la première série, comme *la si ut ré, ré mi fa sol*. De quelque manière que l'on complète la série, on obtient l'*octave;* et comme la huitième note reproduit la première, c'est en réalité une série de sept notes se reproduisant elle-même indéfiniment ; un instrument rendant ces sept notes exprime la totalité de la gamme diatonique. Composer l'octave avec deux tétrachordes, plus un ton, voilà ce que l'on appela *mettre sept cordes à la lyre*. La création des instruments à sept notes fit une révolution dans l'art musical, puisqu'elle le fit sortir de la longue enfance où le retenait l'usage des tétrachordes.

II. Modes, τόνος, ἁρμονία. Les modes étaient primitivement des tétrachordes et ne renfermaient que quatre notes; mais lorsqu'on eut découvert l'octave et sa composition, la note additionnelle les transforma en de véritables pentachordes. Chez les Grecs des temps héroïques et aujourd'hui encore dans l'église chrétienne, on solfie les *tons ou modes* en descendant cinq notes consécutives de la gamme diatonique; pour les anciens la note la plus basse était la plus aiguë, la note la plus haute était la plus grave. Or toute note, prise au hasard dans l'octave, peut servir de base à une série, être prise pour note du ton et constituer un mode. Dans les séries ainsi constituées, il y a toujours au moins un des intervalles qui est d'un demi-ton, à savoir de l'*ut* au *si* et du *fa* au *mi*; seulement la place de ce demiton n'est pas la même dans les divers pentachordes, puisqu'elle est fixe dans l'octave. Les modes diffèrent entre eux par la place que le demi-ton y occupe; et le caractère moral de chacun d'eux vient uniquement de cette même cause.

Les modernes ne distinguent que deux modes, le majeur et le mineur, qu'ils placent où ils veulent sur la série de la gamme préalablement divisée en demi-tons, et ils opèrent ces déplacements par le moyen des dièzes et des bémols. Les Grecs reconnaissaient sept modes, auxquels ils donnaient le nom d'*harmonies* et qui reposaient sur les sept notes de l'octave, prises pour notes du ton. Les trois modes primitifs étaient le *dorien*, le *phrygien* et le *lydien;* lorsque ces harmonies vinrent prendre leur place dans l'octave diatonique, elles se trouvèrent placées à un ton de distance l'une de l'autre, de cette manière :

mode dorien... *mi ré ut si la.*
mode phrygien.... *ré ut si la sol.*
mode lydien.........*ut si la sol fa.*

On voit que de ces trois modes les deux derniers sont majeurs, le premier seul est mineur; de plus le mode lydien sert d'accompagnement au mode dorien (1).

En complétant avec chacun d'eux l'octave naturelle, on obtient trois autres modes subordonnés, d'un caractère différent des modes principaux, ce sont :

le mode hypodorien... *la sol fa mi ré.*
le mode hypophrygien ... *sol fa mi ré ut.*
le mode hypolydien......... *fa mi ré ut si.*

On remarquera que ce dernier commence et finit par un

---

(1) Horace, Epo. 9, dit : ..... sonante mixtum tibiis carmen lyra, hac doricum, illis barbarum.

demi-ton, ce qui lui donne un caractère plaintif et laisse la pensée dans une sorte de rêverie condamnée par les moralistes sévères.

Enfin il reste, pour compléter l'ensemble des sept modes musicaux des Grecs, à noter celui qui repose sur le *si* et qui n'a pas de mode collatéral puisque les six autres sont déjà classés; c'est le mode *mixolydien* :

mode mixolydien... *si la sol fa mi;*

il était propre à exprimer les grandes passions et les grandes infortunes.

III. Genres, τρόπος. 1° Les sept modes que nous venons d'analyser sont tous compris dans l'octave naturelle; les notes qui les composent ne subissaient aucune modification essentielle; de plus ils reposaient sur ce principe, que dans l'octave il y a trois consonnances immuables, la seconde, la cinquième et la huitième. Ce système formait le *genre diatonique,* auquel, par des altérations très-petites dans les notes variables, on donnait les caractères de *dur,* de *mou* ou de *moyen.* Mais si l'altération est au moins égale à un tiers de ton, le genre est changé, c'est le *genre chromatique.* Dans l'usage, le genre chromatique était composé de tons et de demi-tons, mais placés autrement que dans le diatonique. A chacun des modes cités plus haut répondait un mode chromatique, composé aussi de cinq notes, mais dans lequel l'intervalle placé à l'aigu du demi-ton était réduit lui-même à un demi-ton par l'abaissement de sa note aiguë. On obtenait par là des séries, telles que celles-ci :

INTERVALLES TONIQUES 1 $\frac{2}{3}$ $\frac{1}{2}$ $\frac{1}{2}$; $\frac{3}{2}$ $\frac{1}{2}$ $\frac{1}{2}$ 1 ; etc.

Dans toutes ces séries les deux demi-tons se trouvaient à

côté l'un de l'autre et formaient un groupe de trois notes très-rapprochées qui portait le nom de *pycnon*, πυκνόν. La place du pycnon dans les séries de cinq notes constituait les modes du genre chromatique, comme celle du demi-ton les constitue dans le genre diatonique. En notation moderne il suffit, pour se donner une idée de tous les modes chromatiques, de placer un bémol au *sol* et au *ré* de la gamme naturelle.

On voit ainsi que le chromatique dorien doit s'écrire :

chrom. dorien...... *mi ré^b ut si la*
chrom. hypodorien . *la sol^b fa mi ré;*

on remarquera que ces modes donnent à volonté l'accord mineur *la ut mi* et *ré fa la*, et l'accord majeur *la ré^b mi, ré sol^b la;* c'est donc avec raison que les Grecs appelaient ce genre *coloré*, du mot χρῶμα; car il en est de même de tous les autres modes de ce genre.

2° L'histoire rapporte qu'Olympos-le-vieux, dont nous avons parlé ci-dessus, avait ajouté aux deux genres, le diatonique et le chromatique, un troisième genre auquel fut donné le nom d'*enharmonique*, ἐναρμόνιος. Il ressemble au chromatique et en procède directement ; il faut seulement concevoir que le *sol* et le *ré* de la gamme sont marqués d'un double bémol ou plutôt qu'ils sont abaissés au point de se confondre respectivement avec le *fa* et avec l'*ut;* ces deux dernières notes sont alors abaissées d'un quart de ton [que nous marquons ainsi *] ; et les sept tons de la gamme se trouvent ainsi complétés. On obtient alors une octave que voici, en descendant :

		PYCNON			PYCNON		
Oct. dorienne enharm......	la	fa	fa*	mi	ut	ut*	si	la
Intervalles...............	2	$\frac{1}{4}$	$\frac{1}{4}$	2	$\frac{1}{4}$	$\frac{1}{4}$	1

Le *pycnon* enharmonique se compose ainsi de trois notes séparées par deux quarts de ton; les autres intervalles sont d'un ton et de deux tons. Ce genre ne paraît pas avoir été fort en usage dans la pratique ; car, s'il est toujours facile de réaliser sur les instruments des quarts de ton et des intervalles beaucoup plus petits, il est très-difficile d'y accoutumer la voix. Les anciens avaient reconnu que ce genre produit sur la sensibilité des effets d'une puissance extraordinaire et ils le proscrivaient comme trop plaintif, θρηνητικόν. Cette puissance était due à ce principe que plus les intervalles dans l'octave sont disproportionnés entre eux, plus l'effet musical est considérable; il faut ajouter que cet effet est plus grand encore quand les petits intervalles sont, dans le sens de l'aigu, très-rapprochés de la note du ton. C'est pourquoi le genre enharmonique avait plus d'action sur l'imagination et les sens que les deux autres ; le chromatique en avait beaucoup encore. Dans le genre diatonique, qui était le plus employé par les poètes lyriques et dans les drames, les modes produisaient des effets très-différents suivant la place et le nombre des demi-tons : ainsi donc, le plus plaintif était le mode hypolydien, le plus pathétique était le mode mixolydien; le mode dorien convenait à l'expression des sentiments religieux; le mode phrygien, le seul que rendent les tubes résonnant à plein vent, était, comme mode majeur, le mode guerrier par excellence.

TABLEAUX DES SEPT MODES MUSICAUX.

Dorien.	Hypodorien.	Phrygien.	Hypophrygien.	Lydien.	Hypolydien.	Mixolydien.
	la					
	sol.		sol			
	fa		fa		fa	
mi	mi		mi		mi	
ré	ré	ré	ré		ré	
ut		ut	ut	ut	ut	
si		si		si	si	si
la		la		la		la
		sol		sol		sol
				fa		fa
						mi

TABLEAU DES INTERVALLES DANS LES TROIS GENRES.

	la	sol	fa	mi	ré	ut	si	la
Diatonique..								
Chromatique.								
Enharmon...								

LYRIQUES ÉOLIENS.

Les Grecs regardaient la poésie lyrique comme originaire de Lesbos et née dans la race éolienne. Quoiqu'elle ait dû réellement sa naissance à une suite de causes agissant depuis longtemps et dont les premiers effets sont insaisissables, on peut cependant dater son apparition de l'époque où le vieux système des tétrachordes fut remplacé par l'octave et l'ancienne *chélys* par la *lyre* complète des temps civilisés. Or ce fut à Lesbos que s'opéra d'abord cette révolution : de là elle se propagea dans toute la Grèce, soit que Terpandre, qui en était l'auteur, ait fait réellement les voyages qu'on lui attribue, soit que son invention ait cheminé d'elle-même à travers les pays où la tradition le conduit. Jusqu'au temps où ce musicien vécut, avait régné l'usage des instruments à quatre cordes, qui retenait la pensée musicale dans un cadre beaucoup trop étroit pour la poésie. La tradition éolienne en faisait remonter l'origine à Orphée lui-même, dont on racontait que la tête et la lyre, descendant l'Hèbre en chantant, avaient traversé la mer et s'étaient arrêtées au rivage d'Antissa. Les Lesbiens avaient enseveli cette tête harmonieuse et suspendu la lyre dans leur temple d'Apollon ; parmi eux s'étaient formés de nombreux musiciens, réunis en une véritable école et possédant un enseignement traditionnel. D'un autre côté le mode musical cultivé dans Lesbos et chez les autres Eoliens, les rattachait à la Lydie et à la Phrygie et, par les Corybantes, à l'Asie centrale. Enfin le système généalogique des Grecs faisait descendre les Eoliens d'Æolos fils d'Hellen, qui lui-même était fils de Deucalion le Thessalien ; Deucalion était fils de Prométhée. Ces deux derniers personnages appartiennent à la plus ancienne mythologie âryenne ; Hellen et ses fils sont des personnifications de la race grecque et de ses divers rameaux ; mais les traditions lesbiennes indiquent la triple origine des compositions lyriques, origine qui n'a rien de sémitique et qui est toute entière âryenne.

TERPANDRE, Τέρπανδρος, dont le nom signifie *celui qui réjouit les hommes*, n'était peut-être pas un poète, quoique l'on cite de lui deux ou trois vers d'une authenticité douteuse; mais il faut le considérer comme un des grands musiciens de la Grèce : ce n'est pas que ses *nomes* aient pu être des compositions musicales compliquées; mais la possession d'un instrument donnant toute l'octave lui permettait de varier les rhythmes et les intonations. Les noms de *trochaïques* et d'*orthiens* que l'on donne à quelques-uns de ses airs en indiquent le caractère; il en est de même de ses airs *spondaïques* ; les premiers avaient un mouvement rapide qui s'accommodait du mode lydien et du mode phrygien particulièrement usités dans Lesbos; les autres, à cause du caractère grave du spondée et de son emploi dans certaines cérémonies religieuses (σπονδή), étaient probablement dans le mode dorien : cette variété eût été impossible à atteindre, si l'auteur n'eût eu à sa disposition que les anciens tétrachordes.

Terpandre est, par l'époque où il fleurit, sur la limite de l'histoire; on raconte qu'il avait fait des airs pour certains passages d'Homère, ce qui n'est nullement vraisemblable, puisque la cantilène épique ne peut pas donner lieu à des airs de musique. Mais ce que Terpandre fit pour les rhapsodes prouve que la poésie lyrique n'avait pas encore de son temps une existence bien définie. Les disciples et les successeurs immédiats de Terpandre furent des musiciens et non des poètes. Mais aussitôt que le genre lyrique fut né, les poètes qui composaient les paroles des odes furent en même temps les musiciens qui en composaient la musique. De ce jour les vers proprement dits furent remplacés par les rhythmes, et la strophe succéda aux tirades épiques des rhapsodes.

Alcée, Ἀλκαῖος, appartient à l'histoire : c'était un homme politique non moins qu'un poète; né d'une famille aristocratique, il fut engagé dans cette lutte, alors générale dans le monde grec, qui devait substituer aux anciens nobles des tyrans populaires et, çà et là, aboutir à la simple démocratie. Lesbos fut successivement gouvernée par les tyrans Mélanchrós, Myrsile et Pittacos. Le premier fut tué par Pittacos et par les deux frères d'Alcée, Kikis et Antiménidas. A cette époque les Eoliens disputaient par terre et par mer aux Athéniens la possession de la Troade; Pittacos les commandait; ils furent battus et Alcée prit avec eux la fuite en abandonnant son bouclier. Comme un des chefs du parti aristocratique, le poète succomba dans sa lutte contre les tyrans et fut chassé de Mitylène; son frère Antiménidas, compris dans le même exil, alla servir dans l'armée de Nabuchodonosor, roi de Babylone; lui-même erra longtemps en Orient, vit l'Egypte, et essaya de rentrer dans Lesbos lorsque le sage Pittacos eut été nommé *ésymnète* à Mitylène. Mais Pittacos ne voulut point recevoir les bannis trop attachés aux préjugés aristocratiques, avant qu'ils eussent fait leur soumission et renoncé à de prétendus droits que la violence seule pouvait défendre : ils y renoncèrent et Alcée déjà vieux rentra dans sa patrie.

Comme poète, Alcée a mis la lyre au service de la politique; il a aussi chanté l'amour et les festins; enfin il a composé des chants en l'honneur des dieux. Ses œuvres existaient encore au onzième siècle de notre ère; elles furent brûlées avec celles de Sapho et des autres lyriques à Rome et à Constantinople, l'an 1073 sous le pontificat de Grégoire VII. Il nous en reste environ quatre-vingts fragments dont beaucoup ne sont que de deux ou de trois mots et dont le plus long n'a que 20 lignes très-courtes, et beaucoup moins si l'on dispose le rhythme autrement. Voici quelques-uns de ces morceaux.

Fragments politiques :

« 1º Maintenant, qu'on s'enivre, qu'on boive
à outrance : Myrsilos est mort..... »

« 2º Mélanchros est digne des hommages de la ville... »

C'est en parlant de Pittacos qu'il vante ainsi par ironie le tyran tué par ses frères, ironie injuste quand on connait la sagesse et le désintéressement de Pittacos. Ailleurs il dit :

« 3º Cet ennemi de la patrie, ce Pittacos, les Lesbiens
en foule et à renforts d'éloges, l'ont fait tyran de cette bonne
poursuivie par le sort... »   [ville

« 4º ... Alcée est sauvé, mais non pas son bouclier : les
Athéniens l'ont suspendu dans le temple de Minerve... »

Ce passage est tiré d'une ode où le poète avait raconté sa fuite et vanté sa honte, à la façon d'Archiloque.

Fragments descriptifs :

« 1º ... La longue voie resplendit sous l'airain ; tous les
toits sont garnis de casques brillants au-dessus desquels
se balancent les aigrettes de crin, ornement des
têtes des guerriers ; on ne voit que brillantes cnémides tout
ornées de lames d'airain, forte défense contre les flèches ;
que cuirasses de lin nouveau, creux boucliers, glaives
chalcidiens, et baudriers et tuniques militaires. On ne
peut plus se faire d'illusion ; car c'est pour cela
même que nous sommes ici... »

« 2º ... De ce côté roule une vague, de ce côté une autre ; et
dans la tempête, nous sommes portés sur le noir   [nous

vaisseau ; l'ouragan brise nos cordages. Le pied du mat tient bon encore ; mais la voile est déchirée ; elle pend en lambeaux ; le navire chasse sur son ancre.... voici pourtant venir une vague égale à la première ; elle nous prépare bien des maux. »

Ce fragment faisait partie d'une ode alcaïque où la république de Mitylène était représentée sous la figure d'un navire ; c'est cette ode qu'Horace a imitée dans celle qui commence par ces mots :

O navis, referent in mare te novi Fluctus.....

Fragments bachiques et érotiques :

« 1° Jupiter nous inonde ; une tourmente d'hiver est dans le ciel ; les cours d'eau sont glacés.....
Etouffe l'hiver en le couvrant de feu ; verse à flots dans les coupes un vin savoureux ; et couvre ta tête d'une coiffure moelleuse... [Voy. Horace, Od. I, 9] ;

2° Buvons ! Pourquoi attendre les flambeaux ? Le jour suffit encore. Verse à pleines coupes. Le fils de Zeus et de Sémélé a donné le vin aux hommes pour chasser les soucis. Verse une fois, verse encore ; qu'une coupe soit chassée par une autre......

Alcée rappelle à la fois Archiloque et Mimnerme, le premier par la violence de ses invectives, le second par la facilité de ses mœurs. Ces deux traits, qui ne sont point en désaccord, caractérisent les périodes de révolutions et d'instabilité des Etats et les luttes des partis ; ils se retrouvaient fréquemment chez les poètes des cités de l'Asie mineure et des îles, qui, outre les agitations politiques qu'elles éprouvèrent durant ce siècle, furent encore exposées à des intrigues asiatiques qui abaissèrent tant les courages dans les colonies grecques, et aux envahissements précoces d'un luxe qui leur venait du dehors et auquel elles n'étaient pas préparées.

Alcée créa une forme de rhythme qui porte son nom et qui fut une des plus imitées par les Grecs et par les Latins. Elle dut cette fortune à sa facilité et surtout à ce fait que, rigoureusement divisée en pieds et par conséquent en vers, elle put conserver une couleur prosodique dans un temps où la musique s'était séparée de la poésie. Il en fut de même des autres rhythmes grecs imités par Horace; et c'est pour une raison contraire que Pindare à ses yeux est inimitable. Du reste le rhythme alcaïque n'est pas le seul dont le poète Alcée fit usage; il parait même assez rarement dans les fragments qui nous restent de lui. Quant à sa langue c'est le dialecte éolien, assez profondément modifié par les relations que les peuples des iles entretenaient depuis longtemps avec les Grecs des autres races.

Les odes d'Alcée ont été souvent imitées par Horace : parmi les plus beaux morceaux du poète latin s'en trouvent plusieurs qui n'étaient guère que des traductions du grec; c'est ce qu'indiquent clairement des vers ou des passages entiers que l'on retrouve textuellement dans les fragments d'Alcée.

SAPHO, Σαπφώ. Alcée connaissait Sapho, qui appartenait comme lui à l'école orphique d'Antissa et à la ville de Mitylène; elle était plus jeune que lui de quelques années; comme lui elle entra dans la conjuration aristocratique ourdie contre Pittacos; elle fut exilée et se retira en Sicile où elle mourut; d'autres disent qu'elle mourut à Mitylène. La légende que l'on raconte d'une Sapho, amante dédaignée de Phaon, et qui se précipita dans la mer du promontoire de Leucade, se rapporte à une autre femme du même nom, Lesbienne d'Erèse, courtisane fameuse et qui vécut plus tard. Il n'y a rien dans l'histoire de la grande Sapho qui ait trait à cette aventure; de plus nous possédons aujourd'hui les portraits antiques de l'une et de l'autre.

Sapho était entourée d'une troupe de jeunes filles, formant autour d'elle une école de poésie et de musique, que l'on peut considérer comme une sorte de dédoublement de l'école d'Antissa. Ces jeunes filles chantaient à l'unisson avec un accompagnement de cithare donnant l'harmonie (ἀντίφωνον). Sapho passa chez les Grecs pour avoir inventé le mode *mixolydien* qui repose sur le *si* en descendant et se termine au *mi* sur un demi-ton; il est au moins probable que ce mode, le plus pathétique de tous, appartient à l'école de Sapho; il devint le mode éolien par excellence. Cette harmonie fut sans doute appliquée au rhythme lyrique qui se compose de trois lignes égales (— ᴜ, — —, — ᴜ ᴜ, — ᴜ, — ᴜ) suivies d'une fin de vers héroïque (— ᴜ ᴜ, — —); ce rhythme saphique, pouvant comme celui d'Alcée être scandé suivant des règles de prosodie, fut un de ceux que les poètes romains imitèrent le plus souvent parce qu'il peut à la rigueur se passer de la musique.

Les odes de Sapho avaient le plus ordinairement pour sujet Aphrodite et les amours : tout ce qui dans l'ordre du sentiment et dans la nature se rapporte à cette divinité paraît avoir été la matière presque unique des chants des Lesbiennes. On se ferait au reste une très-fausse idée si l'on regardait l'école saphique comme une sorte de cour d'amour; et ce serait une plus grande erreur encore d'attribuer le choix de tels sujets à la licence des mœurs et à la dépravation. Aphrodite n'est pas uniquement la divinité des passions impures, et ce n'est pas à ce titre qu'elle était adorée par la Grèce ou chantée par les poètes : mais il y a dans la nature entière une puissance d'aimer qui anime et conserve les générations des êtres, et « à laquelle les dieux mêmes sont soumis » ; elle engendre de grandes et généreuses passions, comme elle peut, en se fourvoyant, conduire au crime, au vice et à la honte. Aphrodite a été l'une des principales déités adorées chez les Eoliens; comme toute autre déesse, elle avait pour prêtresses des femmes et des jeunes filles ; quand la poésie se dépouilla de ses formes sacerdotales et que l'ode fut née, les chœurs des femmes de Lesbos eurent naturellement encore pour sujet ordinaire Aphrodite et les amours. C'est de là qu'est venu le caractère particulier des œuvres de l'école de Sapho : nous voyons en effet, par les fragments qui nous en restent, que ces chants sont pleins de grâce, d'ardeur et de liberté, mais qu'ils ne sont jamais licencieux et qu'ils sont souvent graves et parfois même sévères. Il est donc inutile de vouloir expliquer la nature érotique des poésies éoliennes par des raisons tirées des mœurs des femmes de Lesbos; ces mœurs ne forment point avec celles de l'Ionie un contraste bien sensible : les relations de ces deux races grecques avec l'Asie étaient les mêmes; elles se mêlaient continuellement l'une à l'autre; elles vivaient dans des conditions presque identiques de climat, et dans des constitutions politiques fort analogues. Mais toutes deux prises ensemble contrastaient avec la race dorienne et surtout avec la société de Sparte. A l'époque de Sapho et d'Alcée, les cités éoliennes et ioniennes avaient encore ces mœurs aristocratiques qui les font ressembler, à beaucoup d'égards, à la république de Venise du temps où le noble Marcello composait pour la haute société du Grand-Canal les psaumes qui ont rendu son nom célèbre : les relations sociales y étaient libres et faciles, quelquefois licencieuses, mais toujours empreintes d'élégance et de cette noblesse de manières qui est propre aux aristocraties. Du reste le climat des îles et des rivages éoliens est d'une douceur qui tourne à la mollesse et qui engendre aisément la volupté; le canal de Lesbos est éclairé le soir d'une suave lumière et parcouru sans cesse par des brises tièdes, mais non énervantes, que parfument les arbustes odoriférants des montagnes. Les richesses et le luxe de l'Asie abondaient sur ces rivages et donnaient aux nobles Grecs de ces contrées ces habitudes de langueur et de poésie passionnée, dont nous retrouvons encore quelque chose dans leurs descendants italiens et asiatiques.

Fragments de Sapho :

1° A APHRODITE. « Déesse au trône de mille couleurs, immortelle Aphrodite, fille insidieuse de Jupiter, je t'en supplie, ne dompte pas mon cœur sous les chagrins et les ennuis, ô ma souveraine.

« Mais viens plutôt, si jamais autrefois tu as entendu mes chants, si quittant le palais d'or de ton père, tu es venue

» Ayant attelé ton char : de beaux et rapides passsereaux t'emportaient, autour de la sombre terre, agitant leurs ailes moelleuses, descendant du ciel à travers les airs.

» Ils arrivent aussitôt. Et toi, ô bienheureuse, souriant de ta bouche immortelle, tu me demandes ce que je souffre, et pourquoi je t'appelle,

» Et ce que désire avant tout mon cœur en délire, et qui je

voudrais enlacer dans les nœuds d'amour : « qui donc, Sapho,
» te fait injure?

» S'il te fuit, bientôt il te poursuivra; s'il a refusé tes pré-
» sents, il t'en fera à son tour; s'il n'aime pas, bientôt il aimera,
» quand tu ne le voudrais plus. »

» Viens encore à moi maintenant, délivre-moi de mes peines;
tout ce que souhaite mon cœur, accomplis-le; combats toi-
même avec moi. »

2º A UNE BIEN-AIMÉE. « Il me paraît égal aux dieux l'homme
qui est assis devant toi, et qui à tes côtés entend ta voix si
douce ;

» Ton sourire fait naître l'amour; dans ma poitrine il a ravi
mon cœur. A peine t'ai-je vue, la voix me manque.

» Ma langue est enchaînée, un feu léger court sur ma peau,
mes yeux n'y voient plus, mes oreilles bourdonnent.

» Une sueur froide m'inonde, un tremblement me saisit toute
entière, je suis plus verte que l'herbe, il me semble que je vais
mourir.... »

3º A UNE IGNORANTE. « Morte, tu seras gisante; et jamais souvenir de toi ne restera, jamais dans l'avenir; car tu n'a point de
part aux roses de Piérie. Tu erreras inconnue dans les demeures
d'Adès, voltigeant avec les morts obscurs. »

4º « Comment cette villageoise mal vêtue peut-elle charmer
ton cœur? Elle ne sait pas même relever sa guenille sur ses
talons. »

5º « Exhaussez la maison
   O hyménée !
» Exhaussez-la, architectes.
   O hyménée !
» Voici venir un gendre pareil à Mars,
   O hyménée !
» Beaucoup plus haut qu'un homme très-grand. »

Le nombre des fragments qui nous restent de Sapho
s'élève à près de cent; la plupart d'entre eux n'ont qu'un

vers ; mais leur variété peut donner quelque idée des pensées et des rhythmes de l'école de Lesbos. Les deux premiers sont composés de strophes saphiques et sont demeurés très-célèbres : on sait que Boileau a mis le second en vers français : mais la langue française substitue la mesure au rhythme et, supprimant la musique, fait oublier que toutes ces poésies étaient chantées et ne se séparaient point des mélodies dont le poète les avait revêtues en les composant. Ces airs étaient la moitié des œuvres lyriques ; tout ce que nous pouvons penser de ceux de Sapho c'est qu'ils appartenaient pour la plupart à l'harmonie éolienne ou mixolydienne et que, comme plusieurs cantilènes de l'Eglise catholique et de la Grèce moderne, ils reposaient en bas sur un demi-ton ; leur effet devait donc être à la fois passionné et un peu mélancolique, comme celui de beaucoup de chants entendus aujourd'hui sur la Méditerranée.

Erinna. *Anagara, Anactoria, Androméda, Atthis, Cydno, Damaphila, Eunica, Erinna, Gongyla, Mégara, Télésippa* : voilà les noms des principales femmes réunies autour de Sapho, formant son école, écoutant ses leçons ou partageant son amitié. Aucune parmi elles n'a été aussi célèbre qu'*Erinna*, à la renommée de laquelle contribuèrent à la fois son talent et sa jeunesse sitôt ravie par la mort. A l'âge de dix-huit ans elle avait composé le poème de *la Quenouille* en vers héroïques ; et l'estime que l'on avait pour cette œuvre la faisait placer à côté de celles d'Homère, quoiqu'elle ne renfermât que trois cents vers. Cet ouvrage n'appartenait pas à la poésie lyrique ; il rattache l'école de Lesbos à la tradition épique et aux rhapsodes et prouve que dans cette société d'hommes et de femmes poètes on s'occupait de genres qui n'avaient rien de commun avec l'ode. Du reste Erinna avait aussi composé des odes dans le dialecte éolien; il est probable que nous n'en possédons aucun débris. Elles existaient encore au temps de Properce; mais elles disparurent vraisemblablement avec celles d'Alcée et de Sapho. Il est difficile de croire que l'ode éolienne dans le rhythme saphique adressée *à Roma* soit, comme quelques-uns le pensent, une œuvre d'Erinna : la Force est une abstraction qui n'était guère faite pour inspirer un Grec, ni surtout une Lesbienne de dix-sept ans; ce morceau d'ailleurs s'applique si bien à la ville de Rome qu'on ne peut guère y voir autre chose qu'une imitation de l'antique, comme il s'en est fait beaucoup d'autres sous la domination romaine. Le nom même de l'inconnue *Mélinno* à qui on l'attribue, a pu, par sa ressemblance avec celui d'Erinna, faire attribuer à l'élève de Sapho une petite composition qui date de temps postérieurs.

ARION, Ἀρίων. Quoique Arion semble avoir été contemporain d'Alcée, nous avons parlé d'abord de Sapho, à cause de ses relations avec ce poète, et d'Erinna parce qu'on ne peut guère la séparer de Sapho. Hérodote se trompe quand il attribue à Arion de Méthymne la création du *dithyrambe* et l'invention même de ce mot; car ce mot n'est pas grec. Mais Arion était sans doute le plus habile citharistе de son temps et il organisa à Corinthe l'exécution des chœurs dithyrambiques. Le caractère *tragique* des dithyrambes d'Arion, dont parle Suidas, prouve que ce chant subissait déjà la transformation d'où devait naître bientôt la tragédie; et ce fait ne peut s'expliquer que si l'on suppose une existence déjà ancienne au dithyrambe et une tendance à l'affranchir de ses vieilles formes sacerdotales. Le mouvement en cercle autour de l'autel de Bacchus est attribué au musicien de Méthymne ; mais cette ronde bachique n'était qu'une modification de l'antique mouvement choral dont on peut constater l'usage dans les hymnes du Vêda. Du reste le dithyrambe ne fut pas toujours cyclique, à partir de l'époque d'Arion ; car les chœurs tragiques conservèrent le double mouvement de strophe et d'antistrophe, qui est de beaucoup antérieur à ce poète. Mais la transformation que le poète de Méthymne fit subir au rhythme dionysiaque devint assez célèbre pour que cent cinquante ans plus tard Pindare ait pu faire honneur à la ville de Corinthe de l'invention du dithyrambe. Olympiq. 13.

C'est à Corinthe en effet qu'Arion produisit dans le chœur bachique cette altération profonde. Il passa un temps considérable à la cour de Périandre, fils de Kypsélos et devint le poète et le musicien le plus illustre de ce pays. Voici ce qu'Hérodote raconte de lui, d'après la légende corinthienne. « Arion navigua en Sicile et en
» Italie. Ayant amassé de grands biens il voulut retourner
» à Corinthe. Prêt à quitter Tarente, il loua un vaisseau
» corinthien... Mais quand il fut sur le navire, les Corin-
» thiens résolurent de le jeter à la mer pour s'emparer
» de ses richesses. Arion, s'étant aperçu de leur dessein,
» les leur offrit, les conjurant de lui laisser la vie. Mais ils
» lui ordonnèrent de se tuer lui-même s'il voulait être en-
» terré, ou de se jeter sur le champ à la mer. Arion...
» les supplia de lui permettre de se revêtir de ses plus
» beaux habits et de chanter sur le tillac une dernière
» fois. Ils présumèrent qu'ils auraient du plaisir à l'enten-

» dre et dès lors ils se retirèrent au milieu du vaisseau.
» Arion se para de ses plus riches habits, prit sa cithare,
» monta sur la poupe et exécuta un air orthien; puis il
» se jeta dans la mer. Pendant que le navire voguait vers
» Corinthe, un dauphin reçut Arion sur son dos et le porta
» à Ténare. Là ayant mis pied à terre, Arion s'en alla à
» Corinthe vêtu comme il était et y raconta son aventure. »
Les matelots furent reconnus, et punis. « On voit à Té-
» nare une petite statue de bronze représentant un homme
» sur un dauphin : c'est une offrande d'Arion. » (Hérod.,
I, 24.)

Cette légende d'Arion montre en lui un musicien plutôt qu'un poète. De plus, quoique né à Méthymne et Éolien par sa naissance, il a passé hors de ce pays la plus grande partie de sa vie. Enfin le dithyrambe, qu'il paraît avoir cultivé exclusivement, appartient à peine à la poésie lyrique : dans le passé, c'est un hymne; dans l'avenir c'est la source d'où sortit la tragédie. Arion ne paraît pas avoir formé une école, comme Sapho; mais l'usage des rondes dithyrambiques, au moins dans Corinthe, subsista longtemps après lui. Quoique ces chœurs fissent partie d'une fête religieuse et qu'ils aient été d'abord institués dans cette ville, il faut voir pourtant dans leur création une influence directe et un développement particulier du génie lyrique des Éoliens; car c'est certainement à Lesbos qu'Arion avait puisé le goût et acquis la connaissance des compositions musicales et des rhythmes.

LYRIQUES DORIENS.

On a remarqué justement que le caractère dominant des œuvres lyriques des Doriens est l'impersonnalité. L'auteur s'efface ; ses affections privées, les accidents de sa vie ne paraissent presque jamais dans ses chants ; l'ode entre ses mains se détache même des choses vulgaires de la vie humaine, des luttes de partis, des intérêts politiques naissant au jour le jour. Les traditions communes de la Grèce, les fêtes nationales ou sacrées, les histoires des héros et des dieux sont les sujets ordinaires des odes écrites dans le dialecte dorien.

ALCMANE, Ἀλκμᾶνος. La ville de Sardes était, en Asie mineure, le centre le plus avancé vers l'ouest du commerce oriental : sa population était, comme aujourd'hui celles de Smyrne et de Constantinople, composée d'hommes de toutes les nations. Les Lydiens y étaient peut-être en majorité du temps de Crésus ; Cyrus et ses successeurs y amenèrent beaucoup de Perses, de Mèdes et des hommes du haut Orient ; mais les Grecs y furent toujours en grand nombre, s'enrichissant par le commerce des caravanes, et cultivant entre eux les arts et les lettres de leur pays.

Alcmane, qui vivait dans la seconde moitié du septième siècle, était né à Sardes ; son nom est grec ; sa famille l'était donc aussi. Il dit de lui-même :

« Tu n'es point un homme sauvage, ni un malhabile, ni un homme sorti d'une race ignorante, un Thessalien, un Erysichéen, un berger de Calydon, mais de la ville élevée de Sardes. »

Alcmane vint à Sparte après les guerres de Messénie, lorsque le Péloponnèse était pacifié et que les mœurs lacédémoniennes se développaient sans entraves. Les associations de tout genre y pouvaient naître sous les conditions que leur imposait la constitution de Lycurgue. Déjà autrefois Tyrtée y avait institué des chants guerriers, sorte de chœurs qui se répétèrent longtemps après lui. Alcmane y importa d'Asie des connaissances musicales que les rudes Lacédémoniens ne possédaient pas ; et devenu lui-même citoyen de Sparte, il organisa dans la ville ces chœurs célèbres connus sous le nom de *Parthénies,* qui furent comme un complément de la constitution lycurgienne :

> « Allons, Muse, Muse à la voix claire, chante une mélodie
> à plusieurs membres ; commence pour les jeunes filles
> un chant nouveau.... »

Ces chœurs de jeunes filles lacédémoniennes réunissaient la poésie, la musique et la danse, c'est-à-dire les trois formes essentielles de la rhythmique. C'est en ajoutant la danse aux paroles et au chant, que le poète de Sardes a mérité d'être appelé le créateur des chœurs ; le chœur en effet, χορός, est, par dessus tout, ce mouvement cadencé qui constitue aujourd'hui même les danses populaires de la Grèce : chez les Grecs modernes, un bal s'appelle un chœur. C'est cela même qui est indiqué dans ce fragment d'Alcmane :

> « Il a envoyé trois saisons, l'été, l'hiver et l'automne,
> et une quatrième, le printemps, où il faut danser (σάλλεν)
> et non se livrer aux festins... »

Les mœurs lacédémoniennes, ces exercices corporels que l'on imposait aux femmes, se prêtèrent sans peine aux inventions lyriques d'Alcmane ; tandis que les hommes faisaient ou préparaient la guerre, la poésie, avec la musique et la danse, demeurait le lot des femmes ; c'était la partie douce et aimable des usages de la ville. Au lieu de ces habitudes viriles et rudes que les femmes recevaient de la loi de leur pays, elles se virent peu à peu soumises au rhythme, et la poésie lyrique devint parmi elles un véritable instrument de civilisation. D'ailleurs l'*eurythmie* a toujours été l'un des besoins les mieux reconnaissables du génie dorien, et des Doriens s'est communiquée au reste de la Grèce. Dans l'ordre pratique leur défaut est de l'avoir exagérée au point de lui sacrifier l'individu ; mais dans la poésie et les arts, l'eurythmie dorienne a puissamment contribué à la création de ces formes parfaites que la Grèce a produites en si grand nombre. Alcmane doit être compté parmi les grands propagateurs de l'eurythmie ; une part notable lui revient dans la perfection des œuvres de Pindare. Du reste, outre ses *Parthénies,* il avait composé des péans, des épithalames, des chants en l'honneur des dieux, où la mesure disparaissait entièrement pour ne laisser de place qu'au rhythme et à la mélodie. Il en est résulté que les compositions lyriques d'Alcmane n'ont pu être imitées par les poètes latins, auxquels elles n'offraient pas les avantages du langage mesuré et prosodique.

Enfin le mode dorien et le mode hypodorien, qui sont les deux modes mineurs en *la* et en *ré,* ont un caractère de gravité, qui ne s'accorde pas avec les passions fugitives et les sentiments personnels. Cela seul élevait le lyrisme dorien dans une sphère où les odes éoliennes pouvaient difficilement atteindre. Aussi lorsque la poésie lyrique acquit au siècle suivant toute sa perfection, elle la dut bien plus à la tradition dorienne qu'aux exemples d'Alcée ou de Sapho.

Stésichore, Στησίχορος. *Tisias* naquit peut-être à Mataure mais plus probablement à Himère, en Sicile. Cette ville était une colonie de Zanclé, et fut elle-même colonisée par des Messéniens après la seconde guerre de Messénie. Durant le septième siècle il se forma dans cette ville un centre de poésie lyrique qui, au commencement du sixième avait acquis une grande importance. Tisias, qui naquit vers l'an 630 et qui mourut vers 555, occupe dans cette école une période de soixante années, qu'il employa à perfectionner les rhythmes et à compléter les formes lyriques créées avant lui. La poésie sicilienne, quoiqu'employant le dialecte dorien et se produisant dans des colonies venues du sud du Péloponnèse, ne procède ni de Sparte ni d'Alcmane. Le souffle lyrique était à cette époque répandu dans le monde grec tout entier ; les relations commerciales facilitaient les voyages des poètes dans toutes les parties de la Méditerranée, et répandaient presque uniformément sur tous les rivages les connaissances et les inventions nouvelles. L'école sicilienne est contemporaine d'Alcmane et de Sapho.

La création de *l'épode*, universellement attribuée à Tisias, lui fit probablement donner le nom de *Stésichore*, par lequel il est toujours désigné. Le mouvement vers la droite est aussi ancien que la poésie religieuse dans toutes les parties de la race âryenne; il a donné lieu à la *strophe;* le mouvement de retour ou *antistrophe* doubla le champ de la poésie lyrique et paraît avoir été soumis pour la première fois à la rhythmique dans les dithyrambes du musicien Arion. Stésichore compléta cette conception lyrique par l'addition d'un chant exécuté au repos et qui prit le nom d'ἐπῳδός ou chant complémentaire. Par les exemples nombreux que nous offrent les poètes dramatiques et Pindare, on voit que le rhythme de l'antistrophe est le même que celui de la strophe, mais que le rhythme de l'épode est différent. Cela revient à dire que le chœur exécutait deux fois le même air, et que parvenu au repos il en exécutait un second, qui doit être considéré comme le complément idéal du premier. Souvent en effet la pensée et la phrase de la strophe se continuent dans l'antistrophe, sans point ni virgule, et empiètent même sur l'épode; mais la pensée et la phrase finissent toujours avec cette dernière. La période fut donc divisée en trois par Stésichore, ce qui donna lieu au proverbe τὰ τρία Στησιχόρου. L'épode l'ayant ainsi complétée et l'esprit se trouvant satisfait, le musicien-poète pouvait commencer une seconde série, différente de la première par ses rhythmes, mais identique par la constitution de son ensemble, et qui offrant ainsi le double avantage de la variété des airs et du retour régulier des trois éléments essentiels, pouvait se répéter indéfiniment sans monotonie. La forme de strophe employée par Dante et par les épiques italiens présente moins d'avantages parce qu'elle ne varie pas et qu'elle peut engendrer l'ennui. Le triple rhythme de Stésichore, variant à chaque retour de strophe, permit à ce poète d'appliquer la musique à de grands sujets et d'écrire en rhythmes de longs poèmes. Pindare et les tragiques tirèrent de son invention le plus heureux parti.

Voici les titres des ouvrages de Stésicore, que Suidas nous dit avoir composé vingt-six livres de poésies : les *Combats*, Ἆθλα; *Chants bucholiques;* la *Géryonéide; Hélène;* la *Palinodie;* l'*Epithalame d'Hélène; Eriphyle;* l'*Europie*, Εὐρωπεία; la *Destruction d'Ilon; Calycé; Cycnos;* l'*Orestie; poésies érotiques* ou Παιδικά; l'*Eloge de Pallas; Rhadiné ; Scylla;* les *Chasseurs de sanglier*, Συόθηραι. De tous ces écrits aucun n'avait un caractère personnel et ne se rapportait à des événements contemporains; il n'en faut pas même excepter les poèmes sur Rhadiné et sur Calycé, jeunes filles dont les aventures tragiques paraissent avoir été populaires en Grèce à cette époque et ont fourni des sujets de chants au même titre que les légendes de Scylla, d'Eriphyle et d'Hélène. D'ailleurs la vie de Stésichore fut une des plus paisibles de toute l'antiquité; d'un caractère doux, aimable et modéré, il gagnait l'affection de tous ceux qui l'approchaient; d'une moralité sévère quoique humaine, il n'eut aucune de ces passions qui font naître les aventures; sa vie se passa dans la vertu et la paix du cœur. Platon raconte seulement qu'ayant blâmé Hélène il en fut puni par Vénus, qui lui ôta la vue et qui ne la lui rendit que quand il eut composé sa Palinodie.

Le caractère des chants de Stésichore ne nous est guère connu directement; car nous ne possédons de lui qu'un petit nombre de fragments dont le plus étendu n'a que neuf lignes; il appartient à la Géryonéide :

« Le Soleil, fils d'Hypérion, descendait dans une coupe d'or, afin que, ayant traversé l'Océan, il arrivât dans les profondeurs sacrées de la nuit ténébreuse, près de sa mère, de sa jeune épouse et de ses enfants chéris; et le fils de

Jupiter se rendit à pied dans un bois ombragé
de lauriers ».

Le poète avait dit dans son Helène :

« Tyndarée offrait des sacrifices à tous les dieux, il
n'oublia que Cypris aux doux présents. Cypris
irritée donna aux filles de Tyndarée d'être mariées
deux fois, trois fois, et de quitter leurs époux ».

Il commença ainsi sa Palinodie :

« Non! ces paroles ne sont pas vraies ; tu n'es point
allée sur les vaisseaux bien pontés, tu n'es point
allée dans la citadelle des Troyens ».

Il ne nous reste du chant célèbre dont Aristophane (*Nuées*
966) cite les deux premiers mots, Παλλάδα περσέπολιν, que
les trois premiers vers :

« Pallas, destructrice des citadelles, terrible déesse, qui
soulèves la guerre, je t'invoque, ô guerrière, chaste
fille du grand Jupiter, toi qui domptes les coursiers,
invisible Athéna ».

La perte de ce chant est d'autant plus regrettable qu'il était un de ceux qui se redisaient le plus souvent chez les Grecs et qu'il se répétait, comme un morceau classique, dans les écoles d'Ephèbes jusqu'au temps de la guerre du Péloponnèse. Du reste il n'est pas absolument certain qu'il ait eu pour auteur Stésichore ; quelques-uns l'attribuent à *Lamproclès*.

La variété des sujets traités par le poète d'Himère, et dont plusieurs appartiennent aux traditions épiques, nous fait voir en lui l'un des plus importants prédécesseurs de

Pindare; elle explique le mot de Quintilien : « Stésichore a soutenu sur la lyre le fardeau de l'épopée »; et le mot d'Horace : « *Stesichorique graves Camenæ,* et la muse austère de Stésichore ». Il faut ajouter à ces deux appréciations que, malgré la variété de ses sujets et de ses rhythmes, ce poète n'employait que deux modes musicaux, le dorien et le phrygien et, par conséquent aussi leurs deux modes relatifs, l'hypodorien et l'hypophrygien. C'était beaucoup déjà, dans un temps où le rapprochement des modes ne s'était pas encore opéré, du moins dans la pratique. Ces quatre modes, dont les deux premiers sont mineurs *(la* et *ré)* et les deux autres majeurs *(sol* et *ut),* offraient d'assez grands contrastes pour soutenir l'attention durant des poëmes entiers; et ils ont cette noblesse qui convenait au genre de poésie adopté par Stésichore.

Ibycos, Ἴϐυκος. La ville de Corinthe racontait sur Ibycos une histoire qui rappelait beaucoup celle qu'on y racontait sur Arion : la fable des grues d'Ibycus est célèbre aujourd'hui même. Ce poète était né à Rhégium sur le détroit de Messine vers l'époque de la mort de Stésichore. C'est un autre âge de la civilisation grecque, la seconde moitié du sixième siècle étant caractérisée par les tyrannies dans presque toutes les cités helléniques. Parmi ces rois sans ancêtres, qui gouvernaient avec un pouvoir presque absolu, même dans les états démocratiques, nul n'acquit autant de renommée et de puissance que Polycrate, tyran de Samos. Sa cour et son règne brillèrent d'un faste auquel les Grecs n'étaient point accoutumés et qui les éblouissait : somptueux et populaire, guerrier et artiste à la fois, il attirait autour de lui, comme le fit bientôt après

Hiéron, les poètes et les autres hommes distingués de toute la Grèce; leurs mœurs privées ne le préoccupait guère, pourvu qu'ils ajoutassent par leurs œuvres quelque éclat à sa royauté. Ibycos passa une portion de sa vie à la cour de Polycrate; sa conduite licencieuse forma un contraste d'autant plus frappant avec celle de Stésichore que le disciple composa à la façon du maître et s'exerça sur de semblables sujets. Aussi les Grecs, qui chantaient de Stésichore le fameux Παλλάδα περσέπολιν, retinrent-ils presque uniquement les chants érotiques de son successeur. Ibycos mourut assassiné dans un voyage sur mer, n'ayant d'autres témoins que ces grues qui plus tard, dit la légende, firent reconnaître ses meurtriers.

Il ne semble pas que le poète de Rhégium ait beaucoup ajouté à l'art de Stésichore. Les sujets héroïques avaient exercé sa muse comme celle de son prédécesseur; la langue de Rhégium était à peu près la même que celle d'Himère; les modes musicaux applicables aux sujets épiques et les rhythmes créés par Stésichore se reproduisaient dans les odes d'Ibycos. Le vieux poète avait même donné l'exemple de chants érotiques, et l'on avait de lui un recueil de παιδικά. Mais il est probable que son jeune rival donna à ses odes amoureuses une couleur que ne lui avait pas donnée le poète sicilien, plus retenu dans ses paroles comme dans ses mœurs. Il ne nous reste d'Ibycos qu'une dizaine de fragments, dont voici les plus remarquables :

1° « Euryale, rejeton des douces Grâces,
   souci des jeunes filles à la belle chevelure,
   Cypris et Pithô aux charmantes paupières
   t'ont nourri parmi les fleurs des rosiers. »

2º « Au printemps fleurissent les pommiers de Cydonie,
arrosées par l'eau des ruisseaux dans le jardin
sacré des Vierges, et les grappes en fleurs croissent
à l'ombre des pampres verts. Mais moi,
l'Amour en aucune saison ne me laisse de repos ;
comme le Borée de Thrace brûlant sous l'éclair,
il s'élance intrépide d'auprès de Cypris, et s'empare violem-
de mon âme assombrie par de farouches fureurs. »   [ment

3º « L'Amour encore, sous ses noires paupières me
lançant des regards qui consument, par des charmes
de toute sorte me jette dans les lacs infinis de Cypris.
Ah ! je tremble à son approche, comme un vieux cheval,
autrefois victorieux, reçoit malgré lui le joug et craint
de descendre dans la carrière avec des chars
rapides. »

LYRIQUES IONIENS.

Les poètes de la Sicile et de la Grande-Grèce dont nous venons de parler ont écrit leurs odes dans un dialecte dorien mêlé de mots et d'expressions ioniennes ; ils forment donc un passage des lyriques doriens à ceux d'Ionie. Mais les sujets et les sentiments exprimés par les uns et les autres ne sont point les mêmes, et quoique les lyriques ioniens soient venus après les autres, on ne saurait les regarder simplement comme leurs disciples ni comme leurs imitateurs. Le genre lyrique régnait au sixième siècle dans toute la Grèce, et par suite de circonstances et de causes particulières trouvait à s'exprimer tour à tour ou à la fois dans certains lieux et dans des dialectes différents. La grande poésie avait été transportée dans le genre lyrique par les poètes doriens, grâce aux modes musicaux qui leur étaient propres et aux combinaisons de rhythmes qu'ils surent inventer. Les éoliens, venus les premiers, n'avaient pas eu les mêmes avantages. Le génie ionien apporta tout d'abord dans le lyrisme sa grâce infinie et sa légèreté charmante ; plus tard des influences extérieures modifièrent ses productions et le ramenèrent à la puissance et à la majesté dorienne. Aussi, quoique Simonide l'emporte souvent sur Anacréon, c'est pourtant ce dernier poète qui est le vrai représentant de la poésie lyrique chez les Ioniens. Il a précédé le poète de Céos, qui cependant a vécu dans le dernier quart du sixième siècle, mais qui appartient trop à la période des guerres médiques pour qu'il en soit question dans ce chapitre.

ANACRÉON, Ἀνακρέων. Ce poète naquit à Téos, une des douze villes de la confédération ionienne, sur le rivage de Clazomène. Ses chants étaient déjà célèbres vers le milieu du sixième siècle ; il était donc né dans la première moitié, quoiqu'on ne puisse dire en quelle année. Lors de la conquête de l'Ionie par les Perses, les habitants de Téos, à l'exemple des Phocéens, quittèrent la ville pour aller s'établir à Abdère ; Anacréon fut l'un d'eux. Comme Ibycos, il fut plus tard attiré à la cour de Samos où il vécut plusieurs années. A la mort de Polycrate, les Pisistratides, qui rivalisaient de magnificence avec le tyran samien, appelèrent Anacréon qui se rencontra auprès d'eux avec Simonide de Céos et le poète mystique Onomacrite. Hipparque ayant été assassiné, Anacréon se rendit en Thessalie, pays divisé à cette époque en un grand nombre de petits Etats féodaux. Les Aleuades régnaient à Larissa et rivalisaient avec les tyrans de la Grèce démocratique par leur luxe et leur amour de la gloire : ils firent plus tard chanter leur nom par Simonide et par Pindare; à cette époque, ils accueillirent et protégèrent Anacréon. Toutefois, lorsque Téos, sous la domination des Perses, se fut relevée de ses ruines, Anacréon déjà vieux revint l'habiter et, selon toute vraisemblance, y mourut. Les mœurs de ce poète furent douces et faciles, mais non licencieuses. S'il chanta l'amour et le vin, on n'en saurait conclure qu'il ait fait de l'un ou de l'autre un usage immodéré. Platon (Phèd.) lui donne le titre de sage, σοφός; Elien confirme ce jugement par ces paroles : « Au nom des dieux, que personne ne médise du poète de Téos et ne l'accuse d'intempérance (ἀκόλαστον εἶναι λεγέτω) » On pourrait voir en lui un courtisan et un adulateur des princes et des tyrans : mais ce serait mal comprendre les mœurs et les usages de la Grèce; il faudrait renfermer dans le même blâme plusieurs hommes dont la haute moralité est reconnue; et enfin on ne doit pas oublier qu'Anacréon était exilé et errant de ville en ville, attiré et secouru à cause de son génie par les hommes les plus éminents de ce siècle.

Que nous reste-t-il d'Anacréon? Nous possédons un recueil d'odes anacréontiques, dont beaucoup certainement appartiennent à une époque postérieure et n'ont ni le charme ni la pureté de langage qui étaient les traits caractéristiques d'Anacréon. Mais il nous paraît aussi bien difficile de prouver que la plupart de ces pièces soient apocryphes. Anacréon faisait souvent, dit-on, allusion à Polycrate, et ces pièces ne parlent pas de lui : mais pendant sa longue vie, le poète a dû en composer un très-grand nombre, et il est bien naturel que celles-là seules aient survécu qui avaient le caractère le plus général et la couleur la moins historique; c'est ce qui se produit déjà chez nous pour Béranger. Nous sommes donc portés à croire que parmi les odes anacréontiques, au nombre d'environ cinquante, qui composent le recueil, un assez grand nombre peuvent passer pour authentiques. Faut-il même tenir un grand compte de quelques imperfections de langage? Les chants du poète ont été répétés par bien des bouches avant d'être recueillis; et lorsqu'ils furent brûlés à Constantinople avec ceux de Sapho, les copies qui en purent être sauvées n'étaient probablement pas les meilleures. Enfin, c'est surtout parmi les Ioniens que les odes d'Anacréon devinrent populaires; leurs sujets mêmes convenaient à cette race de navigateurs, qui s'en allaient les répétant sur les eaux paisibles de la Méditerranée pour charmer les loisirs de longues soirées souvent trop calmes. Les fragments authentiques ne forment pas avec beaucoup de ces odes un contraste frappant : car si l'amour est parfois tyrannique et violent, il n'en est pas de même de celui qui s'accommode des ris et des festins; on en peut dire autant de Bacchus. Anacréon a pu chanter les uns et les autres.

Du reste, il est certain que les moins authentiques d'entre ces odes ont été faites sur le modèle des vrais chants d'Anacréon et qu'elles peuvent par conséquent en donner quelque idée. Or beaucoup d'entre elles sont divisées en couplets par un refrain soit identique à lui-même, soit plus ou moins modifié; de plus le nombre de vers n'est pas le même dans chaque couplet; on peut donc penser qu'Anacréon avait composé de véritables chansons, mais que dans chacune d'elles le même air ne se reproduisait pas deux fois de suite; il n'y avait pour chaque ode qu'un seul rhythme, un seul air divisé en plusieurs parties; on en entend encore de pareils sur la Méditerranée et sur ses rivages. Telle est la première ode du recueil :

> « Je veux dire les Atrides,
> je veux chanter Cadmus;
> mais ma lyre sur ses cordes
> ne dit que le nom d'Amour.
>
> J'ai changé hier ses cordes,
> j'ai changé tout l'instrument :
> et je chantais les hauts faits
> d'Héraclès ; mais la cithare
> répondait par : les Amours.
>
> Adieu donc, je vous prie,
> Héros ; car la cithare
> ne chante que les Amours. »

Voici le célèbre morceau de *la Colombe,* que les uns attribuent à Anacréon, que d'autres lui refusent, et qui n'est, ni pour la composition ni pour le style, indigne du poète de Téos :

> « Aimable colombe
> d'où donc, d'où viens-tu ?
> Et tous ces parfums
> qu'en traversant l'air
> tu exhales et tu distilles ?
> Quel est le soin qui t'occupe ?
> — Anacréon m'envoie
> vers le jeune Bathylle
> à présent de tous
> le maître et le roi.
> Cythère m'a vendue
> pour une chansonnette.
> Et moi d'Anacréon
> je suis la messagère.

Et maintenant de lui
je porte cette lettre.
Il m'a dit qu'au retour
j'aurais ma liberté.
Mais moi, s'il me la donne,
je reste auprès de lui.
Faut-il donc que je vole
par les monts et les champs,
me posant sur les arbres
vivant de grains sauvages?
Aujourd'hui j'ai du pain
que je dérobe aux mains
d'Anacréon lui-même;
et je bois à la coupe
où lui-même a goûté.
Lorsque j'ai bu, je danse
et couvre de mes ailes
mon maître Anacréon;
après je m'assoupis
et je dors sur sa lyre.
Tu sais tout: va donc!
Tu me rends plus bavarde,
mon cher, que la corneille — ».

Outre les odes contestées que l'on publie sous le nom d'Anacréon, il nous reste de lui un assez grand nombre de fragments authentiques dont la plupart n'ont qu'un médiocre intérêt, parce qu'ils sont détachés de l'ensemble dont ils faisaient partie. Ils montrent quelquefois cependant la tournure d'esprit du poète, ses traits piquants et le charme de ses images.

« Tu es l'ami des étrangers; j'ai soif; laisse-moi donc boire ».
« Apporte de l'eau, apporte du vin, jeune garçon, apporte aussi des couronnes de fleurs; apporte vite, que je ne lutte point contre l'Amour. »

« L'Amour m'a asséné un grand coup, comme un forgeron donne un coup de marteau. Il m'a fait prendre un bain d'eau glacée. »

Aucun poète lyrique n'avait joui d'une renommée pareille à celle d'Anacréon. Il n'en faut pas même excepter Sapho, dont le style avait quelque chose d'archaïque et dont le dialecte était d'ailleurs moins populaire en Grèce que le dialecte ionien. De plus Sapho, ainsi qu'Alcée, était le poète de l'aristocratie; Anacréon chantait pour tout le monde. Ses voyages et le séjour qu'il fit dans trois villes célèbres et aussi dans sa patrie avant son exil et après son retour, contribuèrent encore à répandre sa renommée dans toutes les parties du monde grec. Et cependant, quant à la grandeur des sujets et à l'élévation des pensées, on ne peut nier qu'il ne soit demeuré inférieur à plusieurs de ses devanciers et qu'il n'ait été surpassé par plusieurs lyriques du siècle suivant.

IV. MYSTIQUES. PHILOSOPHES.

I. MYSTIQUES. Vers le commencement du sixième siècle, on vit apparaître dans le monde grec une secte d'hommes que rien ne rattache aux traditions helléniques et dont les idées forment avec celles des Grecs un contraste extraordinaire. Le nom de *mystiques* sous lequel nous les désignons indique leur caractère et leurs tendances; celui de théologiens que leur a donné Otfried Müller se rapporte surtout à leurs écrits; les Grecs leur donnèrent le nom d'*orphiques* parce qu'eux-mêmes prétendaient remettre au jour les doctrines et même les poésies d'Orphée. Le dieu auquel la plupart d'entre eux offraient leurs hommages était Bacchus-Zagréos, dieu chthonien de la résurrection et de l'autre vie. Selon eux ce Zagréos, dont le nom (s'il est sanscrit) signifie celui-qui-réveille, était fils de Zeus et de Cora; il avait la forme d'un serpent; et son identification avec Bacchus nous permet de voir en lui la figure mystique de la liqueur sacrée, symbole de la vie. Ils faisaient de Zeus l'âme du monde, de qui tout émane, et en qui tout rentre; ce dieu, qui était le dieu suprême des Grecs, n'était pour les mystiques qu'une forme secondaire d'un être primitif, inactif et abstrait, auquel ils donnaient le nom de Chronos c'est-à-dire le Temps; ce Chronos n'est autre que le Kâla des Indiens; de lui naît le Chaos, et du Chaos il forme dans l'éther cet œuf d'or où le monde est contenu et qui joue un si grand rôle dans les cosmogonies âryo-chrétiennes. L'humanité y était renfermée comme tout le reste de l'univers; sorti de cet œuf primordial, l'homme tombe dans une matière où son âme s'incarne; et c'est de là que par des degrès de plus en plus élevés d'ascétisme et de purification, il parvient à se réunir à la grande âme du monde où il obtient la béatitude. Toute cette doctrine panthéistique des poètes dont nous parlons contrastait avec celle d'Hésiode et d'Homère; elle ne trouva point d'écho parmi les auteurs classiques de la Grèce et n'obtint que les railleries d'Aristophane.

Les hommes qui la représentaient se donnaient comme des personnages mystérieux et racontaient sur eux-mêmes des légendes d'un caractère oriental. Ils étaient vêtus de blanc comme des brâhmanes; quoique laïques et n'appartenant à aucun sanctuaire, ils menaient une vie ascétique, aspiraient à la pureté physique et morale, et pratiquaient l'extase; leur vie était soumise à un véritable rituel. Du reste ceux d'entre eux qui parurent les premiers en Grèce vers le commencement du sixième siècle venaient des extrémités du monde grec ou même avaient une origine tout à fait inconnue. Tel fut le fameux Epiménide de Crète, sorte de prêtre extatique que du temps de Solon les Athéniens appelèrent dans leur ville pour la purifier du crime de Cylon; on le disait auteur d'oracles, de chants expiatoires, de formules d'exorcisme et d'une cosmogonie dans laquelle l'œuf du monde apparut pour la première fois; la Crète a toujours eu chez les anciens un caractère asiatique qu'elle tenait de son origine, et il est probable qu'elle a conservé longtemps des relations suivies avec l'Orient. Tel fut encore cet Abaris dont parle Hérodote (iv, 36), prêtre exorciste postérieur de quelques années à Epiménide et qui se faisait passer pour hyperboréen; et cet Aristée de Proconnèse, autrefois corbeau, et qui, devenu homme en vertu de la transmigration des âmes, écrivit le poème des *Arimaspes* auquel Hérodote fait allusion.

L'influence des orphiques se fit sentir dans les écrits de Phérécyde de Syros : nous possédons quelques fragments de sa théogonie, dont le caractère mystique et oriental ne saurait désormais être méconnu; il forme donc un des liens qui rattachent ces doctrines venues probablement d'Asie au développement original de la philosophie grecque. Les écoles helléniques de Thalès et de Xénophane dont nous parlerons tout à l'heure, et celle d'Anaximandre n'eurent en réalité qu'une influence très-petite sur le développement postérieur de la philosophie; mais le mouvement vers les grandes doctrines spiritualistes était déjà imprimé à beaucoup d'esprits par ces mystiques, hommes d'action autant que poètes, lorsque parut Anaxagoras. Du reste ce mouvement ne devint pour ainsi dire général qu'au temps des guerres médiques, lorsque la littérature orphique eut reçu le renfort des pythagoriciens dont l'institut venait d'être détruit et la secte dispersée, 504. Quoique les dogmes de Pythagore n'eussent rien de commun avec Bacchus-Zagréos et que les divinités les plus en honneur dans l'école fussent Apollon et les Muses, le mélange qui s'opéra à cette époque entre les orphiques et les sectaires de la Grande-Grèce prouve une certaine communauté d'idées et peut-être même d'origine. Des noms d'auteurs dont les œuvres étaient issues de cette fusion des doctrines, le plus célèbre est celui d'Onomacrite : l'attention publique avait été attirée sur lui par son intimité avec la famille de Pisistrate. Sous l'inspiration de cette famille d'hommes lettrés et curieux, Onomacrite recueillit des oracles attribués dans le monde grec à Musée; mais il fut surpris, dit-on, en flagrant délit de falsification. Lui-même fut l'auteur de chants bachiques. A côté de son nom l'histoire cite ceux de Persinos de Milet, de Timoclès de Syracuse, de Zopyre d'Héraclée. Tous ces poètes étaient du reste plus orphiques que pythagoriciens; mais le mélange des deux écoles parait avoir été complet dans les *Bacchica* d'Arignoté, fille supposée de Pythagore, dans les *Physica* de Brontinos et dans son poème intitulé le *Péplos et le Filet,* dans les *Traditions sacrées* (ἱεροὶ λόγοι) de Cercops, sorte de théologie en vingt-quatre chants, qui parait avoir été composée par plusieurs auteurs à la façon des *Purânas* indiens.

Rien n'est moins authentique que les fragments attribués

à quelques-uns de ces théologiens mystiques. Non-seulement la plupart de ceux que nous possédons appartiennent à la période alexandrine ; mais des recueils de poésies orphiques falsifiées ont été formés pendant tout le cinquième siècle, et au temps de Platon il n'était déjà plus possible de reconnaître l'origine de ces écrits ; la société grecque qui n'a jamais eu, avant l'époque d'Alexandre, un sentiment bien net de l'authenticité des œuvres anciennes et des légendes, accueillait ces poésies à cause des grandes doctrines qui y étaient contenues ; une classe de rhapsodes s'était formée, qui les récitait dans des lieux publics et qui parait avoir transmis par une chaîne non interrompue les idées orientales des mystiques jusqu'au temps où sous les rois grecs de l'Egypte elles reçurent un si brillant développement.

II. Philosophes. Ce n'est point par leurs doctrines personnelles que les premiers philosophes exercèrent leur plus grande influence dans la société grecque ; ce fut par l'exemple qu'ils donnèrent de chercher la vérité scientifique par des investigations tout à fait libres, et d'appliquer à la conduite de la vie et à la critique des opinions reçues les principes généraux qu'ils pensaient avoir découverts. Ce mouvement, comme toutes les autres grandes initiatives, partit d'Ionie et se répandit avec rapidité dans le monde grec tout entier ; il commença vers la fin du septième siècle, et se développa durant tout le siècle suivant ; après les guerres médiques il se concentra dans Athènes où il produisit les grandes écoles nées de l'enseignement socratique.

I. Thalès, Θαλῆς, de Milet, un des sept sages ou savants

(σοφοί), n'avait probablement rien écrit, et fut plus célèbre parmi ses compatriotes comme homme pratique que comme théoricien. Il avait des connaissances astronomiques qu'il avait reçues peut-être de l'Asie centrale et qui lui permirent de montrer à ses contemporains par une expérience décisive qu'il est possible de pénétrer les lois de la nature. Quoiqu'il nommât l'eau, c'est-à-dire l'état liquide, comme la forme primitive de la matière, il énonçait cette forte pensée que « le monde est plein de dieux », c'est-à-dire de forces vivantes dont la nature est métaphysique.

Quand son successeur ANAXIMANDRE, Ἀναξίμανδρος, de Milet, composa vers l'an 547 à l'âge de soixante-quatre ans son traité *de la nature*, περὶ φύσεως, il ne se montra pas non plus matérialiste, mais il énonça cette proposition de haute métaphysique que l'être primitif est l'infini, τό ἄπειρον; comme son maître, il fut astronome, établit à Sparte le premier gnomon, qu'il avait reçu, dit-on, de Babylone, s'en servit pour déterminer l'obliquité de l'écliptique, et dressa la première carte générale de géographie.

Un autre Milésien, ANAXIMÈNE, Ἀναξιμένης, qui vivait peu de temps avant les guerres médiques, reprenant les théories métaphysiques de ses devanciers, choisit l'air, c'est-à-dire l'état gazeux, comme la forme simple et primordiale de la matière; mais cet air lui-même était soumis à un être spirituel et divin, qui était le principe premier de toutes choses.

Au-dessus de tous ces esprits s'éleva, par des théories d'une hardiesse et d'une grandeur singulières, un Ionien d'Éphèse, HÉRACLITE, Ἡράκλειτος. Ce penseur solitaire et érudit autant qu'on pouvait l'être alors, écrivit un traité

De la nature, qu'il dédia à Artémis, la grande divinité de sa patrie. Deux choses caractérisaient le génie d'Héraclite, un profond sentiment de la variabilité des formes visibles et des mouvements intérieurs des âmes, et le besoin de les rattacher à quelque chose de fixe qui leur donnât quelque réalité. Comme la substance des choses échappe totalement à l'observation, l'expérience, selon Héraclite, ne dévoile à notre esprit que des états successifs se remplaçant sans interruption, comme les eaux d'un fleuve qui s'écoulent. La nature est donc un ensemble de formes qui sont dans un éternel devenir; rien n'échappe à cette instabilité, ni les hommes ni les dieux, tels que le vulgaire les conçoit. Mais derrière toutes ces figures mobiles, Héraclite apercevait un être invariable auquel il donna le nom de *feu :* ce feu n'est point celui qui brûle dans les foyers, c'est une substance idéale et métaphysique, dans laquelle réside la cause de la vie et qui engendre l'ordre du monde, obéissant elle-même à une loi nécessaire et éternelle. C'était la première fois sans doute que le panthéisme s'affirmait aux yeux des Grecs d'une manière aussi claire et sous une forme qui se rapprochât à ce point du panthéisme oriental. Héraclite l'avait-il conçu de lui-même dans la solitude de ses méditations, le tenait-il des orphiques ou l'avait-il reçu d'Orient par une transmission secrète ? C'est ce que nous ignorons encore.

Quoi qu'il en soit, on voit que dès sa première période la philosophie grecque se séparait des opinions populaires, sécularisait la science, et atteignait comme d'un bond aux plus hautes spéculations de la métaphysique. Ce dernier fait ne doit pas nous surprendre : car les hommes commencent toujours par des théories d'ensemble fondées sur une vue générale de la nature, et emploient ensuite des siècles à refaire péniblement, mais avec méthode, l'œuvre qu'ils avaient ébauchée une première fois. Mais ce qui caractérise les Ioniens de ce siècle, c'est que les premiers ils écrivirent en prose sur ces grandes questions, tandis que les philosophes des autres écoles y appliquaient encore les formes métriques de la versification.

II. Ce fut cependant un traité en vers épiques περὶ φύσεως, *De la nature*, qui consomma définitivement la rupture de la poésie et de la science ; et ce fut l'œuvre d'un poète. Xénophane, Ξενοφάνης, Ionien de Colophon, fut un de ces colons phocéens qui, vers 530, abandonnèrent aux Perses leurs établissements d'Asie mineure pour chercher fortune en d'autres pays ; une de leurs troupes, après avoir tenté de se fixer en Corse, redescendit vers le sud de l'Italie et fonda la ville d'Elée, nom que les Romains prononcèrent Véléa ou Vélia. Il fut poète avant d'être philosophe, composa des poèmes sur la fondation de Colophon, puis sur celle d'Elée, réussit dans l'élégie et fit de la science en vers jusqu'à son dernier jour. Quelle que soit la valeur de sa doctrine, ce qui la caractérise c'est la conception de l'unité absolue de l'Etre comme forme suprême de la divinité, et la lutte ouverte contre l'anthropomorphisme de son temps. Cette lutte, en effet, non-seulement faisait une sorte de révolution dans la science, mais brisait le lien qui unissait la religion établie avec la poésie et les arts. Xénophane substituait aux divinités de la tradition un dieu unique, invariable, identique à lui-même, insaisissable à l'imagination, un dieu abstrait qu'il désigne par les mots τὸ ἕν, τὸ πᾶν, l'Un, le Tout ; puis jugeant de ce point de vue les conceptions poétiques des temps antérieurs, il fait d'Homère et d'Hésiode des impies et des corrupteurs de la religion. Ainsi dès sa naissance, l'école d'Elée, dont Xénophane fut le fondateur, se sépara des traditions poétiques et religieuses de la Grèce; et il est à remarquer qu'en Occident la position prise par la science en face des opinions régnantes a presque toujours été celle de Xénophane en face des idées populaires.

Son disciple et son successeur, PARMÉNIDE (Παρμενίδης), porta dans Athènes la doctrine éléate. Comme son maître, il écrivit en vers un traité *De la nature*, où il exposa les mêmes idées, mais, si l'on en juge d'après Platon et d'après les fragments qui nous en restent, avec plus de poésie et moins de rigueur scientifique. La race ionienne goûtait peu l'exposition sèche des doctrines abstraites et demandait qu'elles lui fussent présentées sous les dehors de la fable; le tour que Parménide donna aux siennes fut la principale cause de son succès et de l'influence qu'il exerça sur la philosophie athénienne des temps postérieurs.

Parmi ses successeurs, l'histoire nomme MÉLISSOS et ZÉNON d'Elée; mais EMPEDOCLES ('Εμπεδοκλῆς) les éclipse tous par sa gloire et par les récits dont sa vie a été entourée. Comme il n'appartient qu'indirectement à l'école éléate et qu'il a vécu dans le cinquième siècle, nous parlerons de lui ci-après.

III. Mais nous devons citer ici PYTHAGORE, Πυθαγόρας, celui de tous les sages de la Grèce dont le nom a été le plus entouré de légendes merveilleuses. Rien n'est plus incertain que l'origine de sa philosophie et que le lieu même de sa naissance: établi à Crotone vers l'année 529, il y était venu, dit-on, de Samos après la révolution qui éleva

Polycrate à la tyrannie. Si Samos fut bien la patrie de Pythagore, il était Ionien, fait qui contraste avec le caractère aristocratique de ses institutions; mais il se peut qu'il fût venu d'ailleurs et peut-être même de l'Orient, poussé par le prosélytisme bouddhique. En Italie, ce sage fonda le célèbre institut qui porta son nom, au milieu d'une population composée de Doriens et d'Achéens, c'est-à-dire de Grecs nourris d'idées aristocratiques. Cet institut avait une couleur plus pratique que théorique; quoique son chef fût qualifié de polymathe par Héraclite, le collége pythagoricien fut un centre d'enseignement politique et religieux plus encore qu'une école de science. Pythagore n'écrivait pas, il prêchait, à la façon d'un missionnaire; ses allures étaient celles d'un prêtre et non d'un savant; la règle de son école avait quelque chose de monastique qui rappelle les couvents (*vihâras*) de l'Asie centrale. Ses disciples, devenus promptement maîtres à leur tour, furent appelés par différentes villes pour y fonder des lois ou pour y établir la concorde : telles furent les villes de Crotone, de Caulonia, de Métaponte. Lorsque l'institut pythagoricien eut été détruit, les disciples du maître s'unirent aux théologiens orphiques dont les doctrines orientales et mystiques les attiraient, et n'eurent pour ainsi dire aucune relation avec les physiciens de l'école d'Ionie.

Les dogmes des pythagoriciens ne formaient pas moins que leurs mœurs et leurs dehors un contraste frappant avec les idées helléniques. La théorie des nombres n'était pas seulement une théorie mathématique, puisque les nombres n'étaient guère que des idées. L'harmonie n'était pas une simple théorie musicale, mais une morale théorique et pratique à la fois et un système de physique opposable aux systèmes de Thalès, d'Anaximène et des autres physiciens. La constitution de l'univers, la théorie des âmes et de leurs migrations à travers des vies successives, l'effort tenté pour réaliser ici-bas par la communauté l'idéal harmonique du monde, sont autant de points par lesquels les pythagoriciens se détachaient des opinions reçues dans le monde grec et formaient au milieu de la grande société du temps une petite société d'hommes n'ayant avec elle presque rien de commun. Aussi n'exercèrent-ils en réalité sur elle qu'une influence très-bornée : presque aucune de leurs réformes n'eut de succès; leurs doctrines abstraites ne se transmirent qu'à un très-petit nombre d'esprits supérieurs et rêveurs; leurs théories musicales contribuèrent au perfectionnement du système des modes grecs, mais ne purent jamais être mises en pratique. La partie mathématique de leur enseignement eut seule une durée et une importance réelles dans les temps postérieurs. Puis leurs dogmes mystiques, s'étant fondus avec ceux des orphiques, se transmirent avec eux jusque sous les successeurs d'Alexandre, époque où les uns et les autres se perdirent dans le grand corps des dogmes secrets venus de l'Orient.

V. TRAGÉDIE, COMÉDIE.

1. Leurs origines. Tout le théâtre grec est issu du culte de Bacchus, et durant toute son histoire est resté en rapport avec le culte de ce dieu. C'est donc dans la fête de Bacchus qu'on doit chercher les origines du drame; les détails de cette fête, d'où le drame est sorti, sont donnés par l'archéologie et interprétés par l'histoire comparée

des religions. Il est à remarquer que presque tous ces détails sont exprimés par des mots qui ne sont pas grecs et dont la philologie comparée peut seule nous fournir le sens. Enfin comme les religions helléniques tirent leur origine d'Asie et remontent au berceau de la race âryenne, c'est dans les plus anciens monuments de cette race qu'on peut espérer découvrir la vraie signification des premières traditions helléniques.

Tout le monde sait que Bacchus ou Dionysos, comme dieu des vendanges, est la représentation idéale du vin (cf. Homère, Hym. vi); dans son sens religieux c'est la force vivifiante contenue dans la liqueur sacrée, et c'est à ce titre que les *phallophories* se célébraient en son honneur. Toute la légende de Bacchus représente sous une forme mystique l'histoire naturelle de la liqueur sacrée, qui fut le jus fermenté de la vigne chez les occidentaux et le suc de l'asclépias acide ou *sôma* chez les Aryas d'Asie. L'interprétation du mythe de Bacchus est toute entière dans le Vêda : son père est Zeus, qui est le ciel; et sa mère est Sémélé, dont le nom, étranger au grec, n'est probablement que le sanscrit *sômalâ* ou *sômalatâ*, la plante sarmenteuse qui fournit le sôma; dans le mythe grec, Sémélé représente la grappe de raisin; elle est morte; d'un coup de foudre Zeus, qui est ici l'*Agni védyuta* des Hymnes, c'est-à-dire le feu de la nue, lui déchire le sein et en fait sortir Bacchus. Les nourrices du dieu, qui sont les sarments de la vigne, étaient vieilles et improductives; elles ont été rajeunies par Médée, laquelle symbolise le savoir et l'industrie humaine (1). L'art grec

---

(1) Pour toute la légende de Dionysos, voyez le poème de Nonnos, intitulé *Dionysiaca*. Cf. Sect. X de cette Histoire.

primitif ne représentait que la tête de Bacchus, qui croit en effet à la partie supérieure de la plante; elle était magnifique, grave, sereine, respirant la puissance; son visage était frais et ouvert; une mitre retenait les boucles de ses cheveux; sa barbe tombait en riches sinuosités. Quand on le représenta tout entier, on le peignit vêtu d'un costume oriental et majestueux; ses vêtements avaient la couleur jaune des vins de Grèce et d'Asie; il tenait le rhyton d'une main et de l'autre un pampre; sous ses pieds était cette chaussure élevée que, d'un nom étranger au grec, on appelait cothurne (κόθορνος) (1) et qui figurait sans doute le cep de vigne sur lequel poussent chaque année les sarments. Plus tard, au temps de Praxitèle, le grand dieu de la sainte liqueur, ayant perdu sa signification mystique, ne fut plus qu'un adolescent aux formes féminines, au visage délirant, couronné de pampre, avec des cheveux ondoyants ou ajustés comme ceux des femmes; il était nu, couvert seulement d'une nébride; et de sa main il agitait en dansant le thyrse de férule (νάρθηξ) surmonté d'une pomme de pin.

La fête de Dionysos se composait de deux parties, l'une grave qui prit le dessus dans les cérémonies d'hiver nommées *lénéennes,* l'autre légère et grotesque qui se développa surtout aux *grandes dionysiaques,* c'est-à-dire à la célébration des vendanges.

La fête sérieuse avait un caractère liturgique et cette signification mystique, dont la théorie védique du sôma et

---

(1) Κόθορνος est peut-être pour Ποθορνος qui pourrait s'expliquer par le sanscrit *pattrâṇa* ou *pâdatrâṇa, chaussure* qui protége le pied (de *pad* et *trœ*).

la légende de Sémélé nous donnent l'explication. Son moment principal était le *sacrifice du bouc*, offert sur l'autel des parfums appelé *thymélé*, avec la libation du *vin nouveau*. Ce sacrifice, représenté sur une gemme antique, se trouve déjà dans le Vêda, avec son interprétation : il est faux de dire que le bouc était offert à Bacchus, parce que cet animal ronge les vignes ; non-seulement cette interprétation est ridicule puisque la chèvre habite les montagnes et que la vigne croit sur les coteaux et dans les plaines, mais jamais les races àryennes n'ont institué dans leur religion des sacrifices de vengeance. Au contraire le respect de la vie est leur sentiment religieux par excellence ; et c'est précisément à cause de lui que le bouc fut offert à Dionysos. En effet, comme il fallait un vase pour transporter à travers les collines et pour conserver la liqueur de vie, l'outre était une des conditions essentielles du saint sacrifice ; et comme pour faire une outre il fallait tuer un bouc, le meurtre de cet animal était expié par l'offrande qui en était faite au dieu même de la liqueur sacrée. Son immolation était accompagnée d'un hymne qui portait le nom étranger de *dithyrambe*.

La fête grotesque était libre et populaire : c'était le retour des vendanges. Ici se développait ce cortége nommé *thiase* (θίασος) dont les personnages, s'avançant dans un ordre déterminé, représentaient un olympe terrestre séparé de celui de Jupiter. En tête figurait l'obèse *Silène* (Σιληνός), c'est-à-dire l'outre pleine de vin, porté sur un âne ou sur un chariot. Il était suivi des *Satyres*, gardiens des troupeaux de chèvres, gens aux oreilles pointues et à la courte queue, et des *Pans*, pileurs de raisins et buveurs de vin (les *Pânas,* broyeurs de sôma, dans les Hymnes). Derrière ce premier groupe s'avançait celui de *Kômos,* appelé *Kâmos* en dorien et *Kâma* en sanscrit; personnification des désirs et de cette exubérance de vie et de sentiment qu'engendre le vin, il est souvent, sur les vases peints, associé avec *Erós,* l'Amour, ou remplacé par lui. Venaient ensuite les *Ménades* vendangeuses, dont les ardeurs s'exaltent jusqu'au délire; portées sur la mer par un taureau bachique ou par des panthères marines, elles représentent sous une forme mystique les bouillons de la liqueur fermentant dans le vase (appelé *samudra*) et, au moral, les fureurs de l'âme dans l'ivresse. Enfin apparaissent les *Centaures* amoureux du vin, les Gandharvas des Hymnes, coursiers divins qui développent sur terre tous les parfums et qui s'en repaissent chaque jour.

La couleur liturgique de cette partie de la fête de Bacchus est encore très-visible; mais elle ne tarda pas à disparaître presque entièrement, quand la puissante imagination et la liberté naturelle des peuples grecs eut fait un divertissement populaire d'une cérémonie primitivement symbolique. Cômos prit le dessus; on le vit s'avancer en délire par les sentiers des collines, conduit par des jeunes gens couronnés de feuillage et portant des flambeaux, par des joueuses de flûte marchant et sautant en cadence, tandis que des *scurres,* des *phlyaques* et d'autres personnages bouffons, portant robes et culottes, chantaient et lançaient des railleries et des quolibets. Toute cette bande joyeuse, qui venait de broyer le raisin au milieu des vignes et qui en portait la trace sur les mains, les jambes et les visages, n'épargnait à ceux qu'elle rencontrait en chemin ni les sanglantes ironies ni les propos obscènes. La journée se terminait par le repas des vendanges, où la gaîté folâtre, les jeux désordonnés et les chants lubriques se prolongeaient jusque dans la nuit. Ce festin s'appelait aussi *cômos*.

II. Commencements de la tragédie. Le chant liturgique de l'immolation du bouc et les gais propos du cômos, tels sont le point de départ de la tragédie et de la comédie. Celui qui le premier détacha de la cérémonie sacrée le chant du bouc, τραγῳδία, et représenta librement les dithyrambes, fut le premier auteur de tragédies; et celui qui donna au chant du cômos la forme régulière d'une action poétique, δρᾶμα, fit la première comédie. Comment et quand s'opéra cette première métamorphose, c'est ce que personne ne peut dire; car ces transformations se font toujours avec une lenteur extrême, et les noms des hommes par qui elles se réalisent ne laissent aucun souvenir. Le premier nom qui sort de l'oubli appartient toujours à un homme qui trouve les éléments du genre assez développés pour leur donner une forme définitive, quoique encore imparfaite. Tels furent Thespis et Susarion.

L'usage de représenter les légendes des dieux et des héros, en donnant leurs costumes et leurs figures à des hommes réels, appartient à tous les peuples aryens et se retrouve dans la haute antiquité de cette race comme il existe encore de nos jours. De bonne heure chez les Grecs on vit Apollon pythien représenté de la sorte par un jeune homme à Delphes; à Samos le mariage de Zeus et d'Héra l'était par un homme et une femme; à Eleusis on figurait toute la légende de Dêmêter et de sa fille; à Athènes la femme de l'archonte-roi se fiançait solennellement à Bacchus, comme on a vu depuis le mariage du doge de Venise avec la mer. On conçoit que dans la fête sérieuse de Dionysos les prêtres d'abord, et plus tard un poète attitré, aient pu par une représentation de ce genre introduire à côté de la thymélé un homme figurant Bacchus lui-même ou quelque autre personnage de la légende du dieu. Le dithyrambe avait reçu depuis Arion sa forme définitive; les mouvements du chœur, réglés depuis longtemps par la liturgie, s'étaient traduits dans les rhythmes de la poésie lyrique; il ne restait donc plus qu'à introduire dans la cérémonie de l'immolation du bouc une action pour les yeux, et la tragédie naissait d'elle-même. C'est ce qui arriva, d'abord chez les Doriens de Sicyone, où, vers le temps d'Arion et de Sapho, apparurent les premiers chœurs tragiques; on y représentait la passion douloureuse de Dionysos et celle d'Adraste. L'histoire cite le nom d'un vieux poète de Sicyone, *Epigène,* Ἐπιγένης, comme ayant fait paraître aux yeux la première action tragique, δρᾶμα, et y ayant introduit des légendes étrangères à celle de Bacchus.

Deux faits doivent être ici remarqués : premièrement la tragédie n'a d'abord été qu'un simple chœur; secondement ce chœur était dorien. A mesure que nous avancerons dans cette histoire, nous verrons se produire un phénomène très-frappant : dans les plus anciennes tragédies dont nous ayons quelque idée, le chœur est presque tout, l'action scénique occupe peu de place; il en est encore ainsi dans plusieurs tragédies d'Eschyle; peu à peu l'action se développe et l'étendue des chœurs se restreint. Jamais chez les Grecs le chœur n'a disparu de la tragédie; mais quand ce genre passa d'Athènes en Italie, le chœur fut supprimé et la représentation se réduisit à l'action scénique; depuis ce temps les chœurs tragiques n'ont plus reparu au théâtre qu'à de rares intervalles. On peut donc figurer ces deux mouvements inverses au moyen de deux courbes dont l'une représente le drame grandissant jusqu'à son point maximum qu'il ne quitte plus, et l'autre représente le chœur qui d'abord était tout et qui ensuite décroît et se réduit à rien.

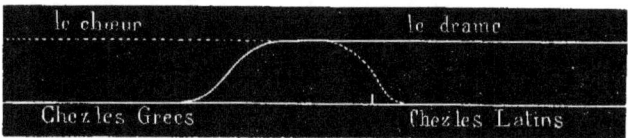

En second lieu l'origine dorienne de la tragédie et l'union qu'elle conserva toujours avec le culte de Bacchus fit que les chœurs ne cessèrent pas d'être composés en dialecte dorien, quoique les personnages qui y figuraient appartinssent souvent à d'autres dialectes. Au contraire le dialogue adopta le plus souvent le dialecte attique, parce que, si la tragédie naquit chez les Doriens, c'est à Athènes qu'elle reçut son développement.

La tragédie dorienne ne paraît avoir été qu'un simple dithyrambe où les choristes seuls avaient la parole et qui tout entier était chanté par eux. La race ionienne, qui n'a presque rien inventé mais qui a donné la vie et la popularité à tant d'inventions étrangères, créa le véritable drame. L'athénien Thespis, (Θέσπις) coupa le chœur en plusieurs fragments, entre lesquels il intercala des tirades parlées et non chantées, dont le débit fut confié à un personnage étranger au chœur et qui reçut le nom de *répondant*, ὑποκριτής. Ce mot indique que le rôle de cet acteur unique était de donner la réplique aux paroles du chœur et de tenir avec lui un dialogue où la légende se trouvait ainsi mise en action. Le récit intercalé au milieu du chant prit lui-même le nom d'*épisode,* ἐπεισώδιον; et il ne restait plus qu'à développer l'épisode en le dédoublant et en le confiant à plusieurs acteurs pour avoir une tragédie complète. Thespis n'alla jamais au delà de ce premier acteur; mais il aida puissamment au développement du genre tragique par l'invention qu'il fit des masques de toile et en revêtant son acteur de costumes appropriés à son rôle. Il est à remarquer que dans ces transformations le chœur ne perdait aucun des caractères essentiels que la liturgie et l'art des poètes lyriques lui avaient assignés : en se brisant, il se multipliait, mais chacune de ses parties devenait un chœur complet quant à la musique et à la chorégraphie. L'œuvre dramatique allait donc grandissant par voie de fractionnement et d'intercalation. Ses éléments constitutifs étaient au nombre de trois, la poésie, la musique et la danse; ils étaient étroitement unis entre eux dans les chœurs, ceux-ci exécutant en cadence autour de l'autel des mouvements plus ou moins rapides, que soutenaient leurs rhythmes chantés et les instruments qui les accompagnaient.

Nous n'avons pas de Thespis un seul vers authentique; nous ne connaissons que les titres de quelques-unes de ses pièces: *Phorbas, Les Jeunes gens, Les Prêtres, Alceste, Penthée.* La plupart des sujets qu'il avait traités furent repris par ses successeurs dont les œuvres firent promptement oublier les siennes; ses danses seules subsistèrent; on en exécutait encore quelques-unes plus de cent ans après, au temps d'Aristophane.

Plus jeune d'une trentaine d'années, Phrynichos (Φρύνιχος) fils de Polyphradmon d'Athènes, tout en conservant l'acteur unique de Thespis, multiplia les rôles et leur donna une variété plus grande en introduisant des rôles de femmes. On peut admettre que la partie lyrique occupait encore dans ses drames la plus grande place ; mais la variété des rôles conduisait à la pluralité des acteurs et engendrait la nécessité d'en faire paraître plusieurs à la fois. On ne dit pas que Phrynichos ait poussé le drame jusque-là ; mais il est certain que par lui la tragédie fut amenée au point décisif où elle devait subir cette transformation. Tant qu'un seul acteur était en scène, le dialogue ne pouvait avoir lieu qu'entre lui et le chœur, et si le chœur s'abstenait, le drame tournait au monologue. C'est ainsi que nous pouvons nous figurer les tragédies de Phrynichos, contenues encore dans le moule de Thespis mais sur le point de le briser par la force de leur développement intérieur. Cette puissance d'évolution était encore accrue par la nature des sujets que traitait le poète : les représentations étaient devenues déjà si populaires, que le poète crut pouvoir sortir des légendes héroïques et des mythes et mettre en scène des sujets contemporains. Ses *Phéniciennes* servirent, dit-on, de modèle aux *Perses* d'Eschyle ; il avait déjà auparavant représenté la *Prise de Milet ;* et s'il fut blâmé et peut-être même frappé d'une amende pour cette dernière, ce ne fut point à cause de la nouveauté du spectacle, mais parce qu'il avait humilié le peuple d'Athènes en représentant sa défaite.

Chérilos (Χοιρίλος) était contemporain de Phrynichos ; ses premiers ouvrages datent de 524 et des pièces de lui se jouaient encore au temps de Sophocle. Il ne semble pas pourtant avoir beaucoup contribué aux progrès de la tragédie. Mais son nom, à tort ou à raison, est attaché à un genre particulier de drames, *le drame satyrique*. Les Satyres avaient tenu de tout temps une place assez importante dans les fêtes de Bacchus, et ils faisaient partie des premiers dithyrambes tragiques puisque le bouc ou τράγος était amené par eux pour être immolé. Il n'est donc peut-être pas juste de regarder le drame satyrique comme un démembrement de la tragédie; il est probablement aussi ancien qu'elle. Mais comme les Satyres paraissaient aussi dans le cortége grotesque du dieu des vendanges, le drame où ils continuèrent de figurer fut comme un moyen terme entre la tragédie et la comédie et participa aux accroissements de l'une et de l'autre. Il est même à remarquer que la présence de ces personnages mythiques, d'où lui est venu son nom, conserva à ce drame une couleur archaïque très-prononcée, tandis que les deux genres principaux se rapprochaient de plus en plus de la réalité humaine et suivaient la civilisation.

Dans leur développement historique, la tragédie et la comédie appartiennent d'ailleurs aux Ioniens, et surtout à ceux d'Athènes. D'après les grammairiens anciens au contraire, c'est à un Dorien, à Pratinas (Πρατίνας), de Phlionte, que revient l'idée première du drame satyrique. Ce Péloponnésien vint à Athènes vers la fin du VIe siècle : auteur de poésies lyriques et de tragédies, il y devint le rival de Chérilos et plus tard d'Eschyle. Il y représentait évidemment la tradition et l'esprit des Doriens, car le drame satyrique, ou, pour mieux dire, le chœur satyrique, était cultivé depuis quelque temps chez les Grecs de cette race et notamment à Phlionte, lorsque Pratinas vint donner des représentations dans Athènes. Il y a donc probablement quelque méprise dans ce que l'on raconte de ce poète et de son rival Chérilos : l'invention du drame satyrique ne peut guère être attribuée à ce dernier, qui était Ionien ; et si elle l'a été à Pratinas par les critiques des temps postérieurs, c'est probablement parce qu'il était Dorien et qu'il apporta dans une ville ionienne une forme de drame usitée dans son pays mais qui en réalité y était cultivée avant son époque.

III. COMMENCEMENTS DE LA COMÉDIE. Le nom de comédie, (κωμῳδία) indique très-exactement l'origine de ce genre de drame ; l'opposition entre la fête grave et liturgique, où l'on immolait le bouc en chantant le dithyrambe, et la fête grotesque et populaire du cômos, se retrouve entière entre la tragédie et la comédie. Ce n'est point, comme le croyait Otfried Müller, par suite d'une réflexion et d'un choix théorique que ces deux formes du drame se séparèrent l'une de l'autre : la nature humaine ne procède pas ainsi. On ne vit d'ailleurs la différence des deux genres que quand l'un et l'autre se furent réalisés. La comédie sortit peu à peu du cômos, comme la tragédie du dithyrambe. Le cortége où Kômos s'avançait riant et dansant et qui se terminait par un festin joyeux, produisait de lui-même ces chants ironiques ou licencieux d'où naquit la comédie. La fête de Bacchus, qui donnait chaque année à ce cortége l'occasion de se former, fut donc le point d'origine du drame comique comme elle l'était du drame tragique ; le mythe du dieu produisit ce dernier ; l'action humaine que ce mythe symbolisait produisit l'autre. Il ne fallut pour cela aucun parti pris, aucun contraste théorique entre le bien et le mal, entre le beau et le laid, quoique ce contraste existât réellement. La liberté qui présida dès le commencement aux représentations comiques fut très-grande : car cet art était déjà bien développé lorsque l'Etat le prit à son compte et s'empara du droit d'accorder « un chœur de comédie ». Les premiers essais qui le firent sortir du cômos furent dus à l'initiative individuelle ; il résulta de longs et nombreux tâtonnements, jusqu'au jour où un homme d'une habileté supérieure mit la comédie sur sa voie définitive.

Ce fut un Dorien, Susarion (Σουσαρίων) ; il était du petit pays de Tripodiscos dans la Mégaride, et de là il était venu se fixer en Attique dans le dème d'Icare un peu avant l'époque ou Thespis faisait ses premiers essais de tragédie. On ne doit pas s'étonner que le chant de Kômos ait pris naissance parmi les Doriens, puisque c'est chez eux surtout que florissait la culture de la vigne ; mais il ne devint un art et un genre littéraire que parmi les Ioniens, dans un dème attique où la fête des vendanges était la principale fête de l'année. En quoi consista l'invention de Susarion ? C'est ce qu'on ignore ; il est probable cependant qu'il réunit dans un certain ordre les principaux éléments du cômos phallophorique, qu'il apporta dans le chant une sorte de régularité et qu'il détacha du groupe des chanteurs un personnage important dont le rôle fut analogue à celui de l'ὑποκριτής de Thespis. Il n'y a pas de raison sérieuse de rapporter à Susarion le char de vendangeurs barbouillés de lie qu'une tradition confuse attribuait autrefois à cet auteur tragique. Le nom de *trugódes*, τρυγῳδός, qui fut donné quelquefois par une sorte de jeu de mots aux chanteurs du cômos, indique seulement que les premiers essais comiques furent faits à la récolte du raisin, c'est-à-dire aux grandes Dionysiaques ; de même que l'étymologie du nom de comédie rapportée au mot κώμη, village, vint d'un autre jeu de mots autorisé par ce fait que le cortége de Kômos se développait le long des coteaux et ne s'arrêtait qu'au village, où le repas bachique était enfin célébré.

Nous ne savons presque rien non plus sur MYLLOS et sur CHIONIDÈS, successeurs immédiats de Susarion, ni sur MAGNÈS, du même dème d'Icare où il semble que la comédie ait reçu ses premiers développements par une sorte de tradition. Le nom d'ECPHANTIDE, 'Εκφαντίδης, est resté un peu plus célèbre ; mais il appartient réellement au temps des guerres médiques ; si nous le citons ici, c'est parce que le genre tout dorien de ses compositions le rattache au premier âge de la comédie, tandis que son successeur Cratinos appartient au second. A l'époque où Ecphantide amusait les habitants d'Athènes par ses farces mégariennes, un autre rameau de la race dorienne produisait de lui-même, sans aucune influence extérieure, toute une école de poètes comiques. Mais comme ses premiers essais appartiennent au cinquième siècle, nous en parlerons un peu plus bas.

VI. HISTOIRE.

Comme toutes les autres parties de l'art d'écrire, l'histoire en Grèce s'est formée peu à peu ; à mesure qu'on remonte vers ses commencements, elle se présente sous une forme de plus en plus rudimentaire, et il arrive un moment où l'on ne peut plus l'apercevoir, parce que le germe d'où elle est sortie, pareil à celui d'une plante, se perd dans une petitesse infinie. Quoique l'épopée joue dans l'âge féodal un rôle analogue à celui de l'histoire dans les temps postérieurs, l'histoire n'est pas née de l'épopée, de même que la prose n'est pas née de la poésie. L'épopée et la poésie continuaient de se développer lorsque parurent en prose les premiers écrits d'où l'histoire a tiré son origine. Ces écrits ne furent probablement d'abord que des contrats et des traités d'alliance, des chartes publiques ou privées. Le développement des institutions libérales et du commerce dans les cités ioniennes exigea bientôt que les droits de chacun fussent consignés dans des écrits authentiques, et qu'un compte exact fût tenu des relations des peuplades entr'elles et du mouvement intérieur de leurs affaires. Ce besoin conduisit les premiers prosateurs à parcourir les temps qui les avaient précédés et à remonter aux origines des cités et de leurs colonies. C'est à des Ioniens en effet qu'appartiennent les plus anciennes tentatives dans le domaine de l'histoire, vers l'époque où les Doriens leur fournissaient les premiers éléments de la poésie dramatique et où Phérécyde de Syros s'essayait en prose dans un autre genre.

Les créateurs de l'histoire ne portèrent pas le nom d'historiens, mais celui de *logographes;* on opposait en grec les deux mots λόγος et μῦθος, le premier pour désigner le récit de faits réels, le second pour désigner la fable et les récits héroïques de l'ancienne poésie. Quoique un seul logographe appartienne au sixième siècle, nous parlerons des autres dès à présent, parce que le premier grand historien, Hérodote, représente presque à lui seul la période des guerres médiques. CADMOS de Milet est le plus ancien logographe dont le nom soit cité. Il ne nous reste rien de son histoire de la fondation de Milet, Κτίσις Μιλήτου, dont le texte fut perdu de très-bonne heure. Nous savons seulement qu'il remontait dans le passé jusqu'aux origines fabuleuses de cette ville célèbre. Comme lui, Acusilaos (Ἀκουσίλαος) d'Argos, quoique Dorien de naissance, écrivit en ionien vulgaire une sorte d'exposé en prose des anciennes légendes et des mythes héroïques, où étaient contenues les origines des peuples et des familles de la Grèce.

Ce ne fut qu'avec Hécatée (Ἑκαταῖος) que l'histoire s'engagea dans ses véritables voies. Au moment où les Ioniens songeaient à se soulever contre Darius, il avait déjà assez d'autorité et de science pour les dissuader en plein conseil de cette entreprise en leur proposant des raisons tirées de l'histoire, de la politique et de la géographie. Il avait beaucoup voyagé sur terre et sur mer. Faisant marcher de front la géographie et l'histoire, il composa, avec ses recherches et ses observations personnelles, son *Tour du monde*, Περίοδος γῆς, où il décrivait les côtes de la Méditerranée et celles de l'Asie jusqu'au voisinage de l'Inde. Il refit en outre, mais dans un autre esprit, l'œuvre généalogique d'Acusilaos. Enfin il corrigea la carte de la terre qu'avait dressée Anaximandre. Ses fragments et ceux des anciens historiens grecs ont été réunis dans la grande collection de M. Didot.

Les nombreux fragments qui nous restent de Phérécyde, Φερεκύδης, de Léros, petite île voisine de Milet, nous permettent d'apprécier son œuvre. Presque étrangère à la géographie, elle se composait principalement de récits mythologiques et de généalogies. Etabli à Athènes vers l'époque des guerres médiques, il donna une histoire légendaire de cette ville; de sorte qu'il pourrait être à bon droit considéré comme un mythographe plutôt que comme un historien.

Lampsaque, colonie de Milet, fut la patrie de Charon, Χάρων, continuateur d'Hécatée. Le rôle de cet écrivain fut important dans le développement du genre historique. Car ayant assisté aux guerres des Perses, il fut conduit à s'occuper des peuples que le Grand-Roi tenait sous son sceptre et qui avaient participé aux expéditions contre les Grecs. Il écrivit des histoires séparées de chacun d'eux, les conduisant jusqu'au moment où ils sont précipités tous ensemble sur la Grèce par Darius et par Xercès. Charon fut ainsi le véritable prédécesseur d'Hérodote.

Une importance plus grande encore peut-être appartiendrait à Hellanicos de Mitylène, si nous possédions ses *Carnéoniques* et ses *Prêtresses de Héra d'Argos*, sans compter le grand nombre d'écrits qu'il avait composés sur plusieurs légendes locales d'un certain intérêt historique. Quand on disait ironiquement que Acusilaos avait mis Hésiode en prose, on ne faisait point le procès au genre qu'il inaugurait, mais à son absence de jugement. Les ouvrages d'Hellanicos au contraire acquirent une grande autorité, parce qu'il y faisait preuve d'une critique sévère et judicieuse. La guerre des Perses, qu'il avait vue dans sa jeunesse, le poussa, comme beaucoup d'autres, à s'enquérir de l'histoire des peuples d'Asie; il écrivit même sur l'Egypte et raconta le premier un voyage qu'il fit en Libye à l'oracle de Jupiter Ammon.

Xanthos de Sardes, en Lydie, écrivit à la même époque des pages très-savantes sur l'Asie mineure, sur son sol et sur les races d'hommes qui la peuplaient; ses écrits fournirent de précieux matériaux aux géographes des temps postérieurs.

On voit par ce qui précède que les ouvrages des logographes sont comme autant de chroniques et de mémoires à consulter, desquels il ne restait plus qu'à faire sortir une histoire régulière, composée selon les règles de l'art. Les derniers de ceux que nous avons nommés appartiennent déjà au siècle où cette histoire fut faite; mais par leur esprit, par leur manière d'écrire et par la nature de leurs sujets, ils appartiennent à la période primitive et non à celle qu'Hérodote inaugura. Il se produisit toutefois parmi eux un progrès par lequel ils s'acheminaient peu à peu vers les formes définitives du genre historique. De Cadmos à Hérodote la différence est grande; mais entre Charon et Hérodote la distance est déjà petite et peut aisément se franchir. Tout était donc prêt, à l'époque des guerres médiques, pour qu'un homme d'un génie supérieur imprimât les formes d'un art idéal aux matériaux que les logographes avaient accumulés.

SECTION QUATRIÈME.

PÉRIODE DES GUERRES MÉDIQUES

490 - 459

	P. LYRIQUE.	DRAME.	SCIENCE.	HISTOIRE.
500	....	Ecphantide.		
		Mæson.		
490	....	Phormis.		
480	Simonide.			
	Lasos.			
476	Bacchylide.			
475	Corinne....	Eschyle.		
470	Pindare.			
460	....	....	Anaxagore.	
450	....	....	Diogène d'A.	
445	....	....	Archélaos...	Hérodote.
			Empédocle..	

La révolte de l'Ionie contre la domination persane fut le signal d'une ère nouvelle pour les peuples grecs. L'état de dispersion des colonies, répandues sur les côtes de l'Asie mineure, leur ayant ôté le moyen de se défendre, la lutte se trouva portée plus à l'occident sur le sol de la Grèce, et il fut visible à tous les yeux que la mère patrie devait être le centre reconnu de la civilisation hellénique. Le combat, d'ailleurs, eut un caractère que n'a présenté aucune autre guerre dans l'histoire : la puissance perse venait pour ainsi dire d'être fondée par Cyrus, dont les conquêtes lui avaient donné une étendue considérable; Cambyse l'avait encore agrandie ; et quelques années plus tard le grand-roi Darius, fils d'Hystaspe, en recula de nouveau les limites dans toutes les directions, en Asie jusqu'à l'Inde où s'affirma puissamment l'antagonisme des deux religions, en Afrique jusque vers l'Abyssinie et les possessions carthaginoises, au nord de l'Asie chez les Scythes et les peuplades voisines de la Sibérie, en Europe jusque sur le Danube où son expédition fut comme un voyage de découvertes. Ayant des notions vagues, mais assez justes, sur l'Afrique et sur la Méditerranée, Darius entreprit le percement de l'isthme de Suez et la circumnavigation du continent africain. Son immense empire était donc comme animé d'une force d'expansion qui semblait devoir s'étendre sur les peuples européens, sans qu'aucun obstacle sérieux pût l'arrêter. Cette force paraissait d'autant plus irrésistible que la civilisation persane, fondée toute entière sur la religion de Zoroastre, c'est-à-dire sur la plus spirituelle religion de la terre à cette époque, l'emportait de beaucoup sur toutes celles de l'occident et devait aisément les entraîner dans son orbite. De plus le grand Darius, par la savante organisation qu'il avait établie, lui avait donné une assiette d'où rien ne semblait pouvoir le faire sortir. Mais l'unité des races lui manquait, et les peuples qu'il comprenait dans son ensemble factice n'avaient ni les mêmes idées, ni les mêmes langues, ni les mêmes mœurs, ni les mêmes intérêts. De plus, si la théorie religieuse chez les Perses fut assez philosophique pour se transmettre par Alexandrie jusque chez les peuples modernes, la doctrine politique de l'absolutisme royal fondé sur un système de castes ôtait aux Asiatiques le ressort moral que donnait aux Grecs leur marche rapide dans les voies de la démocratie. Il en résulta que le petit peuple d'Athènes, constitué par Solon au siècle précédent, devint, en face d'une puissance énorme par sa masse, un point de résistance indestructible. C'est ce que mit dans tout son jour la bataille de Salamine (480) où l'on vit ce peuple, abandonnant aux flammes sa ville et toute la contrée, rompre toute attache à la terre et, dans la solitude de ses détroits, s'offrir pour la lutte, avec son corps, ses armes de main et son amour de la liberté. Tel fut en effet le sens du péan qui à l'aube du jour retentit entre les rivages : ἴτε, παῖδες τῶν Ἑλλήνων, « allez, enfants des Hellènes ». Cette *marseillaise* anticipée exalta d'une manière incroyable l'opinion que les Grecs avaient d'eux-mêmes, et les victoires qu'ils remportèrent coup sur coup sur les Perses les précipitèrent dans toutes les voies de la civilisation.

La part que les Athéniens avaient prise à la défense commune fit d'eux les premiers des Grecs. Détruite en un jour, reconstruite à la hâte, leur ville devint le centre vers lequel se tournèrent tous les regards : les vieilles doctrines disparurent avec les vieux murs ; et dans cette reconstitution d'un peuple et de sa cité, les tendances qui lui étaient propres trouvèrent à s'exprimer et à se développer sans obstacle. La démocratie avec le commerce maritime fit rechercher Athènes par tous les peuples de race ionienne; et les Doriens eux-mêmes pressentirent dans cette rivale, qui allait se substituer à leur hégémonie, une force d'expansion morale et intellectuelle qui finirait par les envelopper à leur tour et par anéantir leur influence. La rivalité de Sparte et d'Athènes se montra presque au lendemain des batailles nationales, lorsque le peuple grec, n'ayant plus à redouter son ennemi commun, put développer dans son propre sein l'antagonisme des principes politiques qu'il renfermait. Cette opposition, qui était à la fois dans les races, dans les constitutions et dans les doctrines, fit ressortir les énergies propres à chacune d'elles. Les plus libérales donnaient à chaque individu le plus d'occasions et le plus de moyens de se montrer : ces aptitudes personnelles, se multipliant en quelque sorte les unes par les autres, formèrent une somme de forces vives incalculable; et ces forces trouvèrent à s'employer sans délai pour la mise en œuvre de matériaux que le siècle antérieur avait choisis et préparés.

Le chapitre précédent nous a fait voir en effet que presque tous les genres littéraires nouveaux avaient été créés dans la période qui précéda les guerres médiques. Des hommes d'un esprit supérieur les avaient tirés des faits de la vie réelle où ils étaient implicitement contenus, et les développant par degrés les avaient amenés à un point de croissance qui permettait de les porter en peu de temps à la perfection. La poésie lyrique avait fleuri séparément dans les trois dialectes principaux de la Grèce et dans les modes musicaux propres à chaque race hellénique; mais elle attendait encore un homme dont le génie compréhensif en réunit toutes les formes variées. La tragédie et la comédie avaient fait leurs premiers essais et fixé déjà leurs éléments constitutifs, désormais séparés de l'appareil liturgique des fêtes de Bacchus. La prose n'en était plus à ses commencements : Hécatée, Hellanicos et surtout Charon avaient non-seulement préparé des matériaux à l'histoire, mais ébauché l'art de l'écrire. Soit en prose, soit en vers, la philosophie s'était élancée hardiment dans toutes ses voies naturelles : les physiciens d'Ionie avaient essayé de l'observation ; les logiciens d'Elée poursuivaient les plus hautes abstractions de l'entendement ; les pythagoriciens tentaient une théorie universelle des rapports numériques entre les idées et les grands phénomènes de la nature.

D'ailleurs sur toutes les hautes questions de métaphysique, d'astronomie, de morale, l'Asie était beaucoup plus avancée que les peuples Grecs. La guerre médique multiplia singulièrement leurs relations avec cette partie du monde, dont la science donna à la leur un élan que l'état intérieur de la Grèce favorisa. On n'écrivit plus un livre d'histoire sans en avoir recueilli les matériaux dans de longs et lointains voyages, sans avoir consulté les archives et les légendes des peuples et reconnu la géographie de leurs pays. Les philosophes firent comme les historiens : la « sainte Asie », comme disait Eschyle, possédait des symboles et des doctrines profondes où ils allaient s'instruire, consultant les prêtres de la Perse et les astronomes de la Chaldée, cherchant à deviner la mystérieuse Egypte et apercevant déjà dans le lointain cette Inde qui devait plus tard leur révéler de si hautes spéculations.

L'art aussi, sous toutes ses formes, s'acheminait vers la perfection. Ce qui nous reste de monuments d'architecture et de sculpture du temps qui précéda immédiatement les guerres médiques, montre déjà non-seulement une connaissance profonde de ces deux arts, mais une pratique pleine d'expérience et un sentiment vif de la beauté et de l'harmonie. Les guerres médiques ne créèrent rien dans ces deux genres : au contraire elles détruisirent ; et cette destruction des œuvres déjà belles du passé força les Grecs à les remplacer par de plus belles encore. La période des guerres prépara donc celle de Périclès. La musique put prendre les devants, parce qu'elle n'exige pour ainsi dire aucune dépense et qu'elle recevait des grands événements de la guerre l'élan dont elle avait encore besoin ; d'ailleurs l'école pythagoricienne achevait de coordonner les anciens systèmes musicaux et de les comprendre dans une vaste synthèse, tandis que les artistes et les fabricants complétaient ou modifiaient les instruments de musique conformément à la nouvelle théorie.

Ainsi les sciences, les lettres et les arts, soit par la force naturelle de leur expansion, soit à la faveur des circonstances, approchaient du moment où ils pouvaient briller dans tout leur éclat.

I. POÉSIE LYRIQUE.

La période des guerres médiques a vu la poésie lyrique marcher rapidement vers sa perfection, sous l'influence du génie des Ioniens à laquelle a succédé avec Pindare l'influence dorienne. Une école prit d'abord le dessus dans le genre sérieux et dans le genre tempéré ; ce fut celle de Céos, dont les principaux représentants appartiennent à une même famille moitié laïque, moitié sacerdotale, à la famille de Simonide, Σιμωνίδης. Le grand père de ce poète, ce poète lui-même, son neveu par sa sœur, Bacchylide, son petit-fils, Simonide-le-Jeune surnommé le généalogiste, forment, à côté du temple d'Apollon dans Carthée ville de Céos, une suite non interrompue de poètes musiciens qui rendirent possible l'œuvre de Pindare. Le grand Simonide, quoique né vers l'an 556, appartient cependant à la première moitié du siècle suivant, pendant laquelle il a produit ses plus belles œuvres. Né à Ioulis dans l'île de Céos, une des Cyclades, il se trouva au milieu d'une société choisie et profita des avantages que donne à l'esprit une constitution politique bien conçue et régulièrement appliquée. Cependant il habita peu de temps son île et, comme la plupart des poètes et des hommes distingués de cette époque, il séjourna successivement dans les lieux où les lettres étaient les mieux encouragées. Vers l'âge de trente ans, il vint auprès des Pisistratides à Athènes et resta dans cette ville une douzaine d'années. De là il se rendit en Thessalie, pays où la civilisation était fort arriérée, mais que certaines familles princières essayaient de tirer de la barbarie en y attirant les écrivains et les artistes : il vécut là plusieurs années auprès des Aleuades de Larissa et des Scopades de Crannon; ce fut chez ces derniers que lui arriva l'aventure peut-être imaginaire que notre La Fontaine a racontée. Plus tard il revint dans Athènes, où il jouit du commerce familier et de la haute estime des premiers citoyens de la Grèce, Thémistocle, Pausanias. Enfin dans sa vieillesse il se rendit à la cour de Gélon, qui mourut en 476, fut étroitement lié avec Hiéron, son successeur, et avec Théron d'Agrigente, entre lesquels il parvint, dit-on, à rétablir la concorde. Il mourut en Sicile en l'année 468, âgé de plus de quatre-vingt-huit ans.

Simonide, quoique Ionien, écrivit en dialecte dorien les *Règnes de Cambyse et de Darius;* il composa un poème lyrique sur la *bataille navale de Xercès* (bataille de Salamine), une élégie sur le *combat naval de l'Artémision;* puis des *thrènes* ou poésies funèbres, des *hymnes* et des *péans,* des *odes héroïques* (ἐπινίκια et ἐγκώμια) des *prières* (κατευχαί) et de nombreuses inscriptions tumulaires ou *épigrammes* formées de deux vers élégiaques. Ce qui caractérise toutes ces œuvres, c'est que presque aucune d'elles n'est une œuvre de cabinet, faite pour le plaisir de composer des vers et des airs de musique ; elles ont été écrites pour des circonstances déterminées, soit pour des cérémonies populaires, soit pour des actes publics de la vie de certains citoyens. Beaucoup d'entre elles ont eu le plus grand succès dans les concours et aux yeux des hommes de goût ; leur auteur a remporté le prix cinquante-six fois, soit pour les paroles, soit pour la musique : ses *hyporchèmes* (danses avec chant), ses *grands chœurs* de cinquante hommes, pareils à ceux du théâtre, ses chœurs de jeunes filles ou *parthénies,* ses dithyrambes, ses chants de victoire et surtout ses marches funèbres, le maintinrent au premier rang des poètes lyriques de la Grèce, jusqu'au jour où il fut dépassé par son jeune rival et par une nouvelle école, celle de Pindare.

Les poésies de Simonide reflétaient la sérénité de son âme, cette égalité douce de sentiment et cette humeur affable, que les Grecs désignaient par le mot σωφροσύνη :

ce mot a servi dans toute l'antiquité à exprimer le caractère de l'homme et du poète : aimé de tout le monde, il était recherché comme un homme de bon conseil. Il avait cependant un certain penchant vers la mélancolie : les misères et le peu de stabilité de la vie humaine lui inspiraient des réflexions qui tournaient parfois à la tristesse; ce fut la tendance de beaucoup de grandes âmes à partir de cette époque, d'Eschyle, de Sophocle, de Pindare même. Et comme Simonide avait une sensibilité toujours prête à compatir, ses chants funèbres et ses lamentations s'élevèrent à un pathétique que la Grèce n'avait point encore connu. La facilité avec laquelle il se plaçait en idée dans la situation de ceux qu'il célébrait, lui inspira des chants d'une grandeur extraordinaire de sentiment et de pensée.

On a recueilli environ deux cents fragments de Simonide, répandus dans un grand nombre d'auteurs anciens et appartenant à des poèmes de diverse nature. Le plus long faisait partie d'une ode célèbre dont G. Hermann a restauré ce que nous en possédons. L'autre est le morceau bien connu sur Danaé.

« Tandis qu'autour du coffre artistement fait, le vent
gronde en soufflant et s'agitent les flots,
de peur elle tombe, les joues baignées
de larmes; autour de Persée elle porte
sa tendre main et dit : ô mon enfant,
que j'ai de peine! Et toi tu dors, et d'un cœur
paisible tu sommeilles dans cette affreuse demeure
aux clous d'airain, qui brille dans la nuit
dans de noires ténèbres. Et sur tes beaux cheveux
en désordre quand le flot passe, tu n'y prends garde,
non plus qu'aux bruits du vent, couché
dans ta couverture de pourpre, charmante figure.

Oh! si ce danger en était un pour toi,
à mes paroles tu prêterais
l'oreille. Je t'en prie, dors, mon petit ;
dorme la mer, dorme l'immense calamité.
Montre que ta volonté est changée,
ô Zeus, notre maître. Mes paroles sont bien
hardies : je t'en prie, pour notre enfant, pardonne-les moi. »

Voici le chant en l'honneur des Spartiates morts aux Thermopyles :

« De ceux qui sont morts aux Thermopyles
glorieux est le sort, belle
est la destinée : leur tombe est un autel,
d'aïeux un souvenir ; leur mort
est un éloge. Une inscription pareille,
ni la mousse, ni le temps destructeur
ne l'effacera ; c'est l'épitaphe des braves.
Le caveau renferme la gloire
des habitants de la Grèce. Témoin Léonidas,
le roi de Sparte, qui a laissé un grand
monument de vertu, une gloire éternelle. »

Les deux fragments qu'on vient de lire montrent avec quelle abondance Simonide savait développer une pensée : c'est une série d'images et d'expressions de plus en plus pathétiques, exprimant une seule idée fondamentale et pénétrant dans l'esprit et la sensibilité de l'auditeur ; c'est une grande élévation morale jointe à une poésie pleine de charme.

Entre les vers élégiaques composés par Simonide en l'honneur de citoyens morts pour la patrie, on distingue cette épitaphe bien connue des compagnons de Léonidas :

« O étranger, va dire aux Lacédémoniens qu'ici
nous gisons, pour obéir à leurs ordres. »

Nous possédons plusieurs autres inscriptions du même genre, où la simplicité de l'expression relève encore la grandeur de la pensée. Deux élégies en l'honneur d'Anacréon mériteraient d'être citées, ainsi que les fragments sur la vertu ; on les trouvera réunis dans l'édition de Gaisford avec tous les autres morceaux de Simonide que nous possédons.

BACCHYLIDE, Βακχυλίδης, neveu de Simonide, vécut à la cour d'Hiéron quand son oncle déjà vieux s'y trouvait lui-même. Les fragments qui nous restent de lui, sans s'élever à la hauteur de pensée qu'atteignit le poète de Céos, sont remarquables par l'élégance et par la correction du style et par un grand art de composition. La vue des vicissitudes inouïes qui frappaient les Grecs depuis le commencement du siècle, ne lui inspire point de tristes réflexions, mais le conduit à une morale douce et facile qui rend agréables les relations des hommes entre eux ; l'amour et le vin ne doivent point, selon lui, être exclus de la vie, mais seulement contenus dans les bornes de la modération et de la bienséance ; la guerre lui est odieuse :

« La paix pour les mortels produit de grandes choses :
la richesse et les fleurs de la poésie à la langue de miel.
Sur de beaux autels brûlent pour les dieux dans une flamme
jaunissante les cuisses des bœufs et des brebis à la belle toison.
Les jeunes gens ne pensent qu'aux gymnases, aux flûtes, aux
[banquets.
Sur les anneaux de fer des boucliers les noires araignées
filent leurs toiles ; les lances au fer pointu
et les épées à deux tranchants se rongent de rouille ; l'airain
des trompettes ne résonne plus, le doux sommeil n'est plus ravi
aux paupières au moment où il échauffe le cœur.

D'aimables festins les rues sont remplies ;
partout éclatent des chants d'amour. »

Il célèbre la douce hospitalité :

> « Il n'y a ici ni bœufs
> immolés, ni or,
> ni tapis de pourpre
> mais un cœur bienveillant
> et une douce Muse,
> et dans des coupes béotiennes
> un vin savoureux. »

Et les puissants effets du vin :

> « Une douce violence s'échappant des coupes
> échauffe le cœur. Un espoir
> d'amour embrase les âmes,
> se mêlant aux dons de Bacchus,
> et bien loin de l'homme
> chasse les soucis.
> Lui-même des villes
> il brise les remparts
> et de tous les hommes
> il croit être le roi.
> D'or et d'ivoire
> sa demeure étincelle ;
> chargés de froment,
> des vaisseaux lui apportent d'Egypte
> une grande et brillante fortune.
> Ainsi s'élance le cœur du buveur. »

Mais sous cet aspect brillant et joyeux de la vie, Bacchylide, comme ses contemporains, découvre une pensée amère, qu'exprime presque dans les mêmes termes un chœur de Sophocle :

« Pour les mortels le mieux est de ne pas naître,
et de ne pas voir la lumière du soleil :
Nul mortel n'est toujours heureux. »

Lasos, Λᾶσος, d'Hermione, introduisit à Athènes, vers l'an 508, les concours de dithyrambes accompagnés de flûtes, c'est-à-dire d'instruments à bec ou à anche. Ce savant musicien, qui composa des écrits spéciaux sur la théorie musicale, avait été en grand honneur auprès des Pisistratides. La puissance de ses mélodies dithyrambiques et les concours dont il fut l'instigateur attirèrent sur lui l'attention publique, et son école devint rivale de celle de Simonide. Le dialecte qu'il employait était celui de son pays, le dorien, qui était en même temps par tradition la langue des dithyrambes bachiques. Le mode éolien, qu'il adaptait à ses paroles, n'est lui-même qu'une espèce du mode dorien. Par tous ces côtés, on voit qu'il formait avec l'école de Céos un véritable contraste. On sait de plus qu'il se préoccupait beaucoup de l'harmonie matérielle de ses poésies, afin de les rendre plus propres à s'adapter au chant; car il composa des odes dans lesquelles il n'y avait aucune *s*, cette sifflante introduisant dans la sonorité de la note un bruit qui le plus souvent ne s'accorde point avec elle. Cet excès de soin prouve que Lasos et ceux qu'il dirigeait étaient plus encore des musiciens que des poètes; ils représentent donc une face du lyrisme grec différente de celle que représentent les Ioniens. Pour que la poésie lyrique parvînt à sa perfection, il fallait qu'un seul homme en réunît dans ses œuvres les éléments dispersés. Lasos fut un des maîtres de Pindare.

Voici un fragment de Timocréon, le Rhodien :

» Si tu loues Pausanias, si tu loues Xanthippe ou Léotychide,
moi je loue Aristide, le seul homme tout à fait vertueux
qui nous soit venu de la ville sacrée d'Athènes. Car
Thémistocle, Latone l'a pris en haine, ce menteur,
cet injuste, ce traître : quand Timocréon était son hôte,
il a refusé pour un sale argent de le ramener dans son
pays à Ialysos ; il a reçu trois talents d'argent et il est
parti par mer à la mal'heure, chassant les uns, tuant
les autres, gorgé d'argent ; à l'Isthme il tenait plaisamment
table ouverte, servant des viandes froides ; on mangeait
et l'on souhaitait que Thémistocle n'arrivât pas à l'année
[prochaine. »

Ce vil athlète, devenu versificateur, mérite à peine d'être compté parmi les poètes lyriques ; il forme avec le grand Simonide un contraste tout à l'avantage de ce dernier ; car, tandis que le poète de Céos dit de lui-même : « Je n'aime pas la raillerie », ce Rhodien se déchaîne contre les hommes qui venaient de sauver la Grèce à Salamine et à Platée ; et pendant qu'il vante Aristide, il se fait bannir d'Athènes comme dévoué aux Mèdes. Les réparties du condamné, pour être violentes, n'en sont pas plus poétiques ; et cette intervention continuelle de sa chétive personne dans ses vers injurieux a le tort d'abaisser la poésie et de traîner la Muse dans la fange. Du reste, Timocréon n'épargna pas plus Simonide que les hommes politiques dont il fut l'ami : sa haine était vouée à tout ce qui s'élevait au-dessus du vulgaire.

On peut rapporter à la période des guerres médiques deux *scolies* dont les auteurs sont incertains, mais qui sont précieux comme les seules poésies de ce genre que nous possédions. Le scolie, σκολιόν, était une chanson de table que le convive chantait à son tour quand la lyre ou la branche de myrte, circulant autour de la table, était arrivée entre ses mains. Cet usage était universel en Grèce et datait d'un temps immémorial : une foule d'hommes célèbres et de grands personnages sont cités comme ayant chanté des scolies ; mais ces improvisations disparaissaient presque toujours avec l'occasion qui les avait fait naître. Beaucoup de poésies ont circulé de bouche en bouche et se sont perdues de la sorte au milieu des changements politiques et sociaux de la Grèce ; tel a été le célèbre péan de Tynnichos de Chalcis, dont Platon parle dans son Ion, péan qui faisait l'admiration d'Eschyle lui-même. Des deux scolies qui nous restent, l'un est attribué au Crétois Hybrias, il est en dialecte dorico-éolien :

« J'ai grande richesse, la lance et l'épée
et le beau bouclier, rempart du corps.
Avec cela je laboure, avec cela je moissonne,
avec cela je foule le doux fruit de la vigne,
avec cela je m'appelle : maître des esclaves.
Eux, ils n'osent tenir la lance et l'épée
ni le beau bouclier, rempart du corps.
Tous, pleins de terreur, ils embrassent
mes genoux et m'appellent
maître et grand roi. »

Le scolie ionien attribué à Callistrate a dû être composé assez longtemps après le meurtre d'Hipparque pour que l'erreur relative à Harmodios et Aristogiton fût devenue populaire ; car il repose sur cette erreur. Il est formé de quatre couplets très-artistement disposés :

« Dans la branche de myrte, je porterai l'épée
comme Harmodios et Aristogiton,
quand ils tuèrent le tyran
et donnèrent à Athènes l'égalité.

Très-cher Harmodios, non, tu n'es pas mort :
On te dit dans les îles des bienheureux,
là où est, dit-on, Achille aux pieds rapides
et Diomède, le fils de Tydée.

Dans la branche de myrte je porterai l'épée
comme Harmodios et Aristogiton,
quand dans les sacrifices d'Athéné
ils tuèrent un tyran, Hipparque.

Toujours votre gloire vivra sur la terre,
cher Harmodios et Aristogiton ;
car vous avez tué le tyran
et rendu à Athènes l'égalité. »

PINDARE (Πίνδαρος). La Béotie vit, à la fin du VIe siècle et au commencement du Ve, se constituer dans Thèbes, sa principale ville, une école lyrique en opposition avec celle de Céos. Comme chez tous les peuples doriens, la poésie avait conservé dans ce pays son alliance étroite avec la musique et la danse et produisait alors des chœurs d'hommes ou de jeunes filles qui eurent dans toute la Grèce une grande célébrité. Quoique la flûte, αὐλός, c'est-à-dire les instruments à anche ou à bec, ait été longtemps l'instrument de prédilection des Béotiens, cependant la plupart de ces chœurs étaient accompagnés de musique dorienne, nécessairement exécutée sur la cithare. Deux femmes se distinguèrent durant cette période, CORINNE (Κορίννα) de Tanagre, et MYRTIS, appelée MOURTIS (Μούρτις) dans le dialecte béotien. Toutes deux furent les rivales de Pindare, lorsque la renommée de ce poète commença à éclipser la leur : mais ce qui fit surtout leur infériorité fut que leurs chants étaient le plus souvent composés dans le dialecte thébain, sorte de patois qui n'était ni accepté, ni peut-être compris dans les autres parties de la Grèce. Corinne désapprouvait qu'une femme telle que Myrtis entrât en lutte avec Pindare ; on dit cependant qu'elle-même remporta cinq fois le prix contre ce poète dans les concours publics. Ces succès d'une femme thébaine et les conseils de l'expérience qu'elle sut y ajouter, ne furent point inutiles aux progrès de Pindare : c'est elle qui lui conseilla, dit-on, d'introduire dans ses chants les traditions mythologiques de la Grèce, et qui le contint, quand elle le vit, dès la première tentative, abuser de cette ressource. Aux bons avis de Corinne, Pindare eut l'avantage de joindre les leçons d'un excellent poète musicien, Lasos d'Hermione, dont nous avons parlé plus haut. Et lorsque, engagé dans la carrière poétique, il se trouva en contact avec tant d'hommes distingués de son temps, formés eux-mêmes aux meilleures écoles, il vit son talent naturel se développer et se régler sous tant d'influences réunies ; et par son travail personnel, toutes les formes du lyrisme grec se trouvèrent tour à tour portées à la perfection. En effet, quoique Béotien, il ne fut pas le représentant exclusif de l'école thébaine : ses perpétuels voyages le mirent en relation avec des hommes de tous les dialectes. Si Lasos lui enseigna les premiers éléments de la musique unie à la poésie, c'est des Pythagoriciens qu'il apprit le grand système musical, où tous les anciens modes avec leurs trois genres s'étaient rapprochés dans une vaste unité. Stésichore et ses successeurs avaient organisé ces grands rhythmes, qui depuis eux se développaient sous la triple forme de la strophe, de l'antistrophe et de l'épode. Il ne restait plus qu'à profiter de toutes ces inventions dispersées et à mettre en œuvre tous ces moyens à la fois. Ce fut l'œuvre de Pindare.

Il était né en 522 à Cynoscéphales, près de Thèbes. Occupé de poésie dès son adolescence, il acquit de très-bonne heure un certain renom : dès l'âge de vingt ans il composait un chant triomphal pour un jeune homme de la famille des Aleuades. Comme son prédécesseur Simonide, il commença dès lors à aller de pays en pays, là où des personnages puissants réclamaient le secours de son talent, soit pour célébrer une victoire aux concours publics soit pour composer une marche religieuse, ou joyeuse, ou funèbre, et la faire exécuter dans quelque cérémonie. C'est ainsi qu'on le voit tour à tour chez Hiéron ou chez Théron en Sicile, près d'Arcésilas à Cyrène, à la cour d'Amyntas, roi de Macédoine. Les odes triomphales que nous avons de lui ont été composées pour des hommes de races, de pays, et d'opinions politiques fort divers. Il en est résulté pour Pindare une sorte de nécessité de s'élever au-dessus de cette variété même et de regarder les choses de très-haut. Quoiqu'il ne semble avoir pris aucun parti dans la guerre des Perses et n'avoir ni loué, ni blâmé ses compatriotes d'avoir embrassé la cause des ennemis, il ne néglige pourtant pas les occasions de célébrer le triomphe des Grecs sur les Asiatiques et il vante en plusieurs endroits les belles actions des Eginètes et des Athéniens ; aussi ces derniers lui firent-ils l'honneur de le prendre pour *proxène*, c'est-à-dire pour hôte public de leur propre cité. Les relations de Pindare avec plusieurs tyrans de cette époque n'allèrent jamais jusqu'à le compromettre dans la vie publique d'aucun d'eux : les éloges qu'il composa souvent pour eux et dont ses odes triomphales nous font connaître l'esprit, sont assaisonnés de conseils, de critiques, quelquefois même de réprimandes et d'avertissements sévères, où l'on voit combien dans le monde grec la poésie élevait un homme au-dessus des plus puissants politiques. Il est donc injuste de dire que Pindare ait trafiqué de la muse : les poètes ne sont pas plus que les autres hommes exempts des nécessités de la vie; les poètes grecs vivaient de leurs chants comme le prêtre vivait de l'autel, comme les hommes publics vivaient de leurs émoluments et comme les poètes de nos jours vivent en vendant leurs vers au libraire qui traite avec eux et au public qui les achète; vendre ses vers n'est point vendre sa pensée; et nous voyons par le fait qu'en payant une ode à Pindare, un tyran a plus d'une fois acheté sa propre condamnation.

D'ailleurs il faut songer à ce qu'étaient ces odes, (ἐπινίκια) chantées en l'honneur des vainqueurs des jeux et ces autres compositions pindariques dont il ne nous reste rien. Ce ne sont pas de simples vers remis par écrit ou récités devant celui pour qui ils étaient faits. Une ode triomphale est un morceau de poésie et de musique : pour l'exécuter, l'auteur organisait et instruisait d'avance un chœur de chanteurs à gages : ces hommes, il leur faisait faire avec lui un voyage quelquefois long et coûteux, comme ceux de Macédoine, de Sicile ou d'Afrique. Arrivés chez le vainqueur, ils y restaient le temps nécessaire pour préparer la cérémonie triomphale; et quand le jour de l'exécution était passé, il fallait encore que le poète les ramenât là d'où ils étaient venus ou les conduisît dans une autre contrée. On ne dit pas qu'aucun poète lyrique de la Grèce se soit enrichi dans cette vie errante de l'*impresario*.

Les chants de victoire, ne se produisant pas plus souvent que les occasions solennelles qui les suscitaient, n'auraient pas suffi pour faire vivre un poète et pour remplir sa vie. On s'étonne donc à tort de la variété des œuvres lyriques d'un homme tel que Pindare : cette multiplicité de chants divers lui était imposée par la nécessité. Il composa en effet dans tous les genres de poésie lyrique alors connus, et ces genres répondaient aux circonstances les plus variées de la vie hellénique. Les hymnes religieux, les péans, les dithyrambes, les prosodies (προσόδια) ou chants exécutés pendant les processions, les parthénies ou chœurs de jeunes filles, les hyporchèmes, les scolies ou chansons de table, les thrènes, les éloges (ἐγκώμια) et les chants de victoire ou ἐπινίκια, exercèrent tour à tour sa muse. Il y trouva l'occasion de composer dans chacun des rhythmes grecs, dans des modalités diverses, soit simples soit combinées, dans tous les dialectes usités, et dans les circonstances les plus dissemblables. Il put donc résumer dans son œuvre l'œuvre de tous les lyriques qui l'avaient précédé et porter chaque espèce de composition lyrique à toute la perfection dont elle était susceptible.

Pindare reçut des grands événements de son époque ces leçons qui contribuent si puissamment à l'éducation des hommes. Il n'avait que dix-huit ans lorsque la révolte de l'Ionie donna le signal de la guerre médique. Il en avait trente-deux lors de la bataille de Marathon ; il vit donc et il put apprécier la trahison de la Grèce par la Béotie, les efforts désespérés d'Athènes, la résistance d'abord héroïque puis un peu froide de Lacédémone, les défaites et la fuite des Perses, les premières expéditions en Orient, l'accroissement de la puissance athénienne sous l'influence de Thémistocle, l'exil de ce grand homme, la fuite et le rappel de Cimon ; enfin il assista aux commencements de Périclès et de cet immense développement des lettres, des arts et de la politique qui caractérise le cinquième siècle entre tous. Il mourut probablement en 442 à l'âge de quatre-vingts ans.

La plus grande partie des œuvres de Pindare est perdue. Mais il nous reste quatre recueils d'*Odes triomphales* ou ἐπινίκια, ayant pour titres les noms des quatre grands concours ou *agônes* de la Grèce, ceux d'Olympie, de Delphes ou Pythô, de l'Isthme et de Némée. Horace a déclaré ces odes inimitables : il faut entendre par là, non qu'il est impossible de s'élever à la hauteur de pensées où s'élève Pindare, mais que la forme pindarique ne peut être reproduite dans aucune langue et qu'elle est essentiellement et exclusivement grecque. Cette forme n'était pas nouvelle ; mais comme elle excluait le vers et ne reposait que sur des rhythmes, elle était inséparable de la musique ; de plus ces rhythmes ou « nombres dépourvus de loi prosodique » comme dit Horace, se développent chez Pindare dans de grandes dimensions, que ne présentent pas les strophes d'Alcée ou de Sapho ; transportés dans le latin, ils auraient paru de la prose. Les quatre recueils pindariques nous offrent des odes composées dans les différents modes musicaux dont nous avons parlé ci-dessus, au moins dans les plus importants d'entre eux : Pindare ne les choisissait pas arbitrairement, mais suivant la nature des idées et des sentiments qu'il voulait exprimer. Le rhythme, conçu dans l'un ou l'autre de ces modes, comprend à la fois la pensée poétique et la pensée musicale indissolublement unies ; c'est là ce qui constitue son unité. Dans son développement complet, il se subdivise en trois sections répondant aux trois parties des chœurs sacrés ou tragiques, la strophe, l'antistrophe et l'épode. En comparant les deux premières on s'aperçoit aisément qu'elles sont identiques l'une à l'autre et que par conséquent elles étaient chantées sur le même air; mais que l'épode, où les longues, les brèves, les accents et les lignes, telles que les manuscrits les donnent, sont autrement distribués, était chantée sur un thème mélodique différent. Enfin les trois sections d'un même rhythme sont tellement unies, que la pensée de la strophe, la phrase même se continue souvent dans l'antistrophe, et celle-ci dans l'épode, à la fin de laquelle il y a presque constamment un repos. Ainsi la période rhythmique n'est terminée qu'avec l'épode; et après cette dernière le poète en peut commencer une autre. L'ode pindarique est donc une suite de pensées poétiques et musicales développées dans de grandes proportions et suivant des règles parfaitement définies.

L'absence de mesure prosodique laisse au poète une latitude très-grande pour l'expression de sa pensée, puisque la période pouvait à son gré s'allonger ou se raccourcir, pourvu seulement que l'antistrophe reproduisît la strophe exactement. Il fallait de plus que les rhythmes fissent sentir une certaine cadence appropriée aux conditions dans lesquelles l'ode devait être chantée. C'était souvent après un festin nommé *cômos* du nom général des festins bachiques, et l'ode s'appelait alors un ἐγκώμιον ou un ἐπικώμιον; ce festin avait lieu soit dans la ville des Jeux, soit dans celle du vainqueur à son retour ou à l'anniversaire de sa victoire. L'ode était chantée, soit au repos dans la salle du festin, soit en marche quand le cortége se

PÉRIODE DES GUERRES MÉDIQUES. 267

rendait au temple ou rentrait dans la ville; c'est cette marche cadencée que Pindare appelle βάσις; quand elle s'exécutait dans la demeure du vainqueur, elle prenait même le caractère d'une danse, dont la mélodie revêtait nécessairement le caractère. C'est cette union de la poésie, de la musique et de la chorégraphie qui constituait chez les Grecs le genre lyrique, le poète étant alors en même temps musicien et chorége; c'est elle que Pindare célèbre en ces termes dans la première pythique :

Str. « Lyre d'or, trésor commun d'Apollon et des Muses aux tresses entrelacées de violettes, toi qu'écoute la marche cadencée, source de joie, les chantres suivent ton signal, quand pour conduire les danses tu exécutes en notes précipitées les prémières mesures des préludes; tu éteins la foudre que lance le feu éternel; et, sur le sceptre de Zeus, l'aigle s'endort, laissant tomber des deux côtés ses ailes rapides,

Antistr. Lui, le roi des oiseaux; car tu as répandu sur sa tête recourbée un nuage épais qui ferme doucement ses paupières; il dort, et son dos assoupli se soulève, sous les coups puissants de ton harmonie, car le violent Arès, oubliant la lance acérée, sent aussi son cœur calmé par le sommeil; et tes traits charment la pensée même des dieux : telle est la science d'Apollon et des Muses à la robe flottante. »

Nous venons de dire en quoi consistait la forme d'une ode pindarique; voici maintenant quelle en est la matière et comment cette matière est distribuée. L'occasion qui la faisait naître était toujours une victoire remportée dans quelqu'un des grands concours de la Grèce. Malgré la variété des exercices auxquels on s'y livrait et la joie toujours nouvelle des vainqueurs, une telle victoire était nécessairement pour un poète un sujet fort monotone; elle n'est donc pour Pindare qu'une circonstance, un point de départ. La vraie matière d'une ode de ce poète est une toute autre chose. Il était de son temps : or depuis l'origine de l'art, les Grecs n'avaient pas cessé de choisir des matériaux de plus en plus parfaits; ainsi, dans l'architecture, au bois primitivement employé ils avaient substitué la pierre, mais une pierre tendre et friable en rapport avec des formes encore grossières et des instruments imparfaits; au siècle des guerres médiques, on quitta la pierre et l'on construisit en marbre, rejetant les espèces qui offraient quelques défauts. La même chose eut lieu pour la sculpture, où le marbre fut lui-même remplacé par l'or et l'ivoire. Ce goût difficile des Grecs dans le choix des matériaux ne venait pas d'un vain désir d'en étaler la richesse, mais de ce que les matériaux d'une qualité supérieure sont plus aptes que les autres à recevoir et à conserver la forme que la pensée de l'artiste va leur donner. Aussi, la matière une fois choisie, le but de l'art est de la dissimuler et de la faire disparaître, afin que l'esprit se trouve en présence de la forme pure conçue par le génie de l'artiste. Ces beaux marbres étaient donc à leur tour revêtus d'un stuc qui en dissimulait les jointures, de couleurs variées qui en rehaussaient les ornements et de sculptures peintes dont les reliefs se dessinaient sur les surfaces encadrées. L'œil ne pouvant plus distinguer la matière dont un temple était fait, l'esprit oubliait cette matière et se remplissait tout entier d'une forme idéale et immatérielle.

Les chapitres précédents nous ont montré qu'un travail analogue s'était opéré dans la poésie, que les faits humains et personnels, comme on en trouvait dans Archiloque et dans Alcée, avaient fait place à des conceptions plus générales et à la représentation des héros et des dieux. L'influence dorienne, fortement ressentie par Pindare, lui fit voir que la plus belle matière pour les chants des poètes consistait dans les légendes de la mythologie et dans les traditions héroïques. Mais ces conceptions, idéales par elles-mêmes, avaient subi une élaboration, déjà sensible de l'Iliade à l'Odyssée, et qui se poursuivait encore au temps de Pindare. Les dieux et les héros, soumis depuis plusieurs siècles à cette sorte d'épuration, étaient donc pour ce poète, comme pour tous ses contemporains, une matière choisie qu'il devait nécessairement préférer à ses vainqueurs du jour. Il était conduit par là à chercher les sujets de ses odes dans les légendes héroïques, soit du vainqueur lui-même quand il comptait quelque héros parmi ses ancêtres, soit de la ville, soit du pays, soit enfin de toute la Grèce, quand les traditions locales lui faisaient défaut. Dans tous ces cas la légende adoptée par le poète comme sujet principal de l'ode, se rattachait toujours par quelque côté aux souvenirs de famille, de nation et de race, à la religion, et le plus souvent au concours dans lequel la victoire venait d'être remportée. Ce sont ces liens, très-habilement dissimulés, qui rattachent entre eux les matériaux dont une ode se compose. Et de même que dans les temples parfaits de ce siècle nos architectes découvrent difficilement une commune mesure entre leurs diverses parties, ainsi dans une ode on cherche presque toujours vainement, dans les idées qui en forment le fond, un ensemble systématique. Cet ensemble existe, mais presque toujours insaisissable : ce qui donne à l'ode son unité ce n'est pas la matière dont elle est faite, ni la distribution apparente des matériaux, c'est sa forme lyrique, c'est-à-dire sa forme poétique, musicale et orchestique, en un mot son rhythme. Tel est le principe abstrait des compositions pindariques, où l'on s'est plu à voir toutes sortes de mystères, tandis qu'il est en lui-même d'une extrême simplicité.

La subordination établie par Pindare entre son vainqueur et les héros de la tradition ou même les dieux, donne à ce poète une puissante autorité morale. Quand il parle au nom des dieux comme un hiérophante ou du haut de la tradition héroïque, il lui est possible d'étaler aux yeux du vainqueur des exemples qui doivent régler sa vie, des préceptes qui doivent l'inspirer ou qui parfois même le condamnent. Il va plus loin : il blâme les traditions qui rabaissent les dieux, au nom d'autres traditions qui les relèvent et dont il se fait quelquefois lui-même l'interprète :

.... « Les merveilles ne sont pas rares; mais il arrive aussi que, dépassant le récit véridique, des légendes habilement fabriquées trompent les esprits par des mensonges de mille couleurs.

St. 2. Et l'art de plaire, qui sait adoucir toutes choses, donne crédit à ces légendes et rend parfois croyable ce qui ne l'était pas. Mais les jours qui s'écoulent sont des témoins bien informés. Un homme de cœur ne doit rien dire que de beau au sujet des dieux; par là il se compromet moins. Fils de Tantale, mon récit sera l'inverse des autres : quand dans l'aimable Sipyle ton père invita les dieux à son banquet splendide et leur rendit les honneurs qu'il avait reçus d'eux, le maître du trident,

Ant. 2. Vaincu par le désir, te ravit et, avec ses chevaux d'or, te transporta dans la haute demeure du puissant Jupiter. Là, dans un autre temps, vint aussi Ganymède remplir le même office auprès de Zeus. Tu ne reparaissais plus, et les envoyés de ta mère, malgré leurs actives recherches, ne te ramenaient pas. Quelque voisin envieux dit aussitôt en secret que dans une chaudière d'eau bouillante on avait découpé tes membres avec un coutelas, qu'on en avait servi à table les morceaux arrosés de sauce et qu'on t'avait mangé.

Epod. Il m'est impossible d'appeler glouton aucun des immortels ; cela me fait horreur. La punition atteint souvent les mauvais propos. S'il fut jamais un mortel honoré par ceux qui veillent sur l'Olympe, ce fut ce Tantale. Seulement il ne put pas digérer son immense bonheur; la satiété lui valut une infortune affreuse, que le maître souverain tint suspendue sur lui, une énorme pierre qu'éternellement il s'efforce de rejeter de sa tête : et il n'a plus de joie ». *Olymp.* I.

En effet la science, qui se développait avec la civilisation athénienne, donnait aux hommes de ce temps des notions sur Dieu que les anciens poètes n'avaient pas eues et faisait comprendre les légendes divines ou héroïques dans un sens plus moral ou plus savant. Pindare, quoique de race dorienne, n'est point un esprit rétrograde : il a vécu sous toutes les constitutions helléniques, dans tous les milieux qu'offrait alors le monde grec ; et il a retiré de ses voyages et de la variété de ses situations un esprit large, tolérant, à la fois modéré et ami du progrès. Il voit la vie humaine de très-haut : il a pour la force individuelle de l'homme une médiocre estime :

« Qu'un homme ait acquis du bien sans grand travail, la foule des insensés voit en lui un habile homme qui a su armer sa vie par d'ingénieux moyens. Mais cela n'est pas l'œuvre de l'homme : c'est Dieu qui procure toute chose, élevant l'un aujourd'hui, abaissant l'autre au niveau de sa main. — O éphémères! Qu'est-ce qu'être? Qu'est-ce que n'être pas ? L'homme est le rêve d'une ombre. Mais si Zeus envoie un rayon de sa lumière, l'homme jouit d'un éclat resplendissant et d'une vie douce comme le miel. » *Pyth.* VIII.

La pensée religieuse domine son appréciation des choses humaines; et ses doctrines philosophiques et pratiques servent de régulateur à ses idées religieuses. C'est toujours une pensée de ce genre qui forme comme le centre de gravité d'une ode pindarique : seulement cette idée centrale autour de laquelle les autres viennent se coordonner, peut se déplacer d'un bout à l'autre de l'ode, être exprimée la première, n'apparaître qu'au milieu ou se faire attendre jusqu'à la fin. Il en résulte une grande variété dans la distribution apparente des matériaux. Mais l'unité centrale, la clé de voûte n'en existe pas moins.

On voit donc qu'une ode triomphale dans Pindare est un enseignement moral, fondé sur les notions philosophiques de son temps, appuyé par des traditions religieuses et par des exemples pris dans les légendes héroïques, ayant pour occasion une victoire aux Jeux publics de la Grèce, s'adressant à un vainqueur et à des hommes assemblés, enfin se fortifiant par le sentiment musical, par les rhythmes de la poésie lyrique et même par la danse. Cette sorte de définition montre que par sa matière, l'ode de Pindare diffère très-peu des autres compositions littéraires, mais qu'elle en diffère essentiellement par ses éléments musicaux, c'est-à-dire par ses rhythmes.

Je ne puis comprendre ce que l'on entend par l'enthousiasme pindarique et par le désordre qu'il jette dans la pensée. Le calme et la modération dans le sentiment sont un des caractères les plus visibles du génie de Pindare : chez lui, rien d'exalté, de violent, ni de prophétique; ce n'est point une pythonisse jetant au hasard des mots entrecoupés et les cris confus d'un cœur malade. Les odes de Pindare appartiennent au grand art hellénique, lequel ne procède point de la passion, mais de l'idée; jamais le sentiment ne marche le premier, c'est l'idée qui éclaire la pensée du poète et, comme elle ne procède point par des intuitions extatiques, mais par les degrés successifs de clarté que produit la raison bien conduite, l'âme de Pindare, comme de tous les grands artistes grecs, est toujours maîtresse d'elle-même: sa pensée marche où elle veut, par les chemins qu'elle choisit : « je sais, dit-il, retourner en arrière » et revenir à mon sujet quand il me plaît. Quand je cherche parmi les grands esprits qui ont presque été ses contemporains, je n'en trouve point qui lui ressemble plus que le sculpteur Phidias : même manière de penser, mêmes sujets, même harmonie, même élévation de doctrines, même calme dans la sublimité : nul désordre, nulle discordance, nulle recherche, partout le besoin d'éclairer les esprits et non de plaire aux sens ou de produire une exaltation factice. C'est chez l'un et chez l'autre le grand-art touchant à sa perfection.

Ce qui produit dans les odes de Pindare une apparence de désordre et d'exaltation, c'est le passage rapide d'événements ordinaires à des réflexions élevées et sublimes. Mais pour un homme intelligent et instruit, les plus petites choses se rattachent aussi bien que les grandes à des causes générales et à des principes universels ; il n'est pas besoin d'enthousiasme pour franchir ce passage ; il suffit de n'avoir pas une âme vulgaire et un esprit qui s'étonne de tout. D'ailleurs l'état de l'âme causé par la musique la dispose toujours aux pensées profondes et lui facilite le passage du réel à l'idéal. Non-seulement une mélodie simple et grave soustrait un de nos deux sens idéaux et la partie de notre imagination qui s'y rapporte, aux bruits incohérents dont nous sommes ordinairement assourdis ; mais elle y substitue un ensemble de sons offrant entre eux des rapports mathématiques satisfaisants pour la raison et des relations mélodiques aussi claires pour l'esprit que flatteuses pour la sensibilité. Une poésie qui ne profiterait pas de cet état de l'âme et qui ne la transporterait pas promptement dans un monde idéal, serait en désaccord avec le chant et n'aurait point le caractère lyrique. Mais il n'y a ici ni enthousiasme, ni exaltation, ni désordre.

Les odes de Pindare ont des dimensions très-diverses,

et dans chacune d'elles les éléments qui la constituent sont loin d'offrir toujours les mêmes proportions relatives. Je n'aperçois pas comme O. Müller de différences bien profondes entre celles où domine le dialecte dorien ou éolien et celles qui étaient chantées sur le mode extra-mineur appelé lydien ou hypolydien. Mais j'en trouve une fort grande par exemple entre la dernière *olympique* et la quatrième *pythique*. L'olympique ne se compose que de deux strophes, sans antistrophes ni épodes, et ne présente ainsi que la forme la moins développée du rhythme lyrique; quant au fond elle est une sorte d'action de grâces ou de prière, adressée aux Grâces, Aglaé, Euphrosyne et Thalie, à l'occasion d'une victoire remportée par un tout jeune homme d'Orchomène au Stade d'Olympie. La quatrième pythique est en l'honneur d'Arcésilas, roi de Cyrène, un des hommes les plus riches, les plus lettrés et les plus fastueux de son temps; pour l'exécuter Pindare avait dû traverser la Méditerranée avec sa troupe de chanteurs et de musiciens; un grand appareil l'attendait dans la salle du festin où il devait paraître; la circonstance était solennelle. Pindare composa donc une ode où toute la richesse du genre lyrique se trouva déployée. La forme en est pleine et ne renferme pas moins de treize strophes avec leurs antistrophes et leurs épodes; si nous en jugeons par ce qui nous reste de la musique de la première pythique, l'ode à Arcésilas devait exiger pour son exécution à peu près deux heures. Les trente-neuf divisions dont cette forme lyrique se compose sont remplies par une matière presque entièrement épique, à laquelle s'ajoute la légende demi-historique et demi-fabuleuse de la fondation de Cyrène. Ces matériaux sont choisis avec un tact infini, assemblés de telle sorte que les jointures disparaissent et qu'ils semblent former une seule masse compacte. Il était loisible au poète de traiter à la façon d'Homère la portion mythologique et de raconter la légende de Cyrène à peu près comme elle l'est dans Hérodote. Mais, s'emparant de son sujet, il a su donner à l'ensemble cet aspect particulièrement idéal qu'exige une œuvre à la fois musicale et poétique, et détacher, sur ce fond déjà riche, des groupes et des personnages d'un éclat et d'un relief incomparables. Cette quatrième pythique est à mes yeux égale au Parthénon, auquel elle est d'ailleurs comparable soit pour la composition, soit pour la richesse des ornements et le mouvement des figures. Voici, par exemple, le portrait de Jason se présentant chez Pélias où il vient réclamer l'héritage paternel :

« Avec le temps il vint, armé d'une double lance, cet homme étonnant : de ses deux épaules descendaient la chlamyde nationale de Magnésie, s'ajustant à ses membres admirables; une peau de panthère le couvrait de la pluie qui fait frissonner; les boucles luisantes de sa chevelure n'avaient point été coupées et brillaient sur toute la largeur de son dos. Il marche lestement et droit devant lui, puis s'arrête, donnant la preuve de son assurance à cette foule dont la place publique est remplie. On ne le connaissait pas; mais, saisis de crainte, tous se disaient entre eux : « Ce n'est pourtant pas Apollon, ni l'époux de Vénus » avec son char d'airain; quant aux fils d'Iphimédie, Otos et toi, » audacieux Ephialte, on dit qu'ils sont morts dans la fertile » Naxos; Tityos aussi, la flèche rapide d'Artémis, tirée d'un » carquois invincible, l'a frappé, pour apprendre aux hommes » à n'aspirer qu'à des amours réalisables ». Voilà ce qu'ils disaient entre eux. »

La rencontre avec Pélias, l'arrivée des princes Argonautes,

la prière à bord avant le départ, les épisodes du voyage, forment comme une suite de bas-reliefs ou de peintures murales que l'on pourrait utilement comparer à ceux dont on ornait déjà dans toute la Grèce les monuments reconstruits. Je citerai seulement encore la fameuse scène du sillon :

« Eétès amène au milieu d'eux une charrue d'acier et des bœufs, qui de leurs bouches jaunissantes soufflent une flamme ardente de feu et de leurs sabots d'airain creusent à l'envi la terre. Il les conduit et les attèle sous le joug, à lui seul ; il allonge en ligne droite des sillons où à chaque motte il défonce d'une coudée la surface du sol ; puis il dit : « Que le roi qui commande le » navire en fasse autant, et qu'après il emporte le tapis incor- » ruptible, la toison brillante à la laine d'or ». Quand il eut parlé, Jason rejette son vêtement jaune et, confiant dans son dieu, se met à l'œuvre. Le feu ne l'éblouit pas, car il suit les avis de l'étrangère aux mille enchantements. Il tire à lui la charrue, lie le col des bœufs par des lanières invincibles, et, faisant sentir à leurs larges flancs l'aiguillon douloureux, cet homme vigoureux remplit la tâche assignée. Sans articuler une parole, Eétès jette un cri d'admiration. Les compagnons du vaillant héros lui présentent leurs mains amies, le couvrent de couronnes de gazon et le saluent par de douces paroles. Aussitôt après, le merveilleux enfant du Soleil lui indique la place où le coutelas de Phrixos a étendu la peau resplendissante : il espérait encore que Jason n'accomplirait pas cet autre travail : car elle gisait dans un bois épais, gardée par les dents dévorantes d'un dragon, qui, en grosseur et en longueur, égalait un navire à cinquante rames dont les coups des marteaux ont assemblé les parties..... L'adroit Jason tua le serpent aux yeux glauques et à la peau tachetée, enleva Médée avec son consentement et prépara le meurtre de Pélias. »

Un dernier mot sur les idées philosophiques qui animent toute la poésie de Pindare et qui, loin de lui être particulières, forment le fonds commun de toute la génération à laquelle il appartient. Quoiqu'il n'y ait dans ses odes aucun système clairement exprimé, on y voit cependant que ses préceptes moraux et ses règles pratiques se rattachent à une sorte de théorie. L'âge auquel Pindare appartient n'a point encore une philosophie arrêtée, mais les dieux sont déjà soumis, comme toutes les figures héroïques, à une sorte d'épuration dont les sculptures de l'époque nous fournissent de nombreux témoignages. Les héros ont leur place bien définie entre les dieux et les hommes ; les dieux ont pris des formes absolument humaines ; ceux qui n'ont pu en recevoir sont relégués désormais parmi les conceptions monstrueuses ; la différence entre les dieux et les hommes n'est que dans le degré :

« Hommes et dieux ont même origine ; c'est d'une seule et même mère que nous tenons la vie les uns et les autres. Toute la différence est dans la force : l'homme ne peut rien, et le ciel d'airain est une demeure à jamais inébranlable. Pourtant un grand esprit, une belle nature nous rapproche un peu des immortels, quoique nous ignorions durant nos nuits vers quelle halte d'un jour il est écrit par le sort que nous devions courir. » *Ném.* VI, 1.

Cette mère commune, c'est la Terre dans la mythologie, la nature (φύσις) dans la théorie abstraite ; c'est elle qui nous fait ce que nous sommes et qui met en nous les penchants et les aptitudes qui décident de notre destinée. (*Ném.* VII.) Mais, comme l'homme est impuissant et qu'il ignore entièrement l'avenir, même celui du jour présent, la force active appartient réellement aux dieux :

« C'est des dieux que vient la force vive à toute vertu hu-

maine ; c'est par eux qu'on est savant, robuste, habile parleur. »
Pyth. i.

N'étant rien par nous-mêmes, nous ne paraissons être quelque chose que par le rayon de lumière que les dieux envoient sur nous; mais le ciel est fermé à l'homme :

« Le ciel d'airain ne lui est pas accessible. Race mortelle, avec le peu de joies que nous pouvons saisir, nous voguons au terme de la traversée. Mais ni par mer, ni à pied, tu ne trouveras une route merveilleuse qui te mène à l'assemblée des Hyperboréens. » *Pyth.* x.

La richesse avec la vertu, voilà le bonheur de la vie ; mais la médiocrité paisible est préférable à la royauté même.

« Puissé-je me contenter de ce que les dieux m'envoient, n'aspirant toute ma vie qu'au possible. De tous les biens que procure la société civile, quand je vois que la médiocrité est le plus grand, je plains le sort de la tyrannie. Je m'adonne aux vertus communes. » *Pyth.* xi.

Parvenu au terme de la vie, l'homme exempt de tache et de parjure jouit avec les bienheureux de la félicité ; mais le méchant descend dans les ténèbres pour expier ses forfaits par des tourments ;

Ant. 4. « Ceux qui trois fois sur terre et trois fois aux enfers ont eu la force de maintenir leur vie pure de toute injustice, se rendent par la voie de Zeus vers la demeure fortifiée de Kronos. Là est l'île des bienheureux que rafraîchissent les brises océaniennes ; là étincellent des fleurs d'or croissant sur de beaux arbres au bord des rivages et le long des ruisseaux. Leurs mains les tressent en colliers et en couronnes,

Ep. 4. » Par les équitables jugements de Rhadamanthe. Le

puissant Kronos l'a près de lui, comme un assesseur toujours prêt, Kronos époux de Rhéa dont le trône s'élève au-dessus de tous les autres. Parmi eux sont comptés Pélée et Cadmos. Là aussi Achille fut transporté par sa mère, quand elle eut par ses prières fléchi le cœur de Jupiter. » *Olymp.* II.

Ces citations, que l'on pourrait aisément multiplier, font voir qu'à l'époque de Pindare la poésie mêlait encore la science avec la tradition religieuse, et n'avait pas dépouillé la première des riches vêtements dont la seconde l'avait revêtue. En cela Pindare continue la tradition constante de l'art grec, tradition que la Grèce n'abandonnera jamais et que la Renaissance a fait revivre jusque dans les temps modernes.

L'histoire de la poésie lyrique semble finir avec Pindare. Mais comme il n'est pas dans l'ordre de la nature qu'une forme littéraire disparaisse au plus beau moment de sa splendeur, une fin aussi brusque aurait lieu de nous étonner. En réalité le lyrisme a simplement changé de théâtre au temps même où Pindare l'élevait à son plus haut point de perfection. Les victoires dans les jeux publics de la Grèce, cédant désormais le pas aux triomphes populaires de la réalité soit à la guerre, soit dans les assemblées politiques, soit dans les lettres et les arts, on cessa de célébrer les vainqueurs de ces concours ; et les formes lyriques passèrent avec tous leurs éléments dans la comédie et dans la tragédie, où elles trouvèrent des matières nouvelles et des conditions heureuses pour un nouveau développement.

II. TRAGÉDIE.

C'est dans la période occupée par Eschyle que le théâtre vit tous ses éléments grandir et le drame approcher de sa perfection. Il faut attribuer la rapidité extrême de cette croissance à la fécondité du milieu social où elle se produisit et à l'énergie de la vie intellectuelle des Hellènes à cette époque. Lorsqu'en l'année 500 les gradins de bois (ἰκρία) du théâtre se furent écroulés, les Athéniens construisirent en pierre, sur le flanc méridional de l'Acropole, le grand théâtre de Bacchus que des fouilles récentes ont en partie rendu au jour. C'est là que furent représentées la plupart des pièces d'Eschyle, de Sophocle, d'Euripide et des autres tragiques Athéniens. Mais l'exemple donné par Athènes fut très-vite imité par un grand nombre de cités grecques, soit sur les deux continents, soit dans les îles. Il existe encore aujourd'hui un assez grand nombre de ruines de théâtres faits à l'imitation de celui de Bacchus; en rapprochant les faits que l'on y constate des textes nombreux que les critiques anciens nous ont laissés, on parvient à se former une idée très-complète des théâtres et des représentations antiques.

Le Théâtre. Le centre idéal et architectural du théâtre grec fut toujours l'autel de Bacchus appelé *thymélé* ou autel des parfums (θῦμα). Il occupait une position ordinairement excentrique dans un espace circulaire et aplani nommé *orchestre* où se tenait le chœur. L'orchestre ne représentait pas, comme le dit O. Müller, l'ancienne salle de danse des temps homériques, mais le lieu saint où s'accomplissait, par les mains du prêtre et de ses assistants, la cérémonie sacrée. Lorsque la tragédie fut née du dithyrambe, le prêtre ne disparut pas entièrement, puisque les représentations étaient précédées d'une offrande à Bacchus, et que les prêtres des dieux avaient leur place marquée au premier rang des gradins. Ceux-ci, qui portaient le nom de *théâtre,* s'élevaient devant l'autel, entourant l'orchestre de leur immense cavité semi-circulaire adossée à la colline. De l'autre côté de l'autel, en face des gradins, s'élevait la scène où s'accomplissait l'action dramatique. Entre la scène et les gradins, régnaient, de plain-pied avec l'orchestre, deux couloirs (δρόμοι) destinés à l'entrée et à la sortie du chœur et servant aussi de passage aux spectateurs avant et après l'action.

Les gradins étaient divisés en compartiments cunéiformes (κερκίδες) par des escaliers montant de l'orchestre aux gradins supérieurs; et ces *coins* l'étaient eux-mêmes par des sentiers circulaires horizontaux placés à différentes hauteurs et nommés *diazómes,* διαζώματα, ou chemins de ceinture. L'art de disposer les gradins à des distances et avec des inclinaisons convenables fut poussé très-loin par les architectes, comme on le voit aux ruines du théâtre d'Epidaure construit par un Polyclète. Les moyens employés par eux avaient pour but de rendre facile la circulation des spectateurs, en les plaçant dans les meilleures conditions d'équilibre quand ils marchaient, et de faire en sorte qu'ils fussent commodément assis durant de longues représentations. Quant à l'inclinaison du *théâtre,* elle était toujours assez grande pour que l'on ne fût pas gêné par la tête des personnes qu'on avait devant soi. Au-dessus du dernier gradin, à la partie supérieure de la construction, régnait un galerie couverte formée d'une élégante colonnade et qui servait à la fois de promenoir, de couronnement architectural et de paroi acoustique pour renvoyer le son vers les spectateurs. Tout cet ensemble était, le plus souvent possible, adossé à la colline fortifiée qu'on trouvait dans presque toutes les anciennes villes de la Grèce ; mais souvent aussi le terrain ne permettait pas de creuser cette colline au point d'y loger toute l'étendue du *théâtre*, dont les extrémités étaient alors complétées par une maçonnerie.

Les constructions scéniques se composaient probablement à l'origine d'une simple tente ou toile verticale, derrière laquelle se tenait l'unique acteur du drame et qui s'élevait sur une petite estrade de bois. Quand le drame eut pris une plus grande importance, l'appareil scénique se composa de plusieurs parties que nous allons énumérer. L'estrade, élevée de quelques pieds au-dessus de l'orchestre, est un plancher nommé *proscénium* qui règne devant un mur nommé *scène*, σκηνή. D'après la forme grammaticale des mots, ce mur du fond est l'élément primordial des constructions scéniques ; il est percé d'ouvertures, portes, fenêtres, et peut recevoir des décors variés suivant la pièce que l'on représente. Ces décors forment donc une sorte de tableau sur lequel se dessinent les profils des personnages. Sur la droite et sur la gauche de la scène, de manière à fermer le proscénium, s'élèvent deux ailes ou παρασκήνια qui contiennent les vestiaires et où se retirent les acteurs pendant le temps qu'ils ne paraissent pas. Ces ailes étaient garnies par des décors, et vers leurs angles saillants l'on plaçait en outre une sorte d'échaffaudage prismatique peint sur ses trois faces et pouvant tourner sur un pivot, de manière à présenter au proscénium celle qui convenait à la représentation ; il portait le nom de *périacte*. On multiplia ces décors mobiles à mesure que la perspective scénique se perfectionna par les travaux théoriques d'Agatharcos, de Démocrite et d'Anaxagoras, vers le milieu du cinquième siècle. Si l'on ajoute à cela la machine connue sous les noms d'*eccyclème* et d'*exòstra*, l'on aura presque tout le gros matériel ordinaire d'une représentation dramatique ; cette machine était une petite estrade qui pouvait tourner sur un pivot ou être poussée en avant et qui était établie derrière la scène ; elle servait à montrer aux spectateurs une action qui venait de s'accomplir hors de leur présence, par exemple un meurtre ; la grande porte du milieu s'ouvrait et, par un mouvement de l'eccyclème, on amenait dans son embrasure la victime avec son meurtrier, formant un tableau tout préparé. Cette machine était d'un usage fréquent dans les tragédies. Toutes les espèces de drames admettaient aussi les apparitions de personnages aériens, comme on le voit dans Eschyle et dans Aristophane : les ailes de la scène servaient de point d'attache aux cordages qui les tenaient suspendues. On faisait enfin quelquefois sortir de terre les ombres des morts : pour cela le dessous de l'estrade, appelé *hyposcénium*, fermé par un mur du côté de l'orchestre, était en communication avec le dessus au moyen de certaines trappes, comme dans nos théâtres modernes.

Il est à remarquer que l'action dramatique se passait en plein air et que les décors représentaient toujours l'extérieur des maisons ou des sites exigés par le sujet. La porte du milieu de la *scène* était le plus souvent la principale entrée d'un palais ; celle de droite conduisait aux appartements des hôtes, celle de gauche au gynécée, au sanctuaire privé; et comme le proscénium avait une grande longueur entre les ailes sur une très-petite profondeur, les personnages, ordinairement peu nombreux, s'y tenaient les uns près des autres sur un même plan, de manière à ne jamais se cacher entre eux aux yeux des spectateurs. Ils formaient ainsi des groupes, comme ceux qu'on voit sur les frises des temples et sur les vases ornés de peintures.

Le geste des acteurs était nécessairement très-réservé. En effet l'action dramatique, très-simple par elle-même quoique très-puissante, n'offrait pas ces variations continuelles de sentiments et d'idées qui se remarquent dans nos théâtres. Comme la situation du personnage était simple, il n'y avait pour lui aucun motif de gesticuler ni de mouvoir, comme par des convulsions, les traits de son visage. D'ailleurs l'application de ces principes, qui dominent tout l'art grec, était rendue nécessaire au théâtre par l'usage traditionnel du masque et du cothurne. Le *masque*, ὄγκος, servait probablement très-peu à amplifier la voix des acteurs : nous avons constaté dans plusieurs théâtres grecs que, malgré leurs grandes dimensions, une personne parlant en scène de sa voix ordinaire est parfaitement entendue des derniers gradins et même de plus loin encore; d'ailleurs le masque est antérieur à la construction des grands théâtres. Tout au plus pouvait-il servir à modifier la qualité du son et à lui donner cette apparence étrange et surnaturelle qui domine dans tout le genre dramatique. Mais la véritable utilité du masque était de supprimer la personne de l'acteur, toujours incapable aux yeux des artistes de représenter dignement un être idéal ou un héros. Nos acteurs modernes se *griment* afin de changer leur figure sans en perdre la mobilité; le mouvement des traits étant inutile et même déplacé dans le grand art, le masque, que l'on pouvait d'ailleurs changer plusieurs fois dans le courant d'une pièce, exprimait complétement la situation présente et durable du personnage. Dans la réalité dramatique ce n'est pas l'acteur qui intéresse, c'est le héros; l'acteur est un organe, une matière, comme la flûte dans la musique et le marbre dans la statuaire. Quand l'auteur du drame se dissimule le plus possible, il est étrange qu'un acteur vienne se substituer au héros même et me montrer sa propre figure à la place de celle d'Œdipe, de Prométhée ou d'Apollon. Cette inconvenance était ôtée de la scène par l'usage du masque de toile, introduit, dit-on, par Thespis avec le premier et unique acteur qu'il employait.

Mais le masque, grossissant le visage, donnait à la tête des proportions démesurées, qui furent ramenées aux conditions naturelles par l'usage du *cothurne*. Sans remonter à la signification symbolique de cette chaussure, on peut dire que son but principal dans la tragédie fut de rétablir les proportions du corps humain. Il avait aussi cet autre avantage d'agrandir à volonté la taille des personnages : car c'est un besoin de l'esprit antique, prouvé par des centaines de sculptures et par des milliers de peintures sur vases, de donner aux dieux une taille plus grande qu'aux héros et de représenter les héros plus grands que les hommes. Les vêtements étaient agrandis aussi en proportion de la taille; et il résultait de cette réunion de moyens très-simples, que les tableaux scéniques offraient aux yeux les êtres du monde idéal tels que l'art primitif les avait conçus et tels que la tradition les avait conservés. Sur l'estrade où le drame les plaçait ils se détachaient de la foule des assistants et du chœur et semblaient se mouvoir dans un milieu supérieur à l'humanité.

Le *costume* des personnages ne contribuait pas peu à augmenter l'illusion. Quoique dans l'origine le premier ὑποκριτής ou récitateur scénique ait certainement été vêtu d'une longue tunique jaune rayée et bigarrée, il n'est pas douteux que, le drame venant à se développer, on n'ait introduit sur le proscénium les costumes traditionnels des personnages et ceux que les usages grecs exigeaient impérieusement. Tandis que la plastique réduisit de plus en plus les vêtements pour faire apparaître les personnages dans leur nudité, la scène vit ceux qu'elle employait prendre une couleur de plus en plus locale et appropriée aux personnages et aux situations, depuis les vêtements de deuil des Choéphores, la robe traînante de Clytemnestre et la culotte de coton du grand roi de Perse, jusqu'au bonnet de feutre (πῖλος) d'Ulysse, au casque et à la cuirasse de Néoptolème et à la peau de mouton du vieux berger dans l'OEdipe roi.

Le nombre des acteurs a toujours été fort petit. A l'unique acteur de Thespis, Eschyle en ajouta un second; et ce fut probablement Sophocle qui en employa dès sa jeunesse un troisième, lequel fut adopté par le vieil Eschyle. A partir de cette époque le nombre des acteurs put s'accroître indéfiniment; cependant il n'est pas vraisemblable qu'avant la mort d'Euripide, on en ait jamais employé plus de quatre, nombre évidemment indispensable pour la représentation de l'OEdipe à Colone de Sophocle. Les noms par lesquels on les désignait étaient ceux de premier, second, troisième acteur (πρωταγωνιστής, δευτεραγωνιστής, etc.); ces mots exprimaient à la fois la capacité relative des acteurs et l'importance des rôles dont ils étaient chargés. Quoique leur personne fût cachée sous le masque et les vêtements, leur fonction était cependant difficile à bien remplir : la passion, qui est pour les acteurs modernes un point d'appui et un moyen facile de se faire applaudir, n'occupe presque pas de place dans la tragédie grecque, au moins jusqu'au temps d'Euripide ; tout y procède de l'idée et l'action y marche à travers une série d'idées qui se développent et dont l'expression juste et adéquate exigeait une intelligence supérieure à celle du vulgaire.

Le *chœur* dithyrambique, tel que la poésie lyrique l'avait fait et tel aussi sans doute qu'il apparut aux fêtes de Bacchus avant la création du drame, était composé de cinquante choristes. Mais lorsque l'usage de le disposer en carré entre la thymélé et la scène s'introduisit, il fallut réduire ce nombre à quarante-huit pour pouvoir le partager en quatre parties égales, respectivement attribuées aux quatre pièces dont se composait la représentation totale. Le chiffre de douze choristes, qui fut constamment celui des chœurs d'Eschyle, avait encore l'avantage d'être divisible par deux pour les demi-chœurs alternés, par trois, par quatre et par six pour certains cas plus rares où le chœur semblait participer directement à l'action. Toutefois au temps de Sophocle le nombre des choristes fut porté à quinze ; mais rien ne prouve que les auteurs de ce temps les aient tous fait chanter en toute circonstance.

Tels sont les éléments matériels et comme les instruments mis entre les mains des poètes dramatiques. Le théâtre était une construction et une propriété de l'Etat, dont il disposait souvent pour d'autres usages que pour la représentation des tragédies et des comédies. Les acteurs étaient payés par l'Etat qui les livrait à l'auteur de la pièce pour qu'il la leur fît apprendre et répéter; il est arrivé souvent que l'auteur a joué dans ses propres ouvrages. Le chœur était entretenu, nominalement par les tribus (φύλαι) athéniennes, mais en réalité par des citoyens riches appelés *chorèges* qui souvent rivalisaient entre eux par la bonne tenue et le luxe des choristes dont ils se chargeaient. Comme il n'y avait pas d'autre scène que celle de Bacchus et que les représentations n'avaient lieu qu'aux Dionysiaques et aux Lénéennes, il n'était possible qu'à un petit nombre de poètes tragiques d'arriver jusqu'à la scène, et le concours ouvert entre eux avait l'avantage d'en éliminer un grand nombre et de donner au public les meilleurs ouvrages. Demander et obtenir l'autorisation de représenter une pièce s'exprimait par les mots « demander un chœur, obtenir un chœur. » Lorsque le deuxième archonte ou archonte-roi avait accordé cette permission, l'auteur dramatique faisait alors étudier sa pièce, ce qu'on appelait χορούς ἀσκεῖν; puis il faisait la répétition (χορὸν διδάσκειν) et enfin arrivait le jour où il avait à présenter son œuvre au public qui jugeait en dernier ressort et décernait les prix; faire la représentation se disait χορὸν ἱστάναι. Toutes ces expressions indiquent à la fois l'importance du chœur dans le drame, la nécessité où était le poète d'obtenir les choristes entretenus aux frais des citoyens et l'influence que l'Etat se réservait dans le choix préalable des pièces qui aspiraient à être représentées.

II. Construction d'un drame. Une union étroite existe entre le chœur et l'action scénique ; ce sont les chants du chœur qui partagent l'action, et ce sont les divers moments de l'action qui marquent les places occupées par ces chants. On appelait *parodos* (πάροδος) le premier morceau chanté par le chœur à son apparition dans l'orchestre, laquelle n'avait lieu le plus souvent qu'après un monologue ou un dialogue scénique destiné à l'exposition du sujet. Les chœurs chantés entre les différentes divisions du drame et pendant que la scène demeurait vide ou muette, portaient le nom de *stasima* (στάσιμον) et formaient comme autant de pauses dans la marche de l'action. La partie de la pièce qui précédait le premier chant du chœur formait le *prologue;* celle qui suivait le dernier et qui terminait la pièce s'appelait *exode*, c'est-à-dire sortie; enfin on donnait le nom d'*épisodes* aux portions de la pièce comprises entre deux chants (στάσιμα) du chœur. Le nombre des épisodes et par conséquent des chœurs principaux varie beaucoup d'une pièce à l'autre : il y a telle pièce de Sophocle qui n'en offre que trois et telle autre qui en renferme jusqu'à sept ; ordinairement lorsque l'action est très-simple et les situations très-nettes, le nombre des épisodes est petit ; il s'accroît à mesure que les drames sont plus compliqués et les situations plus obscures. Tous ces chœurs principaux étaient chantés sur des airs régulièrement composés; ils sont formés de strophes, d'antistrophes et d'épodes et soumises aux lois du rhythme, sans mesure prosodique, à la façon des odes de Simonide et de Pindare. Mais ils ne pouvaient avoir les dimensions de ces dernières, parce qu'ils auraient pris à eux seuls tout le temps accordé aux représentations. C'est la limite de ce temps qui marquait la durée d'une tragédie, et qui fit que plus le dialogue occupa de place, plus le chœur en perdit. C'est donc ce simple fait matériel qui explique la loi suivie par le genre dramatique dans son développement. Du reste, quelle qu'ait été l'étendue de ses chants, le chœur conserva jusqu'à la fin le rôle qu'il a dans les plus anciennes tragédies : il n'est pas acteur, comme le dit Horace ; il ne participe à l'action que moralement comme juge bienveillant et sensé ; toujours maître de lui-même, il encourage les gens de la scène quand la résolution leur manque, il les retient quand leur énergie s'emporte ; modérateur de l'action, il est toujours pour le parti le plus juste et pour les sentiments les plus généreux ; à ce titre il peut être regardé comme exprimant la pensée commune et l'impression morale éprouvée par les spectateurs.

Outre ces grandes mélodies ($μέλη$) où toutes les ressources de la poésie lyrique étaient employées et qui, chantées dans les modes doriens, étaient accompagnées de la danse religieuse appelée *emmélie* ($ἐμμέλεια$) ; le chœur, au milieu même de l'action, entrait souvent en relation plus intime avec les personnages, et exécutait avec eux des chants alternés, dans lesquels les différents modes musicaux pouvaient être mis en usage. Tantôt ces dialogues étaient, quant aux couplets chantés par le chœur, divisés en strophes et antistrophes ; tantôt ils ne l'étaient pas et se développaient avec une entière liberté. Un des plus beaux exemples de ce genre de dialogues se trouve dans l'Electre de Sophocle (v. 121) ; les Choéphores d'Eschyle nous en offrent un autre (v. 309) qui ne comprend pas moins de 156 vers et dans lequel les strophes, les antistrophes et les chants d'Oreste et d'Electre sont croisés avec une habileté merveilleuse (voy. plus bas); malheureusement comme nous n'avons pas la musique de ces morceaux, la meilleure partie de l'effet mélodique est perdue pour nous.

Dans des circonstances plus intéressantes encore et plus pressantes, le chœur cessait même de chanter et entrait en conversation directe et immédiate avec les personnages. On en voit des exemples dans un grand nombre de tragédies. D'un autre côté lorsque la suite des événements produisait dans l'âme d'un personnage une sorte d'exaltation lyrique, il arrivait que le chant passait de l'orchestre à la scène et que l'acteur exécutait un véritable *solo,* dans lequel plusieurs modes musicaux pouvaient se combiner et se confondre. Mais ce fait ne se produisit guère avant l'époque d'Euripide, lorsque déjà les formes et les habitudes musicales du chœur avaient besoin d'être rajeunies.

Entre les chœurs et le dialogue, on remarque le plus souvent une *tirade rhythmée,* mise dans la bouche du chœur ou d'un personnage. Cette tirade, quand elle précède le chant du chœur, sert à le préparer et à ménager le passage de l'âme de l'état ordinaire à l'état lyrique; lorsqu'elle le suit, elle sert à ramener l'âme à son état ordinaire et à la replacer dans le courant des événements réels. Il est certain que ces tirades n'étaient pas chantées, mais seulement récitées sur une sorte de cantilène et, comme nous dirions aujourd'hui, sur une tenue de l'orchestre. Elles montrent avec quel soin l'art de la composition savait chez les Grecs unir les unes aux autres les parties hétérogènes qui entraient nécessairement dans la totalité d'une œuvre.

Le *dialogue* était soumis lui aussi à des règles de composition et de distribution, dont les modernes se sont totalement affranchis. Rien n'y est arbitraire : une sorte de pondération est établie entre les vers ou les tirades débitées par les deux interlocuteurs, de manière qu'il y ait entre elles un équilibre qui ne se rompt qu'à la fin du dialogue ou au moment où la situation relative des deux esprits vient à changer. De là ces dialogues si fréquents où l'on se répond vers à vers, distique à distique, où trois vers sont opposés à trois vers, quatre à quatre, avec une persistance qui dure quelquefois jusqu'à la fin de la scène. Cette pondération se fait sentir jusque dans les mots et les formes des phrases (1); et il en résulte une entière et visible symétrie, qualité que l'art antique a toujours recherchée. Toutefois cette symétrie n'est pas toujours obtenue par l'opposition de tirades égales entre elles : elle l'est aussi par l'opposition de tirades inégales; et cette inégalité répond à la situation relative des deux personnages dans l'action dramatique. Ainsi dans le dialogue d'Héphæstos et de Kratos, au commencement du Prométhée, Kratos, qui commande, parle longtemps par distiques à Héphæstos, qui obéit et qui ne répond que par un vers; de plus le dialogue ainsi constitué est encadré entre deux allocutions, l'une d'Héphæstos, l'autre de Kratos, à Prométhée. Ainsi cette scène procède à la fois par contraste et par symétrie, soumise à une sorte de balancement qui produit le plus grand effet. Comme il est possible de donner aux tirades des longueurs très-diffé-

---

(1) Voy. dans Eschyle, Choéph. 470, le dialogue d'Oreste et d'Electre.

rentes, le poète, tout en restant soumis à cette loi de composition, conserve une grande liberté. Les Grecs n'en ont jamais manqué; mais ils étaient persuadés qu'un art quelconque est un ensemble de règles auxquels l'artiste doit nécessairement soumettre la matière qu'il emploie. Les règles conçues par les artistes grecs n'étant autre chose que les procédés ordinaires de la nature, soumis à la raison, débarrassés de leurs aberrations et appliqués à des matières que la nature n'a pas coutume d'employer de la même façon, il en résultait que les œuvres des artistes portaient à la fois l'empreinte du génie de l'homme et les caractères des productions les plus naturelles.

Voici maintenant quelles sont les grandes lois qui présidaient à la construction d'une tragédie.

La tragédie ne renferme qu'un acte, partagé par les strophes du chœur en un certain nombre de moments ou *épisodes*. Cet *acte*, δρᾶμα, constitue à lui seul l'unité de la pièce, unité qui n'est soumise ni au temps ni à l'espace et qui peut se déployer en liberté dans des parties très-différentes de l'un et de l'autre. Aucun des grands tragiques n'a connu la prétendue règle des trois unités. L'action unique du drame se développe dans un nombre variable de scènes, dont aucune ne peut être retranchée sans que l'action s'arrête; et, comme elle ne peut s'arrêter, parce qu'elle résulte d'un concours naturel de caractères et de situations, c'est-à-dire de forces irrésistibles, il n'y a dans une tragédie grecque rien de fortuit, ni d'arbitraire; il n'y a donc pas d'intrigue. De plus on ne saurait intercaler entre les scènes nécessaires aucune scène indifférente à l'action; car elle formerait un hors-d'œuvre, donnerait lieu à une petite action étrangère et briserait l'unité principale. Les scènes tombent pour ainsi dire l'une sur l'autre, sans laisser de relâche au spectateur. Du reste cette unité peut s'étendre jusqu'à embrasser trois tragédies liées entre elles indissolublement et constituant une *trilogie*. Il est probable que toutes les pièces d'Eschyle faisaient partie de vastes compositions trilogiques, et qu'on cessa d'en faire lorsque les esprits affaiblis furent devenus incapables de porter le poids de ces œuvres gigantesques.

Le développement de l'action tragique repose sur deux lois fondamentales, celle des contrastes, et celle du dédoublement. La *loi des contrastes* veut qu'à un caractère il s'en oppose toujours un autre, par exemple Oreste à Egisthe, Electre à Clytemnestre. Le contraste n'a pas toujours lieu entre deux hommes ou entre deux femmes, mais souvent aussi entre un homme et une femme, lorsque la situation les met en lutte l'un avec l'autre. Quelquefois l'un des deux personnages contrastés est absent en apparence mais présent par sa volonté ; c'est ainsi que Prométhée a pour pendant Jupiter, quoique Jupiter ne paraisse pas dans la pièce ; et dans ce cas l'absent est représenté par des personnages qui exécutent ses volontés ; Jupiter est représenté d'abord par Kratos, Héphæstos et Bia et plus tard par Hermès. Enfin le contraste peut s'étendre et opposer l'un à l'autre deux groupes de personnages, comme dans l'OEdipe à Colone, ou un personnage seul à un groupe, comme dans le Philoctète. Mais les personnages qui n'en ont point un autre en face d'eux, sont rares dans les tragédies grecques ou n'y remplissent qu'un rôle secondaire et passager. Le véritable fond sur lequel se détachent en relief les personnages contrastés, c'est le chœur, sorte de tableau animé et parlant, dont le rôle est de montrer dans le lointain sous leur forme abstraite et calme les grandes lois de la vie s'accomplissant dans l'action scénique et dominant les événements. Le chœur joue en quelque sorte le rôle de la basse dans l'harmonie moderne.

La *loi du déboublement* ou des caractères complémentaires est constamment appliquée dans les tragédies antiques. Elle repose sur une donnée naturelle : car, quand un homme est engagé dans une action dramatique déterminée, il y a toujours en lui une idée et un sentiment qui dominent et duquel procèdent ses actes particuliers. L'art antique, pour faire ressortir ce point principal, incarnait pour ainsi dire une passion ou une idée dans un personnage et formait par là des caractères qui pouvaient au premier abord sembler outrés, mais qui donnaient au drame une extrême énergie. Pour ôter l'apparence inhumaine qui en serait résultée, le poète, à côté d'un tel personnage, en plaçait un autre, ayant au fond la même situation, mais résumant dans son caractère les idées et les sentiments qui dans l'autre se trouvaient comme effacés par l'idée dominante. Ainsi Antigone a pour complément Ismène, Electre a pour complément Chrysothémis; dans Eschyle, Oreste et Electre, Egisthe et Clytemnestre, Agamemnon et Cassandre, Jupiter et Vulcain, Kratos et Bia, sont complémentaires entre eux.

L'application de ces deux lois en engendrait une troisième qui est la *loi de symétrie*. Cette loi nous venons de la voir appliquée dans les détails du dialogue; elle l'est en grand dans la distribution des rôles. Seulement comme un personnage donné est à la fois le complément d'un second et le contraire d'un troisième et que celui-ci est lui-même le plus souvent dédoublé, le contraste s'étendant alors à un quatrième personnage, il en résulte deux groupes dans lesquels chacun est à la fois le complément de son homologue et l'opposé des deux autres. La symétrie n'est donc pas simple ; elle est le résultat de deux causes différentes qui se combinent dans leur développement.

Enfin il est une dernière loi qui préside à la construction des pièces grecques, où elle est du reste plus ou moins pleinement appliquée suivant la nature du sujet et le génie du poète : c'est la *loi des actions implexes*. Pour la faire comprendre j'emprunterai un exemple à l'architecture religieuse de cette époque. Un temple, tel que le Parthénon, figure un quadrilatère dont les quatre côtés (formés par quatre lignes passant par le pied des axes des colonnes) sont courbes et présentent leur convexité à la fois en dehors et en haut. Sur ces quatre lignes sont rangées à des distances inégales mais symétriques les colonnes du péristyle (περίστυλον). Toutes ont leur axe incliné vers l'intérieur; mais les plus inclinées sont les quatre colonnes angulaires, et l'inclinaison va diminuant jusqu'au milieu de chacune des quatre colonnades ; elle est la même pour les colonnes symétriquement placées. De cette disposition il résulte que si l'on prolonge dans le ciel les quatre colonnes des angles, elles dessinent une pyramide quadrangulaire d'une certaine hauteur ; si l'on fait la même chose pour quatre autres colonnes symétriques, prises dans les colonnades, chaque groupe de quatre dessinera encore une pyramide ; mais aucune de ces pyramides ne coïncidera avec une autre ni par la base, ni par les faces, ni par le sommet ; de plus elles se croiseront entre elles à des hauteurs différentes et d'autant plus variées que le péristyle sera composé d'un plus grand nombre de colonnes. Dans un temple tel que la Madeleine de Paris, les bases des colonnes sont posées sur un parallélograme rectiligne; leurs axes sont verticaux; prolongés dans le ciel ils vont s'écartant et c'est au centre de la terre qu'ils se rencontrent tous à la fois. Il n'y a donc aucune ressemblance réelle entre le Parthénon et la Madeleine : la ressemblance n'est qu'apparente.

Une tragédie grecque est construite comme un temple grec. Elle repose sur une action principale qui en détermine pour ainsi dire les contours et l'ensemble; mais presque toujours cette action en renferme plusieurs autres, plus ou moins distinctement aperçues et qui se croisent avec l'action principale de mille manières différentes. Ainsi le Prométhée d'Eschyle repose sur une action religieuse évidente, la lutte des Titans et des dieux, dont il est un épisode. Mais il renferme aussi une action morale, la lutte de la ruse usurpatrice contre l'opiniâtreté dans le droit; une action humaine ou psychologique, la révolte de la raison contre la force arbitraire, raison qui sent sa suprématie mais aussi sa faiblesse vis-à-vis la loi du destin; une action sociale représentée secondairement dans le personnage d'Io, dont l'aventure montre le danger qu'il y a à sortir de sa condition; une action politique, la lutte d'une dynastie aînée, légitime, aristocratique, morale et bienfaisante, contre un tyran sorti d'une branche cadette et qui n'a pour se soutenir que la corruption et la violence; enfin une sorte d'action géographique ou ethnologique exprimée par les voyages d'Io vers toutes les extrémités du monde connu. Toutes ces actions sont combinées entre elles de manière à produire un ensemble parfaitement un. Et cependant nous n'avons montré la loi des actions implexes que dans une pièce dépendant d'une trilogie, où une action beaucoup plus vaste se déployait.

Ainsi constituée, la tragédie antique avait pour moyens idéaux le masque, les dispositions symétriques, les personnages groupés et les divisions chorales; l'action dramatique, se développant par portions successives fortement liées entre elles, agissait par grandes masses, comme la sculpture, et non par des sentiments subtils ou par des idées infiniment diversifiées. Par là elle devenait l'institutrice du peuple, comme le dit Aristophane : elle lui présentait le spectacle d'actions héroïques où respirait l'amour des bons et la haine des méchants; celui des grandes passions viriles, la religion, l'amour de la patrie, les sentiments de la famille; peu ou point d'amour, parce que l'amour tient l'âme passive et manque de virilité. Elle mettait sous ses yeux l'expérience du passé remplaçant, au moyen d'événements fictifs ou légendaires, l'expérience pénible et tardive de la vie; des apophthegmes et des préceptes nés des situations et qui, fortement exprimés et souvent répétés, devenaient la morale du peuple; enfin cette loi inévitable de justice qui, sous les noms de μοῖρα, de νέμεσις, et d'εἱμαρμένη, se développe à côté et au-dessus de la liberté humaine et enchaine toutes les générations dans son obéissance. Certainement l'institution de la tragédie parfaite devint une partie de l'éducation publique et contribua à former des âmes énergiques et généreuses. On en demeure convaincu quand on songe que ces grandes œuvres étaient représentées devant des foules immenses, qui se tenaient là une journée entière assises à les entendre : le théâtre de Bacchus à Athènes pouvait contenir

30,000 spectateurs; celui de Sicyone, qui était plus grand, avait 130 mètres de large; celui d'Argos 146 mètres; celui d'Ephèse en avait plus de 214 et donnait place à 150,000 spectateurs.

III. Eschyle, Αἰσχύλος, fils d'Euphorion, Athénien, né à Eleusis en l'année 525 avant J.-C. et mort en 456 à l'âge de soixante-neuf ans. Il avait, dit-on, pour frères Amynias et Cynégire dont Hérodote (vi, 114), Justin (ii, 9) et d'autres historiens racontent les belles actions à Marathon et à Salamine. Eschyle combattit lui-même à Marathon, à Salamine et à Platées. Il commença de bonne heure à composer des drames; avant l'âge de trente ans il avait déjà remporté le prix sur le plus célèbre dramaturge de l'époque, Pratinas. Dans l'espace de quarante ou quarante-cinq ans que dura sa carrière littéraire, il composa soixante-douze pièces; cinquante-deux furent couronnées dans treize concours, chaque concours portant à la fois sur quatre pièces, à savoir une trilogie tragique et un drame satyrique. Il fut vaincu une fois par le jeune Sophocle en l'année 468, douze ans avant sa mort. Eschyle passa la plus grande partie de sa vie dans Athènes. Vers la fin il fut attiré en Sicile par Hiéron, auprès duquel s'était déjà rendu Pindare. La raison de son départ indiquée par O. Müller est probablement la vraie, sinon la seule. Eschyle était eupatride, c'est-à-dire de famille noble ou féodale; attaché par tradition domestique aux institutions aristocratiques, il défendit avec une grande énergie celle de l'Aréopage, dans laquelle il voyait le salut de l'Etat et qui en 458 fut sapée par le parti de l'avenir ayant pour chef le jeune Périclès. Le triomphe des idées de Thémistocle et de Périclès dut rendre fort pénible pour le vieux noble le séjour d'Athènes et les offres de Hiéron durent lui plaire. Il mourut à Géla ; voici l'inscription qui fut mise sur son tombeau et dont il fut l'auteur :

« Eschyle fils d'Euphorion, Athénien, gît sous ce
   Monument ; il est mort dans la fertile Géla.
Sa valeur bien connue, le bois de Marathon peut la dire,
Et aussi le Mède à la longue chevelure, qui la connaît. »

Voici les titres des tragédies d'Eschyle : *Agamemnon*, *Athamas*, les *Egyptiens*, *Etna*, *Amymone*, les *Argiens*, le *Rameur*, *Atalante*, les *Bacchantes*, les *Bassares*, *Glaucos* le marin, les *Danaïdes*, les *Tisseurs de filet*, les *Eleusiniens*, les *Epigones*, *OEdipe*, *les Sept devant Thèbes*, les *Euménides*, les *Edoniens*, les *Héliades*, les *Héraclides*, les *Théodores*, les *Femmes de Thrace*, les *Suppliantes*, *Ixion*, *Iphigénie*, les *Cabires*, *Calliste*, *Europe* ou les Cariens, *Cercyon*, les *Hérauts*, les *Cercles satyriques*, les *Crétoises*, *Laïos*, le *Lion*, les *Lemniens*, *Lycurgue*, *Memnon*, les *Myrmidons*, les *Mysiens*, les *Jeunes garçons*, *Némée*, les *Néréides*, *Niobé*, les *Cardeuses de laine*, les *Ramasseurs d'ossements*, *Penthée*, les *Perrhœbides*, les *Perses*, *Pénélope*, *Polydecte*, *Prométhée* porteur du feu, *Prométhée* enchaîné, *Prométhée* délivré, les *Propompes*, *Protée*, les *Salaminiens*, *Sémélé*, *Sisyphe* fugitif, le *Sphinx*, *Télèphe*, les *Femmes-archers*, les *Nourrices*, *Hypsipyle*, *Philoctète*, les *Phorcides*, le *Rachât d'Hector*, les *Phrygiens*, les *Choéphores*, la *Menée des âmes*, la *Pesée des âmes*.

Il nous en reste sept à peu près complètes, avec des fragments de cinquante-huit autres et un assez grand nombre de vers isolés dont l'origine est incertaine. Les sept pièces conservées appartiennent toutes à la seconde moitié de la carrière dramatique d'Eschyle; la plus ancienne est de 472. Il est très-regrettable que l'on n'ait point sauvé quelques-unes des pièces antérieures, qui auraient permis d'apprécier le chemin parcouru par le genre tragique pendant la vie du poète. Heureusement, sur les sept pièces que nous possédons, trois appartiennent à une même action dramatique et nous fournissent le seul exemple qui nous reste d'une trilogie.

Les *Perses*, Πέρσαι, furent représentés en 472. Le sujet est emprunté à l'histoire; c'est la lutte de la Grèce et de l'Asie. Tous les personnages sont asiatiques; aucun n'est grec; je ne pense pas qu'on eût toléré qu'un homme vivant ou récemment mort parût en effigie sur le théâtre; mais le lointain des scènes persanes et l'aspect grandiose des rois de la « Sainte Asie » permettaient de représenter Xercès, sa mère Atossa et l'ombre de son père, le grand Darius, fils d'Hystaspe. La scène était à Suse, devant le palais et le tombeau de ce prince, et le chœur était composé de vieillards appartenant à la caste royale et servant de conseillers à la reine en l'absence de son fils. Le spectacle est d'une simplicité émouvante : ces vieillards sont devant le palais; Xercès est parti pour la Grèce avec les Immortels, soutenus par une immense armée; toute la jeunesse de l'empire est à la guerre; la Perse ne contient plus que les femmes, les enfants et les hommes âgés, avec Atossa gouvernant un royaume désert. De l'armée, point de nouvelles; la reine a vu en songe son fils conduisant un char attelé de deux femmes : l'une est la Perse qui obéit aux rênes, l'autre est la Grèce qui se cabre, renverse le char et laisse Xercès à terre parmi les débris. Bientôt un courrier survient haletant, qui raconte la terrible bataille de Salamine, la destruction de l'armée et la fuite du roi. Un admirable chœur chante une lamentation sur ce revers. C'est la première partie. La seconde est remplie par l'apparition de l'ombre de Darius que la reine a évoquée : c'est elle qui, avec une voix et dans un langage surhumain, donne la moralité du drame, enseigne la politique de modération, blâme Xercès et annonce la ruine finale de l'empire. En effet Xercès lui-même arrive, les vêtements en lambeaux, pleurant la ruine de Suse et donnant les derniers détails sur la destruction de son armée. Un chant de lamentation, alterné entre lui et le chœur, termine le spectacle. — Les *Perses* étaient précédés de *Phinée* et suivis de *Glaucos*. Nous croyons, comme O. Müller, que ces trois drames étaient compris dans une action commune formant trilogie : car la légende de Phinée, qui fait partie de celle des Argonautes, devait présenter sous sa forme la plus antique la lutte de la Grèce et de l'Asie; et la légende de Glaucos devait amener sur la scène la défaite éprouvée en Sicile par les Carthaginois le jour même de la bataille de Platée. On voit d'ailleurs aisément, à la simple lecture, que la tragédie des Perses ne se suffit pas plus à elle-même que les Choéphores, si on les représentait isolées.

Les *Sept devant Thèbes*, représentés en 642, étaient précédés d'*OEdipe* et suivis des *Eleusiniens*. Ils faisaient donc partie d'une trilogie roulant sur la légende thébaine et montrant dans son développement fatal la malédiction d'OEdipe sur ses deux fils. Dans les Perses il n'y a que deux personnages; dans les *Sept Chefs* il y en a trois, dont les rôles étaient probablement remplis par deux acteurs. De même que dans les Perses, une grande place est laissée au récit, lequel porte sur les événements militaires qui se passent sous les murs de la ville. Les sept chefs qui l'assiégent périssent les uns après les autres jusqu'à Polynice et Etéocle, dont les cadavres sont apportés sur la scène au moyen de l'exòstra. Un sentiment guerrier d'une incroyable énergie règne dans toute la pièce et fait dire à Aristophane que tous les spectateurs sortaient de la représentation avec la fureur de la guerre. Le chœur, composé de femmes, était dans les transes de la terreur, et son épouvante s'accroissait à chaque mouvement de l'armée dont on lui faisait le récit. Enfin Thèbes est sauvée ; mais la malédiction d'Œdipe pèse toujours sur sa famille ; Etéocle est sorti contre son frère en disant :

Etéocle. « Il n'y a plus de gain que dans la mort.....
Puisqu'un dieu pousse l'affaire,
Que roule en paix le flot du Cocyte, et qu'il prenne
Toute la race de Laïos, détestée d'Apollon.

Le chœur. Un appétit carnassier te pousse
A commettre un homicide au fruit amer,
A verser un sang défendu.

Et. C'est la malédiction de mon père qui s'accomplit ;
Avec des yeux secs et sans larmes elle approche,
Elle dit : la victoire d'abord, le reste après.

Le ch. Mais toi ne la hâte pas. On ne te dira pas
Lâche, si tu sauves ta vie. Erinnys à l'égide noire
Ne vient pas chez un homme quand de ses mains
Les dieux ont reçu l'offrande.

Et. Les dieux maintenant ne veulent plus de nous ;
L'offrande qu'ils aiment, c'est notre mort.
Pourquoi flatter encore le destin qui nous tue ?...

PÉRIODE DES GUERRES MÉDIQUES.   305

Le ch.   Tu veux donc vendanger du sang fraternel ?

Et.   Que les dieux le veuillent, il n'échappera pas.

Ils se tuent tous deux ; on ensevelit Etéocle, mais Polynice est condamné à être mangé des vautours et à pourrir sans sépulture. Antigone et Ismène chantent leur commune destinée, à peu près de cette manière :

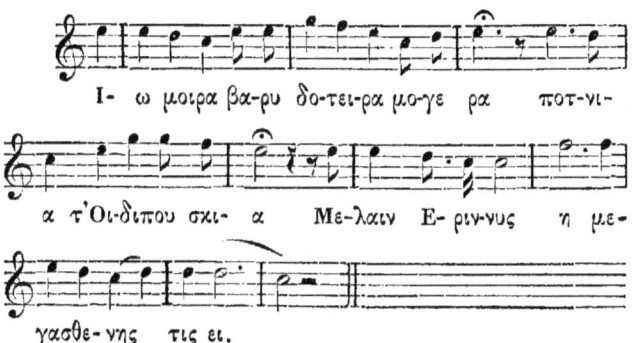

Les *Suppliantes*, Ἱκέτιδες, représentées probablement en 461, faisaient partie d'une trilogie dont la première pièce était les *Egyptiens* et la troisième les *Danaïdes*. C'est ce qui explique l'extrême simplicité de l'action et de la composition de la pièce ; en effet la réception en Argolide des filles de Danaos et de ce vieillard lui-même se lie étroitement au meurtre des fils d'Egyptus qui les poursuivaient et à une action préliminaire exposant l'origine de la querelle. La pièce qui nous reste est en grande partie formée de chœurs. Les filles de Danaos, abordant au rivage de la Grèce, chantent en strophes une prière à Zeus hospitalier et aux autres divinités et, sur l'avis de leur père, implorent tour à tour les statues des dieux. Le roi

TOME I.   20

Pélasgos se présente, et après s'être fait expliquer par elles la cause de leur fuite, il hésite longtemps à les recevoir : la prudence, l'intérêt de son peuple, pour qui il craint la guerre, le retiennent; mais le devoir sacré de protéger des suppliants l'oblige à exercer l'hospitalité;

« une grande guerre avec les Egyptiens ou avec les dieux, voilà [l'alternative ».

Les jeunes filles menacent de se pendre avec leurs ceintures aux statues des dieux. Pélasgos veut cependant être soutenu par l'assentiment du peuple; il va le consulter; et pendant ce temps, le chœur chante un magnifique *stasimon* en l'honneur de Zeus, seigneur des seigneurs. Danaos qui est allé implorer tous les autels a trouvé les Argiens favorables; ils ont rendu un décret en sa faveur : nouveau *stasimon* en l'honneur d'Argos. En ce moment Danaos aperçoit à l'horizon de la mer une flotte montée par des hommes noirs vêtus de blanc; le chœur tremble d'effroi et voudrait fuir. Les Egyptiens débarquent précédés d'un héraut qui vient pour ravir les jeunes filles; il les entraine par les cheveux. Pélasgos défend ses suppliantes et chasse le héraut. Le chœur est reçu dans Argos avec les honneurs de l'hospitalité. Mais l'action n'est pas terminée; elle vient seulement de se compliquer d'une action politique.

Il n'y a dans les Suppliantes que deux personnages, Danaos et Pélasgos; ils ne conversent entre eux qu'un seul instant; presque tout le dialogue est entre l'un d'eux et le chœur; vers la fin seulement parait pour quelques moments sur la scène le héraut égyptien. Le chœur chante presque tout ce qu'il dit, même lorsque l'interlocuteur ne chante pas : c'est ce que l'on voit dans la scène entre le chœur et le roi (v. 346), scène où les chants du chœur sont alternés avec des tirades de cinq vers que le roi prononce dans le mètre iambique. La scène entre le chœur et Danaos (v. 734) est plus curieuse encore : Danaos prononce deux vers iambiques; et le chœur répond chaque fois aussi par deux vers iambiques auxquels il ajoute trois vers lyriques formant strophes et antistrophes. Voici encore la composition du chœur final (v. 1014) : quatre vers iambiques, longue tirade récitée sur une tenue des instruments, demi-chœurs alternés, chœur d'ensemble formant prière à Jupiter.

Le *Prométhée enchainé*, Προμηθεὺς δεσμώτης, marque dans l'histoire de la tragédie grecque l'apparition sur la scène du troisième acteur ; deux acteurs remplissant successivement plusieurs rôles, avait suffi jusque-là aux représentations. Ici l'on voit en même temps Prométhée, Kratos et Héphæstos; Prométhée occupe la scène d'un bout à l'autre du drame; il est comme un point fixe devant lequel viennent passer tous les personnages. Ce sont, outre Kratos (la force) et Héphæstos (Vulcain), Océan, Io et Hermès. Dans la pièce qui précédait on voyait Prométhée porteur du feu (Πρ. πυρφόρος); celle qui suivait montrait la délivrance de Prométhée (Πρ. λυόμενος). Le chœur du Prométhée enchaîné se compose des Océanides, cousines germaines du Titan et filles d'Océan, son oncle. Toute la trilogie représentait dans son ensemble la légende de Prométhée, légende qui donnait sous une de ses formes religieuses la théorie du feu sacré. Sans cette théorie, dont le Vêda nous donne toute la métaphysique, le drame du Titan, de sa fonction liturgique devenue chez les Grecs le vol du feu, de sa passion qui est une sorte de crucifiement, et enfin de sa délivrance par Héraclès, serait à peu près inintelligible. Ce sujet fut un des plus grandioses qui pussent paraître sur le théâtre de Bacchus, surtout pour Eschyle qui en connaissait certainement la portée. Ce poète en effet n'était pas seulement initié à plusieurs mystères de la Grèce; il l'était aussi aux dogmes pythagoriciens dont les relations avec l'Orient indo-perse sont très-probables, et il avait un goût marqué pour la philosophie mystique des orphiques, auxquels l'invasion persane donna un élan nouveau. Leur tradition, qui les rattachait par Orphée à l'Asie centrale, introduisait, comme l'entrevoit O. Müller, dans la légende de Prométhée un élément qui n'était pas dans le mythe hellénique, celui de la réconciliation finale des Titans avec Zeus. Quoique ces Titans soient d'antiques *asouras* védiques, lorsque Zeus, qui en était un lui-même, fut devenu le dieu suprême des Hellènes et eut pris chez eux le rôle de l'*Ahoura* (Ormuzd) des Perses, les Titans devinrent par cela même des puissances hostiles à Zeus, avec lesquelles, idée zoroastrienne, il devait se réconcilier à la fin des temps. La légende hellénique fixe à 30,000 années le temps qui sépare la passion de Prométhée de sa délivrance; c'est donc aussi cet intervalle qui est supposé s'être écoulé entre les deux dernières pièces de la trilogie. Le rôle de Zeus, absent mais représenté par ses agents, a dans le Prométhée enchaîné une couleur odieuse qui évidemment ne pouvait pas subsister dans la dernière pièce : la réconciliation du génie libre avec la puissance souveraine devait restituer à celle-ci ce caractère auguste auquel Eschyle ne manque jamais de rendre hommage; en effet le chœur du Prométhée délivré était composé de Titans rentrés en grâce, et la délivrance du captif se faisait avec l'assentiment du dieu suprême; toute la terre était dans la joie, la sécurité régnait avec l'harmonie dans l'univers rendu à son unité primordiale et achevant en paix la période actuelle de son existence.

Nous avons donné plus haut une analyse technique du Prométhée. J'ajouterai seulement ici que la présence d'Io dans la pièce répond à cette idée, que le rôle de Zeus dans l'univers ne peut se remplir qu'avec le concours de son énergie féminine, qui est Héra (Junon); Junon fait donc partie du drame titanesque au même titre que Zeus, et Io joue vis-à-vis elle le même rôle que Prométhée en face du roi de l'Olympe. De plus si Prométhée représente la descente du feu divin sur la terre et son incarnation dans la race humaine, Io devient l'énergie féminine par laquelle doit s'opérer le rachat de l'humanité captive; les conséquences de sa maternité divine se déroulaient dans la troisième pièce du drame.

Toute cette action immense, où les idées orientales commencent déjà à se faire sentir, avait pour scène le Kaukase d'Asie, au sud de la mer Caspienne, la grande chaîne diaphragmatique, conductrice principale des religions âryennes. Tous les êtres de la nature, réels, idéaux et abstraits, sont intéressés dans cette action, où se développe, sous un aspect que les Grecs n'avaient point encore vu, la genèse et la destinée du monde. Le poète avait bien soixante-cinq ans lorsqu'il la donna au théâtre. Quand on compare seulement l'Olympe de l'Iliade peuplé de dieux matériels, l'Olympe de l'Odyssée, montagne transparente qui se dresse dans l'empyrée, et le Kaukase eschylien où le drame de l'humanité s'accomplit, on voit combien et dans quel sens le génie des peuples helléniques avait marché.

L'*Orestie* se compose de trois tragédies intitulées *Agamemnon, les Choéphores, les Euménides*; c'est la seule trilogie qui nous ait été conservée; c'est donc elle seule qui peut nous donner une idée nette de ces vastes compositions. L'action roule toute entière sur la légende d'Oreste, à partir du moment où la destinée qui plane sur la maison des Atrides l'engage à son tour dans la succession des forfaits, jusqu'au moment où le décret d'un tribunal auguste brise cette succession et absout le dernier coupable. Cette action en contient quatre principales, suivant la loi formulée plus haut : 1° *une action héroïque* d'une nature tragique : elle ne commence dans l'Agamemnon qu'au moment où des feux sur les montagnes annoncent la prise de Troie et le retour du roi de Mycènes; elle comprend l'assassinat de ce prince par sa femme Clytemnestre aidée d'Egisthe son amant; le meurtre des deux coupables par Oreste, fils de Clytemnestre et d'Agamemnon; les fureurs, le procès et l'absolution d'Oreste par Minerve, Apollon et l'Aréopage. Le reste de la légende d'Oreste et son voyage en Tauride, où il retrouve sa sœur Iphigénie, appartiennent à une autre série d'événements. Quant à ceux qui avaient précédé l'assassinat du roi de Mycènes, ils sont rappelés dans les drames d'Eschyle depuis l'œuf de Léda, et leur enchaînement est mis au jour dans toute son horreur. Ce qu'Eschyle a ajouté à la légende, c'est le dénoûment et l'intervention du tribunal d'Athènes; — 2° *une action morale :* elle repose sur cette donnée éminemment tragique que le crime engendre le crime :

« Oui, c'est la loi : les gouttes de sang
versées à terre demandent un autre sang. » *Choéph.*

Le crime qu'Oreste va commettre est causé par celui de sa mère, qui le fut par le sacrifice d'Iphigénie et ainsi de suite jusqu'à la première infraction au devoir. Car le crime appelle la punition, qui est double : elle est externe ou corporelle, c'est le meurtre punissant le meurtre ; elle est interne, c'est le remords. De là la troisième partie de l'action, qui commence aux fureurs d'Oreste et amène sur la scène les Euménides. Mais le crime appelle aussi l'expiation, qui s'accomplit par le repentir ou l'aveu du crime et par des sacrifices aux dieux. Oreste ayant été puni des deux manières et ayant accompli la double expiation, la règle du drame, appelée κάθαρσις chez Aristote, s'applique ici dans toute sa rigueur : Oreste est purifié et la dernière impression que reçoit le spectateur est à la fois morale et bienfaisante ; — 3° *une action de justice sociale :* l'opinion antique sur laquelle était fondée la législation pénale, c'est que la punition doit être identique au crime pour lui être égale ; c'est la loi du talion, loi de vengeance, dont l'individu était l'exécuteur. Dans la pensée d'Eschyle les temps étaient venus de remplacer ce principe barbare par un principe plus humain et de faire intervenir dans l'appréciation du crime les circonstances qui pouvaient l'atténuer. Pour cela il introduit des appréciateurs impassibles, Apollon, le dieu des expiations, Athéné, la droite intelligence qui préside aux sages conseils, et un tribunal auguste, l'Aréopage, en qui le principe de la justice sociale s'incarne pour remplacer les vengeances individuelles. Le premier acte de cette cour de justice est un acte de miséricorde en faveur d'Oreste :

la loi de grâce remplace la loi du talion; — 4° enfin *une action divine :* les anciens dieux chargés des hautes œuvres de la justice éternelle étaient sans pitié comme le Destin; ce sont les Mœres, la Némésis, et surtout les Erinnys, que l'on appelait Euménides dans Athènes; avec la loi du talion, ces divinités antiques vont céder la place à des divinités nouvelles, intelligentes, humaines et miséricordieuses, à la tête desquelles sera Zeus, aidé par ses deux enfants Apollon-secourable et Pallas-Athéné. Cette transition ne se fait point sans résistance : les Euménides réclament au nom de leurs anciens droits dans un chœur d'une extrême énergie (*Eumén.* v. 484); mais elles cèdent enfin à condition qu'elles auront éternellement dans Athènes une culte et des honneurs.

La lecture de l'Orestie montre à nu les trois lois fondamentales du drame que nous avons énoncées plus haut. Le *contraste* existe entre les trois drames, qui nous montrent tour à tour le crime pur et simple, le crime accompli au nom de la vengeance et de la punition, et enfin le crime avoué, expié et absous. Il existe dans les lieux et dans la mise en scène : dans la première pièce on voit un palais rayonnant de joie, puis assombri par la terreur et par le crime; dans la seconde un tombeau, des femmes en deuil, des enfants éplorés, puis un espoir qui se réalise par un double meurtre; dans la troisième, un temple pur où ronflent trois vieilles femmes hideuses, qui se réveillent à la voix d'une mère assassinée qui reparaît, et partent sur la piste du coupable; elles le retrouvent à l'odeur du sang, mais c'est pour comparaître avec lui devant une cour de justice qui se déroule sur la scène avec un grand appareil. Le contraste est entre les personnages : Agamemnon et Egisthe, Cassandre et Clytemnestre; puis Oreste et Egisthe, Electre et Clytemnestre, Gilissa même et le portier; enfin les Euménides et les dieux nouveaux. Les trois chœurs sont aussi contrastés : les vieillards d'Argos, les vierges versant des libations, puis les noires Euménides, chantent des strophes dont la musique et les paroles produisirent le plus puissant effet sur les spectateurs. — La loi du *dédoublement* nous offre Egisthe pour complément de Clytemnestre; Cassandre, d'Agamemnon; Oreste, d'Electre; les Furies, de l'Ombre; la Pythie, d'Apollon; l'Aréopage, d'Athéné. — Il résulte de ces combinaisons d'actions et de personnages une *symétrie* (συμμετρία) d'une grandeur saisissante : des trois pièces, les deux premières sont comme le pendant l'une de l'autre et se ressemblent en quelque sorte scène pour scène; elles procèdent parallèlement comme les frises latérales d'un grand temple, ou comme une strophe et son antistrophe; la troisième est comme l'épode ou comme la sculpture de face d'un temple, montrant le point central d'une action dont les ailes ne donnent que les scènes préparatoires. On arrive à établir la symétrie par la formule suivante : Clytemnestre et Egisthe sont à Agamemnon et à Cassandre comme Electre et Oreste sont à Clytemnestre et à Egisthe, comme l'Ombre et les Furies sont à Oreste, comme les dieux nouveaux avec l'Aréopage sont aux Furies. L'action continuée entre ces groupes de personnages change de caractère à chaque épisode et se termine par le triomphe de la justice et de la religion.

Pour donner une idée du drame eschylien, je place ici la traduction littérale d'un passage des Choéphores : Electre et Oreste, avec le chœur, s'entretiennent devant le tombeau de leur père assassiné.

Le chœur.	« Oui, grandes Mœres (Parques) que par Jupiter les choses s'accomplissent dans le sens où marche la justice. « Que pour une parole de haine une parole » de haine soit payée » ; réclamant sa dette la Justice crie bien haut : « que pour un coup sanglant un coup » sanglant soit payé ». « Qui a fait le mal, le subisse », ainsi parle une très-antique parole.
Str. 1. ORESTE.	O père, pauvre père, que te dirai-je, que ferai-je après une longue traversée, près de ta couche funéraire ? Les jours sont égaux aux nuits ; de même on appelle action de grâces un magnifique pleur pour les Atrides, ensevelis devant ce palais.
Str. 2. LE CH.	Mon enfant, le sentiment du mort, non, la dent violente du feu ne le dompte pas. Plus tard il montre ce qu'il ressent : le mourant crie, le meurtrier se découvre ; Et de pères et de mères un pleur légitime le poursuit, immense et plein de trouble.
Ant. 1. ÉLECTRE.	Ecoute à présent, ô père, tour à tour nos chants lugubres pleins de larmes. Un pleur sépulcral de deux enfants gémit pour toi ; Un tombeau les a reçus, suppliants et exilés à la fois. Qu'y a-t-il de bien ici ? Qu'y a-t-il d'exempt de maux ? Le malheur n'est-il pas invincible ?
Le Ch.	Mais du milieu de ces maux un dieu qui le voudrait

PÉRIODE DES GUERRES MÉDIQUES.

              ferait encore sortir des accents plus doux.
              Au lieu d'hymnes funéraires
              un péan dans ces demeures royales
              ramènerait un ami récemment mêlé à nous.

Str. 3. Or.   Ah ! si sous Ilion
              de la main d'un Lycien, ô père,
              tu avais été tué par une lance,
              laissant à ta maison la gloire,
              et à tes enfants sur les voies de la vie
              préparant un avenir glorieux ;
              tu aurais une grande tombe
              sur le lointain rivage,
              léger fardeau pour les tiens ;

Ant. 2. Le Ch.   Ami près d'amis
              là-bas morts avec gloire,
              sous la terre honoré,
              auguste Souverain,
              ministre des grands rois
              qui sont là-bas sous terre.
              Car tu étais roi, durant ta vie,
              de ceux qui ont accompli leur tâche
              de leurs propres mains et tenu le sceptre obéi.

Ant. 3. Elect.   Non, de Troie même
              sous les murs, immolé, ô père,
              dans la foule de ceux que la lance a frappés,
              près des flots du Scamandre tu n'es pas ense-
              Auparavant les meurtriers   [veli.
              auraient dû être ainsi domptés, et de ces
                                       [misérables
              la mortelle destinée, on aurait dû au loin
              à l'abri de ces maux.   [l'apprendre,

Le Ch.   Ce que tu dis, ma fille, vaut mieux que l'or,
              qu'une grande destinée et que le sort
              des Hyperboréens ; c'est que tu souffres.
              Mais aussi bien, d'un double fouet

le bruit arrive : des uns les défenseurs
sont sous terre désormais ; des maîtres
les mains sont impures, leurs mains odieuses.
Et le mal est surtout pour les enfants.

Str. 4. ELECT.   Cela m'a traversé l'oreille comme une flèche.
Zeus, Zeus, qui d'en haut envoies
tardivement le mal vengeur
à la main audacieuse et criminelle,
ce mal atteint même des parents.

Str. 5. LE CH.   Qu'il m'arrive de chanter
le hourrah parmi les torches pour un homme
frappé et pour une femme
qu'on tue ! Car pourquoi cacherais-je
l'inspiration de mon cœur ? Malgré moi
elle s'échappe, devant ma face,
âpre souffle, vapeur
de mon cœur, haine courroucée.

Ant. 4. OR.   Quand donc Zeus le fortuné mettra-t-il la main
Eh ! Eh ! que tranchant des têtes   [sur eux?
il devienne un objet de foi pour le pays.
Je réclame justice d'êtres injustes.
Ecoutez, vous qui honorez les dieux infer-

Le Ch.   Oui, c'est la loi, les gouttes de sang   [naux.
versées à terre demandent un autre
sang. Erinnys hurle la mort
au nom des premières victimes,
amoncelant malheur sur malheur.

Str. 6. ELECT.   Où sont, où sont les puissances des enfers ?
Voyez, toutes puissantes Imprécations des
                                    [morts,
voyez le reste des Atrides dans la détresse,
privés de l'honneur de leur palais.
Où donc se tourner, ô Zeus ?

Ant. 5. LE CH.   Derechef a bondi mon cœur,

PERIODE DES GUERRES MÉDIQUES.

en entendant cette plainte.
Alors j'espère à peine,
et mes entrailles se noircissent,
quand j'écoute ces mots.
Mais quand, après, un courage fortifiant
me revient, la douleur s'éloigne,
et je vois tout en beau.

Ant. 6. OR. Que pourrions-nous dire? Les maux
que nous a faits notre mère,
on peut les caresser, non les soulager :
comme un loup dévorant, [pas.
je tiens de ma mère un cœur qu'on n'apaise

Str. 7. ELECT. Elle a frappé un coup martial, comme
une Cissienne belliqueuse ;
frappant sans relâche, à tort et à travers, il
son bras s'allonger coup sur coup, [fallait voir
de haut, de loin. Du bruit assourdissant
ma pauvre tête retentit encore.

Oh! Oh! audacieuse, odieuse mère,
dans tes horribles emportements,
un roi sans cortége,
un époux sans pleurs,
voilà comment tu as osé l'ensevelir.

Str. 8. OR. C'est un outrage, que tu racontes. Ah, ah!
elle paiera donc le déshonneur de mon père,
grâce aux dieux,
grâce à mes mains.
Après cela, que je la tue et que je meure !

Ant. 8. ELECT. Elle l'a encore mutilé, pour que tu le saches.
Et comme elle l'a traité, elle l'a enseveli ;
Elle voulait te faire une destinée
insupportable.
Voilà les indignes malheurs de notre père.

Ant. 7. OR. Tu dis le sort de mon père.

Elect.	Moi, je vivais à l'écart, honteuse, dédaignée; exclue des appartements, comme une chienne [malfaisante, je supportais les railleries qui pleuvaient sur [moi, trouvant ma joie à cacher mes pleurs et mes [sanglots. Grave ces paroles dans ton cœur; par tes oreilles fais pénétrer ce récit jusqu'à la base immuable de ta pensée. Voilà ce qu'il en est. Le reste, aie le courage de te l'apprendre à [toi-même; Cela demande une âme inflexible.
Str. 9. Or.	C'est à toi que je parle, ô père, sois avec tes [amis.
Elect.	Je réponds par mes cris à tes pleurs.
Le ch.	Cette troupe assemblée répond aussi par ce murmure: écoute, viens au jour, réunis-toi contre des ennemis.
Ant. 9. Or.	Arès se bat contre Arès, Justice contre Justice.
Elect.	O dieux, achevez selon la justice.
Le ch.	On tremble en entendant ces vœux. Le sort est fixé depuis longtemps; Qu'il arrive selon leurs souhaits.
Str. 10. Le Ch.	Oh! malheur héréditaire, coup étrange du mal, coup sanglant! Oh! lamentables, insupportables deuils! Oh! douleur qu'on ne peut calmer,
Ant. 10.	qui tient ici comme une charpie! Ce n'est ni au loin, ni au dehors, ce n'est pas à d'autres, c'est entre eux

qu'ils s'ôtent la vie. Des sanglantes
déesses, qui sont sous terre, voici l'hymne.
Mais, ô dieux bienheureux, en entendant
Cette prière, envoyez secours
de bon cœur à des enfants pour la victoire.

Iambes. On. Père, toi qui mourus d'une mort indigne d'un
[roi,
je te le demande, fais que je sois le maître
[dans ta maison.

El. Moi aussi, père, j'ai besoin de toi !
fais que je me sauve, et que je procure à
[Égisthe une grande destinée.

Or. A ce prix les hommes fonderont pour toi des
[banquets
solennels ; sinon, dans les riches festins tu
[resteras
sans honneur, là où le blé avec l'onction est
[répandu pour les morts.

El. Moi aussi, pour libation d'hymen, je t'appor-
[terai
de la maison paternelle l'offrande de tout mon
[héritage ;
et mon premier hommage sera toujours pour
[ce tombeau.

Or. O Terre, laisse mon père être témoin du
[combat.

El. O Perséphone, donne-nous, toi aussi, un beau
[triomphe.

Or. Souviens-toi du bain où tu fus tué, mon père.

El. Souviens-toi du filet où ils t'ont fait mourir.

Or. C'est dans un lacet sans métal que tu fus pris,
[mon père.

El. Dans une enveloppe odieusement préparée.

Or. A ces outrages te réveilles-tu, mon père ?

El. Redresses-tu ta tête chérie ?

Or. Envoie donc la Justice au secours de ceux qui
[t'aiment.
Donne des coups pareils en échange de ceux
[que tu reçus,
si, vaincu, tu veux vaincre à ton tour.

El. Entends encore ce dernier cri, mon père.
Regarde ces deux petits assis sur un tombeau,
prends pitié de la femelle et de ceux qui naî-
[tront du mâle;
et ne laisse pas périr la race de Pélops.
Car c'est ainsi que tu vis encore, même après
[la mort.
Les enfants sont pour un mort les sauveurs de
pareils au liége qui porte le filet   [sa gloire;
et empêche ses réseaux de se perdre dans
[l'abîme.
Entends-nous ; c'est pour toi que nous gémis-
[sons.
Sauve-toi toi-même en écoutant notre voix.

Le ch. Leurs paroles sont à l'abri du blâme :
c'est le chant funèbre dû à un malheur non
[encor pleuré.
Au surplus, puisque ton cœur est prêt à agir,
Agis donc et tente la fortune.

(Choéph. v. 300.)

III. COMÉDIE.

I. La comédie s'organisa en même temps que la tragédie, avec cette différence qu'elle se produisit dans deux

centres à la fois, Athènes et la Sicile. Du reste ce n'est point par une sorte de parti pris et par suite de raisonnements abstraits sur le bien et sur le mal qu'elle se sépara de l'autre forme du drame ; la vie réelle ne fut point la première carrière qu'elle exploita. Le carnaval bachique la jeta dès son origine dans le fantastique, qui est à la fois voisin de l'idéal et de la réalité grotesque. Dans Athènes, où la vie réelle se manifestait dans toute sa liberté, la comédie mit de bonne heure sur la scène des sujets qu'elle lui emprunta; mais comme elle était née de la farce dionysiaque venue de Mégare et qu'elle demeura longtemps fidèle à son origine, elle fut toute remplie de l'esprit dorien, qui va droit au général et s'appuie toujours sur les traditions héroïques et sacrées. En Sicile les drames comiques eurent dès l'abord ce caractère de généralité, et s'élevèrent jusqu'à mettre sur la scène des sujets métaphysiques, comme les drames indiens.

Du reste, tragédie et comédie sont deux formes du drame presque identiques l'une à l'autre : mêmes éléments dans leur composition, mêmes procédés, mêmes lois ; la même scène et le même théâtre servent à toutes deux ; l'une et l'autre font usage du masque ; seulement ici le masque est grimaçant et porte le nom de σκεῦος. La comédie conserva longtemps le vêtement jaune bariolé de rouge ou bigarré à l'orientale, qu'on portait dans la fête de Kômos; les peintures de vases nous représentent souvent des scènes comiques où les acteurs portent vestes et culottes, comme les vendangeurs et comme les gens d'Asie. Mais avec ces costumes traditionnels ils ne représentent pas moins soit des êtres fantastiques, soit même des personnes vivantes ou des divinités, soit enfin des animaux, des oiseaux, des guêpes, des grenouilles.

Le seul élément par lequel la forme du drame comique différait de la tragédie, c'est la *parabase*. Le chœur dithyrambique, composé primitivement de cinquante chanteurs fut, comme nous l'avons vu, réduit à quarante-huit et partagé en deux groupes de vingt-quatre dont l'un fut assigné à la tragédie, l'autre à la comédie. Celle-ci jouit donc d'autant de voix à elle seule que les quatre pièces de la tétralogie tragique. Dans les circonstances ordinaires le chœur comique se tenait entre la thymélé et la scène. Mais à un certain moment de la comédie, il se mettait en mouvement et défilait en arc de cercle le long du premier banc de spectateurs, en chantant une tirade lyrique, dont la composition a varié avec le temps mais dont le caractère propre consiste en ce qu'elle s'adresse au public au nom du poète. C'est ce mouvement choral qui portait le nom de *parabase*, παράβασις, mot qui veut dire passage, défilé. Que la parabase tire son origine de la procession grotesque de Kômos, c'est ce dont on ne peut guère douter ; d'autant moins que le défilé bachique se produisait deux fois au jour des vendanges : une première fois lorsque les vendangeurs revenaient des collines dans le cortége et la tenue décrits plus haut ; alors il se faisait çà et là des pauses, στάσεις, pendant lesquelles les passants ou plutôt les curieux qui accompagnaient la troupe devenaient l'objet de quolibets et d'apostrophes hardies. Le soir le dîner des vendangeurs était signalé par un véritable chœur de parabase : à un certain moment du repas, les convives avinés se levaient et exécutaient autour de la table une phallophorie aux flambeaux ; pendant ce défilé, qui s'accomplissait au milieu d'une foule de curieux venus du dehors, quelqu'un d'entre eux, bien connu des convives, était pris par eux pour objet de railleries et les sarcasmes commençaient à pleuvoir sur lui; on oubliait Bacchus, générateur de la vie dont le phallos était l'emblème, et pendant quelques moments la vie privée ou publique de l'homme pris pour plastron était la seule chose dont le chœur des orgiastes s'occupât. La parabase, dans les comédies régulières, se produisait toujours à un moment critique de l'action, pendant que celle-ci, commencée sous les yeux des spectateurs, se continuait pour quelque temps hors de la scène; ce point critique pouvant se produire à deux ou à plusieurs endroits de l'action, la parabase alors se divisait en deux ou en trois parties, répondant aussi bien aux haltes que le cortége des vendangeurs faisait à certains reposoirs le long des sentiers dans les vignobles.

Le *cordax* (κόρδαξ) était la danse bouffonne et souvent obscène du chœur comique. Il ne faudrait pas se la représenter comme une suite de mouvements agités, violents et désordonnés; nous ne croyons pas que l'art grec ait jamais admis de telles représentations, où la règle disparaît devant la fantaisie de l'exécutant. Malgré son caractère orgiastique, la danse du cordax était une série de poses d'un caractère opposé à celles de l'*emmélie* tragique, mais dessinées d'avance avec tout l'art de la chorégraphie. Cette danse était du reste beaucoup plus ancienne que la création hellénique du drame; car son nom n'a pas son étymologie dans la langue grecque; et nous le retrouvons de temps immémorial dans l'Inde sous la forme *kùrdana* ou *kùrdaka* pour signifier la marche cadencée mêlée de quolibets, qui s'exécutait en l'honneur de Kàma pendant sa fête du printemps.

II. Cratinos Κράτινος, et Cratès, Κράτης, représentent presque à eux seuls la comédie athénienne pendant la période qui nous occupe. Cratinos mourut très-vieux en 423. Quant à Téléclidès et Hermippos, plus âgés peut-être que Cratès, ils ne composèrent pour le théâtre qu'au temps de Périclès. — Il ne nous reste presque rien de Cratinos, si ce n'est quelques courts fragments et les titres de plusieurs pièces. Nous savons toutefois par le témoignage des anciens qu'il avait une verve comique exubérante et que la gaieté folâtre ne le quitta pas jusqu'à son dernier jour. Poëte de vieille roche, accoutumé dès sa jeunesse à l'art encore grossier mais plein de vigueur des premiers temps, il le vit se transformer sous les mains d'auteurs plus jeunes que lui, et il put en suivre le progrès depuis les premiers temps d'Eschyle et d'Ecphantide jusqu'aux beaux jours d'Euripide et d'Aristophane. Il n'approuvait qu'à moitié l'épuration du goût durant cette période; il y voyait une sorte d'affaiblissement. Personnellement, Cratinos était un joyeux convive et un franc buveur : on le connaissait pour tel dans Athènes; rien n'égaya plus les Athéniens que sa bizarre comédie de *la Bouteille* (Πυτίνη), avec laquelle, dans sa vieillesse, il remporta le prix sur *les Nuées* d'Aristophane. Il paraissait lui-même dans sa pièce comme mari de la Comédie, mari infidèle qui avait abandonné sa femme pour une beauté facile et plus jeune, la Bouteille; on y voyait l'archonte recevant les plaintes de Comédie qui demandait le divorce pour cause de trahison, et au dénoûment le poëte se réconciliant avec elle et recommençant à répandre ses audacieux iambes dans des drames nouveaux. Cette pièce était de 423, année de la mort de Cratinos.

Nous sommes quelquefois étonnés du caractère fantastique de certains chœurs d'Aristophane; ce poète ne fit en réalité que retrancher aux hardiesses de Cratinos. Celui-ci faisait paraître en chœur non-seulement des abstractions réalisées comme des Lois, des Richesses; mais aussi des personnages héroïques ou mythologiques, tels qu'Argus, Ulysse ou Chiron, vingt-quatre fois répétés, et même des personnages vivants ou morts, des Archiloques diffamateurs, des Cléobulines devinant des énigmes. Le grand art n'eut pas moins pour mission d'élaguer ces branches gourmandes de la vieille comédie, que d'en régulariser les formes et d'en harmoniser les couleurs.

Nous ne savons presque rien de Cratès, si ce n'est qu'après avoir été acteur dans les pièces de Cratinos, il en composa lui-même d'un caractère tout opposé, quittant les attaques personnelles où excellait son maître, pour offrir, comme dit Aristote, « des drames d'un caractère général empruntés à la réalité ou à la fable » (Arist. Poét. 5).

III. Comédie sicilienne. Quatre noms ont survécu parmi les comiques siciliens, *Mæson*, Μαίσων, *Aristoxène*, Ἀριστόξενος, *Phormis*, Φόρμις, et *Epicharme*, Ἐπίχαρμος. Le premier auteur de cette courte liste, apporta vers le temps d'Ecphantide la farce dorienne de Mégare à Sélinonte. Là elle se trouva au milieu d'une population dorienne aussi, mais d'un caractère plus indépendant que les Doriens de la Grèce; patronée par des princes intelligents, elle acquit, en même temps que la comédie athénienne, un développement remarquable. Dès son origine, elle prit un caractère de généralité qui contraste avec cette dernière, puisqu'au lieu de mettre en scène des personnages politiques et des faits privés, Mæson d'abord, puis son successeur Aristoxène y firent paraître des masques représentant le Cuisinier, le Marmiton, le Médecin, le Devin, et en général des métiers et des fonctions, sans allusion aux choses du jour.

Phormis, ami de Gélon et instituteur de ses enfants, composa des comédies dans le même genre, d'autant plus étrangères à la politique que celle-ci, en Sicile comme chez les Doriens de la Grèce, était conservatrice et dirigée par des rois ou par des tyrans.

Epicharme vint de Cos en Sicile vers l'année 488, se fixa à Syracuse quatre ou cinq ans après, et composa ses principales comédies sous le règne de Hiéron, qui finit en 467. Il est donc contemporain d'Eschyle et de Cratinos, mais plus âgé que l'un et l'autre; il put se rencontrer à Syracuse avec les sculpteurs Onatas et Calamis, avec Simonide, Bacchylide et même Pindare; il put y voir Eschyle. La vie populaire des Siciliens lui offrait, par la grande extension de la culture de la vigne et du culte de Bacchus, les mêmes matériaux que les comiques ioniens trouvaient en Attique; les vases peints de la Sicile et de l'Italie méridionale offrent un grand nombre de scènes dionysiaques, où le dieu et ceux de son thiase se présentent dans les situations les plus comiques. Ce sont ces matériaux, déjà ébauchés par ses prédécesseurs, qui furent mis en ordre et animés d'idées nouvelles par Epicharme. C'est pour cela qu'il fut surnommé l'inventeur de la comédie sicilienne. Ce poète, avant de composer des comédies, avait étudié la philosophie pythagoricienne, qui, étroitement liée aux doctrines orphiques, avait une couleur orientale très-marquée ; le théâtre fut pour lu*i* comme une chaire du haut de laquelle il prêcha devant le peuple des idées qui n'avaient point cours dans le monde hellénique. Les légendes mythologiques furent pour lui des occasions toutes données d'exposer des dogmes nouveaux, qui devaient rectifier ou amender les vieilles croyances. Telle fut certainement l'intention de son *Vulcain ou les cômastes*, de son *Prométhée et Pyrrha* qui était comme la contre-partie des *Prométhées* d'Eschyle et où étaient abordés, sous un emblème cosmogonique, les plus redoutables problèmes de la philosophie morale et de la métaphysique. Il fit paraître sur la scène les doctrines de Xénophane et d'Héraclite, sinon ces philosophes eux-mêmes. Sa comédie intitulée *Terre et Mer* (Γᾶ καὶ Θάλασσα) paraît avoir mis en regard les systèmes physiques de l'école d'Ionie, pour les détruire l'un par l'autre; et une pensée analogue semble avoir inspiré au poète sa pièce de Λόγος καὶ Λογεῖνα, où il a pu mettre aux prises la droite Raison avec les raisonnements captieux de la sophistique naissante.

Outre ces comédies philosophiques, qui rappellent le *Lever lunaire de l'Intelligence* (le Prabôdaćandrôdaya) du théâtre indien et certaines moralités de notre quatorzième siècle, Epicharme composa des comédies de caractères et des comédies de mœurs. On cite le *Paysan* (Ἀγρωστῖνος), les *Théores* (Θεᾶροι); on sait qu'il mit en scène l'ivrogne, le flatteur auquel le premier il donna le nom de *parasite* (παράσιτος), mot ancien qu'il prit dans un sens nouveau et qui servit depuis lors à désigner une classe d'hommes très-nombreuse dans les sociétés antiques.

Tels sont les caractères de la comédie sicilienne, dont

il ne nous reste malheureusement que de bien courts fragments. Il faut y voir une double tendance des esprits. L'une est propre à la race dorienne et se retrouve dans toutes ses productions ; c'est la tendance vers le général et vers la suppression de l'individuel et de l'individu ; c'est elle qui établit le contraste entre la comédie de caractères ou de mœurs des Siciliens et la comédie politique et personnelle d'Athènes. L'autre est étrangère à toutes les races helléniques, du moins à cette époque; c'est celle qui pousse certains esprits supérieurs vers des doctrines nouvelles, par lesquelles ils rectifient ou interprètent à leur façon les anciens mythes, dont le temps avait oblitéré la signification. Ces hommes sont généralement initiés aux antiques mystères de la Grèce, et peuvent dire avec l'Eschyle d'Aristophane : « Démêter, toi qui as nourri mon âme... » ; mais de plus ils sont affiliés à des écoles de théosophie, dont l'origine orientale ne peut guère être méconnue. C'est par le spectacle des traditions nationales qu'ils plaisent surtout au peuple; mais leurs doctrines plus profondes font aussi leur chemin parmi les esprits spéculatifs et préparent déjà la voie aux idées orientales que le siècle suivant verra apparaître.

IV. HISTOIRE.

Nous avons laissé l'histoire au moment où entre les mains de Charon de Lampsaque elle commençait à revêtir des formes régulières et à s'organiser comme une œuvre d'art. C'est Hérodote qui l'amena le premier à ce point de perfection qui depuis n'a pas été dépassé; les transformations que subit ce genre bientôt après portèrent sur la matière et l'esprit de l'histoire ; mais l'art de la composition fut plus grand chez Hérodote que chez aucun de ses successeurs.

Hérodote, Ἡρόδοτος, était Dorien d'origine ; il naquit en 484 à Halicarnasse, ville capitale d'un petit royaume hellénique, dont le roi de Perse avait la suzeraineté et qui était alors gouverné par la grande Artémise. Sa famille était fort riche, soit de propriétés territoriales, soit à cause de ses entreprises commerciales, qui la mettaient en relation par mer avec les côtes de toute la Méditerranée, et par les caravanes avec l'intérieur de l'Asie. Le grand développement du commerce durant le siècle précédent avait forcé les gens d'Asie à tenir compte des dates et à les supputer en les rapportant aux événements publics. A mesure que les relations devinrent plus générales et plus lointaines, l'histoire prit elle-même plus d'extension et vit ses cadres s'agrandir. Enfin la guerre des Perses contre les Grecs lui donna un caractère de généralité et d'unité, qui permit d'embrasser dans une même action les histoires particulières des peuples engagés dans la lutte. Il est probable qu'Hérodote conçut de très-bonne heure l'ensemble de son œuvre, et que ses nombreux voyages furent entrepris pour en rassembler les matériaux. Il visita donc, grâce à sa qualité de sujet du Roi, l'Egypte jusqu'à Eléphantine, la Libye, la Phénicie, la Babylonie et certainement aussi la Perse, remontant vers le nord et revenant par la côte méridionale de la mer Noire et par les rivages de la mer Egée. A trente ans il était de retour dans Halicarnasse. En Egypte il avait trouvé un peuple depuis longtemps accoutumé à la servitude, des prêtres savants mais avilis, des idées nouvelles et un gouvernement nouveau apportés de la Perse et dont l'influence ne cessa plus de se faire sentir dans le pays. La conquête de Cambyse, 525, n'avait pas eu seulement pour but la possession d'une riche contrée, mais aussi l'extension des dogmes persans, opérée sans persécutions et sans luttes par les successeurs de ce prince. L'esprit de tolérance de Darius, qui respectait et protégeait toutes les religions de son empire, fit plus que les persécutions pour attirer aux idées zoroastriennes les intelligences d'élite : nous verrons ces idées prendre un grand empire en Egypte pendant les siècles suivants. Dans le même temps, les doctrines persanes s'introduisaient dans l'est de la Méditerranée chez les peuples sémitiques : les Juifs, rendus à la liberté par Cyrus, 536, puis protégés par le fils d'Hystaspe, étaient rentrés dans leur pays, avaient réorganisé leur hiérarchie sur le modèle de celle des mages, dont Daniel avait été pontife suprême (*rabmag*), et avaient créé un enseignement secret, emprunté à la Perse, conservé sous la domination grecque et enfin transmis au christianisme. Quand Hérodote naissait, une juive nommée Hadassa (l'Atossa d'Eschyle) et qui avait reçu le nom perse d'Ester, était la sultane favorite du grand roi. La Perse, agrandie par Cyrus aux dépens de la Babylonie, de l'Asie mineure et de plusieurs contrées voisines, avait reçu des mains de Darius une organisation régulière et puissante qui semblait lui assurer une longue durée. Sa religion était la plus spirituelle de la terre et se répandait dans toutes les directions vers le nord, le sud et l'occident, pendant qu'à l'est les successeurs du Bouddha prêchaient la liberté et l'égalité des hommes devant Dieu. Mais dans l'enfance même d'Hérodote le grand empire des Perses venait de recevoir une blessure que l'on prévoyait déjà devoir être incurable : Darius était mort, et Xercès avait été battu à Salamine ; toutes les parties de l'empire commençaient à se disloquer.

Quand Hérodote revint à Halicarnasse, il était chargé de matériaux propres à entrer dans son histoire. Mais sa ville ne lui offrit pas un séjour favorable au travail de la composition : elle était gouvernée par le petit-fils d'Artémise, Lygdamis, homme au cœur bas, despote violent, qui fit mourir d'honorables citoyens, entre autres Panyasis oncle de l'historien, et dont la tyrannie força ce dernier à s'enfuir. En 442 Hérodote était à Samos. Le dialecte ionien étant la langue de l'histoire et des affaires, il profita de son séjour dans cette île pour se le rendre familier ; et il le connaissait à fond, lorsque, après le meurtre de Lygdamis, il put rentrer dans Halicarnasse. Mais de nouvelles dissensions ayant éclaté dans cette ville, Hérodote la quitta pour toujours et se rendit à Thurium, ville de la grande-Grèce, fondée en 444 par les Athéniens sur l'emplacement de l'ancienne Sybaris. Il y mourut vers l'an 406, à l'âge de soixante-dix-huit ans, sans avoir mis la dernière main à son grand ouvrage. Outre l'histoire que nous avons de lui, il avait composé sur *l'Assyrie* un ouvrage, dont la perte est très-regrettable. On raconte qu'en l'année 446, Hérodote lut aux Grandes-Panathénées un fragment de son Histoire et qu'il reçut pour récompense une somme de dix talents.

L'histoire d'Hérodote roule toute entière autour d'une action centrale qui est la lutte de l'Asie et de la Grèce. Cette action centrale s'accomplit en plusieurs époques, marquées par les grandes batailles de Marathon, de Salamine et de Platées et entremêlées d'arrêts secondaires ou pauses, telles que le combat de l'Artémision et celui des Thermopyles. Elle occupe dans l'ouvrage les quatre derniers livres, qui en forment à peu près la moitié, commençant après la prise de Milet et se terminant après la bataille de Mycale. Les cinq premiers livres sont la préparation des quatre derniers, qui sans eux seraient inintelligibles. Voici comment ils sont composés. Deux forces vont être mises en présence, un grand royaume formé de plusieurs royaumes divers, et un petit peuple formé lui aussi de plusieurs peuples distincts, mais que réunissent le sentiment de leur commune race et le besoin de défendre leur indépendance. L'historien devait donc montrer comment ces forces, nées de principes opposés, s'étaient accrues peu à peu, avaient été plusieurs fois mises en contact l'une avec l'autre, avaient vu croitre leur antagonisme et enfin en étaient venues au point que l'une des deux devait nécessairement se précipiter sur l'autre. L'histoire de Sparte et d'Athènes est répandue dans tout l'ouvrage, mais occupe surtout une grande partie du cinquième livre. Les quatre premiers exposent les agrandissements successifs de la puissance persane, agrandissements qui procèdent surtout par la voie des annexions et des conquêtes, mais aussi par une évolution interne du génie de la Perse. De là naissent autant d'histoires particulières, contenues dans les quatre premiers livres et que l'auteur conduit jusqu'au point où elles se confondent avec celle de la Perse et où chaque peuple est entraîné dans la grande lutte qui va s'ouvrir. Ces histoires sont principalement celles de la Lydie, conquise par Cyrus, de l'Egypte, annexée par Cambyse et de la Scythie européenne, à travers laquelle Darius dirigea une grande expédition. A la fin du cinquième livre, tout est prêt pour que la lutte commence ; les Ioniens avec les Athéniens ont pris Sardes, grande ville où aboutissaient les caravanes de l'Asie, Darius lance une flèche contre le ciel en demandant vengeance des Hellènes et la guerre est déclarée.

On voit que l'œuvre d'Hérodote est conçue, non à la façon d'une épopée comme le prétendent la plupart des critiques, mais à la façon d'un drame. Le propre de l'épopée, c'est le merveilleux dans les événements et le caractère héroïque ou féodal chez les personnages. L'action historique racontée par Hérodote est un drame, qui commence à une faute et aboutit à un désastre. Ce drame, pareil à une immense trilogie, est composé de plusieurs actions secondaires, où l'on voit tomber tour à tour sous la loi du destin les peuples ou les dynasties ; et chaque action secondaire en renferme à son tour plusieurs autres, dont les individus sont les acteurs. Ces actions individuelles donnent au récit d'Hérodote un aspect légendaire qui a pu faire illusion aux critiques et leur montrer une épopée dans une œuvre tout à fait étrangère aux temps épiques. Elles se subdivisent quelquefois elles-mêmes : ainsi, au premier livre, on lit la grande histoire du roi de Lydie Crésus, laquelle porte un caractère dramatique bien reconnaissable ; cette histoire en renferme une autre, celle d'Atys, fils de Crésus, contenue dans les chapitres 34-46 ; et celle-ci se complique encore de celle de l'infortuné Adraste, meurtrier involontaire du jeune Atys. Le récit concernant Atys a une couleur dramatique tellement marquée, que les scènes se succèdent dans l'ordre où elles se succéderaient dans un drame, les rôles y sont distribués comme dans un drame, l'action y commence, s'y déroule, s'y complique et s'y dénoue comme dans un drame; de sorte qu'il suffirait de mettre en dialogue le récit déjà dialogué d'Hérodote, pour obtenir une tragédie parfaitement régulière.

Le drame historique d'Hérodote laisse du reste apercevoir, comme ceux d'Eschyle, plusieurs actions entrecroisées et qui marchent ensemble. Ce n'est pas une simple lutte de certains peuples entre eux qu'il raconte; cette action humaine est subordonnée au développement dramatique d'une pensée morale, celle qui anime tout l'art grec à cette époque : montrer l'enchaînement des fautes et comment, par une loi inévitable, elles engendrent le malheur; cette faute est appelée en grec ὕβρις, et ce malheur est l'ἄτη, qui n'a rien de fortuit ni d'accidentel, et qui est une conséquence forcée de son principe. Il faut avoir cette pensée toujours présente à l'esprit pour bien comprendre l'œuvre d'Hérodote et pour se rendre compte de l'impression morale, un peu mélancolique, qu'on éprouve en la lisant. Cet auteur a composé sous la forme d'une histoire (λόγος) entremêlée de descriptions, de tableaux variés et de légendes (μῦθος) une œuvre d'art fort analogue à la trilogie eschylienne dont la tragédie des *Perses* faisait partie.

Il ne faut pas non plus se faire d'illusions sur la prétendue naïveté d'Hérodote : cet auteur vivait dans un temps où l'art avait cessé de suivre une voie où il n'eût pas pour ainsi dire conscience de lui-même. L'histoire, considérée comme composition littéraire, n'était qu'une chronique chez les premiers logographes; mais elle avait atteint déjà entre les mains de Charon une perfection très-grande ; et quand vint Hérodote, elle était au moins aussi avancée que la tragédie chez Eschyle. Un ordre parfait règne chez Hérodote, non-seulement dans la distribution des parties, mais dans leurs liaisons entre elles ; leurs proportions relatives ne sont point l'effet de l'instinct ou du hasard, mais de la réflexion. La combinaison des récits, des dialogues, des discours, des tableaux et des descriptions, montre une habileté consommée, qui n'est point surpassée dans l'œuvre de Tite-Live dont le caractère artificiel est si reconnaissable. Mais il y a, entre l'ouvrage de l'historien grec et celui de l'historien de Padoue, la différence qui sépare tout l'art hellénique des compositions latines : les œuvres grecques sont originales et tous les procédés de composition y sont dissimulés au point qu'elles semblent avoir été faites spontanément ; celles des Latins sont des œuvres d'imitation, dans lesquelles les règles de l'art hellénique ont été suivies, le plus souvent d'une manière un peu gauche, et sans pouvoir être cachées sous l'expression vraie du fait naturel. L'apparente naïveté d'Hérodote tient surtout à l'emploi qu'il fait du dialecte ionien. La langue qui ne tarda pas à prévaloir fut une langue commune, parlée principalement dans Athènes, et perfectionnée par les grands écrivains de cette république. Il en résulte que l'ionien pur d'Hérodote donne au style de cet historien une couleur un peu archaïque, que l'on prend aisément pour de la naïveté. Mais si l'on ne s'en tient pas à cette superficie et qu'on pénètre dans l'intérieur de l'œuvre, on y découvre un art de composition très-avancé. Cet art est hellénique, comme la sculpture de Polyclète ; il n'emprunte rien aux nations étrangères, même dans les récits qui les concernent ; ces récits, dont l'exactitude est chaque jour mieux prouvée par les découvertes de la science, ne sont point imités des annales de ces peuples ; ils sont faits pour des Hellènes et ils ont une couleur hellénique très-marquée. A tous égards le génie d'Hérodote appartient à la Grèce.

Il est même à remarquer que, né parmi les Doriens et parlant de naissance la langue dorienne, il a choisi de préférence le dialecte ionien, parce que la race ionienne était désormais la race artiste par excellence. Il a quitté sa ville où, sous une suzeraineté étrangère, s'agitait une aristocratie oppressive, pour habiter dans le milieu libéral des démocraties ioniennes. Il est évident qu'à ses yeux l'avenir leur appartenait, comme il leur appartint réellement, et que les états ioniens devenaient les véritables représentants de la nation des Hellènes. Aussi, tout en rendant à chaque cité une justice le plus souvent bienveillante, il laisse pleinement apercevoir que le point central de la force de résistance contre l'invasion était dans Athènes et que c'est cela même qui avait donné à la guerre le caractère d'une lutte nationale. Ce caractère est en effet un des plus saillants de l'Histoire d'Hérodote : elle n'est point politique ; la politique proprement dite ne faisait pour ainsi dire que naître au sein du monde hellénique. La question n'était pas encore de savoir si une certaine forme de gouvernement prévaudrait dans les cités grecques : il s'agissait pour elles de décider si elles seraient ou si elles ne seraient pas. La « sainte Asie », avec son régime théocratique, ses castes, son absolutisme monarchique et ses princes de droit divin, demande l'eau et la terre, c'est-à-dire le don de soi-même et de sa chose, à chaque peuple de la Grèce (Liv. VI). La Grèce, qui aspire, non à la sainteté, quoiqu'elle révère les dieux, mais à l'émancipation de l'homme, parce qu'elle en comprend la dignité, voit s'effacer pour un temps, en grande partie du moins, les rivalités de races et de cités, et, sous l'inspiration de quelques grands ioniens d'Athènes, marche au combat et remporte la victoire. Dieu abandonne ses saints; les Immortels sont tués, et avec la nation hellénique le monde occidental est sauvé. C'est seulement après la fuite de Xercès, lorsque l'empire des Perses se trouva décidément refoulé au delà de la mer Egée, que les villes helléniques soulevèrent entre elles ces problèmes politiques dont la discussion armée engendra la guerre du Péloponnèse et prépara leur asservissement. Quant aux luttes nationales, à ces grands mouvements de peuples se jetant les uns contre les autres, il ne s'en produisit plus avant Alexandre; de sorte que Hérodote fut seul en position d'écrire une histoire exclusivement nationale.

Du reste, ce n'est pas seulement par là qu'elle intéressa les Grecs de son temps. Elle avait pour eux l'avantage de résumer leurs connaissances géographiques, de rectifier et d'étendre quelques-unes d'entre elles. Les Grecs ne voyageaient pas aisément en Asie, soit à cause de la barbarie de plusieurs nations, soit parce que, ennemis naturels de la puissance asiatique, ils n'obtenaient pas facilement du Grand-Roi l'autorisation de visiter l'intérieur de ses états. Or son empire comprenait les contrées avec lesquelles les Grecs entretenaient le plus de rapports commerciaux; ces rapports, leur sûreté et leur régularité, étaient nécessaires à l'existence même de beaucoup de cités helléniques, surtout de cités maritimes. Il importait donc aux Grecs d'avoir sur les pays lointains des renseignements exacts, d'en connaître la topographie, de savoir par leur histoire dans quelles relations ils étaient avec leurs suzerains et quels avantages on pouvait tirer de leur fréquentation. Le livre d'Hérodote fut pour eux un trésor inépuisable de documents, et répondit à ce besoin de l'esprit public qui nous explique la présence dans la tragédie de *Prométhée* des longues tirades géographiques qu'elle renferme.

Un intérêt d'un genre plus élevé s'attachait en outre à cette histoire. La pensée d'Hérodote est que la guerre médique ne fut qu'un épisode, à la vérité décisif, mais non unique d'un drame immense où l'Orient et l'Occident étaient en lutte. Cette pensée était absolument vraie. Nous savons en effet aujourd'hui que les diverses migrations àryennes furent provoquées par des ruptures d'équilibre dans les populations centrales d'où elles sortirent, et l'histoire nous montre l'antagonisme se produisant dès l'origine entre ces différentes parties d'une même race. Telle fut l'opposition fameuse de l'Inde et de la Perse. Celle des Médoperses et des Grecs eut, elle aussi, un caractère à la fois religieux et national et elle entraîna dans la lutte une infinité de peuples qui n'y étaient pas directement intéressés. En effet l'antagonisme de la Grèce et de l'Asie avait été grandissant : ses deux premiers épisodes, mêlés de fables et de choses merveilleuses, nous voulons dire l'expédition des Argonautes (si elle a un fond réel) et la guerre de Troie, ne semblent pas avoir eu d'autre théâtre que des rivages. Mais la guerre des Perses eut une toute autre portée et des causes plus profondes. Les deux civilisations formaient un contraste frappant. La religion des Perses avait consacré l'unité de Dieu et avait gardé à la conception du principe suprême unique et universel, pendant que les Grecs étaient plongés dans le polythéisme et dans le culte des formes sensibles ; au-dessous de l'être absolu, elle reconnaissait les deux forces hostiles qui luttent dans le monde et leur donnait les noms d'Ormuzd (Ahura-mazda) et d'Ahriman (Angrô-mainyus); ces deux chefs du monde avaient sous leurs ordres deux catégories de forces secondaires, les Amschaspands ou esprits purs et les Darvands, qui sont devenus, chez les juifs et surtout chez les chrétiens, les anges et les démons. Cette même religion connaissait l'immortalité, la résurrection, l'absorption finale des êtres en Dieu et la disparition du mal; elle n'avait ni temples, ni statues; elle adorait Dieu en esprit et en vérité; enfin, fondée sur des textes sacrés fort antiques, elle se donnait comme révélée aux hommes par Ormuzd qui leur avait parlé par la bouche de Zoroastre (Zaratushthra). Rien de pareil dans la religion des Grecs, née cependant de la même source. L'état social était aussi bien différent : car tandis que, sous l'autorité d'un monarque presque absolu en qui se personnifiait le pouvoir royal et le suprême sacerdoce, la société persane était divisée en castes, celle des Grecs, au moins dans les Etats Ioniens, reposait sur l'égalité et sur le suffrage populaire. L'œuvre de Solon dans Athènes et celle de Cyrus en Perse, complétées l'une au temps des Pisistrates et l'autre par Darius, avaient achevé l'antagonisme, qu'un égal mouvement d'expansion chez les deux peuples devait enfin faire éclater. Les Grecs d'Asie était en état d'hostilité permanente avec les populations asiatiques au milieu desquelles ils avaient établi leurs colonies fortifiées. Pendant deux cent quarante ans, les rois de Lydie avaient essayé de les soumettre et les avaient parfois vaincus; Crésus les avait soumis tous en 547. Lorsque les Perses sous Cyrus eurent conquis le royaume de Lydie, ils se considérèrent comme souverains légitimes des cités grecques de l'Asie. Ces Hellènes, une fois vaincus et dominés, devinrent les navigateurs de l'empire comme l'étaient devenus les Phéniciens, les Egyptiens, les Cypriotes, les Ciciliens, les Pamphyliens, les Lyciens. Le roi Xercès put rêver la monarchie universelle (*Hérod.* vii, 8); déjà même la Crète, Corcyre, la Grande-Grèce et la Sicile préparaient leur soumission et refusaient des secours aux Grecs alliés; la Thessalie était soumise. Ainsi s'engagea la lutte racontée par Hérodote, lutte qui fut nécessairement portée au cœur même de la Grèce indépendante sous les murs et dans les eaux d'Athènes.

Ce qui arriva plus tard prouva combien était juste la pensée des Grecs, considérant la guerre médique comme un acte de la *question d'Orient,* pensée qui domine l'œuvre d'Hérodote. En effet le dernier épisode et le plus sanglant de tous se produisit au siècle suivant, lorsque Alexandre transporta au cœur de l'Asie le problème qui s'était une première fois, mais incomplétement, résolu devant Salamine. Le voyage des Argonautes avait, s'il n'est pas une fiction pure, ouvert aux Hellènes l'entrée de la mer Noire et la route d'Asie par le nord; la guerre de Troie leur avait assuré la possession des détroits; la guerre médique mit à nu la faiblesse politique et militaire de l'Asie; l'expédition d'Alexandre détruisit l'empire des Perses, explora et conquit l'Asie mineure et centrale, ouvrit l'Orient au commerce par ses deux routes de terre et par mer du côté du sud, et répandit l'influence des institutions et des mœurs de la Grèce jusqu'aux frontières de l'Inde. C'est toujours le même problème qui se manifeste : seulement sa première phase s'est perdue à nos yeux dans le faux-jour de la mythologie; la seconde a fait le sujet principal des épopées; la troisième s'est produite au temps où l'art d'écrire l'histoire atteignait sa perfection; la quatrième avait déjà dépassé cette époque et n'a pas trouvé un Hérodote pour la raconter. Enfin après la conquête de l'Asie par Alexandre, le problème change de nature : de national qu'il avait été jusque là, il devient philosophique et religieux, se discute dans tout le monde ancien, de l'Inde à l'Atlantique, se résoud théoriquement dans Alexandrie et, s'appliquant à toutes les institutions sociales avec le christianisme, finit par engendrer le monde moderne. C'est seulement en considérant les choses dans leur généralité qu'on peut saisir la place occupée par le livre d'Hérodote dans l'histoire universelle.

V. LITTÉRATURE SCIENTIFIQUE.

La période des guerres médiques vit la fin des écoles d'Ionie et d'Elée; celle de Pythagore avait été dispersée en 504. ANAXAGORE Ἀναξαγόρας, ne fut pas le dernier philosophe ionien; mais il forme le lien qui unit les spéculations hardies et vagues de ses maîtres aux procédés plus scientifiques des temps postérieurs. C'est un véritable Hellène, sur l'esprit duquel ni l'Orient, ni les pythagoriciens, ni les mystiques, ni aucune doctrine étrangère ne paraissent avoir exercé d'influence. Il fut le maître d'Archélaos, de Périclès et d'Euripide. Né en l'année 500 à Clazomène et appartenant à une famille riche et noble, il abandonna le soin de sa fortune et les occupations de la politique, pour se livrer uniquement à la science. A l'âge de vingt ans il vint à Athènes, où il demeura pendant une trentaine d'années. En 431 il quitta cette ville pour Lampsaque où il mourut trois ans après (428), âgé de plus de soixante-dix ans.

Par sa physique, il appartient à l'école d'Ionie; mais le premier il paraît avoir séparé du monde l'être intelligent, la Raison suprême, à laquelle il en attribue le gouvernement. C'est cette théorie du Νοῦς qui a fait croire à quelques critiques qu'Anaxagore philosophait à la manière juive et pouvait avoir eu quelques relations avec les Sémites; mais cette supposition n'est fondée sur rien; de plus elle est inutile, puisque la doctrine du Verbe ou Λόγος s'était à cette époque répandue dans tout l'empire des Perses avec la religion zoroastrienne et que la doctrine du Νοῦς pouvait fort bien venir à l'esprit d'un Grec sans lui être suggérée par autrui. Le Νοῦς d'Anaxagore n'est pas créateur, et l'idée de création ne paraît pas s'être rencontrée chez aucun peuple àryen de l'antiquité; le monde a commencé par un chaos d'où les formes se sont débrouillées peu à peu, par l'agglomération des molécules similaires. Ce sont ces « semences des choses » qui, dans le système du philosophe, portent le nom d'*homéoméries,* et c'est par une sorte d'élection que la Raison divine les réunit et leur donne des formes déterminées. Du reste ces agglomérations sont soumises à deux lois : par l'une, elles se produisent insensiblement, parviennent à la forme parfaite, puis se séparent de même; c'est la loi de la vie et de la mort pour les individus; par l'autre, la production des formes, prise dans son ensemble, a commencé par les agglomérations les plus rudimentaires ; de là elle a passé à des êtres plus complexes, et, suivant le même ordre, elle doit durer éternellement. Il n'y a ni accroissement ni diminution dans la totalité de l'univers ; le changement ne se produit que dans les formes.

De ces principes généraux le savant de Clazomène tirait un grand nombre de conséquences, dont beaucoup ont été vérifiées par la science moderne. Selon lui les astres, sortis d'un même chaos d'éléments homogènes, sont constitués les uns comme les autres : la Lune est une terre, elle a des montagnes et des vallées et elle doit être habitable. La voie lactée est une lumière cosmique. Le vent est l'effet de la raréfaction de l'air sous l'action du soleil. La mer s'est produite par la condensation des vapeurs primitives, dont la terre était enveloppée. Quant aux animaux, les premiers sont nés spontanément dans les milieux qui leur ont été favorables et se sont ensuite reproduits par la voie de la génération ; du reste le monde est constamment rempli de germes vivants d'animaux et de plantes qui attendent un milieu propice à leur développement. Toute plante, tout animal contient en soi une âme pensante qui est à la fois principe de vie (ψυχή) et principe intellectuel (νοῦς). Animaux, plantes, corps inanimés, la nature entière est soumise à des lois invariables et irrésistibles ; rien ne s'y fait au hasard ; nous appelons hasard (τύχη) une cause ignorée.

Il nous reste en tout dix-sept fragments d'Anaxagore, quoiqu'il ait écrit, non-seulement son Περί Φύσεως, mais un livre de scénographie, où la perspective théâtrale était fondée sur la géométrie optique, et un livre de critique littéraire, où le premier il appréciait les écrits des poètes d'après leur valeur morale. Cette direction donnée à la critique prévalut dans les temps qui suivirent, exerça une grande influence sur les esprits, contribua certainement à épurer le goût et à élever si haut la moralité des œuvres d'art du temps de Périclès. Mais c'est surtout par la séparation qu'établit Anaxagore entre Dieu et le monde, qu'il modifia les tendances de la philosophie grecque : jusque-là les écoles d'Ionie, d'Elée et de Crotone avaient considéré le principe absolu comme immanent dans l'univers, et la plupart des philosophes avaient une forte tendance vers le panthéisme. Mais quand Anaxagore eut écrit des propositions comme celle-ci :

« Toute chose est une portion de l'univers ; mais la Raison suprême est infinie, indépendante, et ne se mêle à rien ; seule elle est en pleine possession d'elle-même »,

la physique se sépara de la théodicée, les sciences conquirent leur indépendance ; mais il devint impossible de rapprocher les deux termes que l'on venait de désunir ; la tendance panthéistique de la philosophie parut cesser presque entièrement, et les systèmes des philosophes devinrent un obstacle de plus à la propagation des idées orientales, concentrées plus tard dans Alexandrie et propagées ensuite par les chrétiens.

Diogène, Διογένης, d'Apollonie en Crète, fut loin d'égaler par son influence Anaxagore, dont il était le contemporain quoiqu'un peu plus jeune. Plus physicien que philosophe, il adopta en partie les idées du savant de Clazomène, comme lui chercha l'explication du monde dans un principe pensant, mais ne sépara pas ce principe de l'univers matériel. Selon lui, le moteur primordial des choses est le feu, sans lequel il n'y a ni mouvement, ni vie ; et l'élément simple de la matière est l'air, seulement un air pensant et organisateur du monde. Dans sa météorologie, il admettait la sphéricité de la terre, plaçait notre globe au centre du monde et considérait les astres comme en nombre infini et répandus dans des espaces infinis. La date où il florissait est fixée par ce fait, qu'il traita de l'aérolithe tombé à Ægos-Potamos dans l'olympiade 78ᵉ.

Archélaos, Ἀρχέλαος, de Milet ou d'Athènes, put connaître dans cette dernière ville le philosophe d'Apollonie. Lui-même était disciple d'Anaxagoras, mais un peu plus jeune que Diogène, et fort infidèle aux idées de son maître. Il admettait l'air comme élément primordial, mais il niait qu'il pût exister une pensée absolument séparée de tout corps et il ne donnait point au Νοῦς le χωριστὸν conçu par Anaxagoras. Comme lui cependant, il appliqua la morale à la critique et fit pour la politique et la société civile ce que son maître venait de faire pour l'art et la littérature. C'est Archélaos qui le premier porta dans Athènes les spéculations de l'Ionie ; cette ville devenait le centre des études scientifiques, comme elle le devenait de la politique et du commerce. La métaphysique de ces auteurs n'était évidemment accessible qu'à un petit nombre de personnes ; mais il n'en était pas de même de leurs écrits relatifs aux phénomènes naturels ou aux sciences abstraites, ni des applications qu'ils faisaient de leurs principes aux choses de la vie, aux lettres, aux arts, à la politique et même à la religion. Par là ils contribuaient puissamment à la marche de la civilisation hellénique et lui ouvraient des horizons nouveaux.

EMPÉDOCLE, Ἐμπεδόκλης, d'Agrigente, qui florissait au milieu du cinquième siècle et qui mourut vers la fin, fut une des figures les plus originales de cette époque et forme avec Anaxagoras un contraste étonnant. Car tandis que ce dernier est, dans la philosophie et même dans l'art, un des plus purs représentants de l'esprit grec, Empédocle réunit dans sa personne, autant qu'on le pouvait alors, ces caractères de mysticisme oriental que les guerres médiques semblaient devoir faire disparaître. Mais on ne doit pas oublier que la Sicile, aussi bien que la Crète et le sud de l'Italie, était encore remplie de pythagoriciens et de personnes affiliées aux dogmes orphiques, même du temps d'Hérodote, et que l'époque d'Epicharme n'était pas éloignée. Empédocle fut un des hommes les plus honorés de son temps et un de ceux qui, par ses écrits comme par ses mœurs, exerça le plus d'influence sur l'esprit public. Ses doctrines longtemps admirées et ses sentences répétées d'âge en âge parvinrent aux Alexandrins, qui les firent sans peine rentrer dans leurs systèmes panthéistes ; et la gloire du savant d'Agrigente reprit parmi eux un éclat nouveau.

Très-éloquent, poète distingué, citoyen utile et dévoué, la sévérité de sa vie privée, jointe à son humeur affable, lui attira l'amour et le respect de tous. Il vivait en pythagoricien, s'abstenant de viandes et de fèves, s'imposant le jeûne et les mortifications. On lui croyait des pouvoirs surnaturels comme ceux qu'on avait attribués à Pythagore, à Epiménide et à d'autres mystiques d'une couleur plus ou moins orientale; on n'était pas loin de croire que la femme d'Agrigente, nommée Panthéia, était bien morte lorsqu'il la rendit à la vie. Et lui-même, on raconta sur sa mort des faits entièrement miraculeux.

Les fragments qui nous restent de lui forment à peu près 480 vers, appartenant à quatre ouvrages différents, un *Proœmium,* un Περί φύσεως dédié au médecin Pausanias, son ami, des Καθαρμοί ou *Purifications*, et enfin des Ἰατρικὰ ou *OEuvres médicales.* C'est dans le premier de ces ouvrages que se manifestent surtout le caractère personnel et les doctrines quelque peu mystérieuses d'Empédocle. Disciple de toutes les écoles, il n'appartient en réalité à aucune. Comme les Eléates, il conçoit l'être absolu dans son unité abstraite ; comme Héraclite il a le sentiment profond de l'instabilité des choses. Mais ce qui le distingue de ces philosophes, c'est qu'il place la réalité dans la matière et qu'il considère le principe du mouvement comme une force à part. Cette force se manifeste sous deux aspects, l'amour qui est une puissance attractive universelle produisant l'unification des éléments matériels, la discorde qui est répulsive et qui les dissocie. L'une et l'autre, dans leur action, sont soumises à une loi fatale, ἀνάγκη.

Des éléments éternels des choses naissent tous les êtres, rangés dans une hiérarchie d'un caractère tout à fait indien, et animés d'un même principe divin soumis à la loi de transmigration. Au premier rang sont les dieux éternels, parfaits, saints et heureux, étrangers aux vicissitudes de la vie et de la mort, du bien et du mal, du plaisir et de la douleur. Au-dessous d'eux sont les dieux du second rang, caducs, imparfaits, sujets à la douleur et au péché ; parmi eux sont les quatre principaux, nommés par Empédocle, Zeus et Héré, Aïdonée et Nèstis, et de même toutes les divinités reconnues du vulgaire. Viennent ensuite les hommes, les bêtes et les plantes. Quand un dieu du second ordre, non encore parvenu au premier degré duquel on ne peut plus déchoir, commet quelque action mauvaise, il éprouve une chute et, revêtant un corps, vient vivre errant dans la vallée de larmes, ἄτης λειμῶνα, parmi les animaux ou les hommes.

« Moi-même, dit-il, je suis un fugitif du ciel (φυγὰς θεόθεν), un égaré (ἀλήτης) soumis aux fureurs de la discorde »....

« J'ai été garçon et fille, buisson, oiseau et poisson, muet habitant de la mer »....

« Et maintenant j'habite la vallée des mortels (θνητῶν λειμῶνα, le *martyalôka* des Indiens). »

Empédocle est probablement le premier qui ait enseigné chez les Grecs la différence des bons et des mauvais anges, et qui ait employé pour les désigner le mot δαίμονες, appliqué jusque-là à tous les dieux. Sa doctrine des bons anges et des anges déchus paraît identique à celle des Indiens et des Perses. Ces anges déchus vivent parmi nous, sous la figure d'hommes, d'animaux ou de plantes, et ce n'est qu'après une longue expiation que, purifiés de leurs souillures, ils remontent au séjour céleste et redeviennent convives des dieux éternels. La durée des expiations est de trente mille années.

En lisant les lignes qui précèdent, on se croirait facilement transporté hors de la Grèce, parmi les spéculations orientales. L'illusion est plus complète encore, lorsqu'on retrouve dans les fragments d'Empédocle, la distinction de deux raisons dans l'homme, l'une inférieure, qui ne s'élève pas au-dessus des sens, l'autre divine, commune à tous et qui seule peut s'élever à la conception de l'invisible et de l'unité absolue. Le mépris des sens est une doctrine indo-persane entièrement étrangère au génie grec et importée dans l'Italie du sud par les pythagoriciens. Elle entraine à sa suite, chez Empédocle, le dédain des honneurs mondains, ἡ πρὸς θνητῶν τιμή, et la recherche de la sagesse; il la trouve et, une fois qu'il la possède, il la retient par devers lui comme un mystère incommunicable et dont il craint de laisser échapper plus qu'il ne faut, ἐφ' ᾧθ' ὁσίης πλέον εἰπεῖν. Cette transformation de la science en une doctrine secrète était tout à fait contraire à l'esprit du temps; elle présente un contraste singulier avec le libéralisme hellénique, dont le principe est de divulguer les découvertes et de mettre en commun des connaissances qu'en réalité le travail de tous a le plus souvent préparées. Au contraire, c'était à cette époque, plus que jamais, l'idée indienne; et quant aux Perses, on sait que ce fut pendant la captivité de Babylone que se forma chez eux la doctrine secrète des Juifs, conservée par les pharisiens, puis mise en pratique et en partie divulguée par les esséniens et par les thérapeutes d'Egypte, et finalement proclamée par les chrétiens. Or, depuis le commencement des guerres médiques, la Sicile, la Crète, beaucoup d'iles et de cités asiatiques étaient sous l'influence des Perses, acceptaient leur suzeraineté et entretenaient avec eux des relations suivies.

SECTION CINQUIÈME.

ÉPOQUE DE PÉRICLÈS.

Le second tiers du cinquième siècle est caractérisé par le développement de la puissance athénienne, par l'expansion complète de l'originalité hellénique centralisée dans le peuple athénien. Ce mouvement se produisit sous l'action de la liberté et par la vertu de la démocratie : l'une et l'autre grandirent ensemble, se fortifièrent par les mêmes moyens et parvinrent à la fois à leur plénitude. Au dehors les cités ioniennes, sous l'impulsion d'Athènes, continuèrent à lutter contre les Perses, jusqu'au jour où chassés de la Thrace, de tous les rivages de l'Europe, et des îles, puis vaincus en Egypte et en Cypre, ceux-ci conclurent avec les Athéniens un traité qui assurait la liberté des mers. Au dedans, l'antagonisme des cités doriennes, où les vieilles formes féodales se conservaient, et des cités ioniennes, animées de l'esprit nouveau, se manifestait avec d'autant plus d'énergie que la sécurité vis-à-vis de l'Asie était plus grande et qu'elle avait été obtenue par les Etats démocratiques. Aristide avait essayé de maintenir l'équilibre; et pour qu'Athènes eût une position qui la rendît l'égale de Lacédémone, il avait obtenu en 477 la formation de la confédération des cités ioniennes avec la création d'une assemblée fédérale à Délos. Depuis ce temps la démocratie athénienne alla se fortifiant, à mesure qu'elle modifia sa constitution et ses lois dans le sens de l'égalité. Ces changements ne s'opéraient point sans que le parti des Eupatrides et des hommes de vieille roche murmurât et essayât quelque résistance. Ce parti, qui ne s'appuyait encore que sur lui-même au temps de Cimon et n'avait pour les états aristocratiques qu'une admiration idéale, finit par s'aboucher avec Sparte et par entretenir des relations suivies avec le roi de Perse. Dans la lutte entre Athènes et Lacédémone, qui se produisit dans les années 456 et 455, Sparte était soudoyée par ce prince, et par elle l'argent des Perses arriva jusque dans Athènes. Depuis lors, le parti des nobles ne cessa pas d'accueillir les idées du Grand-Roi et d'entretenir avec lui des rapports d'amitié; ces rapports se continuèrent même durant l'énergique administration de Périclès et de ses collègues, et reprirent une activité nouvelle après sa mort. On vit donc se produire dans Athènes la même lutte de partis qui divisait le corps hellénique. Cimon, fils de Miltiade, avait été longtemps à la tête de l'un d'eux, auquel il avait donné une sorte de relief par ses libéralités personnelles, ses travaux publics et sa politique agressive. Mais lorsqu'il eut été banni, le parti qu'il représentait n'apparut plus que comme une faction antinationale, qu'il fallait maintenir et réduire à l'impuissance. Les lois proclamaient l'égalité; il fallait donc que ces lois fussent respectées et exécutées. C'est à leur donner tout l'empire auquel elles avaient droit et à leur faire produire les fruits qu'on en devait attendre, que Périclès consacra sa vie.

Né en 494, il avait trente-trois ans lors de l'exil de Cimon, et trente-sept l'année où les Perses firent proposer aux Spartiates la guerre contre Athènes, qu'ils commencèrent en effet l'année suivante. Cette guerre n'eut point de durée; mais elle fut pour les Athéniens l'annonce de la grande lutte qui devait commencer vingt-cinq ans plus tard. Ce sont ces vingt-cinq années qui furent employées par leurs administrateurs à la préparer. L'âme qui les animait était celle de Périclès, et le but de ce grand politique était de concentrer dans Athènes une telle puissance matérielle et morale, qu'il ne s'en trouvât en Grèce aucune autre qui pût lui être comparée. Disciple de Zénon d'Elée et d'Anaxagoras, élève du musicien Damon, ami de tous les hommes distingués de son temps, instruit par les plans et les exemples de Thémistocle, d'Aristide, de Clisthènes et d'Ephialte, il réunit dans sa personne toutes les aptitudes, et put diriger la civilisation démocratique dans toutes ses voies. Dailleurs calme, prudent, réservé, plein de courage à l'armée, d'éloquence à la tribune, il exerçait sur les esprits un empire que rehaussaient encore la simplicité et l'économie de sa vie privée. Mais cet empire, il ne chercha jamais à se l'attribuer à lui seul : dans les fonctions variées qu'il remplit, il eut toujours des collègues dont l'opinion et l'habileté n'étaient point inutiles ni annulées par son influence personnelle; comme il n'aspira jamais à la tyrannie, les accusations de quelques ennemis ne purent prévaloir contre lui, et, soutenu par la majorité du peuple, qui voyait en lui son représentant, il put chaque année déposer ses pouvoirs entre les mains de l'assemblée, qui les lui avait conférés et qui chaque fois les lui confiait de nouveau. Ainsi donc la suite dont la politique athénienne donna l'exemple à cette époque, ne doit pas moins être attribuée à la nation qu'à Périclès lui-même, et les qualités supérieures de ce grand esprit ne firent que montrer celle du génie athénien, dont il était le symbole. Cette personnification fut d'autant plus remarquable, que Périclès ne remplit jamais la fonction d'archonte, qui était la première dans la République : il fut *épistate* ou directeur des travaux publics, *athlothète* ou organisateur des fêtes, *trésorier* ou directeur des finances, et surtout *stratège,* fonction qu'il remplit pendant plusieurs années et qui, en temps de guerre, donnait à ceux qui en étaient chargés une grande influence sur la direction des affaires. Il faut toutefois observer que Périclès avait comme stratège neuf collègues, sans l'assentiment desquels il eût été absolument impuissant. Si donc il exerça sur le peuple une action aussi prépondérante, il le dut à sa valeur personnelle et à l'opinion publique avec laquelle il fut toujours d'accord.

 La grande idée athénienne d'alors était de constituer le corps hellénique, τὸ ἑλληνικόν, en une vaste et puissante confédération ayant Athènes pour centre et composée de colonies et d'alliés. Chaque état devait être libre chez lu et conserver son autonomie, même quand sa constitution était aristocratique. Le terrain d'action de ces Etats-Unis devait être la mer, au moyen de laquelle on pouvait à la fois exercer un grand commerce et tenir en respect l'Asie. Pour atteindre ce but la politique d'Athènes dut prendre un caractère de conciliation et de paix, puisque la guerre ne pouvait engendrer que des unions factices et sans solidité. L'existence de la diète hellénique, fondée par Aristide, facilitait les projets nouveaux; c'est Samos qui demanda qu'elle fût transportée dans Athènes avec le trésor commun et que cette ville en eût l'administration : la contribution des alliés qui avait été de 400 talents, fut portée à 600, et enfin à 1200, c'est-à-dire environ à six millions de francs, qui en représentent à peu près quarante d'aujourd'hui. La ville d'Athènes eut donc entre les mains une somme d'argent considérable, qu'elle sut employer et mettre en rapport pour le bien commun des confédérés, somme qui, au moment de la guerre du Péloponnèse, s'élevait encore à 9700 talents (52,380,000 f.). Il faut ajouter à cela les revenus propres de la ville, qui à cette époque étaient en moyenne de mille talents (5,400,000 fr.). Telles furent les ressources financières dont Périclès put régler l'emploi, avec l'assentiment d'un peuple libre et ami des grandes choses. Nous n'avons point à nous occuper ici de la marche de la politique athénienne pendant ces trente années; nous ne parlerons que des œuvres de l'esprit; nous dirons seulement que, comme Périclès n'était pas moins artiste qu'homme d'État, il porta l'art dans la politique et conçut un idéal de peuple libre qu'il s'efforça de réaliser; dans cet état chaque citoyen devait jouir de la plus grande somme possible de liberté individuelle et trouver dans la cité les conditions les plus heureuses pour que ses facultés se développassent simultanément en conservant entre elles une harmonie et des proportions idéales.

Quand les grands travaux de défense, commencés peu de temps après la bataille de Salamine et continués par Cimon, touchèrent à leur fin, vers 460, on décréta la reconstruction sur de nouveaux plans de tous les édifices publics que les Perses avaient détruits. Le *Pécile,* vaste portique où se discutaient dans des conversations privées toutes les questions du jour, est de l'année 462 : l'*Odéon* de Périclès, salle couverte destinée surtout aux exercices de musique, était construit en 444 ; le *Parthénon,* grand temple d'Athêna sur l'acropole et le plus parfait des temples grecs, fut bâti en marbre sur l'emplacement de l'ancien Hécatompédon, et terminé en 437 ; les nouveaux *Propylées,* reconstruits à la place des anciens, ne furent jamais finis, mais étaient déjà en 432 dans l'état d'avancement où ils sont restés depuis. Le temple de *Thésée* avait précédé de quelques années ces constructions ; il date de 469. Quant au théâtre de Bacchus, commencé avant la guerre médique et résistant par sa nature à la destruction, il ne fut achevé que vers le milieu du siècle suivant sous l'administration de Lycurgue. Pour avoir une idée de ce que coûtèrent ces constructions et beaucoup d'autres dont nous ne parlons pas, il suffit de savoir que les Propylées à eux seuls exigèrent 2012 talents, qui n'équivaudraient pas à moins de soixante millions d'aujourd'hui.

Le mouvement imprimé par Athènes s'étendit dans tout le reste du monde hellénique. La même période de temps vit s'élever le grand temple d'*Eleusis* et celui d'Apollon-secourable à *Phygalie,* œuvres d'Ictinous, architecte du Parthénon ; les temples de *Rhamnonte* et de *Sunium* dans l'Attique, ainsi que le portique de *Thoricos;* les grands temples d'Héré près d'*Argos* et de Jupiter à *Olympie;* celui d'Athêna à *Tégée,* œuvre de Scopas ; le Didymæon de *Milet,* et une foule d'autres de diverses grandeurs. Il est à remarquer que les énormes dépenses causées par ces constructions étaient toutes consacrées à des édifices publics et en majeure partie au culte des dieux. L'époque n'était pas encore venue, où le luxe des particuliers rivaliserait avec les constructions sacrées : ce peuple qui donnait tant aux travaux publics était peu exigeant pour lui-même ; le plan que j'ai dressé sur place de plusieurs anciens quartiers d'Athènes nous fait voir des maisons d'une incroyable exiguité, comprenant quelquefois un assez grand nombre de salles, dont les dimensions n'excèdent pas le plus souvent deux mètres. C'était assez pour se reposer la nuit ; de jour chacun était à ses affaires, au portique, à l'agora, au port, à l'assemblée publique, ou bien s'occupait à célébrer quelqu'une de ces fêtes dont le nombre au temps de Périclès n'était pas inférieur à quatre-vingts. Cependant c'est au temps où nous sommes parvenus que les villes commencèrent à se construire sur des plans réguliers : le premier plan de ce genre qui fut donné et réalisé fut celui du Pirée, en l'année 445 ; c'était l'œuvre d'Hippodamos de Milet, qui produisit en 411 un grand plan de Rhodes ; on vit s'aligner de même les villes de Cos, d'Halicarnasse, et plusieurs autres cités maritimes, et plus tard les villes, qui, comme Mantinée et Mégalopolis, furent construites dans l'intérieur des terres.

Tous les arts qui se rattachaient à l'architecture et ceux qui avaient un domaine séparé, prirent comme elle une marche rapide. Les noms de Polygnote, d'Agéladas, de Polyclète, de Myron, de Callimaque le toreuticien, de Zeuxis, de Parrhasios et de tant d'autres, sont dominés par celui de Phidias, qui fut l'ami intime de Périclès et comme le directeur des beaux arts sous son administration. Phidias composa, soit dans Athènes, soit dans d'autres villes, les plus grandes œuvres de sculpture de cette féconde période. Il avait sous ses ordres des architectes, des mouleurs, des repousseurs sur bronze, des maçons, des teinturiers, des orfévres, des tailleurs d'ivoire, des peintres, des brodeurs, des ciseleurs, et une foule d'ouvriers de toute sorte, dont les ruines d'édifices encore existantes nous montrent le savoir faire. L'art de bâtir fut poussé si loin, quant à la théorie et à l'exécution, que jamais chez aucun peuple on n'a pu atteindre à la même perfection. Les matériaux les plus précieux étaient employés avec une libéralité qui ne touchait jamais à la profusion, mais dont nous pouvons nous faire une idée en songeant que les seules draperies d'or de la Pallas du Parthénon valaient 44 talents, équivalant à plus d'un million et demi de notre monnaie.

L'esprit qui dominait dans tous ces ouvrages était la liberté, soumise aux règles éternelles du vrai et tendant avec intelligence vers un idéal invariable. La force avec la grâce, la souplesse, le naturel, la vie dans sa plénitude et dans son indépendance; puis, à côté de ces qualités esthétiques, l'élévation morale, la dignité, le respect et la pleine possession de soi-même, le calme, la sagesse et la raison; voilà les caractères les plus faciles à reconnaitre dans toutes les œuvres du temps de Périclès. C'était celles de ce grand esprit et ce sont les qualités les meilleures et les plus saillantes du peuple athénien lui-même. Ce peuple n'avait encore exagéré aucune d'entre elles au point d'en faire un défaut; et si les luttes qu'il eut à soutenir pour défendre sa liberté contre la faction aristocratique au dedans et, au dehors, contre l'influence dorienne et persane, ne l'eussent peu à peu détourné de sa voie, il est probable que la période que nous désignons par le nom de Périclès se fut prolongée pour lui bien après la mort de cet homme d'Etat.

Le grand développement du génie politique d'Athènes ne fut pas le moindre des effets dus à la liberté. C'est à cette époque en effet qu'au sortir des guerres nationales, se manifesta dans sa plénitude cette faculté, humaine par excellence, qui distingue un citoyen de république d'un sujet. L'habitude de faire soi-même les affaires de l'Etat auquel on appartient, donne à la personne du citoyen une énergie virile, que n'ont point les sujets dans une monarchie ; il sent à la fois sa force et sa responsabilité ; la part qu'il prend à la marche des événements lie son action au passé et à l'avenir et le met en rapport de lutte ou de concordance avec les hommes et les chefs des autres états. Cet exercice perpétuel de l'intelligence et de la réflexion et la nécessité où il est chaque jour de prendre des décisions sur les choses les plus graves comme sur les plus ordinaires de la vie sociale, donnent à toutes ses facultés une activité féconde et réglée, dont nous n'avons dans nos états européens qu'une idée fort incomplète. Nous dépensons ces forces vives dans des révolutions, où elles sont usées en quelques jours et qui n'aboutissent jamais à la vraie liberté ; nous agissons ainsi par passions soudaines et par explosions désordonnées. Au contraire, les Athéniens du temps de Périclès, soumis à une constitution dont ils étaient les maîtres, devenaient, au sein de la liberté la plus grande, des politiques à la fois réfléchis, modérés et énergiques, dont l'action était d'autant plus calme qu'elle était plus souveraine et mieux calculée.

Aussi, est-ce le temps de l'histoire, de l'éloquence, de

la haute tragédie ; de la comédie politique, et le commencement de la science méthodique et démonstrative. Quoiqu'il n'y ait pas d'interruption au cinquième siècle dans la marche des formes littéraires vers la perfection, la lecture des œuvres du temps de Périclès, comparées à celles du commencement de ce siècle, nous montre qu'un changement considérable s'est fait dans les idées ; que les intelligences ont mûri ; que les hommes n'ont plus vingt ans, mais quarante ; qu'ils savent au juste la portée de ce qu'ils disent ; que s'ils prennent la parole, ce n'est pas pour satisfaire un besoin instinctif de se faire entendre, mais pour produire un certain effet déterminé ; et qu'enfin ils savent que leur œuvre personnelle contribuera pour sa part à la civilisation de leur pays et à celle de l'humanité. C'est à cette époque que l'on voit apparaître toutes ces grandes idées de genre humain, de civilisation, d'influence réciproque des nations les unes sur les autres, de communication et de transmission des idées, d'antagonisme entre les systèmes politiques et sociaux, engendrant des luttes armées entre les peuples et les expliquant sans l'intervention miraculeuse des dieux. Il y a quelque chose de si naturel et de si viril dans les écrits de ce temps, que nous reconnaissons très-vite dans leurs auteurs des hommes complets, à l'intelligence desquels rien n'a manqué, qui ont été juste dans la mesure et dans le milieu moral qui convient à l'humanité. Au temps de Louis XIV, ces écrivains paraissaient des hommes supérieurs d'une valeur incomparable, des maîtres d'une incalculable profondeur. Aujourd'hui qu'instruits par nos révolutions et par le développement, même désordonné, des aptitudes démocratiques, nous nous sommes rapprochés en théorie, sinòn pratiquement, des Athéniens, les écrivains du temps de Périclès ne nous paraissent pas moins grands, mais nous les comprenons mieux et nous leur portons envie, en reconnaissant que le milieu social où ils ont vécu a fait d'eux des hommes plus complets que nous ne sommes. Aussi leur lecture a pour nous un charme qu'elle ne pouvait avoir il y a cent cinquante ans : car le plaisir que nous y trouvons vient de ce qu'ils disent avec liberté, simplicité, naturel, ce que nous pensons nous-mêmes sans que notre éducation civile nous permette de le dire comme eux.

Le mouvement mystérieux d'idées orientales que nous avons signalé dans la Section précédente de ce livre, est loin de s'arrêter durant les trente années de Périclès : il s'étend au contraire et s'accélère d'autant plus, que les relations avec l'Orient sont devenues, grâce à la marine, plus fréquentes et plus faciles. Mais il disparaît en quelque sorte sous la floraison du génie athénien. Les arts, les lettres, la politique occupent tous les esprits. L'originalité hellénique touche à son point culminant : elle n'a plus d'yeux que pour elle-même; c'est elle-même, ses inventions et ses conquêtes qu'elle célèbre; elle se met en scène dans la comédie; elle sculpte ses victoires sur les temples ou les peint dans les portiques; elle raconte dans l'histoire ses luttes, ses progrès et ses revers; elle se donne des règles de conduite dans l'éloquence et dans l'enseignement des sophistes; enfin c'est à s'établir dans la réalité de la vie sociale, qu'elle consacre ces sommes immenses, qu'un commerce et une industrie en progrès versent chaque année dans le trésor des états.

I. TRAGÉDIE.

L'organisation matérielle du théâtre était à peu près complète au milieu du cinquième siècle. La seule modification importante qu'elle subit encore fut l'introduction d'un troisième acteur ou *tritagoniste*, exigée, dit-on, pour la première fois par Sophocle et adoptée par Eschyle qui vivait encore. Ce dernier avait dû composer la plupart de ses pièces de telle sorte qu'il n'y eût sur la scène que deux personnages parlants; il en résultait une certaine raideur dans l'action et l'impossibilité d'exprimer des sentiments moyens entre ceux des deux personnages aux prises sur la scène. Le troisième acteur put remplir de tels rôles, adoucir les situations, leur donner un aspect plus humain et permettre au poète d'exprimer d'une manière plus analytique et plus complète les sentiments de l'âme.

La même époque vit établir une institution nouvelle essentiellement démocratique, le θεωρικόν ou *caisse des théâtres*, aux frais de laquelle les assistants eurent leurs places payées dans les représentations dramatiques. Si celles-ci n'avaient eu pour objet que les plaisirs du peuple, l'établissement d'une telle Caisse eût été à la fois ridicule et impossible. Mais comme elles faisaient partie de fêtes religieuses et annuelles, au lustre desquelles il fallait pourvoir, comme on pourvoyait à l'éclat des temples et des processions, le but de cette création était religieux avant tout; il avait en outre l'avantage d'ouvrir à toutes les classes de la société l'accès des théâtres, où elles venaient entendre les plus belles œuvres de la poésie. Les plaisirs que l'on y goûtait étaient les plus relevés que l'esprit de l'homme puisse se procurer à lui-même ; mais le vrai rôle du poète, comme le déclare Aristophane, était d'instruire le peuple et d'élever sa pensée vers l'idéal. Du reste cette caisse ne couvrait pas seulement les frais des représentations dramatiques; elle payait aussi les dépenses des autres fêtes. Combien cela ressemble peu à la prodigalité !

La constitution esthétique des tragédies subit, d'Eschyle à Sophocle, une modification profonde : on cessa de faire des trilogies, et toutes les pièces présentées à la fois par un poète furent indépendantes les unes des autres. Chacune d'elles forma donc un tout complet, une action parfaite, à laquelle durent s'appliquer les lois de composition qui régissaient auparavant les trilogies. L'action tragique perdit en étendue, mais elle gagna en perfection. Car pour appliquer à une matière plus restreinte les lois qui avaient été créées pour les actions trilogiques, il fallut multiplier les détails, varier les situations, inventer l'intrigue et produire, par un grand nombre de scènes courtes et rapides, le même effet que l'on avait obtenu par les grandes proportions. Cette diminution dans la longueur du drame eut l'avantage de concentrer l'attention du spectateur sur un temps plus court, sans la fatiguer, et d'obtenir finalement un effet plus énergique.

Ce fut du reste la tendance de cette époque de renoncer aux grandes masses et d'appliquer les efforts de l'art à des matières de dimension restreinte. L'œil et l'esprit en saisissaient plus aisément l'ensemble et pouvaient mieux en étudier les détails. D'ailleurs à l'époque de Périclès, un Athénien était un homme si occupé, que bien peu de personnes sans doute avaient assez de loisir pour entendre une trilogie jusqu'à la fin; ces immenses compositions auraient fait déserter le théâtre; chaque temps amène ses besoins; les poètes comprirent que le drame ne devait plus excéder les dimensions d'une pièce ordinaire. On les augmenta pourtant un peu, de manière à gagner la place nécessaire pour quelques scènes.

Par le même motif, les poètes diminuèrent le nombre et l'étendue des chœurs, afin que le temps qui leur était accordé fût en grande partie rempli par l'action. Quand on compare la plus simple des pièces de Sophocle à la plus compliquée des pièces d'Eschyle, on voit aussitôt que, si l'étendue des chœurs a diminué dans l'intervalle de temps qui les sépare, le nombre et la variété des scènes se sont accrus dans les mêmes proportions. En somme la durée totale des représentations et le nombre des pièces représentées n'ayant pas changé, la durée de chacune d'elles devait rester la même. Mais le chant des chœurs, qui était lent, prenait beaucoup de temps; il suffisait de les réduire un peu pour gagner le temps nécessaire à plusieurs scènes. C'est ce qui eut lieu.

Le nombre des poètes tragiques qui se distinguèrent dans la seconde moitié du cinquième siècle fut plus grand qu'on ne le suppose. Car, outre Sophocle et Euripide, dont nous traiterons en détail, et sans compter cette multiplicité de poètes sans nom, dont parle Aristophane dans ses Grenouilles, on peut citer :

I. Néophron, Νεόφρων, de Sicyone, contemporain d'Eschyle;

Ion, Ἴων, de Chios, de la même époque, homme encyclopédique et fort estimé pour sa correction; historien dans le genre de Charon et d'Hérodote, poète élégiaque, poète lyrique, et qui commença à donner des tragédies après la mort d'Eschyle;

Aristarque, Ἀρίσταρχος, qui débuta en 454 par de grandes tragédies séparées, à la manière de Sophocle;

Achéos, Ἀχαῖος, d'Erétrie, auteur fécond, qui fleurit vers le milieu du siècle et remporta un prix; Achéos réussit principalement dans le genre satyrique;

Karkinos, Καρκῖνος, et ses fils, dont le nom est un objet de raillerie pour Aristophane et dont un pourtant, Xénoclès, remporta le prix sur Euripide.

II. Il faut ajouter à ces auteurs qui sont du temps de Périclès, la famille d'Eschyle comprenant :

Euphorion, Εὐφορίων, son fils, qui fit jouer les pièces de son père;

Philoclès, Φιλοκλῆς, son neveu, qui gagna le prix contre l'OEdipe-roi de Sophocle;

Morsimos, Μόρσιμος, fils de Philoclès, qu'Aristophane nous représente comme un méchant auteur;

Astydamas, Ἀστυδάμας, auteur très-fécond, qui composa, dit-on, deux-cent-quarante pièces et remporta quinze prix. Astydamas est du reste postérieur à la guerre du Péloponnèse.

III. La famille de Sophocle, composée de son fils Iophon, Ἰοφῶν, poète très-estimé d'Aristophane; et de Sophocle le jeune, petit-fils du grand Sophocle, qui remporta douze prix.

IV. Enfin pour terminer cette liste, et montrer dans son ensemble le tableau historique de la tragédie, sur laquelle nous ne reviendrons pas, je citerai ici les noms des poètes postérieurs à Périclès :

AGATHON, Ἀγαθῶν, qui débuta en 416, vécut près d'Archélaos, roi de Macédoine, et mourut en 400, la même année que Socrate. C'était un poète distingué, d'idées et de mœurs aristocratiques, quoiqu'il fût élève des sophistes et surtout de Gorgias. Comme poète, il était bizarre, mou, doucereux même, mais agréable à la lecture plus encore qu'à la représentation. C'est lui qui paraît dans Aristophane et dans le banquet de Platon, où il tient des propos si singuliers.

CRITIAS, Κριτίας, l'homme d'Etat ; DENYS *l'ancien*, Διονύσιος, PLATON le philosophe, et MÉLÉTOS, Μέλητος, l'accusateur de Socrate, firent aussi des tragédies, mais n'eurent pour cet art qu'une fantaisie passagère.

CHÉRÉMON, Χαιρέμων, donna vers 380 une tragédie, le *Centaure*, qui lui valut une grande célébrité; c'était, d'après Aristote, un mélange de lyrisme et de style tragique peu fait pour la scène; ses pièces, où les femmes, les fleurs et les autres objets propres à flatter les sens occupaient une grande place, sentaient la rhétorique et montraient l'art en pleine décadence.

THÉODECTE, Θεοδέκτης, de Phasélis, vers 356, était plus sophiste encore. Il composa pour la seconde Artémise une pièce intitulée *Mausole*, qui fut jouée aux célèbres funérailles de ce prince. Du reste il remporta huit prix. Ces deux faits montrent à eux seuls combien l'esprit public était changé, puisque l'art était devenu un moyen d'encenser les hommes puissants et que les juges du spectacle applaudissaient à ce nouveau genre de tragédies. Je reviens au temps de Périclès.

V. Sophocle, Σοφοκλῆς, naquit probablement en 495 avant J.-C. Son père se nommait Sophilos ; c'était un forgeron du dème de Colone, selon Aristoxène ; il paraît avoir été assez riche pour donner à son fils une éducation distinguée, ce qui, du reste, n'était point difficile dans un état démocratique. Sophocle suivit les leçons du musicien Lampros. A quinze ans, après la victoire de Salamine, il conduisit le chœur qui chanta le péan devant le trophée funéraire ; il était nu, c'est-à-dire vêtu du seul chitôn, et, les cheveux parfumés d'huile selon la coutume antique, il chanta une lyre à la main. Ce fut en 468, à l'âge de vingt-sept ans, qu'il obtint pour la première fois un chœur ; le prix lui était disputé par Eschyle, qui avait à cette époque cinquante-sept ans : l'archonte éponyme Aphépsion remit à Cimon et à ses neuf collègues le soin de juger du mérite des concurrents ; les juges donnèrent la victoire à Sophocle ; il est probable que la pièce couronnée était le *Triptolème*. Sophocle remporta dans sa carrière dramatique vingt fois le prix ; dans les autres concours il obtint toujours le second rang : ce fait nous montre quelle fécondité de grandes œuvres théâtrales régnait alors dans Athènes. L'*Antigone*, qui remporta le prix en l'année 440, fit nommer le poète stratège l'année suivante ; c'est en cette qualité que, collègue de Périclès, il dirigea avec lui l'expédition contre l'aristocratie de Samos, alliée des Perses. A Samos, Sophocle fit la connaissance d'Hérodote, qui avait alors quarante-cinq ans ; il en avait lui-même cinquante-six. Tout le reste de la carrière du poète fut consacré à l'art dramatique : depuis l'année 468 jusqu'en 406 où il mourut, il composa cent-vingt-trois pièces dont vingt ou vingt-deux étaient des drames satyriques. Le scholiaste raconte qu'avant de mourir, il eut à soutenir un procès contre un de ses fils. Sophocle en effet s'était marié deux fois : sa première femme était une Athénienne nommée Nicostraté, dont il avait eu Iophon ; la seconde était une Sicyonienne nommée Théoris, pour laquelle il eut un grand amour et qui lui donna un autre fils, Ariston, père de Sophocle le jeune. Il se peut que le vieillard ait voulu laisser à ceux-ci une part plus grande de son héritage. Iophon le traduisit devant sa phratrie, sorte de conseil de famille, comme un homme tombé dans l'enfance. On dit que le poëte se contenta pour toute défense de lire son fameux chœur sur Colone, et que la plainte fut écartée. Du reste il était d'un caractère doux, affable et aimé de tout le monde ; plein de patriotisme, il ne voulut jamais quitter son pays natal ; et comme il avait chanté sa gloire au commencement de sa carrière, c'est elle encore qu'il célébra dans sa tragédie d'Œdipe à Colone, qui fut la dernière. Il fut, dit-on, enterré à Décélie, pendant que ce dème était occupé par les Lacédémoniens.

La génération qui sépare Eschyle de Sophocle suffit pour opérer de grands changements dans l'esprit, la langue et la composition des tragédies. Nous avons parlé de cette dernière. Quant aux deux autres choses, pour les comprendre il faut observer que la génération à laquelle appartiennent Sophocle, Périclès, Phidias et tant d'autres hommes distingués dont l'histoire cite les noms, fut une génération politique, réfléchie, déjà savante, regardant moins le passé que l'avenir, ayant conscience de son rôle et pesant la valeur morale de ses actions et de ses paroles, avant de parler et d'agir. Les grandes luttes nationales contre l'Asie occupaient toute l'âme des soldats de Marathon et de Salamine et ils pensaient beaucoup avec leurs souvenirs : un reste d'héroïsme vivait en eux. La génération suivante est dans de nouvelles conditions : on répare les ruines, ou pour mieux dire on reconstruit à neuf les monuments, les états, les constitutions et les hommes. Les écrivains ne sont plus des hommes de haute imagination, amoureux des grands tableaux de la mythologie ou de la réalité. Une raison plus mûre domine dans leurs ouvrages et soumet toutes les créations de l'esprit aux règles les plus sévères de l'eurythmie, des proportions et du bon sens. Dans les créations de Sophocle, rien de heurté, d'anguleux ou d'extravagant; sous les dehors les plus naturels et sous les formes les plus humaines, se cachent les analyses du cœur humain les plus justes et souvent les plus profondes; ce n'est plus simplement un poète aux grandes images qui a la parole, c'est un philosophe, un psychologue et un moraliste; c'est à mettre aux prises les sentiments naturels, nés des situations, que les faits de la tradition lui servent, et non à montrer aux yeux un grand ou effrayant tableau des temps fabuleux. Bacchus et le dithyrambe ne sont plus rien dans Sophocle; ces formes rudimentaires, qui ont encore laissé quelques traces dans Eschyle, ont entièrement disparu. Le drame est la seule préoccupation du poète, et pour lui le drame est le développement d'un conflit engendré par les sentiments nés des situations, sentiments qui, dans leur marche, font naître à leur tour des situations nouvelles, des péripéties et des dénouements. Le destin n'est plus le grand moteur du drame : la personne humaine, avec ses idées, ses sentiments, sa moralité et son autonomie, est ici la source presque unique de l'action. Il y a telle pièce de Sophocle qui roule toute entière sur la lutte de la conscience morale contre la destinée, et qui se termine par la victoire de l'homme juste et par l'affirmation de son immortalité. Ainsi, analyse de la pensée, sentiment de la moralité humaine, affirmation de la valeur personnelle de l'homme, voilà les caractères dominants du drame sophocléen. Il faut opposer le chœur d'Eschyle dans le Prométhée, commençant par ces mots : φέρ' ὅπως χάρις ἄχαρις, avec celui de l'Antigone de Sophocle Πολλὰ τὰ δεινά : et l'on mesurera la distance qui sépare les deux poètes ; voici ces chœurs :

Str. 2. De tes bienfaits vois le salaire, ô mon ami ;
dis-le moi, quel appui, quel secours
te vient-il de ces êtres d'un jour ?
Ne connaissais-tu pas
l'impuissance
vaine, pareille à un rêve, où des humains
l'aveugle race est enchaînée ?
Jamais les volontés des hommes ne peuvent
s'écarter de l'ordre établi par Jupiter.
                            Esch. *Prom.* 558.

C'est la même pensée qu'exprimait Pindare dans sa huitième Pythique, passage cité plus haut. Voici au contraire les paroles de Sophocle :

Str. 1. Il est bien des merveilles, et rien
n'est plus merveilleux que l'homme.
C'est un être qui à travers la mer blanchissante
marche au souffle de la tempête,
fendant la vague
    qui mugit autour de lui.

La première des déesses, la terre
incorruptible, infatigable, il la creuse
et la retourne avec la charrue d'année en année,
    la labourant par la force des chevaux.

Ant. 1. Et la race des oiseaux à l'esprit léger,
    il l'enveloppe et la saisit;
    et les troupes des bêtes sauvages,
    et celles qui habitent les eaux de la mer,
    il les enlace dans les replis de ses filets,
        l'homme plein d'intelligence.

Il prend dans ses piéges la bête
qui erre sur la montagne; il amène
sous le joug deux fois recourbé le cheval au col chevelu
    et le taureau indompté.

Str. 2. La parole, la pensée qui vole,
    et les besoins d'où naissent les
lois des cités, il les a étudiés. Il sait
    s'abriter contre la froidure du ciel serein,
    échapper aux coups de la pluie.
      Il pourvoit à tout;
    jamais l'avenir ne le prend
    au dépourvu. A Pluton seul
    il ne peut échapper :
    car, pour les maladies sans espoir
      il a des remèdes.

Ant. 2. Habile et industrieux
    au delà de toute croyance,
    il va tantôt au mal, tantôt au bien.
    Quand il suit les lois de la nature
    et la justice qui jure au nom des dieux,
      la cité grandit;
    plus de cité pour qui se livre
    au mal et à l'audace du crime.
    Qu'à mon foyer jamais

> il ne s'asseoie et n'ait mon amitié, celui
> qui fait ainsi.

D'une part le sentiment de l'impuissance de l'homme devant la loi du destin, de l'autre la glorification de l'intelligence, de l'industrie et de la moralité humaines.

La langue grecque a revêtu dans Sophocle tous les caractères de l'esprit du temps ; elle est moins remplie d'images que celle d'Eschyle, et n'a pas besoin, pour exprimer les idées, de créer des mots nouveaux, dont chacun forme à lui seul un tableau. Les idées étant plus philosophiques et plus humaines que celles de la génération précédente, les poètes du temps de Périclès n'emploient pour ainsi dire que les termes de la langue usuelle, sans les détourner de leur vrai sens, leur donnant seulement une acception plus précise et en quelque sorte plus scientifique qu'on ne l'avait fait auparavant. On a remarqué avec raison que les mots dans Sophocle sont pris souvent dans leur sens étymologique, qui après tout est le vrai sens. Il en résulte que si l'on veut comprendre toute la portée des paroles du poète, il faut remonter à cette signification et ne pas s'en tenir aux sens détournés ou dérivés que les mots ont eus plus tard ou qu'ils avaient même déjà dans le peuple à cette époque. C'est faute d'user, quand il le faut, de ce procédé analytique, qu'on rencontre quelquefois dans Sophocle des obscurités ; quand on en use à propos, les obscurités disparaissent.

Sophocle est un des poètes dramatiques qui a le plus habilement usé de l'*ironie* scénique : cette figure de langage consiste à mettre dans la bouche d'un personnage des expressions à double portée, s'appliquant à sa situation présente, telle qu'il croit qu'elle est, et à sa situation véritable, telle que le spectateur la connaît ou telle que la révèlera la marche des événements. Cette manière de parler se remarque par exemple très-souvent dans l'OEdipe-roi, dans les paroles de Tirésias, dans celles d'OEdipe lui-même et de plusieurs autres personnages. Elle est très-rare dans Eschyle. Cette ironie dramatique est étroitement liée avec un élément nouveau qui à cette époque s'introduisit dans le drame, avec l'*intrigue*. Celle-ci, qui est très-différente de l'action, vient de l'inconnu qui plane sur une situation et le plus souvent d'une cause imprévue et fortuite, qui vient se mêler aux événements et les compliquer. L'intrigue est presque nulle dans les anciens drames, quoique l'action y soit très-puissante : elle existe au contraire dans l'OEdipe-roi, dans l'Antigone, et ailleurs ; il arrive même que si elle manque, l'auteur la crée au moyen d'un événement fictif, tel que la mort simulée d'Oreste dans son Electre. Mais il ne lui a jamais donné une importance telle, qu'elle pût se substituer à l'action véritable et la faire disparaître, comme on l'a souvent fait dans les temps modernes. C'est un des mérites de Sophocle d'avoir su manier cet instrument dangereux et en tirer avec une juste réserve des effets nouveaux, que l'action dramatique n'eût pas produits.

Du reste, toutes les tragédies de Sophocle ne sont pas également parfaites. Quoique nous ne puissions porter un jugement certain sur ses progrès dans l'art dramatique durant sa longue carrière, puisque, des sept pièces qui nous restent, la plus ancienne est de 440, il y a entre celle-ci et l'OEdipe à Colone, qui est la dernière, une différence de valeur assez notable. Il est à peu près hors de doute que ses premières œuvres étaient encore dans le genre de celles d'Eschyle, et qu'il contribua beaucoup à perfectionner la tragédie dans tous ses éléments. Par ce travail continu, que rendaient plus fructueux les exemples de ses concurrents, il éleva l'art dramatique au point le plus haut où il soit jamais parvenu ; car l'OEdipe à Colone peut être considéré comme le *canon* ou le type de la tragédie parfaite.

L'*Antigone* (Ἀντιγόνη) est le développement d'une action morale reposant sur cette idée que la loi religieuse, en tant que loi de nature, est supérieure en droit au principe d'autorité, c'est-à-dire au pouvoir, même quand il s'appuie sur une loi écrite. Cette doctrine profonde est mise en scène sous la forme d'une lutte entre une jeune fille, pleine de piété et d'amour fraternel, et un roi injuste et tyrannique. Elle est exprimée clairement dans ce passage célèbre, où Antigone se défend contre les ordres despotiques de Créon :

Créon. A ton tour : réponds sans longueurs et brièvement ; connaissais-tu l'ordre proclamé qu'il ne fallait pas ensevelir ton frère ?

Antig. Je le connaissais ; comment l'eussé-je ignoré ? Il était assez public.

Créon. Et tu as osé enfreindre ces lois ?

Antig. Pour moi ce n'était pas Zeus qui avait proclamé cela, ni la Justice compagne des dieux infernaux, eux qui ont défini aux hommes les vraies lois. Et je ne pensais pas que tes proclamations eussent tant d'autorité, qu'un mortel pût transgresser les lois non écrites et infaillibles des dieux. Car ces lois, ce n'est ni aujourd'hui ni hier, c'est toujours qu'elles sont vivantes ; et nul ne sait d'où elles sont venues. Devais-je, pour échapper aux menaces d'un homme, m'exposer à la justice divine ? Je savais bien que je mourrais, comment non ? même sans tes proclamations. Si je meurs avant le temps, c'est un gain pour moi. Quand on a comme moi vécu entourée de maux, comment la mort ne serait-elle pas un bénéfice? Aussi cette destinée pour moi n'est pas un malheur; mais si j'avais laissé mort sans sépulture le fils de ma mère, voilà où serait le malheur à mes yeux : ce qui m'arrive ne m'afflige pas. Si ma conduite te semble folle, c'est un fou qui m'accuse de folie.

Antig. 446.

Voici comment est construite la pièce d'Antigone : trois scènes conduisent l'action jusqu'au moment où se rompt l'équilibre des forces antagonistes; cette rupture a lieu dans une quatrième scène; v. 631 ; trois scènes amènent le dénoûment :

1° *1re sc.* Antigone pose à sa sœur Ismène la question de savoir si elle participera à la sépulture de Polynice; Ismène recule par faiblesse. — Le chœur chante la victoire de Thèbes et le double fratricide, de Polynice et d'Etéocle.

2e sc. Proclamation de Créon; défense d'inhumer Polynice. Un gardien vient annoncer que le corps est inhumé. Colère de Créon; il ordonne que l'on recherche le coupable. — Le chœur chante l'homme puissant et le devoir qu'il a d'être juste.

3e sc. Le garde amène à Créon Antigone, qui a été prise en flagrant délit de désobéissance; récit du garde; interrogatoire et aveu d'Antigone. Ismène, qui est présente, relève son courage et veut s'associer au délit et au péril de sa sœur. Antigone nie qu'Ismène ait participé à la désobéissance. On les emmène. — Le chœur chante le malheur des Labdacides et l'instabilité du bonheur.

Scène de rupture. Discours de Créon sur le principe

d'autorité et sur l'obéissance due au prince. Hémon (Αἵμων) son fils, lui représente que le peuple murmure. Créon s'irrite et menace. Hémon prend parti pour sa fiancée, et part, sans dire où il va. Arrêt prononcé par Créon. — Le chœur chante la puissance de l'Amour.

2° *1re sc.* Plaintes d'Antigone condamnée à être enfermée vivante dans une caverne; dureté de Créon. On emmène Antigone. — Le chœur chante les femmes célèbres, mortes comme elle.

2e sc. Le devin Tirésias vient engager Créon à retirer son arrêt; Créon refuse. Le devin lui prédit le suicide de Hémon; Créon cède et va délivrer Antigone. Mais il est trop tard. — Le chœur chante une invocation à Bacchus libérateur.

3e sc. Un messager vient annoncer que Hémon s'est tué sur le corps d'Antigone; Eurydice, sa mère, à qui est adressé le récit, se retire silencieuse. On apporte le corps de Hémon. Un second messager vient annoncer qu'Eurydice s'est tuée de désespoir; la porte s'ouvre, on voit son cadavre. Créon se livre à un tardif désespoir.

La pièce d'Antigone renferme un grand nombre de morceaux admirables parmi lesquels nous citerons, outre les chœurs et les plaintes de la jeune fille, la scène étonnamment conduite de Créon et de son fils (v. 631), le monologue d'Antigone, et le récit de la mort des deux fiancés. Voici le monologue :

« O tombeau, chambre nuptiale, demeure souterraine, prison éternelle où je vais retrouver les miens, dont Perséphone a déjà reçu le plus grand nombre parmi les morts. J'y descends la dernière et de beaucoup le plus tristement, avant d'avoir accompli ma part de vie. Quand j'irai pourtant, j'ai la ferme espérance d'y arriver chère à mon père, chère à toi aussi, ma mère, et à toi, frère bien-aimé. Car c'est moi qui morts vous ai pris dans mes mains, vous ai parés et vous ai donné les libations funèbres. Et en ce moment, Polynice, c'est pour avoir enseveli ton corps, que je suis privée du même honneur. Mais les gens sensés diront que j'ai bien fait de t'honorer ainsi..... car ma mère et mon père étant descendus chez Hadès, je n'espérais plus avoir un autre frère ; c'est pour t'avoir honoré, comme le veut cette loi, que j'ai paru à Créon une audacieuse et une criminelle, ô frère chéri. Et à présent il me saisit et m'entraîne, sans lit nuptial, sans hyménée, sans époux, sans enfants que j'aurais nourris. Privée d'amis, infortunée, je vais vivante dans les cavernes des morts. Quelle loi divine ai-je donc violée? Mais qu'ai-je besoin de me tourner encore vers les dieux ? Quel secours puis-je attendre? puisque ma piété m'a valu le sort de l'impie. Ah! si les dieux approuvent ce qui se passe, ma peine, je l'avoue, est méritée ; mais si c'est ceux-là qui sont coupables, puisse leur sort n'être pas plus doux que le mien! »

L'*Electre* de Sophocle doit être comparée à l'Orestie d'Eschyle et à l'Electre d'Euripide : ce rapprochement peut faire ressortir des différences presque toutes à l'avantage du poëte de Colone. Le sujet est ici moins vaste et d'une portée sociale moins grande que dans Eschyle ; mais la partie dramatique du sujet étant concentrée dans une pièce unique, produit une impression profonde sur le spectateur. Elle se divise en trois sections et procède à peu près comme l'Antigone. Seulement il faut remarquer qu'ici le chœur se mêle perpétuellement au dialogue, tâchant de retenir la main d'Electre et d'Oreste, de peur que la punition de Clytemnestre ne devienne un acte criminel de vengeance ; mais la situation de ses enfants est si nette et la continuation en est si insupportable, que le chœur se sent toujours gagné par les raisons d'Electre, et attend avec autant d'impatience qu'elle l'accomplissement du double meurtre. A l'entrée de la pièce, Oreste arrive de Delphes avec son gouverneur, et se cache pour voir ce qui se passe. Electre et le chœur donnent l'exposition du sujet. Survient Chrysothémis, caractère féminin, qui n'est point disposée à la lutte mais qui force Electre à agir, en lui annonçant que sa mort est résolue. Après une scène violente entre Electre et sa mère, le gouverneur se présente apportant à la reine la fausse nouvelle qu'Oreste est mort; la reine s'en réjouit, mais Electre est plongée dans le désespoir et le chœur appelle la vengeance des dieux. Ce faux récit amène de très-belles scènes, surtout celle où Electre exprime sa douleur, en recevant des mains d'Oreste lui-même l'urne qui est censée renfermer ses cendres. C'est à la suite de cette scène touchante qu'Oreste se fait reconnaître de sa sœur et qu'ils se préparent à agir. Oreste entre en effet et l'on entend aussitôt les cris de Clytemnestre assassinée. Egisthe, à son retour des champs, voit ce qui se passe. Oreste l'attend, le reçoit et le tue. — La tragédie d'Electre est une suite de scènes dont l'énergie ne le cède en rien à celle d'Eschyle, et où les sentiments du cœur humain sont rendus avec une profondeur et une variété incomparables. Leur progression se fait sentir par toute la pièce, dans son ensemble comme dans ses parties. C'est un acte mystérieux de justice, qui se dévoile par degrés et éclate enfin au grand jour, couronné par ces paroles d'Oreste à Egisthe, v. 1503 :

« Je ne veux pas que tu aies quelque plaisir dans la mort, je veux t'en garder toute l'amertume. Voilà quelle devrait être la justice sommaire pour tous ceux qui osent violer les lois ; qu'on les tue ; on ne verra plus guère de crimes. »

La pensée dramatique de la pièce est toute entière dans la seconde scène où Electre s'entretient avec le chœur, scène d'une grande beauté, mais trop longue pour trouver place ici.

Les *Trachiniennes* sont une action étrange que Sophocle a empruntée à la légende d'Héraclès : cette légende est solaire et la fin en est sacerdotale. Quand le soleil a parcouru les douze signes du zodiaque, l'année est finie, l'ancien soleil se meurt ; la fête solsticiale se célèbre alors par de grands feux qu'on allume sur les montagnes. C'est ici que se place tout le mythe bizarre du centaure Nessus et de la robe de Déjanire. Le poète en a tiré la pièce des Trachiniennes, où l'on voit la femme d'Héraclès, jalouse de la jeune vierge fille d'Eurytos, qu'il ramène devant lui comme sa conquête, envoyer à son époux le vêtement magique qui doit lui rendre son amour et qui ne fait que le consumer de douleurs. A la fin de la pièce on apporte sur la scène Héraclès encore vêtu de la robe qui le dévore ; et le spectateur assiste à la passion de ce demi-dieu, fils de Zeus et d'Alcmène. — La tragédie n'a pas une grande portée ; elle est purement légendaire, et fut probablement présentée par le poète avec d'autres pièces d'une plus grande valeur.

L'*OEdipe-roi* (Οἰδίπους τύραννος) est sans contredit une des plus belles et des plus émouvantes tragédies du théâtre grec, quoiqu'en la présentant Sophocle ait été vaincu au concours par Philoclès, neveu d'Eschyle. Son sujet est la reconnaissance d'OEdipe par lui-même, et la manifestation des crimes involontaires qu'il a commis. Voici comment se déroulent les événements. 1° La peste est dans Thèbes; le roi OEdipe a envoyé son neveu Créon consulter l'oracle de Delphes et l'on attend son retour. Créon revient et annonce qu'il faut découvrir, punir et chasser le meurtrier de Laïos. — Le chœur chante les ravages du fléau et fait une prière. — 2° OEdipe proclame l'ordre de l'oracle et annonce que pour découvrir le coupable il a mandé le devin Tirésias. Tirésias arrive et fait entendre à OEdipe que c'est OEdipe lui-même qui est désigné par l'oracle; le roi, qui se croit innocent, s'imagine qu'une conjuration est ourdie contre lui entre Tirésias et Créon. Tirésias lui prédit d'horribles malheurs et se retire. — Le chœur chante l'innocence d'OEdipe. — 3° Une rencontre a lieu entre OEdipe et Créon, l'un accuse, l'autre se défend. Jocaste vient au bruit pour les calmer, et, Créon étant parti, elle donne au roi les premiers renseignements sur le meurtre de Laïos. OEdipe se trouble en se souvenant du lieu, du temps et des circonstances, où lui-même jadis a tué un vieillard dans le Parnasse; mais il se croit encore fils de Polybe et Jocaste croit de son côté que son enfant est mort exposé sur le Cithéron. — Le chœur chante l'orgueil, père de la tyrannie. — 4° Tandis que Jocaste et son époux sont remplis de crainte pour eux-mêmes, arrive de Corinthe un messager annonçant que Polybe est mort et avouant que celui-ci n'était par le père d'OEdipe et que lui-même avait reçu OEdipe enfant des mains d'un berger de Laïos. Jocaste éclairée déjà sur son malheur se retire silencieuse. — Le chœur chante l'incertitude de la situation. — 5° Cet épisode est rempli par l'interrogatoire du vieux berger; ses aveux éclairent OEdipe, qui se reconnaît meurtrier de son père, époux de sa mère, père d'enfants qu'il a eus d'elle, et qui se retire désespéré. — Le chœur chante l'instabilité du sort. — 6° Un messager vient annoncer que Jocaste s'est pendue. Bientôt paraît OEdipe défiguré, qui recommande à Créon ses enfants et part en exil.

Le développement moral de la situation d'OEdipe est un des mieux conduits de tout le théâtre ancien et moderne. Ses crimes ne forment que le fond obscur du tableau. Sa sécurité, sa confiance l'empêchent d'entrevoir la vérité sur sa propre personne. Mais aussitôt que les paroles de Jocaste ont commencé à le troubler, une crise douloureuse s'opère en lui, et, avec le grand cœur de l'honnête homme devenu le jouet de la destinée, il s'acharne à découvrir sa propre culpabilité. Il la découvre, et son âme oppressée se répand en paroles d'amour et de pitié pour ses enfants.

OEdipe. « Je te conjure aussi (dit-il à Créon) d'élever le tombeau que tu voudras à celle qui est là dans cette maison ; je me repose de ce soin sur ton empressement à servir les tiens. Pour moi, ne crois pas que cette ville de mes pères puisse jamais m'avoir vivant. Laisse-moi demeurer sur les montagnes, sur mon Cithéron, que ma mère et mon père m'avaient choisi pour tombeau, lorsqu'ils résolurent de m'y faire périr..... Que notre destinée suive son cours. Quant à mes enfants, ne te préoccupe point des fils, Créon : ils sont hommes, ils ne manqueront de rien partout où ils seront. Mais mes deux pauvres malheureuses filles, qui venaient toujours s'asseoir à table à mes côtés, qui avaient une part de tout ce que je touchais, aie soin d'elles. Laisse-moi les toucher de mes mains et pleurer sur leurs maux.
   Allons, prince,
allons, généreux Créon. Si je les touchais de mes mains, je croirais les avoir encore, comme quand je les voyais.

Que dis-je?
au nom des dieux, ne les entends-je pas pleurer, mes enfants chéries? Créon n'a-t-il pas été pris de pitié et ne m'a-t-il pas amené ces filles bien-aimées?
Me trompé-je?

Créon. Non. C'est bien moi qui les ait fait venir, voyant depuis longtemps le plaisir que tu aurais.

OEdipe. Ah! sois heureux, que ton ange te garde mieux que le mien ne m'a gardé. Mes enfants, où êtes-vous? Approchez, venez toucher ces mains fraternelles, qui ont ôté la vue à ces yeux de votre père qui tout à l'heure brillaient encore. Malheureux qui, sans le voir, sans le soupçonner, vous engendrai dans le sein qui m'avait nourri. C'est sur vous que je pleure, car je ne puis vous voir, en pensant aux amertumes qui vous attendent dans la vie, quand il vous faudra vivre au milieu des hommes. Dans quelles assemblées de citoyens irez-vous, dans quelles fêtes, sans rentrer à la maison baignées de larmes? Et quand vous serez en âge de vous marier, qui voudra de vous? Qui osera affronter tant de honte et se charger des souillures de mes parents et des vôtres? Car que manque-t-il à nos maux? Votre père a tué son père; il a épousé sa mère, celle qui l'avait mis au monde, et il vous a eues du même sein d'où lui-même il est sorti. Vous entendrez ces reproches : qui alors vous épousera? Personne, mes enfants. Mais vous vous consumerez dans la stérilité et le célibat. O fils de Ménécée, puisque tu es le seul père qui leur reste (car leur mère et moi nous ne vivons plus), ne les dédaigne pas en les voyant pauvres, sans époux, errantes, elles qui sont de ta famille; et que leurs malheurs n'égalent pas les miens! Aie pitié d'elles; vois leur âge; tout le monde les abandonne; elles n'ont plus que toi. Promets, généreux Créon, donne-moi ta main. Et vous, mes enfants, si vous pouviez me comprendre, j'aurais bien des avis à vous donner. Voici pourtant le vœu que je fais pour vous : en quelque lieu que vous viviez, puissiez-vous trouver une vie meilleure que celle de votre père. »

L'*Ajax* (Αἴας μαστιγοφόρος) est un sujet tiré de la légende troyenne. Minerve invisible offre à Ulysse le spectacle des folies d'Ajax, irrité de ce que les armes d'Achille ne lui ont pas été données; ce malheureux chef a massacré des troupeaux de moutons qu'il a pris pour les chefs de l'armée. — Le chœur chante cette folie, à laquelle il ne croit pas entièrement, mais que vient confirmer le récit de la captive Tecmessa. — Ajax se présente l'esprit calme : il reconnaît l'œuvre de sa propre folie, qui le rend ridicule aux yeux des Grecs; il veut mourir et fait éloigner Tecmessa qui l'implore. — Le chœur chante le malheur d'Ajax et des siens. — Ajax reparait, calme encore, annonçant qu'il renonce à mourir et qu'il va au rivage se purifier de ses souillures; le chœur se livre à la joie. Un messager annonce que Teucer arrive pour empêcher, d'après la prédiction de Calchas, Ajax de sortir de sa tente aujourd'hui. Tecmessa et le chœur partent à la poursuite du héros. — Le lieu change; sur le rivage désert on voit Ajax, qui a ajusté en terre son épée et qui, après une imprécation contre les Atrides, se jette sur elle et meurt. Le chœur accourt à sa recherche et est averti par Tecmessa, qui l'a devancé, qui gémit sur le cadavre et qui sort. — Arrivent Teucer qui pousse une lamentation, puis Ménélas qui s'emporte contre Ajax et défend à Teucer de l'inhumer. Teucer lui répond avec une dignité fondée sur son droit féodal; ils se provoquent et au même moment l'enfant et la femme d'Ajax viennent pour rendre les devoirs au mort. — Le chœur regrette Ajax et maudit la guerre. — Agamemnon se présente pour dompter le prétendu orgueil de Teucer et l'accable de mots injurieux. Teucer répond par les services qu'Ajax a rendus et par sa propre noblesse. Mais Ulysse par de sages paroles calme Agamemnon, qui se retire ; puis se tournant vers Teucer, il lui déclare qu'il est devenu l'ami d'Ajax mort et qu'il l'aidera, s'il le faut, à accomplir les funérailles. La pompe funèbre termine la pièce.

La pensée morale de l'Ajax est contenue dans ces paroles, échangées entre Ulysse et Minerve, v. 121 :

Ulysse. « J'ai pitié de lui, quoi qu'il soit mon ennemi ; car dans le malheur qui vient de le frapper, je ne vois pas plutôt sa destinée que la mienne ; je vois que tous, tant que nous sommes, nous ne sommes que des fantômes et des ombres légères.

Athéna. Puisque tu le vois si bien, garde-toi de prononcer une parole superbe à l'égard des dieux et de tirer vanité de la force de ton bras ou du poids de ton or. Car un même jour abaisse et relève les choses humaines : les dieux aiment les justes et haïssent les méchants. »

Mais toute la pièce repose sur la même pensée religieuse que l'Antigone, sur le devoir d'honorer les morts, même quand ils sont nos ennemis et de terminer nos haines en deçà du tombeau. Elle renferme de plus un grand nombre de vers ou de situations qui peuvent être considérées comme des allusions politiques et qui, rapprochées de l'histoire, pourraient servir à fixer la date de la représentation. Cette date devrait être cherchée entre celle de l'Œdipe-roi, qui, par sa première scène, semble répondre à l'année de la peste, 430, et celle du Philoctète représenté en 409.

Le *Philoctète* repose sur une donnée légendaire, comme l'Ajax : Ulysse et Néoptolème se rendirent à Lemnos auprès de Philoctète pour l'amener à Troie, avec les armes d'Héraclès qu'il possédait ; mais ni la ruse, ni les menaces ne purent rien obtenir ; Philoctète ne céda qu'à l'intervention d'Héraclès. — Sophocle représente Philoctète abandonné dans l'île déserte, en proie à une horrible blessure ; on voit sa grotte, sa vie, sa misère, et que sa seule ressource est dans les flèches divines d'Héraclès, dont les coups ne manquent jamais. Une lutte morale s'engage dans son âme entre la douleur physique, qui le porte à demander du secours, et le ressentiment qui l'empêche de l'accepter aux conditions qu'on lui fait ; ce ressentiment est lui-même justifié par la conscience qu'il a de sa dignité personnelle, qui va jusqu'à lui faire préférer la mort à une vie achetée par la honte. Les moyens employés par les deux envoyés des Grecs, pour s'emparer de Philoctète et de ses armes, sont la ruse et la violence. Dès qu'ils ont touché le rivage, Ulysse se cache et envoie en avant Néoptolème qui, malgré la générosité qu'il tient de son père Achille, simule du ressentiment contre les chefs et fait accroire au héros qu'il s'en retourne dans Phthia sa patrie. Par là il gagne le cœur de Philoctète, qui lui remet un instant ses flèches entre les mains : quand il les a reçues, il les garde. Philoctète s'indigne et supplie ; le généreux Néoptolème va lui rendre ses armes. Ulysse survient et l'arrête, et comme la pitié s'empare de nouveau du fils d'Achille, Ulysse le menace à son tour. C'est au moment où l'issue est la plus impossible à trouver, qu'apparaît Héraclès, ordonnant à Philoctète de suivre les deux héros et d'aller à Troie.

Avec cette donnée qui semble peu tragique, Sophocle a su composer, à l'âge de quatre-vingt-six ans, une de ses plus belles pièces et qui peut compter parmi les œuvres les plus puissantes de l'antiquité. Elle est toute dans les caractères, d'où naissent des situations d'un intérêt saisissant; tandis que les pièces qui l'avaient précédée reposaient sur une idée religieuse, ou sociale ou politique, le Philoctète est tout psychologique et humain. Cette tragédie ne renferme en réalité que trois personnages; car on ne peut guère compter Héraclès ni le Grec qui ne paraissent qu'un moment. Mais dans chacun de ces trois héros s'agitent les sentiments les plus énergiques de l'homme : dans Philoctète l'amour de la vie, la douleur physique et la conscience de sa dignité personnelle et de son droit; dans Néoptolème le désir d'accomplir sa mission avec honneur et sa générosité naturelle qui recule devant les seuls moyens qu'on puisse employer; quant à Ulysse son caractère traditionnel, une volonté ferme unie à la souplesse, une énergie d'action soutenue par une intelligence supérieure qui prévoit l'avenir, il est dépeint avec une précision de dessin et une vigueur de coloris qui n'ont jamais été égalées. Il y a dans le Philoctète des scènes douloureuses comme celles où son mal le saisit, et d'autres d'un charme pénétrant, comme celle du sommeil. Quant à l'apparition d'un dieu pour dénouer la pièce, elle ne peut pas être regardée comme un défaut, puisque dans toute autre combinaison, il eût fallu qu'un des trois héros cédât et que son caractère se trouvât par là dénaturé.

Reste l'*OEdipe à Colone*, composé par Sophocle sur la fin de sa vie et représenté seulement en 401, cinq ans après sa mort. L'état où était parvenue alors cette âme grande et sereine est retracé dans le troisième *stasimon*, v. 1211 :

Strophe. Celui qui au delà de la mesure,
　　au delà du terme moyen désire
　　prolonger sa vie, est dans une voie oblique,
　　j'en suis certain.
　　Car les longs jours
　　ne nous apportent
　　que des chagrins... Pourtant
　　on n'est pas même content
　　quand on a plus encore
　　qu'on ne voulait. Mais un aide
　　　égal pour tous,
　　Hadès, et la Parque qui met fin à l'hyménée,
　　à la lyre, à la danse, paraît enfin :
　　　la mort est au bout.

Antistr. Tout compte fait, le mieux est
　　de ne pas naître ; et quand on est né,
　　le mieux après est d'aller d'où l'on est venu.
　　et au plus vite.
　　Car dès qu'est venue la jeunesse
　　apportant les folles erreurs,
　　quels égarements douloureux,
　　quelles peines !
　　meurtres, discordes, querelles, combats,
　　et l'envie. Puis à la fin
　　　tombe sur nous
　　la vieillesse impuissante, insociable,
　　privée d'amis, en qui viennent tous les maux
　　　des maux se réunir.

L'âme généreuse et mélancolique du vieillard s'était élevée, grâce à ses propres réflexions et aux doctrines religieuses et philosophiques qui circulaient dans Athènes, à une grande idée de la faiblesse physique de l'homme, du peu d'efficacité de ses efforts, et s'était remplie du sentiment profond de sa valeur morale et de son immortalité. Il s'empara de la légende d'OEdipe, telle qu'elle était racontée dans Colone, lieu de sa naissance, et il construisit sur ce thème la tragédie la plus étonnante des temps anciens. Le drame y est métaphysique et non plus simplement héroïque ou social : il consiste tout entier dans le dégagement progressif de la conscience morale chez OEdipe, dans le dépouillement qu'il fait sur lui-même d'un passé dont il n'est pas responsable et dans la démonstration de son innocence. A la fin cet homme, que la vie avait accablé de maux et de crimes apparents, n'apparaît plus que comme un être libre dont toute la force a été employée à faire le bien et à protéger la justice ; sa vertu bienfaisante doit se prolonger au delà du tombeau ; c'est un saint ; il ne meurt pas : il disparaît aux yeux dans une lumière mystérieuse et entre vivant dans la vie éternelle. Voici du reste comment procède ce drame.

OEdipe aveugle, conduit par sa fille Antigone, arrive à Colone où sa destinée l'a conduit. Il s'asseoit dans l'enceinte consacrée aux Euménides, où il se souvient qu'il doit finir ses jours ; il fait une prière. — Le chœur veut le faire sortir de ce lieu défendu ; mais il se fait connaître et y demeure. Là dessus, il est rejoint par son autre fille, Ismène, qui lui apprend la lutte d'Etéocle et de Polynice et que, d'après l'oracle, Créon va venir pour s'emparer de sa personne, afin que Thèbes possède ses reliques. OEdipe maudit ses fils dénaturés. Après un entretien d'OEdipe avec le chœur, Thésée accourt d'Athènes et reçoit du vieillard l'offre de son corps et de son tombeau. Créon se présente, flatte OEdipe qui reste sourd, puis lui annonce qu'il a enlevé Ismène ; il fait saisir Antigone par ses Thébains ; on l'emmène, malgré les efforts du chœur.

Mais Thésée revient aussitôt et ordonne qu'on ramène les deux jeunes filles. A peine sont-elles rendues, qu'on annonce un suppliant qui veut parler à OEdipe : c'est Polynice ; OEdipe l'écoute et lui répond par une malédiction. On entend comme un bruit de tonnerre ; OEdipe a compris que sa dernière heure est venue ; il appelle Thésée. Ses yeux s'ouvrent et c'est lui-même qui conduit son hôte et ses filles vers le lieu souterrain où le dieu l'appelle. Il disparaît sans qu'on l'ait vu. Antigone et Ismène demeurent sous la protection de Thésée.

Voici comment est dépeinte, dans la personne d'OEdipe, cette transfiguration du juste aux approches de la mort :

Le messager. Oui; et la chose est surprenante. Tu as vu de tes yeux comme il est parti d'ici, sans guide, nous conduisant lui-même. Arrivé au seuil escarpé que soutiennent des marches de bronze, il s'est tenu dans un des sentiers nombreux, auprès de l'urne profonde où se gardent fidèlement les offrandes de Thésée et de Pirithoos. Là entre la roche thoricienne, un vieux poirier sauvage et un tombeau de pierre, il s'est assis. Ensuite il a dépouillé ses vieux vêtements, il a appelé ses filles et leur a demandé de l'eau vive pour l'ablution sainte et les libations. Toutes deux sont allées à la haute colline de la fécondante Dêmêter, ont accompli promptement les ordres de leur père et sont revenues le baigner et le vêtir, conformément aux rites. Quand tout a été prêt et achevé selon ses désirs, Zeus Chthonios a tonné, les deux jeunes filles ont eu peur, sont tombées aux genoux de leur père, et là elles ne cessaient pas de pleurer, de se frapper la poitrine et de pousser de longs gémissements. Mais lui, en entendant le bruit redoutable, a pris ses filles dans ses bras et leur a dit : « Mes enfants, aujourd'hui vous n'aurez plus de père : tout est fini pour moi. Vous n'aurez plus à pourvoir péniblement à ma nourriture ; tâche bien rude, je le sais, mes enfants. Mais un seul mot efface toutes vos peines : personne ne vous aimait plus que moi ; quand vous ne m'aurez plus, vous passerez tranquillement votre vie. » Pendant qu'il parlait, tous se tenaient embrassés et sanglottaient. Quand ils ont eu fini de gémir, et qu'il ne s'est plus élevé aucun cri, au milieu du silence, une voix s'est tout à coup fait entendre, qui nous a fait à tous dresser les cheveux de peur; c'est un dieu qui l'appelait et l'appelait encore : « OEdipe, allons donc, OEdipe; que tardons-nous à partir? Tu perds bien du temps. » Et lui, entendant le dieu qui l'appelle, fait approcher Thésée et lui dit : « Cher ami, donne-moi ta main pour gage assuré de ta fidélité à mes filles, et vous, enfants, donnez-lui la vôtre. Jure que tu ne consentiras jamais à les trahir et que tu feras tout ce que tu jugeras leur être utile. » Et lui, en homme généreux et sans pleurer, a juré qu'il ferait cela pour son hôte. Aussitôt OEdipe, touchant ses enfants de ses mains débiles : « Mes filles, a-t-il dit, il faut avoir le courage de quitter ces lieux, pour ne pas voir ou entendre ce qu'il n'est pas permis de savoir; allez vite. Que le seigneur Thésée reste seul pour voir ce qui doit se passer. » Nous avons tous obéi et nous avons accompagné les jeunes filles, en pleurant abondamment. A quelque distance, nous nous sommes retournés, mais OEdipe avait disparu; le prince seul tenait la main devant ses yeux, comme pour voiler l'éclat de quelque terrible apparition dont il ne pouvait soutenir la vue. Un instant après, nous le voyons se prosterner et adorer à la fois la Terre et l'Olympe des dieux. De quelle manière OEdipe a-t-il fini, personne ne pourrait le dire, si ce n'est Thésée. Car ce n'est ni un homme, ni la foudre divine qui l'a frappé; une tempête sur la mer ne l'a point englouti. Sans doute un envoyé des dieux l'est venu chercher, ou la bonté des divinités d'en bas lui a entr'ouvert la route obscure de l'abîme. OEdipe n'est pas à plaindre, il est parti sans avoir souffert d'aucun mal, et d'une façon tout à fait miraculeuse.

II. ÉLOQUENCE.

Le siècle de Périclès vit naître et grandir l'art de la parole, et ce fut à la fin de cette période seulement que l'on songea sérieusement à recueillir les discours et à les conserver, soit comme pièces historiques soit comme œuvres littéraires. Jusque-là un discours n'avait été que l'énonciation passagère d'une opinion, destinée à produire son effet dans un moment donné au milieu d'une délibération publique. Plusieurs causes contribuèrent à montrer autre chose dans les discours des hommes d'Etat et à faire de la parole un art nouveau et durable. Le besoin qui fit naître l'histoire d'abord sous la forme de logographies et de mythographies, puis sous une forme plus complète et plus littéraire, donna aux historiens le désir de connaître et de transcrire les discours que les personnages historiques avaient tenus : car leurs paroles avaient souvent contribué à la marche et préparé l'issue des événements. De plus les constitutions libres et démocratiques, qui s'établirent avant les guerres médiques dans la plupart des cités ionniennes, augmentèrent l'importance personnelle des hommes de parole, et l'on ne tarda pas à s'apercevoir que l'habileté oratoire, δεινότης, était une véritable puissance dans ces états. On commença donc à la rechercher, non pour elle-même, mais comme un moyen d'action. Ce fut surtout dans Athènes que se produisit ce mouvement des esprits vers l'éloquence, parce que cette ville possédait, depuis Solon, une constitution républicaine qui allait se perfectionnant, et qui, en assurant à chaque citoyen une grande somme de liberté, le rendait plus que partout ailleurs, responsable du bonheur ou du malheur public. Toutes les affaires se traitant dans l'assemblée, ἐκκλησία, chacun y éprouvait le besoin de faire connaître sa manière de voir, et il s'élevait de tous côtés des orateurs d'autant plus habiles qu'ils avaient fait une étude plus sérieuse des affaires et qu'ils savaient mieux exprimer leurs idées.

A mesure que la parole de ceux qui s'avançaient à la tribune pour défendre ou combattre une proposition, prit plus d'autorité, leur responsabilité s'accrut; on put être récompensé pour un bon conseil et puni pour un mauvais. Les luttes prirent un caractère plus grave et plus personnel : on n'osa plus faire une proposition sans qu'elle fût appuyée soit sur des lois antérieures qu'il fallait avoir étudiées, soit sur un besoin public connu et constaté, soit enfin sur des raisons de politique extérieure que l'on pût faire ressortir. Ainsi, quant à son fond, l'éloquence acquit, par le fait même de la vie démocratique, une solidité de plus en plus grande. Il est hors de doute qu'avant l'époque de Périclès, un grand nombre d'illustres Athéniens, tels que Clisthènes, Aristide, Thémistocle, ont été non-seulement des hommes d'Etat, mais des orateurs profonds et puissants. Si l'attaque et la défense forçaient ces esprits supérieurs à donner de bonnes raisons aux lois qu'ils proposaient, leur éloquence acquit aussi une élévation de plus en plus grande, à mesure que se répandit l'idée du rôle qu'Athènes avait à remplir dans le monde hellénique et bientôt même dans l'humanité. C'est autour de cette idée, conçue dès le temps des guerres médiques et plus tôt peut-être, que gravitent la plupart des institutions athéniennes et de leurs perfectionnements jusqu'à l'époque de Périclès. C'est à la réaliser que s'appliquèrent durant ce siècle les hommes d'Etat et les orateurs démocrates : c'est à l'empêcher ou à en retarder la réalisation que travaillèrent, souvent d'une manière clandestine, les hommes de l'aristocratie. Quoique nous ne possédions les discours ni des uns ni des autres, cependant la substance que nous en ont transmise les historiens, et surtout Hérodote et Thucydide, ainsi que les données historiques fournies par Aristote et par Cicéron, nous prouvent que cette idée principale était en quelque façon un terme idéal que les anciens orateurs avaient sans cesse présent à l'esprit.

Cette marche d'ensemble de la politique athénienne vers un but clairement aperçu, marche qui ne dura pas moins d'un siècle, donna à cette République une étonnante supériorité sur toutes les autres et fit d'Athènes la terre classique de l'éloquence. On ne voit guère de peuples en effet, chez qui les orateurs aient poursuivi de la sorte d'année en année un objet toujours le même, exécutant chacun à son tour un pas de plus pour s'en rapprocher, mourant sans l'avoir atteint et léguant à leurs successeurs le soin d'y parvenir. Les besoins toujours nouveaux dont ils étaient les interprètes, naissaient les uns des autres, à mesure que grandissait dans son rôle l'état démocratique; et les trois qualités qui constituaient l'orateur étaient exprimées par les mots γνῶναι, εἰπεῖν, πρᾶξαι, c'est-à-dire comprendre ces besoins, savoir les exprimer, et enfin agir pour les satisfaire. Ce sont précisément les trois qualités de l'homme politique : la seconde ayant fait défaut à Cimon, fils de Miltiade, il fut bientôt effacé par Périclès, qui les possédait au plus haut degré.

L'art oratoire proprement dit, c'est-à-dire l'ensemble des règles qui constituent la rhétorique et qui peuvent s'enseigner, n'a pas existé avant l'époque de Périclès, non plus que la poétique avant l'époque de Sophocle ou d'Euripide. En général la science d'une chose n'existe guère avant cette chose même; et les lois de composition qui président à un genre littéraire, ne se déterminent que quand ce genre littéraire est parvenu à son développement complet. S'il en était autrement, la première œuvre de ce genre serait parfaite, ce qui est absolument contraire aux lois de la nature. Mais le premier qui, au temps de la féodalité hellénique, osa énoncer un besoin populaire, émit le germe d'où naquit l'éloquence. La forme du discours se développa avec le fond, à mesure que les conditions sociales, dont la liberté est la première, leur permirent de se développer et l'une et l'autre tendirent à la fois vers la perfection. Il est très-probable que, dès le temps de Thémistocle, on savait composer un discours, ranger les idées dans l'ordre le plus naturel et le meilleur, et ne pas les jeter pêle-mêle et au hasard. Mais comme la période des guerres médiques vit grandir tous les arts et se perfectionner les deux genres littéraires qui se rapprochent le plus de l'éloquence, à savoir la tragédie et la comédie, on ne peut guère douter que l'art de parler n'ait grandi dans la même proportion et ne fût déjà en possession de lui-même au temps de Périclès. Chacune des séances où paraissait un orateur, était une leçon d'éloquence pour celui qui devait parler à la séance suivante; et par ces exemples successifs, la forme du discours allait s'épurant et se perfectionnant.

Périclès demeura aux yeux des Grecs et fut aussi pour les critiques latins le type le plus accompli de l'ancienne éloquence. Il occupe dans l'histoire de ce genre la même place que Sophocle dans la tragédie et que Phidias dans les arts du dessin. Ces trois grands esprits, contemporains les uns des autres, ont travaillé de concert à la même œuvre : diriger vers l'idéal du beau le génie et l'activité du peuple athénien, par là faire d'Athènes l'école de la

Grèce, et de la Grèce l'école du genre humain tout entier. Pour cela, ils ont fait prévaloir constamment dans leurs ouvrages et dans leurs paroles l'idée sur la passion, ne cherchant pas à détruire cette dernière, qui est indestructible, mais seulement à la tourner vers le but le plus noble et le plus élevé. De même que la passion et la sensualité n'animent jamais les ouvrages de Phidias que nous possédons et que les tragédies de Sophocle sont toujours le développement d'une idée et non d'un sentiment exalté, de même les discours de Périclès n'adressaient au peuple que des raisons sérieuses et des motifs calmes pour le décider : il ne cherchait jamais à l'émouvoir; mais comme son intelligence se plaçait toujours dans le vrai des situations et rattachait la solution des problèmes aux raisons les plus générales et les plus incontestables, on sortait de ses discours avec cette conviction et ce sentiment du juste et du beau, qui donnent pour longtemps une direction généreuse à la politique d'un peuple. Le sentiment qu'il avait de la valeur et de la dignité du peuple athénien fut cause qu'il ne chercha jamais à le flatter pour s'en faire un instrument d'ambition; plus d'une fois au contraire, il eut à le blâmer de certaines dispositions qui ne lui semblaient pas assez élevées : par exemple lorsqu'ayant été accusé de dépenser en constructions fastueuses les revenus de l'Etat, il se défendit et proposa aux Athéniens de prendre ces dépenses à sa charge, à condition qu'il inscrirait son nom sur les édifices construits. Le peuple lui donna raison. Mais Périclès était convaincu de la capacité politique de ce peuple et de son aptitude à conduire les affaires de la Grèce.

D'un autre côté, les hommes d'Etat qui l'avaient précédé, lui-même aussi et tout le peuple n'ignoraient pas que, plus Athènes tendait à s'emparer de l'avenir et à se faire le centre du monde hellénique, plus allait grossissant l'antagonisme des états doriens et de tous ceux qui avaient conservé les vieilles formes féodales. Cette conviction, qui était celle de tout le monde, fit que l'on se prépara de longue main à la guerre et que rien ne fut négligé de ce qu'il fallait pour la soutenir. Thucydide nous a conservé la substance et probablement en partie les paroles mêmes prononcées sur ce sujet par Périclès dans trois occasions différentes. Un profond sentiment de la dignité du peuple athénien et de son égalité vis à vis des Spartiates règne dans le premier de ces discours (Thuc. I, 140) : « c'est toujours un esclavage, dit-il, qu'un ordre plus ou moins rigoureux, qu'aucun jugement n'a précédé et que des égaux intiment à leurs voisins. » Le manque d'argent des Lacédémoniens, l'absence d'unité politique parmi les alliés, l'égoïsme privé de chacun d'eux et le défaut d'esprit public, sont mis en lumière par l'orateur. Il montre que la force d'Athènes est dans sa marine, que la ville peut renoncer à son territoire sans courir de dangers, et qu'elle doit par sa politique se rapprocher le plus possible de ce qu'elle serait, si elle était dans une île. Il conseille surtout la modération, l'absence d'ambition, et il demande aux Athéniens de déclarer, même au prix de la guerre, leur ferme résolution de rester libres et de vivre sous le droit commun. — Le second discours conservé par Thucydide (II, 35) fut prononcé au milieu d'une foule nombreuse de citoyens et d'étrangers devant le monument funéraire élevé au Céramique en l'honneur des soldats morts dans la première année de la guerre. Périclès profita de cette occasion solennelle pour exposer, aux yeux de tous les Grecs, la politique athénienne. Après avoir rappelé l'autochthonie et l'indépendance originelle des habitants du pays, il énonça ainsi le principe du gouvernement : « comme nous ne gouvernons pas dans l'intérêt de quelques hommes, mais pour le bien de la majorité, notre constitution est appelée démocratique ». Il montra ensuite l'égalité devant la loi, la distinction attribuée au mérite et non à la naissance ou à la fortune, la liberté de la parole, la tolérance dans les mœurs, la soumission à la loi, le sentiment public de l'équité. Il fit voir Athènes devenue le rendez-vous de tous les hommes civilisés, faisant tout à découvert, comptant sur sa propre valeur, unissant le courage militaire aux douceurs de la vie civile et il décrivit sa manière de faire la guerre. « Athènes, ajouta-t-il, a le goût du beau ; elle aime la science et honore le travail. Elle veut que tout citoyen s'occupe des affaires publiques, et qu'on les discute avant d'agir afin que l'action soit plus sûre et plus énergique ». Par toutes ces qualités, Athènes est devenue « l'école de la Grèce » et un objet d'admiration pour les âges futurs. C'est pour une telle patrie que sont morts les citoyens dont nous faisons les funérailles. « Leur tombe est l'univers entier : elle ne se fait pas remarquer par quelques inscriptions gravées sur des colonnes dans une sépulture privée ; mais jusque dans les contrées étrangères et sans inscription, leur mémoire est bien mieux conservée dans les âmes que sur des monuments fastueux. » Tout ce discours, qui est beaucoup plus développé que le précédent, paraît bien avoir été prononcé à peu près tel que Thucydide le rapporte. Il est composé avec art, et il reproduit toutes les qualités bien connues du génie de Périclès. — Le troisième discours, dont l'historien nous a conservé la substance, fut prononcé pour relever le courage des Athéniens, que des échecs à la guerre et surtout la peste avaient abattus, et pour se défendre contre les récriminations que l'on dirigeait contre lui. La solidarité des citoyens entre eux et envers l'Etat y est exprimée avec une grande énergie. Le sentiment du devoir, l'amour de la gloire et l'impossibilité où l'on est de reculer, donnent aux paroles de l'orateur une autorité surprenante. Les Athéniens se rendirent à ses raisons, tout en lui infligeant une amende, dont ils se repentirent peu après parce que malgré leurs maux particuliers « ils le croyaient plus que personne en état de répondre aux besoins de la république ».

L'éloquence de Périclès, soutenue par la force des pensées, était simple et sans artifices oratoires. Il ne faisait aucun usage de ce qu'on a depuis appelé l'action, c'est-à-dire des gestes et des mouvements passionnés du visage. Il ressemblait aux statues de Phidias et on l'avait surnommé l'olympien. La tribune du Pnyx d'où il parlait au peuple était située sur le haut de la colline allongée qui portait le même nom et qui regarde d'un côté la mer et de l'autre l'acropole et la plaine. L'assemblée s'y tenait en plein air. Quand Périclès paraissait sur le βῆμα taillé dans le roc, il s'y tenait debout, presque immobile, ayant les deux mains cachées sous son himation, dont les plis descendaient verticalement. Les paroles qu'il prononçait semblaient sortir d'une intelligence impassible, communiquant sans intermédiaire avec la vérité, jugeant par elle le passé et, par elle aussi, prévoyant l'avenir. Sa voix, se maintenant à son niveau moyen et naturel, ne cherchait point, par une cantilène étudiée et changeante, à émouvoir les passions ; elle n'était pour lui que le moyen obligé de communiquer sa pensée à ses auditeurs, pensée toujours calme, bienveillante, sincère, faite pour éclairer au loin la marche du peuple qui savait la comprendre. Malheureusement pour le peuple d'Athènes, le guide éprouvé qu'il s'était choisi lui fut ôté dès le commencement de la guerre. Périclès mourut de la peste en 429.

FIN DU PREMIER VOLUME.

HISTOIRE

DE LA

LITTÉRATURE GRECQUE

A LA MÊME LIBRAIRIE :

CORNEILLE. Chefs-d'Œuvre. Edition accompagnée d'une vie de Corneille et de notes historiques sur ses tragédies, par M. E. Chasles, professeur de Faculté. 1 beau vol. in-8, br... 3 50

— *Le même ouvrage*, 1 vol. in-18 jésus, br............................. 2 50

RACINE. Chefs-d'Œuvre. Edition accompagnée d'une Vie de Racine et de notices sur ses tragédies, par M. E. Chasles, 2 vol. in-8, br............. 7 »

— *Le même ouvrage*. 2 vol. in-18 jésus, br............................ 5 »

VOLTAIRE. Lettres choisies, précédées d'une préface, accompagnées de notes et d'éclaircissements, et suivies d'une table analytique, par Eugène Fallex, professeur de seconde au lycée Bonaparte, 2 vol. in-18 jésus, br........... 5 »

— *Les mêmes*, avec un portrait de Voltaire. 2 vol. in-8, br.................. 7 »

PASCAL. Pensées. Publiées dans leur texte authentique, avec un commentaire suivi et une étude littéraire, par M. E. Havet, professeur de littérature au Collége de France. Nouv. édit. refondue, et suivie d'une table analytique des matières. 2 vol. in-8, br.. 8 »

HÉRODOTE. Récits tirés de ses Histoires. Traduction nouvelle, avec notice biographique et littéraire sur cet auteur, sommaires, notes géographiques et historiques, et médailles antiques servant d'illustrations, par M. Bouchot, prof. au lycée Louis-le-Grand, traducteur de Polybe. 1 beau vol. in-8, br........ 3 50

PLUTARQUE. Vie des Hommes illustres de la Grèce. Traduction de Ricard. Nouvelle édition, avec des appréciations, des notes, des médailles antiques servant d'illustrations et d'éclaircissements pour le récit, et une notice sur Plutarque, par M. Dauban, ex-professeur d'histoire, membre du comité des travaux historiques près le ministre de l'instruction publique. 2 vol. in-8, br........ 6 »

— **Vie des Hommes illustres de Rome,** traduction de Ricard. Nouvelle édition, etc., par *le même*. 2 vol. in-8, br...................... 6 »

Morceaux choisis (Nouveau Recueil de), extraits de nos meilleurs auteurs, depuis le xviie siècle jusqu'à nos jours, par M. Gidel, professeur de rhétorique au lycée Bonaparte. — En vente : *Prosateurs.* — 2 beaux vol. in-8. Prix de chacun, br... 3 50

Nancy, imp. veuve Raybois.

COLLECTION D'HISTOIRES LITTÉRAIRES

HISTOIRE
DE LA
LITTÉRATURE GRECQUE

PAR

ÉMILE BURNOUF

DIRECTEUR DE L'ÉCOLE FRANÇAISE D'ATHÈNES

TOME SECOND

PARIS

CH. DELAGRAVE ET Cie, LIBRAIRES-ÉDITEURS

78, RUE DES ÉCOLES, 78

1869

Tous droits réservés

Tout exemplaire de cet ouvrage non revêtu de notre griffe sera réputé contrefait.

Charles Delagrave et Cie

HISTOIRE
DE LA
LITTÉRATURE HELLÉNIQUE

SECTION SIXIÈME.

ÉPOQUE DE LA GUERRE DU PÉLOPONNÈSE

La période de la guerre de Sparte et d'Athènes montra dans leur application l'énergie des principes opposés sur lesquels reposaient ces deux états : d'une part la liberté avec les notions d'humanité et de justice, de l'autre l'aristocratie violente et inhumaine. Toutes les grandes idées admises au temps de Périclès, comme fondements de la politique athénienne, sont mises en pratique durant ces trente années; je ne crois pas, comme le prétend Thucydide, que la génération nouvelle ait fait un contraste avec celle qui l'avait précédée; mais il y a eu entre elles la différence d'une époque de théorie et de préparation à une époque de réalité pratique et d'exécution. Beaucoup d'hommes supérieurs, qui avaient vécu dans le second tiers du siècle, vécurent encore dans le dernier et forment le lien qui unit ces deux parties d'une même période. Mais il est vrai de dire que la peste qui, au commencement de la guerre fit périr un très-grand nombre d'Athéniens, remplaça la plupart des hommes âgés par des hommes plus jeunes et donna aux affaires un mouvement plus prompt et quelquefois fébrile, qu'elles n'auraient peut-être pas eu. Dans un temps où les idées et les événements marchent si vite, une génération peut différer beaucoup de celle qui l'a devancée; mais il n'est pas dans l'ordre de la nature qu'un principe nouveau apparaisse subitement et s'empare de tous les esprits, au point de renverser l'ordre des événements. En réalité les révolutions qui eurent lieu plusieurs fois dans Athènes à cette époque ne furent pas l'œuvre de la démocratie athénienne, mais des étrangers et du parti qui les soutenait dans cette ville; elles furent toujours de courte durée et l'action populaire eut constamment pour but de ramener la politique dans la voie où elle était engagée depuis Solon.

Toutefois, lorsque l'antagonisme des deux Etats eut éclaté, le parti aristocratique dans Athènes, se trouvant soutenu dans ses prétentions, conçut l'espoir qu'elles allaient enfin se réaliser. Contenu par la puissance du peuple et des lois il se constitua en sociétés secrètes et commença les actes de violence. Il en résulta que la politique athénienne qui, au temps de Périclès, était toute de raison, fut envahie par les passions changeantes du moment, et, sans perdre la ligne tracée par ce grand esprit, en fut détournée quelquefois et exposée elle-même à des réactions désordonnées. Une grande agitation régnait dans les âmes, poussait à l'exagération les idées les plus justes et faussait même les jugements des hommes les plus honnêtes et les plus désintéressés. On ne peut accepter sans contrôle les opinions exprimées par les écrivains de cette époque, parce que la plupart d'entre eux, s'étant mêlés à la politique et tenant à l'un des deux partis, sont portés à flatter le leur et à mal juger le parti contraire. Il faut prendre leurs ouvrages comme des pièces de conviction propres à jeter du jour sur le mouvement des idées. Les œuvres littéraires d'alors, celles même qui semblent le plus appartenir au domaine de l'art, ne sont point étrangères à la politique et contiennent des allusions aux événements, aux discussions et aux opinions du jour. Leurs auteurs y montrent leur personne beaucoup plus qu'on ne l'avait fait auparavant; une tragédie, une comédie leur donne une occasion d'exprimer en public leurs propres idées sur la politique et de jouer au théâtre, sous une autre forme, le rôle des orateurs à la tribune.

Aussi chaque triomphe du parti national ou du parti aristocratique fut-il, durant ces années de trouble, un triomphe ou une défaite pour la liberté de penser et d'écrire : il y eut des intervalles où cette liberté tourna à la licence et d'autres où les écrivains se turent, enchaînés par une véritable terreur. Les genres littéraires d'alors furent ceux qui se trouvent par leur nature le plus étroitement liés aux choses de la vie réelle : la tragédie, animée d'un esprit nouveau, la comédie politique, l'éloquence, aidée par l'art des rhéteurs, la philosophie aussi et, sur la fin, l'histoire.

I. TRAGÉDIE.

EURIPIDE Εὐριπίδης. Les grandes lois qui président à la composition d'une tragédie grecque n'ont point été abandonnées par Euripide. On se trompe quand on prétend que quelques-unes de ses pièces manquent d'unité et offrent plusieurs actions successives ; l'*Hécube,* celle que l'on prend le plus volontiers pour exemple d'une tragédie double, se compose en effet de deux événements qui se succèdent, la mort de Polyxène et celle de Polydore ; mais ce sont là seulement deux épisodes rattachés l'un à l'autre par une pensée commune, à savoir que la douleur maternelle engendre la vengeance. Dans la tradition grecque, Hécube est la mère infortunée sur qui s'accumulent toutes les douleurs ; pour que son malheur soit entier, il faut qu'elle perde tout ce qu'elle aime. Si elle ne perdait que Polydore, elle trouverait encore, comme autrefois, une consolation dans sa fille Polyxène ; et si elle ne perdait que Polyxène, son fils Polydore serait un dernier refuge pour son amour maternel. Polyxène meurt la première ; à ce meurtre Hécube éclate en sanglots, en reproches, en cris déchirants, puis elle tombe brisée et comme anéantie. Mais par là les Grecs eux-mêmes sont avec elle : Agamemnon la plaint, Talthybios a pitié d'elle, les Grecs admirent Polyxène mourante. Quand Hécube commence à se ranimer, on lui apporte le corps de son dernier enfant, Polydore, que le roi de Thrace, Polymestor, vient d'assassiner : la vieille mère à ce coup se réveille, sent sa force et s'apprête à la lutte ; plus de cris, plus de plaintes ; elle a conçu la vengeance, elle l'accomplit.

L'unité du drame chez Euripide est presque toujours une unité de passion, tandis que, chez les deux autres grands tragiques, elle est presque toujours une unité de pensée. L'unité de passion caractérise en général l'art moderne, qui même prend le plus souvent ses sujets tragiques dans l'amour.. Il en est résulté que le plus imité des trois auteurs athéniens a été Euripide, et que cet auteur a pu dès l'antiquité recevoir l'épithète de τραγικώτατος, le plus tragique des poètes. En effet le développement d'une vérité morale, religieuse ou métaphysique, n'intéresse pas toujours notre sensibilité et ne remue pas nécessairement, comme dit Platon, la partie pleureuse de notre âme. Mais la tragédie idéale d'Eschyle et de Sophocle peut être plus dramatique, dans le sens propre du mot, que l'exposé le plus pathétique d'un sentiment humain; elle est d'ailleurs d'un caractère plus élevé et en même temps plus calme, parce qu'elle s'adresse à la raison plus qu'à la sensibilité. C'est l'habitude où l'on est de chercher dans les œuvres d'Euripide l'unité de la passion, qui a fait accuser quelques-unes de ses pièces de manquer d'unité : celles qui paraissent être dans ce cas ont au contraire l'avantage d'être construites à la façon des pièces de Sophocle et de reposer sur l'unité de pensée : telle est par exemple l'Hécube.

La passion étant le moyen dramatique ordinairement employé par Euripide, il en résulte que la plupart de ses personnages n'ont plus le même caractère que chez les tragiques antérieurs et que dans l'épopée. En effet ce qui domine en eux, ce sont les sentiments d'amour ou de haine qu'engendrent les circonstances; et l'on ne trouve plus en eux ces types humains qu'avait créés la poésie héroïque; ils sont à la merci des événements qui les inspirent, au lieu de participer eux-mêmes, par raison et par conseil, à la direction des événements. Passionnés les uns comme les autres, ils se rapprochent tous de la nature vulgaire de l'homme, au lieu d'offrir des idéaux supérieurs à elle en puissance, en intelligence et en vérité. On n'a donc pas tort de dire que l'art d'Euripide est moins élevé que celui de ses prédécesseurs, en ce sens que les héros épiques ne sont plus pour lui que des personnages ordinaires, agissant par les mêmes ressorts que les hommes de son temps. Cet abaissement des types héroïques atteint aussi les dieux, qui dans les pièces d'Euripide sont, comme les hommes, des êtres passionnés, qu'une raison supérieure et calme ne dirige presque jamais. Enfin le chœur lui-même, non-seulement se passionne au spectacle des événements, mais s'y mêle, s'y compromet, s'y fait conspirateur avec Créuse (dans l'*Ion*), en un mot envahit le drame et devient acteur.

Il semble donc que de Sophocle à Euripide, bien que quinze ou seize ans seulement les séparent, la tragédie ait éprouvé une déchéance. Toutefois il faut observer que le nivellement des personnages, qui, de la condition héroïque ou divine, sont ramenés au niveau de l'humanité, et d'autre part la substitution, dans le drame, de la passion à l'idée, ont permis à Euripide de pénétrer dans l'analyse du cœur humain plus profondément qu'on ne l'avait fait avant lui. De religieuse, morale ou sociale, la tragédie devient avec lui psychologique; à mesure que lui-même avance en âge, ses analyses des motifs de nos actions sont plus exactes et plus sagaces, les tableaux qu'il en donne sont plus saisissants. De ce côté donc la tragédie regagne en vérité scientifique ce qu'elle perd en grandeur idéale. En même temps, le merveilleux diminue et souvent même disparaît tout à fait : les dieux ne sont le plus souvent pour Euripide que des moyens dramatiques destinés à accélérer les dénoûments et non des puissances surnaturelles auxquelles les événements sont soumis. Le peu de cas qu'il fait d'eux, les critiques qu'il leur adresse souvent, à cause des passions qu'on leur prête et qui ne semblent pas être dignes de la divinité, sont autant de moyens de faire ressortir les vrais mobiles des choses humaines, c'est-à-dire les passions de chacun de nous. Le destin, qui plane souvent d'une manière si terrible sur les drames des temps antérieurs, a presque disparu de ceux d'Euripide; les devins y sont malmenés, surtout à partir de l'expédition de Sicile; et à la place de ces puissances mystiques que le peuple redoutait encore, on voit agir la force toute humaine de la φύσις et du τρόπος, c'est-à-dire des affections naturelles et des mœurs de chaque personnage. Ce n'est pas à dire qu'Euripide, en niant l'existence des dieux ou du moins en ne les admettant pas tels que la tradition les représentait, n'ait enseigné qu'une sorte de philosophie négative. Comme disciple d'Anaxagoras, au contraire, et comme ami de Socrate, il était profondément religieux : seulement sa religion était plus élevée que celle des prêtres et des devins; il concevait le dieu suprême et unique et ne pensait pas qu'entre lui et les choses naturelles il fut besoin de placer des êtres intermédiaires, trop inaccessibles aux sens pour que l'on pût démontrer leur existence et trop semblables aux hommes pour mériter le titre de dieux. La pensée qu'il faut corriger la notion vulgaire des dieux est déjà exprimée dans Pindare et régnait depuis longtemps dans la philosophie; mais son apparition en plein théâtre indique qu'elle avait fait son chemin dans le public d'Athènes et qu'elle était accueillie par un grand nombre de personnes; autrement Euripide n'eût point été admis par la commission de censure à s'exprimer ainsi :

« Non, il ne se peut pas que l'épouse de Zeus, Latone, ait

donné le jour à une pareille stupidité. Pour moi, ce festin offert aux dieux par Tantale, je le juge incroyable ; ils n'ont point pris plaisir à manger un enfant ; ce sont les hommes de ce pays qui, anthropophages eux-mêmes, ont transporté en Dieu leurs propres vices : car je ne crois pas qu'un dieu fasse le mal.

Iphig. Taur. 385.

Ainsi l'idée de Dieu s'épura durant la génération à laquelle Euripide appartient ; et cette révolution dans les esprits entraînait des conséquences importantes dans les compositions poétiques et surtout dans le drame. Quant aux choses naturelles, la science commençait à en chercher les causes dans la nature et à concevoir des principes généraux et des forces universelles capables d'en rendre raison. Ce n'est pas Euripide et ce n'est pas non plus Socrate, qui introduisaient arbitrairement ces idées nouvelles, ces théories à la tête desquelles se plaçait déjà celle de l'éther ; elles appartenaient à beaucoup de personnes ; elles étaient nées à la fois de l'esprit nouveau et des doctrines orientales ; comme elles avaient cette tendance marquée vers le panthéisme, qu'ont presque toujours les théories scientifiques, elles formèrent entre Sophocle et Euripide une différence fondamentale et rattachèrent ce dernier à l'avenir, tandis que Sophocle était sur la limite de l'avenir et du passé. Fondées sur l'observation des phénomènes, elles donnaient aux poètes d'alors ce sentiment si vif de la valeur personnelle de l'homme, qui est partout dans Euripide, et un sentiment non moins fort du peu qu'est l'homme après la mort. On trouve dans ce poète un grand nombre de passages dont la pensée est véritablement orphique et les expressions toutes nouvelles dans la langue des Grecs :

« Permettez maintenant que la terre recouvre les morts, que chaque chose retourne là d'où elle était venue dans la vie, l'esprit (πνεῦμα) à l'éther, le corps à la terre ; car ce corps n'est pas à nous, si ce n'est tant qu'il est habité par la vie ; ensuite la terre qui l'a nourri doit le reprendre. »

Suppl. 531.

« Que ni la terre ni la mer ne reçoivent ma chair (σάρκας), si je suis criminel. »

Hippol. 1030.

« La pensée (νοῦς) des morts ne vit plus ; mais, absorbée dans l'immortel Ether, elle garde une connaissance (γνώμην) immortelle. »

Hélène, 1014.

On doit insister sur cette théorie indo-persane de l'éther qui se trouve exprimée dans beaucoup d'endroits d'Euripide, parce qu'elle nous montre combien, dès cette époque, elle gagnait les esprits les plus distingués et tendait à transformer, ou même à éliminer entièrement, l'ancien polythéisme hellénique. Cette théorie, qui est celle de l'*ahura* des Perses (Ormuzd) et de l'*Agni* des Indiens, formait certainement la base des doctrines orphiques, où étaient venues se fondre celles des pythagoriciens, doctrines qui revivent dans toute la tragédie d'*Hippolyte*.

Une révolution non moins grande dans les idées politiques et sociales sépare Euripide de ses prédécesseurs. Ce poète était franchement athénien, démocrate, ennemi des idées doriennes ; à mesure que la lutte entre Sparte et Athènes devenait plus ardente, son amour pour la liberté le devenait aussi ; les héros antiques se transformaient sous sa main : ceux qui appartenaient à la race ennemie devenaient odieux et pervers, traîtres, violents, inhumains ; Agamemnon, Ménélas, Ulysse, Hélène et tous ces caractères d'hommes et de femmes que la tradition lui avait légués, n'étaient plus que des matériaux dramatiques qu'il maniait et façonnait avec une liberté absolue et qui souvent sortaient méconnaissables d'entre ses mains; ce n'était plus des figures légendaires, mais des noms appliqués à des types humains que le poëte lui-même imaginait, passionnait et faisait mouvoir. Les légendes étaient également altérées par lui soit pour qu'elles devinssent plus tragiques, soit pour qu'elles pussent se mouler en quelque sorte sur les événements contemporains. C'est dire que les pièces d'Euripide sont pleines d'allusions aux choses de son temps et suivent l'histoire pas à pas, comme d'une autre manière elles suivaient la marche de la science et se tenaient à la tête des idées nouvelles. Mais avec cette liberté d'artiste et d'homme mêlé à la vie active de sa nation, il était, comme tout esprit sérieux de cette époque, érudit exact, mythographe scrupuleux, géographe plein de curiosité; il abonde en descriptions naturelles et topographiques précieuses aujourd'hui même; et ses tragédies sont pour nous une mine inépuisable de renseignements utiles sur les sujets les plus variés.

Les œuvres d'Euripide sont d'une moralité irréprochable et bien supérieure à celle qui avait cours de son temps; sa morale est surtout pratique et embrasse à la fois la conduite privée, la vie de famille et la vie politique et sociale; elle est laïque et n'est nullement dépendante des croyances religieuses et des pratiques du culte; c'est la morale du citoyen libre, tel que l'avait fait la constitution démocratique d'Athènes. Une des plus belles conceptions du drame antique est certainement le personnage de Théonoé dans la pièce d'*Hélène;* cette prêtresse, qui semble rappeler le souvenir récent alors de Théano, peut dire d'elle-même :

« Je suis née pour la piété..... mon cœur est le sanctuaire de la justice..... »

Hélène, 998.

Et pourtant l'épouse de Ménélas peut lui adresser encore cette courte et expressive leçon :

« Si toi, qui vois l'avenir et qui crois aux dieux, tu violes la justice, respectée par ton père, et donnes raison à un injuste frère, il est honteux pour toi de connaître toutes les choses divines, de savoir ce qui est et ce qui n'est pas, et d'ignorer la justice. »

Hélène, 919

Ainsi de quelque côté que l'on envisage les opinions d'Euripide, on le voit engagé dans le mouvement d'idées qui s'opérait de son temps et regardant l'avenir plus que le passé. Quant à l'art dramatique, il fallait bien qu'il subît aussi certaines transformations, pour se prêter aux besoins nouveaux. Dans des temps d'activité presque fébrile, comme celui où vivait Euripide, le peuple se contentait difficilement de ces tableaux pleins de calme et de ces développements d'idées métaphysiques, qui avaient fait le grand art d'Eschyle et de Sophocle. Deux moyens, presque inconnus jusque-là, furent mis en œuvre dans les drames : le *prologue* et cette intervention finale d'un dieu, que l'on a nommée le *deus ex machina*. Les prologues, assez souvent employés par Euripide, ne sont point des résumés de la pièce et ne préjugent rien touchant le drame et son dénouement : ce sont de courtes introductions, mises dans la bouche d'un des personnages et qui jettent en peu de mots le spectateur dans le courant des événements; le drame se développe aussitôt après, et ainsi il n'y a pas de temps perdu pour l'intérêt. Quant aux interventions divines, on les trouve déjà dans Sophocle et même dans Eschyle; elles sont conformes à l'idée du drame héroïque. Dans Euripide elles ne sont qu'un moyen abrégé de finir l'action, dont l'intérêt se prolonge ainsi jusqu'au dernier moment. Mais il y a cette différence entre Euripide et Sophocle que chez celui-ci le dieu n'intervient que quand le drame ne peut être dénoué par les seules forces humaines, tandis que Euripide obtiendrait le plus souvent une solution naturelle en prolongeant le drame de quelques scènes. L'art de Sophocle est donc plus pur que celui d'Euripide.

Les éléments du drame, chez ce dernier, commencent aussi à se confondre. Ainsi dans les premiers temps le chœur seul chantait et le *répondant* ne faisait qu'intercaler des récits entre les strophes et les antistrophes du chœur. Plus tard le dialogue et l'action directe de la scène remplacèrent le récit. Lorsque la passion devint plus intense, il y eut des moments dans le drame où certains personnages chantèrent; c'est ce qu'on voit déjà dans plusieurs pièces d'Eschyle; mais ces chants étaient libres, à peu près dépourvus de rhythme, sans strophes ni antistrophes, et formaient comme des récitatifs, dans lesquels l'acteur pouvait mélanger à son gré toutes les harmonies. On trouve cependant, chez Eschyle et Sophocle, des tirades rhythmées qui alternent avec les chants du chœur et s'intercalent entre les strophes. Il y avait donc dans l'art théâtral une tendance constante vers la variété. Euripide l'affranchit de toute entrave. Comme il avait fait du chœur un acteur véritable et qu'il l'avait même fait monter quelquefois de l'orchestre sur la scène, il usa de la même liberté à l'égard de la musique, fit chanter au chœur des tirades non rhythmées et mit des strophes et des antistrophes dans la bouche des personnages. C'est ce que l'on voit par exemple dans les *Troyennes.* Ce changement dans la distribution des fonctions musicales avait pour conséquence de permettre aux acteurs de la scène de chanter dans le mode dorien, ce que le grand art n'avait pas permis jusque-là, et au chœur de quitter ce mode pour chanter dans toute autre harmonie. Les *soli* chantés par certains acteurs d'Euripide, notamment par Céphisophon, acquièrent une grande célébrité et prouvent que, dans les pièces qu'il jouait, l'élément lyrique et l'élément dramatique étaient pour ainsi dire confondus.

Nous n'avons que peu de données sur la mise en scène à cette époque; mais la simple lecture des pièces d'Euripide prouve qu'elle devait être beaucoup plus compliquée et moins de convention que celle des pièces de Sophocle. A mesure que la civilisation avançait et que les Grecs connaissaient par leurs voyages un plus grand nombre de pays et, par l'histoire, plus de peuples et de siècles, ils devenaient plus exigeants quant à la couleur locale et plus amateurs de descriptions. En même temps, les théories abstraites de la science se répandant et le symbolisme religieux perdant de sa valeur, on attachait plus de prix à la simple réalité et aux descriptions que les poètes en pouvaient faire. Les descriptions physiques, les peintures de la réalité matérielle abondent chez Euripide et marquent un grand changement dans les idées. Quand l'idée morale veut s'exprimer, elle prend une forme abstraite : à côté d'elle se déroulent les tableaux de la nature extérieure avec la variété infinie des impressions qu'ils produisent en nous. Avant Euripide les images physiques servaient le plus souvent à revêtir les idées, sans avoir une valeur par elles-mêmes. De là aussi chez ce poète les dissertations et les discours, entremêlés d'un façon parfois étrange à des tableaux d'une ravissante poésie. Car ce n'est pas seulement l'influence des philosophes et des orateurs qui s'exerçait sur le génie naturellement poétique d'Euripide : mais la séparation de la poésie et de la science était générale de son temps et introduisait nécessairement dans le drame ces deux espèces de tirades, l'une abstraite, l'autre descriptive, qui auparavant étaient demeurées confondues; chez ce poète, si celle-ci était naturellement pleine d'images, celle-là revêtait nécessairement la forme d'une dissertation ou d'un discours.

Telles sont les qualités et tels sont les défauts les plus visibles des tragédies d'Euripide. Dans sa longue carrière, qui ne dura guère moins de soixante-quinze ans (480-406), il en avait, dit-on, composé quatre-vingt-douze. Malgré cette fécondité, il ne remporta le prix que cinq fois. Sa vie coïncide avec celle de Sophocle, qui mourut même six mois après lui; mais, comme il était né quinze ans plus tard, qu'il était d'une naissance obscure, plus répandu dans la société moyenne que dans celle des grands, il appartint réellement à la période agitée de la guerre du Péloponnèse, tandis que Sophocle avait le génie paisible de la génération précédente. Quoique rarement couronné, Euripide fut le poète bien-aimé du peuple et celui des trois qui entrait le mieux dans ses mœurs et dans ses idées et qui à ses yeux représentait l'avenir : le peuple en cela ne se trompait pas.

Des nombreuses tragédies d'Euripide il nous en reste dix-sept, auxquelles les éditeurs ont coutume d'ajouter la pièce apocryphe intitulée *Rhésos*; nous possédons de plus un grand nombre de fragments de beaucoup d'autres pièces et un drame satyrique, le *Cyclope*, seule pièce de ce genre que nous ait léguée l'antiquité. Voici, selon leurs dates prouvées ou probables, la liste d'un certain nombre d'entre elles.

Les *Péliades*, Πελιάδες, composées à l'âge de vingt-cinq ans et représentées en 455.

Les *Héraclides*, en 442 (?) et certainement avant la guerre du Péloponnèse; c'est une pièce simple, dans le genre de Sophocle.

Alceste, Ἄλκηστις, donnée en 440 avec les *Crétoises*, Κρῆσσαι, *Alcméon* et *Télèphe*.

Médée, Μήδεια, en 431, avec *Philoctète*, *Dictys* et les *Satyres Moissonneurs*, Θερισταί.

Hippolyte, en 429.

Hécube, Ἑκάβη, en 424 (?)

Andromaque, 422 (?), époque où commence la seconde manière d'Euripide sous l'influence des événements politiques.

Les *Suppliantes*, Ἱκέτιδες, 421 (?).

Hercule furieux, Ἡρακλῆς μαινόμενος, 420.

Ion, vers la même époque et probablement après la mort de Cléon.

Les *Troyennes*, Τρωάδες, 416, avec *Alexandre*, *Palamède* et le drame satyrique de *Sisyphe*.

Hélène, 413, avec *Andromède*, Ἀνδρομέδα.

Electre, probablement la même année.

Iphigénie en Tauride, Ἰφιγένεια ἐν Ταύροις, 412 (?) et certainement dans la vieillesse du poète.

Oreste, 409.

Les *Phéniciennes*, Φοίνισσαι, données en 411, avec *Hypsipyle* et *Antiope*; sous le nom de Polynice le poète paraît y célébrer le retour d'Alcibiade.

Les *Bacchantes*, Βάκχαι, *Iphigénie à Aulis*, Ἰφιγένεια ἐν Αὐλίδι, ainsi que le second *Alcméon* (ὁ διὰ Κορίνθου), ne furent représentées qu'après la mort du poète, en 404, par les soins de son fils, le jeune Euripide. Les Bacchantes, au moins, avaient été composées pour Archélaos, roi de Macédoine, auprès duquel Euripide passa ses dernières années.

Nous allons donner l'analyse de deux ou trois de ces tragédies, afin de montrer la manière dont le poète entend la composition dramatique.

I. *L'Alceste*. Le dernier jour d'Admète est arrivé; il va mourir, mais le destin permet qu'une autre personne lui soit substituée; Alceste s'est dévouée à la mort pour son époux :

1° Scène d'exposition : Apollon raconte qu'Alceste va mourir et demande à Thanatos (la Mort), qui vient pour la saisir, s'il ne pourrait pas la sauver; sur son refus, il lui annonce l'arrivée d'Héraclès, qui saura bien la défendre. — Chœur à deux parties : Alceste vit-elle encore? Oui, sans doute.

2° Une servante raconte les préparatifs de mort et la magnanimité d'Alceste. Chœur à deux parties : ô Apollon, ne peux-tu la secourir? — Belle scène de dialogue entre Alceste et Admète en présence de leurs enfants; Alceste meurt; plaintes du petit Eumélos. Admète ordonne le deuil. — Chœur : c'était la meilleure des femmes; que ne puis-je la ranimer?

3° Héraclès, le chœur. Ce héros passe à Phère et se rend en Thrace, où il doit enlever le char de Diomède. Il trouve Admète en deuil et veut s'arrêter dans une autre maison; mais Admète le retient, en disant que c'est une étrangère qui est morte chez lui. — Chœur : ô hospitalité!

4° Le vieux père d'Admète, Phérès, vient pour apporter à son fils des consolations; Admète le renie ainsi que sa mère, lui fait des reproches amers et le chasse de chez lui. On emporte le corps de la morte; Admète le suit. — *Un serviteur :* « Héraclès mangeait et chantait, tandis que nous pleurions ma maîtresse. » — *Héraclès :* « Il faut boire, la vie est courte; viens te consoler à table. » — Le serviteur lui apprend que c'est Alceste qui est morte. Où est son tombeau, dit Héraclès? — Sur la route. — *Hér. :* « Je vais lutter contre Thanatos et la délivrer. » — Plaintes d'Admète, à son retour du convoi funèbre. — Chœur : Alceste sera vénérée comme une déesse.

5° Héraclès revient accompagné d'une femme voilée, et demande à Admète de la lui garder, disant qu'il l'a gagnée en prix. Admète refuse, Héraclès insiste. Admète ordonne qu'on la conduise au gynécée. Mais Héraclès exige qu'il la conduise lui-même par la main; Admète obéit; Héraclès la découvre aux yeux étonnés d'Admète, qui reconnaît sa femme et la prend pour un fantôme. Mais comme elle est immobile, Héraclès lui dit qu'elle doit être purifiée, qu'elle est vivante, et il part.

La mise en scène de cette tragédie est grande et simple : on y voit à l'œuvre les dieux maîtres de la vie, Apollon, Héraclès et Thanatos; une famille où le père est sauvé de la mort par sa femme, après avoir été abandonné par son père et sa mère, qui n'avaient pourtant plus à vivre que quelques jours. Alceste est l'épouse dévouée jusqu'à l'héroïsme et ressuscitée à cause de son amour. Admète est l'homme fort qui cache sa douleur, pour accomplir envers un demi-dieu le devoir de l'hospitalité. Héraclès est ce dieu généreux, qui récompense le devoir accompli ; Phérès [et sa femme] font ressortir, par le contraste, le dévouement d'Alceste. Eumélos, sa petite sœur, les serviteurs et les servantes, complètent les situations et les caractères. Le chœur s'associe aux beaux sentiments et exprime les situations. Dans son unité le drame présente la lutte du devoir contre les instincts naturels les plus puissants, dans les conditions les plus douloureuses ; c'est le triomphe du devoir et son apothéose dans une femme, par l'amour pur et légitime de l'épouse. Dans son fond, l'Alceste est sans contredit un des plus beaux drames de l'antiquité.

II. L'*Hippolyte* fut composé onze ans après l'Alceste. Euripide avait alors cinquante et un ans ; il connaissait les doctrines orientales de l'école orphique et, comme un grand nombre d'hommes de son âge ou plus jeunes que lui, il leur était peut-être affilié. D'Hippolyte, qui est un ancien mythe athénien et trézénien d'une origine luni-solaire, la tradition avait fait un jeune homme dévoué au culte de Diane et ennemi de Vénus. Euripide en fait un jeune initié des doctrines orphiques, qui a fait vœu de virginité et qui, insensible aux amours humains, fait de la pureté la règle de ses actions. Après un prologue où Vénus annonce qu'elle va le perdre, on le voit passer sur la scène avec ses compagnons, dans l'attitude et le costume d'un myste consacré à Diane. Le chœur, introduit après son départ, s'entretient du mal inconnu qui consume Phèdre sa belle-mère, femme de Thésée. Phèdre paraît avec sa vieille nourrice et commence ce dialogue, imité par Racine, où la malheureuse avoue sa passion mortelle pour le fils de l'Amazone et se remet entre les mains de la vieille femme, qui par un philtre prétend la guérir. Le chœur chante la puissance de l'amour et de Vénus. — Bientôt on entend Hippolyte proférer des menaces contre la nourrice qui l'a instruit de la passion de Phèdre et il vient se déchaîner contre les femmes. Phèdre reparaît, maudissant sa nourrice et déclarant qu'elle a résolu de mourir; elle part. Le chœur est dans une attente anxieuse. — Un messager annonce que Phèdre s'est pendue. Thésée de retour voit le cadavre tenant dans sa main des tablettes accusatrices; il maudit son fils et réclame de Neptune l'accomplissement de son anathème. Hippolyte, attiré par le bruit, est accusé par son père et présente sa défense; mais Thésée l'exile : ils partent tous deux. Le chœur chante l'instabilité de la fortune. — Un serviteur d'Hippolyte vient raconter le départ du jeune homme, l'apparition du monstre et la chute du char parmi les rochers du rivage. Thésée l'écoute avec une joie amère; mais Artémis apparaît, lui expose la vérité et l'accable de reproches. On apporte Hippolyte mourant, qui, après une scène de plaintes et de regrets, absout noblement son père et meurt.

La scène d'égarement amoureux entre Phèdre et la nourrice est d'une beauté tragique qui a frappé tous les lecteurs modernes dans la traduction presque littérale que Racine en a donnée. Phèdre, malade de son amour pour Hippolyte, est amenée hors du palais par sa nourrice :

Phèdre. Soutenez mon corps ; redressez ma tête :
Mes membres s'affaissent, amies.
Prenez ces beaux bras, mes esclaves.
Cette bandelette de tête me pèse,
Otez-la; laissez flotter mes cheveux sur mes épaules.

La Nour. Aie du courage, mon enfant, et ne laisse pas pénible-
[ment
tomber ton corps.
Tu supporteras mieux ton mal avec du calme
et un peu de courage ;
il faut bien que les hommes luttent contre leurs
[maux.

Phèdre. Ah !
Si je pouvais au bord d'une source fraîche
puiser une eau pure et me désaltérer !
Et sous des peupliers, dans une herbeuse
vallée, me coucher et me reposer !

La Nour. Mon enfant, que dis-tu ?
Ne parle pas ainsi devant la foule ;
tes paroles ressemblent à de la folie.

Phèdre. Menez-moi sur la montagne. Je vais au bois,
sous les pins, là où chassant la bête
courent des chiens,
je poursuis les biches tachetées.
Au nom des dieux, je voudrais appuyer des chiens,
et brandir près de ma tête blonde
l'épieu thessalien, tenant le javelot
aigu dans ma main.

La Nour. A quoi penses-tu donc, mon enfant ?
A quel propos, toi aussi, t'occuper de chasse !
Pourquoi désires-tu l'eau des fontaines ?
Il y a près de nos tours une source
intarissable où tu pourrais te désaltérer.

Phèdre. Artémis, souveraine de la maritime Linné

et des gymnases où résonnent les pieds des chevaux,
que ne suis-je dans tes plaines,
domptant des chevaux vénétiens !

La Nour. Pourquoi dis-tu encore ces mots insensés....

Phèdre. Malheureuse qu'ai-je fait ?
Où laissé-je égarer ma raison ?
Je suis folle; un mauvais génie m'a frappée.
Ah! ah ! misérable!...
Nourrice, recouvre-moi la tête ;
car j'ai honte de ce que j'ai dit.
Cache-moi; les pleurs coulent de mes yeux,
et mon visage se couvre de honte.
Le retour de la raison me fait souffrir.
La folie est un mal, mais du moins
on meurt sans le connaître.

Après avoir vainement interrogé Phèdre sur la nature de son mal, la nourrice prononce ces mots :

« Sois donc plus farouche que la mer ; mais saches que, si tu meurs, tu trahis tes enfants qui n'auront point part à l'héritage paternel. J'en atteste l'Amazone, cette fière dame qui a engendré pour tes fils un maître, un bâtard qui a les idées d'un fils légitime; tu le connais bien, Hippolyte.

Phèdre. Ah !
La Nour. Cela te touche.
Phèdre. Tu me fais mourir, nourrice ; au nom des dieux, ne me parle plus de cet homme.
La Nour. Vois-tu ? Tu as raison ; mais avec cela tu refuses de secourir tes enfants et de te sauver toi-même.
Phèdre. J'aime mes enfants; mais un autre orage me tourmente.
La Nour. Tes mains sont pures de sang, ma fille.
Phèdre. Mes mains sont pures, mais mon cœur est souillé.
La Nour. Est-ce un mal que t'a fait un ennemi ?

Phèdre. C'est un ami qui me perd, malgré moi et malgré lui.
La Nour. Thésée t'a-t-il offensée en quelque chose ?
Phèdre. Puissé-je ne l'avoir pas offensé moi-même !
La Nour. Quelle est donc cette chose terrible, qui te pousse à mourir ?
Phèdre. Laisse-là mes fautes ; elles ne te concernent pas.
La Nour. Non, sans doute ; mais de toi dépend ma vie.
Phèdre. Que fais-tu ? pourquoi me forcer en prenant mes mains ?
La Nour. Je ne quitterai pas non plus tes genoux.
Phèdre. Malheureuse, ces maux, si tu les apprends, tomberont sur toi.
La Nour. Est-il pour moi un malheur plus grand que de te perdre ?
Phèdre. Tu en mourras ; et la chose pourtant me fait honneur.
La Nour. Et tu me caches ce qui t'honore, à moi qui te supplie ?
Phèdre. C'est que, pour sortir de la honte, je médite un moyen honorable.
La Nour. Si tu le dis, tu en seras plus honorée.
Phèdre. Va-t-en, au nom des dieux, et lâche ma main.
La Nour. Non, certes ; puisque tu me refuses ce qui est juste.
Phèdre. Tu l'auras, par respect pour ta main suppliante.
La Nour. Dès lors je me tais ; c'est à toi de parler.
Phèdre. O ma malheureuse mère, de quel amour tu as aimé !
La Nour. Est-ce celui du taureau, mon enfant, ou que veux-tu dire ?
Phèdre. Et toi, malheureuse sœur, épouse de Bacchus !
La Nour. Mon enfant, qu'as-tu donc, d'accuser ainsi tes parents ?
Phèdre. Je suis la troisième et je meurs misérable à mon tour.
La Nour. Je suis épouvantée. Où aboutira ce discours ?
Phèdre. De là vient notre malheur, il n'est pas d'aujourd'hui.
La Nour. Je n'en sais pas plus ce que je veux apprendre.
Phèdre. Ah ! que ne dis-tu toi-même ce qu'il me faut te dire ?
La Nour. Je ne suis pas devin pour connaître clairement ce qui est obscur.
Phèdre. Qu'est-ce donc que ce qu'on appelle aimer ?

La Nour. Une chose très-douce, ma fille, et douloureuse à la fois.

Phèdre. Pour moi, je n'en ai ressenti que les douleurs.

La Nour. Que dis-tu ? aimes-tu donc quelqu'un, mon enfant ?

Phèdre. Tu connais ce fils de l'Amazone ?

La Nour. Hippolyte, dis-tu ?

Phèdre. C'est toi qui l'as nommé.

Le caractère d'Hippolyte est de beaucoup supérieur à celui de l'Hippolyte français, jeune homme que le pur amour d'Aricie rend fade, en comparaison de la pureté mystique de l'initié d'Artémis. Toute ensemble, la pièce d'Euripide est d'une composition irréprochable et d'un effet tragique et moral extrêmement puissant ; le charme des chœurs, dont la poésie est pénétrante, ajoute encore à ces grands effets de la passion.

III. La pièce d'*Andromaque,* qui est probablement de l'année 422, remporta le second prix ; c'est une des plus tragiques du théâtre grec. Elle rappelle cependant la manière de Sophocle et d'Eschyle : car, bien qu'elle soit remplie par la peinture des passions et des sentiments du cœur humain, elle doit son unité dramatique à cette idée, que le mariage doit être fondé sur la monogamie et sur la fidélité réciproque des époux, et que la pluralité des femmes cause la destruction de la famille.

Pyrrhos, fils d'Achille, a épousé Hermione, fille de Ménélas et n'a d'elle aucun enfant. Sa captive Andromaque est devenue sa concubine et a de lui un enfant, Molossos. En l'absence de Pyrrhos, Hermione avec son père a résolu la perte de l'épouse étrangère et de son fils ; une servante vient les en instruire ; Andromaque se met sous la protection du vieux Pélée, grand-père de Pyrrhos. — Hermione reproche à cette veuve de l'avoir supplantée et d'introduire la polygamie ; celle-ci lui répond que son orgueil seul a éloigné son époux. Hermione lui ordonne de quitter le temple où elle a cherché un asile, et, sur son refus, lui fait savoir qu'elle saura l'y forcer. Le chœur maudit le jugement de Paris, origine de tous ces maux. — L'épisode suivant est une lutte entre l'amour maternel et l'amour de la vie dans le cœur d'Andromaque. Ménélas, qui tient l'enfant dans ses bras, ordonne à la mère de quitter le temple ou qu'il va tuer son fils. Après un combat, Andromaque se livre à Ménélas, qui, au lieu de sauver l'enfant, lui déclare qu'il va le remettre à la discrétion d'Hermione. Le chœur blâme la polygamie. — Ménélas revient dire à Andromaque : « vous périrez tous deux » ; la mère et le fils l'implorent en vain, quand survient Pélée qui les rassure, s'emporte en une éloquente invective contre Ménélas, le chasse, délie les mains aux deux infortunés et les prend sous sa protection. Le chœur chante l'alliance du pouvoir avec la justice. — La frayeur a passé d'Andromaque dans le cœur d'Hermione, qui redoute le retour de son époux et se livre à un désespoir voisin de la folie. Mais survient son cousin Oreste, que Pyrrhos avait trompé jadis à cause d'elle ; il déclare qu'il va l'emmener avec lui et qu'un piége est prêt où Pyrrhos ne peut manquer d'être pris. Ils partent. Le chœur chante les malheurs engendrés par la guerre de Troie. — Quand Pélée reparait, le chœur lui annonce le départ d'Oreste et d'Hermione et le complot où son petit-fils va périr. En effet un messager vient faire le récit de la mort de Pyrrhos ; on apporte son cadavre ; une lamentation commence ; et le drame se termine par une apparition de

Thétis, qui donne ses ordres et annonce les événements à venir.

Une analyse impartiale des tragédies d'Euripide ne permet guère de partager les sentiments d'hostilité d'Otfried Müller contre ce poète. Il blâme presque tout dans ses ouvrages, la composition, les caractères, le fond des idées, le style et la langue même dans laquelle ces idées sont exprimées. Le peu de goût du critique allemand pour le poète athénien s'explique par l'incompatibilité de ses opinions aristocratiques avec les tendances démocratiques d'Euripide. Or une étude sincère de ces tragédies nous montre la peinture des passions humaines partout subordonnée à une doctrine morale et religieuse très-élevée et à un sentiment de justice et de patriotisme incontestable. Quant au style d'Euripide, il est certain qu'il se rapproche plus que celui de Sophocle et surtout d'Eschyle, de la simplicité de la vie réelle et du langage des assemblées publiques. Mais il est en général en harmonie avec les caractères des personnages et avec les situations ; il s'élève avec elles et il atteint dans des chœurs, où le sentiment de la nature est vivement exprimé, un charme souvent inimitable.

II. COMÉDIE.

Aristophane Ἀριστοφάνης. Avant de parler de ce grand comique en particulier, nous devons donner une idée sommaire de la marche de la comédie grecque. On la divise ordinairement en trois périodes sous les noms d'*ancienne comédie*, de *comédie moyenne* et de *nouvelle comédie*, répondant à la guerre du Péloponnèse, à la première moitié du quatrième siècle et à la domination macédonienne. Mais il faut concevoir que dans la réalité il n'y eut pas de ligne de démarcation entre ces diverses périodes et que, depuis la farce bachique introduite par Susarion, la comédie alla se développant et se transformant insensiblement, jusqu'à l'époque où elle passa d'Athènes à Rome, au temps des successeurs d'Alexandre. La farce dorienne se transporta dans l'Attique, à l'époque où l'autonomie d'Athènes commençait à soustraire les cités ioniennes à l'hégémonie de Sparte. Quand elle eut revêtu les formes de l'art, elle devint la comédie politique, dans un temps où les états ioniens s'acheminaient vers une unité fédérative ayant Athènes pour centre; la pensée dominante d'alors, étant politique, remplissait les esprits des événements de la guerre et des discussions des assemblées nationales et des sénats; tout ce qui se disait ou se faisait dans Athènes était ramené à une pensée politique, dont la littérature répétait sans cesse les échos. La comédie, d'une nature pratique entre les années 460 et 380, avait par cela même un caractère personnel; elle traduisait sur la scène les hommes vivants avec leur figure et leurs mœurs; elle était d'une liberté souvent licencieuse, quoiqu'au fond elle fût morale et posât les grands problèmes sociaux dont elle donnait ordinairement les solutions les plus sévères.

Lorsque l'antagonisme de Sparte eut poussé Athènes dans les voies de la conquête et que le mauvais succès de l'expédition de Sicile l'eut fait abandonner de ses alliés, la politique fut exclue du théâtre, moins par l'ordre exprès des vainqueurs que par l'impuissance où le peuple athénien se trouvait réduit. La comédie, pendant cinquante années prit un caractère critique ; elle devint discuteuse, sans système moral arrêté, mettant surtout en scène les doctrines littéraires ou philosophiques du temps. Enfin l'épuisement des forces publiques et des ressources de tout genre, dû à la continuité des guerres, jeta les peuples de la Grèce dans la monarchie et prépara les voies à la domination étrangère. Quand vinrent Philippe et Alexandre, les mœurs politiques n'existaient plus ; la religion n'était plus que pour les superstitieux ; les systèmes philosophiques soutenaient entre eux une lutte, dont le scepticisme était le produit immédiat ; la société hellénique, mêlée d'asiatiques et de gens de tous les pays, était usée et avilie. La comédie devint indifférente aux théories abstraites qui l'avaient défrayée auparavant : c'est sa période psychologique, où l'art est cultivé pour lui-même et parvient à une très-grande perfection, tandis que dans son fond le drame comique est immoral et ne prêche plus que l'amour du plaisir et l'intérêt personnel.

Voici la liste des principaux poètes comiques qui ont brillé dans la première période, entre le commencement de la guerre du Péloponnèse et l'année 380 ; nous avons déjà cité Cratinos, Téléclidès, Hermippos et Cratès ; les autres sont :

Eupolis,
Aristophane,
Phrynichos,
Platon, le comique,
Amipsias,
Leucon,
Dioclès,
Philyllios,

Sannyrion,
Strattis,
Théopompe.

On a quelques renseignements sur ces différents auteurs de comédies, des fragments de la plupart d'entre eux, et des pièces entières du seul Aristophane.

EUPOLIS, Εὔπολις, contemporain et rival de ce dernier, composa plusieurs comédies qui jouirent d'une grande célébrité. Elles étaient toutes politiques ou se rattachaient plus ou moins étroitement aux événements du jour. Sa verve violente se déchainait contre tout ce qui semblait manifester l'esprit nouveau. Toujours en colère, il ne s'attaquait pas seulement aux vices de son temps, mais aux tendances politiques ou religieuses les plus dignes d'être avouées. Ses deux pièces intitulées les *Démes*, Δῆμοι, c'est-à-dire les communes attiques, et les *Villes*, Πόλεις, étaient des censures de la politique intérieure et extérieure des Athéniens; les dèmes et les villes y formaient les chœurs et on y voyait paraitre des hommes vivants ou morts récemment, dont les opinions ou la conduite contrastaient avec les tendances démocratiques de ce temps. La comédie intitulée *Maricas*, qui fut jouée en l'an 421, la même année que la *Paix* d'Aristophane, était remplie d'attaques personnelles contre plusieurs citoyens célèbres, et particulièrement contre l'orateur Hyperbolos et contre Nicias. D'après un passage des *Nuées*, il parait y avoir eu entre les *Chevaliers* d'Aristophane et le *Maricas* d'Eupolis une grande analogie, puisque les deux poètes s'accusaient réciproquement de plagiat. Une des pièces dont la perte est la plus regrettable pour nous est celle des *Baptiseurs*, Βαπταί. Elle était dirigée surtout contre Alcibiade; à cette époque les vieux cultes grecs étaient déjà frappés de déchéance; la partie la plus éclairée de la société les abandonnait et les tournait en ridicule; l'affaire des Hermès, qui tourna contre Alcibiade, compromettait en réalité une foule de personnes et particulièrement de jeunes hommes instruits, pour qui ces vieilles têtes de pierre n'étaient plus que des simulacres insensés. A la place de ce polythéisme tombé dans le discrédit, s'introduisaient des idées orientales et des pratiques que quelques-uns trouvaient bizarres, mais dont le sens profond était bien connu des initiés; parmi elles se trouvait le baptême, coutume mazdéenne qui ne cessa pas d'exister depuis lors dans le monde gréco-asiatique et qui plus tard fut répandue dans une grande partie du monde par les chrétiens. La pièce d'Eupolis nous fournirait sur ces faits historiques de précieux renseignements et nous ferait probablement voir sous un nouveau jour la société hellénique au temps de la guerre du Péloponnèse.

Aristophane, né en 452 et mort après 389, appartient plus franchement qu'Eupolis à la réaction aristocratique; de famille noble, il est un partisan déclaré de l'influence dorienne et, en présence des idées démocratiques qui chaque jour prennent un empire nouveau dans la société, il entreprend une lutte générale contre toutes les tendances de son temps. Il n'a pas compris que l'art d'écrire, après avoir été sacerdotal, puis féodal, avait commencé dès le temps de l'Odyssée à tomber entre les mains du peuple; que dans la période suivante la poésie, sous sa forme lyrique, était entièrement sécularisée; et qu'enfin le drame et surtout la comédie étaient un produit naturel et spontané de la démocratie. Si ce poète était né et eût vécu dans une cité dorienne, il n'eût jamais pu composer les comédies qu'il nous a laissées, car le pouvoir de parler avec la liberté dont il a joui ne peut se rencontrer que dans un état démocratique, il ne s'est même rencontré que dans Athènes et cela durant le court espace de temps où Aristophane a vécu; c'est donc la démocratie qui a mis entre ses mains l'arme qu'il a tournée contre elle. Ses attaques sont dirigées tour à tour contre l'esprit démocratique, contre l'éducation démocratique, contre les formes nouvelles de l'art, et enfin contre l'esprit scientifique. En fait, l'avenir de la Grèce appartenait à la démocratie, c'est-à-dire à l'égalité devant la loi. A travers des succès et des revers, cette égalité ne fut détruite ni par Philippe, ni par la conquête macédonienne; elle fut l'âme de la civilisation alexandrine; et après avoir apporté une sorte d'appoint aux tendances démocratiques du peuple romain depuis le temps des Scipions, elle fut consacrée et élevée à la dignité de dogme religieux par le christianisme; par lui et par l'effet de la renaissance du seizième siècle, elle a passé dans le monde moderne, où elle soutient encore ses derniers combats.

Absolument, Aristophane combat à faux contre la loi même du développement de l'humanité. Cette loi est une conséquence du progrès de la science et de sa diffusion, puisque la science, qui est toujours individuelle, émancipe l'individu et le rend l'égal des autres hommes. Cette loi ne souffre pas d'exceptions : seulement son application est progressive; elle est interne, spontanée et complète chez les nations aryennes, telles qu'étaient les Grecs, et y engendre les révolutions dans la politique, la religion, la littérature et les arts; elle est interne encore mais partielle

ÉPOQUE DE LA GUERRE DU PÉLOPONNÈSE.   31

chez les peuples de race mêlée; enfin elle engendre le prosélytisme à l'égard des hommes de race inférieure, les élève de l'état d'esclaves à la dignité d'hommes libres et les prépare peu à peu à l'égalité universelle. C'est contre cette loi des transformations progressives qu'Aristophane a essayé la lutte, au moment où elle recevait en occident l'une de ses premières applications. Il a donc échoué dans son entreprise, après avoir fait à son pays autant de mal qu'il lui souhaitait de bien. Si l'on jugeait la société athénienne d'après ses comédies, on aurait d'elle la plus fausse idée, puisqu'il y désapprouve presque toutes choses et traîne dans la boue les plus honnêtes citoyens. Il n'en présente en réalité que la caricature et l'image travestie par le ridicule ou par la colère dont lui-même est animé. Ses jugements ne sont ni plus justes ni plus honnêtes que ceux du duc de Saint-Simon sur Louis XIV et son règne et que les mémoires de tel ou tel émigré sur les événements et les hommes de notre Révolution. Souvent donc pour atteindre la vérité, il faut prendre le contrepied de ce que dit Aristophane.

Voici la liste de ses comédies avec la date de leur représentation :

Les *Viveurs*, Δαιταλεῖς...	427	*Lysistrata*.........	411
Les *Babyloniens*......	426	*Ploutos*, Πλοῦτος.....	408
Les *Acharniens*.......	425	Les *Grenouilles*, Βάτραχοι.	405
Les *Chevaliers*, Ἱππεῖς...	424	L'*Assemblée des Femmes*, Ἐκκλησιάζουσαι......	392
Les *Nuées*, Νεφέλαι.....	423
Les *Guêpes*, Σφῆκες.....	422	Le *Kokalos* et l'*Eolosicon*, pièces perdues, furent données après sa mort par son fils Araros.	
La *Paix*, Εἰρήνη......	421
Les *Oiseaux*, Ὄρνιθες...	414
Les *Fêtes de Cérès*, Θεσμοφοριάζουσαι......	411

La comédie des *Acharniens* fut composée en vue de la paix. On y voit un homme, qui représente aux yeux du poète la partie honnête de la ville et qui traite individuellement avec Lacédémone. Pendant que toute la population souffre des malheurs de la guerre et se voit réduite à la famine par la fermeture des marchés, ce Dicéopolis ouvre chez lui et pour lui seul un lieu d'échange, où abondent toutes les denrées, en vertu d'un traité qui doit durer trente ans. On voit paraître successivement un Mégarien, qui vient lui vendre ses deux petites filles pour deux cochons de lait; un Sycophante, qui le menace de le dénoncer pour achat prohibé; un Béotien, qui apporte les produits variés de son pays; Nicarchos, le dénonciateur, qui menace Dicéopolis et qui est remis par lui, les mains liées, au Béotien comme un échantillon d'Athènes; un serviteur, qui vient demander quelques denrées béotiennes pour Lamachos et qui est éconduit; un laboureur, à qui les Béotiens, à Phylé, ont enlevé ses bœufs et que Dicéopolis renvoie au médecin public; un paranymphe, par qui une fiancée demande que le corps de son mari, appelé en guerre, demeure avec elle; Dicéopolis lui donne un onguent pour la paix. La fête des Coupes ayant été proclamée, un messager ordonne à Lamachos de partir pour l'armée et invite Dicéopolis au festin de Bacchus. Après un dialogue comique à double partie, où l'on voit Dicéopolis et Lamachos faire chacun ses préparatifs, l'un pour la guerre, l'autre pour la fête, ils sortent tous deux. Bientôt Lamachos revient, blessé et dans un état digne de pitié; et Dicéopolis rentre en scène soutenu par deux femmes et dans la joie de l'ivresse. Le chœur chante victoire et fanfare, tout le monde se retire. — La composition de la pièce est d'une extrême simplicité ; c'est un défilé continu qui passe devant un même personnage, comme dans le Prométhée d'Eschyle. Quant au fond, c'est un blâme de la guerre et un éloge de la paix, dont le poète ne présente que les biens matériels. Pour avoir la contre-partie de cette pièce et la réponse aux raisons un peu grossières de Dicéopolis en faveur de la paix, il suffit de lire dans Thucydide le premier discours de Périclès aux Athéniens.

La pièce des *Chevaliers* a beaucoup plus de valeur comme composition poétique que celle des Acharniens : c'est un véritable drame, où la démocratie est mise en scène dans la personne de Peuple, Δῆμος, et des flatteurs qui se disputent ses faveurs, Cléon le corroyeur, Agoracrite le charcutier. La pièce est remplie de scènes et de paroles d'un comique sanglant : les aristocrates d'Athènes voyaient avec indignation les affaires conduites par des hommes d'aussi basse origine ; le succès récent de Cléon à Pylos, où les généraux de la noblesse avaient échoué, exaltait encore leur animosité. Les accusations d'Aristophane contre les hommes d'alors les plus populaires et surtout contre Cléon, sont d'une telle violence que personne ne voulut se charger dans sa pièce du rôle de ce personnage et que le poète fut obligé de le remplir lui-même. Du reste la lutte entre Cléon et le charcutier, qui forme tout le drame, est conduite avec une habileté consommée, à travers une suite de scènes véritablement admirables. Jamais la comédie politique n'en a produit de pareilles à celle des flatteries de Cléon et du charcutier, à la scène où ils opposent leurs oracles personnels, à celle où ils rivalisent à qui servira le mieux le Peuple. La comédie se termine par une scène à grand spectacle, l'apparition d'Athènes régénérée, inaugurant une politique nouvelle. Seulement cette régénération consiste en un retour à l'état de choses d'autrefois, tel qu'il était « lorsque Démos avait pour convives Aristide et Miltiade. »

La comédie des *Nuées* n'eut aucun succès. Elle a cependant une portée considérable : c'est une attaque de fond contre l'éducation nouvelle; Aristophane n'en voit que le mauvais côté et il l'exagère. L'esprit nouveau n'était en somme que l'esprit scientifique, conséquence nécessaire du développement de la civilisation; cet esprit s'appliquait à tous les sujets et donnait lieu à des tendances nouvelles dans l'éducation de la jeunesse. Toute force sociale nouvelle peut donner lieu à des abus, à des théories fausses, à des conséquences extrêmes, à des fraudes, à des injustices d'une espèce inconnue auparavant; elle n'en est pas moins dans les nécessités du progrès et ne mérite pas d'être livrée aux flammes dans la personne de ses représentants; car un tel moyen d'en finir dépasserait en injustice tout le mal que peut produire une force nouvelle. Il faut ajouter que l'esprit nouveau est irrésistible, malgré toutes les violences, parce que les violences viennent d'une minorité qui diminue sans cesse et que l'esprit nouveau appartient à une majorité qui s'accroît. La pensée qui domine dans les *Nuées* est donc à la fois fausse, injuste et impuissante.

Un vieillard, endetté par son fils, et ne sachant comment échapper à ses créanciers, envoie le jeune homme à l'école de Socrate, pour y apprendre les sophismes qui ont triompher une cause injuste. Mais le jeune homme ayant refusé, il y va lui-même. Il frappe à la porte, un disciple lui ouvre et il voit, parmi ses élèves, Socrate suspendu dans un panier entre le ciel et la terre. Socrate l'initie et lui explique par des causes naturelles, substituées aux dieux, la pluie, le tonnerre, la foudre et d'autres phénomènes de ce genre. Mais le vieux Strepsiade est trop grossier pour comprendre ces théories; vainement on le fait coucher sur un lit pour méditer, il ne médite que sur les punaises. Le chœur des Nuées lui conseille de retourner chez lui et d'envoyer à l'école son fils, Phidippide. Phidippide y va, après une première leçon ridicule de son père. Socrate le remet entre les mains du Juste et de l'Injuste, en qui se personnifient l'ancienne et la nouvelle éducation. Le Juste, vaincu dans la discussion, se retire. L'éducation de Phidippide réussit à merveille; il est devenu maigre et pâle comme un vrai philosophe. Son père, ravi du succès, reçoit par des railleries ses créanciers. Mais bientôt s'élève entre lui et son fils une querelle au sujet de Simonide et d'Euripide; Phidippide bat son père, lui prouve qu'il a raison, nie Jupiter et proclame Tourbillon maître du monde. Strepsiade, détrompé et effrayé, court avec son esclave à la maison de Socrate et la livre aux flammes.

Aristophane n'a pas eu tort de confondre Socrate avec ceux que l'on appelait alors du nom encore honorable de sophistes; car eux et lui, à des degrés et à des titres divers, représentaient l'esprit nouveau, c'est-à-dire la science dans son indépendance. Le vieux parti noble devait les réunir dans une commune réprobation. Il vint un temps où ce parti fut un moment le maître et fit régner son esprit dans les assemblées. On ne dit pas que les savants aient vu leurs maisons incendiées; mais Socrate but la ciguë sans que sa mort ait donné gain de cause aux emportements des comédiens.

Les *Guêpes* ont donné lieu à l'imitation qu'en a faite Racine dans ses *Plaideurs*. La comparaison sommaire des deux pièces fait ressortir les caractères de l'œuvre d'Aristophane. Le but que se proposait Racine était de s'amuser lui-même et d'amuser le public, en lui offrant des plaisanteries empruntées à un poète ancien. Le but d'Aristophane est plus original : il veut tourner en ridicule la manie de juger; tout le monde étant juge dans Athènes, sa pièce est une censure du public qui l'écoutait; de plus, le poète grec veut montrer l'invasion des mœurs nouvelles jusque chez des hommes passionnés pour les anciens usages et pour la vie publique. — Dandin est le même que Philocléon; mais il y a dans celui-ci une transformation de mœurs profondément observée : vrais tous deux, Philocléon est plus complet. — Léandre ne reproduit pas entièrement Bdélycléon : celui-ci, plus âgé, a plus d'autorité sur son père; d'ailleurs, tout entier à son œuvre de guérison et non amoureux, il a un caractère plus élevé et plus noble que Léandre. — L'amour forme dans les Plaideurs une intrigue à la mode du temps : cette intrigue, honnête au fond, est banale et fade; elle ôte à la pièce son unité d'intérêt, qui devrait consister avant tout dans le développement du caractère de Dandin; le personnage d'Isabelle appartient à Racine. — La scène du plaidoyer ridicule est très-bien conduite dans Racine; mais elle ne se lie qu'incidemment à l'action; interrompue avant le jugement, elle est oubliée, ne finit pas et n'a dans la pièce aucune conséquence. Le procès du chien Labès est une conséquence naturelle du projet de Bdélycléon à l'égard de son père et forme le passage entre la manie de juger et la vie débauchée du vieillard; ce procès a une fin et une conséquence, qui est de dégoûter celui-ci du métier de juge et de le jeter dans les plaisirs. — Enfin les Plaideurs finissent par le dénoûment ordinaire des comédies au temps de Louis XIV; les Guêpes, par la grande scène de boire et de rire, où s'abime le peu de raison qui restait encore au vieux Philocléon.

Les *Oiseaux* sont une des conceptions les plus originales de l'antiquité. Elle unit le réel et le fantastique d'une manière qui eût paru inattendue et bizarre si cette union n'était pas un des caractères ordinaires de la comédie grecque et si les prédécesseurs d'Aristophane n'en avaient pas donné de nombreux exemples. C'est l'époque où paraissaient dans Athènes les utopies politiques, les républiques idéales, mises en contraste avec les constitutions réelles des cités grecques. La République de Platon est postérieure aux Oiseaux. Mais Protagoras et d'autres sophistes avaient déjà traité théoriquement des questions d'organisation politique et sociale. La pièce d'Aristophane est une utopie comique d'un état idéal impossible à réaliser et praticable seulement chez les oiseaux et parmi les nuages. Partant de cette donnée positive, le poète se jette dans un monde fantastique d'une mobilité surprenante; on est étonné du nombre d'oiseaux de toute sorte, sauvages et domestiques, qui paraissent ou sont nommés dans la pièce, des mille traditions, croyances ou proverbes où les oiseaux jouent un rôle et que le poète a recueillis, enfin de sa prodigieuse fécondité d'invention.

Deux Athéniens, Pisthétère et Evelpide, cheminent à travers les rochers, sous la conduite de la Corneille et du

Geai, à la recherche d'une république idéale et de Térée, la Huppe. Arrivés auprès de cette dernière, ils lui conseillent de bâtir pour les oiseaux une ville entre le ciel et la terre, et pour cela de les convoquer tous. Viennent le Flammant, le Coq, le Glouton et beaucoup d'autres, formant un chœur effrayé d'oiseaux, qui à la vue des hommes se croient trahis. La Huppe les rassure et Pisthétère expose que, si les oiseaux construisaient une ville forte en plein air, ils arrêteraient au passage tout ce qui des hommes irait aux dieux et tout ce que les dieux enverraient en retour, et qu'ils recouvreraient ainsi leur antique toute-puissance. On adopte le projet, on nomme la ville Néphélococcygie; on envoie Evelpide procéder à la construction, et Pisthétère demeure pour les réceptions et pour le sacrifice. On voit venir successivement un sacrificateur, qui fait des maladresses et est renvoyé; un poète mendiant, qui reçoit un vêtement pour prix de ses vers; un devin, qui n'obtient que des coups de bâton; Méton, l'astronome, qui est battu comme un charlatan; un inspecteur des villes tributaires, puis un marchand de décrets, qui sont également bâtonnés. Ici la pièce devient tragique. La ville était à peine bâtie et prête à recevoir ses hôtes, quand on apprend qu'un dieu s'y est introduit; c'est Iris, la messagère qui vient menacer les oiseaux de la part des dieux et qui est durement congédiée par Pisthétère. Un héraut lui succède, annonçant que les hommes reconnaissent Néphélococcygie et se proposent d'y émigrer. On voit venir en effet un parricide, que l'on emplume et que l'on envoie à la guerre satisfaire son humeur homicide; Cinésias, le poète, qui demande des ailes et qui est raillé; un sycophante, qui reçoit des coups de fouet et des conseils. Mais bientôt Prométhée arrive, caché sous un parasol; il annonce la venue des dieux irrités et donne le conseil de ne pas céder et d'exiger en mariage la déesse Souveraineté. Neptune en effet, accompagné du dieu barbare Triballe et d'Héraclès, se présente; ils sont en fureur. Mais Héraclès s'apaise en voyant Pisthétère, qui apprête le repas; dans l'espoir d'en avoir sa part, il accepte le mariage exigé; Neptune le repousse; Triballe se range du côté d'Héraclès. Un messager amène la belle Souveraineté. On chante un chœur nuptial, et la pompe s'achemine vers la cité nouvelle.

La pièce des *Grenouilles* est une comédie de critique littéraire. Elle a été donnée peu après la mort d'Euripide, dans un temps où l'on pouvait déjà se rendre compte des changements survenus dans l'art dramatique depuis l'époque d'Eschyle. Ce poète formait avec les auteurs de la fin de la guerre du Péloponnèse une sorte de contraste, dont le génie littéraire d'Aristophane devait être frappé. Euripide, poète de la démocratie, ne pratiquait pas seulement un art très-différent de celui des temps passés; il avait aussi d'autres doctrines politiques, morales et religieuses : ami de l'égalité, il réduisait les héros et les princes des temps épiques à la condition vulgaire de l'humanité; sa morale, quoique généralement pure, était plus douce, plus humaine et plus tolérante que celle des générations antérieures; quant aux dieux, il ne voyait guère en eux que de vieilles traditions poétiques des temps féodaux et, en cherchant à les peindre tels que ces traditions les représentaient, il les faisait voir remplis de défauts et de vices insupportables, qui éloignaient d'eux les âmes honnêtes et les esprits sérieux; personnellement Euripide avait une tendance marquée vers les études scientifiques fondées sur la réalité et vers les dogmes purs venus de l'Orient, comme on le voit dans sa tragédie d'Hippolyte et dans plusieurs autres. Toutes ces opinions ne pouvaient plaire à Aristophane, qui voyait en Euripide un ennemi des vieilles idées, un révolutionnaire et un corrupteur de la jeunesse. Dans la pièce des Grenouilles, il lui reproche d'avoir introduit des dieux nouveaux, de transformer les rois en mendiants, de faire parler tout le monde indifféremment et dans le même langage, d'abaisser l'art en peignant les faits de la vie domestique, l'amour déshonnête et le désespoir des mauvaises passions; il lui reproche les formules abstraites et contradictoires, les discussions stériles et le scepticisme, la monotonie de ses débuts, le caractère vulgaire de sa musique, où il mêle toutes les harmonies, tous les rhythmes, et qui est bonne pour être accompagnée par des castagnettes. Nous n'avons pas besoin de montrer combien ces critiques sont exagérées et injustes, quoique, réduites à des proportions raisonnables, elles puissent avoir quelque vérité. Les faits ont en somme donné raison à Euripide : car c'est lui qui a fixé presque tous les types tragiques et qui a donné au drame cette tendance psychologique, à laquelle il est depuis lors resté fidèle.

La comédie des Grenouilles se compose de deux parties. La première, qui est très-accidentée, roule sur le voyage de Bacchus aux enfers, à la recherche d'un bon poète, et sur les difficultés que ce voyage rencontre; elle est remplie de bons mots et de scènes d'un comique achevé. Enfin, parvenu aux enfers avec son serviteur Xanthias, Bacchus entend un grand bruit; c'est Eschyle et Euripide qui se querellent, Euripide voulant détrôner son prédécesseur; Pluton est sur le point de procéder à une expertise, et il a fait pour cela préparer une balance et les objets nécessaires à une juste appréciation; il institue Bacchus juge du débat. Cette scène, qui comprend une querelle des deux rivaux, un chœur, une prière aux Muses, une critique réciproque des deux poètes, et enfin l'expertise, est une des mieux conduites et des plus belles de la comédie grecque. La balance penche en faveur d'Eschyle ; néanmoins Bacchus n'ose encore faire son choix; il demande aux deux poètes un conseil au sujet d'Alcibiade; celui d'Eschyle l'emporte, Bacchus choisit Eschyle; on se retire, pour aller souper chez Pluton.

Le *Ploutos* (la Richesse) fut représentée deux fois, à dix-huit ans d'intervalle; l'édition que nous possédons paraît tenir des deux, qui furent données alors par le poète lui-même, en 408 et en 390. Comme composition dramatique le Ploutos ressemble à la plupart des autres pièces d'Aristophane et présente, au milieu de scènes combinées, qui font avancer l'action, un défilé de personnages comiques, dont le nombre n'est limité que par le caprice du poète et par la durée de la représentation. Le sujet du Ploutos est d'une nature différente des autres sujets traités par le poète; il n'a plus de relation directe avec les événements du jour; c'est une question de morale générale ou d'économie politique, qui est abordée par lui; c'est celle de l'inégale et en apparence inique distribution des richesses. A la fin l'on assiste au triomphe de Ploutos devenu clairvoyant : il se distribue proportionnellement à l'honnêteté de chacun et aux services rendus, fussent-ils minimes; il exclut même les dieux inutiles ou malfaisants et n'admet que ceux qui savent se rendre utiles; il traite de même les prêtres et les hommes des autres conditions; il exclut impitoyablement les coquins et punit le vice et le crime, en les réduisant à la misère. — Le Ploutos met sur la scène des personnages abstraits dans une action qui se passe entre eux et des hommes réels, dont les uns ont un nom et dont les autres n'en ont pas; on y voit aussi un dieu, Hermès. Ce mélange n'a rien de plus surprenant que celui qu'on trouve dans les Nuées ou dans les Oiseaux; il est admis dans toute la comédie antique et cela d'autant plus complétement, qu'on se rapproche davantage des origines de cet art. La plupart des pièces de la vieille comédie renferment des personnages abstraits ou des êtres complexes idéalisés, tels que le Juste, l'Injuste, la Pauvreté, le Peuple. En cela donc aucun changement notable ne s'est produit durant la carrière dramatique d'Aristophane. Mais pour le fond des idées et la nature du sujet, le Ploutos diffère beaucoup des pièces de ce poète antérieures à l'époque des Trente. Car c'est alors qu'il fut interdit aux poètes de mettre sur la scène des hommes vivants et de transformer le théâtre en une assemblée politique. Le second Ploutos fut en effet composé conformément à ce décret, et de là vient sans doute le caractère de généralité du sujet qui y est traité. Cette pièce peut donc, dans une certaine mesure, être considérée comme formant le passage de l'ancienne à la moyenne comédie. Mais on pourrait en dire autant de celle des Grenouilles, malgré l'apparition sur la scène de personnages réels, dont l'un venait seulement de mourir. Les sujets littéraires et la critique des systèmes caractérisent en effet la comédie grecque pendant la première moitié du quatrième siècle.

Il nous reste à parler de la poésie d'Aristophane, pour laquelle les anciens ont généralement professé une grande admiration. Son charme est en effet inimitable. Mais il faut distinguer ici la poésie du dialogue et celle des chœurs. Le dialogue dans Aristophane se fait remarquer par la pureté du langage, dégagé de tout néologisme, se rapprochant beaucoup de la langue de Sophocle, sauf la différence des genres. Ce langage est d'une extrême variété et non-seulement s'approprié aux situations et aux personnages, mais sait exprimer avec une noblesse digne de Platon les plus hautes pensées et descendre jusqu'aux expressions grossières de la populace d'Athènes et du Pirée. J'avoue que j'attache peu d'importance au reproche d'obscénité que l'on adresse souvent à Aristophane : les choses qui peuvent se dire ou qui doivent se taire changent suivant les temps et les peuples, aussi bien que le degré de nudité corporelle toléré par les mœurs dans la vie civile. Il est à remarquer que les obscénités de la vieille comédie roulent sur deux ou trois fonctions naturelles de l'humanité, à peu près toujours les mêmes et qui en somme n'intéressent point la morale. La pruderie n'est pas une preuve de moralité; il vint un temps où la comédie châtia son langage et revêtit de formes élégantes des doctrines corrompues : l'indécence avait passé des paroles aux mœurs. Il faut ajouter enfin que, même dans ses expressions les plus en opposition avec ces usages, Aristophane est toujours plaisant et comique; et ces passages de ces ouvrages sont loin d'être les plus mauvais.

Les situations amènent souvent les personnages à des sentiments qui les élèvent jusqu'au lyrisme, et alors ils quittent le mètre ordinaire du Dialogue pour parler en rhythmes, comme dans la tragédie. A ces tirades d'un caractère lyrique succèdent les chants du chœur. Rien d'aussi varié, d'aussi surprenant et en même temps d'aussi naturel, que les strophes d'Aristophane. Les choses de la nature extérieure, ses tableaux, ses bruits, ses harmonies de toute espèce y sont rendus avec cette vérité à la fois sensible et idéale, qui fait vivre les grandes œuvres de la poésie. Ainsi les chœurs d'oiseaux, dans la pièce de ce nom, nous transportent parmi les rochers, les buissons et les bocages et nous font vivre pour un moment de la vie vagabonde et mobile de ces êtres insouciants. Rien de plus aérien que les chœurs des Nuées planant dans les régions élevées des montagnes et de là contemplant les fleuves, les vallées et les plaines et plus loin l'immensité des mers. On ne peut rendre dans une langue étrangère cette poésie qui est autant dans les expressions que dans les idées ; et il faut de plus se la représenter comme unie à des airs de musique, dont les accents pouvaient être variés presque à l'infini par la diversité des modes et des genres dans les harmonies de l'antiquité. Ces chœurs comiques, souvent très-sérieux, d'autrefois très-réjouissants, avaient sur ceux de la tragédie l'avantage d'être exécutés par cinquante voix, que l'on pouvait faire agir toutes à la fois ou diviser en groupes qui se répondaient et croisaient leurs chants, de manière à donner à ces scènes une mobilité et une animation singulières. Du reste, sauf la différence des genres, la poésie lyrique d'Aristophane ressemble beaucoup plus à celle d'Euripide qu'à celle d'Eschyle ou de Sophocle. On y voit, comme dans le troisième des tragiques, l'homme se détacher de la nature pour la regarder hors de lui-même, ainsi qu'un objet extérieur au sort duquel il n'est intéressé que comme spectateur. De là ces tableaux, ces descriptions pittoresques, cette poésie imitative qui ont tant charmé les Grecs des temps postérieurs et qui nous charment encore nous-mêmes. Seulement, pour le style, la poésie lyrique d'Aristophane se rapproche plus des vieux maîtres que des maîtres nouveaux et en cela encore il se montre conservateur et ami du passé : il reste dans le rôle qu'il s'était tracé et auquel il est demeuré fidèle jusqu'à sa mort.

Une dernière observation : les œuvres d'Aristophane sont de celles qu'on peut lire avec le plus de fruit pour rectifier la fausse idée qu'on se fait d'ordinaire du classique grec. Car nul auteur n'est plus classique qu'Aristophane ; et nul œuvre plus que le sien ne se montre varié, gai, entraînant, pittoresque, ennemi de toute convention et de toute froideur, plein de liberté et de franchise. Il suffit pour s'en convaincre de lire la seule comédie des Oiseaux ou celle de l'Assemblée des Femmes. Mais au milieu de ses mouvements en apparence les plus excentriques, lorsqu'il semble avoir oublié le point fixe autour duquel roule son action, Aristophane n'admet jamais ni la licence, ni l'extravagance et il ne sort pas des conditions absolues et traditionnelles du grand art.

III. SOPHISTES, RHÉTEURS, ORATEURS.

I. Sophistes, rhéteurs. Trois choses se développaient à la fois dans le monde hellénique et surtout dans Athènes, la science sous le nom de σοφία, la démocratie et l'éloquence, que l'on appelait communément δεινότης. Les systèmes scientifiques antérieurs à la guerre du Péloponnèse avaient été de grandes tentatives métaphysiques pour expliquer les phénomènes de la nature physique et morale; ces vastes hypothèses n'avaient pas une base très-solide et plusieurs même étaient ou tout à fait abstraites ou revêtues de couleurs mystiques, qui en faisaient des espèces de religions. Les esprits avaient besoin de s'appuyer sur des vérités mieux établies et d'atteindre à des théories mieux fondées sur la réalité et plus capables de les diriger dans la pratique. Ce besoin en engendra un autre : il fallait avant de construire un nouvel édifice de science, déblayer le terrain sur lequel il serait élevé. Ce fut l'œuvre de courte durée de ces hommes instruits et habiles, qu'on désigna par le nom de *sophistes*. Le rôle qu'ils avaient à remplir les mettait en opposition avec le parti conservateur, que représentait dans Athènes l'aristocratie des Eupatrides, unie aux partisans de la paix et du système dorien. Presque tous les renseignements que nous avons touchant les sophistes proviennent d'auteurs appartenant de plus ou moins près à ce parti : de là vient que nous devons nous défier de l'excès de sévérité avec lequel les sophistes ont été jugés. Parmi eux, en effet, il y eut non-seulement des hommes considérables, mais plusieurs hommes renommés pour l'élévation de leur caractère et pour leur vertu; enfin Socrate ne cessa qu'après sa mort d'être compté parmi eux et tous ensemble furent, dans sa personne, injuriés et condamnés par Aristophane. Il ne faut pas oublier que ceux qui détruisent, avec les meilleures intentions du monde, sont toujours l'objet de l'animadversion de ceux qui veulent conserver intact le passé. Or il est certain que la période de temps qui sépare Périclès de la mort de Socrate, est marquée par une révolution de cette espèce et que la science entre dans des voies toutes nouvelles dès le commencement du quatrième siècle. Anaxagore, maître et ami de Périclès et mort dans les premières années de la guerre, appartenait encore aux vieilles écoles philosophiques : à la mort de Socrate, il ne restait plus rien de cette ancienne manière de philosopher, et des méthodes nouvelles étaient inaugurées. Les trente années que la guerre dura marquent le passage d'un état à l'autre, passage qui ne se pouvait faire sans qu'une œuvre de déblaiement s'exécutât. En cela donc l'œuvre des sophistes fut non-seulement nécessaire, mais utile et prépara le grand mouvement scientifique du siècle suivant. Je ne puis ni les louer ni les blâmer comme on a coutume de le faire dans les histoires, et je me contente de me rendre compte du travail dont la force des choses les avait chargés. Les louer sans réserve, c'est approuver les excès mêmes de leurs doctrines, excès qu'il faut attribuer surtout aux dispositions naturelles et au tempérament des personnes; les blâmer et les injurier, sur la foi de quelques ennemis, c'est non-seulement donner raison à ces derniers et à leur parti, mais encore s'exposer à ne pas comprendre la marche des idées chez les Grecs et couper leur histoire en deux parties, qu'il est ensuite impossible de rattacher.

Le mouvement des esprits qui engendra la sophistique se produisit dans tout le monde grec à la fois, et lorsque Athènes devint le centre incontesté du monde hellénique, il y vint des sophistes de tous côtés, de la Sicile, de la Macédoine, du Péloponnèse, des îles de la mer Égée. Le premier qui y parut fut Protagoras d'Abdère, en 444. Homme très-sérieux, il enseigna d'abord que la science n'a rien à démêler avec la théologie; et à ceux qui lui demandaient ce qu'il pensait des dieux, il répondait que ne pouvant voir les dieux eux-mêmes et supposant qu'ils sont dans une région inaccessible, il croyait la vie trop courte pour l'employer à une recherche infructueuse. Peu content des systèmes scientifiques des anciens philosophes, il les mettait aux prises les uns avec les autres, et, détruisant une opinion par l'opinion contraire, il concluait que la science paraît impossible à établir, qu'elle est individuelle et personnelle, en un mot que l'homme est la mesure de toutes choses, πάντων μέτρον ὁ ἄνθρωπος. Il est probable que ses adversaires exagérèrent la portée de ces paroles et firent de lui un pur sceptique; accusation peu d'accord avec les préceptes de vertu et d'énergie active qu'il ne cessait d'enseigner. En réalité chacun se fait sa science à soi-même, et la science en elle-même ne se compose que des travaux personnels et des découvertes individuelles mises en commun. Le parti adverse, qui avait la majorité dans le conseil des Quatre-Cents, expulsa Protagoras d'Athènes, en 411, et ses livres furent brûlés sur l'agora au milieu d'une grande affluence populaire.

A cette époque la Rhétorique, c'est-à-dire l'art de la parole, ayant pris la forme d'une science appliquée, commença d'être enseignée dans la Grèce et fournit une force nouvelle dont la tendance fut la même que celle de la sophistique. Elle était née en Sicile vers le milieu du siècle, à une époque où l'expulsion des tyrans mit le pouvoir aux mains du peuple et fit de l'éloquence l'instrument principal de la politique. Le premier qui composa une τέχνη ῥητορική, un traité savant de l'art oratoire, fut Corax, orateur politique et judiciaire. Son élève Tisias en fit un à son tour; et depuis cette époque on en vit paraître une longue série, dont il ne nous reste rien, mais dont nous pouvons nous faire une idée par la Rhétorique d'Aristote. A Tisias se rattache Gorgias, de la ville des Léontins en Sicile. Né vers l'an 485, il vint à Athènes comme ambassadeur, en 427, et commença à y enseigner la rhétorique; très-habile dans l'art de la parole, donnant à son langage une couleur poétique et à ses phrases une harmonie musicale auparavant inconnue, il attirait à ses séances une foule nombreuse d'auditeurs et il enseignait son art à des jeunes gens qui payaient fort cher ses leçons et qui formèrent une véritable école autour de lui. Comme philosophe, il professait les doctrines éléatiques, mais il ajoutait, comme Protagoras, que, si quelque chose existe, elle saurait être un objet de science absolue, et que, si la science peut être, elle est elle-même incommunicable. La conséquence était que nul ne devait pour s'instruire s'en rapporter à l'enseignement d'autrui et que les efforts personnels de chacun peuvent seuls le conduire à la science. Il ajoutait que la vertu est comme la science, qu'on ne peut ni l'enseigner, ni la transmettre, qu'elle est incommunicable et ne reconnaît point de maîtres ni de disciples. Gorgias avait composé un traité *de la Nature et du non-être*. Comme rhéteur, il disait que la rhétorique est l'art de parler avec vraisemblance sur tous les sujets, que cet art est en lui-même indifférent au vrai et au faux, que les mêmes arguments et les mêmes formes de langage peuvent servir à défendre une bonne et une mauvaise cause, que celui qui les possède peut faire prévaloir une cause naturellement mauvaise. Ces idées, qui au fond sont incontestables et qui ont été mises en formules par Aristote dans la théorie de l'enthymème, eurent auprès des jeunes Athéniens et généralement des hommes de l'avenir un très-grand succès et devinrent la base d'un enseignement qui ne périt qu'avec la Grèce.

Parmi les sophistes-rhéteurs qui se distinguèrent le plus à cette époque, il faut compter : Hippias d'Elis, homme d'une érudition très-vaste, généalogiste, historien, archéologue, auteur d'un recueil historique intitulé Συναγωγή; — Prodicos de Céos, élève de Protagoras, homme de bien, moraliste estimable, célèbre comme auteur de l'apologue d'Hercule entre le vice et la vertu; — Thrasymaque de Chalcédoine, homme fougueux et colère, si l'on en croit Platon; — Calliclès, élève de Thrasymaque; — Critias, poète tragique, oncle de Platon, homme intelligent, spirituel et riche, cultivant par goût la science et les lettres; — il faut encore ajouter à ces noms ceux de Pôlos et d'Alcidamas, tous deux disciples de Gorgias.

L'influence de leur enseignement alla croissant pendant toute la durée de la guerre. Elle ne s'exerça pas seulement sur les hommes qui s'occupaient de science ou qui pratiquaient à quelque degré l'art oratoire à la tribune ou au barreau; elle s'étendit sur toute la société polie d'Athènes et d'une partie de la Grèce. En effet elle transforma l'enseignement dans les écoles, l'éducation dans la famille, les habitudes et les procédés de discussion, les usages du théâtre, le style des écrivains, et, dans une certaine mesure, modifia les mœurs publiques et privées. Cette influence fut-elle fâcheuse, comme le prétendaient les gens du passé, ou salutaire, comme le croyaient ceux de l'avenir? Il est bien difficile de l'apprécier à la distance où nous sommes et avec le peu de documents authentiques qui nous ont été transmis. Il est incontestable qu'en réduisant la science à un phénomène personnel, ils l'affranchissaient; la suite montra bien que ce principe nouveau était très-fécond ; et que si les sophistes lui donnèrent quelquefois une expression outrée, ces exagérations de forme ne changèrent rien à la marche des idées. L'affranchissement de la science donnait à l'individu une liberté virile que les Grecs n'avaient point eue auparavant, liberté de penser et d'agir en toutes choses, qu'ils conservèrent longtemps après que la Grèce eut perdu son indépendance politique. D'un autre côté, l'abandon des vieilles formules traditionnelles du dogme dut laisser vide plus d'une intelligence faible, qui ne put y suppléer par des opinions personnelles et par des principes philosophiques arrêtés.

Socrate, Σωκράτης. C'est pour répondre à cette double nécessité, que Socrate s'efforça de tenir entre tous les partis cette position moyenne, qui fit à la fois l'honneur de sa mission et sa faiblesse vis-à-vis eux. Comme novateur, c'est-à-dire comme partisan de la liberté dans la science et des méthodes nouvelles fondées sur l'observation directe de la nature, il fut toute sa vie confondu parmi les sophistes et il n'y avait pas de raison apparente pour ne pas le ranger parmi eux. Mais d'un autre côté, il apercevait clairement le danger que le libre examen pouvait avoir pour les âmes faibles et pour les esprits trop peu éclairés ; il enseignait donc et il essaya de prouver en toute occasion, qu'il y a des notions pratiques de morale que les systèmes scientifiques doivent toujours respecter et dont il faut faire provision, avant même de s'acheminer dans les voies de la science. Cette position moyenne proposée par Socrate ne pouvait contenter ni les sophistes, qui attaquaient à la fois tous les fondements des anciennes croyances, ni les partisans de ces croyances, qui ne souffraient aucune transaction entre leurs propres idées et l'esprit nouveau.

En matière de religion, Socrate n'attaquait ni ne défendait les cultes établis; il se rapprochait quelque peu en cela de Protagoras; mais il respectait les usages de son temps et on le voyait même s'approcher des autels des dieux. Il fut cependant accusé, dès l'époque des Nuées d'Aristophane, d'introduire des divinités nouvelles : en effet Socrate admettait la théorie persane des anges gardiens, comme on le voit souvent dans Platon, et comme on peut le penser d'après ce que l'on raconte de son démon familier; les anges gardiens sont déjà dans Sophocle; ils étaient admis par beaucoup de personnes distinguées, et surtout par une société secrète ou *hétairie,* à laquelle étaient affiliés Euripide, Alcibiade et plusieurs autres hommes célèbres de l'intimité de Socrate. Cette doctrine des anges gardiens, qui est celle des *fravarchis* (férouers) de l'Avesta, est exposée dans le Phédon de Platon, par la bouche de Socrate, au moment où il va boire la ciguë. Socrate eut donc contre lui tous ceux qui n'acceptaient pas ses idées orientales et qui prévoyaient, plus ou moins obscurément, qu'un jour viendrait où elles remplaceraient la religion nationale.

Quant à ses opinions politiques, elles paraissent avoir été également éloignées des deux extrêmes, ce qui fit qu'il eut peu de partisans pour le défendre. En votant pour les généraux vainqueurs aux Arginuses, il avait tourné contre lui une partie du peuple; en faisant en apparence cause commune avec les représentants des idées nouvelles, il eut pour ennemis les partisans outrés du gouvernement oligarchique. La droiture de son caractère et l'austérité de ses mœurs ne purent le sauver : aux démocrates il paraissait un ami des Doriens ; pour les hommes du passé, tel qu'était Aristophane, il comptait parmi les novateurs et les sophistes.

Dans l'ordre de la science, on a probablement exagéré l'influence de Socrate. Car le mouvement qui portait les esprits vers l'étude des faits et vers l'adoption de méthodes scientifiques, était très-marqué lorsqu'il s'y engagea lui-même pour le diriger ou le contenir. Ce mouvement ne part donc pas de Socrate. La formule qu'il adopta (γνῶθι σεαυτόν), en l'empruntant au temple de Delphes où elle était inscrite, marquait moins dans son intention un point de départ pour la science, qu'une pensée morale et pratique ; la psychologie, qui en était l'application, n'existait pas, comme étude à part, dans le cadre à peine tracé des matières scientifiques, et de plus elle n'est guère moins avancée dans Sophocle et dans Euripide qu'elle ne le fut chez les successeurs de Socrate. Nous verrons, un peu plus loin, que la plupart des grandes idées de Platon, relatives à l'âme, à sa destinée et à ses facultés intellectuelles et morales, sont des idées venues d'Orient et qui n'ont dû probablement presque rien à l'enseignement socratique. Enfin Socrate fut un des hommes d'Athènes les moins célèbres et les moins remarqués, jusqu'au jour où sa condamnation et sa mort attirèrent sur cette noble vie tous les regards. Ses amis, dont plusieurs comptèrent parmi les hommes les plus distingués de la Grèce, s'appliquèrent, par leurs écrits et leur enseignement, à honorer la mémoire de leur maître, lui attribuèrent des doctrines qui étaient les leurs et qui n'étaient encore qu'en germe dans la génération de Socrate, et enfin datèrent de sa mort l'ère de l'indépendance scientifique et de la vraie science, qu'elle avait en réalité inaugurée.

Cette mort mit un terme aux persécutions qui plusieurs fois avaient essayé de suspendre la liberté de penser : Protagoras en effet, longtemps avant Socrate, avait été condamné à mort comme athée, c'est-à-dire comme ennemi du polythéisme, avait pris la fuite et avait péri dans un naufrage; Diagoras de Mélos avait été proscrit comme impie, et sa tête avait été mise à prix; Anaxagoras avait lui-même été frappé pour ses propres doctrines par les ennemis de Périclès et par les siens. Tous ces hommes célèbres avaient eu contre eux une forte majorité; quoique la guerre du Péloponnèse eût exalté les passions rivales et multiplié les condamnations de ce genre, Socrate ne fut condamné que par deux voix de majorité (281 contre 279) au tribunal populaire des héliastes, et cela, après avoir écarté tout moyen de défense. Il est donc très-probable que s'il eût accepté le plaidoyer que Lysias lui offrait, les deux voix hostiles et d'autres encore se fussent prononcées en sa faveur. Cette faible majorité n'eût pas même été réunie quelques années plus tard et Socrate eût achevé en paix sa carrière. Ce fait prouve que les idées nouvelles avaient fait assez de progrès à la fin du cinquième siècle et qu'en effet l'ère de la tolérance allait définitivement s'ouvrir.

On peut considérer Socrate comme ayant représenté l'esprit nouveau, dans ce qu'il avait de modéré, et l'esprit ancien, dans ce qu'il avait de compatible avec les idées nouvelles. A ce double titre, il se trouve exactement placé sur la limite des deux siècles, dont sa mort, arrivée en 400 ou en 399, marque en effet le point de séparation. Ce qui domine dans cet ensemble de principes nouveaux, dont l'avènement date de ce jour, c'est l'unité de Dieu, considéré soit comme un être individuel séparé du monde (ce qui semble avoir été la pensée de Socrate), soit comme un principe infini et non personnel, immanent dans l'univers. Toutes les doctrines de Socrate semblent s'être rapportées à cette idée, qui était au fond, sinon la négation même, au moins la régénération du polythéisme hellénique. Les opinions de Socrate sur la morale et la politique, sur la littérature et sur l'art aussi bien que sur la science, se rapportaient à cette idée et semblent avoir formé un tout systématique quoique probablement assez vague. Ses disciples, qui furent en même temps ses amis, donnèrent plus de précision à ces doctrines et en composèrent de véritables systèmes de philosophie, dont nous parlerons ci-après. Mais il ne faudrait pas croire que tous les éléments de ces systèmes appartinssent à Socrate ou tirassent de lui leur origine : car la plupart existaient déjà dans les livres des anciens sages et surtout dans ceux d'Anaxagoras; une autre partie était venue de l'Orient et surtout de la Perse. Mais ils paraissent avoir pris dans la pensée de Socrate plus de consistance et peut-être d'unité qu'ils n'en avaient eu auparavant : c'est pourquoi le siècle qui suivit ne pensa plus à la manière du cinquième siècle; les livres des philosophes et des autres écrivains parurent répondre à une civilisation plus purement laïque, où les anciennes croyances n'étaient plus que des souvenirs et des débris d'un passé que la tradition seule conservait. Quoique Socrate n'eût rien écrit, on comprend par là qu'il ait pu, par ses doctrines, exercer une certaine influence sur la littérature des temps qui suivirent, et c'est à ce titre qu'il peut trouver place dans une histoire littéraire.

II. ORATEURS. Il faut distinguer, dans la période de la guerre du Péloponnèse, deux lignes d'orateurs : les uns sont des hommes d'action, participant directement à la marche des événements ; les autres sont des hommes de cabinet, écrivant beaucoup, parlant peu, ne paraissant presque jamais à la tribune, composant des discours pour autrui dans des affaires civiles. Parmi les uns et les autres mais surtout parmi les premiers, quelques-uns se sont formés eux-mêmes, n'ont reçu que l'éducation commune à tous les jeunes Athéniens et se sont élevés à l'éloquence sous l'influence des affaires publiques ; la plupart, ainsi que tous ceux de la seconde série, ont été des hommes de lettres, ayant reçu des leçons des rhéteurs et des sophistes. La suite des événements les fit paraître tour à tour à la tribune, où ils vinrent briller un moment pour être emportés d'ordinaire dans quelque réaction violente des partis et y périr. Un très-petit nombre eurent une longue carrière. La distinction entre les orateurs d'action et les *logographes*, qui dès cette époque commencèrent à former deux classes à part, est d'autant plus importante qu'elle se continua durant le siècle suivant, jusqu'à la perte de la liberté.

CLÉON, Κλέων, fut pendant les années qui séparent la mort de Périclès de sa propre mort arrivée en 422, un des hommes qui exercèrent du haut de la tribune la plus grande action sur les assemblées populaires. C'était un corroyeur ou pour mieux dire un négociant du Pirée, parleur habile, hardi, violent. Il avait été l'adversaire de Périclès, non par principe, mais parce que Périclès ne lui semblait pas faire marcher assez vite les événements. Quoique peu estimable peut-être, il valut certainement mieux que ne le veut bien dire Aristophane, son ennemi public et privé. Car pendant tout le temps que dura, avec la guerre du Péloponnèse, la lutte de la démocratie et de l'oligarchie, ce fut toujours l'aristocratie qui attaqua et qui donna le signal des actes de violence. Il faut se représenter l'éloquence de Cléon comme celle d'un homme d'une extrême énergie, qui ne peut se contenir dans la lutte, où ses opinions et sa personne se trouvent engagées. Il introduisit à la tribune l'usage des gestes excessifs, parlant avec véhémence, rejetant son himation sur ses épaules, lançant ses bras et se frappant la cuisse. Ses principaux adversaires appartenaient à l'aristocratie, c'étaient surtout les généraux Démosthène et Nicias, dont l'action, trop lente et trop modérée à son gré, faisaient parfois languir les événements. Sa popularité devint irrésistible après l'affaire de Pylos, en 425 : les généraux faisant traîner en longueur le siége de cette place, Cléon monta à la tribune, les accusa de manquer d'énergie et de compromettre par leur mollesse l'honneur et la puissance d'Athènes ; puis il finit par déclarer qu'il se chargerait bien, lui, de prendre Pylos avec les ressources qui s'y trouvaient. Nicias, qui était présent, le prit au mot ; Cléon partit pour l'armée et en peu de jours Sphactérie tomba entre ses mains. L'année suivante, il faisait condamner à l'exil Thucydide, qui lui en garda quelque ressentiment. En 422, il mourut en homme de cœur devant Amphipolis, dans un combat contre Brasidas.

ALCIBIADE, Ἀλκιβιάδης, était neveu de Périclès qui avait été en même temps son tuteur ; c'est auprès de lui qu'il s'était initié aux choses de la politique ; il embrassa les vues de son oncle, mais fut loin d'avoir sa constance, sa modération et son abnégation en face des intérêts de l'Etat. Ami de Socrate, affilié à certaine secte nouvelle, disciple des sophistes et des rhéteurs, il possédait l'art de la parole à un plus haut degré que Périclès lui-même, quoiqu'il ne l'égalât point en éloquence. Il formait avec Nicias un contraste surprenant. Celui-ci savait exposer clairement à la tribune, mais avec une certaine froideur, des idées capables de convaincre dans un temps moins agité que celui où il vivait ; Alcibiade, avec un art infini, savait unir aux raisons sérieuses des motifs de sentiment et de passion. Son langage était élégant, son style clair, précis, correct, plein de finesse et de bon goût. Il grasseyait, ou plutôt il ne prononçait pas les *r* autrement que les *l*, et il en résultait des consonnances qui, dans sa bouche, ne laissaient pas d'avoir un certain charme. D'ailleurs, beau de visage, plein de santé et de jeunesse, il le paraissait davantage en face de Nicias, vieillard néphrétique et superstitieux. Ses qualités d'orateur se montrèrent dans les occasions les plus diverses, soit à Athènes, soit à Sparte, soit dans d'autres pays. Il eut à parler, non-seulement dans des questions politiques d'une gravité extrême, telles que la guerre de Sicile ou l'alliance d'Argos, mais aussi dans des affaires personnelles, comme celle des Hermès, de son exil, de son retour. On put juger du contraste de cet homme éloquent et disert avec son adversaire *Hyperbolos*, un des orateurs qui furent les plus populaires et les plus violents après Cléon ; ce fut en effet cet homme qui, après le départ d'Alcibiade pour la guerre de Sicile, l'accusa d'avoir été l'auteur inconnu de la mutilation des Hermès et obtint son rappel et sa condamnation.

A partir de l'expédition de Sicile, l'histoire intérieure d'Athènes entra dans une période d'agitation et de désordres, suivis des derniers malheurs. Les lenteurs et la maladresse de Nicias avaient perdu dans une contrée lointaine la plus belle armée et la flotte la mieux organisée qui fût encore sortie des trois-ports ; lui-même et son collègue Démosthène avaient été mis à mort, 413. Les Spartiates occupaient Décélie à quelques lieues d'Athènes ; Alcibiade avait pris les armes contre sa patrie, et, après avoir servi ses ennemis, s'était retiré auprès de Tissapherne. Les nobles de la ville s'organisaient en sociétés secrètes ou hétairies (ἑταιρίαι), qui répandaient la terreur parmi le peuple et poussaient la lutte politique dans les voies de l'assassinat (1). A leur tête était l'orateur ANTIPHON, Ἀντιφῶν : « Nul n'osait parler, dit Thucydide, car la moindre marque d'opposition était le signal d'une mort certaine. » Quand la noblesse eut installé un gouvernement de son choix, présidé par le conseil des Quatre-Cents, la tribune demeura muette ; ce fut un gouvernement d'action, sans paroles, qui, pour en finir avec les orateurs populaires, dirigea contre eux le poignard ; c'est alors qu'Hyperbolos et plusieurs autres périrent assassinés. Cette oligarchie, violente à l'intérieur, voulait au dehors la paix à tout prix : Antiphon, avec Phrynichos et

---

(1) *Androclès*, un des orateurs populaires, mourait frappé d'un coup de poignard en 411.

d'autres encore, fut envoyé à Sparte pour la négocier ; la réaction eût été triomphante, si l'armée, qui était à Samos et où se trouvaient la plupart des citoyens actifs de la ville ; ne se fût prononcée contre le nouveau gouvernement et n'eût opposé aux menées d'Antiphon et des Eupatrides l'énergie patriotique de son chef Thrasybule. L'armée rappela Alcibiade et le nomma stratége, avec la pensée de marcher droit sur Athènes. Au sein des Quatre-Cents s'agitaient en ce moment deux orateurs passionnés, *Théramène* et *Aristarchos*, mécontents de leur propre parti, qui ne leur avait pas fait la place assez grande. Leurs déclamations, pleines de sophismes et de fourberies, furent prises au sérieux par la population de la ville : et quand on vit paraître en vue du Pirée quarante navires lacédémoniens, on ne douta plus que le nouveau gouvernement n'eût formé le projet de livrer Athènes aux ennemis. La révolte de l'Eubée, qui suivit aussitôt, acheva de démontrer la trahison de l'oligarchie. Les Quatre-Cents furent déposés ; les meneurs de la réaction traduits devant les tribunaux et punis. Antiphon fut admis à se défendre, dans un jugement public où il avait pour accusateurs deux anciens membres du conseil des Quatre-cents ; son discours fut d'une habileté extrême et d'une grande éloquence, et protégea sa mémoire aux yeux des historiens qui ne tiennent pas assez compte de l'animosité des partis ; mais il ne put le sauver : Antiphon fut condamné et mis à mort ; il avait soixante-dix ans.

Il nous reste quinze discours attribués à Antiphon et probablement authentiques. Douze d'entre eux sont des exercices d'école, roulant sur des sujets fictifs ; ils sont répartis en trois séries de quatre ; chaque série présente le développement d'une même cause, l'accusation, la défense, l'instance et la réplique. En eux-mêmes, ces discours n'ont aucune valeur réelle ; mais ils sont précieux pour nous en ce qu'ils nous font connaître la manière dont on étudiait alors dans Athènes l'art oratoire ; de plus, ils nous dévoilent les procédés de composition, de langage et de style, qu'on apprenait dans les écoles, et nous permettent de les découvrir plus aisément dans les discours qui ont été véritablement prononcés. Les trois autres discours d'Antiphon sont aussi des plaidoyers, composés pour des cas réels, l'un contre une belle-mère accusée d'empoisonnement, l'autre sur le meurtre d'Hérodès, le troisième pour un chorége aussi accusé d'empoisonnement. Entre ces trois discours et les douze autres, il n'existe pas une bien grande différence, ni pour l'art de composer, ni pour le style ; seulement ils présentent plus d'animation, de vigueur, d'éloquence aussi, à cause de la réalité de leurs sujets. Du reste, ils montrent comment en face des juges les orateurs mettaient en œuvre les procédés appris dans les écoles et à ce titre il est utile de les comparer aux trois tétralogies.

Antiphon s'était mêlé de politique, comme la plupart des Grecs de son temps ; mais sa véritable occupation était d'enseigner l'art oratoire ; il avait une école de rhétorique et il avait écrit une τέχνη, à la manière des autres rhéteurs. Lui-même ne parut que fort peu soit à la tribune, soit devant les tribunaux : il n'y avait point alors d'avocats plaidants ; chacun se défendait soi-même comme il pouvait ; et, comme beaucoup d'accusés ou d'accusateurs ne se sentaient pas le talent nécessaire pour composer habilement un discours, ils s'adressaient à des rhéteurs, qui leur en faisaient un d'avance et le leur livraient pour de l'argent. Ces avocats écrivants, non reconnus par la loi, mais admis par les mœurs et suscités par un besoin réel, portaient le nom de *logographes.* Antiphon paraît avoir été le premier qui ait composé des discours pour autrui. Cet usage se répandit promptement : au commencement du siècle suivant, des logographes existaient dans presque tout le monde hellénique. Il exerça sur l'éloquence et en général sur la littérature une très-grande influence : d'abord il exigea que les rhéteurs répartissent les causes en un certain nombre de catégories, afin de pouvoir préparer à l'avance et enseigner dans leurs écoles les moyens d'attaque ou de défense qui reviennent toujours les mêmes dans les cas analogues; il en résulta ce que l'on appela dès lors les *lieux communs,* développements de certaines idées générales applicables à toute une classe de sujets. Le même travail de classification dut se faire sur les personnes mises en cause ou pouvait y être mises et qui furent ainsi rangées par métiers, par fonctions, par conditions ou par caractères; de là naquirent dans la rhétorique les *mœurs oratoires,* c'est-à-dire la nécessité pour le logographe d'adapter son langage aux mœurs et à la condition de la personne qui devait le tenir : il eût été ridicule qu'un marin du Pirée ou un charbonnier d'Acharnes parlât devant les juges comme un riche banquier de l'Agora, comme un prytane ou comme un grand seigneur du quartier des Jardins. L'étude des mœurs oratoires eut pour complément celle de la langue et du style, de la grammaire, avec ses procédés de dérivation ou de composition des mots, des formes de la phrase, qui put devenir de plus en plus périodique et en même temps de plus en plus libre et variée, des figures de mots et de pensées, de la musique même dans la phrase écrite ou parlée, enfin de toutes ces lois d'équilibre, à peine entrevues avant l'époque des rhéteurs, et dans l'application desquelles les écrivains du quatrième siècle se montrèrent si habiles et si scrupuleux. Tout ce mouvement, à la fois scholastique et artiste, de la littérature grecque, procède certainement des sophistes et des rhéteurs; les discours d'Antiphon nous en offrent les premiers témoignages.

Après la mort d'Antiphon et le rétablissement de la liberté, Alcibiade, déjà rappelé par l'armée de Samos, ne voulut rentrer dans Athènes qu'après quelque action éclatante, capable d'effacer le souvenir de ses trahisons. Ses succès sur mer le firent en effet nommer stratége; il fit son entrée dans la ville au printemps de l'année 407, entouré de drapeaux conquis, et au milieu des couronnes et des cris de joie. Il monta à la tribune et, dans un discours plein de hardiesse et d'habileté, il sut mêler des reproches aux Athéniens, qui l'avaient mal jugé, et à la fortune, qui les avait également trahis. Ce discours fut pour lui comme un triomphe : les Athéniens lui décernèrent des couronnes d'or, lui rendirent ses biens confisqués, le relevèrent des malédictions publiquement prononcées contre lui et le nommèrent commandant des armées de terre et de mer; on eût dit qu'il allait être empereur. Mais son luxe, ses exactions, ses débauches le firent promptement retomber dans la défaveur; il fut exilé de nouveau en 407. Les événements qui suivirent ne laissèrent que peu de temps à la liberté et à l'éloquence; car Athènes fut prise par Lysandre au mois d'avril 404, et pendant quelque temps un silence absolu régna dans la cité ruinée et asservie.

A cette époque brillèrent d'un triste éclat deux orateurs politiques, non moins célèbres par leur infamie que par leur éloquence, Théramène déjà cité et Critias, auxquels il faut ajouter un homme d'une moralité plus que douteuse Andocide. Le premier, chassé d'Athènes après la chute des Quatre-Cents, y rentrait avec Lysandre et se couronnait de fleurs sur les ruines de sa patrie ensanglantée. Le beau Critias, comme on l'appelait, citoyen noble, riche, élégant, poète distingué, fut un des Trente Tyrans qui gouvernèrent Athènes sous l'autorité de Sparte; c'était un habile orateur, un homme au beau langage, possédant tout l'art des rhéteurs, et qui laissa plusieurs discours écrits. Il est probable qu'il fut un de ceux qui conseillèrent aux Trente de déplacer la tribune, si le récit de Plutarque est exact : on peut voir dans notre Plan d'Athènes que le Pnyx semble avoir occupé jusqu'à cette époque la partie supérieure de la colline et que le *béma*, taillé dans le roc, dominait à la fois la plaine et la mer, tourné presque en face de l'Acropole et des Propylées. Les Trente en firent tailler un autre un peu au dessous sur le penchant de la colline, faisant face à la plaine et tournant le dos à la mer, que la colline et ses constructions dérobèrent depuis ce jour aux regards du peuple et de l'orateur. En effet la démocratie avait pour champ d'exercices la mer et les îles; les campagnes cultivées ne pouvaient rappeler aux orateurs que la propriété territoriale et les idées aristocratiques. Les mêmes Tyrans fermèrent les écoles des rhéteurs et défendirent aux poètes comiques de faire paraître sur la scène aucun homme vivant : c'est de ce jour que cessa dans Athènes la comédie politique.

Dès l'année de leur installation, on vit les Trente se diviser en modérés et extrêmes. Ces derniers, parmi lesquels se trouvait Critias, avaient résolu de mettre à mort plusieurs milliers de métèques ou citoyens domiciliés. Théramène refusa de souscrire à ce massacre. Critias l'accusa de trahison en face de ses collègues et demanda sa tête. Vainement Théramène se défendit. Critias le mit hors la loi, le fit emmener par ses satellites et le força de boire la ciguë. Théramène la but hardiment et lançant en l'air la coupe à peine vidée : « je bois, dit-il, à la santé du beau Critias ». Voilà dans quelles conditions l'éloquence se trouvait à Athènes en l'année 404.

ANDOCIDE, Ἀνδοκίδης, appartenait, mais avec une versatilité peu honorable, au parti populaire. Il avait été impliqué avec Alcibiade dans l'affaire des Hermès, et, forcé de quitter Athènes, avait cherché fortune dans des entreprises commerciales. Après la chute des Trente Tyrans, il put rentrer dans la ville grâce à l'amnistie publiée par Thrasybule et religieusement exécutée par le peuple athénien. Mais quelques années après, il en fut banni de nouveau. Nous avons de lui trois discours authentiques, l'un prononcé après son retour de l'exil à la suite de la chute des Quatre-Cents; le second fut prononcé en l'année 400, sur l'affaire interminable de la profanation des mystères; le troisième le fut en 392, à l'occasion de la paix qu'il s'agissait de conclure avec Lacédémone. Nous considérons comme composé beaucoup plus tard par un rhéteur et comme exercice d'école le discours relatif à Alcibiade souvent attribué à Andocide. C'est aussi l'opinion d'Otfried Müller. Né en 468, Andocide avait soixante-huit ans quand il prononça le second de ses trois discours et soixante-seize quand il prononça le troisième. Même dans cet âge avancé, il avait une éloquence brillante, hardie, passionnée, mais toujours maîtresse d'elle-même. Son langage et son style le rapprochent beaucoup d'Antiphon, et tous deux sont de la même école que Thucydide. Les trois discours d'Andocide méritent d'être lus et étudiés non-seulement parce qu'ils ont une grande valeur par eux-mêmes, mais parce qu'ils forment, avec le livre du grand historien, un des anneaux les plus précieux dans l'histoire de la prose hellénique.

Quoique l'on puisse compter parmi les contemporains d'Antiphon et surtout d'Andocide, le célèbre rhéteur Lysias, qui était né en 459, il appartient réellement par son esprit à la période suivante, et nous parlerons de lui dans la Section VIIe de cet ouvrage.

IV. HISTOIRE.

THUCYDIDE, Θουκυδίδης. La seconde moitié du cinquième siècle vit les intelligences parvenir à leur point de maturité, pour tout ce qui concerne l'art et la vie pratique. Les événements qui la remplirent leur donnèrent ce complément d'éducation qui produit l'homme fait et lui permet de saisir dans les affaires humaines, non-seulement leur marche d'ensemble et leurs lois, mais aussi leurs causes. C'est en cela surtout que la génération qui succéda à Périclès l'emporta sur les précédentes, quoiqu'elle leur fût peut-être inférieure par le goût et par l'énergie du sentiment religieux et moral. Un des hommes qui représentent le mieux cette génération est l'historien Thucydide. Né en 470 dans le dème d'Halimonte, il passa son enfance et sa jeunesse à Athènes. Par son père Olôros ou Orôlos, il descendait d'une famille royale, c'est-à-dire noble, de la Thrace; par sa mère Hégésipyle, il était neveu de Cimon et petit-neveu de Miltiade, le vainqueur de Marathon. Après avoir rempli diverses charges publiques, il fut exilé en 424 à l'âge de quarante-six ans pour avoir laissé surprendre Amphipolis par le Spartiate Brasidas : c'est ce qu'il raconte lui-même au IVe livre de son histoire, ch. 104. Cet exil dura vingt ans et le tint éloigné des événements de la guerre et des orages de la politique; il le passa en Thrace, à Skapté-hylé, où il possédait et exploitait des mines d'or. Sa grande fortune lui permit d'entretenir des relations suivies dans toutes les parties de la Grèce et de se faire rendre un compte exact des faits, à mesure qu'ils s'accomplissaient. D'ailleurs doué, non-seulement d'une intelligence supérieure, mais encore d'une nature droite et d'un profond sentiment de la justice, son éloignement lui permit en outre de ne s'intéresser aux choses de la politique que comme spectateur et comme citoyen ami de son pays, sans être entraîné par les passions qui ont coutume d'animer les acteurs d'un drame.

« J'ai vécu en âge de raison, dit-il, pendant tout le temps de cette guerre et j'ai mis toute mon attention à en connaître exactement les circonstances. J'ai passé vingt ans exilé de ma patrie, après avoir été chef d'armée à Amphipolis; j'ai eu part aux affaires dans l'un et dans l'autre parti et je me suis d'autant mieux instruit de celles des Péloponnésiens, que mon exil me laissait plus de tranquillité. » V. 26.

L'impartialité de Thucydide est un des caractères principaux de son histoire. Quoique de famille noble, il est de l'école de Périclès, dont il admet les principes politiques et dont il voit les idées se réaliser tour à tour à travers les succès et les revers de sa patrie. Le calme de la pensée est le même chez ces deux hommes ; et en ce sens Thucydide appartiendrait à l'époque de Périclès, si, par le sujet de son livre et par le temps où il a vécu, il ne faisait réellement partie de la période suivante.

L'amnistie qui suivit le retour de Thrasybule et le rétablissement de la liberté permit à l'historien de rentrer dans Athènes en l'année 403. Il est presque certain qu'il y passa le reste de sa vie et qu'il y mourut huit ans après son retour, en 395. Il avait suivi, depuis son départ pour la Thrace, le mouvement d'idées qui caractérise la période de la guerre : le pays où il séjournait était en relation continuelle avec la Grèce et surtout avec Athènes. Lorsqu'il revint, il ne fut point étranger dans son pays, comme quelques-uns l'ont prétendu, et il eut encore huit années pour se remettre dans le courant des idées qui régnait alors dans tout le monde hellénique. C'est ce temps qu'il employa à mettre la dernière main au texte de son histoire et à en rédiger les derniers livres. Malheureusement il mourut avant d'avoir pu la terminer, et il ne conduisit que jusqu'à sa vingt et unième année une guerre qui en avait duré vingt-sept. Le texte des autres livres ne fut même pas publié de son vivant : et c'est à Xénophon surtout que nous devons de les posséder tels qu'ils sont. Xénophon, à son tour, se chargea de continuer Thucydide.

Quoique Thucydide soit, avant tout, un disciple de Périclès et soit demeuré étranger à l'enseignement des rhéteurs, cependant on comprendrait mal la facilité et la mobilité de l'esprit grec, si l'on considérait cet historien comme un homme du passé, qui n'a rien accepté des idées de son temps. On reconnaît au contraire le côté élevé de la sophistique dans le soin que prend Thucydide d'écarter de l'histoire la religion, la mythologie et la poésie, qui, bien loin de donner la clé des événements humains, sont elles-mêmes des faits et des événements historiques. Par là en effet il se montre historien philosophe, et quand il est amené par son récit à fournir l'explication des faits qu'il raconte, ce n'est plus à des causes surnaturelles ou imaginaires qu'il a recours, mais aux tendances naturelles de l'homme, aux situations qu'elles produisent, aux systèmes politiques et aux besoins qui en découlent. L'œuvre d'Hérodote et celles des autres logographes de son temps étaient animées de cet esprit ancien, qui faisait volontiers intervenir les dieux et leurs volontés particulières dans les événements; l'œuvre de Thucydide est plus scientifique et ne cherche point, au delà de la réalité, des causes que la réalité peut fournir. Il y a donc entre ces deux historiens à peu près la même distance qu'entre Eschyle et Euripide, entre un croyant du commencement du siècle et un philosophe de la fin.

Le sujet traité par Thucydide est aussi très-différent de celui d'Hérodote. La guerre des Perses n'avait aux yeux des Grecs aucun caractère politique : on peut dire qu'à cette époque la politique proprement dite n'était pas encore née chez les Hellènes; cette guerre était nationale, elle intéressait la religion, l'indépendance, l'existence même de tous les Hellènes; c'était une lutte de l'Asie et de la Grèce, réunissant l'une contre l'autre les forces variées dont elles pouvaient disposer. La guerre du Péloponnèse était au contraire essentiellement politique ; sa cause apparente était l'antagonisme des races, mais sa cause cachée était l'opposition de deux systèmes politiques, celui des Doriens qui reposait sur l'inégalité sociale et celui des Ioniens qui avait réalisé dans Athènes le principe de l'égalité, ἰσονομία. L'un avait pour conséquence l'extension de la puissance oligarchique de Sparte et le triomphe des oligarchies dans tous les autres états ; l'autre engendrait la révolution partout où il tentait de prévaloir, et par lui Athènes tendait à devenir le centre d'une vaste confédération d'états libres, librement rattachés les uns aux autres par les idées, les lois et les intérêts. Lorsque ces deux systèmes eurent reçu un suffisant développement, ils se trouvèrent nécessairement aux prises et la guerre eut un caractère politique : l'auteur qui l'écrivit était lui-même un homme politique, ayant pris part aux événements, et non un simple écrivain qui choisit son sujet arbitrairement et pour satisfaire un goût littéraire. De là, toute la portée de l'ouvrage de Thucydide : il est moins une œuvre d'art qu'un exposé lumineux des faits qui ont rempli, pendant vingt ans et plus, la vie du peuple le plus politique de la terre. Cet ouvrage, en montrant comment ces faits sont dérivés les uns des autres et sont issus tous ensemble de causes humaines qu'il met en lumière, est devenu par excellence le livre des hommes d'Etat et l'école de la politique : en effet quand une personne s'est donné la peine de l'approfondir, de se mettre dans le courant des faits que l'auteur raconte et de prendre comme lui tour à tour la place des hommes qui ont été acteurs dans l'un ou dans l'autre parti, elle a beaucoup avancé son éducation et se trouve à même d'apprécier avec beaucoup d'exactitude la nature et la portée des événements dans tout le reste de l'histoire du monde.

Il est très-aisé de saisir l'ensemble de l'histoire de Thucydide : il est le même que celui des faits qu'elle raconte. Il devait s'étendre jusqu'après la prise d'Athènes par Lysandre en 404. La guerre du Péloponnèse s'était divisée d'elle-même en trois actes, dont le premier va jusqu'à la paix de Nicias en 421, le second jusqu'à la fin de l'expédition de Sicile en 413, et le troisième comprend la guerre de Décélie et se termine à la prise d'Athènes. Mais la guerre, n'étant pas née subitement, a été précédée d'événements partiels, qui l'ont amenée peu à peu et qui ont été grossissant, jusqu'au jour où elle a éclaté. Ces récits préliminaires sont comme la scène d'exposition du grand drame qui va s'ouvrir et remplissent le premier livre. Les sept livres suivants racontent, année par année ou plutôt saison par saison, les scènes successives dont chacun des actes se composent. Ces scènes sont rangées dans l'ordre chronologique, comme celles d'une tragédie, et non dans un ordre factice et plein d'art, comme dans l'histoire d'Hérodote ; car la guerre du Péloponnèse, malgré la multiplicité des actions locales, est un événement simple, où se déroulent certaines causes générales toujours les mêmes et où les faits locaux sont liés à la fois à ceux qui les ont immédiatement précédés et à ces causes générales, d'où ils dérivent tous également. Dans l'exposé chronologique de chacun d'eux, Thucydide montre toujours ce double lien, l'un visible, l'autre invisible, dont la vue donne sans cesse l'explication des faits eux-mêmes et conduit le lecteur par une voie lumineuse jusqu'au dénoûment final.

Quand on lit attentivement cette histoire, on ne tarde pas à s'apercevoir que le récit sert le plus souvent à marquer l'enchaînement des faits et n'en offre presque jamais les causes intimes et permanentes. Comme celles-ci sont humaines et résident dans les idées, les systèmes politiques, les sentiments, les erreurs même des hommes ; l'auteur, pour les exposer, met presque toujours ces derniers en scène et les charge de les énoncer dans leurs discours. Ces discours ont été certainement tenus dans la plupart des circonstances où l'historien les place; ils ne l'ont probablement presque jamais été sous la forme succincte qu'il a adoptée, et il ne se trouvent reproduits qu'en substance ; il se peut même que Thucydide réunisse quelquefois dans un seul discours les idées émises en plusieurs occasions par leurs auteurs. Mais on ne doit pas oublier que la politique se faisait alors au grand jour, dans des assemblées populaires ou oligarchiques, non par des actes secrets de diplomatie, mais par des harangues, où des orateurs exposaient tour à tour leurs idées et proposaient des résolutions. Ces résolutions étaient ordinairement prises séance tenante et les événements ne tardaient pas à suivre leur cours. Ainsi les discours des orateurs étaient bien l'expression des raisons politiques des faits ; ces faits suivaient les délibérations et devenaient à leur tour des motifs nouveaux de délibérer et d'agir. Dans cette suite non interrompue de causes et d'effets, de raisons et de conséquences, il n'y avait rien d'obscur, et un historien intelligent pouvait, en racontant les faits et en reproduisant les délibérations des assemblées, offrir à la fois au lecteur une histoire réelle et une philosophie de cette histoire.

Le ch. 22 du premier livre montre que Thucydide avait la conscience de la valeur de son œuvre et du profit que l'on en pourrait retirer après lui : « Il me suffira, dit-il, » que mon travail soit regardé comme utile par ceux qui » voudront connaître la vérité de ce qui s'est passé, et en » tirer des conséquences pour les événements semblables » ou peu différents qui, par la nature des choses humaines, » se renouvelleront un jour. C'est une propriété perpé- » tuelle que je lègue aux années à venir et non un jeu » d'esprit fait pour flatter un instant l'oreille. » L'expression χτῆμα ἐς ἀεί, empruntée au langage du droit civil, indique que dans la pensée de l'auteur une sorte de revenu indéfectible peut être tiré de son livre par les hommes publics et par les peuples, à cause du caractère de généralité que présentent les événements racontés et les causes dont ils ont été la manifestation. En réalité tous les hommes d'État et les historiens philosophes ou politiques ont depuis lors confirmé l'opinion de Thucydide et fait pour ainsi dire leur éducation dans son histoire.

Thucydide n'est nullement poëte : il ne tire rien de son imagination, ni la forme de son livre, qui est donnée par les événements, ni les scènes, qu'il raconte sans les disposer autrement que la réalité ne les lui présente, ni les descriptions, qui sont très-rares dans son ouvrage, ni les portraits des hommes qu'il dépeint, ni enfin le sens et la nuance des expressions. Mais ce grand écrivain ne cherche ni à imiter ni à perfectionner aucune histoire antérieure à la sienne ; il crée un genre tout nouveau d'histoire, qu'il met lui-même en contraste avec celles de ses devanciers ; cette histoire est toute entière tirée de la vie réelle, dont elle n'est que la reproduction intelligente et en quelque façon scientifique. Il en résulte que les récits, les tableaux, les portraits sont comme autant d'images de la réalité, images pleines de vérité et de mouvement et qui ressemblent à des créations poétiques. L'impression qu'elles produisent varie selon le caractère des choses qu'elles retracent : elle est triste et sombre, quand l'événement est un revers ou une calamité ; elle est gaie ou sereine, quand l'auteur raconte une belle action ou un succès heureux ; elle est mêlée et quelquefois étrange, lorsque le récit fait prévoir une issue toute différente de celle qu'on pouvait attendre. Ainsi l'on peut comparer le tableau de la peste d'Athènes et de ses funestes conséquences politiques et morales avec celui des préparatifs et du départ de la flotte athénienne pour la Sicile. Ce sont là de ces grandes scènes que tout historien peut rencontrer sous sa plume et qu'il lui suffira de peindre d'après nature pour nous intéresser, sans qu'aucune parcelle de poésie se mêle à ses tableaux.

A côté de ces récits, à la fois si simples et d'un si grand caractère, l'auteur sait dévoiler, dans les discours des orateurs, les causes secrètes ou visibles des événements. Il est pour nous du plus haut intérêt de lire successivement ces discussions politiques si fortement résumées par Thucydide : elles ressemblent à une suite de théorèmes qui s'enchainent et dont les événements ne sont plus que les corollaires. A leur tour ces harangues, à travers lesquelles la guerre se déroule, sont comme le développement d'un théorème initial, dont l'idée va se diversifiant d'année en année. Cette idée première est exprimée, dès la fin du premier livre et le commencement du second, dans une admirable trilogie où, dans trois discours résumés, Périclès expose les principes de la politique athénienne. Dans la première de ces harangues, l'orateur prouve que la guerre est inévitable, si Athènes veut être respectée de Lacédémone et conserver son indépendance, il montre ensuite quel contraste existe entre ces deux états, dont l'un est une puissance continentale, dépourvue de ressources matérielles et de mobilité, tandis que l'autre est abondamment pourvue d'argent et de navires ; les chances favorables sont donc pour les Athéniens, à condition qu'ils ne cherchent pas à étendre leur empire par des expéditions aventureuses. Le second discours est une oraison funèbre en l'honneur des guerriers morts dans la première année de la guerre ; des représentants de toute la Grèce étaient réunis dans Athènes pour cette imposante cérémonie : Périclès en profita pour énoncer publiquement et solennellement les principes de la politique athénienne : il affirma l'indépendance originelle de son peuple, les services qu'il avait rendus à toute la Grèce lors des invasions étrangères ; il montra la libéralité d'Athènes dans ses relations politiques, l'égalité de ses citoyens devant la loi, la facilité de leurs mœurs, l'étendue de leurs rapports commerciaux, l'opinion où ils étaient que la guerre n'est pas bonne par elle-même mais que, si elle est nécessaire, les plus paisibles des citoyens doivent s'y livrer tout entiers pour la patrie ; puis il parla des arts, de la philosophie, de la dignité acquise par le travail, de l'esprit public si puissant dans Athènes ; et il conclut que cette ville était devenue l'école de la Grèce. La fin du discours est l'éloge de ceux qui sont morts pour une telle patrie et qui lèguent aux vivants le modèle qu'il faut imiter ou surpasser. Le troisième discours suivit la peste et les premiers revers qui l'accompagnèrent. Il semblait que la première épreuve de la politique de Périclès était faite et que cette épreuve ne lui était pas favorable. L'orateur releva les âmes abattues, non par des encouragements passionnés, mais par une affirmation nouvelle et plus positive encore de cette même politique. A partir de ce jour, il n'y eut plus dans le peuple d'hésitation à poursuivre la guerre, et l'histoire de Thucydide suit sans interruption la marche de cette politique excellente et généreuse, qui n'aboutit à des revers que par l'alliance des Perses avec les ennemis d'Athènes et qui, même après la prise et le sac de la ville en 404, se releva, si noble et si humaine, au jour de l'amnistie.

La personne de l'historien n'est pas absente de son œuvre; mais elle n'y prend jamais assez d'importance pour effacer ou pour dénaturer les faits. Il n'y a presque aucune histoire, chez les anciens ni chez les modernes, qui soit aussi impartiale que celle de Thucydide. L'auteur n'est pas moins juste envers les démagogues qu'envers les hommes modérés, et il n'accorde rien aux injustes prétentions des Eupatrides, quoiqu'il soit l'un d'eux. L'homme même dont il avait eu personnellement à se plaindre et sur la proposition duquel il avait été exilé, Cléon est loué de ce qu'il fait de bien, comme s'il eût été son ami; ou pour mieux dire l'historien ne loue ni ne blâme expressément presque jamais, laissant les faits eux-mêmes montrer leur concordance ou leur désaccord avec les principes de conduite qui dominent toute cette histoire. Cette haute impartialité de Thucydide est un des grands caractères du peuple grec et en particulier des Athéniens : cet auteur s'est placé théoriquement à une si grande hauteur au dessus des événements et des hommes, qu'il les regarde de là sans autre passion que celle de la vérité et de la vertu, et sans autre désir que celui de voir son pays gouverné d'après des principes de justice par des esprits que le besoin de l'équité seule anime. Thucydide croit peu qu'il existe des hommes naturellement pervers ou que, s'il en est de tels, ils puissent tenir une place importante dans le gouvernement d'un peuple libre et éclairé. Cette pensée, qui est très-juste et que peu d'historiens ont eue, fait qu'il se met aisément à la place des personnages de tous les partis : il les juge comme des hommes qui comprennent chacun à sa manière la politique de leur temps et qui se conduisent d'après des idées qu'ils croient justes et utiles ; il les voit, selon leurs caractères, parler et agir avec froideur ou avec passion, ralentir ou précipiter autant qu'il est en eux les événements ; et, par ces raisons toutes philosophiques, il cherche plutôt à expliquer leurs actions, qu'il ne prétend les approuver ou les censurer. L'éloge ou le blâme est à la fin et ce sont les événements eux-mêmes qui se chargent de distribuer l'un et l'autre. L'historien ne se croit pas obligé à substituer d'avance son jugement personnel à celui que les choses finissent tôt ou tard par prononcer.

Mais une moralité sévère règne partout dans l'œuvre de Thucydide, moralité qui ne s'applique pas seulement aux choses de la vie privée, mais encore à celles de la vie publique. Il admet du hasard dans les événements, c'est-à-dire des causes qui se combinent de manière à produire des effets inattendus et inexplicables. Il fait dire à Périclès :

« Je sais que les opinions des hommes changent avec les

événements et qu'on n'a pas les mêmes idées quand on délibère sur la guerre et quand on y est engagé. Je prie ceux de vous qui auront adopté mon opinion de persister, en cas de revers, dans ce qu'ils auront arrêté en commun, et, si nous réussissons, de ne pas tout attribuer à leur sagesse. Car le concours des événements peut marcher follement, aussi bien que les pensées des hommes ; et quand les événements choquent nos prévisions, nous avons coutume d'accuser la fortune. » I, 140.

Mais en persistant dans ce que l'on croit être bon et utile, non-seulement on ôte à la fortune tout ce qu'il est possible de lui ôter, mais on fait preuve de droiture et de moralité politique. Cette vertu sociale est une de celles dont Thucydide fait le plus souvent apparaître les grands effets, montrant qu'à travers les avis les plus variés de ses conseillers et malgré des alternatives de succès et de revers, elle a été, plus que toute autre, constamment pratiquée par le peuple athénien. Il est certain en effet que la lecture de Thucydide produit tout ensemble une impression favorable à ce peuple, à sa politique d'humanité et à sa généreuse persévérance. Or pendant cette guerre il s'est conduit suivant les principes démocratiques formulés jadis par Solon, élargis par ses successeurs et reproduits avec une élévation nouvelle par les nobles discours de Périclès. Si Thucydide eût été partisan de l'oligarchie, le résultat final de son histoire serait un blâme tacite ou formel de la politique athénienne ; et nous-mêmes, en le lisant, concevrions difficilement pour ce peuple l'admiration affectueuse qu'il nous inspire.

Il nous reste à parler du style de Thucydide. Ce style caractérise la seconde époque de la prose chez les Grecs ; la première a pour type l'œuvre d'Hérodote. Le matériel de la langue de Thucydide est d'une grande richesse, ce dont on peut s'assurer en comparant son *index* à celui des autres écrivains. Parmi les mots dont il se compose, un assez grand nombre appartiennent à la langue de la politique et des affaires et forment comme un lexique spécial que le lecteur doit avant tout posséder. Le reste appartient à la langue commune : mais l'auteur, ayant voulu donner à son livre des proportions restreintes, tout en y comprenant tout ce qui pouvait éclairer l'histoire, a dû donner aux mots usuels toute la signification qu'ils pouvaient avoir ; il y est parvenu en les employant souvent dans leur sens étymologique, en donnant toute leur valeur aux suffixes, aux racines et aux autres éléments des mots. La même cause l'a conduit à condenser les mots dans la phrase et à donner à cette dernière une forte concision : mais cette condensation de la pensée ne ressemble point à celle de Tacite, qui se servait de la concision comme d'un voile, afin de dire à mots couverts ce que le malheur des temps ne lui permettait pas de dire ouvertement. Thucydide n'avait rien à dissimuler : mais la forme concise qu'il adoptait était plus capable que toute autre de maintenir l'idée solidement fixée dans les esprits.

La phrase de Thucydide est soumise à une construction droite et qui n'est nullement périodique, l'époque des périodes n'ayant commencé que sur la fin de sa vie dans les écoles des rhéteurs. Dans la construction droite, les propositions suivent la pensée et en reproduisent le mouvement : s'il y a une idée principale, elle peut se présenter la première, et tout ce qui la suit n'en est que le complément ou l'annexe ; mais elle peut aussi être précédée et suivie d'idées secondaires, entre lesquelles elle est comprise sans être pour cela enveloppée par elles ; enfin elle peut se présenter la dernière. Dans tous ces cas, les membres secondaires de la phrase sont unis à la proposition principale par des conjonctions, des disjonctions ou des relatifs, de telle sorte que chaque idée forme à elle seule une unité, et qu'en supprimant seulement les liaisons, la phrase totale se résoudrait en une série de petites phrases se suffisant à elles-mêmes et rangées dans l'ordre naturel de la pensée. Le plus souvent, surtout dans les discours, la dernière proposition de la phrase n'est unie à celle-ci que par un lien très-faible et sert de transition pour passer à la phrase suivante : celle-ci se termine de la même manière; et parfois cette marche, continue et rectiligne, de la pensée n'est interrompue que quand l'auteur passe à de nouvelles considérations. Cette manière de procéder fait que dans un morceau de longue haleine, par exemple dans un discours, il existe une liaison si étroite entre toutes les phrases, qu'elles sont comme solidaires les unes des autres et ne s'expliquent entièrement que si l'on a saisi leur sens général. De là vient la difficulté du style de Thucydide, difficulté que les anciens eux-mêmes ont reconnue : elle n'a point pour cause quelque obscurité dans les mots ou dans les expressions, lesquelles sont ordinairement très-claires et d'une parfaite justesse; mais il faut, pour saisir la valeur de chacune d'elles, que l'attention se porte sur la suite des idées et qu'on en ait d'abord saisi l'ensemble. La lecture de Thucydide est donc un véritable travail, qui n'est pas sans difficulté; mais tous les lecteurs sérieux ont remarqué que la pleine possession du sens, une fois qu'on l'a trouvé, procure à l'esprit une satisfaction très-grande, qui vient de la force des pensées de l'auteur et du profit que l'on trouve soi-même à les approfondir.

On a cru voir de l'analogie entre le style de Thucydide et celui d'Antiphon. Ces deux auteurs appartiennent en effet non-seulement à la même époque, mais encore à la même école. Cependant il faut tenir compte dans ce rapprochement de la différence des deux esprits et de leur manière de penser. Antiphon doit beaucoup aux rhéteurs, il était rhéteur lui-même ; et la plupart des discours qui nous restent de lui sont des exercices d'école. Tout y est artificiel : les pensées y sont disposées, les mots et les expressions y sont ordonnés, pour le plus grand effet oratoire et en vue d'un but déterminé, arbitrairement choisi. Ceux de ses discours qui ont été réellement prononcés ressemblent beaucoup aux premiers et transportent dans une cause vraie les habitudes de style et les moyens oratoires de l'école. Chez Thucydide il n'est rien qui sente la rhétorique et qui puisse être qualifié d'artificiel : chaque phrase, chaque mot répond à la réalité, de laquelle l'auteur ne s'écarte jamais et qu'il n'essaie jamais de transformer ni de disposer en vue d'un but particulier qu'il poursuivrait. Seulement chaque époque a son style et son langage, qui répondent à un certain état de la langue commune et à une certaine manière de penser. Les formes archaïques qui se rencontrent à la fois chez Antiphon et chez Thucydide se trouvent aussi chez d'autres écrivains de ce temps, même chez des poètes, tels qu'Euripide et Aristophane. Il faut donc n'attacher à ces rapprochements qu'une importance très-petite, et considérer surtout les qualités bonnes ou mauvaises par lesquelles se distinguent chacun de ces grands écrivains.

V. LITTÉRATURE SCIENTIFIQUE.

Parmi les sciences qui commencèrent dès cette époque à s'avancer d'un mouvement régulier, il en est une qui reçut, plus que les autres, une forme littéraire : c'est la médecine. Les traditions qui concernent son principal représentant, HIPPOCRATE, Ἱπποκράτης, sont presque toutes d'un caractère légendaire, se sont formées peu à peu dans les écoles et les confréries de médecins, et appartiennent à des époques très-diverses. Il n'est guère possible de douter de l'existence même du père de la médecine, comme on l'a fait plusieurs fois ; mais nous ne savons en réalité presque rien de sa vie. Il se peut qu'il soit né à Cos, vers le milieu du cinquième siècle et qu'il appartînt à une famille de médecins : il y avait alors en effet dans cette île une école de médecine, qui se distingua pendant plusieurs siècles par ses doctrines spiritualistes et surtout par la sagesse, le bon sens et le caractère scientifique de ses méthodes. Ce n'était pas la seule qu'il y eût en Grèce ; elle eut, probablement dès ces anciens temps, pour rivale l'école de Cnide, où les procédés empiriques continuèrent d'être en honneur jusque dans la période alexandrine. Cette rivalité contribuait à donner plus d'esprit de corps aux deux écoles, à conserver leurs traditions et à les rattacher d'abord à un fondateur plus ou moins célèbre, ensuite à quelque personnage héroïque et divin. L'Inde faisait de même et le fait encore aujourd'hui. L'école de Cos se rattachait au nom d'Hippocrate et, par le héros homérique Machaon, prétendait remonter à Asclépios lui-mème : or Asclépios, c'est le Soleil, père et réparateur de la vie. Les récentes découvertes de l'Ecole française d'Athènes (1), soit en Grèce ou en Asie, soit dans les Iles, ont jeté un grand jour sur les confréries grecques, leur constitution, leurs statuts : il faut se les représenter comme groupées autour d'un temple ou de quelque chapelle, sous l'invocation d'une divinité; leurs membres, liés entre eux par un serment, étaient soumis à une surveillance mutuelle, et composaient des sociétés de secours autorisées par les lois et jouissant même souvent de certaines immunités, toujours de certains privilèges. Ces sociétés se recrutaient par voie d'élection ; souvent les enfants y étaient introduits par les pères et formaient avec les ancêtres une chaîne qui se prolongeait pendant de nombreuses générations. Outre les intérêts mondains qui unissaient les membres d'une confrérie, il existait entre eux un lien plus étroit formé par la communauté des doctrines, des croyances, du culte, et par des pratiques mystérieuses dont ni les profanes ni les autres associations n'avaient le secret : c'était donc de véritables sociétés maçonniques.

La doctrine de l'Ecole de Cos avait une couleur orientale, que l'on n'a point assez signalée. Pour elle le principe suprême des choses était le feu, lequel était considéré comme identique à la vie, unique, universel, répandu dans tous les êtres en général et animant individuellement chacun d'eux. Comme, d'un autre côté, la méthode de l'école était contraire à l'empirisme et préconisait avant tout l'expérience régulière et scientifique, on s'est figuré

---

(1) Voyez *Archives des Missions scientifiques, passim.*

tour à tour Hippocrate comme un disciple d'Héraclite et de Démocrite, quoiqu'il n'ait probablement connu ni l'un ni l'autre. Mais la doctrine du feu, considéré comme identique à la vie, était celle de toute l'Asie aryenne, depuis les contrées du Gange jusqu'à l'archipel de la mer Egée. Or la langue où sont écrits tous les livres de l'école de Cos, le dialecte ionien, nous prouve que cette confrérie avait beaucoup plus de relations avec l'Asie mineure qu'avec la Grèce, dont elle eût certainement adopté la langue. C'est ainsi que peuvent s'expliquer tous ces voyages, peut-être imaginaires, que l'on attribue à Hippocrate et qui forment sa légende, comme ceux que l'on attribue à Homère dans son histoire apocryphe forment la légende de ce poète. Il est donc vraisemblable que ces voyages prétendus représentent les relations de l'école de Cos avec différentes contrées pendant un laps de temps qu'on ne peut limiter, et que le fond des doctrines de ses médecins a été en connexion avec les doctrines de toute l'Asie. D'autre part, la méthode adoptée par ces médecins est le résultat naturel de l'influence qu'exerçait sur eux le milieu où ils vivaient : car d'une part les peuples de l'Asie étaient travaillés, depuis longtemps déjà, par cet esprit libéral d'où était né le Bouddhisme au siècle précédent; d'un autre côté l'esprit scientifique prenait en Grèce une puissance qu'il ne possédait pas avant le temps de Périclès. L'Ecole de Cos se donnait pour mission de chasser de la médecine les superstitions et de faire reposer sur la science l'art de guérir, ne laissant rien ni à la théurgie, ni à l'empirisme, c'est-à-dire au hasard. Cette prise de possession de la vérité en elle-même faisait disparaître, avec les vieilles formules emphatiques, les obscurités du langage et la prétention au style prophétique et donnait aux livres de l'Ecole une clarté d'idées, une justesse d'expression et une simplicité en rapport avec la réalité des faits et la droiture des intentions. On peut donc dire avec raison que l'Ecole de Cos a inauguré en Occident le vrai style scientifique, et c'est surtout à ce titre que ses livres peuvent être regardés comme des monuments littéraires.

Parmi les nombreux écrits réunis sous le nom d'Hippocrate, il en est beaucoup qui ne peuvent lui être attribués. Ainsi le livre *De la diète* et ceux qui traitent des *maladies et affections internes,* ont un caractère empirique qui contraste avec les principes bien connus de l'Ecole de Cos et qui permettrait de les attribuer à celle de Cnide, s'il n'y avait eu en Grèce que ces deux centres médicaux. Il n'y a non plus aucune raison sérieuse d'attribuer à ce père de la médecine les deux petits écrits intitulés *la Loi,* Νόμος, et le *Serment,* Ὅρκος : le premier est un simple extrait des instructions générales que l'on donnait aux affiliés de l'Ecole; le second est la formule de serment en vertu de laquelle on était admis dans la confrérie. Voici un passage du Νόμος, qui permettra d'en juger l'esprit :

« Ce n'est qu'après avoir apporté à l'étude de la médecine ces conditions essentielles, qu'il peut être permis à ceux qui ont une connaissance exacte de l'art, de parcourir les villes à titre de médecins, non-seulement de nom mais de fait. Au contraire l'impéritie est un mauvais fonds et un trésor nuisible, que l'on porte avec soi jour et nuit, qui ôte la satisfaction de l'âme et nourrit chez les ignorants l'audace et la timidité. Celle-ci marque l'impuissance du médecin, celle-là découvre son ignorance dans l'art. Car de ces deux choses, la science et la présomption, la première donne le désir de s'instruire, la seconde rend ignorant. Au reste on ne doit donner connaissance de ces choses sacrées, qu'aux hommes qui ont accompli les actes purificatoires; il n'est pas permis d'en instruire les profanes, avant qu'ils soient initiés aux mystères de la science. »

Νόμος, 4.

L'usage répété du mot τέχνη prouve que *la Loi* n'est pas antérieure à l'époque des sophistes et qu'elle ne leur est probablement pas de beaucoup postérieure.

Le traité *Des Airs, des Eaux et des Lieux* est un livre d'hygiène appliquée à ces trois sujets et contenant sur chacun d'eux des considérations nosographiques et ethnographiques fort remarquables. L'Inde n'y est pas nommée et il y a sur le caractère des habitants de l'Asie centrale des erreurs que l'expédition d'Alexandre rectifia. Il faut donc penser que cet écrit est antérieur à l'expédition. On y parle néanmoins de contrées sur lesquelles on n'avait aucune donnée au temps d'Hérodote, ni même au temps de l'expédition des **Dix-Mille**. Le traité doit avoir été écrit dans la première moitié du quatrième siècle.

Les *Aphorismes* ou *Définitions*, ἀφορισμοί, sont une suite de propositions dont chacune est rédigée avec une justesse d'expressions fort remarquable, mais qui n'ont entre elles aucun lien littéraire. Elles ne forment pas un traité; ce n'est point une composition ni une œuvre d'art. Leur principal intérêt consiste en ce qu'elles offrent une sorte de tableau des doctrines médicales de l'Ecole de Cos : sous leur forme, les Aphorismes ressemblent à des notes ou à des textes soigneusement formulés et dont chacun serait le résumé d'une discussion ou d'une leçon développée plus longuement. Il est donc fort douteux que les Aphorismes soient l'œuvre d'Hippocrate lui-même, plutôt que de son école, et qu'ils aient été rédigés de son temps. Seulement comme il fut le maître le plus illustre de la confrérie et qu'il l'anima de son esprit, les Aphorismes peuvent être tenus pour l'expression de sa pensée et de ses doctrines. Dans leur fond ils renferment beaucoup moins de philosophie, que le premier d'entre eux ne l'a fait croire aux gens qui n'en ont pas lu autre chose ; ce premier aphorisme est comme l'abrégé d'une préface mise en tête d'un livre de médecine, dont les autres donneraient, aussi en abrégé, le développement. On les a partagés en huit sections, renfermant en tout à peu près quatre cents définitions, dont chacune peut donner lieu à une étude médicale particulière. Ce sont des sentences énoncées dans un style simple, clair et rapide, et dont le développement se trouve ou a dû se trouver dans les autres écrits de l'Ecole de Cos.

Voici la liste des traités généralement réunis sous le nom d'Hippocrate et qui, pour la plupart, sont certainement postérieurs à son époque.

Des Plaies, περὶ τραυμάτων,
Des Fractures, π. ἀγμῶν,
Du Laboratoire, Κατ' ἰήτρειον,
Les Prognostics de Cos, Κῶακαι προγνώσεις,
La Loi, Νόμος,
Le Serment, Ὅρκος,
Des Maladies, π. νούσων,
Des Affections, π. παθῶν,
Préceptes, παραγγελίαι,
De la Décence, π. εὐσχημοσύνης,
Du Médecin, π. ἰητροῦ,

De la Nature de l'homme, π. φύσιος ἀνθρώπου,
Du Cœur, π. καρδίης,
Des Veines, π. φλεβῶν,
De la Nourriture, π. τροφῆς,
Prognostic, προγνωστικόν,
Prorrhétique, προῤῥητικόν,
Aphorismes, ἀφορισμοί,
Les Epidémies, ἐπιδημίαι,
Des Crises, π. κρίσιων,
Des Jours critiques, π. κρισίμων,
Du Mal sacré, π. ἱερῆς νούσου,

Des Vents, π. φυσῶν,	π. ἀέρων, ὑδάτων, τόπων,
Du Régime dans les maladies aiguës, π. διαίτης ὀξέων,	De l'Ancienne médecine, π. ἀρχαίης ἰητρικῆς,
Des Purgatifs, π. φαρμάκων,	Des Humeurs, π. χύμων,
Des Airs, des Eaux, des Lieux,	De l'Art, π. τέχνης,

Ce dernier ouvrage rentre par son titre dans la classe nombreuse des écrits composés en Grèce à partir de l'époque des rhéteurs et des sophistes. Il y avait des traités relatifs à des arts très-différents les uns des autres, à l'éloquence, à la musique, à l'architecture et qui tous portaient également le titre de περὶ τέχνης, sans autre explication. Il ne paraît pas qu'il en ait été fait de ce genre avant l'époque de la guerre du Péloponnèse; mais depuis ce moment, pendant une période de plus de cinquante ans on en vit paraître sur tous les sujets. Le περὶ τέχνης de l'Ecole de Cos, certainement étranger à Hippocrate, du moins quant à sa forme, nous donne quelque idée de la manière dont ces traités théoriques et pratiques étaient conçus.

SECTION SEPTIÈME

LE QUATRIÈME SIÈCLE
JUSQU'A PHILIPPE DE MACÉDOINE

400 — 360

La période qui s'étend de la prise d'Athènes à Philippe est une des plus graves de l'histoire grecque, par les changements qui se produisent dans les idées et dans les mœurs, ainsi que dans les relations extérieures. Depuis les guerres médiques, c'est-à-dire depuis un siècle, ce problème qu'on pourrait appeler la question d'Orient était posé et, malgré les victoires des Grecs, n'avait point été résolu. Bien loin de là, la Perse intervenait dans le monde hellénique de deux manières, par sa politique et par ses doctrines. De ces deux influences la première semblait s'affaiblir par degrés, à mesure que l'empire de Cyrus se décomposait et marchait vers sa décadence; l'autre allait croissant en vertu de sa force d'expansion naturelle et de la supériorité morale et métaphysique des dogmes mazdéens sur les autres doctrines. Les Grecs ne voyaient clairement que l'influence politique, parce que les instruments dont elle se servait, à savoir l'or, les hommes et les traités, étaient des objets visibles pour tout le monde. De plus la Perse, malgré ses efforts pour se montrer tour à tour l'alliée de chacun des Etats de la Grèce, et peut-être à cause de ces efforts, continuait d'être de plus en plus regardée comme un ennemi commun, avec lequel il faudrait un jour se mesurer en Asie. Les expéditions militaires faites dans ce pays pendant la première moitié du quatrième siècle furent comme les préliminaires de celle d'Alexandre.

Mais pendant que l'antagonisme des Grecs et des Perses, dont nous avons ci-dessus signalé les causes, se perpétuait et s'affirmait, des relations de plus en plus suivies s'établissaient entre ces deux populations de même origine. De la part des Perses, elles eurent pour cause leur tolérance et la grande élévation de leurs doctrines religieuses. Grâce à cet esprit, les peuples soumis à Darius et à Xercès avaient pu conserver leurs religions et emprunter même quelque chose au mazdéisme : ainsi les Israélites avaient été spontanément renvoyés dans leur pays, où ils avaient non-seulement rebâti leur temple, mais réorganisé leurs fonctions religieuses (rabs, rabbis, rabbonis) sur le modèle de la hiérarchie des mages; ces peuples à leur tour, entretenant des relations continuelles avec l'Egypte, y propagèrent l'influence des idées mazdéennes, qu'ils avaient rapportées de Babylone, de Suze, de Persépolis, et il est à peu près démontré que la secte qui en Egypte prit plus tard le nom de Thérapeutes remonte au temps qui suivit immédiatement le retour de la captivité. La tolérance des Perses avait aussi pour effet d'attirer dans leurs villes, et principalement dans leurs capitales, un grand nombre d'étrangers, dont plusieurs y remplirent des fonctions importantes : ainsi Daniel avait été chef des mages (rab-mag); les rois de Perse avaient souvent pour médecins de leur personne et pour conseillers des Grecs qui vivaient près d'eux, égaux aux plus élevés d'entre les seigneurs.

Un fait qui contribua beaucoup à nouer des relations entre les Grecs et les Orientaux fut l'usage des armées mercenaires : les peuples hellènes tiraient peu de soldats de l'Asie méridionale et les allaient recruter ordinairement dans les pays du Nord; mais il y avait toujours dans les armées du Grand-Roi un corps de troupes grecques qui s'y engageaient pour un temps, y faisaient fortune, s'y formaient aux mœurs et aux idées de l'Orient et revenaient s'établir dans leur propre pays; d'autres leur succédaient; et il régnait de la sorte un courant non interrompu d'hommes et de doctrines entre la Grèce et l'Asie. Les relations maritimes des Athéniens et des autres Hellènes commerçants étaient aussi tournées du côté de l'Orient et les mettaient en contact avec le mazdéisme sur presque tous les rivages, depuis le Phase jusqu'aux limites occidentales de l'Egypte.

Enfin certaines sciences, et surtout la science sacrée qu'on appelait alors théologie et qui reçut plus tard le nom de métaphysique, étaient plus avancées chez les Orientaux que chez les Grecs : il y avait grand profit pour ces derniers à faire de longs voyages, d'où ils pouvaient rapporter des connaissances qu'ils n'auraient pas acquises dans leur pays. Il est remarquable que ce fut surtout les Grecs de famille noble ou que le commerce avait enrichis, qui acceptèrent les idées de l'Orient, se les assimilèrent et, leur donnant une forme grecque, s'en firent les propagateurs : eux seuls en effet pouvaient s'aboucher avec les castes élevées, dont la science était le privilége, et se faire initier, dans leur source même, aux doctrines de l'Orient. On s'est fait une très-fausse idée de l'influence exercée à cette époque sur les Grecs par les Egyptiens : l'Egypte n'était plus rien par elle-même depuis la conquête persane; ses vieux dogmes, dont la profondeur est d'ailleurs fort problématique, étaient presque oubliés ou avaient perdu leur sens; au contraire la haute société égyptienne était en majeure partie composée de Perses, que le Grand-Roi y entretenait comme administrateurs ou comme chefs militaires et dont les idées et les doctrines n'étaient point cachées comme des mystères aux étrangers. C'est donc le mazdéisme surtout, dont l'influence doit être recherchée dans les œuvres littéraires des Grecs, à partir du quatrième siècle : c'est à elle qu'il faut attribuer la ressemblance au moins apparente de certaines philosophies avec le christianisme, ressemblance qui s'explique d'elle-même quand on étudie scientifiquement les origines de cette religion.

A l'intérieur la lutte de Sparte et d'Athènes, aboutissant à la prise de cette dernière ville, semblait avoir donné tort à la démocratie. Mais la destruction de sa puissance n'avait pas fait périr ses institutions libres, et le triomphe de Sparte n'avait pas assuré à l'oligarchie la prépondérance à laquelle elle aspirait. Il se forma dans Thèbes un centre nouveau d'action politique, que ses intérêts rattachaient naturellement à Athènes et mettaient en hostilité avec Lacédémone. Les Etats et les peuplades de la Grèce prirent parti tantôt pour l'une tantôt pour l'autre de ces trois cités : leurs actions combinées auraient pu aboutir à une solution définitive du problème politique agité depuis le temps de Périclès; mais l'influence persane, se portant ordinairement du côté du plus faible, quel qu'il fût d'ailleurs, entretenait dans la contrée une lutte qui ne pouvait cesser. Les politiques grecs favorisaient de leur côté cette intervention, qui leur fournissait l'or dont ils avaient besoin dans la guerre et souvent les enrichissait eux-mêmes et créait des fortunes personnelles, mal acquises mais pourtant respectées. Le nombre de ces amis achetés par le Grand-Roi allait croissant; et l'exemple de leur prospérité séduisait beaucoup d'esprits d'une moralité peu sévère. Par là il se formait un parti de plus en plus puissant, qui attachait peu de prix aux institutions de la patrie ; les mœurs politiques allaient se relâchant et l'esprit public entrait dans sa décadence. Si la Perse eût possédé alors la vigueur militaire qu'elle avait eue au temps de Cyrus et même de Darius, la Grèce eût pu devenir une satrapie.

La division des esprits s'opérait donc, les uns se détachant des intérêts de leur cité et acceptant une direction étrangère ; les autres au contraire demeurant d'autant plus fidèles à leur pays qu'il semblait plus menacé du dehors et du dedans. Dans la Grèce tout entière était né un sentiment vague de l'insuffisance des cités prépondérantes à défendre la contrée et de l'impossibilité qu'elles se réunissent spontanément contre une puissance unie qui l'attaquerait du dehors. Dès le commencement du siècle, on vit paraître, dans les écrits politiques, des idées de monarchie qui firent peu à peu leur chemin et qui, avant l'arrivée de Philippe, étaient devenues dominantes.

Cette tendance n'était pas celle des moins honnêtes citoyens, de ceux qui eussent le plus volontiers sacrifié l'indépendance de leur nation. Elle naissait du besoin où l'on était de s'unir contre la seule puissance étrangère dont la Grèce eût ressenti les coups et qu'elle craignit encore : cette puissance était la Perse ; car la Perse occupait encore tous les rivages et fermait au développement hellénique tous les chemins de l'Asie. Seulement lorsque l'homme autour duquel les forces actives de la Grèce pouvaient se réunir eut été trouvé, comme il était étranger lui-même, une partie des sentiments patriotiques les plus honorables se tourna contre lui et il ne put réaliser l'unité hellénique qu'en les combattant.

Tel est le milieu social et politique où se développa la littérature pendant ces quarante années. Il se fit en elle une sorte de scission entre les hommes, dont les uns furent des théoriciens et les autres des hommes d'action, un très-petit nombre étant à la fois l'un et l'autre. Les premiers étaient à quelque degré des philosophes ; beaucoup d'entre eux avaient voyagé en Asie et, selon la tournure de leur esprit, se portaient vers la métaphysique ou vers ces applications *à priori* de principes abstraits auxquelles on a donné le nom d'utopies. Les autres étaient des orateurs ou des historiens. On peut rattacher à cette classe les auteurs comiques, dont le nombre était de plus en plus grand, surtout dans Athènes, et qui, n'ayant plus le pouvoir de mettre sur la scène les hommes et les sujets politiques, se livraient à la critique des écoles de philosophie, des systèmes et des sociétés plus ou moins secrètes qui les représentaient. Quant aux œuvres purement littéraires, on peut bien dire qu'avant l'époque alexandrine la

Grèce n'en a jamais produit, et que les ouvrages des poètes ont toujours eu des rapports très-réels avec la vie et les événements du jour. Cependant c'est dans la première moitié du quatrième siècle que la poésie pure et les conceptions littéraires proprement dites cessèrent d'avoir un but prochain et déterminé; en même temps brillaient d'un grand éclat la comédie, l'histoire et surtout l'éloquence.

Les écoles des rhéteurs ne cessaient plus d'être suivies par un grand nombre de disciples qui apprenaient à la fois l'art de bien dire, la législation civile ou criminelle et les notions premières de la politique : la vie de société qui les attendait au sortir de ces écoles complétait leur éducation. Comme la métaphysique, la science positive prit alors des développements non interrompus : les mathématiques, l'astronomie et leurs applications, à côté d'elles les sciences d'observation, depuis la botanique jusqu'à la psychologie, ou se fondèrent en recevant leurs vraies méthodes, ou firent de rapides progrès. Tous les arts utiles recevaient de la science pure une précision qu'ils n'avaient pas eue auparavant : la disposition des armées en marche ou en bataille, la castramétation, la fabrication et la nature même des armes, l'architecture militaire, la construction des villes et des ports, celle des navires, la métallurgie et la plupart des inventions de la vie pratique prenaient un caractère savant que le siècle précédent ne leur avait point vu.

Quant aux arts libéraux, les moyens dont ils disposaient, leurs matières et leurs instruments, étaient supérieurs à ceux du passé; ces arts furent cultivés par un grand nombre de personnes et le nombre des artistes célèbres alla croissant; néanmoins l'art en lui-même eut moins d'élévation morale qu'au siècle précédent. La sculpture fut plus savante qu'au temps de Phidias et montra dans ses œuvres une connaissance plus approfondie du cœur humain; mais l'idéal où elle tendait était plus voisin de l'humanité. C'était l'époque de Scopas, de Praxitèle, d'Euphranor, à la fois peintre, sculpteur, fondeur et toreuticien, et d'un grand nombre d'autres artistes chez qui la tendance vers les formes sensuelles ou féminines était déjà très-prononcée; la vigueur qui vient de l'idée avait fait place au charme, à l'élégance et à la mobilité, qui procèdent surtout de la sensation. Le choix des divinités que leur ciseau représentait répondait à la tendance des esprits : ce n'était plus Jupiter ou Pallas; c'était Bacchus ou Aphrodite, avec leurs cortéges mouvants et passionnés; c'était, dans un genre plus élevé, Apollon, mais auquel on donnait des formes adoucies, presque efféminées, et que l'on représentait, non plus dans ses luttes violentes contre des forces hostiles, mais dans l'assemblée des Muses, tenant la cithare et présidant aux chœurs.

L'accroissement des fortunes privées, nées du commerce et de l'industrie, donna de même une nouvelle tendance à l'architecture. Avant le quatrième siècle elle ne s'était guère appliquée qu'aux constructions publiques, à l'édification de temples, de forteresses, de théâtres, de portiques et d'autres bâtiments en rapport avec les besoins de la vie sociale; mais dans la période où nous sommes, les particuliers commencèrent à bâtir pour eux-mêmes des maisons vastes et commodes situées dans les faubourgs les plus agréables et les plus salubres des villes; on y déployait un certain luxe architectural; les sculpteurs et les peintres étaient appelés à les orner, et souvent elles avaient à côté d'elles ou dans l'enceinte de leurs portiques des jardins artistement disposés, des repos, des fontaines, des autels domestiques et des statues, qui entouraient la vie privée d'une douce et élégante sensualité. C'est là surtout qu'avaient lieu les récitations littéraires et ces entretiens philosophiques, que le riche Platon nous a transmis en les mettant sous le nom de son maître. Cette culture désintéressée de l'esprit occupait les heures et les jours qui n'étaient point consacrés à la vie réelle, et procurait un délassement, contrastant avec les agitations du dehors. La vie hellénique n'était donc plus la même qu'au siècle précédent : une véritable rupture s'était opérée entre les choses de l'art et les affaires; on commença d'aimer les lettres pour elles-mêmes et par l'effet d'une bonne éducation classique; elles n'étaient plus, si l'on excepte l'éloquence militante, l'expression de la réalité, mais le reflet d'une pensée qui se préoccupait de choses abstraites ou qui se repliait sur elle-même et sur ses souvenirs.

I. HISTOIRE.

Trois hommes distingués écrivirent l'histoire pendant la première moitié du quatrième siècle : ce sont Ctésias, Philistos et Xénophon; mais aucun d'eux n'approcha du mérite de Thucydide, soit parce qu'ils n'eurent ni l'impartialité ni la justesse d'esprit du grand historien, soit parce que leur manière d'écrire resta inférieure à la sienne. Les œuvres des deux premiers sont presque entièrement perdues, perte à coup sûr regrettable; car l'un nous aurait fait connaître l'état de l'Orient et l'autre l'état de l'Occident à cette époque.

1. Ctésias, Κτησίας, était un Grec de Cnide, né au temps de Périclès, et fils de Ctésiochos. Il fit pendant sa jeunesse des études médicales et fut affilié à la grande hétairie des Asclépiades, qui a rendu sa ville célèbre. On sait que la méthode de cette école était empirique et beaucoup moins élevée que celle de l'Ecole de Cos. Cnide produisait cependant des médecins distingués, dont la réputation se répandait en Asie et qui étaient recherchés des satrapes et même des rois. Ctésias fut, comme médecin, attaché successivement à la cour de Darius-Nothos et à la personne de son successeur Artaxercès-Mnémon, qui régna de 404 à 362. Il était au service de ce prince à la bataille de Cunaxa en 401 et le guérit d'une blessure qu'il y avait reçue. Après dix-sept ans de résidence en Perse, Ctésias revint en 398 se fixer dans sa ville natale; et c'est alors probablement qu'il commença à mettre en ordre et à rédiger les documents qu'il avait recueillis en Asie.

Le séjour de Ctésias en Orient lui permit de se procurer des renseignements nombreux et exacts sur la géographie et l'histoire de ces contrées. En effet pour l'histoire intérieure de la Perse, il pouvait facilement les obtenir des historiographes qu'entretenaient officiellement les rois et qui conservaient les annales de l'empire, écrites sur parchemin et nommées διφθεραι βασιλικαί; il avait de plus à sa portée les anciennes archives des états soumis par les prédécesseurs d'Artaxercès, archives inscrites sur des terres cuites et dont nous retrouvons aujourd'hui les débris; enfin le vaste système de communications rapides existant dans cet empire permettait à un homme curieux et haut placé de se procurer en grand nombre les documents dont il pouvait avoir besoin. Pour le dehors, le gouvernement de Perse était en relations politiques, religieuses et commerciales avec un grand nombre de contrées, dont la Grèce était une des moindres et qui s'étendaient, non-seulement en Afrique et dans l'Europe du nord, mais encore dans le nord de l'Asie et dans l'Orient jusqu'à la vallée du Gange. Il n'est donc pas probable qu'avec les nombreux documents exacts qu'il put recueillir, pendant un séjour de dix-sept ans au centre de cet immense empire, Ctésias ait composé des histoires fantastiques, enfantées par son imagination; et s'il y a, parmi les fragments conservés par Photius, quelques récits qui semblent puérils, il est vraisemblable qu'ils ne l'étaient ni à ses yeux ni en réalité, et que, remis à leur place dans ses ouvrages, ils reprendraient leur valeur. Les titres des livres de Ctésias en indiquent le sujet et l'intérêt; c'étaient :

1° Une *Histoire de Perse* (Περσικά) en vingt-trois livres, empruntée aux parchemins royaux; les six premiers livres traitaient de la monarchie assyrienne; le reste conduisait l'histoire de la Perse jusqu'en l'année 599. Nous avons dans Photius (Cod. 72) quelques citations et un extrait des derniers livres.

2° Un ouvrage *sur l'Inde* (Ἰνδικά), c'est-à-dire sur le Panjâb ou Pentapotamie indienne qui à cette époque était probablement, en tout ou en partie, bouddhiste et, par la vallée d'Attock, en relations suivies avec l'Occident. Il y a un extrait de cet ouvrage dans Photius.

3° Une *Géographie maritime de l'Asie* (Περίπλους τῆς Ἀσίας) signalée par Etienne de Byzance (aux mots Κοσσύτη et Σίγυνος).

4° Un livre sur l'*Orographie* (περὶ ὀρῶν).

5° Un autre sur les cours d'eau ou *Hydrographie* (περὶ ποταμῶν); ces deux traités ne concernaient probablement que les montagnes et les cours d'eau de l'Asie.

6° Un livre sur les *tributs de l'Asie* (περὶ τῶν κατὰ τὴν Ἀσίαν φόρων).

Enfin peut-être des livres de médecine, d'après le témoignage de Galien.

Les ouvrages de Ctésias étaient estimés par les anciens. Le dialecte ionien, qui est celui des écrivains de Cnide comme de ceux de Cos, faisait de lui, aussi bien que les sujets de ses livres et que sa vie même, le continuateur d'Hérodote. Le célèbre professeur Démétrios de Phalère louait son style et sa manière d'écrire l'histoire; on comparait sa diction à celle de Xénophon; enfin il mérita d'être pris pour modèle par Arrien.

II. Philistos, Φίλιστος, écrivit à l'extrémité opposée du monde grec; c'est l'historien de la Sicile. Il naquit à Syracuse vers le commencement de la guerre du Péloponnèse, vit l'arrivée de la flotte athénienne dans sa ville, en 415, fut lié avec Hermocrate, un des citoyens qui fit le plus pour la repousser, et bientôt après fit cause commune avec Denys. Philistos était fort riche; c'est lui qui paya en 406 l'amende à laquelle le tyran fut condamné et, à partir de ce jour, il fut son confident et son ami. Exilé en l'année 386, il se fixa d'abord à Thurii, ville où trouvaient toujours un refuge les bannis de l'aristocratie et les fauteurs des tyrans; plus tard il alla s'établir à Adria. Rappelé en 367 par Denys le jeune, qui avait besoin d'un homme habile et influent pour l'opposer à la cabale de Dion et de Platon, Philistos les fit chasser de Syracuse. Pendant dix ans, il joua dans cette ville un rôle presque égal à celui de Denys, dont il était le soutien et comme le directeur. Mais après le retour de Dion, Philistos fut surpris dans le grand port, au moment où il cherchait lui-même à croiser l'ennemi ; on lui coupa la main ; on le fit traîner par les pieds dans les rues de Syracuse et son corps fut enfin jeté aux Latomies ; il avait alors quatre-vingts ans.

C'est probablement pendant son exil qu'il composa, comme l'avait fait Thucydide, son Histoire de la Sicile. Cet ouvrage était divisé en deux parties : la première allait depuis les temps les plus reculés jusqu'à la prise d'Agrigente en 406 ; la seconde comprenait le règne de Denys l'ancien et cinq ans du règne de Denys le jeune. La fin de ce règne fut écrite plus tard par Athanès de Syracuse. Quoique pour le style et pour la pensée Philistos fût très-inférieur à Thucydide son modèle, sa perte est regrettable, parce que lui seul avait donné une histoire suivie des anciens temps de la Sicile, de l'établissement des colonies grecques dans cette île, des guerres avec Athènes et des trois guerres avec Carthage. Il était monotone dans ses récits et dans ses discours, et ne mérita pas d'être compris dans le *canon* alexandrin ; mais pour nous ce serait un livre précieux que cette histoire monographique écrite par un homme considérable de la Sicile, qui avait vu les événements les plus graves de son pays et qui, pendant une très-longue carrière, y avait eu le pouvoir entre les mains.

III. Xénophon, Ξενοφῶν. Les écrits de cet historien, leur valeur morale, leur philosophie, leur portée politique, l'ordre de leur publication, leur style enfin, s'expliquent par la vie de leur auteur. Xénophon, fils de Gryllos, naquit soit à Athènes, soit dans le dème d'Erchie, vers l'année 443. Il servait à Délion dans la cavalerie athénienne en 424; là, dit-on, Socrate lui sauva la vie en le retirant du champ de bataille, où il était tombé. Depuis cette époque, il s'attacha à ce philosophe et se compta parmi ses disciples et ses amis. Il fut peut-être quelque temps prisonnier chez les Thébains et là se lia d'amitié avec un homme fort entreprenant, nommé Proxénos, qui plus tard décida de sa carrière. En effet, soit que Xénophon fût Eupatride, soit par un penchant naturel, il détesta de bonne heure le gouvernement démocratique de son pays, traversa sans en souffrir la tyrannie des Trente et, après leur chute, se trouva comme un ennemi au milieu de ses concitoyens. En 401, sur une lettre pressante de Proxénos, déjà engagé au service du jeune Cyrus, Xénophon quitta Athènes et partit pour l'armée de ce prince révolté. L'affaire tourna tout autrement qu'il ne l'espérait : la bataille de Cunaxa ayant mis fin à la vie et à l'insurrection de Cyrus, Xénophon et les autres mercenaires de l'armée se trouvèrent comme perdus au centre de l'empire d'Artaxercès, et là commença cette longue retraite où les Grecs eurent tant à souffrir. Quand ils eurent atteint Chrysopolis et qu'ils se furent débandés, Xénophon, continuant sa carrière de condottiere, se mit au service d'un roi de Thrace, Seuthès, qu'il aida à remonter sur le trône. Rentré en Grèce il se lia avec le roi de Sparte Agésilas, fut banni d'Athènes comme traître à la patrie, en 394, accompagna Agésilas comme chef militaire en Asie et en Grèce, porta les armes contre son pays à Coronée; et enfin se fixa en Elide à Scillonte avec sa femme et ses enfants. Nommé proxène des Spartiates dans ce pays, il reçut d'eux ce qu'il avait toujours ambitionné, des terres fertiles et de bons revenus; il y construisit en l'honneur d'Artémis d'Ephèse un petit temple, qui fut bientôt très-fréquenté et devant lequel se faisaient avec pompe des cérémonies annuelles; il agrandit son domaine en achetant les terres du voisinage, et trouva dans ce pays montagneux des forêts giboyeuses où il se livrait à l'exercice de la chasse. Il mena pendant de longues années cette vie de militaire intelligent, enrichi, retraité pour ainsi dire et quelque peu égoïste, partagé entre les plaisirs et les occupations des champs, les travaux de l'esprit et le commerce de quelques amis. Il mourut vers 356, âgé de près de 90 ans.

Xénophon fut avant tout un soldat d'aventure, fort peu théoricien, très-pratique, imbu de cette idée que l'ordre réside dans la puissance du chef et que toute conception politique ou sociale doit être subordonnée à ce principe. Né dans une démocratie, il la déteste; il est royaliste, et la royauté parfaite lui apparaît sous une forme militaire; il est en quelque sorte impérialiste dans un pays où un empire militaire était encore loin de pouvoir être réalisé. Xénophon a fort peu de philosophie, quoiqu'il ait composé plusieurs écrits philosophiques : mauvais théoricien, il est surtout moraliste, et sa morale se réduit à quatre vertus qui s'accordent avec les tendances générales de son esprit : la tempérance ἐγκράτεια, le courage ἀνδρεία, la justice δικαιοσύνη et la science pratique σωφροσύνη. Ces quatre vertus n'excluent point un certain égoïsme, ni la recherche des avantages personnels ; elles ne supposent point le patriotisme et suffisent à former ce que l'on appelait à cette époque un *honnête* homme, καλοκαγαθός. Xénophon fut un de ces honnêtes gens, qui ne faisaient pas grand mal aux autres et qui approuvaient ou louaient le traité d'Antalcidas. Ce militaire, retiré du service, avait été déjà et continua d'être un homme de lettres, dans le sens propre de ce mot, mettant par écrit les souvenirs de sa vie, et composant des traités de toute longueur sur les sujets les plus variés. Parti d'Athènes de très-bonne heure, il ne put profiter de l'enseignement littéraire, qui s'y développa sur la fin du cinquième siècle et au commencement du quatrième : il ne fut pas un écrivain attique. En relation continuelle, soit avec des Grecs des autres dialectes, soit avec des mercenaires venus de toutes les parties du monde hellénique, soit même avec des étrangers, qui parlaient à peine sa langue, il se trouva dans la nécessité d'employer ce que l'on appelait dès cette époque la langue commune, κοινὴ διάλεκτος, langue facile, commode, simple, intelligible pour le plus grand nombre, mais un peu décolorée et privée de cette énergie pittoresque et passionnée, qui caractérise les idiomes locaux.

Les écrits de Xénophon sont échelonnés sur toute la durée de sa vie et en rappellent les tendances générales et les circonstances les plus intéressantes. Nous allons les passer en revue dans l'ordre probable de leur composition.

1° Les *Helléniques*, τὰ Ελληνικά, enferment pour ainsi dire toute la carrière littéraire de Xénophon. Elles se composent de sept livres, dont les deux premiers ont été certainement composés entre les années 403 et 401, lorsque l'auteur était encore à Athènes et n'avait pas reçu la lettre de Proxénos. Les cinq derniers, qui sont écrits dans un autre style et dans un esprit tout différent, doivent compter parmi les dernières productions de l'historien; car ils conduisent les événements jusqu'en l'année 362; ils ont donc été composés à Scillonte, sous l'influence des idées lacédémoniennes, que l'auteur partageait depuis longtemps. — Les deux premiers livres des Helléniques, très-supérieurs aux cinq autres, se ressentent manifestement de la lecture de Thucydide, que Xénophon publiait alors avec le concours de la fille du grand historien; ils font suite à la partie du huitième livre qui avait été rédigée par lui et que nous possédons, et conduisent les événements jusqu'à l'époque où Xénophon se disposait à quitter Athènes. On ne trouve point dans cette partie, non plus que dans aucun ouvrage de l'auteur, ces grandes idées qui élèvent si haut l'histoire de la guerre du Péloponnèse; ni l'homme d'Etat, ni le philosophe n'ont rien à retirer de ces deux livres, si ce n'est la connaissance précise des faits. Mais le récit est clair, simple et quelquefois animé. Les discours, bien inférieurs à ceux de Thucydide, ne sont cependant point sans valeur, même oratoire; on peut citer par exemple celui de Thrasybule au second livre. Il y a des scènes bien composées, d'une manière pittoresque, avec peu de poésie, mais avec des détails dont la précision est saisissante. — La plupart de ces qualités disparaissent dans les cinq derniers livres. Ici domine une partialité oligarchique, devenue violente avec les années et qui, sans peut-être amoindrir ni amplifier les événements, leur donne une couleur qui n'est point celle de la vérité. L'auteur y cherche ailleurs la vérité locale : il la place dans l'exactitude matérielle des faits, faisant parler chacun dans son dialecte et mettant en relief tout ce qui s'adresse aux sens et peut donner au récit une apparence de vie. Mais le style est souvent d'une facilité molle et diffuse; les discours sont languissants et monotones. Au fond, peu de philosophie de l'histoire : celle-ci, qui est si instructive chez Thucydide, est remplacée chez Xénophon, devenu vieux, par un esprit de parti et une intolérance toute personnelle à l'égard des Etats libéraux. La seule pensée qui semble dominer ses récits et ses réflexions est l'admiration exclusive du roi de Sparte, Agésilas, et le désir de le faire considérer comme le véritable représentant de la civilisation et de l'avenir de la Grèce.

2° La *Retraite* ou *Anabase* est nécessairement postérieure aux deux premiers livres des Helléniques. Le départ de l'expédition eut lieu dans l'année 401 et le retour des Grecs jusqu'à Chrysopolis fut terminé quinze mois plus tard. Les douze mille mercenaires grecs avaient parcouru cinq mille huit cents kilomètres, à travers les montagnes de l'Asie mineure, le long des fleuves de Babylone, dans le pays des Kurdes et des autres peuples barbares du haut Euphrate, enfin sur les rivages de la mer Noire. Xénophon, qui d'abord n'avait dans l'armée qu'un grade secondaire, se trouva par la force des choses placé à sa tête et conduisit la retraite dans sa partie la plus périlleuse. Le récit de Xénophon est de beaucoup son meilleur ouvrage. Composé peu de temps après son retour, il ne respire pas encore cet esprit de parti qui dépara la plupart de ses autres écrits. De plus les émotions et les souffrances de l'armée, qui s'étaient pour ainsi dire concentrées dans l'âme de leur guide, s'expriment dans l'Anabase avec la vérité de souvenirs tout récents : le style en est simple, animé, pittoresque à force d'exactitude, descriptif, pathétique, varié comme les situations; le livre est plein de renseignements géographiques, utiles aujourd'hui même, non-seulement aux hommes de science, mais aux militaires, aux hommes d'Etat et à tous ceux qui s'occupent de politique, de guerre ou de voyages. L'Anabase a charmé les Grecs du temps de Xénophon, auxquels elle faisait connaître un pays vers lequel tendait déjà leur ambition; elle a servi de base à une partie des mouvements militaires d'Alexandre-le-Grand. Plus tard elle a continué d'être une des lectures les plus recherchées de ceux qui ont étudié l'histoire pour s'instruire ou pour y trouver des émotions.

3° Trois écrits de Xénophon ont pour principal objet Socrate, qui avait été son maître. Les *Souvenirs de Socrate*, Ἀπομνημονεύματα Σωκράτους, se composent de quatre livres, dans lesquels sont distribués sans beaucoup d'ordre de nombreux entretiens de ce philosophe avec diverses personnes. De ces dialogues, la plupart ont eu lieu probablement, plusieurs sont tout à fait fictifs; aucun n'a sans doute été tenu dans les termes où Xénophon les rapporte. Leur style est celui de cet auteur et ne reproduit pas le langage attique de Socrate, ni les manières très-diverses dont s'exprimaient les gens de tout âge et de tout rang qui paraissent dans l'ouvrage. Au reste la couleur locale est la chose du monde dont s'est le moins préoccupée l'antiquité grecque; et l'on doit se souvenir que c'est seulement à l'époque de son histoire où nous sommes parvenus, que l'on a commencé à faire des portraits. Jusque-là le grand art adoptait certains types généraux, au bas desquels on se contentait d'ajouter une inscription. Il n'est donc pas surprenant que le Socrate de Xénophon ne ressemble pas à celui de Platon. Ce dernier, avec peu de goût pour la réalité et une grande intelligence des choses abstraites, nous a dépeint un Socrate métaphysicien, auquel « il faisait dire beaucoup de choses que ce sage n'avait jamais pensées. » Xénophon au contraire était un ancien soldat, un homme de la réalité, n'entendant presque rien à la métaphysique ni aux abstractions de la science; il a certainement diminué la valeur de Socrate et n'a pas compris l'importance philosophique et sociale de son rôle. Il n'y a pas lieu de penser que le portrait tracé par lui soit plus exact que celui qu'en donna Platon : l'un et l'autre ont laissé de lui l'idéal auquel l'un et l'autre ont pu s'élever, chacun selon ses aptitudes et ses préoccupations. On pourrait même dire que le Socrate de Platon est plus vrai que l'autre : car si Socrate avait été tel que Xénophon le représente, il eût été bien difficilement condamné; il n'en est pas de même du théoricien souvent agressif que Platon a dépeint.

Quoi qu'il en soit, les récits de Xénophon sont souvent d'une lecture agréable, presque tous d'une portée morale peu élevée mais juste et conforme à cette vertu de tempérance, que l'école socratique a plus que toute autre préconisée. On lit avec intérêt la reproduction abrégée de l'apologue de Prodicos (II, 1), la conversation de Socrate avec son fils Lamproclès (II, 2), avec le jeune Périclès (III, 5), avec Euthydème (IV, 2) et une foule d'autres dialogues, dans lesquels toutefois il serait bon de pouvoir distinguer ce qui vient réellement de Socrate ou de ses interlocuteurs et ce qui n'est que la pensée propre de l'écrivain. Plusieurs d'entre eux répondent à certains dialogues de Platon, avec lesquels il est utile de les comparer.

L'*Apologie de Socrate,* Ἀπολογία Σωκράτους, fut probablement, ainsi que le précédent ouvrage, composée par Xénophon peu après son retour d'Asie. C'est un écrit de seconde main fait d'après les documents rassemblés par Hermogène, fils d'Hipponicos, ami de Socrate; du reste il est très-court et assez faible, soit comme défense du condamné, soit comme œuvre littéraire. On peut le rapprocher avec avantage de plusieurs dialogues de Platon.

On en peut dire autant du *Banquet,* Συμπόσιον, que l'on peut comparer au Banquet et au Phèdre du grand philosophe. Ce morceau paraît très-artificiel et semble rentrer dans les compositions du genre *épidictique,* devenues très-nombreuses sous l'influence des écoles de rhétorique. Le jour qu'il jette sur Socrate ne s'accorde guère avec ce que nous savons d'ailleurs de son caractère; sa morale y est d'une facilité très-grande, si l'on en excepte le long discours qui occupe la seconde partie du dialogue. Ce petit écrit renferme, comme peintures de mœurs, plusieurs passages forts curieux, parmi lesquels nous citerons ce qui concerne les bouffons, les rhapsodes et leur ineptie, et la scène de pantomime qui termine le festin, scène où sont représentés les amours de Bacchus et d'Ariadne. Mais le Banquet ne renferme ni ordre, ni méthode, ni aucune idée générale, qui puisse rappeler, même de loin, les beaux ouvrages de Platon.

4° Tous les autres écrits de Xénophon ont été composés

à Scillonte. Quelques-uns sont de petits traités pratiques, d'une valeur que nous ne pouvons guère apprécier aujourd'hui, les conditions où nous vivons étant tout autres que celles où vivaient les anciens : tels sont les petits traités sur la *Chasse*, sur l'*Equitation*, sur le *Commandant de Cavalerie*. — Les deux écrits sur le gouvernement de *Sparte* et sur celui d'*Athènes* sont deux éloges dans le genre épidictique, donnant de ces deux villes des idées très-incomplètes et souvent très-fausses, mais destinés à faire ressortir la supériorité du gouvernement spartiate, auquel l'auteur était entièrement dévoué. — La *Vie d'Agésilas* est un écrit du même genre et tendant au même but. Elle est régulièrement composée, comme les *éloges* que l'on publiait déjà en grand nombre à cette époque. Mais l'ouvrage nous donnerait une idée bien fausse du héros lacédémonien, si nous n'avions dans Plutarque et ailleurs des renseignements propres à la corriger. En somme le sentiment et l'amour de la vérité paraissent moins dans tous ces petits écrits, que l'esprit de système, la haine de la patrie et son dénigrement ainsi qu'un enthousiasme exagéré et peut-être même peu sincère pour un gouvernement étranger.

Ces défauts se déploient surtout dans l'*Education de Cyrus* ou *Cyropédie*, Κυροπαιδεια, livre bizarre, qui n'est ni une histoire, ni un poème, ni une théorie, ni un roman, mais un mélange incohérent de toutes ces choses. Un certain nombre de faits y sont empruntés à l'histoire : telles sont la guerre d'Assyrie, celle de Lydie, la prise de Sardes et du roi Crésus, la prise de Babylone. Mais à côté de ces faits réels, l'auteur place un grand nombre de détails purement imaginaires, non-seulement étrangers à l'histoire, mais que les mœurs, les idées et l'état de la Perse eussent rendus absolument impossibles. Les limites de l'empire de Cyrus sont indiquées d'une manière vague ; les contrées voisines sont esquissées de manière à ne rien apprendre au lecteur ; la Perse même semble inconnue à Xénophon, qui l'avait traversée en courant : ni la religion de Zoroastre, ni le système de gouvernement, ni la division en castes n'ont laissé aucune idée nette dans l'esprit de l'auteur, aucune trace dans son livre. Son Cyrus n'a rien de persan, ni comme homme, ni comme roi ; c'est un prince lacédémonien, très-analogue à son Agésilas, ayant les mêmes idées, les mêmes vertus, pas un vice, pas un défaut, du moins au sens de Xénophon ; c'est un personnage de fantaisie ; ou plutôt, c'est la personnification du système politique que Xénophon croyait le meilleur et qu'il mettait, dans son roman historique, sous la protection d'un roi dont le nom était connu de tous les Grecs et dont on savait qu'il avait fondé et organisé un grand empire. Il faut donc regarder l'ouvrage dont nous parlons comme une de ces utopies que produisit en grand nombre l'école de Socrate et qui concluaient pour la plupart à la supériorité de l'état monarchique sur toutes les autres constitutions.

C'est dans les perpétuels discours de la Cyropédie que s'expriment les idées de Xénophon sur la politique : cette politique est fort peu nationale ; et en définitive ces royalistes anticipés, qui par de pareilles utopies firent prévaloir leurs tendances parmi les Grecs, amenèrent chez eux non un prince modèle comme Cyrus, mais un Philippe, un Alexandre et ces autres monarques, leurs successeurs, qui déchirèrent la Grèce et préparèrent son asservissement aux Romains. On n'était pas loin de ce résultat lorsque parut la Cyropédie : car Philippe date de 360, et l'utopie de Xénophon n'est certainement pas antérieure à l'année 362. On dit qu'elle fut faite en opposition avec celle de Platon, que les royalistes trouvaient trop aristocratique et trop peu favorable à l'établissement d'une monarchie, même usurpée. Il est bon d'observer toutefois, que durant la première moitié du siècle s'opérait la séparation du civil et du militaire, que, la guerre étant devenue un métier, les armées se composaient en majeure partie de mercenaires, tandis que les citoyens restaient à la ville s'occupant, soit de leurs affaires, soit de politique, et qu'enfin beaucoup d'entre eux, mécontents du présent, se faisaient chacun son idéal plus ou moins éloigné de la réalité. Quelques-uns même essayèrent de mettre à exécution leurs théories : c'est ce que Platon voulait faire en Sicile, quand il en fut empêché par l'homme d'Etat historien Philistos. Xénophon eut donc aussi la sienne qui fut celle, non d'un citoyen libre, mais d'un soldat et encore d'un soldat mercenaire, ne concevant aucun état politique supérieur à la monarchie militaire et aucun autre principe salutaire que l'obéissance. Il avait eu pour premier idéal Cyrus le jeune : la journée de Cunaxa l'y fit renoncer. Il prit alors pour type le plus parfait le roi militaire de Sparte, Agésilas. Celui-ci étant mort, et la réalité ne lui offrant plus aucun homme qu'il pût prendre pour son héros, il écrivit sa Cyropédie et accumula dans le personnage de Cyrus les qualités et les doctrines qui composaient à ses yeux son idéal non encore réalisé.

Ce n'est pas que Xénophon fût partisan de la Perse. Au contraire, comme la plupart des utopistes du temps, il part de cette idée, juste d'ailleurs, qu'il devenait de plus en plus possible de supprimer l'empire de Suze, de conquérir l'Asie, de résoudre la question d'Orient en supprimant l'un des deux antagonistes et de fonder, à la place du royaume d'Artaxercès, un vaste empire gréco-asiatique, qui propagerait au loin l'influence des Hellènes et leur puissance. Mais Xénophon ne pensait pas (et l'histoire a confirmé cette idée) que cette domination pût s'établir si d'abord les différentes cités grecques ne se réunissaient, de gré ou de force, sous une autorité monarchique et militaire; il voulait seulement (et c'était là son illusion) que cette autorité fût exercée par un roi pieux, juste, tempérant, courageux et savant, c'est-à-dire conforme à la théorie socratique, telle que Xénophon l'entendait.

Quant à la valeur littéraire de la Cyropédie, elle est médiocre. C'est un ouvrage écrit d'un style facile, comme les autres ouvrages de Xénophon ; mais cette facilité même, qui se délaie dans huit livres entiers, donne à l'exposition des idées une diffusion qui contraste avec les grands écrivains politiques de la Grèce. Il y a trop de discours, et ces discours sont languissants et monotones. C'est en vain que l'auteur donne aux choses orientales une couleur grecque et mêle à son récit principal des épisodes romanesques empruntés peut-être à l'Orient, tel que celui d'Abradate et de Panthéa (1); la suite de l'ouvrage est froide et sa lecture continue engendre l'ennui. Les étrangers comparent volontiers la Cyropédie au Télémaque de Fénelon.

---

(1) Abradate est un mot perse, *Abhradatta*; Panthéa est un mot grec qui semble traduit du perse ou peut-être même du sanscrit, *Viçwadêvi*.

L'*Economique* et le *Hiéron* sont aussi deux compositions utopiques. Le premier donne l'idéal de l'honnête particulier, du καλοκαγαθός, tel qu'on se le représentait dans les écoles socratiques ; c'est comme un fragment des Souvenirs de Socrate, lequel en effet y converse avec Critobule. L'autre est un dialogue entre le roi Hiéron et le poète Simonide et met sous les yeux du lecteur l'idéal du parfait tyran. C'est encore la glorification du gouvernement militaire.

Enfin, on range parmi les ouvrages de Xénophon un petit écrit sur les *Revenus d'Athènes*, qu'il composa dans son extrême vieillesse, peut-être dans cette ville où un décret du peuple l'avait autorisé à revenir et où peut-être encore il mourut. Ce petit livre, où l'auteur passe en revue les diverses sources de revenu de la république et touche en passant à quelques points d'organisation intérieure, est une des meilleures productions de sa plume ; il est simple dans sa forme, bien composé, généralement bien pensé et renferme des idées pratiques, qui ne seraient pas déplacées même de nos jours. C'est aussi un appel à la modération et à la concorde très-propre à produire sur les esprits du temps un effet salutaire.

IV. Les *Histoires Attiques*, αἱ Ἀτθίδες. La grande histoire de Thucydide, continuée dans les Helléniques de Xénophon, fut complétée par une série de compositions historiques nommées *Atthides*, dont il ne nous reste malheureusement à peu près rien, si ce n'est les noms de leurs auteurs. Elles formaient un ensemble d'œuvres littéraires, qui commencèrent à se produire au commencement du siècle, prirent plus d'importance dans l'école d'Isocrate et se continuèrent jusque dans l'école d'Alexandrie. Les

Atthides étaient des histoires locales de l'Attique et de ses dèmes, probablement avec des détails très-circonstanciés sur les anciennes traditions et la topographie de chacun d'eux. Parmi les hommes distingués qui écrivirent dans ce genre, plusieurs ont laissé un certain nom. Les principaux d'entre eux furent CLITODÈME appelé aussi Clidème; PHANODÈME, contemporain de Théopompe dont nous parlerons plus bas; ANDROTION, de l'école d'Isocrate; PHILOCHORE, qui joua dans Athènes un rôle actif entre les années 306 et 260; DÉMON, contemporain de Philochore; ISTER de l'école d'Alexandrie et ami de Callimaque (250-220); enfin ANDRON et MÉLANTHIOS. Nous citons dès à présent ces noms, pour que l'on voie que la Grèce ne cessa plus d'écrire l'histoire depuis le temps d'Hérodote et que les noms de ses grands historiens se présentent comme ceux des chefs au milieu d'une nombreuse phalange.

II. RHÉTORIQUE, ÉLOQUENCE.

La période qui précède l'intervention macédonienne est pour l'éloquence grecque un temps de recueillement, sinon de repos; elle semble préparer ses forces pour la lutte qui ne tardera pas à s'ouvrir. Au contraire, c'est le temps des grandes écoles de rhétorique, où vont se former les orateurs des différents partis. Les maîtres de ces écoles écrivent beaucoup, parlent peu; il en est qui n'ont jamais paru en public et qui ont cependant acquis le renom de grands orateurs : mais c'est rhéteurs et professeurs qu'il faut dire, si l'on réserve le titre d'orateurs aux hommes de parole et d'action. Les écrits de ces maîtres ont une forme oratoire et sont souvent de véritables discours. Ces discours ont été faits par eux, soit pour des causes privées où ils jouaient pour des particuliers le rôle d'avocats de cabinet, soit pour des causes fictives, comme celles dont nous avons parlé à propos d'Antiphon. Outre les discours proprement dits, les maîtres rhéteurs introduisirent à cette époque l'usage de traiter par écrit et sous une forme oratoire, des questions politiques agitées de leur temps; ces publications répondaient à peu près à ce que les Anglais ont nommé *pamphlet* et à ce que nous avons depuis quelques années désigné par le mot *brochures*. La production de ces brochures était facilitée par l'extension que prenaient en Grèce les ateliers de copistes, établissements presque inconnus au siècle précédent, où venaient désormais se pourvoir les libraires et qui, répondant quoique imparfaitement à nos imprimeries, commencèrent dès lors à multiplier les exemplaires des bons livres ou des livres nouveaux et à faire connaître dans tout le monde hellénique ce qui se pensait dans ses diverses parties. Il fut dès lors possible d'exercer par l'écriture une influence personnelle sur les événements et de contrebalancer, sans sortir de chez soi, l'action des orateurs. Ceux-ci ne reprirent leur supériorité que quand les événements devinrent pressants et que la parole fut redevenue une arme indispensable.

Lysias, Λυσίας, nous est connu par les discours qu'il nous a laissés et par le témoignage d'historiens et de critiques, dont les principaux sont Plutarque, Denys d'Halicarnasse et Photius; Cicéron, Quintilien et Aulu-Gelle ont aussi parlé de Lysias. Il naquit à Athènes sous l'archonte Philoclès en l'année 459 et, par son âge, il semble appartenir au cinquième siècle plutôt qu'au quatrième; mais sa carrière littéraire fit réellement partie de celui-ci, auquel il appartient d'ailleurs par ses idées, par son style et par l'influence qu'il a exercée. Il eut pour père Képhalos de Syracuse : celui-ci, après avoir vécu à Athènes pendant trente ans comme métèque, en partit avec ses enfants en 444 pour Sybaris, que l'on colonisait sous le nom de Thurii. Lysias avait trois frères, dont le plus célèbre, Polémarque, parait dans la République de Platon. A Thurii, il étudia la rhétorique sicilienne à l'école de Tisias et de Nicias. De retour à Athènes en 412, il y vécut d'abord dans la maison de son père, puis dans sa propre maison, où il exerçait la profession de sophiste, dirigeant en même temps une fabrique de boucliers. Ses opinions libérales le mirent en butte à la tyrannie des Trente : son frère Polémarque venait déjà de boire la ciguë, lorsque menacé lui-même il s'enfuit à Mégares, aida de sa fortune les réfugiés de Phylé et rentra enfin dans la ville avec Thrasybule. C'est à cette époque que commença la partie active de sa carrière littéraire : elle se prolongea jusque vers l'année 378, qui fut probablement celle de sa mort.

On distingue ordinairement deux périodes littéraires dans la vie de Lysias, celle qui précéda son plaidoyer contre Eratosthènes, un des Trente, auteur de la mort de Polémarque, et celle qui suivit ce plaidoyer. On oppose ces deux périodes l'une à l'autre et l'on admet comme démontré que dans la première Lysias fut un pur rhéteur, enseignant le style prétendu artificiel et faux des sophistes; que, dans la seconde au contraire, il développa une rhétorique toute contraire et suivit lui-même des principes tout nouveaux, dans les discours et dans les autres œuvres qu'il produisit. Lysias avait écrit, dit-on, quatre cent vingt-cinq discours, dont plus de deux cents étaient reconnus comme authentiques par les critiques grecs et latins; il nous en reste trente-cinq, avec des fragments de plusieurs autres. Or quand on les lit, on ne tarde pas à s'apercevoir qu'ils offrent une grande variété de composition, de style et de procédés : les uns sont des œuvres de pure rhétorique, qui ne semblent pas avoir différé beaucoup de celles des autres rhéteurs; d'autres ont été composés pour des causes réelles et emploient, dans des proportions très-diverses, les procédés alors connus de la rhétorique. Lysias en effet réunissait en lui plusieurs personnages, le riche industriel, le citoyen libéral ennemi de l'oligarchie, le logographe écrivant des plaidoyers pour autrui, et enfin le professeur. Cette diversité de circonstances l'obligeait à varier son style et sa manière : comme professeur, il composait pour ses disciples des discours modèles, dans lesquels toutes les ressources de l'art devaient être employées et mises en évidence; quand il eut à plaider pour son propre compte, ces procédés artificiels durent en grande partie céder la place au naturel et à cette vérité de langage qui naît de la réalité des situations; enfin quand il eut à écrire pour les autres, il fallut bien qu'il appropriât son langage à la condition de ses clients; cette variété fut même d'autant plus grande que le riche Lysias, comme citoyen libéral, n'écrivait pas moins de discours pour les pauvres gens que pour ceux d'une condition élevée. Enfin il ne fut pas seulement orateur ou logographe; il écrivit en outre une *techné* ou traité de rhétorique, des Lettres, des panégyriques, des œuvres érotiques. Il y eut donc moins dans sa vie littéraire une sorte de révolution qu'une application nouvelle de son talent à l'époque où, cessant d'être simplement professeur, il commença à parler ou à écrire dans des affaires réelles et non plus imaginaires. Ces changements dans sa vie expliquent assez l'évolution qui se produisit dans son style et dans ses compositions.

Le plus ancien des discours qui nous restent de Lysias est probablement celui qu'il prononça contre Eratosthènes ; c'est aussi le plus beau et le plus intéressant. C'est un acte d'accusation, où il demande justice du tyran pour le meurtre de son frère Polémarque. C'est une composition un peu lâche et dont l'ordonnance n'est pas très-bonne ni très-savante. Mais le style en est simple, clair, net, précis et plein de justesse et de fermeté. La parole de l'orateur n'est pas très-colorée, ni par conséquent poétique; elle devait s'éloigner beaucoup de la manière dithyrambique de Gorgias, de Pôlos et de Licymnios. Il emploie la langue ordinaire, celle que tous les gens instruits parlaient alors dans Athènes; mais il l'épure, et il la soumet aux procédés de style, que lui-même enseignait depuis longtemps dans son école. Ces procédés étaient l'*harmonie,* c'est-à-dire l'agencement des mots envisagés quant à leurs articulations et à leur sonorité, l'*ordonnance* (τάξις), qui s'appliquait, non-seulement aux mots dans la proposition, mais aux propositions dans la phrase, l'*eurythmie* produite par la combinaison des syllabes longues et des brèves, enfin le *nombre,* qui engendre l'eurythmie et dont l'étude fut poussée si loin par Isocrate. Le style de Lysias, dans ce discours, est souvent antithétique et par là encore rappelle l'école; mais les antithèses y ont une grande valeur et ne sont point des oppositions de mots vides d'idées. Par exemple, lorsqu'il rappelle qu'Eratosthène, pour se défendre, prétendait avoir joué au milieu des Trente le rôle d'opposant, tandis que de ses mains il avait arrêté et livré Polémarque, il s'écrie :

..... « Ainsi donc, ô le plus misérable des hommes, tu faisais de l'opposition pour nous sauver, et tu nous arrêtais pour nous tuer ; quand votre bande réunie était maîtresse de notre salut, tu faisais de l'opposition à ceux qui voulaient nous perdre, et quand tu étais seul, pouvant sauver ou perdre Polémarque, tu le menais en prison. Ensuite pour cette opposition qui, dis-tu, n'a servi de rien, tu veux être jugé honnête homme, et pour avoir saisi et tué un innocent tu ne veux payer ta peine ni à moi ni à ces citoyens ; » § 8 ;

et plus loin, § 19, après avoir exposé les crimes de Théramène, un des collègues de l'accusé :

« Il est arrivé ce temps, où il faut fermer vos cœurs au pardon et à la pitié, pour punir Eratosthène et ses complices ; il ne faut pas au combat être vainqueurs de vos adversaires, et en justice être vaincus par vos ennemis ; vous devez être moins touchés de ce qu'ils promettent de faire qu'indignés de ce qu'ils ont fait ; vous ne devez pas poursuivre ceux des Trente qui sont absents et laisser échapper ceux qui sont ici, ni moins bien servir votre propre cause que la fortune qui vous les livre ; »

au § 22, on trouve encore ces antithèses énergiques :

« Vous qui êtes restés dans la ville, rappelez-vous quelle tyrannie ils exerçaient sur vous : qu'ils vous ont traînés contre des frères, des fils, des concitoyens, à une guerre où vaincus vous deveniez les égaux des vainqueurs, où vainqueurs vous deveniez esclaves des Tyrans. Par ces actes ils accroissaient leur fortune ; par la guerre civile vous amoindrissiez la vôtre. Ils ne partageaient point avec vous leurs avantages ; ils vous forçaient à partager leur ignominie. »

Ainsi Lysias, en apportant dans les causes réelles, devant le peuple assemblé, les moyens oratoires de l'école, leur donnait une force nouvelle qu'ils recevaient des circonstances. Mais le vide de ces formes apprises reparaît dans les discours qui n'ont point été composés pour de telles occasions. Tels sont, par exemple, ceux qui portent le nom de *Discours politique*, de *Discours olympique*, d'*Oraison funèbre*, ἐπιτάφιος λόγος. Ce dernier, qui jouit d'une certaine célébrité, n'est autre chose qu'une composition d'école : il a quelque analogie extérieure avec celui de Périclès, au second livre de Thucydide; mais il est entièrement dépourvu d'idées et ne peut être considéré que comme un paradigme, servant de modèle aux jeunes gens qui fréquentaient les cours de Lysias. Toutefois ce discours a pour nous l'avantage de mettre en évidence les qualités oratoires de Lysias et les formules qui faisaient à cette époque le fond de son enseignement.

Les caractères de cette éloquence savante sont la sobriété, la mesure, le naturel, la vérité dans l'expression, la sincérité de la pensée, la clarté, le bon goût, la finesse, et cette facilité qui se trouve dans toutes les œuvres du génie attique. Elle est en général peu passionnée et s'éloigne, en cela comme en beaucoup d'autres choses, de l'éloquence pathétique de Thrasymaque, qui, attachant une grande importance à la passion dans le discours, avait composé des modèles de style pathétique sous le nom d'ἔλεοι ou *discours de pitié*. Par cette réunion de qualités moyennes excluant tous les extrêmes, Lysias avait mérité d'être regardé comme la règle (κανών) de l'atticisme. Il exerça donc une grande influence sur le développement de la prose hellénique en la préservant, autant qu'un homme pouvait le faire, des excès où l'école de Gorgias tendait à l'entraîner. Mais il serait peu raisonnable de croire que Lysias ait fait à lui seul une sorte de révolution. Comme il avait commencé par être élève des sophistes et sophiste lui-même, il ne fit que tirer, avec un bon sens tout athénien, des analyses et des pratiques de l'école, ce qu'elles avaient de bon et de réellement applicable aux choses de la vie. C'est ce qu'indiquent les œuvres purement rhétoriques de Lysias, et ce que prouve son discours *Sur les biens d'Aristophane,* lequel est imité et presque reproduit de celui d'Andocide *Sur les Mystères.*

Après Lysias, la rhétorique continua de se développer et d'acquérir des moyens nouveaux d'action. Ce fut surtout l'art d'argumenter qui se perfectionna, ainsi que la forme de la phrase oratoire. En effet l'argumentation est faible et quelquefois presque nulle dans les discours de Lysias : ce qui en tient lieu, c'est la narration des faits, narration pleine de vivacité et de franchise, entremêlée de tableaux d'un dessin parfait, d'un coloris naturel et peu recherché ; ce sont ces récits et ces peintures qui portent la conviction dans les esprits en y portant la clarté. On en trouve de fort beaux dans presque tous les discours de Lysias, mais surtout dans les discours contre Eratosthènes, contre Agoratos et contre le jeune Alcibiade. Du reste il eût été difficile, au temps de ce maître, d'unir dans un même discours de nombreuses et fidèles narrations à un développement étendu des preuves : car l'orateur ne disposait que d'un temps assez court, mesuré par la clepsydre. Quant à la phrase oratoire, Lysias était considéré par les anciens comme un des inventeurs de la *période,* c'est-à-dire de ces grandes formes de style, où plusieurs propositions sont enchâssés les unes dans les autres et, toutes ensemble, dans une proposition principale dont elles sont les compléments et qui, commençant avec le premier mot, n'est terminée qu'avec le dernier. Cette façon de parler, entièrement inconnue de Thucydide, apparaît avec le quatrième siècle, se perfectionne peu à peu d'abord dans l'école de Lysias, puis dans celle d'Isocrate, de là passe dans les divers genres de prose et finit par devenir la forme ordinaire et usuelle de la phrase grecque. C'est dans les écoles de rhétorique de la Grèce que les Latins vinrent plus tard l'étudier; et c'est par eux qu'elle a passé dans les langues modernes, autant du moins que ces langues ont été aptes à la recevoir.

Toutes les qualités du style de Lysias sont analysées dans le passage de Denys auquel on a fait allusion plus haut. Ce morceau, qui est fort ennuyeux à lire à cause de sa prolixité, n'en est pas moins instructif pour nous, soit parce qu'il expose les opinions des anciens sur ce sujet, soit par les fragments qu'il cite de Lysias. Quant au discours sur l'amour, que Platon, dans son *Phèdre,* met dans la bouche de cet orateur, il n'est rien moins qu'authentique. L'Eupatride Platon, le neveu du tyran Critias, a bien pu prêter à un démocrate cette sorte de composition sophistique, où, à côté de certaines qualités extérieures, paraissent les défauts d'une rhétorique sans idées et de démonstrations sans vraisemblance. On peut même remarquer que ce prétendu discours de Lysias est tout entier composé d'argumentations, c'est-à-dire de ce qui ne se rencontre presque pas dans les œuvres authentiques de cet orateur. S'il était réellement de lui, nous devrions alors le regarder comme antérieur à l'accusation contre Eratosthènes et comme représentant la première manière de Lysias : mais rien ne nous oblige à lui attribuer le caractère de l'authenticité.

Isocrate, Ἰσοκράτης, était plus jeune que Lysias de vingt-trois ans. Il naquit en 436 à Athènes. Fils d'un riche fabricant d'instruments de musique nommé Théodoros, il reçut une bonne éducation et put entendre les leçons des sophistes les plus distingués de son temps. Ruiné pendant la guerre du Péloponnèse, il se rendit à Chios, où il ouvrit une école de rhétorique, et revint plus tard enseigner dans Athènes, d'où il ne sortit plus. Il vit s'accomplir tous les changements d'idées et les événements politiques qui remplirent les deux premiers tiers du quatrième siècle et mourut âgé de près de cent ans.

Il faut considérer dans Isocrate le politique et le rhéteur. Ses opinions en matière de gouvernement étaient plus théoriques que pratiques, quoiqu'il ait eu jusqu'à son dernier jour la prétention d'indiquer à ses compatriotes et à des étrangers, les voies où ils devaient s'engager. En réalité ses idées étaient celles des socratiques, avec un peu plus d'estime pour les avantages de la démocratie. Isocrate n'avait pas une notion très-claire des systèmes politiques qui luttaient en Grèce depuis un siècle : il approuve, il élève même très-haut le gouvernement populaire dans plusieurs de ses ouvrages, surtout dans son Panégyrique; mais il le voudrait réformer et le modèle qu'il propose d'imiter dans ses réformes n'est autre que le gouvernement de Sparte. Ou bien, sans tenir compte des changements accomplis depuis un siècle dans la constitution athénienne, il voudrait que l'on en revînt à celle de Solon et de Clisthènes, comme si elles eussent été encore applicables de son temps. Modéré, sage, honnête, il détestait les vices de la démocratie, mais il n'avait pas moins de haine contre les excès de la puissance spartiate, dont les Trente avaient donné un triste exemple. Libéral par principes et par goût, il s'était figuré, comme beaucoup d'autres, que la liberté des cités grecques avait pour condition leur mutuelle indépendance et que celle-ci ne pouvait être obtenue que par l'action personnelle d'un prince, jouant entre elles le rôle de médiateur.

Ses relations avec plusieurs rois étrangers et les discours qu'il leur adressa lui donnèrent l'occasion de développer sur ce point ses idées : on y trouve une union pleine de candeur, opérée par cet esprit généreux mais utopiste, entre la liberté et la monarchie, entre l'autonomie des cités helléniques et une direction suprême imprimée par un prince placé au dehors. Isocrate n'était pas royaliste, en ce sens qu'il ne paraît pas avoir agi en faveur de Philippe et dans la pensée de sacrifier à son pouvoir l'indépendance de la Grèce : mais il l'a été de fait, en croyant que ce prince devait s'efforcer de devenir généralissime des Grecs et avoir la direction de leurs armées. Ce roi l'a dupé et l'a eu en réalité parmi ses partisans : Isocrate a proposé aux Grecs, non de se soumettre à son autorité comme des vaincus, mais de le choisir spontanément pour leur chef et de se placer sous sa direction militaire. Philippe a été déclaré généralissime des Grecs, mais en même temps il a conquis leur pays et les a traités comme des vaincus.

Cette honnête confiance d'Isocrate dans un des hommes les plus dissimulés des temps anciens, était soutenue par la pensée, répandue alors dans tout le corps hellénique,

que la Grèce devait réunir ses forces et les tourner toutes à la fois contre l'Asie. Il adopta de bonne heure cette idée et la soutint jusqu'à sa mort; elle reparaît, avec des développements divers, dans la plupart de ses écrits. C'est aux Athéniens d'abord et aux autres principales républiques qu'il s'adressa pour en obtenir la réalisation. Repoussé et bientôt convaincu que leurs rivalités seraient toujours un obstacle insurmontable à toute action d'ensemble, il se rejeta sur les doctrines monarchiques et, se persuadant que, sous l'influence d'un homme supérieur, ces rivalités pouvaient être apaisées et les forces helléniques centralisées, il s'adressa à Philippe comme à celui qui pouvait le mieux répondre à ses vœux.

Les principaux écrits d'Isocrate sont politiques et tendent vers le but qui vient d'être indiqué. Le plus ancien d'entre eux est le *Panégyrique*, morceau très-éloquent, juste d'idées, quoique peut-être prématuré; l'auteur avait cinquante-cinq ans lorsqu'il le publia, en l'année 371. Après avoir annoncé dans l'exorde qu'il venait conseiller la concorde en vue de la guerre contre les barbares, il déclare que pour pacifier la Grèce il faut que Sparte laisse aux Athéniens l'empire de la mer, qu'Athènes y a droit par ses bienfaits qu'il énumère, par le rôle qu'elle joue dans la Grèce et par la solidarité qui existe entre elle et le reste du monde hellénique. Il engage énergiquement les Lacédémoniens à se relâcher de leur ambition dominatrice, à montrer plus de justice et d'humanité dans leurs rapports avec les cités, et à contracter une alliance avec Athènes. Ce pacte réalisé, la Grèce devra porter la guerre en Asie contre les Perses, guerre qui devra être heureuse : en effet le grand-roi a montré sa faiblesse en Egypte, vis-à-vis d'Evagoras, de Conon, de Dercyllidas, de Thymbron, d'Agésilas, et dans l'expédition du jeune Cyrus contre son frère. Isocrate oppose les principes vicieux du gouvernement de la Perse à ceux qui règnent chez les Grecs; il rappelle les circonstances favorables et la honte du traité d'Antalcidas; et il conclut que cette guerre est à la fois une guerre juste et une guerre nécessaire.

L'*Aréopagitique* parut quelques années après, probablement vers 348. C'est dans cet écrit que l'on trouve exposées les idées politiques d'Isocrate. L'auteur suppose qu'il a convoqué une assemblée pour lui présenter des propositions de réforme. Ce qu'il demande, c'est qu'on revienne simplement à la constitution de Solon et de Clisthène. Il fait donc un parallèle de l'ancien et du nouveau gouvernement, et oppose les anciennes mœurs publiques à la démoralisation de son époque. Il proscrit l'oligarchie et préfère une liberté tempérée. Il met en lumière la mauvaise administration des Trente, et déclare que la démocratie est préférable, mais qu'il faut la ramener à son ancien état.

Le *Discours sur la paix* ou *Symmachique* fut composé au temps de Philippe et du roi de Thrace Chersoblepte, lorsque Isocrate sentait, disait-il, ses forces affaiblies par l'âge. C'est un discours dans le genre de Démosthène, où l'on peut apercevoir une influence positive exercée sur l'auteur par les orateurs de la tribune. Au fond, ce sont les mêmes idées que dans le précédent ouvrage, mais avec des généralités vagues, des conseils excellents, mais bien peu pratiques, sur l'équité dans la politique, sur l'influence des orateurs corrompus, sur l'usage des troupes mercenaires; Isocrate s'éloignait de plus en plus, en vieillissant, de la réalité des choses et ne la comprenait plus : il allait dans ce discours jusqu'à proposer aux Athéniens d'abandonner l'empire de la mer qu'il avait jadis revendiqué pour eux et il essayait de démontrer que la puissance maritime avait été pour leur république la source de tous les maux. Il y a du reste dans cet ouvrage des morceaux d'une grande éloquence et qui pouvaient paraître dignement à la tribune du Pnyx.

Dix ans plus tard, après la paix conclue en 347 avec Philippe, Isocrate, qui avait au moins quatre-vingt-dix ans, écrivit sous forme de discours une *lettre à Philippe,* où, se détachant tout à fait des gouvernements libres de son pays, il déclare que la seule ressource qui reste aux Grecs honnêtes est de s'adresser, non plus à des assemblées, mais à un homme. Cet homme, c'est Philippe. C'est à lui de prendre le rôle de conciliateur entre Athènes, Sparte, Thèbes et Argos, afin de les réunir et de se mettre lui-même à leur tête pour les conduire contre les barbares. Il passe en revue les principaux faits relatifs à cette question d'Orient, les fautes commises, les vérités mises en lumière, les succès faciles des Grecs en Asie, les circonstances favorables qui se présentent, la noblesse héréditaire de Philippe, la nécessité d'occuper les bandes mercenaires qui parcourent l'Europe et l'Asie ; et il montre, en finissant, la gloire immense dont le vainqueur de l'Orient et le pacificateur de la Grèce pourra se couvrir.

Quant au grand discours connu sous le nom de *Panathénaïque,* c'est un simple éloge d'Athènes, mise en parallèle avec Lacédémone. Isocrate le commença à l'âge de quatre-vingt-quatorze ans, l'interrompit pendant trois ans et l'acheva ensuite, âgé de près de cent ans.

Comme œuvre politique, cet écrit est d'une faible portée ; car la Grèce à cette époque avait moins à s'occuper de ses rivalités intestines que de la domination étrangère. D'ailleurs, comme il s'en aperçoit lui-même, l'auteur n'énonce ici aucune idée nouvelle et ne fait que reproduire sous une autre forme celles qu'il avait répandues dans ses autres écrits. Si l'on prend au sérieux cet ouvrage, il ne peut guère servir qu'à constater que jusqu'à la fin de sa vie Isocrate se montra fidèle à sa patrie athénienne et la préféra aux cités aristocratiques de la Grèce, bien différent en cela des publicistes socratiques, dont leur politique dorienne fit assez souvent de fort mauvais patriotes. Quoi qu'il en soit, le Panathénaïque peut être regardé comme tenant le milieu entre un acte politique et une composition d'école, une exhibition des procédés de rhétorique que l'auteur avait toute sa vie enseignés.

Dans ce genre *épidictique* rentrent tous les autres ouvrages qui nous restent d'Isocrate. Il n'en faut probablement pas même excepter son *Nicoclès* ni son ***discours à Nicoclès***, celui-ci étant un exposé des devoirs d'un roi et des règles du gouvernement royal, celui-là étant la contrepartie de l'autre et exposant les devoirs des sujets dans un état monarchique. Il est douteux, non-seulement que ces discours aient jamais été prononcés soit par Isocrate, soit par Nicoclès, mais encore qu'ils aient été adressés par l'auteur au jeune roi de Cypre. Les autres écrits moraux d'Isocrate, son *Démonicos* et son ***Archidamos,*** sont certainement des œuvres de fantaisie sans aucun lien avec les événements réels de l'histoire. La proposition faite par le jeune roi de Sparte Archidamos, de quitter la ville comme firent jadis les Athéniens, est tellement insensée, qu'il est impossible d'y voir autre chose qu'un exercice d'école, où le fond importe peu, où la forme seule, c'est-à-dire le cadre du discours, ses subdivisions et son style, est la seule chose qui préoccupa l'auteur.

Il faut attribuer le même caractère aux discours proprement dits, qui nous sont parvenus sous le nom d'Isocrate, son éloge d'*Evagoras*, son éloge d'*Hélène*, ses discours *pour les Platéens, pour le fils d'Alcibiade, contre Callimachos, contre Euthynos, contre Lochitès*, son *Eginétique* et son *Trapézitique*. Il n'est pas un seul d'entre eux, où l'on ne trouve en assez grand nombre des preuves qu'ils ont été écrits, non pour des causes réelles, mais pour des causes soit purement imaginaires, soit empruntées à l'histoire. Ces titres mêmes montrent par leur variété que les sujets traités dans les écoles de rhétorique étaient pris dans les temps les plus anciens de la Grèce, aussi bien que dans les événements contemporains.

Mais la plus curieuse de toutes ces œuvres factices est sans contredit le discours d'Isocrate pour lui-même intitulé *Antidosis* ou l'*Echange*. L'auteur suppose qu'un nommé Lysimaque l'a traduit devant les tribunaux à l'occasion d'une fraude qu'il aurait commise contre la loi relative à la triérarchie et à l'échange légal des fortunes. Il en profite pour faire sa propre apologie, retracer sa vie, ses mœurs, son caractère, ses occupations. Il institue une véritable scène de justice (comme il le fit plus tard dans le Panathénaïque), scène dans laquelle il fait comparaître des témoins et lire des pièces authentiques par le greffier, pose les faits, les discute, en tire des conclusions comme en présence des juges. Il y a donc dans ce discours un mélange tout à fait singulier d'une accusation imaginaire et de faits réels. C'est un véritable procès pareil à celui de Socrate et qu'Isocrate suppose lui avoir été intenté : et à cette cause imaginaire, l'auteur mêle la réalité de sa propre vie, au point que tout l'ensemble peut faire illusion. Isocrate avait plus de quatre-vingts ans quand il composa cette œuvre, où l'art et l'artiste semblent absolument confondus.

L'Ecole d'Isocrate ne fit point une révolution par rapport à celle de Lysias ; mais elle développa les principes que ce dernier avait déjà enseignés et qu'il continua d'enseigner du vivant même de son rival. Ces principes se rapportaient surtout à la composition des discours, à ses parties, à l'argumentation et enfin au style. L'*argumentation* fut l'objet principal sur lequel le maître exerça ses disciples : elle avait été à peine entrevue par Lysias, qui se contentait de demander à la narration des faits la conviction qu'il voulait faire passer dans les esprits. L'école d'Isocrate développa beaucoup cet art nouveau et l'on voit par les discours de cet auteur qu'il lui donna une place au moins égale à la narration. C'est lui aussi qui paraît avoir introduit l'usage des résumés, par lesquels l'orateur condense dans quelques phrases finales toute la force qu'il a développée dans son discours. Dans ses grandes œuvres épidictiques, le Panégyrique, le Panathénaïque, Isocrate montre comment, étant données deux idées principales, celle de l'orateur et celle qu'il veut combattre, il est possible de les développer parallèlement l'une à l'autre, de manière à les opposer sans cesse, et à les mettre de place en place en contact pour faire jaillir de ces points des éclats de lumière ou de passion. Ce procédé n'est au fond que l'*antithèse*, introduite par les premiers sophistes, mais prodigieusement agrandie par Isocrate et transformée par lui en un procédé général de l'art de parler et d'écrire. L'antithèse, qui domine l'ensemble, se produit également dans les parties, et pénètre jusque dans la phrase, où elle engendre la grande période à double face. Tout le style d'Isocrate peut se ramener à ce procédé. Mais il ne faudrait pas croire qu'il est toujours périodique et que toute période repose sur une antithèse ; l'art d'écrire en prose est désormais en pleine possession de lui-même ; on sait alterner les grandes et les courtes périodes et les entremêler de très-rapides propositions, mélange qui repose à la fois l'esprit et la voix et qui donne à l'harmonie totale d'un alinéa ou d'un discours le charme de la variété. Cette harmonie arrive dans les grandes périodes isocratiques à une puissance qui ravit l'oreille et la pensée ; les anciens Grecs et, après eux, les Romains ont conçu pour ce style une admiration sans bornes ; la période longue ou courte, avec ses formes et ses consonnances infiniment variées, est devenue après Isocrate la condition même du bon style et quiconque l'a ignorée ou méconnue a depuis cette époque été considéré comme un mauvais écrivain.

Quant à la passion, elle n'est pas beaucoup plus fortement exprimée dans Isocrate que dans Lysias, soit que le grand rhéteur n'eût pas cette énergie de sentiment qui caractérisa bientôt les orateurs de la tribune, soit que, travaillant dans son cabinet et pouvant régler selon sa volonté les mouvements de son cœur, il se fit une loi et comme une règle d'art de ne point passionner son style jusqu'à la violence. Dans ses élans les plus hardis, Isocrate paraît toujours calme et maître de lui-même : au contraire les orateurs de la tribune qui suivirent ses préceptes dans l'art d'écrire et qui les appliquèrent aux discours publics et aux harangues, introduisirent dans le langage oratoire ces mouvements heurtés et presque désordonnés, mais parfois irrésistibles, qui semblaient produits par la fureur des événements. Il ne faut pas oublier qu'Isocrate était un maître, un véritable professeur d'éloquence et qu'en enseignant les règles et les procédés du style, il ne pouvait avoir la prétention d'enseigner aussi la passion, qui ne s'enseigne pas et qui naît d'elle-même au contact de l'homme avec la réalité.

Isocrate, comme il le dit lui-même, n'a jamais paru en public, à cause de la faiblesse de sa voix et d'une certaine timidité naturelle, mais aussi sans doute par un habile calcul, puisque, s'il n'eût pas réussi au barreau ou à la tribune, il eût pu voir sa réputation déchoir et son influence diminuer. Il ne paraît pas non plus qu'il ait jamais écrit aucun discours pour autrui et fait le métier de logographe, métier où plusieurs sophistes, ses prédécesseurs, s'étaient enrichis. Son rôle fut donc simplement celui d'un maître d'éloquence ; ses plus grandes compositions, comme ses plus petites, paraissent avoir été destinées, moins à exercer sur la politique une influence qui pût rivaliser avec celle des orateurs, qu'à montrer, par des exemples destinés à devenir célèbres, ce que pouvait produire l'art de la parole écrite, à l'enseignement duquel il se livrait. Ces œuvres n'étaient donc ni des discours, ni des traités, ni des histoires, ni de pures œuvres d'art, mais, comme nous dirions, de véritables brochures où dominait le caractère des compositions d'école. Elles répandirent dans toute la Grèce la réputation du maître et attirèrent autour de lui un grand nombre d'auditeurs inscrits : il y en eut jusqu'à cent, dont chacun payait chaque année mille drachmes (890 fr.). Si l'on songe qu'à cette époque l'argent valait encore au moins cinq fois ce qu'il vaut de nos jours, on pourra se rendre compte et de la situation matérielle d'un maître tel qu'Isocrate et de la passion qui animait alors les Grecs pour l'art d'écrire et pour l'éloquence.

L'école fondée par Isée, Ἰσαῖος, fut loin d'égaler en renom et en valeur celle de son rival Isocrate; c'est là, dit-on, que furent donnés aux figures de rhétorique les noms qu'elles ont conservées ; mais celui qui donna les grands exemples de la prose savante et qui l'enseigna à ses contemporains, fit beaucoup plus pour l'art d'écrire. D'ailleurs, ce que l'on apprenait surtout dans l'école d'Isée, c'était l'éloquence judiciaire ; lui-même était logographe. Dans l'école d'Isocrate se formaient deux classes d'écrivains, les orateurs politiques et les historiens, qu'elle produisit en grand nombre. Isée fut cependant le premier maître de Démosthène ; mais il est aisé de reconnaître dans les discours de ce grand orateur, que les modèles publiés par Isocrate firent plus pour son instruction que les plaidoyers de son ancien professeur.

Nous ne savons presque rien de la vie d'Isée, si ce n'est qu'il florissait entre les années 420 et 350 et qu'il appartient à la première moitié du quatrième siècle. Né à Chalcis, il vint de bonne heure à Athènes, où il paraît avoir enseigné la rhétorique jusqu'à sa mort, sans se mêler à la politique de son temps. Il laissa une soixantaine de discours : onze d'entre eux ont été conservés, avec un grand nombre de fragments, dont trois ou quatre ont une certaine étendue. La plupart sont relatifs à des revendications de terrain ou à des héritages ; ils n'ont pour nous qu'un médiocre intérêt littéraire ; mais ils sont importants à connaître pour ceux qui s'occupent de la législation civile des Athéniens ; à ce dernier point de vue, il en est un surtout dont la perte est vraiment regrettable, c'est le discours contre les ὀργεῶνες, confréries religieuses possédant des propriétés immobilières. Dans l'histoire des lettres, Isée ne semble pas avoir fait faire un progrès réel à l'art d'écrire : il s'est contenté d'appliquer les préceptes et les procédés de son maître Lysias. Denys d'Halicarnasse remarque même avec justesse qu'il les a exagérés et que son style est plus travaillé et a moins de naturel que celui de ce dernier ; il faut donc voir dans Isée non un maître qui préparait l'éloquence des temps à venir, mais un disciple d'une école que celle d'Isocrate avait de beaucoup dépassée. C'est là sans doute la vraie cause du peu de succès qu'eut son école, en face de celle de son illustre rival.

III. THÉATRE.

Nous avons énuméré dans la section précédente les auteurs tragiques qui succédèrent à Euripide et qui écrivirent dans la manière de quelqu'un des trois grands maîtres. Nous n'avons pas à y revenir, si ce n'est pour faire remarquer que plusieurs d'entre eux appartiennent au quatrième siècle, qu'ils ont montré en général une grande fécondité, sinon une originalité profonde, et qu'enfin l'histoire de la tragédie se continuerait pour nous si nous possédions les ouvrages qui furent alors représentés.

La comédie continua de parcourir dans Athènes une brillante carrière; la liste des poètes qui se distinguèrent dans le genre comique pendant la première moitié du quatrième siècle, égale ou dépasse celle de la période précédente. Malheureusement nous ne possédons pas de ces nombreux ouvrages une scène entière; les fragments conservés çà et là dans les livres des critiques et des historiens, sont en général très-courts; les analyses manquent totalement ou se réduisent à quelques indications insuffisantes. Nous avons seulement les titres d'un grand nombre de pièces, avec les noms de leurs auteurs, et des appréciations que justifient le plus souvent les courts fragments qui nous en restent.

Cette période est désignée sous le nom de *Comédie moyenne :* les dernières pièces d'Aristophane lui appartiennent déjà, et plusieurs poètes, qui en font partie, ont vécu assez longtemps pour que leurs dernières productions puissent être rangées avec celles de la *Nouvelle Comédie;* tel fut, par exemple, *Cratinos-le-Jeune*, dont la vie dépassa probablement cent années et atteignit l'époque de Ptolémée-Philadelphe; tel fut encore *Alexis*, dont le *Marchand de Drogues* fut représenté en l'année 306, longtemps après la mort d'Alexandre. Toutefois on peut admettre que l'époque la plus florissante de la Comédie moyenne ne s'éloigne pas beaucoup, dans l'un ou l'autre sens, de l'année 375, qui marque le premier quart de ce siècle.

Les caractères essentiels de cette période résultent de la marche naturelle des idées, des circonstances extérieures et des conditions générales de l'art durant le même temps. La loi qui avait supprimé la parabase interdisait au poète de se mettre personnellement en rapport avec les spectateurs et plaçait la comédie, comme la tragédie, dans un monde séparé et idéal. Celle qui interdisait de faire paraître sur la scène aucun masque d'un homme chargé de fonctions publiques, en excluait la politique du jour et ne lui permettait plus de paraître que sous une forme générale et fort peu comique ; elle rejetait donc les poètes dans un tout autre ordre de sujets, intéressant l'homme en général ou la société hellénique tout entière, mais non les affaires de la cité. Dans le même temps l'esprit scientifique, se portant vers des conceptions générales, faisait naître dans les écoles de philosophie les études psychologiques, et dans le public une tendance vers les analyses du cœur humain. Toute la littérature d'alors en est remplie ; elles donnent aussi aux œuvres des sculpteurs un caractère que n'avaient point celles de leurs devanciers.

En même temps les théories métaphysiques ou morales qui s'enseignaient dans les écoles devinrent pour les poètes comiques une mine nouvelle à exploiter. Déjà Socrate et les sophistes avaient été mis sur la scène par Aristophane, et la comédie sicilienne y avait fait battre l'un contre l'autre, dans des personnages abstraits, les systèmes de Xénophane et de Thalès. A ces vieilles écoles l'esprit nouveau, dont la mort de Socrate avait assuré le triomphe, substituait des théories mieux fondées sur la raison et l'expérience et dont les conséquences pratiques étaient tirées par ceux mêmes qui les professaient : la plupart de ces doctrines se rattachaient à l'enseignement socratique, et trouvaient chez les poètes du théâtre le même antagonisme que Socrate avait rencontré chez Aristophane.

A côté des écoles philosophiques continuaient de s'établir ou de s'étendre un grand nombre de sociétés secrètes et de confréries, ayant des pratiques mystérieuses et des règles particulières qui s'éloignaient beaucoup des mœurs communes. Elles paraissent avoir été indépendantes les unes des autres ; il y en eut qui attirèrent l'attention publique et servirent de matière aux sarcasmes de la comédie ; telles furent les sociétés orphiques et pythagoriciennes, dont les rameaux s'étendaient en Italie, en Thrace, en Asie mineure et déjà peut-être en Syrie et en Egypte. Ces sociétés, qu'Eupolis avait déjà censurées dans ses *Baptiseurs,* introduisaient, sinon des cultes, au moins des rites étrangers et des pratiques en désaccord avec les usages reçus : il en arrivait de toutes parts, surtout de l'Egypte, dont les symboles extérieurs étaient souvent confondus par le peuple grec avec des dogmes très-sérieux connus des seuls initiés et que la vieille Egypte n'avait pas produits. La comédie les tournait en ridicule ou s'efforçait de les rendre odieux. Mais elle ne trouvait rien à leur substituer, dans un temps où les vieilles croyances helléniques touchaient à leur déclin, et où ni la science, ni la grande tradition orientale n'avaient encore éclairé les intelligences.

A côté de cette critique des opinions, la Comédie moyenne plaçait celle des mœurs, des caractères et des conditions sociales, ainsi que des aventures et des intrigues dont la société du temps donnait de fréquents exemples. Les amoureux, les femmes de moyenne vertu, les joueurs et les joueuses de flûte, les danseurs de place, les fils enlevés et retrouvés, les héritages perdus ou contestés, les joueurs, les coiffeuses, les diseuses de bonne aventure, les militaires recruteurs, les usuriers, les amateurs de chevaux, de bonne chère ou de vin, se rencontrent aussi fréquemment dans la comédie moyenne que les hommes et les sujets politiques dans la vieille comédie. Ces critiques des mœurs contemporaines se présentaient souvent revêtues de couleurs antiques et amenaient sur la scène des personnages appartenant à la tradition héroïque ou sacrée. Le nombre est grand de pièces ayant pour titre des noms mythologiques ou empruntés à l'épopée, Busiris, Ganymède, Minos, Anchise, Ulysse, Nausicaa, Omphale, Les Sept devant Thèbes, Les Gorgones, Le Centaure, et une foule d'autres, rappelant des aventures bien connues, dont l'allusion devait être facile à comprendre pour les contemporains.

Si l'on jugeait des mœurs du temps par les traits les plus saillants de la comédie moyenne, on verrait dominer dans la société deux vices qui contribuèrent à perdre successivement la civilisation des Grecs et celle des Romains, vices que ces derniers désignèrent par les mots *amare, potare :* si les amoureux occupent une grande place dans cette comédie, ce qu'elle montre ce sont surtout les amours de bas étage et les femmes de mauvaise vie ; plusieurs d'entre elles, qui avaient acquis une certaine réputation, virent leurs noms servir de titre à des pièces de théâtre et plus souvent leurs vices et leurs intrigues y paraître sous des noms étrangers ; plusieurs fragments les dépeignent sous les plus vives couleurs. Quant aux festins, ils étaient un thème admis par la plupart des poètes d'alors ; ces poètes ne tarissent point quand ils énumèrent les plats de toute sorte qui s'y servaient ; nous en avons plusieurs listes dans les fragments conservés ; une d'elles ne renferme pas moins de trente-cinq vers. Les cuisiniers et les parasites, introduits par la comédie sicilienne, étaient devenus des personnages ordinaires de la scène, sur lesquels on comptait pour l'égayer. Du reste, si l'on mange beaucoup dans la comédie moyenne, on y boit bien aussi; l'éloge du vin s'y rencontre souvent dans la bouche de personnages, qui l'estiment un des principaux biens de la vie et quelquefois le seul qui la rende supportable.

Parmi les noms des poètes de la comédie moyenne, il en est deux ou trois dont la gloire a dépassé celle des autres et qui servent comme de symbole à cette période de transition. Ce sont ceux d'Antiphane, d'Eubule, d'Alexis et de Timoclès. Nous allons donner, faute de mieux, la liste de ces poètes avec les titres de leurs principaux ouvrages. Comme l'époque de leur naissance et de leur mort est presque toujours inconnue, nous les présenterons à peu près dans l'ordre alphabétique.

Antiphane, Ἀντιφάνης, né entre 407 et 404, commença de représenter des comédies vers l'année 386, et mourut entre les années 331 et 328, âgé de soixante-quatorze ans. Né pour le théâtre, il avait composé au moins deux cent quatre-vingts pièces, dont il ne nous reste que des fragments, très-courts mais assez nombreux. Ses principales comédies étaient : *Le Paysan, les Adelphes, Adonis, Athamas, les Égyptiens, Éole, la Tailleuse, Alceste, Esculape, le Flûtiste, l'Amoureux de soi-même, la Nativité d'Aphrodite, Busiris, le Byzantin, la Noce, Ganymède, Glaucos, les Jumeaux, la Fille déshéritée, l'Éphésienne, le Peintre, le Médecin, les Chevaliers, les Cariens, le Chanteur, le Cithariste, le Ventru, la Corinthienne, le Fabricant de poupées, la Coiffeuse, les Joueurs de dés, le Cyclope, la Lampe, le Lydien,*

Méléagre, l'Abeille (nom d'une courtisane), *le Métèque, Médée, Minos, les Adultères, le Moulin, Mystis l'ivrognesse, les Jeunes gens, les Compatriotes, Omphale, Orphée* (contre les Orphiques), *le Parasite, les Riches, la Poésie, le Fourneau, Sapho, le Soldat, la Cruche, le Sommeil*.....

ANAXANDRIDE, Ἀναξανδρίδης, est assez souvent cité par Aristote qui le regardait comme un bon poète. C'était un homme d'un caractère entier, un esprit acerbe, qui ne daigna jamais corriger ses pièces quand elles n'avaient pas été reçues au théâtre, et qui, les lacérant, les envoyait au marché aux parfums, pour prouver à la fois l'estime qu'il avait pour elles et combien il leur était peu attaché. Cet homme riche, de grande taille, et qu'on nous représente portant un vêtement de pourpre à franges d'or, était un Rhodien de Camiros dépourvu de tout scrupule et mettant sur la scène le vice dans toute sa nudité; Eudocie l'appelle παμμίαρος. Voici ses principales pièces, dont il nous reste quelques fragments ; il en avait composé soixante-cinq, et il avait remporté dix fois le prix; Antiphane l'avait remporté treize fois. — *Les Paysans, Anchise, la Laide, l'Amour rendu, Achille, la Folie de vieillesse, les Jumeaux, Hélène, les Peintres, le Trésor, la Joueuse de cithare, les Chasseurs, la Locrienne, Nérée, les Néréides, Ulysse, le Spadassin, les Cités*, où il met en lutte la démocratie et l'oligarchie, *la Samienne, Satyrias, Sosippe, l'Outrage, l'Empoisonneuse, le Porteur de fiole*.....

Eubule, Εὔβουλος, d'Athènes, que sa date place sur les confins de l'ancienne et de la moyenne comédie, fut un des meilleurs auteurs de cette période; c'était un esprit fin, élégant, que la gravité de ses goûts élevait au dessus de la comédie et dont les ouvrages furent souvent imités par ses successeurs. Il s'adonna beaucoup à la parodie, surtout à celle des tragédies d'Euripide, ce qui rattache directement Eubule à l'école d'Aristophane. Il avait composé cent quatre pièces dont voici les principaux titres : *Anchise, Amalthée, Antiope, Augé, Ganymède, Glaucos, Damalis, Denys, la Paix, Europe, Echo, Ion, les Cercopes, les Joueurs de dés, les Laconiens* (ou *Léda*), *Médée, la Meunière, Nausicaa, Xouthos, Ulysse, OEdipe, OEnomaos, Pannychis, le Léno, Sémélé, les Nourrices, les Titans, le Phénix, les Graces, la Danseuse.....*

ARARÔS, Ἀραρώς, fils d'Aristophane, représenta deux des pièces de son père, le *Cocalos* et l'*Æolosicon*, puis écrivit lui-même quelques comédies, entre autres *Adonis, Cœnée, Campylion, la Nativité de Pan, Hyménée.*

AMPHIS, Ἄμφις, Athénien contemporain de Platon, écrivit vingt-six pièces, entre lesquelles on remarqua : *Athamas, le Vigneron, le Bain, le Gouvernement des femmes, la Manie des femmes, les Sept devant Thèbes, les Mercenaires, l'Enervé, la Coiffeuse, les Joueurs de dés, la Leucadienne, Ulysse, Pan, le Rôdeur.....*

D'ANAXILAOS il nous reste quelques fragments d'une vingtaine de pièces, telles que : *le Paysan, le Flûtiste, Glaucos, Io, Calypso, le Fabricant de lyres, les Cuisiniers, Nérée, les Eleveurs d'oiseaux.....*

ARISTOPHON, Ἀριστοφῶν, avait composé entre autres pièces : *les Jumeaux, le Médecin, le Dépôt, Platon, le*

Pythagoricien, Philonide, titres dont plusieurs indiquent qu'il était de l'école d'Aristophane et le censeur des philosophes et des sociétés mystiques.

Alexis, Ἄλεξις, de Thurii, quitta probablement cette ville, lorsqu'en 389 elle fut asservie par les Lucaniens, et vint s'établir à Athènes, où il reçut le titre de citoyen. Il semble avoir vécu jusque vers l'année 287. Il fut l'oncle paternel de Ménandre et peut-être le père d'un autre poète comique, Stéphanos. Alexis avait composé deux cent quarante-cinq pièces, écrites avec une grande élégance et remplies de gaîté et de verve comique. Il nous reste des fragments, quelquefois assez longs, de plusieurs d'entr'elles ; en voici un qui se trouvait dans son *Maître d'infamie* :

« Que contes-tu là ? que rabâches-tu du Lycée, de l'Académie, de l'Odéon, des Thermopyles, niaiseries de sophistes ? Tout cela n'est pas gai. Buvons, buvons sec, gaudissons-nous, Sicon, tant qu'il est possible d'arroser notre âme. Vive le tapage, Manès. Rien de plus charmant que le ventre : il est ton père et ta mère, à lui seul. Vertus, ambassades, commandements militaires, songes creux, vains hochets dont on s'étourdit. La mort te glacera au jour fatal. Tu posséderas alors ce que tu auras bu ou mangé, voilà tout. Tout le reste est poussière, Périclès et Codrus et Cimon. »

Ennemi des philosophes et des sectes mystiques, Alexis composa plusieurs pièces à leur intention. Il nous en reste des fragments ; en voici un de son *Linos*, comédie dirigée contre les Orphiques :

Linos. « Viens un peu ; prends, si tu veux bien, ce livre ; et puis lis, en ayant soin de garder le silence et de bien distinguer les titres. Tu y trouveras Orphée, Hésiode, des tragédies, Chœrilos, Homère, charmants auteurs de tout pays. On verra par là quelles sont tes préférences naturelles.

Hercule. Donne.

Linos. Voyons donc; qu'y trouves-tu?

Hercule. Recettes de cuisine; voilà le titre.

Linos. Tu es un philosophe, paraît-il; tu as passé par dessus tous ces livres et tu as pris le Traité de Simos.

Hercule. Quel est ce Simos?

Linos. Un fort habile homme qui vient de s'élever à la scène tragique; c'est bien de tous les acteurs le meilleur cuisinier, on en peut juger à l'épreuve, et de tous les cuisiniers le meilleur acteur. »

Voici les titres de quelques-unes des comédies d'Alexis : *Ancylion, Agônis* (vers l'année 342), *les Adelphes, les Chevriers, Esope, le Vigneron, Archiloque, le Maître d'infamie, Atalante, la Boucle de cheveux, la Bruttienne, l'Autel, Galatée, la Peinture, le Gouvernement des femmes, l'Anneau, les Jumeaux, Au puits, le Retour au logis, le Fabricant de vases à boire, Hélène, l'Enlèvement d'Hélène, les Prétendants d'Hélène, le Tuteur, les Sept devant Thèbes, la Diseuse de bonne aventure, les Thébains, le Chevalier,* pièce contre les philosophes, *Isostasion* ou la Femme-bien-équilibrée, dans laquelle on trouve cette peinture de mœurs :

« D'abord si elles ne volent et ne gagnent sur tout le monde, elles n'ont rien fait; elles cousent des intrigues contre tous. Et quand elles ont gagné quelque argent, elles prennent chez elles de nouvelles femmes, novices dans l'art. Aussitôt elles les mettent sur la forme et leur changent les manières et la mine. Est-elle petite? on lui met du liége à ses pantoufles. La grande a des semelles minces et ne sort pas sans pencher la tête sur son épaule, pour ôter quelque chose de sa taille. Manque-t-elle de hanches? on lui coud par dessous quelque chose, et les pas-

LE QUATRIÈME SIÈCLE.

sants s'écrient : « oh! les belles formes! » mais elle a le ventre gros : qu'on lui fasse une poitrine, comme en ont les acteurs comiques; quand elle sera debout, son ventre semblera rentrer en arrière comme s'il était tiré avec un crochet. Elle a les sourcils roux; on a du noir pour les peindre. Par malheur elle est noire : mais on l'enduit de céruse. Elle est trop pâle, on use alors de poudre-aux-amours. Au contraire si elle a quelque chose de beau, on le met à nu. Est-ce de belles dents? il faudra rire pour que les gens puissent voir une si jolie bouche. Si elle n'a pas envie de rire, elle reste enfermée tout le long du jour tenant une petite branche de myrte entre ses lèvres pour qu'elle s'accoutume à montrer les dents bon gré mal gré » ;

les Cauniens, la Vente aux enchères, Cléobuline, la Coiffeuse, le Marchand de drogues (de l'année 306), *le Pilote, les Joueurs de dés, la Lampe, le Chaudron, la Leucadienne, le Peuplier, Linos, le Carien, la Mandragore, les Devins, la Milésienne, Ulysse au bain, Ulysse tisseur, Olympiodore* (contre Platon), *Opôra* (courtisane), *Oreste, la Danseuse, la Courtisane, le Parasite, les Poètes, la Femme poète, la Pythagoricienne, le Fourneau, le Militaire, les Repas en commun, le Syracusain, les Tarentins* (contre les Pythagoriciens), *la Nourrice, l'Usurier, Léda, le Sommeil, Phèdre* (contre Platon), *Phédon* (probablement aussi contre Platon), *l'Amateur de tragédies, l'Amoureuse, la Maîtresse de danse, le Menteur,* etc.

Antidotos. — *Axionicos* qui vécut jusqu'au temps d'Alexandre et appartient peut-être à la nouvelle comédie : *le Toscan, l'Amateur d'Euripide, Philinna, le Chalcidien.*

Callicrate, Καλλικράτης, qui était probablement contemporain de Démosthène.

Cratinos le jeune, Κρατῖνος, un des adversaires les plus décidés de Platon et des Pythagoriciens, vécut peut-être jusqu'au temps de Ptolémée Philadelphe. Il avait fait *les Géants, Théramène, Omphale, la Pythagoricienne, les Tarentins, les Titans, Chiron, le Fils supposé.*

Epigène, Ἐπιγένης. — *Epicrate,* Ἐπικράτης, d'Ambracie, composa plusieurs pièces dont nous avons des fragments, entre autres : *les Amazones, la Rivale de Laïs, le Marchand.* Il parlait de Speusippe, successeur de Platon, de Ménédème, un de ses disciples, de Laïs, née en 426.

Eriphos, Ἔριφος, contemporain d'Antiphane, et qualifié de savant homme, λόγιος ἀνήρ, composa *Eole, Mélibée, le Peltaste.*

Eubulide, Εὐβουλίδης, le même que le dialecticien, disciple d'Euclide et adversaire d'Aristote, fit représenter les *Comastes.*

Denys, Διονύσιος, de Sinope, écrivit vers les années 379-376 ; il était contemporain de Nicostrate, fils d'Aristophane, et semble avoir vécu jusqu'à l'époque macédonienne. Il avait fait *les Législateurs, les Homonymes, l'Affamé*.....

Diodore, Διόδωρος, également de Sinope, avait fait *la Joueuse de flûte* et *la Fille déshéritée*...

Dromon, Δρόμων, était auteur de *la Danseuse.*

Héniochos, Ἡνίοχος, fut un poète politique, mais ne traitant probablement que des questions générales. Les titres de ses pièces sont : *les Gorgones, Polyeucte, l'Affairé, Trochile*...

Héraclide, Ἡρακλείδης. — *Mnésimaque,* Μνησίμαχος, écrivain très-élégant, avait composé *Alcinéon, Busiris, le*

Morose, l'Eleveur de chevaux, le Vainqueur isthmiaque.

Nicostrate, Νικόστρατος, probablement le troisième fils d'Aristophane, esprit doux, mesuré, nullement agressif ni médisant; composa, entre autres pièces, *la Délicate, Amour pour amour, Antyllos, les Rois, le Calomniateur, Hécate, Hésiode, l'Hiérophante, le Lit, le Cuisinier, le Buveur, Pandrose, Ploutos, le Syrien, l'Usurier.*

Ophélion, Ὀφιλίων, fit représenter plusieurs comédies, entre autres *Ialémos* et *Callœschros;* c'était aussi un de ceux qui tournaient en ridicule Platon et les philosophes; il a probablement paru au théâtre vers l'année 377.

Philéthère, Φιλέταιρος, contemporain d'Hypéride et de Diopithe, composa vingt-et-une comédies. Nous avons les titres et quelques fragments des principales, qui sont : *Antyllos, Esculape, Atalante, Achille, le Corinthiaste, Cynagis* (courtisane), *les Porteurs de flambeaux, Méléagre, les Mois, OEnopion* ou *le Buveur, Térée, l'Amateur de flûtes...*

Philiscos, Φίλισκος, vers l'année 375, avait composé *les Avares...*

Simylos, Σίμυλος, vers le temps de Philippe, donna *la Magicienne.*

Sophilos, Σώφιλος, de Sicyône, un peu après, fit représenter *Androclès, l'Enchiridion, le Dépôt, la Rencontre, le Phylarque...*

Sotade, Σωτάδης, Athénien, *les Femmes enfermées...*

Timothée, Τιμόθεος, Athénien, *le Petit chien...*

Timoclès, Τιμοκλῆς, Athénien, fut un des poètes les plus récents de la moyenne comédie. Elégant dans son style, spirituel et plein de verve, il attira aussi l'attention par ses attaques contre le parti libéral. Il fut au théâtre un véritable ennemi de Démosthène, d'Hypéride, de Callimédon et un partisan des Macédoniens et de la monarchie. On voit, par le titre de ses pièces et par les fragments qui nous restent de lui, qu'il était également l'adversaire des nouvelles doctrines venues d'Orient et qu'il les confondait, par ignorance ou à dessein, avec la vieille idolâtrie égyptienne.

« Comment, dit-il, serait-on sauvé par un ibis ou par un chien ? dans un pays où ceux qui n'honorent pas les dieux reconnus restent impunis, quel secours chercherait-on à l'autel d'un chat ? » *Les Egyptiens.*

Il avait composé *les Egyptiens, le Bain, l'Anneau, Délos* (contre les libéraux), *les Satyres populaires*, pièce dirigée aussi contre le parti libéral, *les Femmes célébrant les Bacchanales, Bacchus, Dracontion* (courtisane), *les Lettres, l'Envieux, les Héros, les Satyres icariens, les Cauniens, le Centaure, Conisalos, l'Oubli, les Marathoniens, Néère, Orestautoclide, l'Affairé, Ponticos, le Pugiliste, Sapho, les Compagnons de travail, l'Amateur de juges, les Faux voleurs...*

Xénarque, Ξέναρχος, composa, entre autres pièces, *Boutalion, les Jumeaux, le Pentathle, Porphyra, Priape, les Scythes, le Militaire, le Sommeil.*

Théophile, Θεόφιλος, comme Timoclès, fut un adversaire du parti libéral ; dans un de ses fragments, il raille Callimédon. Ses principales comédies étaient : *les Gens en voyage, la Béotie, l'Epidaurien, le Médecin, le Chanteur, Néoptolème, le Pancratiaste, les Prœtides, l'Amateur de flûte.*

IV. PHILOSOPHIE.

L'enseignement socratique, après la mort du maître, se démembra et produisit plusieurs écoles, qui furent comme des provinces séparées dans un royaume qui se divise. Trois d'entre elles n'exercèrent sur l'esprit public qu'une influence restreinte, parce qu'elles n'écrivirent presque pas et se contentèrent des leçons orales et des exemples qu'elles donnèrent dans l'application de leurs principes. Ce furent les écoles de Cyrène et de Mégares, et la secte cynique. Mais l'Académie se montra féconde en excellents écrits et exerça, depuis son origine, une action qui se perpétua dans les siècles suivants et qui dure encore. Cette école eut d'ailleurs l'avantage de réunir dans ses doctrines toutes les tendances supérieures de l'esprit nouveau, dont chacune des autres écoles ne présentait qu'une direction particulière. Elle eut pour fondateur Platon, qui l'illustra par son enseignement et par ses livres durant quarante années, et qui éleva l'exposition des idées philosophiques à la hauteur d'un genre littéraire, comparable au drame, à l'épopée et à l'histoire. Depuis cette époque, la philosophie a occupé dans la littérature une des premières places et a donné naissance à une série non interrompue de bons écrivains. Du reste, la mort de Socrate avait assuré la liberté de la pensée, que ses auteurs prétendaient supprimer : le moment critique était franchi ; l'esprit pouvait désormais parcourir avec indépendance toutes les voies de la science, explorer la nature et en définir les lois, analyser les phénomènes de la pensée, comparer les dogmes religieux, rejeter ceux qui étaient en désaccord avec les idées nouvelles, y substituer des dogmes étrangers et plus purs ou des théories nées de la science. C'est l'Académie, c'est surtout Platon, qui parcourut dans tous les sens ces nouveaux horizons, fixa les grandes méthodes et les principales directions de l'esprit, dont chacune devint une science, épura les doctrines de la théologie et de l'art et montra, par de nombreux ouvrages, à quelle hauteur le nouvel art d'écrire pouvait s'élever, sans fictions, sans légendes, par les seules forces de la pensée.

PLATON, Πλάτων, se nommait d'abord Aristoclès, du nom de son grand-père. Il était fils d'Ariston et de Périctione; sa mère était fille de Glaucon, fils de l'ancien Critias, qui lui-même était fils de Dropide, frère, dit-on, de Solon. Le tyran Critias était cousin germain de Périctione. Charmide, oncle de Platon par sa mère, combattit au Pirée contre Thrasybule et ceux qui descendaient avec lui de Phylé. Enfin la famille de Platon était alliée à celle de l'orateur Antiphon. Le milieu domestique où il naquit était donc aristocratique et hostile à la démocratie athénienne. Il faut ajouter que la famille de Platon était fort riche et occupait une place distinguée dans la société du temps.

Platon naquit à Athènes le 21 mai de l'année 429, quelques mois avant la mort de Périclès et le jour de la fête d'Apollon-délien. Il fit ses premières études sous le grammairien Denys (Διονύσιος), étudia la gymnastique chez Ariston d'Argos, et la musique sous Dracon d'Athènes et Mégillos le pythagoricien; on dit qu'il s'exerça aussi dans l'art de peindre. Quant aux poésies qu'il composa et qu'il détruisit, elles n'étaient probablement que des exercices d'école, dont la perte est peu regrettable et dont les meilleures idées se retrouvèrent nécessairement dans ses œuvres postérieures. Platon commença ses études philosophiques chez le savant héraclytéen Cratyle, un ami de Socrate, et s'attacha à ce dernier vers l'année 410, à l'âge de dix-neuf ou vingt ans. C'est probablement alors qu'il connut, par Hermocrate, les doctrines de l'école d'Elée. Il n'assista pas aux derniers moments de Socrate : après la mort de ce maître en 399, ses disciples crurent devoir presque tous quitter Athènes, où ils ne se trouvaient pas en sûreté, et allèrent s'établir en différents lieux. Euclide avait à Mégares une maison, où il enseignait. Platon y demeura quelque temps et en partit pour ses grands voyages. Il se rendit d'abord à Cyrène auprès du mathématicien Théodoros, ami de Socrate et disciple de Protagoras. De Cyrène il alla par mer en Egypte. Mais il n'est pas possible, comme on le raconte, qu'il y ait fait un séjour de treize ans, puisqu'en 389 il était en Sicile. On a remarqué avec raison que les dialogues de ce philosophe n'indiquent pas qu'il ait fait une étude attentive ni prolongée des choses de l'Egypte, ni qu'il ait connu ses doctrines et l'esprit de ses institutions. Mais on devait ajouter qu'à cette époque l'ancienne Egypte n'était presque plus rien et que toute la bonne société y était persane et imbue des idées zoroastriennes. Rien ne prouve que Platon ne soit pas allé en Perse, comme le raconte l'antiquité : ses dialogues sont remplis de doctrines orientales, qu'il s'est assimilées souvent sans les modifier. Ces doctrines ont pu être puisées par lui à leur source, chez les mages de la Perse, ou en Egypte parmi les Persans qui gouvernaient le pays, qui y pratiquaient leur religion et sous l'influence desquels s'étaient formées des sectes devenues célèbres aux siècles suivants; enfin Platon a pu les connaître sur le sol même de la Grèce, parmi ces initiés dont les sociétés secrètes allaient s'étendant et comprenaient déjà un grand nombre d'hommes distingués.

Les voyages lointains de Platon étaient terminés lorsque en 389, sur la sollicitation de Denys l'Ancien, il se rendit en Sicile. Le récit de Plutarque, dans la vie de Dion, ne rend pas bien compte de ce qui se passa entre le philosophe et le tyran; nous savons seulement qu'il séduisit par la beauté de ses doctrines le jeune Dion, beau-frère de Denys, homme d'un caractère élevé et que l'on accusait avec quelque vraisemblance d'aspirer au trône de Syracuse. Platon eut certainement le tort de se mêler à des affaires de cour qui ne le regardaient pas et de paraître conspirer contre son hôte. Denys le chassa et le livra, pour être vendu, au Lacédémonien Pollis. Déposé comme esclave dans l'île d'Egine, il fut acheté et rendu à la liberté par un disciple d'Aristippe de Cyrène, nommé Annicéris. Le voyage de Platon dans la Grande-Grèce dut avoir lieu lors de son premier séjour en Sicile; il se rendit à Tarente, où il vit probablement les pythagoriciens Archytas et Eurytos. Les relations qu'il avait formées avec Dion lui firent entreprendre deux autres voyages à Syracuse, l'un en 367, qui ne dura que quatre mois et fut interrompu par l'exil de Dion, l'autre en 361, que Platon entreprit pour réconcilier son ami avec le jeune Denys son neveu. Cette tentative étant demeurée infructueuse, il revint à Athènes la même année et n'en sortit plus jusqu'à sa mort, qui arriva en 347. Quant à son voyage à Ephèse et en Carie, on ne peut dire exactement ni à quelle époque il le fit ni même s'il le fit réellement.

Platon était rentré dans Athènes en l'année 395; il

avait alors trente-quatre ans. C'est à cette époque qu'il commença à enseigner dans les jardins de l'Académie, situés sur les bords du Céphise au delà du Céramique, puis dans un jardin qu'il acheta entre l'Académie et le dème de Colone. Son enseignement dura jusqu'à sa mort, et son école prit le nom du lieu où il le donna et où ses successeurs continuèrent aussi d'enseigner. Nous nous sommes un peu étendu sur la vie de Platon, parce que les différents milieux où il se trouva contribuèrent beaucoup à donner à ses doctrines le caractère, non pas éclectique, mais compréhensif et presque universel qu'il leur imima. Les opinions vagues ou exclusives des anciennes écoles vinrent se fondre, dans l'Académie, avec les dogmes nouveaux venus d'Orient et se coordonner avec eux dans une vaste unité, sous l'influence de l'esprit scientifique du monde grec au quatrième siècle.

Il y a en effet deux hommes dans Platon, le Grec et l'Oriental ; mais la forme grecque domine dans toutes ses productions, tandis que quelques siècles plus tard le platonisme, renouvelé dans Alexandrie et dans Athènes, substitua non-seulement des idées orientales aux anciennes idées grecques, mais les formes orientales de la pensée et de l'art à celles que les Hellènes avaient créées. Ce qui dans Platon procède du génie de la Grèce, c'est avant tout sa manière de penser et d'écrire, en d'autres termes le genre littéraire qu'il a adopté et le style incomparable dont il a revêtu ses idées. Comme écrivain il est disciple des rhéteurs, qui étaient de son temps les grands maîtres dans l'art de parler et d'écrire ; il connaît toutes les ressources de style qu'ils créaient alors : le rhythme, le nombre, l'harmonie, la période, les figures variées de la rhétorique, l'art de ralentir ou de précipiter la phrase, l'élément musical qui réside dans les consonnances et les dissonnances, dans l'accent, la sonorité et la mélodie des syllabes. Son style n'est pas celui de Lysias, qui est plus simple et plus froid ; il n'est pas celui d'Isocrate, dont les œuvres sentent l'école et montrent souvent à nu les procédés qu'il enseignait à ses élèves. Denys d'Halicarnasse a comparé le style de Platon à celui de Démosthène : mais il faut tenir compte de la différence des sujets et des situations d'où ces deux auteurs devaient nécessairement s'inspirer ; enfin Platon ne composait point des discours pour la tribune ou pour le barreau.

Tous ses écrits sont des dialogues. Cette forme n'avait pas été créée par lui : car le socratique ALEXAMÉNOS, de Téos, en avait déjà composé dans le même genre ; et il n'est pas improbable que Epicharme et Zénon d'Elée avaient précédé ce dernier dans le même genre littéraire. Mais Platon l'éleva à la dignité du drame, en y introduisant des personnages réels, presque tous empruntés à la société grecque du temps de Socrate. Celui-ci n'avait rien écrit : mais il avait été comme un centre vers lequel venaient tour à tour converger les représentants de toutes les doctrines et de toutes les idées. Platon fut par là naturellement conduit à faire de Socrate le personnage ordinaire et presque permanent de dialogues, où toutes les autres figures venaient successivement se montrer. Ces figures n'avait rien d'abstrait ni d'arbitraire : c'était celles des hommes les plus connus de la Grèce, que Platon avait vus à Athènes dans sa jeunesse ou avec lesquels il s'était abouché dans ses voyages. Rien ne prouve que les rencontres entre eux et Socrate aient eu lieu comme

Platon les dépeint ; mais si les circonstances ont été différentes dans la réalité, l'art de l'écrivain a su nous tracer des portraits pleins de vraisemblance et de vie et faire parler ses personnages comme ils auraient parlé si ces rencontres eussent eu lieu véritablement. De tous ces hommes il n'en est pas deux qui se ressemblent : l'un est gai, vif et un peu turbulent comme Alcibiade, l'autre est narquois et moqueur comme Aristophane; il y a de beaux jeunes hommes tels que Phèdre, des hommes pleins de cœur et de dévouement tels que Criton, de beaux parleurs hautains et emportés comme Thrasymaque, des discuteurs fins et subtils comme Gorgias ; il y en a cent autres de tout âge, de toute condition, que nous voyons revivre devant nous avec leurs traits, leurs costumes, leurs caractères et leurs mœurs. Ils forment des groupes variés et mobiles qui viennent poser, comme au théâtre, au milieu d'une mise en scène toujours renouvelée. Parmi eux se distingue la figure satirique, mais pleine de bienveillance, d'aménité, de sérénité et d'intelligence, de Socrate, dirigeant les mouvements de la scène, excitant ou modérant les passions et conduisant par les sentiers les plus divers la conversation commune au point où il la veut faire aboutir. Un dialogue de Platon est un drame ou comique comme l'*Euthydême,* ou tragique comme le *Phédon ;* ordinairement ces drames sont d'un genre mêlé, où les scènes plaisantes sont habilement alternées avec les conversations sérieuses, de manière que les discussions les plus subtiles ou les plus profondes passent sous les yeux du lecteur sans fatiguer son intelligence.

Comme artiste, Platon n'introduisait aucune nouveauté.

Il maintenait les traditions religieuses telles que le grand art de Phidias en avait fixé les canons; c'est ce que l'on peut constater par exemple dans le *Phèdre*. Mais il admettait, comme les grands artistes, que ces traditions doivent être interprétées, s'adapter aux idées nouvelles et s'épurer avec la civilisation; on peut lire sur ce sujet l'*Euthyphron*. A cette double tendance de l'esprit platonicien, la tradition et la liberté dans l'art, se rattache l'usage qu'il a adopté de présenter le résumé de ses idées sous la forme de *mythes*, c'est-à-dire de tableaux dont l'ensemble est imaginaire et dont les éléments sont empruntés aux légendes religieuses des Grecs ou des Orientaux. Plusieurs de ces mythes sont célèbres : tels sont ceux du *Gorgias,* de la *République,* du *Phédon.* Par ces divers moyens réunis, Platon est parvenu à faire du dialogue philosophique une œuvre d'art parfaite, la dernière des grandes formes littéraires que créa le génie des Hellènes.

Il restait encore à présenter la théorie de l'art, ce qui ne pouvait se faire que du jour où les études philosophiques auraient atteint un certain degré d'avancement. Platon distingua le premier les trois espèces ou manifestations de la beauté, celle des choses réelles, la beauté idéale et la beauté suprême. La première s'adresse aux sens autant qu'à l'esprit; elle donne lieu à des jugements divers et à des dissentiments; elle est passagère, naît, s'accroît et se détruit; l'art ne consiste pas à l'imiter. Mais ce premier genre de beauté renferme, par l'harmonie et la proportion, les premiers éléments de l'idéal; c'est en dégageant, du milieu des imperfections qui les cachent, les éléments de perfection que les choses contiennent, que l'esprit s'élève à cette conception, véritable objet de l'art. Cette idée ou forme permanente, que l'esprit découvre dans les choses, constitue pour chaque espèce d'objets un idéal unique, qui est comme leur type éternel et immatériel. C'est à l'exprimer dans des matières diverses et choisies que tendent les efforts de l'artiste. L'ensemble des types idéaux constitue le monde idéal. Enfin au dessus de ces types nombreux et d'une perfection relative, l'esprit du philosophe conçoit la beauté absolue, simple, unique, invariable, sans figure, inaccessible aux sens et à l'imagination, accessible à la seule intelligence. Cette beauté suprême est le principe métaphysique de l'art; ceux-là seuls sont artistes, qui la conçoivent et l'ont sans cesse présente à l'esprit, quand ils s'efforcent d'imaginer les formes idéales, qui sont les objets propres de l'art. Le sentiment qu'elle engendre en nous est l'amour du beau, que suit naturellement le désir de la reproduire sous ses formes variées : cet amour est donc le principe producteur de l'art, comme l'idée de la beauté en est le principe métaphysique. Telle est en résumé la théorie platonicienne de l'art, telle qu'elle est exposée, en partie dans le *Phèdre*, en totalité dans le *Banquet*, théorie spiritualiste et vraie, que tous les grands artistes des temps postérieurs ont adoptée.

Les livres II, III et X de la *République* contiennent l'application de cette théorie aux œuvres des écrivains, à celles de poètes, des artistes et des philosophes et enfin au goût public et à ses transformations. L'imitation servile de la réalité, qui n'est autre que le matérialisme dans l'art, y est blâmée théoriquement et quant à la pratique. Platon montre qu'elle s'éloigne de la vérité de trois degrés et que l'imitateur ne comprend pas d'ordinaire ce qu'il imite; qu'elle s'adresse à la partie passionnée de l'âme, y porte le désordre, nous en ôte le gouvernement et qu'elle est ennemie de la vertu. Platon met au premier rang des productions littéraires la poésie sacrée et la poésie héroïque, avec les genres de musique qui y correspondent; il reproche aux poètes d'avoir souvent corrompu l'idée de Dieu, abaissé le caractère des héros, présenté comme belles des choses qui ne l'étaient pas et par là corrompu le goût et la morale publique. Ce dernier point est particulièrement développé au second livre des *Lois*.

Nous n'aurions pas à donner ici une étude de la philosophie de Platon si nous ne devions signaler les éléments nouveaux et étrangers qu'elle renferme et qui, en se développant, finirent par transformer plus tard la littérature et l'art des Hellènes. Plusieurs d'entre eux ont déjà été signalés ci-dessus dans les systèmes d'Héraclite, d'Empédocle, de Pythagore, dans les poésies mystiques et les institutions, en partie secrètes, de certaines sectes évidemment originaires de l'Orient. C'est à ces influences réunies, s'exerçant sur l'esprit public, qu'il faut attribuer la faculté, acquise aux philosophes, depuis le quatrième siècle, d'enseigner ostensiblement l'unité de Dieu. Cette unité était admise de temps immémorial par tous les peuples âryens de l'Asie, auxquels elle donnait une supériorité morale évidente sur les populations helléniques, livrées à un polythéisme excessif. La société instruite chez les Grecs adhérait peu à peu aux idées orientales, tandis que le bas peuple et un parti considérable demeuraient attachés aux vieilles divinités, dont les Etats continuaient de célébrer les fêtes. L'équilibre entre ces deux tendances fut brisé définitivement par la mort de Socrate au profit des dogmes nouveaux ; des confréries, jusque-là clandestines, purent vivre au grand jour et se faire tolérer dans les cités grecques ; les philosophes exposèrent sans détour dans leurs écrits des idées en opposition manifeste avec les religions publiques ; ces idées les rapprochaient de plus en plus des croyances de l'Asie et préparaient la fusion qui sur la fin du siècle commença à s'opérer dans Alexandrie et ailleurs entre la Grèce et l'Orient.

La philosophie de Platon est beaucoup moins originale qu'elle ne le paraît au premier aspect. Le génie de ce grand homme fut surtout compréhensif et sut rapprocher dans une grande synthèse tous les éléments qui dans les doctrines éparses de son temps purent s'accorder et se réunir. Le matérialisme était seul exclu, comme incompatible avec les idées fondamentales du philosophe et comme privé de toute portée scientifique : mais Platon ne fut point pour cela idéaliste, puisqu'il admit la sensation comme le seul moyen de connaître immédiatement les choses, et les connaissances immédiates comme le point de départ de la science. Au dessus d'elles, s'élève l'édifice de la théorie, qui comprend deux degrés, la partie inductive ou déductive qui embrasse tout cet ensemble d'idées générales auxquelles on a donné plus tard le nom d'échelle de l'entendement, et la partie intuitive qui, des axiomes ou des lois générales découvertes par le raisonnement (διάνοια), nous élève aux notions absolues et à l'idée de la perfection (τὸ ἀγαθόν), qui les renferme toutes ; l'acte de l'esprit qui conçoit ces notions est la νόησις et la faculté qui l'exécute est la raison pure, le νοῦς. Tout cet ensemble d'opérations, qui commence à la sensation et se termine à l'intuition suprême, porta le nom de *dialectique*.

Ce procédé, dont le caractère est éminemment scientifique, conduisit Platon à un ensemble de doctrines, dans lequel vinrent se ranger, d'une part, les sciences d'observation, les sciences mathématiques, la métaphysique, de l'autre la morale, la politique et l'art. Là aussi purent trouver place le polythéisme grec, dont les dieux ne furent plus, aux yeux de Platon, que des idéaux, objets propres de l'art et répondant aux idées générales; les théories incomplètes, mais en partie vraies, des anciennes écoles, surtout celles d'Empédocle, d'Héraclite, de Pythagore et des Eléates; et enfin les doctrines nouvelles venues d'Orient, qui donnaient, dans un dualisme profond, une théorie de la vie et de la pensée et qui plaçaient au-dessus de cette dualité l'unité absolue de l'être : car le τὸ ἓν ὂν de Platon n'est autre que l'*akarana* ou principe suprême des Perses, et le Brahma neutre et non-actif des Indiens.

Nous n'avons pas à rendre ici aux écoles et aux doctrines antérieures la part qui leur revient dans la philosophie platonicienne. Remarquons seulement que beaucoup d'idées orientales s'y sont introduites presque sans se modifier : l'unité de l'être, le dieu vivant contemporain de la matière éternelle, l'âme du monde émanée du dieu vivant, les âmes individuelles émanées de l'âme du monde et faites d'une substance ignée uniformément répandue dans l'univers, la théorie de la raison impersonnelle, de son existence indépendante du corps, de son union avec ce dernier par une sorte de chute, de ses rapports avec le principe d'où elle est émanée, de la transmigration, de la réminiscence, des anges gardiens, de la vie et de la mort, l'enfer, le purgatoire et le paradis, la théorie de la punition, de l'expiation et de la purification : idées entièrement étrangères à l'esprit grec, mais répandues, enseignées et mises en pratique dans toute l'Asie àryenne, en Egypte et dans les sociétés nombreuses qui, en Grèce, et surtout dans Athènes, se rattachaient à l'Egypte et à l'Asie. On a été chez les modernes fort étonné de l'analogie des doctrines platoniciennes avec celles du christianisme. Aujourd'hui cette analogie est expliquée, puisque les doctrines persanes avaient fourni à Platon une partie des siennes, et que l'origine àryenne, c'est-à-dire indo-perse, des dogmes, des symboles et des institutions du christianisme est scientifiquement démontrée.

Quant aux choses de la vie réelle et particulièrement à la politique, Platon fit, comme beaucoup d'hommes de ce temps, son *utopie*, mot inventé plus tard pour désigner ces républiques idéales qui ne peuvent avoir lieu dans la réalité, ὦν οὐ τόπος ἦν. Les *Oiseaux* et l'*Assemblée des femmes* d'Aristophane avaient déjà ridiculisé sur la scène les projets de républiques impossibles, qui circulaient dans la société grecque. On aurait tort de regarder comme une proposition sérieuse la constitution politique esquissée par Platon, puisque lui-même la déclare imaginaire et impossible à faire adopter par les hommes. Il faut donc y voir ce qui s'y trouve véritablement, une analyse approfondie des éléments des sociétés politiques, mis en rapport avec la morale et avec les principes de la philosophie, puis, au second rang, une critique des institutions politiques de la Grèce. Comme Eupatride, Platon n'était point partisan de la démocratie, dont les défauts surtout frappaient ses yeux ; mais les exemples d'oligarchie tyrannique qu'il avait vus jusque dans sa famille, l'avaient éloigné aussi de cette forme de gouvernement. L'Asie lui avait montré des royautés de droit divin, où une sorte de régularité et d'ordre extérieur semblait régner; le système des castes, qui dominait dans cette contrée et en Egypte sous le sceptre des Achéménides, exerçait sur l'esprit de l'artiste une sorte de séduction; mais Platon savait, aussi bien que tous ses contemporains, qu'une incurable faiblesse avait envahi l'empire de Darius, qu'elle était née de l'absolutisme, dont le principe est de méconnaître la dignité de l'homme et de pouvoir se passer de moralité.

La *République* de Platon, publiée à deux reprises et sous deux formes différentes, fut une protestation absolue contre tout le présent, dans lequel rien ne le satisfaisait; et les institutions fictives qu'il mettait en regard de la réalité étaient moins destinées à la remplacer qu'à en faire ressortir les imperfections. Le peu de moralité des gouvernements d'alors et le hasard qui semblait présider à leurs résolutions, conduisaient naturellement Platon à proposer, comme remède au mal, le principe le plus opposé et à déclarer que les hommes ne seraient bien gouvernés que du jour où ils auraient à leur tête des philosophes. L'aristocratie qu'il rêvait n'était ni celle de la naissance, ni celle de l'argent, mais celle de la science et de la vertu, lesquelles dérivent de la raison. Au-dessous de la classe peu nombreuse des magistrats, il en plaçait deux autres, celle des guerriers, répondant aux passions nobles comprises sous le nom de θυμός, et celle des artisans et des laboureurs, dont l'œuvre n'a pour but que la satisfaction des besoins les moins élevés, de l'ἐπιθυμία. Son état était fait à l'image de l'âme, lorsque nos facultés accomplissent avec ordre leurs fonctions légitimes ; et l'âme étant à son tour faite à l'image de Dieu, il s'ensuivait que l'état platonicien était nécessairement le meilleur qui se pût concevoir. On a beaucoup appuyé sur certaines idées émises dans l'utopie de Platon, par exemple sur la communauté des femmes et des enfants et sur cette vie en commun qui semble avoir été reprise par nos modernes phalanstériens : il n'est pas probable que Platon tint beaucoup à ces idées, et il semble qu'il les ait émises comme pour les opposer à l'esprit de son temps, trop porté vers la vie individuelle et la séparation des intérêts, qui avaient pour effet d'éteindre peu à peu le patriotisme. Il est toujours nécessaire, quand on étudie Platon et les autres théoriciens de son temps, de distinguer dans leurs ouvrages ce qui était à leurs yeux une théorie définitive et ce qui n'était dit qu'en vue d'un but prochain et pour produire un effet déterminé.

Plus utopique encore et plus hypothétique dans la pensée de Platon est la physique générale dont il a esquissé les éléments dans son *Timée*. Ce dialogue est une cosmogonie, une sorte d'histoire fictive de la production du monde. Il y règne un ton demi-plaisant, qui rend la lecture du dialogue fort agréable. Les idées qu'on y trouve sont un mélange des plus singuliers des théories helléniques anciennes, des traditions sacrées et des doctrines de l'Orient. Platon voyait très-nettement que la science de la nature n'était pas encore ébauchée et qu'aucune grande loi n'avait encore reçu son expression. Il expose donc à sa manière ce qu'il est possible de penser de la nature, avec les données dont on pouvait disposer alors. C'est là qu'on trouve la théorie de l'être un et absolu, τὸ ἕν ὄν, principe formateur du monde, celle de la matière réduite à l'espace, τόπος, et à la possibilité du plus et du moins, c'est-à-dire de la limite, le parallélisme du monde sensible et du monde intelligible, la théorie des idées, identique en un sens à celle des nombres, l'unité de l'âme qui fait de l'univers un grand animal, ζῶον ἀΐδιον καὶ ἀθάνατον, la doctrine des émanations, la théorie du temps, image mobile de l'éternité immobile, et une foule d'autres qui, par leur aspect oriental, ont séduit les nouveaux platoniciens d'Alexandrie et les Pères de l'Eglise chrétienne, et fait de ce dialogue un de ceux par lesquels Platon a exercé sur les siècles qui lui ont succédé sa principale influence.

La plupart des doctrines rapprochées dans le *Timée* se trouvent dispersées dans les autres dialogues, ce qui prouve que Platon les a pour ainsi dire caressées toute sa vie ou du moins depuis ses voyages en Orient. Elles ont généralement une couleur panthéistique très-prononcée : nulle part en effet on ne trouve chez ce philosophe l'idée d'un être absolu personnel et libre, au sens où nous entendons ces mots; ni l'idée de la création, puisque ce dieu est seulement l'architecte du monde, que l'être du monde est l'être même de Dieu et que la matière, qui lui est coéternelle, n'est rien en elle-même que la simple possibilité du plus et du moins. L'être, en admettant cet élément tout métaphysique, tombe aussitôt sous les lois mathématiques du nombre, de l'espace, du temps et du mouvement, lesquelles dominent à la fois les corps et les esprits.

Ces pensées profondes, qui sont les éléments fondamentaux du panthéisme oriental, se répandirent avec les dialogues de Platon dans tout le monde grec; et c'est en ce sens désormais que marchera l'esprit public. Il est à remarquer que cette forme du panthéisme, bien différente du panthéisme étroit et abstrait des modernes, n'excluait pas d'une manière absolue les dieux helléniques, mais les reléguait seulement à un rang secondaire ; de plus, elle se rapprocha aisément, dans la suite, du monothéisme sémitique, parce qu'elle admettait, quoique d'une autre manière, la doctrine indo-persane du dieu vivant. La pensée de Platon, telle que ce grand esprit l'exprimait, avait donc une compréhension très-vaste et une portée en quelque façon catholique, capable de rallier à elle un grand nombre d'esprits. La seule chose qui lui manquait encore était la rigueur des déductions et le caractère vraiment scientifique, caractère qu'Aristote essaya plus tard de lui donner. Platon y suppléait par une sorte de poésie pénétrante, par un vif sentiment de l'idéal et par un vol puissant, qui emportait aisément le lecteur vers les plus hautes régions du monde des idées. On peut lire pour s'en convaincre certains morceaux d'une grande célébrité, la prosopopée des lois dans le *Criton*, l'allégorie de la caverne au vi[e] livre de la *République*, le mythe d'*Er* l'Arménien à la fin du même dialogue, le discours de Diotime dans le *Banquet*.

Il nous reste à dire quelque chose des dates relatives des dialogues de Platon. Il n'en est presque aucun dont on puisse fixer l'année avec certitude ; mais il est possible de classer la plupart d'entre eux en séries comprises entre certaines dates de la vie de l'auteur. Toutefois il faut d'abord signaler ceux qui doivent être considérés comme apocryphes ou comme d'une authenticité douteuse, ce sont les deux *Alcibiade*, dont le second est peut-être de Xénophon, l'*Axiochos*, le *Clitophon*, l'*Epinomis*, attribué à Philippe d'Oponte, les deux *Hippias*, l'*Hipparque*, le *Minos*, les *Rivaux* (Ἀντερασταί), le *Théagès*.

Les dialogues composés avant la mort de Socrate, c'est-à-dire lorsque Platon n'avait pas encore trente ans, furent : le *Lysis*, selon Diogène de Laerte, le *Charmide* et le *Lachès*, qui durent paraître presque coup sur coup, le grand *Hippias* et le premier *Alcibiade*, en supposant qu'ils soient authentiques, l'*Ion*, charmante œuvre que l'on n'a aucune raison sérieuse de refuser à Platon ; enfin le *Protagoras* et l'*Euthydème*, qui durent précéder de très-peu la mort du maître.

Durant son séjour à Mégares, Platon écrivit probablement l'*Apologie* de Socrate et le *Criton*. De retour à Athènes il écrivit, selon toute vraisemblance, le *Gorgias* et la première édition de la *République*, puis le *Théétète* et le *Sophiste*, ainsi que le *Politique*; dans le *Théétète* est mentionnée la bataille de Corinthe, qui est de 395. Il n'est pas aisé de fixer avec précision les dates du *Parménide* et du *Cratyle*, qui doivent néanmoins être antérieurs au premier voyage de Sicile en 389. Etabli à l'Académie, Platon publia le *Phèdre*, qui fut le premier ouvrage du professeur et qui passa, à cause de cela, pour être le premier en date de tous les dialogues. Le *Ménexène* suivit de près le *Phèdre*, tous deux étant dirigés contre l'art de Lysias. Peu après parurent le *Banquet*, le *Phédon*, le *Philèbe*, le *Ménon*, et la seconde édition de la *République*, ouvrages dont la couleur pythagoricienne et orientale est très-marquée. Le *Timée* et le *Critias* sont de la vieillesse de Platon. Les *Lois*, écrites après le dernier voyage en Sicile (en 361), ne furent jamais achevées ; elles ne furent écrites que sur des tablettes de cire et leur auteur n'eut pas le temps d'y faire les dernières corrections.

La variété des sujets traités dans ces nombreux dialogues, la diversité du ton qui y règne, ce mélange heureux de familiarité dans le style et de sublimité dans les idées, les bonnes manières des interlocuteurs, la grâce et la facilité dans les conversations, l'aménité des mœurs, le charme particulier qui respire dans cette société si distinguée d'Athéniens éclairés et tolérants, toutes ces qualités firent des dialogues de Platon la lecture ordinaire des hommes d'alors et de ceux qui leur succédèrent, et de Platon lui-même le plus complet représentant du génie grec à cette époque de son histoire. Il remplit par ses écrits et par son enseignement toute la première moitié du quatrième siècle. Les portes de l'Académie s'ouvraient aux hommes de toutes les opinions et n'excluaient que les gens de mauvaises mœurs ou de façons inconvenantes. La politique du jour avec ses violences et ses terreurs n'avait pas accès dans ces jardins des sages, et tandis que de l'autre côté de la ville, le long des rives de l'Ilissos, la Morychie retentissait des flûtes, des tambourins et des castagnettes des danseuses exécutant des pantomines peu décentes à l'issue des festins, les ombrages du Céphise couvraient les profondes conversations de ces nobles esprits dont Platon nous a conservé les pensées, ces sages sondaient les plus sérieux problèmes de la nature humaine, de Dieu et du monde, donnaient des formules, ouvraient des horizons, commençaient l'unité morale et religieuse de l'Europe et de l'Asie et préparaient l'avenir.

SECTION HUITIÈME.

PÉRIODE MACÉDONIENNE.

	ÉLOQUENCE.	PHILOSOPHIE.	HISTOIRE.	THÉATRE.
370	Lesbonax.			
	Lycoléon.			
352	Démosthène.			
345	Timarque.			
	Céphisodote.			
343	Eschine.			
	Hégésippe.			
	Aristogiton.			
341	Lycurgue.	....	Ephore.	
340	Phocion.			
338	Démade.			
	Pythéas.			
	Hypéride.			
334	Polyeucte.			
330	....	Aristote.	Théopompe.	
325	....	....	....	Diphile.
324	Dinarque.	....	....	Sosipatros.
322	Démocharès.	Théophraste.		
	Démoclide.			
317	Hagnonide.	....	....	Philémon.
305	....	Epicure.	....	Euphron.
		Zénon.		Ménandre.
300	Stratoclès.	....	....	Philippide.
287	....	Straton.	....	Hégésippe.
280	....	....	....	Lyncée.
				Apollodore de C.
				Machon.
				Baton.
270	....	Lycon.	....	Epinice.
		Métrodore.		Phénicide.
				Posidippe.

La science, l'industrie, le commerce, la navigation, les longs voyages, les relations multipliées entre la Grèce et les nations étrangères, la dispersion des Grecs, non-seulement sur tous les rivages de la Méditerranée, mais encore dans l'intérieur des continents, où ils vont faire fortune ou s'instruire; au dedans l'accroissement de la richesse apparente, l'abondance du numéraire, le luxe des particuliers, un certain amollissement des mœurs, une diminution rapide de la vie politique et une tendance désormais prépondérante vers la monarchie : tels sont les traits saillants de la société hellénique dans la seconde moitié du quatrième siècle. Deux grands faits dominent cette histoire : le triomphe de Philippe et l'expédition de son fils Alexandre. Le mouvement monarchique, signalé dans la section précédente, ne devait pas s'exécuter sans obstacles : l'affaiblissement des cités et l'impossibilité reconnue de résoudre utilement pour elles les problèmes politiques, avaient produit dans les écrits de la génération précédente ces appels vers l'unité, ces éloges de certains princes vivants ou morts et ces utopies qui sont partout, dans les écrits de Xénophon, d'Isocrate et de Platon; mais le problème était encore à l'état de théorie. Lorsqu'il passa dans la pratique et qu'il fallut le résoudre par les faits, le partage des esprits ne se produisit plus seulement dans les écrits des publicistes; il éclata dans les assemblées populaires et surtout au Pnyx d'Athènes, cette ville étant demeurée le centre principal où se discutaient les affaires de la Grèce. On vit naître alors une double légion d'orateurs : les uns défendaient les anciennes doctrines auxquelles l'indépendance des cités était attachée, tandis que les autres soutenaient Philippe et la monarchie et laissaient entrevoir, en payement de cette indépendance qu'ils sacrifiaient, la chute des Perses et la conquête de l'Asie. Le droit et les grands sentiments étaient du côté des premiers ; l'événement donna raison aux autres. Mais, comme toute la civilisation grecque avait eu pour condition l'indépendance réciproque des cités, l'établissement de la monarchie macédonienne et la conquête de l'Orient marquèrent, sinon la chute, au moins une altération profonde de l'esprit hellénique. La littérature ne brilla plus que dans les genres compatibles avec le nouvel état des choses : après l'éloquence politique, dont la mort de Démosthène fut la fin, elle ne produisit plus que des comédies d'un genre moral, des histoires et des livres de philosophie et de science.

Il ne serait peut-être pas aisé d'établir que dès cette époque la moralité des particuliers fut inférieure à ce qu'elle avait été dans les siècles précédents : les accusations portées contre elle viennent en général d'écrivains ou d'orateurs soutenant les anciennes idées et blâmant le présent, qui était déjà gros d'un avenir qu'ils redoutaient. Il est certain que les idées religieuses changeaient rapidement alors sous l'influence de la philosophie et de l'Orient ; mais ce changement avait lieu dans le sens de la vérité et coïncidait avec la chute progressive du polythéisme. L'abondance de l'argent et le perfectionnement des métiers augmentaient les facilités de la vie ; mais, si les moyens donnés aux mauvaises mœurs furent plus efficaces et si quelques hommes affichèrent un relâchement que la loi ne pouvait réprimer, en somme le bien-être n'est pas le signe de l'immoralité, non plus que les privations de peuples moins avancés ne sont une preuve de vertu. Les mœurs grecques étaient devenues faciles, la société élégante et polie, le langage pur et châtié, exempt de ces expressions crues et souvent obscènes du siècle précédent.

L'expédition d'Alexandre contribua beaucoup à précipiter ces changements, par le contact qu'elle établit entre les Grecs et les Orientaux sur tous les points de l'Asie, par les produits nouveaux qui d'Orient passèrent en Grèce, par les matériaux qu'elle fournit aux hommes de science et qui, en fortifiant leurs théories, agrandissaient leurs horizons, enfin par la facilité qu'elle donna aux doctrines indo-persanes de se répandre dans la société hellénique, d'y créer des cultes nouveaux, d'y susciter des sociétés religieuses au sein même du polythéisme et de préparer peu à peu leur avènement. Mais il est visible que plus ces influences extérieures se fortifiaient et se multipliaient, plus l'ancien esprit grec allait s'affaiblissant. Seulement, il faut bien comprendre que la Grèce ne devenait pas pour cela macédonienne : c'est la Macédoine qui s'était hellénisée, en étendant peu à peu ses mains sur les colonies du nord, sur la Thessalie et l'Epire et enfin sur toute la Grèce après la bataille de Chéronée (338). Le roi de Macédoine, devenu le chef militaire des Hellènes, les conduisit à travers l'Asie et l'Afrique, dont il leur ouvrit les sanctuaires et dont les doctrines débordèrent bientôt sur eux et ne tardèrent pas à les entraîner dans leur courant. La période macédonienne ne fut donc pour la Grèce qu'une période de transition, qu'elle traversa pour s'acheminer plus rapidement vers un nouvel avenir.

I. THÉATRE.

La période connue sous le nom de *Nouvelle Comédie* s'étendit au delà du quatrième siècle et dura jusque vers le premier quart du siècle suivant. A son point de contact avec la période précédente la comédie ne différa pas beaucoup de ce qu'elle avait été ; sa transformation s'opéra par degrés. Peu à peu les poètes quittèrent les sujets empruntés à la philosophie et à la littérature, pour s'attacher à peindre les caractères et les mœurs. Toutefois la comédie d'intrigue, très-cultivée dans la première moitié du siècle, continua de l'être dans la seconde : on voit en effet beaucoup de titres de pièces, adoptés par les poètes de ces deux périodes, se reproduire pour ainsi dire d'année en année sur les divers théâtres de la Grèce et de ses colonies ; et parmi ces titres un assez grand nombre appartiennent à des comédies d'intrigue. Il faut seulement observer que, par le progrès de l'art, l'intrigue, au lieu d'être composée arbitrairement d'événements inattendus et dus au hasard, était, surtout dans Ménandre, produite par le développement naturel des caractères et des situations principales. Il n'y avait eu que peu d'action dramatique dans les pièces d'Aristophane, presque toutes *à tiroir;* l'introduction de l'intrigue, due à la moyenne comédie, fit faire un pas à ce genre littéraire dans le sens du grand art ; mais il n'atteignit sa perfection que dans sa troisième période, lorsque les poètes surent combiner l'action dramatique avec l'unité des caractères et la faire naître du contact et de la lutte de ces derniers.

Les caractères ordinairement mis en scène à cette époque sont l'amoureux et sa maîtresse ; l'esclave rusé et fourbe ; le père, vieillard indulgent et quelquefois sévère ; la mère, qui ne paraît presque jamais et chaque fois pour très-peu de temps ; le marchand de filles (πορνοβόσκος), répondant au *leno* des Latins et faisant un métier qu'exercent parfois aussi des femmes ; le capitaine fanfaron (ἀλαζών), dont l'occupation est de recruter des mercenaires pour quelque roi d'Asie et qui, sur la scène, joue le rôle d'amoureux ridicule et bafoué ; enfin le parasite, rôle créé par la comédie sicilienne, et le cuisinier, ridiculisant par voie de comparaison avec son art tous les arts sérieux et les sciences de cette époque. Avec ces personnages, que l'on pouvait mettre dans les situations les plus variées, les poètes de la nouvelle comédie composaient une intrigue dont les éléments semblent avoir été presque toujours les mêmes : un jeune homme de bonne famille s'est épris d'amour pour une courtisane honnête et d'un esprit distingué ; le problème posé pour eux dès le commencement de la pièce est de trouver quelque moyen de se rapprocher. Le jeune homme met alors à profit, pour quelque argent ou pour la liberté qu'il promet, le savoir-faire de son esclave. Celui-ci ourdit une intrigue où tous les autres personnages se trouvent engagés sans le savoir, et dont l'issue est de faire reconnaître que la jeune fille est de condition libre. Dès lors il n'y a plus d'obstacle au rapprochement désiré et, avec le consentement des parents, le mariage termine la comédie.

On voit, par cette donnée générale, que le ressort de la nouvelle comédie est le plus souvent l'amour. Cet amour n'est pas toujours pur, bien qu'il le soit aussi quelquefois ; mais il devient légitime et honnête par le dénoûment et aboutit à une alliance légale entre deux familles. Ainsi, pendant presque toute la pièce, on est tenu en suspens, moins par le développement d'une passion amoureuse, qui au fond n'eût pas été fort intéressante, que par le mystère dont l'origine de la jeune fille est entourée, par l'injustice du sort, qui, malgré ses bons sentiments, la retient comme esclave chez un nourrisseur, et enfin par le désir qu'on a de la voir rentrer dans la société des honnêtes gens. Il n'est donc pas juste de dire que l'amour, dans ces pièces, soit un pur délire des sens et un élégant libertinage; car l'intérêt que nous prenons au sort de la jeune fille et le plus souvent au succès de son amant, vient des sentiments que j'énumère et que le jeune homme lui-même éprouve quelquefois au plus haut degré. C'est à ce titre que les comédies de Ménandre passaient dans la bonne société romaine pour pouvoir être lues sans danger par les jeunes garçons et les jeunes filles.

La question historique n'est pas moins intéressante pour nous. Comment en effet s'est-il pu faire qu'un sujet de ce genre soit devenu le thème ordinaire de la comédie? Les habitudes de l'art grec, revenant sans cesse sur les mêmes sujets et cela depuis les plus anciens temps, expliquent déjà comment les mêmes titres et par conséquent les mêmes aventures ont pu être adoptés par les poètes du quatrième siècle et se représenter sans cesse au théâtre. Mais les conditions de la société civile et politique des Grecs peuvent seules expliquer la naissance même de ces sujets. Il est certain que l'extrême division des cités helléniques, dont beaucoup étaient séparées par la mer ou par un état permanent d'hostilité, favorisait le commerce des marchands de filles et la conséquence naturelle était le rapt des enfants ; ces rapts étaient le plus souvent accomplis par des esclaves infidèles, qui s'enfuyaient en pays étranger, y vendaient pour quelque argent la fille de leur maître et y trouvaient en même temps la liberté. Il arrivait aussi pourtant que, réduits à la misère par la guerre ou par les crises commerciales, d'honnêtes parents exposaient leurs enfants, qui tombaient ainsi dans une sorte de servitude, et auxquels ils laissaient quelque signe de reconnaissance, une bague gravée, un bijou, une cassette : ces objets permettaient plus tard qu'ils fussent rendus à leur famille et à la liberté. Cet état de choses livrait aux auteurs comiques un certain nombre de personnages, ceux-là même que nous avons énumérés, les seuls qu'ils pussent mettre sur la scène, gens vivant en public ou forcés de sortir de la vie purement domestique, qui était close, pour intéresser à leur situation les gens du dehors.

Parmi ces personnes, il en est une qui est l'objet de la réprobation universelle, c'est le nourrisseur de filles ; il est pour ainsi dire mis hors la loi par le métier clandestin et déshonnête qu'il pratique. On le dépouille, on le bat, on le laisse pour mort, à la joie des spectateurs. L'esclave ravisseur est condamné, mais sans haine ; à cause des misères de la servitude, il obtient le bénéfice des circonstances atténuantes. Le parasite est le bouffon de la pièce : il est gourmand, il est avili ; on le soufflette par plaisanterie ; les assiettes et les tasses lui volent en éclats à la tête : il en rit, il y trouve sa satisfaction, parce que ces assauts lui sont payés en bons repas ; du reste il se rend utile pour tous les petits services qu'on est en droit de lui demander. C'est un factotum payé en nature et dont ni la comédie ni la société des viveurs ne pouvaient alors se passer. Quant aux cuisiniers, ils sont toujours les mêmes, cuisiniers de place (car les cuisiniers de famille ne commencèrent à être en usage que sous les rois macédoniens), allant d'une maison dans une autre, sachant ce qui s'y passe, appropriant leur cuisine à la variété des goûts de chaque peuple, de chaque famille, de chaque condition sociale, de chaque homme et parlant de leur art en véritables philosophes. C'était, à ce qu'il paraît, des gens d'importance que ces cuisiniers; car la plupart des fragments de quelque longueur qui nous restent de la Comédie nouvelle sont des dialogues ou des monologues de cuisiniers et de marmitons et des énumérations de plats ou de choses qui se mangent.

En réalité c'est la condition des parents qui donne à chaque pièce son caractère social et qui introduit dans la comédie la variété des sujets. La plupart des familles où le drame s'accomplit, appartiennent au peuple ou à la bourgeoisie : on y voit en effet des laboureurs, des pêcheurs, des conducteurs de char, des armateurs, des pilotes. Beaucoup sont Athéniens ou gens de l'Attique; beaucoup aussi sont étrangers de la Grande-Grèce, de l'Asie mineure ou des îles; un titre, emprunté au nom de quelque ville maritime, indique presque toujours un enlèvement et une aventure romanesque. D'autres fois le titre est assez explicite pour laisser apercevoir le sujet du drame. Presque aucun de ces sujets ne sort de la vie privée : cependant on vit une fois, au temps d'Antigone et de Démétrios, reparaître la comédie politique, lorsque Philippide flagella en termes dignes d'Aristophane leur flatteur Stratoclès; mais ce fut là une exception dans l'histoire de la nouvellecomédie et même dans la carrière littéraire de Philippide.

Les œuvres des poètes d'alors ne furent pas représentées dans la seule ville d'Athènes. On voit encore aujourd'hui, sur l'emplacement d'un grand nombre de petites cités, telles que Chéronée et Psophis, des ruines de théâtre la plupart élevés à cette époque. La Sicile, la Grande-Grèce, l'Asie mineure en offrent aussi sur beaucoup de points. Quoique la plupart des poètes, et principalement les plus célèbres, se soient donné rendez-vous dans Athènes et y aient écrit pour les différentes fêtes de l'année, plusieurs d'entre eux ont présenté leurs pièces à d'autres scènes. Après la mort d'Alexandre, les Grecs répandus en Asie et en Egypte y dressèrent aussi des théâtres quelquefois très-splendides, comme celui d'Ephèse par exemple, qui pouvait contenir cent cinquante mille spectateurs. Les Séleucides eurent des théâtres dans toute l'Asie centrale et jusque dans le voisinage de l'Inde. L'Egypte eut des scènes florissantes, parmi lesquelles celle d'Alexandrie jeta de bonne heure un vif éclat. Machon, un des poètes dont il nous reste quelques fragments, vécut dans cette ville et s'y distingua au temps de Ptolémée-Evergète. Sur la fin de la période, le genre créé par Susarion était cultivé dans toutes les parties du monde hellénique ; il avait mis trois siècles à accomplir cette évolution.

Trois grands noms se sont distingués entre tous dans la comédie des temps macédoniens : Diphile, Philémon et Ménandre, auxquels ont peut ajouter ceux de Philippide, d'Apollodore de Carystos, de Machon et de Posidippos. Il ne nous reste pas une seule scène entière d'aucun poète de cette période; nous ne pouvons nous faire une idée de leurs comédies que par les imitations latines de Plaute et de Térence. Encore les pièces de ces deux poètes sont-elles presque totalement empruntées aux seuls grands auteurs grecs, Philémon, Diphile et Ménandre ; et de plus ils ont souvent combiné en une seule action deux pièces grecques et emprunté des personnages et des scènes à des comédies différentes. Il est donc presque impossible de rien affirmer avec certitude sur quelque pièce que ce soit de Ménandre même, qui pourtant a été l'auteur le plus imité et celui dont l'influence s'est le plus puissamment exercée jusque dans les temps modernes.

Nous savons toutefois que MÉNANDRE (Μένανδρος) fut, chez Théophraste, le compagnon d'études de Démétrios de Phalère ; qu'il fit ensuite partie de la société élégante et parfumée des jeunes Athéniens ; qu'il vivait dans la compagnie des hétaires, monde de plaisirs, inoffensif et sans moralité sérieuse ; il en aima plusieurs tour à tour et s'attacha surtout à la nonchalante et oisive Glycère. Il fréquentait aussi les savants, les artistes, les gens de lettres et les philosophes : il fut le camarade d'enfance et l'ami fidèle d'Épicure, dont il partageait les goûts et les idées. Il avait cinquante ans, lorsqu'il se noya en se baignant dans le Pirée, en l'année 290. — Ménandre écrivit probablement ses premières pièces sous l'influence de son oncle Alexis, un des meilleurs poètes de la Comédie moyenne. Dans toute sa carrière il en composa cent huit ou cent neuf, dont huit seulement remportèrent le prix ; le plus souvent il se vit vaincu par un poète un peu plus ancien que lui, par Philémon. Malgré la médiocrité de ces succès, il n'en demeurait pas moins un des poètes les plus goûtés des Athéniens. Quoiqu'il n'eût pas une verve comique fort entraînante, il possédait si bien son art et sa langue, qu'il faisait les délices des hommes de goût. On peut juger de sa manière par les nombreux fragments qui nous restent de lui : son style était pour ainsi dire fondu, sans aspérités, sans chocs, plein de grâce, de clarté, de facilité ; un peu mou, il était d'une harmonie parfaite ; quoiqu'il employât la langue de tout le monde, il se tenait toujours quelque peu au dessus, évitant les néologismes et les mots étrangers, et se gardant de toute expression qui pût blesser, non seulement les bonnes mœurs, mais même les bonnes manières.

D'ailleurs sa morale était comme les mœurs du temps, douce et indulgente ; il ne prêchait point la haine, même des gens vicieux, évitait l'amertume dans les reproches et la colère dans le blâme. Sans vice lui-même et sans passion violente, il louait la vertu et la piété, mais une vertu modérée et une piété de sentiment et de bienveillance mutuelle, plutôt que celle qui consiste à se prosterner dans les cérémonies sacrées. Il ne croyait pas beaucoup aux dieux et mettait volontiers le hasard à la place de la Providence. Il était de ces hommes que la science avait éloignés du polythéisme et que les dogmes de l'Orient n'avaient pas encore gagnés à eux : ces hommes composaient encore la majeure partie de la société distinguée de ce temps. D'un autre côté la domination macédonienne avait éteint le patriotisme dans bien des cœurs ; en réalité, il n'y avait plus de patrie ; et lorsque Alexandre fut mort, la Grèce vit passer sur son corps abattu plusieurs royautés successives, ou lâches, ou tyranniques, ou corrompues, s'entourant de flatteurs qui menaient les affaires publiques et faisaient décerner aux princes des honneurs presque divins. Ménandre avait été témoin des adulations adressées à un Poliorcète; il avait vu élever des temples à ce vaillant héros, des autels à ses maîtresses; et l'ami d'Epicure, qui donnait si peu aux dieux, avait vu la Grèce courir à un méchant soldat comme au « seul vrai Dieu. » Il ne restait donc pas une grande et forte idée à laquelle pût se rattacher cette âme douce et affectueuse; elle en avait conçu cette sorte de mélancolie et de dégoût de la condition humaine qui caractérise les sociétés en voie de se dissoudre. Il fait dire à un de ses personnages :

« Si quelqu'un des dieux venait me trouver et me dire : « Craton,
« Après ta mort, tu recommenceras une vie nouvelle ;
« Tu seras à ton choix chien, mouton, bouc,
« Homme ou cheval; car il te faut revivre,
« C'est la loi du destin; choisis donc à ton gré. »
Tout plutôt, me hâterais-je sans doute de lui dire,
Fais de moi tout ce que tu voudras, tout, plutôt qu'un homme ;
Car c'est le seul être qui soit heureux ou malheureux sans justice.
Un bon cheval est mieux soigné
Qu'un autre; sois un chien de bonne race,
Tu seras plus estimé qu'un mauvais chien ;
Un coq vaillant est autrement nourri
Que le coq sans race qui tremble devant un plus fort.
Qu'un homme soit honnête, plein de noblesse
Et de générosité, tout cela n'est rien par le temps qui court.
Au premier rang dans le monde est le flatteur, au second
Le dénonciateur, au troisième le coquin.
Naître âne vaut mieux que de voir briller
Au-dessus de nous des gens qui ne nous valent pas. »

Il ne paraît pas du reste que les choses de la vie aient troublé davantage l'âme paisible de Ménandre : il aspirait à cette quiétude que son ami avait désignée par le mot ἀταραξία et à laquelle, sauf cette légère teinte de tristesse, l'un et l'autre semblent être parvenus. Néanmoins le sentiment de la réalité passe pour avoir été chez Ménandre d'une très-grande puissance : ses personnages étaient vivants, ses scènes calquées sur celles de la vie. Ce sentiment éclatait souvent en expressions d'une vérité si frappante qu'elles ont passé comme des proverbes aux siècles suivants et se retrouvent en grand nombre jusque dans les écrits des Pères de l'Eglise. Pourquoi faut-il que plus tard les docteurs de l'Eglise byzantine aient, par un scrupule déplacé, livré aux flammes les exemplaires existants des comédies de Ménandre?

Ce qui nous reste de PHILÉMON (Φιλέμων), le Cilicien, ne nous permet pas d'établir entre son œuvre et celle de Ménandre une différence profonde : les fragments de l'un et de l'autre peuvent donner quelque idée de leur manière de penser et de leur style, mais non de leur art, ni de la composition de leurs pièces. Quoique Ménandre fût l'élève immédiat d'Alexis, il paraît s'être éloigné du maître plus que ne le fit son rival. L'intrigue en effet tenait probablement plus de place dans les comédies de Philémon, qui par là se rattachait de plus près à la moyenne comédie. L'influence de Théophraste et d'Aristote s'était certainement exercée sur Ménandre : Philémon, moins philosophe, reconnaissait pour maître Euripide. Son caractère le portait à rechercher les succès populaires plus que l'approbation des connaisseurs : il fallait pour les obtenir qu'il répandit dans ses dialogues plus de mots à effet, d'expressions vives et pittoresques, qu'il ne fût pas toujours dans ce milieu calme et dans cet équilibre de sentiments, que recherchait Ménandre. Philémon avait besoin de plus de verve comique, d'entrainement et de passion;

ses personnages étaient de moins bonne compagnie et ses scènes provoquaient davantage le gros rire ou les sentiments moins délicats. Il remporta souvent la victoire sur son rival : Ménandre s'en étonnait et lui en faisait un reproche ; nous comprenons cependant que le genre de ce dernier était plutôt destiné à plaire au petit nombre qu'à la multitude, et qu'ainsi la majorité des suffrages devait se porter sur son concurrent. On pourrait peut-être se faire quelque idée de la différence qui existait entre eux, au moyen des pièces latines que l'un et l'autre ont inspirées ; en effet Plaute semble avoir principalement imité Philémon, et les pièces de Ménandre revivent surtout dans le théâtre de Térence : or Plaute était l'auteur populaire des Romains et ne s'adressait pas moins aux gradins supérieurs qu'à ceux des sénateurs en robe blanche et des chevaliers ; Térence écrivait pour ces deux ordres, recherchant peu les suffrages de la multitude et s'inspirant des idées et des manières de la société aristocratique des Scipions, où il vivait.

Du reste Philémon était plus âgé que Ménandre et il lui survécut d'une trentaine d'années. Pendant sa longue carrière il composa, disait-on, près de cent cinquante comédies.

Diphile, Δίφιλος, était, comme Philémon, un Asiatique : il était né à Sinope sur les côtes de la mer Noire. Moins célèbre que ses deux grands rivaux, il les égala pourtant en fécondité ; il avait, dit-on, composé cent comédies. Plus âgé que Ménandre, il paraît avoir fleuri au temps de l'administration de Lycurgue (338-326). Il jouait lui-même dans ses comédies, comme les anciens poètes ; mais cela revient à dire, quand on parle de la fin du quatrième siècle, que Diphile était acteur. Sa vie était dissipée : il fréquentait les courtisanes et se lia étroitement avec plusieurs d'entre elles, surtout avec Myrrhina et Gnathæna. Le grand nombre de sujets empruntés par lui à la mythologie le rattache à la comédie moyenne ; mais par son esprit, par son style simple, élégant, correct et savant, il appartient certainement à la nouvelle. Diphile écrivit surtout pour le théâtre d'Athènes et mourut à Smyrne. Voici les titres de ses principales pièces :

L'Ignorance; les Frères (ἀδελφοί) ; *l'Eunuque* ou *le Militaire*, pièce imitée par Plaute et par Térence ; *Amastris*, nièce de Darius Codoman, femme vertueuse et dont le seul nom indique que la pièce de Diphile était plutôt un drame, dans le sens moderne, qu'une comédie ; *l'Insatiable ; la Femme qui a quitté son mari ; le Bain ; le Béotien ; la Noce ; les Danaïdes ; les Accusateurs ; Hécate ; les Porteurs de paniers sacrés* (ἐλένη) ; *les Mangeurs d'ellébore ; le Marchand*, où l'on trouve ce fragment curieux :

« Voici un excellent usage de nos Corinthiens ; si nous voyons un homme vivre toujours magnifiquement, nous recherchons de quoi il vit et ce qu'il fait ; s'il a du bien et que ses revenus paient ses dépenses, on le laisse tranquillement jouir de la vie ; s'il dépense au delà de son avoir, on lui interdit de continuer, et s'il persiste on le punit. S'il n'a rien et qu'il vive dans le luxe, on le livre à l'exécuteur. — Grand ciel ! — car il ne peut vivre ainsi sans quelque mauvais moyen, tu comprends : nécessairement il dépouille de nuit les gens, il perce les murailles ou il est de société avec de tels malfaiteurs ; ou bien c'est un dénonciateur ou un faux témoin. Ces gens-là sont une crasse dont nous nous lavons. — C'est bien, par Jupiter ; mais en quoi cela me regarde-t-il ? — Mais, mon cher, nous te voyons chaque jour faire bombance : avec toi, impossible à nous d'avoir un pauvre poisson; tu as réduit la ville aux légumes; encore se bat-on pour du persil, comme pour le prix des concours isthmiques; qu'un lièvre s'introduise chez nous, le voilà pris par toi; de perdrix et d'alouettes, nous n'en voyons plus même en l'air; tu as fait doubler le prix des vins étrangers. »

La Revendication d'héritage; le Retour; l'Héritier; le Peintre; Héraclès; le Héros; le Trésor; Thésée; le Chanteur; les Lemniennes; le Fou furieux; le Petit monument; le Parasite; les Péliades; l'Ardélion; Pyrrha; Sapho; le Sicilien; le Radeau; les Compagnons de mort, imités par Plaute dans ses Commorientes; *Synoris; Télésias; Tithrauste; le Puits; les Frères amis; le Fondeur d'or.* Les fragments de Diphile se rapportent soit à cinquante pièces différentes, soit à des pièces qui ne sont pas nommées par les auteurs. Beaucoup d'entre eux sont des sentences, qui ressemblent à des morales de fable et se composent d'un ou deux vers :

Hipparchos ἵππαρχος, contemporain de Ménandre, composa : *les Sauvés; le Peintre; Thaïs; Pannychis.*

Lyncée, Λυγκεύς, de Samos, disciple de Théophraste et frère de l'historien Douris; il était presque contemporain de Ménandre, et composa une seule pièce, *le Centaure,* où il tournait en ridicule les repas athéniens.

Archédicos, Ἀρχέδικος, était parent et contemporain de Démocharès neveu de Démosthène; il fit contre lui pour plaire à Antipater fils de Cassandre des comédies, où il raillait tous les sentiments patriotiques. Ses deux principales pièces furent *l'Homme désappointé* et *le Trésor.*

Il y eut deux Apollodore, que les anciens eux-mêmes

ont souvent confondus et auxquels ils ont attribué plusieurs fois les mêmes pièces. Celui de Géla, composa, dit-on, sept pièces, et vécut de 339 à 291 à peu près.

Apollodore, de Carystos en Eubée, fut beaucoup meilleur poète que son homonyme ; contemporain de Machon, le comique d'Alexandrie, il composa : *Amphiaraos ; le Bienfait rendu ; la Femme qui quitte son mari ; les Morts-de-Faim ; le Fabricant de coffres-forts*, où l'on trouvait cette tirade pleine de verve :

« O vous tous, pourquoi quitter les joies de la vie et ne songer qu'à vous nuire en guerroyant. Au nom des dieux, est-il une vie champêtre qui vaille mieux que la nôtre, où l'on ne sait rien, où l'on ignore les biens et les maux du dehors, et comment la fortune nous emporte en roulant au hasard. Oui ! voilà mon avis. Pourquoi la Grèce, digne de ce nom, aime-t-elle mieux voir les siens se déchirer entre eux et tomber morts, quand ils peuvent joyeusement rire et boire aux sons de la musique ? Dis-moi, ma charmante, ou prouve le contraire, n'est-ce pas là notre vie champêtre ? N'est-pas là vraiment la vie des dieux ? Combien les choses iraient mieux dans les villes, si nous changions de régime, si tous les Athéniens au-dessous de trente ans se mettaient à boire, si les chevaliers s'en allaient pour dix jours banqueter à Corinthe, couronnés et parfumés avant le jour, si l'on envoyait au bain les alliés, et les gens d'Eubée sabler leurs vins. Voilà la véritable vie. Au lieu de cela, nous sommes esclaves des sots caprices du sort ; »

le Calomniateur ; la Belle-Mère, imitée par Térence dans son Hécyre ; *la Fille revendiquée ; le Marchand d'Habits*, etc.

Anaxippos, Ἀνάξιππος, contemporain d'Antigone et de Démétrios Poliorcète, composa : *l'Homme voilé ; la Fille revendiquée ; la Foudre ; le Citharisle ; le Puits*.

PHILIPPIDE, Φιλιππίδης, fils de Philoclès, fit renaître un moment la comédie politique entre les années 307 et 291. Démétrios ayant voulu se faire initier avant l'époque aux grands et aux petits mystères et se donner par là un caractère sacré, Stratoclès, flatteur d'Antigone et de Démétrios, homme influent et méprisable, fit avancer l'époque des fêtes pour gagner du temps. Philippide flagella Stratoclès. Il fut ami de Lysimaque, qui fut roi en 306 et qui mourut en 283. On raconte qu'il mourut lui-même de joie après avoir remporté le prix de la comédie. Ses principales pièces étaient : *les Femmes célébrant la fête d'Adonis,* sujet traité par plusieurs poètes de ce temps ; *Amphiaraos ; le Rajeunissement ; l'Argent disparu ; les Flûtes ; la Femme mise à l'épreuve ; les Laciades ; le Nourrisseur de filles ; l'Olynthien ; les Compagnons de mer ; les Frères amis ; l'Avare ; l'Ami des Athéniens ; l'Ambitieux ;* etc.

Hégésippe, Ἡγήσιππος, n'est pas celui qu'on appelait Crôbylos et de qui est probablement la septième philippique attribuée à Démosthène. Celui-ci fleurit au commencement du troisième siècle et composa sa comédie des *Philétaires,* contre la morale d'Epicure, qui ouvrit son école à Athènes en 303. Son autre comédie était celle des *Frères* (ἀδελφοί).

Sosipatros, Σωσίπατρος, un peu plus âgé que Euphron, composa une comédie du *Menteur,* dont il nous reste une longue tirade de cinquante vers sur l'art et la science des cuisiniers.

Euphron, Εὔφρων, qui écrivit sur la fin du quatrième siècle et au commencement du troisième, appartient presque à la moyenne comédie. Il composa *les Frères* (ἀδελφοί) ;

la Laide; la Vendeuse; les Jumeaux; l'Agora des dieux; les Théores; les Muses; la Femme livrée; les Camarades. Plusieurs de ses fragments roulent aussi sur l'art des cuisiniers.

Machon, Μάχων, né à Corinthe ou à Sicyone, était contemporain d'Apollodore de Carystos; il fut le maître du grammairien Aristophane, qui fleurit sous Ptolémée Philopator et sous Ptolémée Evergète. Machon vécut à Alexandrie et y fit représenter ses pièces. Après les sept grands poètes comiques de la Grèce, il occupe un rang honorable. Il composa peu de comédies; nous avons de courts fragments de *l'Ignorance* et de *la Lettre*. Il écrivit un grand poème en vers épiques intitulé *Dits célèbres,* Χρεῖαι, dont la lecture charmait les érudits de son temps.

Baton, Βάτων, contemporain d'Arcésilas (280), écrivit quatre comédies contre les cyniques, les stoïciens et les épicuriens; c'étaient: *l'Etolien; l'Homicide; les Bienfaiteurs; le Compagnon de fraude*.

Epinice, Ἐπίνικος, qui vivait du temps d'Antiochus, c'est-à-dire dans la première moitié du troisième siècle, écrivit un *Mnésiptolème* sur l'historien de ce nom, et *les Mères supposées* (αἱ ὑποβαλλόμεναι).

Eudoxe, Εὔδοξος, de Sicile, fils d'Agathoclès, remporta huit prix. Nous avons des fragments de son *Armateur* (ναύκληρος) et de son *Fils supposé*.

Phénicide, Φοινικίδης, de Mégares, mit sur la scène, aux Dionysiaques, l'alliance d'Antigone et de Pyrrhos; il fleurit dans la première moitié du troisième siècle. Ses pièces étaient: *les Joueuses de flûte; la Femme détestée; le Phylarque*.

Posidippos, Ποσείδιππος, fils de Cyniscos, de Cassandra

en Macédoine, fut un poète assez fécond. Il présenta sa première pièce en 286; il en fit quarante, parmi lesquelles on remarqua surtout : *l'Aveugle guéri; la Femme mise à la porte*, pièce où parut, probablement pour la première fois, un cuisinier de famille; *le Galate; le Compatriote* (δημότης); *l'Hermaphrodite; le Maréchal des logis* (ou peut-être *le Chef de caravansérai*, ἐπίσταθμος); *l'Ephésienne; la Cloche; les Locriennes; les Ressemblants; le Petit enfant; le Nourrisseur de filles; les Camarades; l'Ami de son père* (φιλοπάτωρ); *les Danseuses;* etc.

Damoxène, Δαμόξενος, d'Athènes, vivait au temps de Philippe fils d'Amyntas. Il composa *l'Homme en deuil de soi-même* (ἑαυτὸν πενθῶν), où il parlait d'Adée, chef de mercenaires au temps de Philippe; et *les Camarades,* dont il nous reste une longue tirade sur la science des cuisiniers.

Criton, Κρίτων, composa *les Etoliens; la Messénienne; l'Empressé.*

Démétrios, Δημήτριος, écrivit *l'Aréopagite.*

Dioxippe, Διώξιππος, d'Athènes, donna *l'Ennemi du Nourrisseur; l'Historiographe; le Trésor; l'Avare.*

Stéphane, Στέφανος, fils d'Antiphane ou d'Alexis, écrivit *l'Ami des Lacédémoniens.*

Straton, Στράτων, appelé aussi *Strattis*, paraît avoir écrit vers le commencement du troisième siècle. Il nous reste, sur l'art des cuisiniers, une tirade de quarante-sept vers, extraite de son *Phénicide.*

Théognète, Θεόγνητος, composa *le Fantôme* ou *l'Avare, le Centaure,* et *l'Ami de son maître,* dont un fragment qui nous reste fait mention du philosophe Stoïcien Pantaléon.

Outre les poètes dont nous avons cité les noms comme appartenant à l'une des trois périodes de la comédie, les auteurs en citent encore plus de vingt autres, dont il est impossible de fixer la date et dont ils nous ont aussi conservé quelques fragments. Ce sont *Alexandre, Athénion, Callippe, Chariclide, Cléarque, Crobyle, Démonicos, Dexicrate, Diophante, Evangélos, Laon, Ménécrate, Nausicrate, Nicon, Nicolaos, Nicomaque, Philostéphane, Poliochos, Sosicrate, Thougénide, Timostrate* et *Xénon*. Si nous les énumérons ici, c'est pour montrer combien fut fécond en hommes distingués et en œuvres de valeur, ce genre littéraire qui fut, après l'institution de la démocratie, le genre grec et surtout le genre athénien par excellence. Le nombre des pièces qui nous restent ou dont nous ne possédons que des fragments ou les simples titres ne s'élève pas à moins de mille trois cent quatre vingt. Or il est certain que beaucoup de pièces représentées et de noms d'auteurs ont entièrement disparu de l'histoire, la plupart de ceux que nous connaissons n'ayant été préservés de l'oubli que par le hasard d'une ou deux citations. En ne portant qu'à deux mille le nombre total des comédies représentées dans l'espace de trois siècles, on voit que beaucoup d'entre elles ont dû être jouées à d'autres fêtes qu'aux Dionysiaques, et qu'ainsi les représentations théâtrales, issues du dithyrambe bachique et du cômos, après avoir mis de côté Bacchus et offert les aventures d'autres dieux, de héros humains et d'hommes vivants, furent enfin totalement émancipées et données dans des circonstances et sur des scènes qui n'en rappelaient aucunement l'origine. Lorsqu'elles servirent de pure distraction aux Grecs et d'embellissement aux fêtes de leurs rois d'aventure, la comédie tomba d'une chute précipitée. Mais, comme elle acquit toute sa portée vraiment humaine durant sa troisième période, ce fut la Nouvelle comédie qui fournit des modèles aux Latins et par eux aux peuples modernes.

II. ÉLOQUENCE.

C'est dans les temps de crise politique ou nationale que l'éloquence se montre dans tout son éclat chez les peuples libres. L'intervention macédonienne dans les affaires de la Grèce sépara nettement et d'une manière décisive les deux pôles de l'esprit grec, dont l'un représentait les tendances monarchiques et l'autre le sentiment de l'indépendance et l'amour de la liberté. On vit une partie des Grecs se rapprocher de Philippe comme des forces physiques qui convergent vers un centre d'attraction ; une autre partie s'écartait de lui par un mouvement de répulsion spontanée et s'efforçait de maintenir les anciennes constitutions. Malgré les guerres et les revers, Athènes continuait d'être le centre de la résistance libérale, et tous les efforts des rois macédoniens tendaient à la détruire. Tant qu'elle eut dans cette ville des représentants armés du glaive de la parole, les princes et les chefs militaires qui succédèrent à Alexandre ne crurent pas avoir assis la royauté sur des bases solides. Ils venaient aisément à bout des autres cités : mais l'antique foyer de la liberté devait être éteint, si l'on ne voulait pas craindre de le voir se ranimer et propager l'incendie. C'est là la clé de toute cette partie de l'histoire hellénique et l'explication du grand déploiement d'éloquence qui la caractérise.

Il se forma donc deux partis parmi les orateurs : ceux que l'on a appelés *philippistes* ou *macédonisants*, mais auxquels le nom de monarchistes conviendrait mieux, et ceux que l'on nomme avec raison les *libéraux*. Les premiers n'étaient pas tous soudoyés par Philippe ; il y eut parmi eux des hommes, tels que Phocion, dont l'intégrité demeura hors du soupçon ; d'autres furent, comme Eschine, d'une moralité douteuse ; mais en réalité les orateurs de ce parti s'appuyaient sur une partie considérable de la nation grecque et étaient soutenus par un très-grand nombre d'Athéniens, qu'il est impossible de supposer tous corrompus. Quelques-uns furent notoirement des âmes vénales, dont l'histoire a enregistré et flétri les noms. Le rôle d'orateur libéral ne supposait pas non plus une vertu infaillible ; quelques-uns se laissèrent séduire ; le soupçon plana sur le plus grand d'entre eux. Toutefois un tel rôle avait des dangers et supposait un courage, qui fût souvent mis à l'épreuve. D'ailleurs, quoique les événements aient donné raison aux monarchistes, les libéraux voyaient très-clairement que, avec la république démocratique, Athènes allait perdre la liberté et avec la liberté sa dignité, sa fécondité morale et son influence. Du sort d'Athènes dépendait le sort de la Grèce, et, la Grèce perdue, une révolution commençait qui devait entraîner le monde entier vers un avenir inconnu. En réalité les partisans de la monarchie voyaient dans son succès la sécurité du présent ; les libéraux y voyaient la ruine d'un passé glorieux et un abîme creusé devant leurs pas.

A mesure que la monarchie faisait des progrès, les sentiments libéraux s'exaltaient et l'éloquence des orateurs trouvait des accents plus passionnés. En même temps leur

PÉRIODE MACÉDONIENNE.

ligne de conduite devenait plus nette, leur politique s'exprimait avec une précision croissante. Au commencement du règne de Philippe, aucun d'eux ne songeait à se mettre en garde contre ce roi d'un pays barbare; mais quand il essaya d'intervenir dans les affaires de la Grèce et de prendre pied dans ce pays, les orateurs libéraux ne tardèrent pas à entrevoir le rôle qui les attendait. Chacun de ses progrès marqua une phase nouvelle dans l'éloquence politique de cette époque. Après Chéronée, elle éclata en cris de désespoir et en sanglots : car c'est en ce jour que pour des siècles nombreux la liberté disparut du monde. On lutta pourtant encore au temps d'Alexandre et de son successeur; mais après la bataille de Cranon, la lutte s'éteignit dans le sang des défenseurs de la liberté : les tribunes de la Grèce entrèrent dans le silence.

Un fait très-important se produisit pendant ce combat de trois années. Les idées monarchiques étaient venues d'Asie avec l'or et l'influence de la Perse. Mais lorsque les cités grecques se furent affaiblies l'une par l'autre et qu'elles sentirent leur impuissance à se défendre contre l'Asie, au cas où l'Asie fondrait de nouveau sur la Grèce, les partisans de la monarchie cherchèrent dans le monde grec un prince qui pût réunir entre ses mains les forces dispersées du monde hellénique. Tant qu'il ne se trouva pas, les libéraux comme les autres se montrèrent ennemis du Grand-roi. Mais quand Philippe tourna à son profit les tendances monarchiques de beaucoup de Grecs, les libéraux commencèrent à tourner contre Philippe l'hostilité qu'ils avaient conçue contre le roi de Perse; et quand Philippe fut devenu visiblement l'ennemi de l'indépendance des cités, le roi de Perse devint pour eux un allié contre lui. Beaucoup d'or passa d'Asie à Athènes, versé par le Grand-roi entre les mains des orateurs libéraux. Ce serait mal comprendre l'histoire que de les accuser pour cela de corruption, puisque de toute cette monnaie pas une darique ne demeurait entre leurs mains et qu'elle était employée par eux à solder des troupes, réparer des murailles, construire des vaisseaux, contre l'ennemi commun de la monarchie persane et de l'indépendance hellénique. Au contraire, l'or de Philippe était souillé : car il s'adressait aux particuliers que l'on voulait corrompre, et servait à faire ouvrir ou fermer la bouche aux orateurs et à entraîner le vote de peuples flattés et séduits. Le beau rôle appartint donc aux orateurs libéraux.

On voit par ces réflexions que l'éloquence de cette période fut toute militante et sans cesse engagée dans les événements. L'éloquence d'école est effacée : l'art n'est pas détruit, mais il reprend son rôle naturel et vrai, qui est de servir de vêtement à la pensée et de s'accommoder à elle selon les nécessités de la vie. Jamais la Grèce ne produisit une pareille moisson de grands orateurs. La plupart d'entre eux, pour ne pas dire tous, étaient élèves des rhéteurs, chez qui ils avaient étudié l'art de bien dire, et disciples des philosophes, qui leur avaient enseigné l'art de bien penser. Mais les formules de la rhétorique et les raisonnements de la philosophie peuvent servir à défendre les mauvaises comme les bonnes causes. D'ailleurs les peuples grecs flottaient indécis entre les anciennes constitutions républicaines, qui ne suffisaient plus à les protéger, et les sécurités nouvelles que promettait la monarchie. Le plus grand des philosophes du temps, Platon, n'avait pu démontrer qu'une de ces formes fût meilleure que l'autre. L'expérience n'était pas achevée. Il était encore possible de choisir à volonté l'une ou l'autre, et l'art, comme la science, se prêtait à les défendre toutes deux à la tribune. Il y eut donc dans le parti macédonien des orateurs qui, pour la force du raisonnement, ne furent point inférieurs à ceux de l'autre parti. Mais ces derniers l'emportèrent par le sentiment, parce que les accents d'un mourant sont plus pathétiques que ceux de son meurtrier. Aussi est-ce là ce qui caractérise l'éloquence de cette période : c'est une éloquence de passion, tandis que celle de Périclès était une éloquence d'idée. Rien ne semble plus opposé que les discours de ce grand homme d'État et ceux d'Hypéride ou de Démosthène. Périclès, au vieux Pnyx sur le haut de la colline, entre la mer sillonnée de vaisseaux et l'Acropole, où s'élevaient les édifices qu'il faisait reconstruire et les nobles statues des dieux, impassible lui-même, droit comme la Minerve de Phidias, les bras pendants sous son himation, exposait d'une voix calme, au milieu d'une foule attentive, la supériorité de la politique athénienne, son antagonisme presque théorique avec Lacédémone, les raisons idéales d'une guerre qui n'existait pas encore, et traçait les lignes complexes que l'action populaire devait suivre pour s'assurer le triomphe. Cent ans après, au nouveau Pnyx établi par les Trente, Démosthène, tête nue, les lèvres tremblantes, les membres agités de mouvements passionnés, conjurant les dieux sourds et accusant le sort, défendait par tous les moyens que l'art et la passion lui fournissaient une politique qui venait d'être vaincue, mais dont le patriotisme soulevait les cris enthousiastes de la foule et nous émeut profondément encore après deux mille ans.

La liste est longue des hommes qui, dans l'un ou l'autre parti, se distinguèrent alors par leur éloquence. Le nombre de ceux dont il nous reste quelque chose dépasse cinquante ; les voici, dans l'ordre alphabétique, la date des naissances étant inconnue pour la plupart d'entre eux.

Æschine, Αἰσχίνης, le principal adversaire de Démosthène.

Æsion, Αἰσίων, contemporain de ces deux orateurs.

Alcidamas, Ἀλκιδάμας, d'Eléa, en Asie, élève de Gorgias, auteur de Μουσικά et chef d'école. Il appartient plutôt à la période d'Isocrate qu'à celle de Démosthène. Nous avons ses discours *contre Palamède*, et contre les écrivains de discours.

Anaximène, Ἀναξιμένης, de Lampsaque, historien, rhéteur et orateur ; il composa une *Techné* et plaida *contre Phryné*.

Androtion, Ἀνδροτίων, dont nous parlerons plus bas, parla *contre Idriée*.

Antisthène, Ἀντισθένης, ne fut point un orateur politique, mais l'auteur de discours d'école ; il nous reste de lui son *Ajax*, et son *Ulysse*.

Apharée, Ἀφαρεύς, auteur dramatique, composa trente-sept tragédies et des discours du genre délibératif et du genre judiciaire.

Aristogiton, Ἀριστογείτων, adversaire de Démosthène, d'Hypéride, de Lycurgue, était un rhéteur athénien ; dépourvu de moralité, il avait reçu le surnom de κυών, le chien. Selon Suidas, il composa soixante-quatre discours dont il nous reste sept fragments.

Aristophon, Ἀριστοφῶν, rhéteur. Æschine parle de lui dans son discours contre Ctésiphon.

Autoclès, Αὐτοκλῆς.

Callicrate, Καλλικράτης, parla contre Démosthène.

Callistrate, Καλλίστρατος, d'Aphidné, contemporain d'Epaminondas.

Caucalos, Καύκαλος, frère de l'historien Théopompe.

Céphale, Κέφαλος, rhéteur auquel on attribue l'invention des exordes et des péroraisons. Æschine parle de lui dans son discours contre Ctésiphon.

Céphisodote, Κηφισόδοτος, parut à la tribune au temps de la guerre d'Olynthe.

Coccos, Κόκκος, Athénien, élève d'Isocrate, composa des discours d'école, λόγους ῥητορικούς.

Cydias, Κυδίας, orateur politique des commencements de Philippe de Macédoine.

Démade, Δημάδης, l'orateur qui fit condamner à mort Démosthène; il nous reste de lui un grand fragment et trente-quatre petits.

Démétrios de Phalère, Δημήτριος, qui administra Athènes pendant onze ans et dont une partie de la carrière se rapporte à la période suivante.

Démocharès, Δημοχάρης, neveu de Démosthène et orateur très-fécond, se signala dans des occasions éclatantes : lorsque Antipater demanda que les orateurs libéraux lui fussent livrés, il parla pour les défendre. Plus tard il décida le peuple athénien à décerner de grands honneurs à la mémoire de son oncle. Dans une autre circonstance, il parla contre les maîtres de philosophie dont les écoles non autorisées avaient été fermées sur la proposition d'un certain Sophoclès, et qui eux-mêmes étaient considérés comme fauteurs de la tyrannie. Malgré son discours, les écoles furent rouvertes sur la demande de Philon, disciple d'Aristote. Cette affaire est probablement de l'année 307.

Démoclide, Δημοκλείδης, ennemi de Démocharès et disciple de Théophraste.

Démophile, Δημόφιλος, accusateur de Phocion.

Démocrate, Δημοκράτης.

Démosthène, Δημοσθένης, le grand orateur.

Dinarque, Δείναρχος, le grand orateur.

Eubule, Εὔβουλος, d'Anaphlystos, orateur distingué et homme d'action, un des partisans et des défenseurs d'Æschine ; il ne reste de lui que deux fragments.

Euthias, Εὐθίας, magistrat qui condamna Phryné à mort et ne voulut plus paraître en justice quand il vit qu'elle lui avait échappé.

Glaucippe, Γλαύκιππος, fils d'Hypéride et adversaire de Phocion.

Hagnonide, Ἁγνωνίδης, orateur violent, accusa Théophraste d'impiété et Phocion de trahison ; mais il ne put faire condamner le premier ; quant au second, l'affaire était plaidée devant Polysperchon, qui la renvoya à Athènes, où Phocion fut mis à mort. Voy. PLUT., Phoc., 33.

Hégésippe, Ἡγήσιππος, orateur libéral et citoyen actif. Il est probablement l'auteur du discours *sur Halonnèse,* prononcé en 343 et compté ordinairement parmi les philippiques de Démosthène.

Hérode, Ἡρώδης, rhéteur dont nous possédons un discours entier, composition d'école sur un sujet politique, et dirigé contre un homme nommé Archélaos.

Hypéride, Ὑπερείδης, le grand orateur.

Iphicrate, Ἰφικράτης, le général fameux, homme spirituel et bon orateur, dont il existait au moins trois beaux discours.

Lacritos, Λάκριτος, de Phasélis, rival de Démosthène au barreau.

Léodamas, Λεωδάμας. Il a existé au moins quatre personnages de ce nom, l'un antérieur aux Trente, un autre qui fut disciple d'Isocrate, un troisième qui fut un orateur très-célèbre du temps d'Epaminondas, et enfin un Léodamas d'Acharnes, orateur qui parut dans l'affaire de Leptine.

Leptine, Λεπτίνης, dont Aristote (Rhét. III, 30) mentionne un discours *sur les Lacédémoniens*, prononcé après la bataille de Leuctres.

Lesbonax, Λεσβώναξ, est du temps de la guerre de Thèbes et appartient à l'époque qui a précédé Philippe. Nous avons de lui deux discours politiques *sur la guerre des Corinthiens*.

Lycoléon, Λυκολέων, est aussi de cette époque ; il parla en faveur de Chabrias, qui avait vaincu Agésilas près de Thèbes en 378.

Lycurgue, Λύκουργος, orateur et surtout administrateur distingué, dont nous parlerons ci-dessous.

Mœroclès, Μοιροκλῆς, orateur libéral, né à Salamine, et bon administrateur.

Pitholaos, Πειθόλαος, tyran de Phères, qui fut renversé par Philippe.

Philinos, Φιλῖνος, adversaire de Lycurgue ; il nous reste de lui deux fragments.

Philiscos, Φιλίσκος, élève d'Isocrate, écrivain plutôt qu'orateur.

Philocrate, Φιλοκράτης, orateur du parti de Philippe.

Philon, Φίλων, disciple d'Aristote, qui défendit contre

Sophoclès et contre Démocharès les professeurs dont on avait fermé les écoles.

Phocion, Φωκίων, le célèbre général; partisan modéré de la monarchie, il soutenait ses opinions avec une éloquence rude et opiniâtre, souvent sans les développer. Démosthène le redoutait et le nommait la « hache » de ses discours.

Phormion, Φορμίων.

Polycharme, Πολύχαρμος, démagogue athénien.

Polyeucte, Πολύευκτος, de Sphettos, orateur distingué du parti libéral. Il prononça un discours *contre Démade*, lorsque celui-ci fut honoré d'une statue de bronze pour avoir demandé et obtenu d'Alexandre la grâce des orateurs en 334.

Pythéas, Πυθέας, adversaire de Démosthène et de Démade à la fois. C'est lui qui prétendait que les discours de Démosthène sentaient « la lampe de nuit » νυκτερινοῦ λύχνου.

Stratoclès, Στρατοκλῆς, adversaire de Démosthène, qui joua un rôle déshonorant sous les successeurs d'Alexandre. C'est de lui que nous avons parlé à l'occasion du poète Philippide.

Théopompe, Θεόπομπος, l'historien, fut moins un orateur qu'un auteur de discours écrits. Il composa plusieurs *éloges* (ἐγκώμια), entre autres ceux de *Mausole*, de *Philippe*, d'*Alexandre*.

Théodecte, Θεοδέκτης, de Phasélis, peut à peine compter parmi les écrivains orateurs. Il composa un *Traité de rhétorique* en vers, d'après Isocrate son maître, plusieurs tragédies et des discours d'école, entre autres une *Apologie* de Socrate.

Timarque, Τίμαρχος, de Sphettos, homme vil contre lequel Æschine prononça en 345 un discours que nous possédons.

Zoïle, Ζωίλος, d'Amphipolis, celui qu'on surnommait « le fouet d'Homère », fut un rhéteur qui écrivit des espèces de plaidoyers *contre Homère, contre Platon, contre Isocrate* et beaucoup d'autres. Devenu odieux à toute la Grèce, il fut, dit-on, précipité des Roches Scironiennes dans la mer. Il avait composé une histoire allant de la naissance des dieux à la mort de Philippe. Grammairien et philosophe, Zoïle ne fut point un véritable orateur.

Ceux d'entre ces orateurs qui se distinguèrent le plus à la tribune furent, parmi les libéraux : Démosthène, Lycurgue, Hypéride, Polyeucte, Hégésippe, Mœroclès ; parmi ceux de l'autre parti : Æschine, Eubule, Démade, Dinarque. Mais on ne comprend leur rôle et la portée de leurs discours que si l'on se reporte aux circonstances historiques au milieu desquelles ils ont vécu.

La guerre sociale (359-356), en brisant le lien fédéral qui unissait les cités démocratiques, avait non-seulement affaibli la puissance d'Athènes, centre de la confédération, mais accru les chances des tentatives privées et surtout des Macédoniens, pour s'emparer de la direction des affaires. Cependant les Grecs ne virent pas le danger dont Philippe les menaçait, avant cette guerre de Phocide connue sous le nom de guerre sacrée, qui marqua ses premiers envahissements. L'éveil leur fut donné en 352 d'une manière éclatante par le discours de Démosthène nommé *première philippique*. Ce grand citoyen ne s'était pas encore signalé comme orateur politique ni comme homme d'état. Né vers 385, orphelin à sept ans, il avait suivi les leçons d'Isée, n'étant pas assez riche pour payer celles d'Isocrate, et à dix-sept ans il avait plaidé contre ses tuteurs infidèles. Le succès qu'il avait obtenu dans cette affaire, il le devait probablement à l'aide de son maître. Car, d'une constitution faible, avec des défauts de prononciation, qu'il lui fallut corriger par de rudes exercices, il ne songea réellement à paraître en public qu'après l'année 366, quand il eut entendu Callistrate défendre la cause d'Iphicrate et de Chabrias. Il avait aussi besoin d'acquérir un fonds solide de connaissances politiques et historiques : il les demanda à Thucydide, qu'il copia, dit-on, huit fois de sa main. Enfin il reçut de l'acteur Satyros des leçons de geste et de déclamation, dont il tira plus tard sa puissante action oratoire. Nous possédons ses plaidoyers *contre Leptine* et *contre Androtion*, dont le premier surtout est un de ses discours les plus travaillés, et qui sont tous deux de l'année 355. L'année suivante Démosthène prononça son premier discours relatif aux affaires publiques; celui qui a pour titre *Sur les Symmories*; il y proposa la formation de vingt catégories (συμμορίαι) de citoyens, qui seraient chargées de payer tour à tour une taxe légale pour les dépenses de la flotte; et ces préparatifs n'avaient en vue dans sa pensée que la guerre contre les Perses; le discours ne contient pas un mot contre Philippe : l'ennemi est encore en Asie. Un discours de l'année 353 en faveur de *Mégalopolis* est dirigé contre la puissance de Sparte, dans laquelle Athènes voyait même alors sa plus prochaine et sa plus redoutable rivale. De ce même temps est le discours *contre Timocrate,* qui ne révèle non plus aucune crainte au sujet du nord.

Mais lorsqu'en 352 Philippe essaya de franchir les Thermopyles et recula devant les Athéniens qui étaient accourus, ce fut pour eux comme un voile qui se déchirait et qui laissa entrevoir ses véritables desseins. C'est alors que commença, par la *première philippique*, le rôle vraiment politique de Démosthène. Il signala les mouvements du roi vers la Chersonnèse et vers Byzance et s'efforça de secouer la nonchalance de ses concitoyens :

« Quand donc, s'écriait-il, quand donc, Athéniens, ferez-vous votre devoir? Quel événement attendez-vous? Est-ce la nécessité que vous attendez? Comment donc appelez-vous ce qui se passe? Moi, je pense que pour des hommes libres aucune nécessité n'égale l'approche du déshonneur. Ou bien dis-moi, toi à qui je parle, voulez-vous toujours aller et venir en vous demandant : « y a-t-il du nouveau? » Car ne serait-ce pas une nouveauté suffisante qu'un Macédonien vainqueur d'Athènes et gouvernant la Grèce? « Philippe est-il mort, dit l'un? — Non, » mais il est malade. » N'est-ce pas une même chose pour vous ? S'il lui arrive malheur, vous aurez bientôt fait un autre Philippe avec l'attention que vous donnez à vos affaires. •

Puis l'orateur proposait aux Athéniens d'équiper cinquante navires, d'y monter eux-mêmes, d'avoir des bateaux de transport pour la cavalerie, de renoncer aux troupes mercenaires, enfin d'organiser la défense, ne fût-ce que pour imposer respect à l'ennemi. Le discours de Démosthène et de nouveaux mouvements de Philippe firent voter un armement important, qui suspendit pour deux années les progrès du nord.

Mais Démosthène ne laissait pas s'éteindre l'ardeur patriotique qu'il venait d'allumer. L'année suivante, dans un discours en faveur des *Rhodiens*, il demandait qu'Athènes soutint chez ce peuple le parti démocratique afin de l'avoir au besoin pour allié contre les Perses ; mais il ajoutait que pour le moment les Perses étaient moins à craindre que Philippe. L'affaire d'Olynthe ne tarda pas. Seule cette ville arrêtait le développement de la puissance macédonienne du côté de la mer. Le roi s'empara d'abord des petites villes qui la soutenaient et en 350 lui déclara enfin la guerre. Démosthène prononça cette même année, en décembre, ses trois *Olynthiennes*, que nous rangeons, avec M. Grote, dans l'ordre suivant : ii, i, iii. La première dépeignait d'une manière encore vague les dangers dont la guerre d'Olynthe menaçait Athènes. Au moment de la seconde, cette ville allait succomber ; après sa chute, Philippe ne devait plus rien avoir qui l'empêchât d'entrer sur le sol de la Grèce ; il fallait donc s'armer en hâte et chercher des fonds en supprimant les dépenses de luxe et réduisant les fêtes. Athènes envoya des secours aux Olynthiens et remporta quelques succès : la ville se livrait à une joie puérile. Démosthène monta une troisième fois à la tribune, dépeignit le véritable état des choses, demanda que l'on redoublât de vigilance, qu'on armât encore et que l'on revisât toutes les lois de finances en vue de la guerre.

Pourtant Philippe entra dans Olynthe en 348. Sa conduite dans cette ville commença parmi les Grecs le partage des opinions ; et dès lors, on vit beaucoup de partisans de la monarchie se rattacher à sa personne, entrevoir en lui le futur chef de la Grèce et quelques-uns déjà flatter leur idole. Il y a des traces évidentes de cette division des partis, dans le discours *contre Midias*, qui est de cette même année.

Pourtant à cette époque, Æschine, qui devint bientôt un des amis de Philippe, était encore tourné contre lui. Cet orateur un peu plus âgé que Démosthène, était né vers 389 d'une humble famille. Il avait combattu vaillamment à Phlionte en 368, à Mantinée six ans plus tard et, en 349, à Tamynes, où Phocion lui avait décerné une couronne sur le champ de bataille. A la ville, son manque de fortune avait fait de lui tour à tour un garçon d'école chez son père, un acteur des troisièmes rôles, puis un secrétaire public d'Aristophon et ensuite d'Eubule. C'est auprès d'eux qu'il apprit la politique et acquit de l'influence. Après la prise d'Olynthe les libéraux proposaient de réunir dans Athènes un congrès des peuples Grecs et de former une ligue contre Philippe. Athènes envoya au roi dix députés, parmi lesquels étaient Æschine et Démosthène; il promit de faire la paix, mais en attendant il continua ses conquêtes (fin de 347). Bientôt il occupa les Thermopyles.

A cette époque, beaucoup d'orateurs étaient déjà séduits et parmi eux il faut probablement compter Æschine. Philippe vint en Phocide, eut la présidence des Jeux pythiques et deux voix au conseil des Amphictyons. On s'effraya, on fortifia le Pirée ; mais Démosthène parla *pour la paix* (346), persuadé que la ville n'était pas en état de lutter à elle seule contre la Macédoine et contre une partie de la Grèce. Il se mit alors à parcourir le Péloponnèse, déployant partout son éloquence et dévoilant la perfide politique du nord. A son retour des envoyés de Philippe étaient dans Athènes, cherchant à disculper le roi leur maître. Démosthène prononça contre lui sa *seconde philippique* (344), discours plein de chaleur et de force de raisonnement, où il dévoila une fois de plus cette politique envahissante, désormais démontrée par les faits :

« Il existe, disait-il, des moyens de toutes sortes inventés pour la défense et le salut des villes, les remparts, les murs, les fossés et d'autres pareils ; tout cela s'exécute de main d'homme et exige des dépenses ; mais il est un commun préservatif que la nature donne spontanément à tous les esprits sensés, qui est bon et salutaire pour tous, mais surtout pour les peuples libres contre les tyrans. Quel est-il ? La défiance. C'est elle que vous devez avoir et garder : si vous la conservez, le mal ne vous atteindra pas. Que voulez-vous enfin ? La liberté. Eh bien, ne voyez-vous pas que les messages de Philippe en sont le contre-pied ? Un roi ou un tyran est toujours un ennemi de la liberté et des lois. Prenez donc garde que, pour échapper à une guerre, vous ne tombiez sous un maître. »

Ce discours montra à Philippe quel adversaire il avait en Démosthène, mais ne le déconcerta pas. Athènes devint de plus en plus pour lui le centre de résistance qu'il fallait d'abord isoler. C'est à cette époque qu'en réponse à un message du roi, fut tenu le discours sur l'île d'*Halonnèse,* que nous possédons et qui est, selon toute apparence, d'*Hégésippe.* Les ardentes paroles de cet orateur libéral avaient enflammé tous les courages : mais le zèle fut malhabilement ralenti par le procès qu'intenta Démosthène à Æschine et à Philocrate, en cette même année 343. Ce procès, dont les faits remontaient à quatre ans, est connu sous le nom de *la Fausse ambassade* (παραπρεσϐεία) ; nous avons les discours des deux adversaires. Philippe continua ses progrès, attaqua l'influence athénienne sur plusieurs points et principalement sur les rivages de la Thrace et dans la Chersonnèse ; il était en Thrace depuis onze mois lorsque Démosthène prononça *sur la Chersonnèse* un discours où il montra que toutes ces expéditions lointaines du roi étaient dirigées contre Athènes et mettaient cette ville dans la nécessité de se défendre ; qu'il fallait réorganiser l'armée, trouver des fonds, se créer des alliances et avant tout punir ces ennemis intérieurs, ces mauvais citoyens qui notoirement s'étaient vendus à Philippe. De nouvelles alliances furent en effet contractées, et un mouvement puissant de l'opinion publique arrêta un instant le Macédonien. Tous ses efforts se concentrèrent sur Périnthe et sur Byzance. Démosthène alla dans ce pays, y remua tout par son éloquence, prononça dans Athènes sa *troisième philippique* et fit décider deux expéditions, l'une dans le golfe de Pagases, l'autre, commandée par Phocion, qui chassa d'Eubée les Macédoniens. Le peuple athénien décerna à son orateur une couronne d'or, 340.

L'année suivante commença l'administration de Lycurgue. Ce grand citoyen appartenait à la famille sacerdotale des Butades, qui fournissaient des prêtres au temple d'Erechthée sur l'Acropole. On ne connaît point l'époque de sa naissance : il avait probablement une dizaine d'années de plus que Démosthène. Orateur sévère, nature droite, cœur libéral, il avait l'estime de tous les partis. Les douze années (de 341 à 329) qu'il administra les finances de la ville, il fit fleurir le trésor et rappela la période de Périclès. Tous les quatre ans il rendait ses comptes, conformément à la loi, et quand il se retira les revenus publics avaient doublé. Cependant il avait construit quatre cents trirèmes, organisé un arsenal, élevé ou achevé un théâtre, un gymnase, une palestre, un stade, fondu en bronze des statues à Eschyle, à Sophocle et à Euripide. En 343 il avait, selon toute apparence, fait partie de l'ambassade dans le Péloponnèse, avec Démosthène et Polyeucte. Lycurgue n'improvisait presque jamais ses discours, il les lisait et les accompagnait de documents écrits, qu'il apportait avec lui à la tribune. Il citait souvent les auteurs. Son arrivée aux affaires fut d'un grand secours pour le parti libéral; il ne put empêcher le triomphe de Philippe, mais il prépara du moins à Athènes un traitement meilleur qu'aux autres cités.

La marche de Philippe devint alors foudroyante : il franchit les Thermopyles et prit Elatée. Une sorte de stupeur régna dans toute la Grèce.

« C'était le soir : un messager vint annoncer aux prytanes qu'Elatée était prise. Les uns se lèvent de table au milieu du repas, vont à l'agora, chassent les marchands de leurs boutiques et y mettent le feu, d'autres font venir les stratèges et appellent le trompette public; la ville était pleine de tumulte. Le lendemain au point du jour, les prytanes convoquaient le sénat au lieu de ses séances; vous, vous alliez au Pnyx, et avant que le sénat eût délibéré et pris ses conclusions, le peuple était déjà en séance sur la colline. Bientôt le sénat parut, les prytanes communiquèrent la nouvelle et le messager la confirma. Mais quand le héraut demanda « Quelqu'un veut-il la parole ? » personne ne répondit. Le héraut répéta sa demande à plusieurs reprises, personne ne se levait : pourtant il y avait là tous les stratèges, tous les orateurs, et la voix de la patrie demandait un avis salutaire : car les paroles que le héraut prononce au nom de la loi sont la voix même de la patrie commune... Mais sans doute ces temps-là et ce triste jour réclamaient un homme non seulement riche et de bonne volonté, mais qui eût suivi les événements depuis leur origine et qui comprît les intentions de Philippe et le mobile qui le conduisait; un homme, ignorant ces choses et n'ayant pas approfondi les événements, avait beau être bien pensant et riche, il ne pouvait donner un conseil ni proposer une résolution. Je parus donc alors, oui, c'est moi qui m'avançai et qui tins un langage, que je vais reproduire pour deux raisons, si vous voulez m'entendre: je veux que vous sachiez qu'en ces jours d'alarmes, seul parmi les orateurs et les hommes d'Etat, je n'ai point abandonné le poste du patriotisme et vous ai proposé de vive voix et par écrit ce que vous aviez à faire; de plus, pour la dépense de quelques moments, vous deviendrez beaucoup plus clairvoyants dans toute la suite de votre politique. »

Démosth. *De Corona*, 169.

Démosthène proposa de contracter avec Thèbes une alliance offensive et défensive. Une ambassade y fut envoyée, dans laquelle se trouvait Démosthène et Hypéride; elle s'y rencontra avec des envoyés de Philippe; mais les orateurs athéniens l'emportèrent, l'alliance fut conclue et l'on se prépara en toute hâte à la résistance, 339. La bataille eut lieu à Chéronée l'année suivante, bataille qui frappa d'un coup mortel la liberté grecque et l'éloquence politique. Pourtant il leur fallut seize ans encore pour mourir.

Démosthène prononça l'oraison funèbre des soldats morts à Chéronée; on éleva sur le champ de bataille un lion colossal de marbre blanc, qui existe encore mais brisé. Philippe fut assassiné deux ans après et le parti libéral, dont la joie éphémère s'exprima par la bouche de Démosthène, crut le moment venu de courir à l'indépendance. Mais Alexandre parut soudain à Thèbes, rasa la ville et de là fit demander à Athènes qu'on lui livrât neuf orateurs de son choix : c'étaient Démosthène, Lycurgue, Hypéride, Polyeucte, Mœroclès, Charidème, Charès, Ephialte et Diotimos. Ils furent sauvés par un orateur du parti macédonien, par Démade. Ce personnage, qui avait été d'abord matelot, avait acquis par un talent naturel une certaine influence dans Athènes; prisonnier à Chéronée, il avait su plaire à Philippe et avait lui-même été séduit par ce prince. Parleur habile, écrivant peu, improvisant avec facilité, plein d'esprit et de finesse, d'usage et de prévoyance, il était devenu un des *leaders,* comme on dit à Londres, du parti macédonien. Il ne restait rien de lui au temps de Cicéron; les fragments que l'on cite n'ont pas même un caractère certain d'authenticité.

Le départ d'Alexandre pour l'Asie laissa une apparence de repos aux républiques de la Grèce et permit aux hommes d'Etat de réfléchir sur la politique des temps écoulés. Nous ne parlons point d'un grand nombre de causes privées qui furent alors plaidées par des orateurs habiles et dans lesquelles les événements publics reparaissaient souvent : il y eut à cette époque un grand déploiement d'éloquence judiciaire, dont il nous reste beaucoup de discours ou de fragments. Toutes ces causes furent effacées par le *procès de la Couronne,* suscité pas Æschine contre Ctésiphon, mais où l'homme mis réellement en cause était Démosthène. L'affaire fut plaidée en 330; mais le procès était intenté depuis huit ans et datait de l'année même de la bataille de Chéronée. L'occasion du procès fut la couronne d'or que, sur la proposition de Ctésiphon, les Athéniens avaient décernée à Démosthène; mais en réalité le discours d'Æschine, que nous possédons, est une accusation en règle, habile et violente à la fois, contre toute la politique du parti libéral. Or ce parti comptait encore dans la Grèce un grand nombre d'adhérents et parmi eux beaucoup d'hommes distingués par leur rang, leur fortune et leur influence. La longue attente des plaidoiries avait contribué à surexciter les esprits et attira dans Athènes une affluence extraordinaire de personnes de toutes les parties du continent et des îles. Les adversaires, tous deux célèbres par le talent, allaient mettre aux prises au milieu de la Grèce assemblée les deux politiques qui avaient été suivies. Le jugement populaire qui allait intervenir donnerait raison à l'une ou à l'autre, et montrerait ce que dans un temps à peu près calme la Grèce pensait d'elle-même et de sa conduite durant ces trentes dernières années. Démosthène répondit point par point à toutes les objections, à toutes les accusations d'Æschine, et mêlant les mouvements passionnés, l'ironie amère de l'orateur, aux raisonnements et aux calculs de l'homme d'Etat, il offrit un merveilleux tableau des événements auxquels toute sa génération avait pris part. Une moralité politique profonde, un ardent patriotisme, un amour sans bornes de l'indépendance, règnent dans tout ce discours. La politique qu'il défend a été vaincue à Chéronée, mais il prouve qu'elle était la meilleure. Son adversaire lui avait fait un crime personnel de cette malheureuse bataille :

« Non, ne me fais pas un crime du succès de Philippe : l'issue de la bataille était aux mains de Dieu, non aux miennes. Mais que je n'aie pas cherché tous les moyens accessibles à la raison humaine, que je n'aie pas agi en conséquence avec droiture, avec diligence, avec une activité au-dessus de mes forces, que mes actes n'aient pas été honorables, dignes d'Athènes et absolument nécessaires, prouve-le et ensuite accuse-moi. S'il est survenu une tempête, un ouragan plus fort que nous et que tous les autres Grecs, que faire? Un patron de navire a tout fait pour sauver le vaisseau, il a préparé tous les moyens de salut qu'il a pu concevoir, puis l'orage est survenu, ses agrès ont souffert ou même ont été brisés : l'accusera-t-on du naufrage ? « Je ne tenais pas le gouvernail » dirait-il ; et moi non plus je ne commandais pas l'armée ; je n'étais pas maître de la fortune, c'est elle qui conduisait toutes choses..... Si j'essayais de prouver que moi seul vous ai amenés à ces grands sentiments dignes de vos ancêtres, tout le monde aurait le droit de me blâmer. J'établis au contraire que c'était là votre ligne de conduite, et je montre qu'avant moi la ville était dans ces sentiments, en affirmant aussi qu'une part me revient dans les faits auxquels j'ai prêté mon ministère : mais lui, il met tout à ma charge et en vous poussant à me détester comme l'unique auteur des dangers et des terreurs de la ville, il veut me dépouiller aujourd'hui de ma récompense et vous ôter à vous les éloges que la postérité vous donnera. Car si vous décrétez aujourd'hui que ma politique n'a pas été bonne, c'est à vos fautes et non à l'ingratitude du sort que l'on attribuera vos malheurs. Mais non, Athéniens, non vous n'avez pas pu faillir, quand vous avez couru au danger pour la liberté et le salut de tous ; j'en jure par ceux de nos ancêtres qui ont combattu à Marathon, qui ont formé nos lignes de bataille à Platées, qui ont lutté sur mer à Salamine et à l'Artémision et tant d'autres qui reposent dans des monuments élevés par l'Etat, hommes de cœur à qui tous la ville a décerné le même honneur sans distinguer ceux-là seuls qui avaient réussi et remporté la victoire : égalité bien juste, Æschine ; car le devoir des braves, ils l'avaient tous rempli ; quant au sort, ils avaient eu celui que Dieu réservait à chacun d'eux.

Les Athéniens donnèrent raison à Démosthène. Æschine battu quitta la ville et n'y reparut jamais. Il se rendit à Rhode, où il fonda une école de rhétorique : là, dit-on, il lut à ses auditeurs le discours de Démosthène, chef-d'œuvre de l'éloquence de ce temps ; et comme ils montraient leur admiration : « que serait-ce, dit-il, si vous aviez entendu rugir la bête elle-même ? » L'école d'Æschine dura longtemps après lui et tint le milieu entre la manière un peu froide des attiques et la rhétorique pompeuse des écoles d'Asie. Æschine mourut à Samos en 314.

Les années qui suivirent le procès de la couronne virent s'élever un nouvel orateur, Dinarque, né en 361 à Corinthe et qui n'était qu'à moitié citoyen d'Athènes. C'était un élève de Théophraste et d'un rhéteur qui devint bientôt homme d'Etat, Démétrios de Phalère. Dinarque se fit d'abord logographe et gagna beaucoup d'argent. De bonne heure, il se rangea dans le parti macédonien, mais il ne parut point en public avant l'époque d'Alexandre, parce que sa nationalité incomplète ne le lui permettait pas. Mais quand la conquête macédonienne eut anéanti l'autonomie des cités, il se fit en elles un grand bouleversement dans les lois civiles, et l'affaire d'Harpale, en 324, fit paraître Dinarque comme accusateur de Démosthène. Ce procès fut certainement une revanche que le parti macédonien essaya de prendre contre cet orateur, chef du parti libéral ; il est certain cependant que les apparences furent contre lui et qu'il sembla démontré qu'il avait reçu des fonds et des objets précieux des mains du satrape. On est même douloureusement surpris de voir un citoyen tel que Hypéride, à cause de son intégrité même, chargé de soutenir l'accusation. Hypéride, fils de Glaucippe, du dème de Collytos, était un des chefs du parti libéral. A peu près du même âge que Démosthène, il avait toujours partagé ses vues ; il avait été avec lui de l'ambassade de Thèbes, après la prise d'Elatée. Accusé d'illégalité (παρανόμων) par le sycophante Aristogiton, il avait été acquitté avec éclat. Sa grande fortune et son beau caractère le mettaient au-dessus de la séduction.

Crut-il à la corruption de Démosthène ou ne remplit-il qu'un devoir imposé, comme un procureur de nos jours? Le procès eût probablement eu une toute autre issue sous l'administration de Lycurgue; mais Lycurgue était mort depuis quatre ans. Quoi qu'il en soit, Démosthène fut condamné à une amende de cinquante talents avec contrainte par corps. Il ne pouvait la payer et il s'enfuit. Nous avons de longs fragments du réquisitoire d'Hypéride, retrouvés en Egypte en 1847.

La mort d'Alexandre précipita les derniers moments de l'éloquence athénienne. Quand les Grecs en eurent la nouvelle, ils préparèrent un soulèvement général qui éclata partiellement et dont le dernier et le plus sanglant épisode fut la guerre *lamiaque*. Démosthène avait été rappelé; l'Etat payait son amende; il semblait que la liberté allait renaître. Une belle armée, malgré l'opposition froide et systématique de Phocion, occupait le pays de Lamia et paraissait devoir tenir tête aux Macédoniens désorganisés. Mais son chef Léosthène, qui assiégeait Antipater dans la ville de Lamia, fut tué dans une sortie. Hypéride prononça en l'honneur des morts sa fameuse *oraison funèbre*, une des plus belles œuvres de l'éloquence athénienne. Antiphilos, successeur de Léosthène, leva le siége et courut au devant de l'armée ennemie. Les Grecs furent vaincus à Cranon en Thessalie. A Athènes, le parti macédonien, qui avait pour chefs Phocion et Démade, reprit le dessus. Démade obtint un arrêt de mort contre Démosthène, qui s'enfuit à Calaurie; puis il partit accompagnant Phocion, pour traiter avec Antipater. Celui-ci exigea qu'Athènes reçût une garnison macédonienne, changeât sa constitution, et livrât ses orateurs libéraux. Il fut ainsi fait. Un acteur nommé Archias fut mis à la tête d'une bande de soldats pour rechercher les orateurs dispersés ; il trouva dans Egine Hypéride, Aristonicos et Himérée, frère de Démétrios le rhéteur ; il les arracha du temple d'Ajax et les envoya dans Cléones à Antipater. Antipater les tua ; on dit qu'il fit couper la langue à Hypéride et jeter son corps aux chiens. Puis Archias passa dans Calaurie et trouva Démosthène dans le temple de Neptune. L'orateur n'attendit pas qu'on lui fît violence ; il avala un poison subtil et voulut sortir du lieu saint ; mais en passant devant la statue du dieu, il tomba raide mort. La bataille de Cranon est du mois d'août 322 ; la mort de Démosthène est du 10 novembre.

Démade et Dimarque semblaient désormais maîtres de la tribune. Mais bientôt le plus jeune des deux accusa l'autre auprès de Cassandre, fils d'Antipater ; une correspondance de l'accusé avec des Grecs rebelles fut saisie. Cassandre le fit tuer, ainsi que son fils, en 318. Dimarque représenta dès lors presque seul l'éloquence attique, pauvre éloquence désormais, rhétorique vide d'idées, pleine de bassesse et de servilité. Tout homme de cœur fut réduit au silence ; et la pensée n'eut plus qu'à tourner ses élans généreux vers la science et vers les dogmes nouveaux ou à se repaître de souvenirs.

III. PHILOSOPHIE.

Dans ce temps de troubles et d'instabilité politique la philosophie se développait d'un mouvement régulier ; par ce mot il faut entendre la science dans son acception la plus étendue, c'est-à-dire la théorie pure, ἐπιστήμη, et ses applications, τέχνη. Nous n'avons point à faire ici son histoire ; remarquons seulement que le jour était venu pour elle de prendre peu à peu dans la société toute la place que perdait la littérature proprement dite et de gagner un grand nombre d'esprits, auxquels ni les vieilles croyances ni les dogmes nouveaux ne pouvaient suffire. Socrate avait sacrifié aux dieux et, affilié aux sectes orientales, il avait admis les anges gardiens, les peines et les récompenses futures dans des lieux définis, un dieu vivant, personnel, une providence, telle qu'on l'admettait chez les Perses. Platon, précisant ces dogmes, les avait publiquement énoncés dans un style plein de poésie. Son école, tout en devenant plus discuteuse, marchait cependant dans la voie du maître et représenta longtemps encore l'alliance de ces trois éléments, l'ancienne poésie hellénique, les idées orientales et la science. Telle fut certainement la manière de philosopher des maîtres qui succédèrent à Platon dans l'ancienne Académie, Speusippe, Xénocrate de Chalcédoine, Polémon d'Athènes, Cratès d'Athènes et Crantor de Soli. Mais vers l'époque où Alexandre passa en Asie, l'esprit scientifique se dégagea de toute l'enveloppe mystique qui gênait encore ses mouvements et la science parut avec Aristote dans toute sa nudité.

I. Aristote, Ἀριστοτέλης, doit à peine compter parmi les écrivains : quoiqu'il ait connu aussi bien que personne l'art d'écrire et de composer un livre, il ne semble point s'être jamais préoccupé de la forme ; du moins ceux de ses ouvrages que nous possédons et dont l'authenticité est certaine, forment un contraste surprenant avec Platon et avec tous ceux des Grecs qui ont mis en pratique les préceptes de l'art. Le style d'Aristote est maigre, parci-

monieux, souvent décharné ; il est dépourvu de tout
ornement, de tout attrait ; point de formes élégantes, nulle
image, nulle poésie. Une régularité sèche et grêle, des
définitions exactes lui servent à exprimer les choses telles
qu'elles sont. Quand le mot lui manque, il le fait : ses
livres sont pleins d'expressions presque barbares et de
formules qui choquent le goût et les habitudes de la langue, mais qu'il définit une fois et qu'il emploie toujours
dans le même sens. L'énorme masse de faits et d'idées
nouvelles rassemblés par Aristote le conduisait à cette
déformation de la langue et le forçait souvent aussi à
donner aux mots un sens qu'ils n'avaient jamais eu et qui
n'était même pas toujours d'accord avec l'étymologie.

Mais Aristote et son école firent entrer dans le monde
grec un nombre prodigieux de données scientifiques, qui
contribuèrent à changer la civilisation et préparèrent les
sciences modernes. En même temps, ils précisèrent les
méthodes et ouvrirent de vastes horizons, qui aujourd'hui
même n'ont pas encore tous été parcourus. Deux caractères distinguent cet esprit nouveau, la critique des systèmes et l'usage à peu près exclusif de l'expérience. C'est
au nom de l'expérience que les systèmes anciens de philosophie et ceux qu'enseignaient les platoniciens sont atta-
qués, modifiés ou renversés : de sorte que tout l'esprit
du péripatétisme se résume enfin dans ce seul mot, l'*expérience*. Aristote exposa dans des ouvrages immortels
(les *Analytiques*) les lois du raisonnement, ramenées à
leurs principes logiques et par là démontrées; on put
voir alors que, si l'on excepte les deux ou trois formules
universelles qui constituent le νοῦς ou la raison pure, tout
l'entendement humain repose sur les faits, que des faits

procèdent les idées générales et que les idées générales, coordonnées selon leurs rapports naturels, constituent la science. Cette pensée, que Platon avait entrevue et qu'Aristote mit en lumière, doit nous guider dans l'étude de l'œuvre encyclopédique de ce dernier; car tous ceux de ses écrits où il développe ses propres doctrines, aussi bien que ceux où il critique les opinions des autres, reposent sur ce fondement.

Ses écrits sont fort nombreux et se rapportent à la métaphysique, à la logique, à la rhétorique, à la morale, à la politique, à l'économie, à la physique, à l'histoire naturelle, à la psychologie, à la physiologie simple ou comparée, à la météorologie. Nous avons de plus une liste volumineuse de faits singuliers ou surprenants, θαυμασίων ἀκουσμάτων, et une liste de problèmes présentés sous forme de questions et dont beaucoup mériteraient d'être étudiés. Aristote avait composé en outre des livres sur la mécanique, cinquante volumes d'histoire naturelle, qui sont perdus, et entretenu une vaste correspondance : Andronicos de Rhode avait publié vingt livres de lettres de cet auteur, et Artémon huit livres; il ne nous en reste aucun; les six qui lui sont attribués n'ont aucun caractère d'authenticité.

Des faits sans nombre formaient la base de tous ces écrits, même de ceux qui semblent les plus éloignés de la science expérimentale. Il est nécessaire de savoir par quels moyens Aristote était parvenu à les réunir, pour se rendre compte du mouvement scientifique qui se produisait alors dans les esprits. Né à Stagire en Chalcidique (384), Aristote avait pour père un médecin d'Amyntas père de Philippe : ce médecin, de l'hétairie des Asclépiades, se nommait Nicomaque. Le jeune homme fut envoyé de bonne heure à Athènes, où il étudia la médecine; d'une famille fort riche, il eut dès le commencement tous les moyens d'étude que la société du temps pouvait fournir. C'est à l'époque du second voyage de Platon en Sicile, qu'Aristote suivit les leçons de l'Académie, en ce moment dirigée par Héraclide de Pont; au retour de Platon, il redoubla d'assiduité et devint le meilleur élève de ce maître, qui le surnommait la Raison, νοῦς τῆς διατριβῆς. Dès cette époque les tendances encyclopédiques d'Aristote se manifestaient : il formait une collection de Traités de Rhétorique et réunissait les constitutions de deux cent cinquante-cinq cités. Lorsque Platon fut mort en 347, Aristote alla chez Hermias, tyran d'Assos, et après la chute d'Hermias il passa à Mitylène. C'est de cette île qu'il fut appelé par Philippe, en 343, et chargé par lui de l'éducation d'Alexandre. Cette fonction le mit en rapport avec un grand nombre d'hommes distingués, dont plusieurs furent les compagnons du conquérant de l'Asie, et il fit d'Alexandre lui-même le plus puissant instrument de science que la Grèce eût encore possédé. En effet lorsque le jeune roi fut passé en Asie en 334, Aristote revint à Athènes; Speusippe, successeur de Platon, était mort; Aristote commença d'enseigner au Lycée; il y faisait deux leçons par jour, une le matin pour les plus avancés de ses élèves, et une le soir pour les autres. De plus le maître réunissait dans des banquets savants les meilleurs de ses disciples, comme le faisait à l'Académie Xénocrate de Chalcédoine. Ces jeunes hommes soutenaient en outre les uns contre les autres des argumentations régulières, sous la direction d'un président qui changeait tous les dix jours. Ainsi un grand mouvement d'idées se produisait dans l'école, mouvement qui se propageait au dehors et remuait tous les esprits. Ces discussions n'étaient ni stériles ni vagues : car elles étaient sans cesse alimentées par des faits nouveaux ; Alexandre avait mis à la disposition d'Aristote huit cents talents (4,320,000 fr.) pour les collections d'histoire naturelle, et employait lui-même un millier d'hommes à la recherche des spécimens et des matériaux que fournissait l'Asie. Après la mort d'Alexandre, l'hiérophante Eurymédon accusa le savant de blasphème à cause des honneurs qu'il avait rendus à Hermias son beau-père et à sa propre femme Pythias. Aristote se retira à Chalcis où il mourut en 322, la même année qu'Hypéride. Il laissa sa bibliothèque à son successeur Théophraste; mais ses manuscrits passèrent bientôt à Alexandrie, pour faire partie de la bibliothèque de Ptolémée Philadelphe.

Nous ne donnerons point ici l'analyse des œuvres purement philosophiques ou scientifiques d'Aristote; elles n'intéressent la littérature que d'une façon tout à fait indirecte. Il n'en est pas de même des ouvrages compris sous le nom de *poétiques* ou d'*organiques* (1) et qui se rapportent à la critique des systèmes, à la logique et à la rhétorique. Celle-ci surtout ne saurait être regardée, dans les œuvres d'Aristote, comme un spécimen des nombreux traités publiés avant lui. Ces derniers (τέχναι), dont il avait fait une collection, ne faisaient que reproduire les pré-

---

(1) Outre les écrits *organiques*, Aristote distinguait deux autres classes : les écrits *théorétiques* comprenant la théologie, les mathématiques, la physiologie; et les écrits *pratiques* comprenant la morale, la politique et l'économie.

ceptes enseignés dans les écoles par leurs auteurs et avaient un caractère à la fois pratique et empirique; leur but était d'enseigner l'art de bien dire dans des circonstances déterminées et sur des sujets prévus; quoique nous ne possédions aucun d'entre eux, nous pouvons nous figurer ce qu'ils étaient par les discours d'Isocrate et de plusieurs rhéteurs, discours qui montraient à nu l'application des règles de l'école. La *Rhétorique* d'Aristote est l'œuvre d'un savant et non d'un professeur d'éloquence : c'est un traité de science et non d'art. La première phrase en indique déjà la nature : « la rhétorique, dit-il, est le pendant (ἀντίστροφος) de la dialectique, c'est-à-dire qu'elle est dans la classe des sciences organiques ce que la dialectique est dans la classe des sciences théoriques. Elle expose donc, comme science, la nature et les conditions de l'éloquence. Aristote le premier a vu que la rhétorique procède par enthymèmes, comme la dialectique procède par démonstrations : or l'enthymème est défini par Aristote « le syllogisme du vraisemblable »; définition profonde et juste, car les preuves (πίστεις) dans un discours, reposant toujours sur des faits que le raisonnement élucide et interprète, ne peuvent donner naissance qu'à des conclusions probables. L'art de se servir des enthymèmes vient après et comprend leur expression (λέξις) et leur disposition (τάξις). Cette division de la rhétorique en trois parties, division qui n'est peut-être pas de l'invention d'Aristote, a été admise dans tous les traités des temps postérieurs. Mais Aristote seul a donné la théorie de l'éloquence, et cette théorie met son livre fort au-dessus de toutes les imitations qui en ont été faites depuis.

L'apparition de cette théorie dans le courant du quatrième siècle (330) indique que la pratique de l'éloquence avait dépassé son point culminant : car les théories suivent toujours les œuvres originales et spontanées qui leur servent d'appui. Il ne semble pas qu'avant ce philosophe les rhéteurs aient entrepris de fonder la pratique de l'éloquence sur autre chose que sur des formules de langage. Aristote au contraire, en faisant de la rhétorique une véritable science, est conduit à en rechercher les principes dans la nature même de l'homme, philosophiquement analysée. Toute la partie de son livre qui traite des caractères (ἦθος) et des mœurs de l'homme aux divers âges de la vie, est dirigée vers ce but et montre dans son auteur cette sagacité pénétrante qu'on trouve dans tous ses autres écrits et qui a fait de lui le premier analyste de l'antiquité. Pour donner une idée de la manière d'écrire du philosophe nous allons citer ce passage, imité par Horace et reproduit par Boileau : on jugera combien l'original est resté supérieur aux copies.

« Les vieillards qui ont passé la force de l'âge ont un caractère à peu près opposé à celui des jeunes gens. Comme ils ont beaucoup vécu et comme ils ont été souvent trompés par les autres ou par eux-mêmes et que la plupart des accidents sont fâcheux, ils n'assurent rien et affirment beaucoup moins qu'il ne faudrait; ils croient, il ne savent pas ; ils doutent, ils disent toujours « peut-être » et n'affirment rien fermement. Ils sont de mauvaise humeur, car ils prennent toujours les choses du mauvais côté; ils sont soupçonneux par incrédulité et incrédules par expérience. Ils aiment peu et ne haïssent guère; ils suivent le précepte de Bias, aimant comme s'ils devaient un jour haïr, haïssant comme s'ils devaient aimer. Ils sont pusillanimes, pour avoir été humiliés par la vie; car ils ne désirent rien de grand et de distingué; ils souhaitent ce qui est utile pour vivre. Ils ne sont point généreux; car la propriété est une chose nécessaire et ils savent par expérience qu'il est difficile d'acquérir et facile de perdre. Ils sont craintifs et s'effraient de tout; car ils ont des dispositions contraires à celles du jeune homme : ainsi, ils sont froids, il est ardent; de manière que la vieillesse ouvre la voie à la crainte, qui est une sorte de refroidissement. Ils aiment la vie et surtout au dernier jour, car on désire ce qui est absent, ce dont on manque. Ils sont égoïstes plus qu'il ne faut; car cela même est de la pusillanimité; de plus, ils vivent pour l'intérêt et non pour le beau, parce qu'ils sont égoïstes; en effet l'intérêt, c'est ce qui est bon pour soi, le beau est simplement bon. Ils n'ont guère de honte, car ils n'estiment pas le beau à l'égal de l'utile et ils dédaignent l'apparence. Ils espèrent peu, car ils ont de l'expérience : en effet, la plupart des événements sont fâcheux et le plus souvent les choses n'arrivent pas pour le mieux; d'ailleurs, ils sont craintifs. Ils vivent plus par le souvenir que par l'espérance; car ce qu'il leur reste à vivre est court et leur passé est long; or, l'espoir se rapporte à l'avenir et la mémoire au passé; c'est pour cela aussi qu'ils sont raconteurs : ils passent le temps à redire ce qui est arrivé; car ils aiment à se souvenir. Leurs colères sont vives mais sans force, car leurs passions sont ou faibles ou amorties; de sorte qu'ils ne sont point passionnés et n'agissent point par passion, mais par intérêt. Aussi paraissent-ils modérés, parce que leurs passions sont abattues et dominées par l'utilité. Ils se conduisent par le raisonnement plutôt que par le sentiment; car le raisonnement se rapporte à l'intérêt et le sentiment à la vertu. S'ils sont injustes, c'est pour faire du mal et non pour outrager. Les vieillards aussi éprouvent la pitié, mais non pour les mêmes causes que les jeunes gens : ceux-ci l'éprouvent par amour des hommes; eux, c'est par faiblesse; ils croient toujours que le mal est près d'eux, et pour cela ils ont pitié. De là vient qu'ils sont plaintifs et non plaisants et joyeux : car ces deux choses sont opposées. Tel est le caractère des vieillards. Etc. »

(*Rhét.*, II, 12 *et sq.*)

L'esprit scientifique se montre dans toutes les œuvres sorties de la main d'Aristote et doit être regardé comme un signe du temps et comme une marque que les productions spontanées du génie grec avaient accompli la courbe de leur développement. Le fragment qui nous est parvenu sous le nom de *Poétique* date en effet d'une époque où la grande poésie grecque touchait à sa fin ; le livre auquel il appartenait était une théorie conçue dans le même esprit que la Rhétorique et fondée comme elle sur des analyses et sur des faits. Tel qu'il est, ce fragment offre encore un intérêt assez grand par les considérations générales et les faits littéraires qu'il renferme ; malheureusement il est plein d'interpolations.

Aristote fit pour la morale ce qu'il fit pour l'éloquence et la poésie. Il nous reste sous son nom trois traités avec les titres de *Morale à Nicomaque*, *Morale à Eudème* et *Grande morale*. Ce dernier paraît être un extrait du second, qui est lui-même d'une authenticité douteuse. Le premier seul est certainement d'Aristote. Or, ce n'est pas un traité de morale pratique; c'est une théorie scientifique de la nature et des conditions de la moralité. On y traite du souverain bien dans ses rapports avec la vertu, des différentes formes de la vertu, des effets de la vertu et enfin du bonheur : ce dernier est pour Aristote non un état passif de l'âme, naturel ou acquis (ἕξις), mais un développement de son activité (ἐνέργεια) « conforme à la vertu parfaite » ; cette activité a elle-même pour terme la possession de la connaissance, elle aboutit à un état « théorétique », et par là le bonheur prend un caractère divin.

On ne peut guère non plus voir une intention purement pratique dans la *Politique* d'Aristote. Quoique cet ouvrage renferme un grand nombre d'idées capables d'éclairer les hommes d'État, le but du livre pris dans son ensemble est théorique. Il tient, en regard des utopies que la société grecque avait produites en si grand nombre depuis l'époque des Oiseaux d'Aristophane, la même place que la Rhétorique en face des nombreux traités (τέχναι) composés par les rhéteurs. La pensée du philosophe fut donc de substituer aux systèmes individuels et plus ou moins réalisables des utopistes une théorie scientifique de l'État, de ses éléments essentiels, des conditions de son existence, de ses lois fondamentales, des causes de sa production, de sa durée, de ses transformations ; les différentes espèces de constitution y devaient être examinées tour à tour. L'ouvrage entier était basé sur l'étude approfondie qu'avait faite l'auteur des législations si diverses de la Grèce et des pays barbares. La méthode n'en était point empirique; les principes émis par Aristote trouvaient toujours leur point d'appui dans l'expérience. La *Politique* devint par là un des écrits à la fois les plus profonds quant à la théorie et les plus instructifs pour l'historien de l'antiquité. Elle nous est parvenue pleine de confusion : mais l'étude raisonnée des livres dont elle se compose permet de les rétablir dans leur ordre naturel, qui est celui-ci : i, ii, iii, vii, viii, iv, vi, v. Nous n'examinerons pas ici cet ouvrage au point de vue des théories qu'il renferme. Nous ferons seulement observer qu'il parut dans un temps où la Grèce avait parcouru toute la série de ses transformations politiques, depuis les temps féodaux chantés dans l'Iliade, jusqu'à la monarchie démocratique réalisée par les princes macédoniens. Le moment était donc venu de présenter la théorie des constitutions et de porter sur elles un jugement impartial. C'est ce que tenta le philosophe de Stagire, en appliquant à ce corps multiple et de formes changeantes qui est la société politique, cette faculté d'analyse qu'il possédait à un si haut degré.

La *Métaphysique* d'Aristote présente aussi le double caractère d'une œuvre de critique et d'un essai de reconstruction de la science, dans sa partie la plus élevée. Nous n'apprécions pas ici la valeur des idées théoriques du maître; nous remarquons seulement que d'une part sa critique, quoique rigoureuse, n'est nullement exclusive, et que, comme métaphysicien, il a le premier appliqué la vraie méthode analytique à un ordre de conceptions auxquelles la religion et la poésie s'étaient jusque-là mêlées.

La place d'Aristote dans le développement du génie grec peut donc se définir avec assez de précision. Il a le premier dégagé la science pure de tous les éléments étrangers qui embarrassaient sa marche. Socrate avait par sa vie et sa mort conquis pour les Grecs la liberté de penser. Platon avait fait une première tentative d'explication libre portant sur tous les sujets. Aristote reprit l'œuvre de Platon et montra aux Hellènes la science dans sa pureté absolue, nue, dégagée de toute entrave, désintéressée, abstraite, idéale, ne se préoccupant d'aucune autre chose que de son objet naturel qui est la vérité, calme enfin et ne se demandant jamais quelles seraient les conséquences de ses principes reconnus, dans la persuasion que des principes vrais ne peuvent avoir que de bonnes conséquences et ne tournent jamais au détriment de l'humanité. Ce n'est donc pas l'initié d'Asclépios, Hippocrate, ni même le martyr de la liberté de conscience, Socrate, c'est Aristote qui doit être considéré comme le père de la science en Occident. Ses prédécesseurs, depuis

Thalès, n'avaient fait que préparer le milieu où la science devait éclore dans la pensée du philosophe de Stagire.

Les principaux maîtres de l'école péripatéticienne furent :

THÉOPHRASTE d'Eresse (île de Lesbos), de 374 à 287.
    Eudème de Rhode,
    Dicéarque de Messine,
    Aristoxène, le musicien,
    Héraclide, du Pont ;
STRATON, mort vers 270,
    Démétrios de Phalère ;
LYCON, qui florissait en 270,
    Hiéronyme de Rhode ;
ARISTON de Céos,
    Critolaos, qui fut à Rome en 155 avec Carnéade,
    Diodore de Tyr (1).

Chacun de ces écrivains développa une des faces de la doctrine du maître ; les quatre dont nous avons distingué

---

(1) *Dicéarque*, Δικαίαρχος, était géographe, historien et archéologue. Il nous reste de lui plusieurs fragments. Il avait écrit un Βίος τῆς Ἑλλάδος, La vie en Grèce, une *Mesure des montagnes* qui faisait sans doute partie de son *Tour du monde*, Γῆς περίοδος, ainsi que sa *Description de la Grèce*. Voyez Sect. IX, II, 5.

Aristoxène, Ἀριστόξενος, de Tarente est surtout connu par sa théorie musicale. Voy. Vincent, *Notice sur divers manuscrits grecs*, etc. 1847.

Straton, Στράτων, se rattache déjà à l'hellénisme d'Alexandrie, comme professeur de Ptolémée Philadelphe. Il succéda à Théophraste en 287 et fut surtout un métaphysicien. Ses successeurs s'occupèrent principalement des théories relatives à la rhétorique.

les noms furent ceux qui enseignèrent après lui au Lycée ; les autres n'enseignèrent point dans cet établissement comme successeurs d'Aristote, mais n'en font pas moins partie de son école.

Le plus connu d'entre eux est *Théophraste,* Θεόφραστος, ainsi nommé à cause du charme de sa parole et dont le nom véritable était *Tyrtame,* Τύρταμος. Il vint à Athènes avant 347, année de la mort de Platon. Le grand mouvement scientifique produit par l'enseignement d'Aristote s'accrut encore après la mort de ce maître en 322, sous la direction de Théophraste : Diogène Laërce dit qu'il réunit jusqu'à deux mille auditeurs à ses cours du Lycée. Ses leçons, comme ses écrits, durent porter sur des sujets très-divers : car il composa un grand nombre d'ouvrages relatifs à la botanique, aux minéraux, aux météores, à la législation, à la politique, à l'histoire même, à la morale. Sa méthode ne différait certainement pas de celle d'Aristote, quoiqu'il se soit écarté quelquefois de ses opinions : elle plaçait toujours au commencement de la science les faits observés et discutés, et ne s'élevait aux idées générales que sur cette base solide. Ce que nous possédons de ses livres de botanique est comme un développement et une continuation de l'œuvre d'Aristote.

Ses *Caractères,* ouvrage par lequel il est principalement connu, se rattachent aux œuvres de morale de son maître et peuvent être regardés comme tenant le milieu entre les grandes généralités d'Aristote et les faits d'observation que l'on peut raconter mais qui ne sauraient être que des anecdotes. Tels que nous les avons, c'est-à-dire dans des textes très-corrompus, remplis de gloses et d'interpolations, les *Caractères* de Théophraste semblent être des fragments détachés d'un grand ouvrage sur les mœurs des hommes : d'un autre côté, quand on cherche à se représenter l'ensemble d'un tel ouvrage, on ne peut guère le concevoir que comme une collection plus ou moins bien ordonnée d'analyses. Il nous manque sans doute une grande partie du livre de Théophraste ; mais il est probable que celle que nous possédons était la meilleure et qu'en outre les transitions ont été perdues. Malgré la renommée de l'auteur comme professeur du Lycée, le style des caractères est loin d'avoir la grâce et la finesse de certains portraits tracés par Platon et par d'autres écrivains véritablement grands. Le style en est sec, la forme en est monotone. Ce qui fait la valeur réelle de ces fragments, c'est la justesse des observations qui s'y trouvent et qui témoignent d'une méthode excellente et d'un esprit vraiment généralisateur. Il faut du reste en faire remonter l'honneur en partie à Aristote. Car les descriptions de Théophraste, pour être moins générales que celles du maître, ne leur sont pourtant pas supérieures : elles constatent souvent des traits de mœurs ou de caractère sans en donner l'explication. Il est probable que ces descriptions occupaient, quant à l'œuvre péripatéticienne, la même place dans la physiologie de l'homme que des descriptions de plantes ou d'animaux dans la physiologie animale ou végétale : il est fort intéressant de se placer à ce point de vue et de comparer les *Caractères* de Théophraste à certaines parties des traités d'histoire naturelle d'Aristote. Il résulte en effet de ce rapprochement que le livre de Théophraste était moins l'œuvre d'un moraliste que celle d'un savant, cherchant, non à réformer les hommes ou à donner des formules aux poètes dramatiques, mais à remplir un cadre particulier dans la description générale de la nature. Telle fut en effet l'entreprise de l'école péripatéticienne, école encyclopédique, à laquelle Aristote donna des directions et traça pour ainsi dire un programme et qui compta après lui des botanistes, des physiologistes, des géographes, des musiciens, des moralistes aussi et des politiques, mais qui ne cessa jamais d'être une école de théoriciens même lorsque les sujets qu'elle traitait se rapprochaient le plus de la réalité et de la vie.

II. Quoique nous n'écrivions pas ici une histoire de la philosophie, nous devons signaler deux écoles qui naquirent dans la seconde moitié du quatrième siècle et qui se développèrent à côté de l'Académie et du Lycée : c'est l'école d'Epicure et le Stoïcisme. Nous y ajouterions celle de Pyrrhon, si ce philosophe avait rapporté de ses voyages dans l'Inde et de la fréquentation des maîtres grecs autre chose qu'un scepticisme tout personnel et une indifférence qui amoindrit son action. D'ailleurs il n'écrivit rien et l'interprète du scepticisme, Timon le Sillographe, appartient à la période alexandrine. Epicure et Zénon représentent au contraire deux des principales tendances de l'esprit grec ; leurs écoles, après avoir jeté un grand éclat de leur vivant même, se continuèrent durant les siècles suivants non-seulement dans le monde hellénique, mais chez les peuples latins. Ils naquirent presque la même année, enseignèrent à la même époque et se partagèrent la société athénienne pendant le premier tiers du troisième siècle.

Epicure, Ἐπίκουρος, fils de Néoclès Athénien de Samos,

naquit en 342. Son père était un pauvre maître d'école et sa mère une sorte de magicienne, exécutant dans les maisons privées des opérations purificatoires (καθαρμούς). La jeunesse d'Epicure ne fut ni stable, ni facile. Il fut tour à tour maître d'école à Colophon, de philosophie à Mitylène et à Lampsaque. Ayant réussi dans cette dernière ville et acquis une certaine réputation, il vint enseigner dans Athènes vers 306, acheta des jardins hors de la ville, y établit une sorte de collége, où les jeunes gens vivaient en commun et dirigea cette maison jusqu'à sa mort en 270. Ce philosophe écrivit beaucoup et cependant n'acquit jamais la réputation d'écrivain. L'importance de son rôle vient uniquement de ce qu'il représenta l'une des tendances les plus générales de l'esprit grec à cette époque. Sa morale, comme on le sait, était celle du plaisir, et sa métaphysique se réduisait à la doctrine atomistique de Démocrite.

Platon avait exprimé dans un magnifique langage le mouvement de l'âme humaine vers l'idéal et sa philosophie pouvait tourner facilement au mysticisme. Aristote, par une réaction modérée, avait ramené les esprits ou du moins la science à l'observation des faits et à la rigueur des méthodes; mais il n'y a pas dans Aristote une seule proposition qui puisse être taxée sérieusement de matérialisme. Epicure enseigna le matérialisme dans la science et le sensualisme dans la pratique; ses successeurs, Métrodore au moins, poussèrent jusqu'à l'athéisme et à la sensualité. Ménandre, le poëte comique, exprima sur la scène et popularisa les doctrines de son camarade d'enfance et de son ami. Le succès d'Epicure et de son collége, où il réunit un très-grand nombre d'élèves pendant plus de vingt ans, nous indique qu'un affaiblissement se produisait dans la moralité de beaucoup d'hommes ; et il concourt en effet avec ce relâchement des mœurs publiques, ces flatteries honteuses et cet avilissement dont les Grecs firent preuve dès cette époque. Une partie des écrivains grecs du même temps et des siècles qui suivirent ressentit l'influence de ces doctrines et contribua à les faire valoir ; l'art aussi, déjà amolli entre les mains de Lysippe, d'Apelle et de Praxitèle, abandonnait les formes sévères du siècle précédent, s'appliquait à exprimer les passions plus que les idées, les sentiments efféminés et délicats plus que les sentiments énergiques et virils. Il y a donc toute une face du génie grec tournée de ce côté ; et il est à remarquer que c'est dans ce groupe d'artistes, de politiques et d'écrivains, qu'il faut chercher l'hellénisme. Il est absolument faux que l'Asie ait corrompu la Grèce et Rome ; elle n'a fourni à ces deux contrées que la matière dont elles se sont servies pour se corrompre, l'argent. Quant à la corruption, elle se produisit lorsque l'hellénisme ne trouva plus en lui-même le ressort nécessaire pour se maintenir dans la voie du beau et du bien. Il faut seulement tenir compte de cette grande production nouvelle alors, la science, qui est née toute entière de l'esprit hellénique et s'est personnifiée dans Aristote, avant de se subdiviser et de donner naissance à de nombreuses générations de savants.

Le stoïcisme n'a presque rien d'hellénique, ni sa doctrine, qui est orientale, ni ses pratiques, qui sont en opposition constante avec les mœurs du temps. Soit dans la Grèce, soit chez les Latins, il fut toujours représenté par une minorité d'hommes sérieux et austères, malgré sa renommée qui s'est propagée jusqu'à nos jours. ZÉNON, Ζηνῶν, de Kittion dans l'île de Cypre, était fils d'un riche marchand et se livra d'abord lui-même au commerce. Mais il y renonça de bonne heure pour s'appliquer à la philosophie et devint comme l'apôtre de la morale fondée sur la science et détachée de toute sensualité. Né en 344, il ne connut Platon que par ses écrits. Son premier maître fut le cynique Cratès; il suivit plus tard Polémon, puis Xénocrate et s'attacha au mégarique Stilpon, qu'il prit, dit-on, pour modèle. En réalité sa doctrine ne fut celle d'aucun de ces maîtres : mais, avec une supériorité d'esprit manifeste, il prit dans les diverses écoles ce qu'elles avaient de vrai à ses yeux et accommoda ces éléments avec son propre système, qu'il reçut certainement tout fait de l'Orient. Après avoir étudié les systèmes des philosophes grecs pendant vingt années, il se fixa à son tour dans Athènes et ouvrit une école au Pécile (Στοὰ ποικίλη). Dédaigné d'abord et peu compris, il vit peu à peu grandir sa réputation; des hommes illustres, parmi lesquels était Antigone-gonatas, devinrent ses familiers; de nombreux disciples se pressèrent autour de lui; il gagna la confiance des Athéniens par la droiture de son caractère et par l'austérité de ses mœurs, mourut en 260 et fut honoré d'un monument funéraire aux frais de l'Etat.

Tout se tient dans le stoïcisme, la métaphysique, la physique, la morale et jusqu'à la grammaire. Sa partie spéculative repose uniquement sur la théorie du feu, conçu comme élément physique, comme principe de la vie et de la pensée et comme substance de la pensée absolue, qui est Dieu. Cette théorie n'est autre que la théorie d'Agni, telle qu'elle est dans le Vêda, théorie qui sert aussi de fondement à tout le mazdéisme. Quelque chose d'elle avait déjà paru dans les vers d'Héraclite et se perpétuait dans les traditions presque secrètes des pythagoriciens et des Orphiques; elle se rencontrait chez les Esséniens, qui existaient déjà à cette époque en Judée, et chez tous les prophètes d'Israël, depuis Melchisédec. L'orient de la Méditerranée en était donc enveloppé, et la Grèce s'en pénétrait déjà par des voies plus ou moins cachées, lorsque les stoïciens commencèrent à l'enseigner ouvertement. Zénon l'exposa probablement dans presque toute sa plénitude : pour lui le feu n'était pas seulement une matière qui brûle, mais le principe du mouvement, l'agent organisateur des formes, un vrai démiurge; il l'appelait τεχνικὸν πῦρ.

A la suite de ces principes venait, comme dans l'Inde, la loi des productions et des destructions alternatives du monde. En tant que principe psychologique, le feu était regardé par Zénon comme cause de la vie ou plutôt comme constituant la vie, parce que sans la chaleur la vie ne se rencontre pas, et comme constituant la pensée, parce que sans la vie on ne voit pas qu'il existe aucune chose pensante. L'âme individuelle était donc pour lui une manifestation du feu universel ou âme du monde (en sanscrit *mahâtman*), qui se localisait dans des formes visibles et définies; les hommes supérieurs par la science ou par la vertu manifestaient plus que les autres l'âme universelle et en étaient de véritables incarnations. Mais au-dessus d'eux Zénon plaçait le feu métaphysique, c'est-à-dire Dieu, principe de la pensée et de la vie et de qui dérivent les lois suivant lesquelles la vie, la pensée, le mouvement et la chaleur se répartissent dans l'univers.

Ces lois sont en un sens la providence, en un autre sens la nature et président au développement de toute activité. L'activité morale leur est soumise comme toute autre : elles sont le bien, elles engendrent la science et la vertu ; par la science l'homme découvre les lois du monde, par la vertu il y conforme sa conduite. De là cette grande et profonde doctrine des stoïciens qu'il faut vivre conformément à la nature, ζῆν ὁμολογουμένως τῇ φύσει, c'est-à-dire selon la raison divine (λόγος) qui préside à la marche régulière de l'univers. La théorie du feu, comme celle d'Agni chez les Indiens, donna naissance à celle du Verbe et par cette voie la doctrine stoïcienne conduisit Zénon et ses successeurs à la question du langage et à toutes celles qui regardent les nomenclatures et la grammaire.

Il est à peu près certain que les Grecs ne saisirent pas d'abord la portée de la métaphysique stoïcienne et de la théorie d'Agni. Le temps n'était pas encore venu, où elle devait grandir peu à peu dans le monde gréco-romain et l'envelopper tout entier. Ce qui frappa les esprits, ce fut le côté pratique de la doctrine de Zénon, dont les successeurs furent pour la plupart des Grecs d'Orient, mais dont la secte attira à elle un grand nombre d'âmes généreuses, fatiguées par l'immoralité croissante et par les misères du temps. Nous verrons bientôt ce mouvement des esprits se propager au dehors, passer dans Alexandrie, dans les villes de l'Asie mineure et à Rome, où il gagna des familles illustres, monta jusqu'au trône impérial et se fondit sans efforts dans le mouvement chrétien, dont il n'était pas essentiellement différent.

IV. HISTOIRE.

Quoique les grands et originaux historiens appartiennent au cinquième siècle, âge viril de la nation grecque, le quatrième fut cependant marqué par un développement nouveau du genre historique. Les voyages, les guerres, le commerce avaient fait sentir aux Grecs que l'histoire du monde n'était pas toute entière contenue dans les limites de leur pays, et que la leur était liée désormais et l'avait été à son origine avec celles de plusieurs autres nations. La rhétorique, la sophistique et la philosophie donnaient alors un élan nouveau et des méthodes plus sûres à l'esprit de comparaison, et poussaient les historiens à essayer la synthèse des événements et à tenter la voie de l'histoire universelle. Une forte tendance en ce sens est facile à reconnaître dans les écrits d'Isocrate, œuvres d'une médiocre valeur historique et dont l'influence fut néanmoins très-grande. C'est de son école que sortirent les plus remarquables historiens du quatrième siècle, Ephore et Théopompe.

EPHORE, Ἔφορος, né à Cymé vers le commencement du quatrième siècle, étudia la rhétorique à Chios dans l'école d'Isocrate, fit peu de progrès dans l'éloquence, mais y apprit l'art d'écrire et ne tarda pas à se livrer exclusivement aux travaux d'histoire et de géographie. Son grand ouvrage fut une *Histoire générale* de la Grèce en trente livres, depuis le retour des Héraclides, jusqu'à la prise de Périnthe en 341. Le dernier livre fut fait après sa mort par son fils DÉMOPHILE; l'œuvre entière fut continuée par DIYLLOS, qui la conduisit jusqu'à la mort de Philippe;

et Diyllos lui-même fut continué par Psaon de Platées. Cette grande histoire fut le premier essai, fait en Grèce, d'une histoire universelle. Quoique prenant toujours la Grèce comme centre des événements, elle établissait les synchronismes et les marches parallèles de l'histoire dans les autres pays, ramenait tous ces récits à une sorte de loi commune et en laissait entrevoir l'unité.

Ephore était un historien très-exact, un critique judicieux, un esprit curieux, patient et pratiquant en histoire la méthode qu'Aristote recommandait dans les sciences. Il avait porté son attention sur les faits d'histoire, de légende ou d'archéologie, qui pouvaient avoir quelque intérêt et servir à appuyer des conclusions. Ses trois ouvrages *Sur les découvertes,* περὶ εὑρημάτων, *Sur les choses curieuses de tous pays,* π. τῶν ἑκασταχοῦ παραδόξων, et sur l'*Histoire locale de Chios,* Σύνταγμα ἐπιχώριον, étaient des recueils précieux de faits qui passaient pour bien observés et judicieusement racontés. Comme géographe, Ephore fut très-apprécié par les meilleurs auteurs des siècles suivants ; il est souvent cité comme une autorité incontestable par Polybe, par Strabon, par Diodore et par un grand nombre d'autres écrivains. Il avait composé en outre un traité de l'*Art d'écrire,* περὶ λέξεως, et vingt-quatre livres *Sur les biens et les maux.* Presque toute l'œuvre d'Ephore est perdue ; nous ne le connaissons que par les jugements des anciens et par les nombreuses mais courtes citations qu'ils ont faites de ses écrits. Ce que l'on en peut extraire montre que sa réputation comme écrivain n'était pas usurpée ; son style est élégant, coloré, mais se ressent trop de la rhétorique de l'école et de ce genre faux qu'on appelait alors éloquence épidictique.

Théopompe, Θεόπομπος, plus jeune qu'Ephore, naquit à Chios en 378 et fut comme lui disciple d'Isocrate; mais à l'époque où il put s'inscrire dans son école, Isocrate était déjà établi dans Athènes. En 352, à vingt-six ans, il remporta sur son maître le prix d'Artémise, dont le sujet était l'éloge de Mausole. Théopompe appartenait à l'aristocratie de Chios; ses grandes richesses lui permirent de faire de longs voyages où il acquit une haute expérience et réunit de nombreux documents historiques. Alexandre-le-Grand lui confia le gouvernement de son île natale, qu'il administra jusqu'à la mort du conquérant. Banni ensuite de Chios, il se réfugia en Egypte, où Ptolémée le reçut mal. Depuis cette époque, la vie de Théopompe nous reste entièrement inconnue.

Ses livres sont perdus. Outre son *Éloge de Mausole* et les *Éloges de Philippe* et d'*Alexandre,* il avait composé une *Diatribe contre Platon,* et un écrit *Sur la religion,* περὶ εὐσεβείας. Mais ses grands ouvrages, précédés d'un *Abrégé d'Hérodote,* étaient une *Histoire de la Grèce,* Σύνταξις ἑλληνικῶν, faisant suite à Thucydide et comprenant l'histoire de dix-sept années, depuis la bataille de Cynossèma; et ses *Histoires* désignées aussi par le titre de *Philippiques,* Φιλιππικά, en cinquante-huit livres; ce dernier ouvrage était une histoire du monde grec au temps de Philippe, comprenant aussi les histoires synchroniques des autres pays en relation avec la Grèce durant cette période.

Théopompe était un historien de grande valeur et un écrivain fort estimable, quoique son style clair, élégant et orné, comme celui de tous les élèves d'Isocrate, semble avoir manqué de nerf. Fortement engagé dans le parti aristocratique, puis sujet dévoué des rois de Macédoine, il eut, comme gouverneur de Chios, à soutenir des luttes politiques, dont son caractère d'historien se ressentit. Il jugeait les choses et les hommes avec passion, accordant la louange sans mesure et distribuant le blâme avec une extrême sévérité. Il ne semble pas cependant que sa véracité ait eu beaucoup à souffrir de sa passion, et qu'il ait été jusqu'à dénaturer les faits pour les plier à ses jugements. Mais il ne saurait jouir de toute la confiance que l'on donne à des hommes tels que Thucydide; et l'on ne peut accepter les citations que font de lui les auteurs Grecs ou Latins, qu'après un judicieux examen.

SECTION NEUVIÈME.
PÉRIODE ALEXANDRINE.

	POÉSIE.	HIST. ET GÉO.	SCIENCES.	ÉRUDITION.	PHILOSOPHIE.
335	....	Callisthène.			
315	....	Hécatée....	....	Démétrios de Ph.	
300	....	Ptolémée S.	Euclide........	....	Théophraste
		Mégasthène			
		Déimachos.			
		Patroclès...			
		Dionysios..			
		Amomètos .			
		Hiéronymos			
		Clitarque.			
		Lycos.			
290	Rhinton..	Nymphodore	Dicéarque.....	....	Arcésilas.
	Sotadès ..	Straton....			Polémon.
	Sopater ..	Théodecte..			Crantor.
	Philétas..	Diyllos....			Cratès.
285	....	Bérose....	....	Les Septante.	
		Manéthon..		Zénodote.	
280	Phanoclès	Douris....	Aristarque, de	Alexandre d'E.	
	Hermésianax		Samos.		
	Lycophron				
	Aratos.				
	Théocrite.				
270	....	Isidore....	....	....	Cléanthe.
250	Callimaque				
235	Rhianos..	Ister......	Eratosthène....	....	Chrysippe.
230	Euphorion				
210	....	....	Apollonios de P.	....	Zénon de T.
200	Apollonios	....	Archimède.		
	de Rhode				
	Nicandre .				
180	Bion.				
	Moschos.				
160	....	....	Hipparque.....	....	Panœtios.
155	....	....	....	Aristarque......	Carnéade.

Les populations helléniques ont eu de tout temps une extrême mobilité. Le peu de ressources naturelles fournies par les rivages de la Méditerranée, qu'elles habitaient, les poussait à se déplacer fréquemment et à se porter là où elles trouvaient plus abondamment les moyens de vivre. On vit se produire durant toute l'antiquité, et on le voit encore aujourd'hui, des centres artificiels, de grandes villes, qui n'eurent souvent qu'une courte durée et firent place à d'autres centres, non moins artificiels qu'eux-mêmes. Athènes ne doit pas être exceptée de cette loi, malgré sa splendeur un peu plus durable et le grand rôle qu'elle a joué dans l'histoire de la Grèce et du monde. Ce fut le mérite d'Alexandre et la grande nouveauté qu'il introduisit dans les habitudes des Grecs, de créer des centres naturels de population aux points où les routes de l'humanité se croisent et où affluent des hommes de tous les pays.

On est étonné de voir avec quelle rapidité s'accomplit la décadence d'Athènes, après qu'Alexandrie eut été fondée et que le gouvernement de l'Egypte fut assuré à des rois de race hellénique. Le commerce ayant pris cette ville comme lieu principal de ses transactions, les ressources de tout genre y affluèrent ; les maisons s'élevèrent sur une grande étendue de terrain ; des édifices publics vastes et nombreux devinrent nécessaires ; et tandis qu'Athènes restait composée de petites maisons en gradins sur des rochers d'un abord difficile, la grande cité égyptienne montra une ville moderne, bien bâtie à plat, sur le bord de la mer, bien percée, bien abreuvée, bien pourvue de toutes choses, et dans laquelle descendaient tous les produits d'une vallée égale à un grand royaume. Athènes et les autres villes de la Grèce se dépeuplèrent.

Avec les hommes, les arts, les lettres et les sciences passèrent à Alexandrie. L'esprit du temps était surtout porté vers ces dernières, et l'on sait quel éclat elles jetèrent en Egypte pendant plusieurs siècles. Les arts avaient depuis longtemps dépassé leur maturité : quoique les moyens matériels fussent plus à la portée des artistes, plus nombreux et plus puissants qu'ils ne l'avaient été deux siècles plus tôt, les formes de l'art ayant été créées et portées à la perfection dans tous les genres, les Alexandrins ne faisaient que les reproduire, avec plus de luxe et moins de goût que leurs prédécesseurs. De plus, l'idée religieuse, qui avait inspiré le grand art hellénique, faisait défaut : les dieux n'étaient presque plus un objet de foi et ne fournissaient à l'artiste que des formes très-pures et vides de pensées. Le luxe des palais et des maisons privées, dont le commerce, la guerre et le pouvoir presque absolu des rois faisaient les frais, avaient remplacé cette noble simplicité et cette richesse de bon goût dont les temples des dieux avaient brillé au temps de Périclès.

Quant aux lettres, elles se trouvaient dans une condition moins bonne encore que les arts. Tous les grands genres littéraires, l'hymne, l'épopée, l'ode, le drame, l'histoire, l'éloquence, le traité philosophique, avaient produit des œuvres qu'il était bien difficile, et presque impossible d'égaler. On est étonné de la pauvreté de la poésie pendant la période alexandrine : elle donne naissance dans tous les genres à des écrivains qui pouvaient être des esprits supérieurs, mais que la date où ils vivaient condamnait à refaire sans inspiration l'œuvre des siècles écoulés; elle abonde cependant en écrits de toute sorte, hymnes religieux, épopées, élégies, drames même et pièces de vers qu'il est impossible de rattacher à aucun genre; mais combien peu méritent d'être classés à la suite de Sophocle, de Pindare ou d'Homère!

La prose est la forme propre aux temps alexandrins, parce que ces temps appartiennent à la science et échappent presque entièrement à la poésie. L'histoire, qui est une sorte de science, y compte de grands noms. La critique des textes, la grammaire, la traduction des livres étrangers, sont autant de nouveautés dans le développement du génie grec, nouveautés fécondes, dont les germes continueront de se développer dans le monde hellénique jusqu'à nos jours. Les plus grands noms de la science antique appartiennent à cette période et la caractérisent. La philosophie cesse d'être une pure spéculation : elle écrit, elle prêche; elle s'impose comme tâche de régler la conduite des hommes que la foi aux dieux d'autrefois ne soutenait plus. Enfin à côté d'elle et dans la société toute entière se manifeste et s'annonce de plus en plus clairement la grande réforme religieuse et morale qui devait éclater sous les règnes d'Auguste et de Tibère.

Plusieurs causes contribuaient à la produire, les unes tendant à la destruction du passé, les autres à l'édification de l'avenir. Parmi les premières il faut compter avant tout les progrès accomplis par la raison publique, dont l'éducation se fait peu à peu et quelquefois se précipite; l'épuisement du polythéisme, qui ne suffisait plus ni à la foi, ni à l'art, ni à la science; la comparaison sans cesse renouvelée des superstitions et des croyances superficielles de la Grèce avec les doctrines profondes de l'Egypte et surtout de la Perse et de l'Inde; l'interprétation des symboles helléniques, souvent frivole, mais qui est pourtant à nos yeux un des signes du temps ; enfin la science elle-même, et surtout la science de la nature, dont l'effet constant est de substituer aux croyances religieuses des explications rationnelles et de remplacer les symboles par la réalité.

Au milieu des ruines que ces causes de dissolution accumulaient, agissaient des forces nouvelles que les faits et la lecture des auteurs nous permettent de saisir. Dès le siècle précédent la philosophie enseignait à découvert l'unité de Dieu, et s'efforçait de répondre à un besoin croissant des âmes : mais aucun des philosophes qui avaient enseigné dans Athènes n'avait pu leur présenter ce dieu, auquel elles aspiraient sans pouvoir le nommer ni le saisir. Zénon lui-même, qui plus que tous les autres avait, par sa théorie persane du feu, approché de la doctrine qui devait bientôt prévaloir, Zénon n'avait point apporté une religion nouvelle et n'avait enseigné qu'une philosophie. Mais les faits prouvent que les germes déposés par lui dans les esprits ne furent point perdus et qu'il aida pour sa part à la construction de la société nouvelle.

La Perse et l'Inde firent plus encore : la première était depuis longtemps fréquentée par les Grecs : d'incroyables échanges de corps d'armées et de populations mêlaient les Perses et les Hellènes depuis le temps de Xénophon. Après l'expédition d'Alexandre, ces derniers ne cessèrent plus de fréquenter les contrées de l'Indus : ici luttait le bouddhisme, une des religions qui ont poussé le plus loin l'esprit de propagande et de prosélytisme ; c'est par terre surtout que cette religion du détachement put exercer son action sur le monde hellénique ; l'empire des Séleucides était un lien naturel qui établissait ces relations. Par la mer Rouge et même par le Golfe Persique, les Grecs de l'Egypte et du Levant se trouvèrent en rapport avec le sud de l'Inde, où le brâhmanisme dominait toujours. Le livre saint des brâhmanes est le Vêda, que l'Europe possède depuis quelques années : il fut connu dans Alexandrie durant le siècle qui précéda Jésus; il le fut même probablement plus tôt, puisque les poésies orphiques des Alexandrins contiennent des noms de divinités védiques et des vers textuellement traduits du Vêda. Le souffle oriental anima de plus en plus les hommes d'occident et changea leur manière de penser et d'agir.

Les organes de ces transformations étaient très-divers. Tout le monde sans doute y prenait part, les uns en les favorisant, d'autres par leur opposition même. Pourtant il faut compter en première ligne le *Musée* fondé par le premier Ptolémée pour être un centre d'enseignement universel et représenter la science sous ses aspects les plus variés. Ses cours publics, dont la liberté était absolue, ses bibliothèques, qui finirent par renfermer plus de cinq cent mille volumes, le nombre très-grand d'auditeurs qui se pressèrent autour des maîtres, ou de lecteurs qui fréquentèrent les salles du *Bruchion* et du *Sérapeion*, furent comme autant de voies naturelles, par lesquelles les idées nouvelles se répandirent dans le monde hellénique. Les plus fécondes de ces idées, celles qui à la fin triomphèrent, avaient des représentants pour ainsi dire autorisés dans les sociétés religieuses, plus ou moins secrètes, dont le nombre et les rameaux allaient se multipliant et qui avaient leurs réunions et leurs colléges en Grèce, en Egypte, en Judée, et probablement aussi en Perse et jusque dans l'Inde. C'est à l'influence, sinon de leurs membres, au moins de leur esprit, qu'il faut attribuer la traduction des livres religieux de l'Orient entreprise par les Ptolémées, celle de la Bible dont la date est à peu près connue, celle de l'Avesta qui circulait parmi les Grecs dès le commencement du second siècle, et plusieurs autres peut-être de livres indiens, dont nous retrouvons des débris jusque dans la Bible elle-même.

Le rôle rempli par les Juifs, dans la société mêlée du Levant, devint de plus en plus considérable : toutefois il est bon d'observer que, dans le peuple d'Israël, cette influence ne fut exercée que par une minorité toujours en lutte avec le gros de la nation et dont les racines s'étendent jusqu'à la Perse et jusqu'au temps de la Captivité. Ce fut elle surtout, qui, sous le nom d'Esséniens et de Thérapeutes, paraît avoir le plus contribué à diriger le mouvement religieux des esprits et à préparer la rupture de l'équilibre entre l'hellénisme et les idées nouvelles venues d'Orient. Du reste la période alexandrine ne fit que préparer ce mouvement de bascule : pour qu'il s'accomplît au profit du monde nouveau, il fallait que Rome apportât un dernier poids dans la balance et l'entraînât pour toujours. C'est un fait qui appartient à la période suivante et dont nous renvoyons l'examen à la dernière section de cette Histoire.

L'étude littéraire des œuvres grecques, aux temps alexandrins, est d'un intérêt secondaire et qui ne se soutient pas longtemps. Mais ces mêmes écrits sont un sujet presque inépuisable de réflexion, quand on cherche à y surprendre la lutte des deux tendances, au milieu de laquelle ils ont été composés. Cette étude n'est point faite et les limites de ce livre ne nous permettent pas de l'entreprendre ici. Nous devons dire cependant qu'elle doit porter à la fois sur tous les éléments de la civilisation alexandrine, la religion, la politique, le commerce, les sciences, les arts, les œuvres littéraires, la langue. Cette dernière peut à elle seule devenir l'objet d'une recherche fort étendue; car durant cette période de deux siècles elle subit les transformations les plus surprenantes : une foule de mots nouveaux s'introduisent; beaucoup de mots anciens changent de sens; d'autres, qui avaient été conservés par les vieilles poésies sacrées ou dans les sanctuaires, reparaissent au jour pour signifier des idées nouvelles. Les derniers auteurs de la période parlent déjà comme des chrétiens. Ces faits une fois constatés, il en faut chercher l'explication; comme le développement spontané de l'hellénisme ne la fournit pas, on est conduit à la chercher au dehors et l'on finit par s'apercevoir que la plupart des mots et des expressions nouvelles sont calqués sur des termes perses ou sanscrits, dont le Vèda et l'Avesta nous livrent les prototypes. Le judaïsme n'a presque rien fourni; la vieille Egypte n'a fourni que peu de chose. Mais l'Egypte des Ptolémées et cet angle sud-est si agité de la Méditerranée ont été la matrice où des éléments, venus presque tous d'ailleurs, se sont agglomérés et ont pris une forme vivante.

I. POÉSIE.

La poésie n'invente plus à partir du temps de Philippe; comme le vent de l'esprit public tourne à la science, la poésie se fait savante comme tout le monde; sa science a deux caractères : elle est érudite et réaliste. Comme érudite, elle recueille les traditions, les développe, les interprête ; comme réaliste, elle prend pour sujets de ses tableaux les mêmes choses que les naturalistes et les philosophes du temps prennent pour objets de leurs analyses. Aux uns donc l'histoire, et surtout la plus vieille histoire de la Grèce, offre des matières, à la vérité fort anciennes, mais que la poésie des vieux temps n'avait pas traitées, ou sur lesquelles elle n'avait rien laissé : à cette classe de poètes appartiennent Lycophron, Callimaque, Apollonios. Les autres composent des poèmes descriptifs, où l'on voit paraître les choses naturelles, le ciel, les animaux, les pierres, les plantes, et les occupations les plus vulgaires de l'activité humaine, la chasse, la pêche, la thérapeutique, l'agriculture, la garde des troupeaux ; parmi ces poètes on peut ranger Aratos, Nicander, Théocrite et beaucoup d'autres. D'autres genres se rattachent plus ou moins étroitement à ces deux classes : telles sont les parodies, les tragi-comédies, les chants grossiers ou burlesques de quelques auteurs du temps. Mais à côté de ces compositions, inspirées par les mœurs et les habitudes mondaines de la Grèce dégénérée, on voit se produire, probablement vers la fin de la période et peu de temps avant la révolution chrétienne, toute une série de chants, d'un caractère religieux et sacré, dont on ne connaît ni les auteurs, ni l'origine, ni la date précise, ni même la destination immédiate : je veux parler de cette littérature à laquelle on a donné le nom d'Orphique, parce qu'elle se rattache le plus souvent au nom du vieux poète de la Thrace. Elle forme avec la plupart des écrits du temps un contraste d'autant plus singulier, qu'elle revêt des idées nouvelles de formes transmises par les plus anciennes traditions helléniques ; il en résulte que par l'extérieur elle tient à la poésie grecque, tandis que pour le fond elle dérive d'une influence mystérieuse et étrangère.

I. **Poètes érudits.** Une génération de poètes érudits, ou pour mieux dire d'érudits versifiants, parut sous les premiers Ptolémées; elle eut pour principal représentant PHILÉTAS, Φιλητᾶς, de Cos, tuteur du jeune Philadelphe, grammairien de son métier et l'un de ceux qui firent pour le Musée des éditions d'anciens auteurs (1). Il fut, par occasion, poète élégiaque de l'école de Mimnerme, grandement admiré et imité par Properce. Ses principaux poèmes étaient une plainte en distiques de *Déméter* sur sa fille Perséphone, et un poème en grands vers, intitulé *Hermès,* relatif aux aventures d'Ulysse; mais ce sont surtout ses élégies amoureuses, qui l'ont rendu célèbre et ont fait de lui le modèle préféré des poètes romains. Il ne nous reste de Philétas que quelques fragments.

PHANOCLÈS, Φανοκλῆς, et HERMÉSIANAX, Ἑρμησιάναξ, dont un passage assez long est cité par Athénée, XIII, furent des poètes d'élégies comme Philétas. Nous n'avons presque rien à dire d'eux; on remarquera seulement leurs noms, dont l'un semble se rattacher aux doctrines hermétiques déjà puissantes, et l'autre aux doctrines des Orphiques chez lesquels φανῆς est le nom ordinaire du soleil.

LYCOPHRON, Λυκόφρων, fut un des poètes alexandrins qui acquit le plus de renommée et un de ceux qui ont le plus exercé la sagacité des érudits modernes. Il florissait

---

(1) Il travailla avec Zénodote à l'édition d'Homère et composa un livre qui devint fameux sur les ἄτακτοι γλῶσσαι. ATHÉN. IX.

au milieu du troisième siècle et reçut son nom de l'historien Lycos de Rhégium, son père adoptif. Poursuivi par la haine de Démétrios de Phalère, il approcha cependant de Ptolémée Philadelphe, et fut chargé par lui de la recension des poètes grecs : il se trouva donc collaborateur de Zénodote et d'Alexandros d'Étolie, dans cet immense travail. Les petits anagrammes de cour, comme celui où du nom d'Ἀρσινόη il faisait ἴον Ἥρας, n'eussent guères contribué à sa réputation et ne lui eussent pas mérité la place qu'il occupa dans la *pléiade* alexandrine (1), s'il n'avait composé ses quarante ou cinquante tragédies, son histoire anecdotique de la comédie et surtout sa fameuse *Alexandra* dont le nom est devenu synonyme d'érudition et d'obscurité.

L'histoire et les tragédies sont perdues, mais nous possédons l'Alexandra. Rien ne peut donner une idée de ce petit poème. En lui-même il est très-simple : le poète donne la parole à Cassandre qui, sous le nom d'Alexandra, prédit les destinées des guerriers réunis dans la plaine de Troie ; mais la forme en est des plus surprenantes. Jamais le poète ne nomme les choses ni les personnes par leur nom (2), il cherche les termes les

---

(1) Pléiade alexandrine, d'après les listes combinées :

Homère,   Philiscos,
Sosithée,   Sosiphane,
Lycophron,   Æantide.
Alexander,

(2) Les navires sont des φαλακραῖαι κόραι, Ilion une τάλαινα θηλαμὼν κεκαυμένη, le vaisseau de Paris un θέοντα γρυνὸν ἐπτερωμένον, le sel est la cristallisation purificatrice de Poseidôn, etc., etc.

moins usités ou les plus tombés en désuétude ; il compose, à la façon indienne, des mots dont les membres font allusion à des faits de mythologie ou d'histoire presque inconnus ; le style est étonnant, bizarre et parfois risible ; Lycophron arrive à un romantisme dont on eût cru les Grecs incapables : « Je vois, dit-il en parlant de l'enlèvement d'Hélène, un tronc ailé qui court ravir une colombe, une chienne meurtrière mise au monde par un cygne aquatique, encoquillée, roulée en boule dans une membrane (l'œuf de Léda). » — En parlant d'Ajax, il dit : « Froid sur le rivage, cadavre bouilli de dauphin, le rayon de Sirios (le soleil) le dessèche ; hareng-saur (τάριχον) pourri dans les lichens et les mousses, la sœur de Nésœa (Thétis) le couvrira par pitié, elle, l'aide du grand Discos-Kynætheus (Jupiter), v. 400. » Au milieu de ces phrases si extraordinaires, on rencontre quelquefois d'assez beaux passages ; le meilleur peut-être est un petit tableau de la guerre, au vers 249 :

« Je vois le sol embrasé par le danseur Arès, qui commence avec la conque un air sanglant. Toute la terre sous mes yeux est ravagée ; ils sont hérissés de piques étincelantes comme des champs de blé ; un cri de douleur vient du haut des tours frapper mes oreilles ; il monte jusqu'aux régions calmes de l'éther avec le gémissement des femmes, qui déchirent leurs voiles et reçoivent calamité sur calamité. O mon pauvre cœur ! etc. »

L'Alexandra est une œuvre d'érudition : l'auteur a recueilli une multitude innombrable de traditions héroïques, qu'il rappelle souvent par quelques mots, de faits mythologiques, qu'un nom fait entrevoir. Son poème est plein de géograhie ; l'histoire naturelle y tient une place considérable ; je ne sais s'il y avait alors un seul nom d'oiseau qui n'y ait trouvé place ; chaque personnage y est désigné par une bête particulière, qui lui sert d'emblème. Au milieu de tous ces éléments incohérents, empruntés à l'érudition et à la science alexandrine, on remarque des noms, des expressions et des idées qui semblent étrangers à l'hellénisme : ainsi Athéna est appelée Βουδεία (peut-être la Bhôdi des Indiens) Βοαρμία et Μυδεία ; Kronos est appelé le Centaure ; Dieu est le Générateur arabe, Γουνεὺς ἄραψ ; il est aussi l'ange « rémunérateur qui suit l'homme pas à pas » ἰχναίας βραβεύς. — Ce mélange étonnant de faits et d'idées ne contribuait pas à dissiper les ténèbres du style de Lycophron. Mais le monde grec n'avait pas encore vu de poète aussi harmonieux : ses vers sont d'une musique parfaite et flattent merveilleusement l'oreille par la plénitude des sons et par la variété infinie et savante des consonnances. Les images aussi sont d'un grand éclat et d'une grande puissance ; elles remplissent la vue et l'éblouissent. Dénué de sentiments vrais et naïfs, le poème a pu, par ses qualités romantiques, séduire un grand nombre de lecteurs, même dans les temps modernes.

CALLIMAQUE, Καλλίμαχος, fils de Battos et de Mésatma, de Cyrène, était plus jeune que Lycophron d'une quinzaine d'années. C'était un grammairien, élève d'Hermocrate. Il vint à Alexandrie, où il enseigna les lettres dans le faubourg nommé Eleusis. Peu à peu il se fit connaître, et, en l'année 244, il succéda à Zénodote comme bibliothécaire du Musée (1). Au milieu des livres réunis dans ce

---

(1) Listes des bibliothécaires du Musée :
(Démétrios de Phalère).

vaste établissement, il acquit tant de connaissances et, dit Suidas, « se montra si laborieux, qu'il composa des poèmes dans tous les mètres connus et ne produisit pas moins de huit cents ouvrages. Il florissait sous Ptolémée-Philadelphe et vivait encore au temps d'Evergète. » Il compta parmi ses nombreux élèves Apollonios de Rhode, le grammairien Aristophane et l'historiographe Eratosthène. Nous connaissons peu les circonstances de sa vie ; nous savons toutefois qu'il devint un ardent ennemi de son élève, le poète Apollonios et qu'il écrivit contre lui un poème intitulé *L'ibis*.

Des nombreux écrits de Callimaque il ne nous reste que six *hymnes*, une soixantaine d'*épigrammes* et quelques fragments d'*élégies*. Sa *Chevelure de Bérénice* nous est connue par l'imitation presque littéral qu'en a faite Catulle ; son *Ibis* fut imité par Ovide. Tous les hymnes de Callimaque sont intéressants, les uns comme compositions littéraires, les autres comme signes du temps. De ces six morceaux, les quatre premiers sont des œuvres épiques, dans le genre de ce qu'on appelle les hymnes homériques ; ils sont adressés *à Zeus, à Apollon, à Artémis* et *à Délos;* le cinquième a pour titre la *Corbeille de Déméter*, et le sixième les *Bains de Pallas*. Celui-ci renferme l'histoire de Tirésias, aveuglé par Athéna, pour l'avoir vue au bain, et doué par elle de la divination ; le récit est bien

---

Zénodote, en 280.
Callimaque, en 244.
Eratosthène, en 236.
Apollonios, en 196.
Aristophane, en 188.
Aristarque, en 184.

fait, mais la forme en est artificielle et remplie de figures de rhétorique. — Il en est de même du cinquième morceau où est racontée en dialecte dorien la légende d'Erysichthon ; la recherche des dialectes, des mots techniques, populaires ou provinciaux est un des caractères de la poésie alexandrine. — L'hymne à *Délos,* où est racontée toute la légende de la naissance d'Apollon, est celui qui rappelle le mieux les hymnes homériques ; mais il est en général plus savant et plus dramatique que ces derniers ; il renferme de plus cette invention ridicule qu'a eue Callimaque de faire prédire par Apollon, du ventre même de sa mère, les destins de Ptolémée. — L'hymne à *Artémis,* quoique artificiel, est fort bien composé ; il renferme un très-bel endroit qui commence par ces mots :

« Combien de fois, déesse, essayas-tu ton arc d'argent ?
La première fois ce fut sur un ptéléa ; la seconde fois sur un chêne ;
La troisième sur une bête fauve ; la quatrième, ce ne fut plus
[sur un chêne.
Mais tu frappas une cité d'hommes pervers, qui, soit entre eux,
Soit contre des étrangers, commettaient beaucoup d'injustices...

Une partie de cette pièce de vers est remplie par une mythologie savante, qui obscurcit le style et rapproche Callimaque de Lycophron.

L'éloquence caractérise l'hymne *à Apollon,* qui est un récit de l'établissement du culte d'Apollon Carnéen. Pour le sentiment, il se rapproche beaucoup de l'hymne *à Zeus,* qui est le premier du recueil. Dans celui-ci, Zeus est présenté comme un être suprême qui vit éternellement ; il ne doit pas son pouvoir au hasard, mais à sa force ; c'est par elle qu'il règne, et c'est de lui que les rois tiennent leur autorité ; ils ne sont responsables de leurs actions qu'au seul Jupiter, qui les surveille. C'est une théorie complète du droit divin, d'autant plus remarquable qu'elle s'appuie sur des doctrines religieuses en voie de s'établir et qu'elle coïncide avec un sentiment déjà fort répandu qui portait les Grecs à voir dans les princes victorieux et pacifiques des *sauveurs* suprêmes, σωτήρων ὕπατον γένος. Les six derniers vers de l'hymne à Zeus ont quelque chose d'oriental et de presque chrétien :

« Salut, grand, suprême fils de Kronos, qui donnes les biens,
» Qui donnes le salut ; qui pourrait chanter tes ouvrages ?
» Il n'a pas été, il ne sera pas ; qui chantera jamais ses ou-
[vrages ?
» Salut, père, salut encore une fois ; donne la vertu et l'abon-
» Vertu sans bonheur ne peut nous soutenir, [dance.
» le bonheur non plus sans la vertu : donne vertu et bonheur. »

Le commencement de l'hymne à Apollon a été imité par Grégoire de Nazianze. Ici le poète nous montre Apollon assis à la droite de Zeus (v. 28), un feu éternel brûlant pour lui. Dans un des fragments, l'âme du mort est représentée comme un feu qui se communique ; dans un autre, est montrée l'importance du nombre 7 et en particulier du septième jour ; dans le fragment 205 est nommé ce fameux *Kykéon,* liqueur du sacrifice que nous avons reconnue dans le *çikhâyôni* des Indiens, et qui provient de l'arbre du même nom, le même où s'abrita Jonas revenu à la vie.

Beaucoup d'épigrammes justement attribués à Callimaque ont une valeur littéraire ou archéologique. Nous n'en citerons qu'un seul, dont le charme en grec est pénétrant :

« A trois ans, Astyanax jouait autour d'une citerne ;
Sa muette image l'y attira.
» Du fond de l'eau, la mère retira l'enfant submergé ;
elle regardait s'il avait encore un peu de vie.
» Il n'a pas souillé les eaux, le petit ; mais, sur les genoux
de sa mère, il s'est assoupi et dort d'un profond sommeil. »

Parmi les érudits alexandrins qui ont versifié, nous devons compter Rhianos et Euphorion, quoique ce dernier n'ait jamais vécu dans Alexandrie. Rhianos, Ῥιανός, était un Crétois qui florissait vers l'année 235. Il composa des histoires en vers sur l'Achaïe, la Messénie, l'Elide et la Thessalie, et des Héracleia, qui paraissent s'être rapportés à la légende d'Héraclès plutôt qu'à l'histoire. Son commentaire sur Homère était estimé, ainsi que ses livres d'histoire, sur l'autorité desquels s'appuie même Pausanias (IV ; 1, 6).

Euphorion, Εὐφορίων, était un peu plus jeune que Rhianos. Né à Chalcis en Eubée, il vécut longtemps à Athènes et de là se rendit près d'Antiochos-le-Grand, dont il fut bibliothécaire. Il composa une vingtaine d'ouvrages, tous perdus pour nous, poèmes épiques, satiriques ou élégiaques, qui eurent une grande célébrité chez les Romains. Il était en outre grammairien et archéologue.

Apollônios, Ἀπολλώνιος, surnommé le Rhodien, était né dans Alexandrie vers l'année 270. Elève de Callimaque, il s'affranchit probablement des idées de son maître et entra dans un courant que le chef du Musée n'approuvait pas. En effet quand il eut composé ses Argonautiques et qu'il en fit la lecture aux fêtes d'Apollon, une cabale éclata contre lui, ourdie par Callimaque. Apollônios passa dans la savante île de Rhode, où il devint professeur de rhétorique et acquit une grande célébrité. Il est à peu près certain que ce fut pendant ce glorieux exil, qu'il fut l'objet des attaques du maître alexandrin, auteur de *l'Ibis*. Callimaque mourut et eut pour successeur Eratosthène. Celui-ci étant mort à son tour en 196, Apollônios rentra dans Alexandrie et fut nommé bibliothécaire du Musée. Il mourut dans ce poste, âgé d'environ quatre vingts ans.

Les *Argonautiques* d'Apollônios sont le meilleur poème alexandrin qui nous soit resté ; c'est du moins celui qui rappelle le mieux la poésie homérique. Il est en quatre chants, en vers hexamètres et en langue épique ; c'est donc une œuvre de science et tout à fait artificielle ; mais elle ne l'est pas plus que l'Enéide de Virgile, que les siècles ont tant admirée. Il y a dans l'œuvre du poëte grec beaucoup de simplicité et de naturel. Les personnages n'y ont pas toujours des caractères bien tranchés et qui les fassent nettement distinguer les uns des autres ; mais les scènes dramatiques remplacent çà et là cet élément poétique, qui fait défaut. En un autre sens, le poème d'Apollônios est un recueil de traditions curieuses et souvent intéressantes ; on y trouve beaucoup de géographie et des données ethnographiques précieuses. On savait aux temps alexandrins beaucoup de choses que les savants des siècles précédents avaient ignorées ; les mouvements désordonnés des populations, survenus après la mort d'Alexandre, avaient étendu le domaine des géographes : on connaissait l'Inde autrement que par ouï-dire ; Apollônios parle de la forêt Hercynienne, qui est la Forêt-Noire entre l'Alsace et l'Allemagne. Dans ses récits mythologiques, il n'y a pas une critique bien sévère ; on y trouve parfois de l'obscurité et un mélange de traditions incohérentes : mais ce défaut est commun à toute la poésie alexandrine.

Avec plus de rigueur on pourrait dire que les Argonautiques ne sont ni une histoire, ni une épopée, ni même de la poésie dans le sens complet de ce mot : c'est un livre d'érudition, fait avec des traditions depuis longtemps fixées et écrites, dans une langue, non pas morte, mais tombée en désuétude. Toutefois ce sont les défauts de presque toutes les œuvres poétiques de ces temps ; et sous ces formes apprises, appliquées à un fond d'idées qui semblait épuisé, il est juste d'apercevoir les qualités propres du poète érudit qui a excité l'admiration de ses contemporains et servi de modèle à des poètes étrangers que nous admirons à notre tour.

— C'est peut-être ici qu'il faudrait placer l'étude d'un autre poème également intitulé *Argonautiques* et que les savants anciens ont mis sous le nom d'Orphée. Il est à peu près impossible d'en fixer la date même approximative. Cependant il n'y a rien qui oblige à la faire descendre jusqu'à la période chrétienne ; et le poème est rempli de détails géographiques et d'expressions qui ne permettent pas de le faire remonter, comme on l'a essayé, jusqu'à Onomacrite. Il faut observer que, pendant les deux ou trois siècles antérieurs à Jésus-Christ, le mouvement d'idées mystiques venu d'Orient ramenait les esprits vers les vieilles traditions grecques, surtout vers celles qui pouvaient entrer dans les cadres nouveaux. Aucune ne se prêtait mieux à cette alliance du vieux monde grec et du monde oriental, que la tradition orphique : autour du nom d'Orphée se groupèrent non-seulement des sociétés secrètes, qui s'incorporèrent plus tard dans la société chrétienne, mais tout un mouvement poétique, dont ni le commencement ni la fin ne se laissent apercevoir. C'est probablement ce qui explique le choix fait par Apollônios de Rhode, et celui du poète inconnu dont nous parlons.

Pour la forme, ces Argonautiques d'Orphée rappellent l'*Alexandra* : c'est un récit de l'expédition des Argonautes fait par Orphée à son disciple Musée, en Thrace, après son retour. Il renferme treize cent quatre-vingt-quatre vers hexamètres, écrits dans une langue archaïque analogue à celle d'Homère, mais où l'on trouve souvent aussi des mots nouveaux exprimant des idées absolument ignorées même au temps de Périclès. Le retour fréquent du mot σωτήρ, *sauveur,* indique la période des Ptolémées et une époque probablement voisine de Jésus. On remarquera plusieurs fois les purifications mystiques, καθαρμοί, dont l'usage, introduit depuis plusieurs siècles chez les Grecs, s'était beaucoup répandu après Alexandre (1). On trouve aussi dans ce poème des sorcières, θαμβήτειραι, des doctrines panthéistiques vaguement exprimées, un appareil géographique qui caractérise les ouvrages que nous avons tout à l'heure étudiés. Les peuples énumérés ici appartiennent à toutes les parties du monde, depuis l'Hibernie, qui est l'Irlande, jusqu'aux Touraniens (Ταῦροι) de la Tauride et aux populations de l'Asie méridionale. Il

---

(1) ὅταν ἐκνίψησθε μύσος θείοισι καθαρμοῖς.

Ὄρφεος ἰδμοσύνησι... v. 1238.

..... ἱερὰ λύτρα καθαρμῶν. 1374.

n'est pas impossible que le fond du poème ait été recueilli dans la Thrace, où parait exister encore la tradition orphique, et qu'il ait été mis en vers grecs par quelque alexandrin ou par un mystique du temps, imbu d'idées orientales. Il y a, en effet, toute une littérature orphique et un art orphique, qui commencent longtemps avant Jésus-Christ, durent quelque temps après, se répandent dans presque tout l'empire romain et vont s'absorber enfin dans le Christianisme. A cette littérature appartiennent les hymnes orphiques, dont nous parlons un peu plus bas et qui semblent caractériser la fin de la période.

II. Poésie scientifique. Les choses naturelles, que les savants étudiaient, analysaient et classaient depuis Aristote, fournirent une matière nouvelle à la poésie, poésie souvent bien pauvre et sur laquelle nous passerons rapidement.

Il n'y a d'intéressant, dans les poèmes d'ARATOS, que les premiers vers de ses *Phénomènes*, où est exposée une doctrine panthéiste assez grossièrement conçue. Zeus y est présenté comme un principe ordonnateur et générateur, répandu dans tout l'Univers. Après ce préambule, le savant versificateur commence, sans autre préparation, sa description des choses célestes; elle se réduit en somme à l'exposition en vers des figures dessinées sur une de ces sphères comme on en trouve encore dans nos cabinets. L'auteur y ajoute les phénomènes météorologiques et quelques-uns des phénomènes moraux dont il croit la production liée au mouvement des étoiles et des planètes. — Nous ne voyons pas de raison sérieuse pour refuser à ce même ARATOS, de Soli, le second poème en 422 vers intitulé *Diosémeia*, c'est-à-dire Signes-de-Zeus ou Pronostics. Il est conçu dans le même esprit, écrit dans le même style et aussi technique que le premier, dont il est un complément naturel. Son titre est expliqué par le onzième vers, où il est dit : « tous les phénomènes du monde procèdent de Jupiter; » et par les vers 36 *et sq.* : « Zeus ne nous a pas encore tout appris; il nous cache beaucoup de choses encore dont il pourrait, s'il le voulait, nous donner immédiatement connaissance. Car c'est Zeus qui manifestement secourt les hommes et se fait voir partout, dévoilant partout les signes du temps. » — Aratos florissait vers le milieu du troisième siècle.

La médecine et la pharmacie fournirent à *Nicandre*, Νίκανδρος, des matières de vers, qu'il développa dans plusieurs poèmes, dont deux nous sont restés : ce sont *les Thériaca* et *les Alexipharmaca*. Le premier renferme 958 vers et le second 630. On ne peut considérer ces œuvres comme appartenant véritablement à la poésie; car il y avait moins de raisons de les écrire en vers qu'en prose. Nicandre composa aussi des *Géorgiques*, qui furent utiles à Virgile pour la composition des siennes. Il écrivit en outre des poèmes sur *l'Europe, la Sicile, l'Etolie, Thèbes, la Béotie, les Langues*. Il ne nous en reste que quelques fragments. Nicandre florissait vers le commencement du second siècle.

[Les descriptions en vers des objets et des phénomènes naturels composèrent une littérature qui, avec des intervalles plus ou moins longs, continua de se développer jusque sous les empereurs de Constantinople et presque jusqu'à la prise de cette ville par les Turcs. On trouve, dans cette longue période, des poèmes ou des fragments dont nous ne parlerons plus, des noms qui ne valent guère la peine d'être cités, ailleurs que dans une liste : le gastronome *Archestratos*; *Nouménios* qui écrivit sur la pêche au commencement du deuxième siècle après J.-C. ; *Marcellus* de Sida auteur d'un livre sur les poissons (150); *Oppien* qui vaut peut-être un peu mieux que les autres (210); *Pancratès* qui écrivit sur les travaux de la mer; *Héliodore*, sur les poissons; *Roufos* d'Ephèse, sur le ladanon; *Philon*, sur l'antidote; *Andromachos*, sur le baume tranquille; *Manoël* de Philé, qui adressait vers la fin du treizième siècle à Michel Paléologue un poème sur les propriétés des animaux.]

Deux ouvrages seulement peuvent attirer en ce moment notre attention, parce qu'ils doivent appartenir à la période alexandrine, et qu'ils contiennent de nombreux signes de la révolution qui s'accomplissait dans les idées. C'est le recueil de chants orphiques sur *les Pierres*, τὰ Λιθικά, et le poème astrologique du *Faux-Manéthon*. Il n'y a rien dans le premier qui doive le faire comprendre dans les productions des Orphiques alexandrins; la préface de 169 vers mise en tête du recueil est assez insignifiante et indique, par son style et sa langue, une époque postérieure. Les morceaux détachés qui composent la collection sont au nombre de vingt-huit et ressemblent par leur sujet à d'autres poésies des temps alexandrins, où l'on célébrait les vertus physiques et morales de tous les objets de la nature. Ils procèdent de la même pensée que l'astronomie d'Aratos, que les Thériaques de Nicandre. Il est bon seulement de remarquer dans *les Pierres* un assez grand nombre d'expressions mystiques, qui donnent à ces petites pièces une couleur archaïque et permettent de les attribuer à quelque auteur inconnu, imbu des idées orientales du temps. On trouve déjà de telles compositions dans le Vêda.

L'astrologie du *Faux-Manéthon* a pour titre Ἀποτελεσματικά. C'est un ouvrage purement hellénique, quoiqu'il soit mis sous le nom d'un auteur égyptien ; il contient, comme celui d'Aratos, les faits observés par les astronomes, avec les dénominations mythologiques de la sphère céleste. Chaque phénomène est énoncé, et à sa suite sont décrites ses conséquences physiologiques, psychologiques et morales. Comme tous les faits de la nature humaine devaient, conformément aux principes de la science occulte, avoir leur explication dans les concours variés des astres, le poète inconnu dont nous parlons fut conduit à décrire dans une suite de petits tableaux les mœurs de son temps. Tout y est ; on y trouve même beaucoup de redites : en réunissant toutes ces peintures, on se convainct que le poème a dû être composé dans le siècle qui a précédé l'ère chrétienne et probablement vers le milieu de ce siècle. Il est très-regrettable qu'il ne nous soit pas parvenu en entier ; car il signale un grand nombre de faits des plus instructifs pour l'histoire du temps. Le livre a été certainement fait en Egypte : il parle de métiers qui ne se trouvaient que dans ce pays. On y voit aussi paraître des professeurs de rhétorique, de science, de grammaire, fort honorés, « distribuant au peuple la nourriture spirituelle du haut de leurs chaires » (IV. 418); des caravanes de marchands (IV. 424); des sacrificateurs magiciens (IV. 206), des mages faisant des incantations (III. 475), des prophètes, des mystes, des prédicateurs du peuple parlant dans des lieux sacrés et entraînant les populations (I. 228); l'étude des livres étrangers (VI. 241) et des écritures mystérieuses (I. 198); enfin les inventeurs de livres, les faussaires, πλαστογράφους. Tout l'ouvrage est dédié à un Ptolémée (v. 1); auquel? on l'ignore, mais certainement à l'un des derniers.

III. Poésie légère. On a désigné, sans raison sérieuse, par l'épithète de sicilienne, l'une des faces de la poésie alexandrine représentée par Théocrite, Bion, Moschos et même Méléagre. Le provincialisme est un travers commun dans ces temps de décadence : le patois de la Sicile, ses bergers et ses pêcheurs, ont fourni leur contingent aux poètes comme les autres dialectes et les autres conditions sociales.

THÉOCRITE, Θεόκριτος, est un Hellène, qui n'a point subi d'une façon notable l'influence des doctrines nouvelles; il appartient à la société dissolue; c'est un homme de la décadence et non de l'avenir : il a fait par ses vers plus de mal que de bien; ses imitateurs et ses prôneurs ont contribué pour leur part à la corruption des mœurs dans leurs pays. Il y a bien peu d'idées nouvelles dans Théocrite, du moins ayant quelque valeur. Mettre en scène les bergers et les pêcheurs pouvait intéresser, par le contraste, la société trop civilisée d'Alexandrie; mais plus il y avait de vérité et de naïveté apparente dans ces petits tableaux de genre, plus il y avait d'immoralité; car la vie de ces gens n'intéressait qu'à la condition qu'on la représentât dans ce qu'elle pouvait avoir de commun avec celle des villes, c'est-à-dire dans ses passions charnelles ou dans ses superstitions. Il y a dans Théocrite quelques petites peintures agréables, parmi lesquelles on a justement distingué *les Pêcheurs, la Quenouille,* et *la mort de*

Daphnis. Le quatrième morceau, *les Pasteurs,* est la mise en vers du bronze célèbre connu sous le nom de *Tireur d'épine; le Voleur de miel* (pièce xix⁣ᵉ) est une jolie fresque d'apartement comme on en voit à Pompei. Le dixième morceau, *les Moissonneurs,* où l'un chante son amour et l'autre la moisson et le travail, est une des plus saines idylles de Théocrite. Au contraire *la Magicienne, l'Amant malheureux* (idyl. xxiiiᵉ), *les Pœdica, l'Oaristys,* sont d'une immoralité incontestable, l'une par sa volupté pénétrante, l'autre par sa volupté grossière, la seconde par le sophisme qu'elle développe et la troisième par sa corruption éhontée.

Les compositions d'haleine un peu plus longue pèchent le plus souvent par quelque grave défaut : la septième pièce, intitulée *Thalysia,* présente une accumulation de mots géographiques, de noms de plantes et d'oiseaux, qui encombrent et obscurcissent la pensée ; il en est de même de la xiiiᵉ, *Hylas.* Les *Syracusaines,* petit tableau de mœurs, est un morceau mal composé, qui n'a pas d'unité ni de proportion entre ses parties ; il est cependant agréable à lire, parce que les petites images qui y sont juxtaposées sont gracieuses et spirituelles. Les *Dioscures,* pièce où Théocrite se donne comme imitateur, ἑτέρων ὑποφήτης. est la réunion de deux récits, à savoir le combat de Pollux et d'Amycos, et le combat de Castor et de Lyncée ; ces deux fragments épiques n'ont d'autre lien entre eux que la fraternité des deux héros solaires. Le même vice de composition se rencontre dans *Héraclès tueur-du-lion,* morceau curieux comme paraphrase de quelque pièce antique, et dans *les Graces* ou *Hiéron,* pièce qui forme une composition double et sans unité. — *L'Epi-*

thalame d'Hélène est un morceau bien faible, formé de détails empruntés à beaucoup d'anciens poètes, et qui n'appartient, ni pour le fond ni pour la forme, à la poésie lyrique.

En résumé Théocrite semble avoir été estimé au delà de sa juste valeur; non qu'il manque de qualités; mais ses qualités sont superficielles et ses défauts sont profonds. Le nombre des pièces qui lui sont attribuées s'élève à trente; mais plusieurs sont visiblement apocryphes et quelques-unes sont douteuses; nous avons énuméré celles qui semblent le plus certainement lui appartenir. Si l'on mettait sur le compte de la société de son temps les défauts de cette poésie, c'est-à-dire l'immoralité et les vices de composition, il resterait en effet, en faveur de Théocrite, de l'esprit, de la grâce, de la finesse dans le coloris, un certain naturel qui n'exclut pas la recherche, de la passion quelquefois, enfin cette élégance et cette facilité que devaient surtout apprécier des lecteurs fatigués des affaires du jour et de la vie toute artificielle des grandes cités. Le véritable talent de Théocrite se trouve dans la peinture qu'il fait souvent de sites ou de phénomènes naturels; il y a dans ses pièces bucoliques un sentiment vrai des montagnes et des pâturages, dans ses *Pêcheurs*, un écho charmant des bords de la mer. La Sicile, avec ses rivages et ses hautes terres, a laissé dans l'âme du poète des impressions vives et qu'il a su rendre en vers mélodieux. C'est comme peintre de la nature qu'il a principalement charmé ses contemporains et mérité de servir de modèle à la petite poésie des peuples latins.

Nous ne savons presque rien de la vie de Théocrite. Né à Syracuse, il fut à Cos élève de Philétas, et vint probablement de bonne heure à Alexandrie ; mais il n'y resta pas, malgré les avantages qu'il pouvait trouver dans cette ville auprès du roi Ptolémée-Philadelphe et dans la société d'une foule d'hommes supérieurs. Son éloignement de ce centre explique comment il se trouve dans ses poésies si peu de traces des idées nouvelles, et comment il est resté hellène plus que les autres écrivains de son temps. Toute la seconde partie de sa vie semble s'être passée à Syracuse, où probablement il mourut vieux, on ignore en quelle année. Il avait composé en outre une *Bérénice*, dont il ne reste que cinq ou six vers, et des *épigrammes* dont nous possédons quelques-uns entre les vingt-cinq qui se publient sous son nom.

Toutes les littératures en décadence sont pleines de poésies qui valent autant ou mieux que celle de *Bion* et de *Moschos*. Ces deux amis, qui avaient pris pour maître Théocrite, sont loin d'avoir égalé ce dernier, si nous en jugeons par ce qui nous reste d'eux. L'*Epitaphion d'Adonis,* de Bion, est un chant de douleur très-froid et dans lequel Aphrodite ne montre qu'un amour physique ; les mots et les vers s'y répètent d'une façon insupportable. Son *Epithalame d'Achille et de Déidamie,* où l'on voit Achille déguisé en femme chez les filles de Lycomède, est d'une volupté assez grossière et qui eût été violemment flagellée par Aristophane et par Platon. Les quinze autres idylles ou fragments de Bion n'offrent à peu près aucun intérêt. — Moschos a composé pour Bion une épitaphe qui nous apprend à peu près tout ce que nous savons de ce dernier ; c'était un Smyrniote, qui passa à Syracuse et y mourut empoisonné ; le *chant funèbre* en son honneur est une paraphrase divisée en tirades inégales par un vers de refrain; la fin de ce morceau ne manque pas de sentiment. L'enlèvement d'*Europe* est un fragment épique, en 166 vers homériques, comme on en faisait beaucoup dans Alexandrie. L'*Amour fugitif*, en 29 vers, est une description d'Eros assez gracieuse, sculpturale, mais d'une signification superficielle. La *Mégara* est une composition d'école. La cinquième idylle, en 13 vers, offre un agréable contraste entre la mer orageuse et la forêt paisible; la voici :

« La mer bleue sous une brise légère sollicite mon âme craintive; alors je n'aime plus la terre; le calme m'invite à naviguer. Mais quand retentit l'abîme blanchissant, quand le flot se courbe écumant et que les grandes vagues sont en fureur, je regarde la terre et les arbres, je fuis la mer, j'aime la terre et l'ombre des bois, même si le grand vent les agite et fait chanter les pins. Quelle triste vie que celle du pêcheur! il a pour maison son bateau, pour chantier la mer et pour proie un poisson. Mais moi, je jouis du sommeil sous le platane au feuillage épais, j'aime entendre à mes côtés le murmure de la fontaine, dont le bruit charme l'homme des champs et ne le trouble pas. »

Moschos et Bion vivaient dans le second siècle. On peut voir que les petites compositions, comme ils en firent, devenaient de plus en plus à la mode ; le nombre des *épigrammes*, c'est-à-dire des inscriptions le plus souvent lapidaires, s'accroissait rapidement et exerçait l'esprit de beaucoup de poètes. Le temps approchait où il serait à propos de choisir les meilleures et d'en composer des recueils. La première anthologie, sous le nom de *Couronne*, fut publiée par *Méléagre*, Μελέαγρος, de Gadara, dans le courant du premier siècle. Cet érudit était poète lui-même et pourrait être rattaché au groupe formé par

Théocrite, Bion et Moschos. Il composa un *Banquet*, Συμπόσιον, et un poème intitulé les *Grâces*, Χάριτες. Les épigrammes qui nous restent de lui sont quelquefois spirituels et bien tournés, mais pèchent par la moralité. Du reste Méléagre appartenait autant à la société romaine qu'à celle des Grecs ; de plus il était fort instruit et connaissait les langues sémitiques ; on trouve de lui ces deux vers cités dans les *Analecta* de Brunck :

« Si tu es Syrien, tu diras : *Salam* ; si tu es Phénicien, *audonis* ; si tu es grec, *khæré*. Tout cela veut dire bonjour. »

IV. **Poésie folle.** Devons-nous compter parmi les poètes des hommes qui se sont donné pour tâche de tourner en ridicule toutes les grandes œuvres de la poésie ? On avait vu autrefois l'innocente Batrachomyomachie. Mais à partir de MATRON de Pitana, contemporain d'Alexandre-le-Grand, Homère, les tragiques, les grands philosophes et, en général, tous ceux qui avaient bien mérité des hommes par leurs écrits, devinrent l'objet de railleries grossières et de travestissements en vers ; enfin ce genre de poésie tourna à l'obscénité. RHINTHON, Ρίνθων, le Syracusain qui écrivait sous Ptolémée Philadelphe, reprit la vieille farce dorienne et « cueillit un laurier d'une nouvelle espèce » par ses bouffonneries et ses travestissements d'Euripide. *Skiras*, *Sôpater* et *Blæsos* le Campanien réussirent dans le même genre et formèrent cette classe de poètes auxquels on donna le nom de *phlyacographes*. — TIMON, Τίμων, de Phlionte, dirigea ses railleries, sous le nom de *Silles*, contre les philosophes ; c'était un sceptique : son poème, en vers épiques, était un monologue dans le premier chant et un dialogue dans le reste ; cet ouvrage était assez estimé des contemporains, mais il est probable que notre jugement ne serait pas d'accord avec le leur.

Nous n'accordons aucune estime à la classe des poètes alexandrins, dont les écrits étaient connus sous le nom de κίναιδοι, c'est-à-dire *obscénités*. Le plus célèbre d'entre eux fut *Sotadès*, Σωτάδης, Crétois que Suidas ne craint pas de qualifier de possédé. Ses poésies violentes et déshonnêtes, dont il dirigea les traits contre la famille royale elle-même, lui attirèrent la haine et le mépris de beaucoup de personnes; poursuivi par la justice, il s'enfuit d'Alexandrie, fut repris par un officier de Ptolémée Philadelphe et jeté à la mer. Il eut pourtant des imitateurs, et ces temps, où toutes les idées s'agitaient confondues, produisirent une véritable école de poètes obscènes, dont les plus connus furent *Pyrrhos* de Milet, *Xénarchos*, *Théodoros* et *Timocharidas;* on regrette de trouver parmi ces noms celui d'un savant grammairien du Musée, *Alexandros* d'Etolie.

V. **Hymnes orphiques.** Nous terminerons cette revue de la poésie alexandrine par le recueil de quatre-vingt-sept hymnes appartenant à la littérature orphique et qui doivent avoir été composés très-peu de temps avant l'époque de Jésus-Christ. Il est impossible d'en fixer exactement la date : mais un certain nombre d'expressions qui y reviennent sans cesse l'indiquent approximativement. Une des plus curieuses est le mot σωτήρ, *sauveur,* donné à plusieurs Ptolémées et qui était attribué à toute puissance pacifique et bienfaisante. Dans le préambule du recueil, adressé à Musée, Castor et Pollux sont des sauveurs; dans l'hymne premier, Ilithyie est σώτειρα; Rhéa (XIII) est σωτήριος εὔφρονι βουλῇ, c'est-à-dire qu'elle donne le salut aux hommes de bonne volonté; la Mère des dieux (XXVI) est σώτειρα τῆς

Φρυγίης, sauveur de la Phrygie ; Artémis (xxxv) est un sauveur, θεὰ σώτειρα ; les Curètes (xxxvii) sont sauveurs du monde, κόσμου σωτῆρες ; nous ne citons que quelques exemples entre beaucoup d'autres, qui prouvent que les hymnes ont été écrits au temps où régnait l'idée exprimée par le mot *sauveur*. L'attribution de ces chants à Orphée pourrait les faire descendre jusque dans les premiers siècles chrétiens ; mais le nom de Musée les reporte à la même époque que les Argonautiques et les ouvrages du même genre précédemment étudiés : on ne doit pas oublier que le nom de ce prétendu disciple d'Orphée fut donné, pour une raison analogue, au grand établissement alexandrin. Le nom de *Phanès,* donné partout au Soleil ; la transformation d'Adonis en hermaphrodite, κούρη καὶ κόρε (LV) ; l'importance donnée à Dionysos sous ses différents noms, et à Héphæstos (LXV) comme principe de la vie et de la pensée, tous ces faits et une foule de détails que nous ne pouvons énumérer, conduisent à la même conclusion.

Rien n'est plus intéressant pour l'histoire des idées à cette époque que l'étude des hymnes orphiques. On y trouve des doctrines et des symboles orientaux, qui entrèrent tout faits dans le christianisme : les bons et les mauvais anges [δαίμονα τ'ἠγάθεον καὶ δαίμονα πήμονα θνητῶν *Préam.*, 31] ; des esprits repandus partout dans la nature ; les dieux transformés en anges, δαίμονες ; le principe divin conçu comme le commencement et la fin, ἀρχήν τ'ἠδε πέρας (II, 14) ; les fidèles opposés aux méchants (φαῦλοι, πειθόμενοι ; IX, 15) ; la mort et la reviviscence (LVI) ; le principe moral substitué ou du moins associé au principe cosmologique dans la religion ; la sainteté conçue comme la vie parfaite [κλῦθ'ἐπάγων ζωὴν ὁσίην μύστῃ νεοφάντῃ, III] ; le symbole des *clés* paraissait un grand nombre de fois, même pour exprimer de pures abstractions (LXXII).

L'analyse des doctrines contenues dans ces hymnes fait ressortir deux éléments, dont l'un est hellénique et se rattache, avec les noms et les fonctions des dieux, aux vieilles traditions des sanctuaires, tandis que l'autre est purement oriental, presque nouveau, métaphysique, panthéiste et sert à interpréter le premier. Celui-ci n'est pas, dans les hymnes, le véritable objet de la foi; c'est une matière d'archéologie, qui n'entre dans la foi des nouveaux mystes (μύστῃ νεοφάντῃ) qu'à la condition d'avoir été vivifié par l'élément oriental. Pour qui connaît les Vêdas, ce dernier est exposé presque sans voiles dans l'hymne v au *Premier-né,* dans l'hymne XI *à Héraclès* et dans les hymnes (de XLIV à LI) en l'honneur de *Dionysos*. Ce Premier-né n'est autre qu'Agni, « qui circule dans l'éther, né de l'œuf, aux ailes d'or, à la face de taureau, qui donne la vue à ceux qui sont dans les ténèbres, qui conduit la sainte lumière, esprit-de-feu, vie indéfectible, sagesse immortelle. » Son père-céleste est le Soleil, qui est aussi Zeus, « lumière de vie, œil de justice. »

La forme de ces hymnes est la *litanie;* le mot λιτανεύειν est employé en ce sens dans le LXXXVIIe, 11. Cette forme paraît étrangère à la Grèce; elle l'est également aux Sémites, tandis qu'elle est commune dans l'Inde et la Perse et principalement dans le Vêda. Il est difficile de ne pas reconnaître dans les litanies orphiques des imitations de ce dernier, quand on y trouve des vers textuellement traduits du livre saint des brâhmanes, et des noms, comme ceux d'Aditi et Mèna, que ce seul livre renferme, donnés au principe des choses : Ἄττιν καὶ Μῆνα κικλήσκω, Préamb., 40.

Les fragments d'hymnes perdus, dont le nombre s'élève à plus de cent, confirment ce que nous venons de dire : ils contiennent beaucoup de doctrines orientales; ils nomment la *Mâyâ,* déité suprême (10), le *kykéon* (çikhâyôni), l'œuf (27); ils enseignent l'unité de Dieu, père et âme des êtres (48), ἓν κράτος, εἷς δαίμων γένετο μέγας ἀρχὸς ἁπάντων « une seule puissance, un seul dieu fut le grand principe des choses; » la théorie est complète : …

μετὰ δὲ πατρικὰς διανοίας,
ψυχὴ ἐγὼ ναίω, θερμῇ ψυχῶσα τὰ πάντα.

« Selon la pensée du Père, âme j'habite dans tous les êtres les animant par ma chaleur. »

et plus loin :

νοῦν μὲν ἐνὶ ψυχῇ, ψυχὴν δ'ἐνὶ σώματι ἀργῷ
ἡμέας ἐγκατέθηκε πατήρ.

« Le Père nous a déposés, âme dans le corps vivant, intelligence dans l'âme » (fr. 24).

Le fragment 23ᵉ indique la théorie du feu et de ses représentations mystiques. Le 37ᵉ nous montre la création se composant d'un jour et d'une nuit du créateur. L'hymne xiᵉ représente Héraclès comme père du temps « portant autour de sa tête l'aurore et la nuit sombre », « engendré par lui-même », produisant et dévorant toutes choses, παμφάγε, παγγενέτορ. C'est la copie réduite de la grande figure de Krishna telle qu'elle est tracée dans le Chant-du-Bienheureux (la *Bhagavad-gîtâ* (1).

---

(1) Voy. ma traduction de ce poème, avec texte en regard.

Ainsi l'influence de l'Orient sur la société religieuse des temps alexandrins devient de plus en plus manifeste. Elle ne l'est pas moins dans les livres hébreux; et bientôt on ne la cachera plus : nous trouverons dans des livres grecs les noms du Bouddha et des brâhmanes à côté de ceux de l'Avesta et de Zoroastre; et dès ce moment la lutte des idées chrétiennes contre l'hellénisme sera déclarée.

II. HISTOIRE ET GÉOGRAPHIE.

Tout l'espace que la poésie perdait dans l'idéal, les sciences positives le gagnaient dans la réalité. La Grèce n'avait point encore vu une pareille moisson d'historiens et de géographes. L'école d'Aristote en produisit à elle seule une trentaine sous les premiers Ptolémées, et autant d'autres naissaient spontanément par la seule influence du milieu où se trouvait l'esprit grec. Des rois, successeurs d'Alexandre, et des membres de leurs familles étaient entraînés dans le même mouvement et écrivaient des livres; c'était un tel besoin du temps qu'il gagnait les prêtres des religions étrangères; c'est l'époque de Bérose et de Manéthon. Il s'étendait même au dehors et commençait à susciter dans Rome des historiens, dans un temps où la langue latine ne faisait que commencer à recevoir des formes littéraires.

I. Ptolémée Soter écrivit des relations militaires.

Démétrios de Phalère, qui avait gouverné heureusement Athènes pendant plusieurs années, donna la liste de ses archontes et fit une histoire de sa législation.

Douris, Δοῦρις de Samos, descendant d'Alcibiade, né vers 340 et qui écrivait encore en 272, élève distingué de Théophraste, composa des histoires et des livres de critique sur la littérature et sur les arts.

Lycos, Λύκος, de Rhégium, père de Lycophron, composa un ouvrage sur Alexandre, et trois autres sur l'Italie, la Sicile et la Libye.

Nymphodore, Νυμφόδωρος, de Syracuse, écrivit au temps de Ptolémée Philadelphe un livre sur les coutumes des barbares, un autre sur les merveilles de la Sicile.

A la même époque vivaient encore Straton de Lampsaque et Théodecte, Θεοδέκτης, de Phaselis. Voy. Sect. VIII, II.

Callias, Καλλίας, de Syracuse écrivit vingt-deux livres sur Agathoclès.

Jérôme ou Hiérônymos, Ἱερώνυμος, de Cardie, vécut cent quatre ans et mourut en 272. Il avait été très-considéré pendant le règne de plusieurs rois Lagides, tant pour sa science que pour son caractère; on estimait son histoire des successeurs d'Alexandre, ἱστορία τῶν διαδόχων.

Diyllos, Δίυλλος, d'Athènes écrivit sur le même sujet. La plupart de ces historiens prenaient la Grèce pour point de vue, comme venaient de le faire Clytos et Méandrios de Milet, et Léon de Byzance, auteurs d'histoires particulières.

II. Au milieu de la foule d'hommes savants qui fouillaient la science avec une critique plus ou moins judicieuse, on peut distinguer deux groupes dont l'un est à

Alexandrie, l'autre à la cour des Séleucides, et qui ont pour mission, en quelque sorte officielle, de rechercher et d'écrire l'histoire des peuples nouvellement connus. L'un se compose de Mégasthène, Déimachos et Patroclès, l'autre d'Hécatée, Amômétos et Dionysios.

MÉGASTHÈNE, Μεγασθένης, avait vécu parmi ces compagnons d'Alexandre qui avaient embrassé avec passion le culte de celui qu'ils appelaient le Bacchus indien et qui était probablement Krishna. Lorsque Séleucus, devenu chef de dynastie, établit des relations suivies avec l'Orient, il envoya Mégasthène comme ambassadeur à la cour du roi bouddhiste Chandragupta (Σανδράκοττος); ce Grec savant fit selon toute apparence plusieurs séjours prolongés dans le nord de l'Inde, et le livre qu'il écrivit sous le titre de ἰνδικά, *Indiques*, fit connaître aux Grecs et aux peuples de l'Occident la géographie, les traditions, la constitution en castes, la religion, les mœurs d'un grand peuple àryen, jusque-là séparé des autres nations de la même race. Dans les fragments et les citations qui nous restent de Mégasthène on voit paraître l'Indus, le Gange, le mont Malaya, la Taprobane *(tâmraparna)*, les Uttarakurus (Ὀττοροκόρραι); les brâhmanes, les bouddhistes ascètes ou çramanas (σαρμάναι), les ascètes des déserts, ὑλόβιοι *(vanaprasthas)*, les couvents de religieux et de religieuses. C'était tout un monde nouveau dont les Grecs n'avaient pour ainsi dire aucune idée, et qui les étonnait d'autant plus que l'auteur, en parlant de ces philosophes-nus, γυμνοσόφισται, disait d'eux : « tout ce que les anciens ont dit sur la nature est également enseigné par les philosophes étrangers, par les brâhmanes de l'Inde. » Enfin il leur citait même le nom du grand réformateur indien, de celui dont Chandragupta suivait les préceptes, du Bouddha, et parlant des bouddhistes il disait : οἱ τοῖς Βούττα πειθόμενοι παραγγέλμασι, ὃν δι᾽ ὑπερβολοῦ σεμνότητος ὡς θεὸν τετιμήκασι « ceux qui suivent les préceptes du Bouddha, que par un excès de vénération ils honorent comme un dieu. » Strabon accusa plus tard Mégasthène de mensonge : mais cet auteur ne faisait en réalité que reproduire avec une naïveté savante les récits des brâhmanes et des autres Indiens; ces récits, comparés de nos jours avec les livres de l'Inde, ont été reconnus exacts; et par le fait les *Indica* de Mégasthène sont restés pendant plus de deux cents ans le livre de fond que chacun allait consulter.

Déimachos Δηίμαχος, de Platées, fut, après Mégasthène, ambassadeur auprès d'*Amitragata* successeur de Chandragupta et qui régna de 288 à 262. Il composa plusieurs ouvrages, dont l'un, sous le titre de *Indica* rectifiait sur plusieurs points et complétait celui de Mégasthène. Un autre avait pour titre *De la religion*, περὶ εὐσεβείας, et paraît avoir été à la fois un livre d'histoire et une théorie religieuse fondée sur l'étude des différents cultes de l'Orient. Un troisième écrit traitait de la *poliorcétique*.

Patroclès, Πατροκλῆς, gouverna pour Séleucus Nicator les pays voisins de la mer Caspienne et fut chargé par lui d'étudier la route qui, de cette mer par la vallée de l'Oxus, conduisait dans le nord de l'Inde. Cette route est celle qu'ont suivie toutes les migrations descendues par Attock vers l'Indus et dont les Russes se sont dernièrement emparés.

III. Amômétos, Ἀμώμητος, sur lequel il ne nous reste malheureusement que peu de données, fit pour les Ptolémées ce que les historiens précédents faisaient pour les Séleucides. Nous savons qu'il écrivit un livre sur ces *Hyperboréens* que les Indiens nommaient *Uttarakurus*, (Ἀτταχόροι) et dont Amômétos plaçait comme eux le séjour au nord de l'Himâlaya, ἱμήλαιαν (voyez Pline, H. N. VI, 20).

Hécatée, Ἑκαταῖος, d'Abdère, disciple de Pyrrhon, était un homme d'action et de théorie à la fois. Il avait probablement accompagné Alexandre jusque dans l'Inde et vu les gymnosophistes, qui étaient des brâhmanes et qui lui enseignèrent, selon Diogène Laerce, l'*acatalepsie* et l'*époché*, c'est-à-dire cette doctrine du renoncement exposée dans tant de livres sanscrits. Hécatée connut aussi les mages et la doctrine de Zoroastre, qui régnait alors, non-seulement dans l'empire des Séleucides, mais dans presque toute l'Asie occidentale et dans une partie de l'Égypte. Il écrivit des *Ægyptiaca*, dans lesquels il exposait la doctrine des Juifs et parlait de Moïse et d'Abraham, et un ouvrage mystique sur la vie sainte ayant pour titre *Des Hyperboréens*.

Dionysios, Διονύσιος, dont il ne nous reste à peu près rien, fut pourtant un homme considérable, qui contribua pour sa part à la connaissance de l'Orient. Ptolémée Philadelphe l'envoya dans l'Inde pour explorer le pays et nouer avec lui des relations commerciales et diplomatiques.

IV. Il nous reste à dire quelques mots de deux historiens étrangers à la race grecque et dont les livres contribuèrent à opérer dans Alexandrie ce mélange d'idées, d'où devait sortir la civilisation nouvelle; ces deux hommes sont Bérose et Manéthon.

Bérose, que les Grecs appelaient Βήρωσσος ou Βήρωσος et dont le nom paraît avoir été Bar-Osea, était un prêtre assyrien né au temps d'Alexandre-le-Grand. Les particularités de sa vie sont fort peu connues et de plus elles ont donné lieu à une sorte de légende, qui s'est mêlée étrangement avec des récits anciens empruntés à d'autres pays; telle était cette tradition qui lui donnait pour fille une certaine *Sibylla* dont on racontait qu'elle avait quitté l'Orient pour passer en Italie, était venue s'établir à Cume en Campanie, où elle rendait des oracles; on peut lire cette légende dans Justin le Martyr. Il paraît certain que Bérose fonda dans l'île de Cos une école d'astrologie chaldéenne qui eut un grand succès, et qu'il enseigna aussi dans Athènes, où le peuple lui éleva dans le Gymnase une statue ayant une langue d'or. Il écrivit pour Antiochos III Soter un ouvrage en trois livres *sur les Chaldéens*, Χαλδαϊκά et un autre en deux livres *sur les Assyriens*, Ἀσσυριακά. Ces traités faisaient connaître aux Hellènes tout un ensemble de traditions et de doctrines, dont ils n'avaient probablement qu'une idée fort incomplète, le mythe du poisson Oannès, l'origine des animaux et de la mer, le dieu Bel séparant la lumière des ténèbres et ordonnant le monde, le déluge de Xisuthros, l'arche, l'oiseau, le débarquement en Arménie, la tour de Bab-el (1), les relations de la doctrine chaldéenne avec

---

(1) *Bab-el* signifie Porte d'Allah, Sublime-Porte; c'est le nom de Babylone [Bab-ilou des inscriptions].

celle de Zoroastre, la théorie de l'eau et du feu considérés comme objets du culte, ἀγάλματα θεῶν; et il exposait les générations et les dynasties, qui avaient rempli l'immense espace de temps écoulé entre l'origine des choses et le roi Antiochos. Tous ces récits étaient faits pour les Grecs : αὐτὸς εἰς τοὺς Ἕλληνας π. τῶν παρὰ χαλδαίους φιλοσοφουμένων ἐξήνεγκε τὰς συγγραφάς ; ainsi les livres de Bérose étaient composés d'après les monuments écrits de la Chaldée.

Manéthon est appelé par les auteurs grecs Μάνεθω, Μάνεθως et Μανεθώθ; cette dernière forme indique son vrai nom *Ma-n-thôth* qui signifie donné-par-Thôth. C'était un prêtre égyptien de Sebennys (Semmenud) qui vécut et écrivit sous le règne de Ptolémée Philadelphe : il dédia à ce prince au moins un de ses ouvrages. Il paraît en avoir composé six ou sept : 1° des *Ægyptiaca*, 2° une *Bible-de-Sothis* ou Livre Sothiaque, 3° une *Sainte-Bible*, ἱερὰ βίβλος, 4° un traité abrégé des choses naturelles, φυσικῶν ἐπιτομή, 5° un *Livre-des-fêtes*, 6° un ouvrage sur *l'Antiquité et la religion,* et 7° un autre sur la préparation des *parfums sacrés*, π. κατασκευῆς κυφίων. Le second sur la période sothiaque paraît apocryphe. Les éditions d'où ont été pris les fragments qui nous restent de Manéthon, ont elles-mêmes été fort diverses et présentaient des divergences dues probablement aux Juifs et aux Chrétiens, peut-être même à des Grecs. Ces fragments nous ont été conservés par Joseph, par l'Africain anonyme, Eusèbe, George (dit le Syncelle), et même par deux moines égyptiens du cinquième siècle nommés Panodoros et Annianos. M. Boeckh a rétabli d'après ces fragments le canon historique de Manéthon. La perte des livres de l'historien d'Egypte est très-regrettable : car ayant été faits, comme ceux de Bérose, pour les Grecs et par l'influence d'un gouvernement libéral et ami du progrès, ils nous fourniraient les données les plus précieuses pour l'histoire des idées à cette époque. Nous pouvons seulement constater que Manéthon était un chronologiste très-exact, dont la science moderne confirme chaque jour les affirmations. Ses livres ont été une mine inépuisable de renseignements pour les historiens et les critiques des temps postérieurs : ils forment la base du traité de Plutarque sur Isis et Osiris.

V. La géographie marchait du même pas que l'histoire. Elle ne consistait plus en de simples récits de voyages et en descriptions superficielles et poétiques des divers pays : la plupart des géographes étaient en même temps des hommes de science capables de se servir d'instruments de mesure, de fixer les latitudes et les longitudes, de déterminer la hauteur des montagnes et les dimensions des contrées qu'ils visitaient. La géographie était désormais liée à l'astronomie, celle-ci l'était à la géométrie et aux autres sciences mathématiques. De grands noms apparaissent alors dans cette partie de la littérature, si ce mot est de mise encore ici. Tels sont ceux d'ÉRATOSTHÈNE, de DICÉARQUE Δικαίαρχος, d'AGATHARCHIDE ; ISIDORE de Charax, vers l'année 270, avait donné une description du pays des Parthes, Σταθμοὶ παρθικοί; Dicéarque décrivit l'Asie et reconnut la grande chaîne de montagnes qui du Bosphore s'étend jusque dans l'empire de Chine; cette chaîne est restée connue sous le nom de *diaphragme* de Dicéarque. Agatharchide, de Cnide, écrivit entre 180 et 150 cinq ou six ouvrages, entre autres un περὶ τῆς ἐρυθρᾶς θαλάσσης, dont il nous reste de longs et curieux fragments. Le Périple de l'Europe, de l'Asie et de la Libye, que nous possédons sous le nom de Scylax, Σκύλαξ, appartient selon toute apparence à un auteur du premier siècle avant J.-C., le même qui écrivit contre Polybe. Mais cet ouvrage, tel qu'il est, paraît un abrégé de quelque ouvrage antérieur composé au temps d'Alexandre. Il n'est point savant; c'est une simple liste, fort peu descriptive, des rivages de la Méditerranée. Le style en est sans élégance et quelquefois barbare.

III. SCIENCES.

L'esprit public était presque entièrement tourné vers la science. Nous avons vu que la poésie s'était faite érudite; que l'histoire et la géographie reposaient désormais sur les faits et sur des principes de science et de critique. Aussi ne devons-nous pas nous étonner de voir les Grecs acquérir tout un ordre nouveau de connaissances, dont les progrès sont en raison de la décadence de la poésie. Combien les hommes de science à cette époque l'emportent sur les lettrés! quand on compare les noms de Callimaque, d'Apollônios, de Lycophron, de Théocrite lui-même, avec ceux d'Euclide, d'Eratosthène, d'Archimède, d'Hipparque, quelle distance! La poésie se meurt, la science grandit, et avec elle ses applications à la vie réelle, à la géographie, à l'astronomie, à la navigation, à la mécanique, à la construction des villes, des routes, des canaux, à l'art de la guerre. Quoique les grands hommes que nous venons de nommer n'appartiennent presque plus à l'histoire des lettres, nous devons cependant dire un mot de chacun d'eux pour faire comprendre quelle marche rapide la science exécutait, tandis qu'un Sotades ou un Sopater traînaient la Muse dans la fange.

Euclide, Εὐκλείδης, né de parents grecs établis à Tyr, suivit probablement les cours de l'école mathématique de Cyrène, qu'avait fondée Théodoros, et vint à Alexandrie sous le premier Ptolémée. Il y fonda une grande école dont les travaux se répandirent dans le monde grec tout entier. Ses œuvres roulèrent presque entièrement sur les mathématiques pures. Ses *Éléments*, Στοιχεῖα, le font considérer encore de nos jours comme le plus puissant géomètre qui ait été ; car, sans le secours de l'algèbre et de l'analyse, il put résoudre des problèmes, que l'on pourrait croire inabordables par les seules forces de la géométrie. Ses Δεδομένα exposaient les *Données* générales de la géométrie analytique. Il écrivit des ouvrages sur la division des polygones, sur la pesanteur, sur les sections coniques, sur l'optique et la catoptrique, une *Introduction à l'harmonie*, εἰσαγωγὴ ἁρμονική ; ses *Phénomènes* ou principes d'astronomie résumaient les connaissances célestes que l'on avait de son temps.

Son élève Archimède, Ἀρχιμήδης, était un Dorien de Syracuse, qui s'instruisit également à l'école de Conon de Samos. Il était né en 287 et il mourut tué au siége de Syracuse par un soldat de Marcellus en 212. Grand géomètre comme son maître, il se rendit principalement célèbre par les applications qu'il fit de la science. C'est lui qui doit être considéré comme le créateur de la statique et de l'hydrostatique ; il donna la théorie du levier et de la vis, construisit le premier navire à hélice, invention qui ne put être reprise que quand on disposa d'une force motrice assez puissante, créa d'étonnantes machines de guerre et régla systématiquement les irrigations du Delta.

Entre les années 221 et 204 florissait l'un des plus puissants esprits géométriques d'alors, Apollônios, de Perga en Pamphylie. Il écrivit huit livres sur les sections coniques, l'ellipse et la parabole. Nous possédons les quatre premiers en grec, et trois autres dans une traducduction arabe; un seul est perdu.

C'est dans la science surtout que se montra le génie supérieur d'Eratosthène, Ἐρατοσθένης, de Cyrène, né en 276, mort en 196 et ainsi presque contemporain d'Archimède. Elève d'Arcésilas et de Callimaque, il succéda à ce dernier comme administrateur du Musée. Ses connaissances étaient universelles; mais il peut surtout être considéré comme le fondateur de la géographie astronomique, de la chronologie et même de la philologie.

Les années qui s'écoulèrent après la mort de ces grands hommes, virent les sciences se développer encore et atteindre à un point fort élevé, que dépassa de beaucoup au siècle suivant Hipparque, Ἵππαρχος, de Nicée en Bithynie. C'est par lui que furent découvertes et étudiées l'excentricité de l'orbite terrestre, la précession des équinoxes, la longueur presque exacte de l'année, les inégalités du mouvement de la Lune; outre ses Tables solaires, il dressa un Catalogue de 1080 étoiles en fixant sur une carte céleste les positions relatives de chacune d'elles, et donna des procédés astronomiques pour déterminer d'après les éclipses les longitudes et les latitudes des différents points de la terre.

Des hommes d'un ordre inférieur mais d'un esprit inventif se produisaient de toutes parts, inventant des choses utiles à la vie ou de curieuses applications de la science. L'histoire énumère beaucoup de noms; nous n'en citerons qu'un seul, celui de Héron d'Alexandrie, qui florissait sur la fin de la période des Ptolémées.

IV. ÉRUDITION, TRADUCTION.

1. Un puissant besoin de saisir l'ordre des choses avait engendré les sciences de la nature et donné un grand développement aux sciences abstraites. Ce même besoin fit naître l'érudition, qui est la science et la méthode appliquées aux productions du passé. Comme toutes les grandes institutions alexandrines, l'érudition remonte au premier Ptolémée et eut son premier organisateur en Démétrios de Phalère. Car c'est lui qui, selon toute apparence, a conçu le Musée et présidé à son premier établissement. Cette grande institution, autour de laquelle se groupèrent les hommes les plus distingués des pays méditerranéens pendant plusieurs siècles, répondait à un besoin universel et servait de centre à une influence directrice, qui s'exerçait à la fois sur les sciences, sur les lettres, sur les arts et même sur l'industrie. C'est en 307, lorsque Démétrios Poliorcète l'eut chassé d'Athènes, que Démétrios de Phalère se rendit en Egypte auprès de Ptolémée Soter. Il écrivit lui-même sur l'histoire, la poésie, la politique, la rhétorique et s'occupa de réunir et d'éditer les fables répandues dans le monde hellénique sous le nom d'Esope. Ses travaux furent interrompus par l'avénement de Ptolémée Philadelphe, qui, pour des motifs peu connus, l'exila dans la haute Egypte; il y mourut en 283.

Presque tous les hommes de talent qui se réunirent ou qui séjournèrent à Alexandrie sous les premiers Ptolémées, furent en même temps des érudits : l'étude des faits devenait la base de toute œuvre littéraire ou scientifique. Callimaque ne fut pas moins savant que poète ; Lycophron l'était davantage : de sorte que sa véritable œuvre ne fut pas son *Alexandra,* mais la récension des poètes dramatiques qu'il fut chargé de faire avec Alexandre d'Etolie. Toutefois plusieurs professeurs du Musée se distinguèrent pour ainsi dire exclusivement par leur érudition. Nous en citerons principalement trois, qui furent bibliothécaires des rois Ptolémées.

Le premier, qui succéda immédiatement à Démétrios de Phalère, fut Zénodote, Ζηνόδοτος, d'Ephèse. Tuteur de Ptolémée Philadelphe, il fut nommé bibliothécaire du Musée en 280 et peut être considéré comme le premier qui ait rempli cette fonction ; car le Musée, bien que conçu par Démétrios et fondé par Ptolémée Soter, ne fut réellement organisé que par son successeur. L'œuvre capitale de Zénodote fut sa récension d'Homère. Nous avons vu que Pisistrate avait commencé à recueillir les chants homériques et que Solon avait donné une première édition de ces épopées, par les soins de ceux auxquels on donna le nom de *diorthuntes.* Depuis cette époque, les poésies homériques n'avaient pas cessé d'occuper les savants et il en avait été fait dans beaucoup d'endroits des éditions très-diverses. Le travail de Zénodote consista principalement à rapprocher ces éditions, à en éliminer les passages les plus évidemment apocryphes, et à donner enfin une édition nouvelle, présentant un caractère d'unité et d'authenticité supérieur à celui de tous les recueils existants. Un travail analogue fut fait par lui sur les poètes cycliques, sur Anacréon et même sur Pindare. Il composa en outre des livres d'histoire (ἱστορικὰ ὑπομνήματα) et des lexiques des mots rares ou étrangers, destinés à expurger la langue ou à faciliter l'intelligence des auteurs.

ARISTOPHANE, Ἀριστοφάνης, de Byzance, florissait vers l'année 200 ; il fut nommé bibliothécaire du Musée en 188. Son école produisit un grand nombre d'hommes distingués par leur goût et par leur savoir, parmi lesquels on compte Diodore, Callistrate, et surtout Aristarque. Le nombre des ouvrages qu'il publia est considérable. Outre de nouvelles éditions d'Homère, de Pindare et d'autres grands poètes, plus parfaites que celles de Zénodote, il donna de grandes éditions de Platon et d'Aristote, un abrégé de l'histoire naturelle de ce dernier, et plusieurs histoires particulières de villes ou de peuples helléniques. Il écrivit des livres de critique, dans lesquels ce n'était plus seulement le texte des auteurs qui était examiné, mais le fond même de leurs idées et l'art avec lequel ils avaient composé leurs ouvrages. C'est Aristophane de Byzance qui introduisit l'usage de l'accentuation et de la ponctuation, et qui prépara le *canon*, c'est-à-dire la liste chronologique des auteurs grecs, publiée par ses successeurs.

L'élève et le successeur d'Aristophane à la bibliothèque du Musée fut le fameux ARISTARQUE, Ἀρίσταρχος, de Samothrace, dont le nom est devenu synonyme de rigueur dans la critique des textes. Tout ce qu'il y avait de jeunes érudits à cette époque se pressait autour de lui et prenait ses principes et sa méthode. Toutefois il ne resta pas toujours dans Alexandrie ; il se retira dans l'île de Cypre, où il mourut à l'âge de soixante-douze ans. Son école trouva dans celle de Pergame une rivale digne d'elle ; et la lutte qui s'éleva entre Aristarque et Cratès de Mallos, chef de la bibliothèque de cette ville, contribua encore à fortifier l'érudition alexandrine. L'érudit alexandrin reprit et refit entièrement l'œuvre de Zénodote et d'Aristophane sur les poésies homériques ; il en exclut une foule de vers et de passages qu'il regardait comme interpolés ; tout l'ensemble et tous les détails de ces vieux poèmes furent soumis à un principe de critique dont l'éditeur ne se départait à aucun prix. Beaucoup de personnes blâmaient l'excessive sévérité du savant ; c'est à lui néanmoins que nous devons probablement rapporter l'édition courante que nous possédons des poèmes homériques ; car c'est Aristarque qui introduisit dans l'Iliade et l'Odyssée la division en vingt-quatre chants, qui a prévalu jusqu'à nos jours. Les manuscrits de Venise nous ont fait connaître une partie du travail des érudits alexandrins. Mais il ne reste rien des huit cents écrits qu'avait composés Aristarque. Ses successeurs, soit en Egypte soit à Rome, furent le plus souvent de simples commentateurs ou des scholiastes d'anciens auteurs : la grande œuvre de l'érudition alexandrine était terminée.

II. Nous n'avons que des données fort incomplètes sur les traductions de livres étrangers faites pendant la période alexandrine. Nous savons avec certitude que les livres des Juifs furent mis en grec ; nous savons qu'il en fut de même de l'Avesta, et nous avons reconnu précédemment des passages des hymnes du Vèda dans les poésies orphiques. L'activité qui fut déployée par les Grecs, depuis l'époque d'Aristote, dans la recherche des choses étrangères, jointe à leur dispersion sur toute la surface de l'Asie et à leurs étroites relations avec l'orient, ne permet guère de penser que de l'immense littérature brâhmanique aucun livre n'ait pénétré dans le monde grec et que le prosélytisme bouddhique, en exercice depuis le milieu du sixième siècle, ne lui ait non plus rien fourni. L'avenir nous réserve peut-être encore quelques découvertes sur ce point. Jusqu'à présent nous n'avons de documents positifs et de monuments étendus que ceux qui concernent les Juifs.

Une fable, racontée par Joseph, attribue la traduction de la Bible à soixante-dix rabbins convoqués par Ptolémée Philadelphe et fournis directement par Jérusalem. Chargés de faire des traductions complètes et séquestrés les uns des autres, ils produisirent, dit la légende, des textes en grec absolument identiques entre eux. Mais c'est là une pure fiction : Jérusalem était complétement sous la direction des Pharisiens et des Sadducéens qui, bien qu'en lutte les uns avec les autres, n'en représentaient pas moins l'esprit israélite et la rigueur de la tradition, fixée dans les textes hébreux. Ces textes formaient une collection commencée depuis le retour de la captivité et qui n'était même pas terminée au temps de Ptolémée Philadelphe ; la traduction dite des *Septante* ne pouvait pas avoir précédé le texte lui-même, à moins qu'elle ne fût, pour certains livres de la Bible, le résultat d'un travail gréco-hébraïque fait en Egypte ou du moins hors de l'influence de Jérusalem. Par le fait, la *Bible des Septante* offre dans sa forme des inégalités de style et de langue bien faciles à constater et qui indiquent des mains et des époques différentes. Dans son fond, elle diffère notablement du texte hébraïque, du texte samaritain donné par Nathaniel peu de temps avant notre ère, et enfin de la *Vulgate* de saint Jérôme. Les différences sont toutes dirigées dans le même sens, qui est la destruction de l'anthropomorphisme, la substitution des doctrines libérales aux doctrines formalistes des Juifs de Jérusalem, en un mot de l'esprit àryen à l'esprit hébraïque. Il n'est pas probable que la Bible des Septante soit l'œuvre de rabbins de Jérusalem, ou bien il faudrait admettre que ceux-ci étaient déjà engagés dans les voies de l'avenir, ce que l'histoire contredit. Les livres hébreux avaient depuis longtemps commencé à subir l'influence indo-perse, et c'est ainsi seulement qu'on peut expliquer l'introduction parmi eux de ceux qui portent le nom *d'apocryphes* (Esther, Daniel, l'Ecclésiastique, la Sagesse) et qui sont compris dans la Bible des Septante. Il faut par conséquent aussi attribuer à une influence étrangère la division duodécimale des livres hébraïques, dont les Massorètes réduisirent le nombre à vingt-deux, qui est celui des lettres de l'alphabet hébreu. Le nombre vingt-quatre se trouve dans l'Iliade et l'Odyssée d'Aristarque; il avait une valeur et une importance mystérieuses à cette époque; mais la correction des Massorètes prouve que les vrais hébraïsants n'étaient pas engagés dans cet ordre d'idées. D'ailleurs pour arriver à composer le nombre exigé, l'on fut obligé d'introduire dans le canon des livres d'une authenticité douteuse, tels que celui de Jonas et celui de Zacharie, dont le premier n'est qu'un court fragment d'une couleur orientale.

Tous ces faits conduisent à considérer la Bible des

Septante comme l'œuvre de Juifs hellénistes ou d'Hellènes judaïsants, vivant dans Alexandrie et probablement affiliés aux Esséniens et aux Thérapeutes. Quoi qu'il en soit, ce fut ce texte qui exerça sur les esprits l'influence hébraïque modifiée, qui se remarque aux derniers siècles avant Jésus-Christ; car c'est toujours à lui que se reportent les premiers auteurs chrétiens et Jésus lui-même dans ses discours tels que nous les ont rapportés les évangélistes. Quant au nom de *Septante* donné aux prétendus auteurs de la Bible alexandrine, il a aussi une valeur mystique, qui vaudrait la peine d'être examinée; mais il peut également répondre au nombre de 70 ou de 72 membres qui composaient le sanhédrin d'Alexandrie.

V. PHILOSOPHIE.

Il ne se produisit durant la période des Ptolémées aucune nouvelle école de philosophie. Mais les écoles du quatrième siècle continuèrent à prospérer et subirent des transformations plus ou moins profondes. Nous n'avons pas à traiter ici de cette histoire, qui ne fait point directement partie de la littérature : mais comme la littérature, qui est l'art appliqué aux choses de la parole et de l'écriture, confondait de plus en plus son activité avec celle de la société en général, nous ne pouvons passer entièrement sous silence le rôle rempli durant cette période par la philosophie. Celle-ci était à la fois théorique et pratique, tenant par un certain côté à l'hellénisme, par l'autre aux idées nouvelles.

I. *L'Académie*, qui avait été purement dogmatique avec Platon et même avec Speusippe, n'avait pu résister aux attaques de la méthode péripatéticienne. Arcésilas, Ἀρκεσίλαος, de Pitane en Eolide, réalisait au commencement du troisième siècle une réforme dans l'enseignement académique et y introduisait une sorte de scepticisme adouci. Né en 318, élève de plusieurs écoles, un peu indécis par caractère, il apportait dans les doctrines platoniciennes une réserve qui en modifiait notablement l'esprit. En métaphysique, il substituait un vrai scepticisme aux grandes et généreuses aspirations de Platon. L'école allait donc s'affaiblissant et cédant du terrain à des hommes plus dogmatiques qu'elle-même. Arcésilas mourait en 240, et avait pour successeurs Lacydès, Evandre, Téléclès et Hégésinos de Pergame.

Au commencement du siècle suivant Carnéade, Καρνεάδης, essaya de regagner le terrain que l'école avait perdu, en affirmant comme un principe de doctrine ce doute que la moyenne Académie avait admis par faiblesse. Rival du stoïcien Chrysippe, très-éloquent dans la discussion, il soutenait l'impossibilité de la connaissance objective et y substituait la probabilité (τὸ πιθανόν), dans un temps où la vraie science de la nature faisait, par des observations de plus en plus multipliées, de rapides progrès. Les attaques dirigées par Carnéade contre le Dieu vivant, Ζῶον ἀίδιον, des Stoïciens, semblaient lui donner raison aux yeux d'observateurs superficiels, mais au fond n'avaient de force que contre l'anthropomorphisme et préparaient le terrain aux nouvelles doctrines. Du reste Carnéade écrivit peu ; son successeur *Clitomaque* fut celui qui rédigea ses arguments.

Vainement Philon, Φίλων, de Larissa, qui enseignait à Rome au commencement du premier siècle, et Antiochos,

Ἀντίοχος, d'Ascalon, qui à la même époque professa à Athènes, à Alexandrie et à Rome, tentèrent-ils un rapprochement entre l'Académie et le Portique. Les Académiciens comprenaient que leurs principes ne fournissaient pas à la morale une base assez solide et que la morale était le besoin le plus grand des temps où ils vivaient.

II. C'est ce qu'avaient compris dès le commencement *les Stoïciens*. En enseignant que Dieu est un être unique et vivant, ils frappaient du même coup la vieille religion déchue et l'immoralité, et proclamaient le principe métaphysique auquel l'avenir appartenait. C'est avec les épicuriens que l'Académie aurait dû s'entendre : car le scepticisme en métaphysique n'est pas loin de la morale du plaisir. Le stoïcisme au contraire, par son dogmatisme et sa haute moralité, ainsi que par son origine orientale, menait facilement les esprits aux dogmes religieux qui allaient bientôt apparaître. Une longue suite de stoïciens distingués remplit le troisième et le second siècle avant notre ère, puis s'étend à Rome, y comprend les plus grands noms de la république et de l'empire et finit par se perdre dans celle des saints et des saintes du christianisme. Parmi eux nous citerons seulement les noms

de *Cléanthe,* qui professait en 264 au Portique et mourut en 220,

de *Chrysippe,* qui mourut en 210, auteur de sept cent cinq ouvrages,

de *Diogène,* le Babylonien,

de *Zénon,* de Tarsos,

d'*Antipater,* de Tarsos,

d'*Archimède,* élève de Diogène,

de *Panœtios* (190 à 100) de Rhode,

de *Posidônios* d'Apamée, qui florissait vers 135 et fut le maître de Cicéron et de Pompée.

Pour donner une idée de la manière de penser des stoïciens à cette époque nous citerons l'hymne célèbre de Cléanthe, d'Assos. Ce Cléanthe, Κλεάνθης, était un boxeur d'Asie très-pauvre, qui étant venu à Athènes se prit de passion pour la doctrine du Portique, fréquenta les leçons de Zénon pendant dix-huit années et finit par lui succéder. Le jour il étudiait ; la nuit il arrosait pour quelque salaire les jardins dans Athènes. Esprit lent, mais studieux et persévérant, il écrivit soixante ouvrages sur l'histoire de la philosophie, sur la rhétorique, sur le plaisir, sur le devoir ; voici son hymne à Zeus, tel que nous l'a conservé Stobée :

« Le plus glorieux des Immortels, Zeus, au nom tant de fois répété, tout-puissant, maître de la nature, qui gouvernes tout selon la loi, salut : car tous les mortels ont le droit de t'adresser la parole : Nous sommes tous tes enfants, nous sommes tous faits à ton image, nous tous êtres vivants qui marchons sur la terre. C'est pourquoi je te chanterai et je célébrerai à jamais ta puissance. A toi obéit tout cet univers qui roule autour de la terre ; il va où tu le conduis et se laisse régir par toi. Aussi bien tu tiens soumise en tes invincibles mains la foudre à la double pointe, ignée, toujours vivante. Sous son coup tous les êtres de la nature sont tremblants ; par elle tu diriges ce Verbe commun (Λόγον) qui circule dans tous les êtres, se mêlant aux grands et aux petits luminaires, lui si grand par sa naissance et roi souverain de tous les siècles (διὰ παντός). O dieu (δαῖμον), sans toi rien n'arrive sur terre, ni sous la voûte brillante des cieux, ni dans les mers, si ce n'est ce que font les méchants dans leur folie. Mais toi tu sais appareiller les choses inégales, embellir les laides, rendre amies celles qui se repoussent. Car tu as tellement uni dans une même harmonie les bonnes et les mauvaises choses qu'elles obéissent à une raison

(Λόγου) unique et éternelle : c'est en la fuyant que s'égarent les mortels pervers, malheureux qui, désirant toujours acquérir des biens nouveaux, ne voient ni n'entendent la commune loi de Dieu, tandis qu'en lui obéissant ils posséderaient avec la raison tous les biens (ἐσθλόν). Au contraire, loin du bien, ils s'élancent chacun de son côté, les uns entraînés par la fougueuse passion de la gloire, les autres vers des gains honteux, d'autres vers la mollesse et les voluptés du corps, et dans leur empressement ils trouvent le contraire de ce qu'ils cherchaient. Mais toi, Zeus, qui donnes toutes choses, qui commandes aux sombres nues et à la foudre, délivre les hommes de leur malheureuse ignorance; toi, Père, dissipe-là de notre âme, donne-nous l'intelligence avec laquelle tu gouvernes tout selon la justice : afin qu'honorés nous te rendions honneur en retour, chantant sans fin tes ouvrages, comme doit le faire un mortel; car nul autre apanage n'est plus grand ni pour les hommes ni pour les dieux, que de chanter toujours la loi commune de la justice. »

SECTION DIXIÈME.

PÉRIODE GRÉCO-ROMAINE.

	HISTOIRE.	LITTÉRATURE.	PHILOSOPHIE.
135	Polybe............	....	Posidonios.
100			Philon de La-
95	....	Apollonios Molon.	rissa.
		Démétrios de Syrie	Antiochos.
88	Alexandre-Polyhistor.		
75	....	Skymnos.	
61	....	Archias.	
50	....	Polyen.	
42	Théagène.		
	Castor.		
40	....	Babrios.	
35	....	Denys de Charax.	
34	....	Apollodore de Per-	
32	Diodore.	game.	
31	Timagène.........	Cécilius.	
	Juba.		
10	Denys d'Halicarnasse.		
6	....	Théodore de Gadara	
		Potamon.	
4	Nicolas de Damas.		
APRÈS J.-C.			
20	Strabon.		
40	....	....	Philon.
			(Hermès).
77	Joseph.		

SECTION DIXIÈME.

	HISTOIRE.	LITTÉRATURE.	PHILOSOPHIE.
100	....	Dion-Chrysostome.	
125	Plutarque...........	Favorinus.	
150	Arrien.		
	Appien.		
155	Pausanias.		
170	....	Hérode Atticus.	
		Pollux.	
		Maxime de Tyr.	
175	....	Hermogène.	Marc-Aurèle.
177	....	Elius Aristide.	
180	....	....	Lucien.
197	Diogène-Laerce	Philostrate.	
200	....	Oppien.	
		Alciphron.	
225	Dion Cassius.........	Athénée.	
230	....	Elien.	
240	Hérodien.		
250	....	Antoine Diogène.	
260	....	....	Hérennius.
			Origène.
			Plotin.
270	....	....	Longin.
280	....	....	Amélius.
290	....	....	Porphyre.
			Iamblique.
358	....	Aristénète.	
361	....	Julien.	
375	....	Himérios.	
		Héliodore (?).	
384	....	Thémistios.	
		Longus (?).	
		Libanios.	
		Lucius (?).	
390	....	Xénophon (?).	
		Ach. Tatius (?).	
		Chariton (?).	
		Iamblique (?).	
430	....	Nonnos..........	Syrianos.
450	....	Quintus de Sm.	
		Musée (?).	
470	....		Proclus.
500	....	Colouthos (?).	
		Tryphiodore (?).	
529	....	....	Damascios.
			Simplicius.

Il nous reste à parcourir un espace de plus de six cents ans, au moins égal à celui que nous avons parcouru depuis les derniers temps de la période épique. Mais les littératures originales, comme toutes les autres productions de la nature, mettent autant de temps à périr qu'elles en ont mis à naître, et la courbe géométrique qui les représente se rapproche insensiblement de l'horizon par ses deux extrémités. La rupture de l'unité hellénique et le déplacement des centres de civilisation, qui suivirent la conquête d'Alexandre, avaient été, sinon la cause profonde, du moins la cause apparente d'une transformation de l'esprit grec et avaient permis aux idées orientales de l'envahir de plus en plus. La conquête de la Grèce par les Romains produisit deux effets principaux : elle transporta la Grèce en Italie et ouvrit l'Occident aux doctrines nouvelles. Les Grecs devinrent les professeurs des Romains et leur enseignèrent leurs lettres et leurs arts, trouvant eux-mêmes à Rome une matière nouvelle à traiter dans leurs histoires et dans leurs livres de science.

D'un autre côté l'esprit municipal et les luttes de petites races qui caractérisent l'ancienne société hellénique tendirent à se fondre dans l'universalité romaine. Rome, par son extension vers l'Orient, compléta donc l'œuvre d'Alexandre et prépara cette vaste unité que les Grecs, réduits à eux-mêmes, n'avaient pu réaliser. Il est bien remarquable en effet que la domination romaine en Grèce n'atteignit que la superficie et ne fut pas autre chose que politique et militaire. Mais c'était là le seul et dernier appoint que pût recevoir la civilisation hellénique, après tous les efforts qu'elle avait faits pour se donner une forme unique et durable. La domination romaine fit entrer la société grecque dans ce vaste ensemble, que l'empire réalisa et qui, exempt d'idéal mais aussi de chimères, était en définitive la chose la plus humaine que l'humanité eût conçue et exécutée. Quand Rome fut devenue le centre politique de tout l'Occident, il arriva que les petites unités grecques et ce que leur esprit avait d'exclusif disparurent dans le grand corps de l'empire, et que les idées nouvelles, jusque-là errantes dans toutes les villes du Levant, trouvèrent un point fixe auquel elle se rattachèrent et bientôt un vaste système administratif d'après lequel elles purent s'organiser. Il fallut pour cela plusieurs siècles; mais le but à poursuivre fut promptement saisi : car si la réduction de la Grèce en province est de 146 avant Jésus-Christ, c'est la bataille d'Actium qui fit réellement entrer le monde hellénique dans l'unité romaine; or la mort de Jésus ne suivit cette bataille que de 64 années, et le premier voyage de saint Pierre à Rome eut lieu huit ans plus tard (en 41); à partir du jour où le siége de saint Pierre fut fondé, les restes du monde hellénique disparurent les uns après les autres pour ne plus revenir.

Cet état de lutte, qui ne dura pas moins de cinq siècles, engendra, comme on peut aisément le concevoir, trois courants d'idées : le courant grec pur, le courant chrétien ou purement oriental, et le courant mixte, comprenant des auteurs payens dont les livres sont fortement imbus d'idées nouvelles. Quand le courant hellénique eut cessé, ce dernier ne tarda pas à disparaître à son tour, parce qu'il était privé de son principal aliment; et le monde gréco-romain ne compta plus que des auteurs chrétiens.

Le grand art avait disparu depuis longtemps avec la liberté athénienne : Chéronée lui avait porté le coup suprême. Les lettrés d'Alexandrie ne l'avaient pas fait revivre et n'avaient présenté de lui qu'une image affaiblie et confuse, répercutée en quelque sorte dans le miroir de leur érudition. Les petits genres exquis et maniérés, qui amusèrent les beaux esprits durant cette période, furent promptement épuisés et cessèrent à leur tour; le peu de poésie qui resta s'occupa à mettre la science en vers ou à chanter la matière; car la science et la liberté de penser avaient pris la place de l'idéal.

La langue grecque subissait les mêmes transformations : dans son fond, elle n'était plus guère employée à exprimer les grandes notions synthétiques qu'elle avait exprimées au temps de Sophocle ou de Thucydide; l'esprit d'analyse régnait partout. La langue des Hellènes, avec une merveilleuse flexibilité, se prêta à toutes les exigences de la pensée et devint comme une langue universelle, dont ni les Romains ni les chrétiens ne purent se passer. Après avoir atteint cette clarté, cette facilité qu'elle a dans Polybe et dans les écrivains qui suivirent, elle se fit mystique chez les néoplatoniciens et chez les Pères de l'Eglise, et cela sans perdre aucun de ses caractères essentiels. Il n'en fut pas de même de la langue latine qui, en se faisant chrétienne se fit barbare; il en résulta que l'élaboration des idées nouvelles se fit principalement en langue grecque et chez les peuples hellènes, et qu'ainsi ce furent eux qui, après avoir été les ouvriers de l'humanité dans la société politique, le furent une seconde fois dans la nouvelle société religieuse.

L'idéal antique ayant à peu près disparu de la littérature dès l'époque d'Auguste, le travail des écrivains se porta sur l'étude des choses humaines et de la réalité.

L'histoire, avec ses accessoires indispensables, la géographie et l'archéologie, continua de produire presque sans interrruption des écrits plus ou moins remarquables. Seulement elle n'avait plus ce caractère d'œuvre d'art ou de haute théorie qu'elle a dans Hérodote et dans Thucydide ; son but était pratique, soit que l'auteur fût un moraliste, soit qu'il eût en vue l'instruction politique de ses lecteurs ; ou bien elle se proposait de satisfaire une sorte de curiosité et d'amour de la science en entrant dans le détail des faits et dans les moindres circonstances de la vie des hommes. Le droit, la médecine, la philosophie morale prirent aussi une place importante dans la littérature gréco-romaine. Sur la fin, les grands problèmes de métaphysique religieuse occupèrent presque seuls les meilleurs esprits; la lutte suprême fut engagée entre l'hellénisme asiatique que représentaient les Néoplatoniciens et le pur Orient, c'est-à-dire les docteurs chrétiens ; la victoire resta à ses derniers. Pendant ce temps les pratiques de la religion nouvelle avaient gagné toutes les classes de la société; les empereurs s'étaient faits chrétiens; les anciennes divinités avaient quitté leurs temples et cédé la place au Christ et à ses saints. Un décret impérial mit le sceau sur le nouvel ordre de choses et vint clore en 529 la longue et brillante période de la littérature hellénique. La suite appartient au bas Empire et aux sociétés modernes.

Nous diviserons en cinq époques la période que nous avons encore à étudier. Pour aider le travail d'analyse et de classement des auteurs, nous donnerons à chacune de ces époques le nom de l'empereur romain qui en marque le centre ou la limite, et autour de ce nom viendront se ranger, dans l'ordre même des sujets de leurs livres, les auteurs les plus remarquables de chaque siècle.

1re ÉPOQUE. AUGUSTE. (150 av. — 96 après J.-C.).

Rome n'ôtait aux Grecs ni la liberté individuelle, ni la liberté civile, avec laquelle ils avaient presque toujours confondu la liberté politique. En leur imposant sa suprématie militaire et sa constitution générale, elle leur apportait la paix, mais la paix dont elle même jouissait. Elle avait une admiration croissante pour les œuvres du génie grec; elle attirait chez elle les Hellènes, apprenait leur langue, lisait et traduisait leurs auteurs, leur confiait l'éducation de ses propres enfants et grands les envoyait dans leurs plus célèbres écoles de la Grèce, de l'Asie ou même de l'Egypte. Par une passion le plus souvent moins honnête, Rome dépouillait les cités grecques de leurs statues, de leurs vases de prix, d'une foule d'objets d'art, qu'elle transportait parfois maladroitement et sans discernement, et à la place desquels elle leur envoyait les statues de ses patriciens, de ses généraux ou de ses officiers politiques. De plus elle agissait parfois avec cette brutalité qui n'a jamais cessé d'être dans le caractère des vieux Romains, rasant des villes ou les incendiant, transportant leurs citoyens ou les mettant dans la nécessité de fuir pour toujours, faisant couler à flots le sang d'une population, que sa dispersion avait déjà fort amoindrie. Si la destruction de Corinthe par Mummius (146) et la ruine d'Athènes par Sylla (87) peuvent être regardées comme des actes sauvages, l'incendie de la bibliothèque d'Alexandrie par César (47) est un des plus grands malheurs que la science ait éprouvés et une des plus mauvaises actions que ce capitaine ait commises : cette collection comprenait alors 700,000 volumes, qui furent entièrement consumés ; les manuscrits répandus dans le reste du monde hellénique ou à Rome ne pouvaient la remplacer et disparurent eux-mêmes pour la plupart, soit par l'abandon de leurs propriétaires devenus chrétiens, soit dans le tumulte des invasions et des révolutions modernes.

Deux genres caractérisent l'époque d'Auguste, d'une part l'histoire avec l'archéologie et la géographie, de l'autre l'érudition avec le professorat.

I. HISTOIRE, GÉOGRAPHIE, ARCHÉOLOGIE.

L'histoire ouvre magnifiquement la période gréco-romaine par le nom de Polybe, auquel s'ajoutent plus tard ceux de **Diodore de Sicile**, de **Denys d'Halicarnasse**, de **Juba**, de **Strabon**, et enfin celui de **Joseph**. Plutarque appartient à l'époque suivante. On verra, par les dates de ces auteurs, qu'à l'exception de Joseph, qui est un étranger et qui écrivit une histoire dont ni les Romains, ni les Grecs ne pouvaient encore saisir l'intérêt, l'époque d'Auguste ne comprend plus aucun nom d'historien dans sa seconde moitié : l'établissement de l'empire avait donc fermé la bouche aux historiens grecs ; à Rome, il tendait à défigurer l'histoire, et un peu plus tard il la remplissait de secrètes colères et de réticences forcées. En réalité l'histoire grecque était close dès le milieu du second siècle avant J.-C., et il ne restait plus qu'à montrer aux Grecs par quel enchaînement de causes la chute finale de leur patrie avait été produite.

I. C'est ce que fit Polybe, le plus grand des historiens grecs après Thucydide et Hérodote. POLYBE, Πολύβιος, se trouva dans les conditions les plus heureuses pour écrire une pareille histoire. De son père Lycortas, un des chefs de la ligue achéenne, il apprit l'art de la guerre, telle que les Grecs la faisaient, ainsi que le fort et le faible des opinions qui se partageaient alors ses compatriotes. Né vers 204, il suivit l'ambassade de son père en Egypte en 181 et vit ce pays où la civilisation hellénique était encore concentrée. L'année précédente, il avait porté l'urne funéraire de Philopémen, et était entré dans la vie politique. Quoique l'un des chefs du parti modéré, qui acceptait dans une certaine mesure l'intervention romaine, Polybe fût compris en 168 dans la liste, dressée par Callicrate, des Grecs qui furent déportés en Italie. Paul-Emile, qu'il avait connu en Grèce, le fit demeurer chez son père, où il devint l'ami, sinon le maître, de Scipion-Emilien. Par le crédit de cette grande famille, Polybe put étudier l'histoire et la politique de Rome à leurs sources et entreprendre d'utiles voyages; en 151, il rentra pour un peu de temps dans son pays, vit Locyre deux ans après, fut en 147 à Carthage avec Scipion Emilien, contribua à réorganiser la Grèce, réduite (146) en province romaine, et passa le reste de sa vie à voyager et à écrire son histoire. Il mourut probablement vers l'année 125 à Mégalopolis, où il était né : ce fut, dit-on, d'une chute de cheval.

Polybe avait eu des prédécesseurs, dont il parle plusieurs fois lui-même, pour apprécier les défauts et les mérites de chacun d'eux. Le plus connu était TIMÉE de Tauroménium, qui, au siècle précédent, avait écrit une histoire de la Sicile et une histoire des guerres de Pyrrhus. Une grande partie du livre xii⁰ de Polybe est employée à critiquer cet auteur, qu'il accuse de légèreté, d'ignorance, de mensonge et de n'avoir écrit que sur des ouï-dire ou d'après des ouvrages antérieurs dont il ne vérifiait pas l'exactitude. Les défauts de Timée peuvent servir à faire apprécier les mérites de Polybe, et c'est à ce titre surtout que la lecture du xii⁰ livre est intéressante.

Il faut citer encore PHYLARQUE, presque contemporain de Polybe, et dont ce dernier parle au livre ii de ses histoires (1).

Mais le vrai prédécesseur de notre historien avait été ARATOS de Sicyone, le chef de la ligue achéenne, homme instruit, habile dans les négociations, plus adroit dans la politique que résolu sur le champ de bataille, et plus apte à conduire une affaire qu'une armée. Aratos avait écrit des Mémoires, ὑπομνήματα, pleins de clarté et de véracité. La pensée de Polybe était de reprendre l'histoire au point où il l'avait laissée ; mais il fit beaucoup plus, et la nature de son sujet le conduisit à écrire une sorte d'histoire universelle.

Il prend soin de nous avertir, dès le commencement, qu'il écrit pour les Grecs afin de leur montrer par quelle suite d'événements ils sont devenus, comme le reste du monde, les sujets des Romains. Ce sont des annales qu'il prétend écrire (xxviii, 14), en racontant ce qui s'est passé année par année chez les différents peuples; pour

---

(1) Les guerres puniques avaient suscité trois autres historiens : *Philinos* d'Agrigente, *Chæréas* et *Sosilos*, qui peuvent également passer pour prédécesseurs de Polybe. Voyez Pol. i, 14 et iii, 20.

cela, il a réuni ses propres observations à celles de son père Lycortas, il a cherché et pesé les témoignages (vi, 2), parcouru l'Afrique, l'Espagne, la Gaule et navigué sur l'Océan atlantique (iii, 59); il a séjourné longtemps à Rome, connu Fabius, les Scipions et une foule de Romains distingués; il a conversé avec des rois étrangers, avec Masanissa, avec Ptolémée Evergète, avec Chiomara, reine des Gaulois d'Asie, assisté à la prise de Carthage et été chargé lui-même de réorganiser l'Achaïe après sa soumission aux Romains.

Dans ce vaste annuaire du monde gréco-romain, Polybe ne perd jamais de vue les causes générales qui enchaînent dans leur marche les événements les uns aux autres et qui les font converger vers un résultat unique et final. C'est à Rome qu'est le centre d'action de ses forces principales : elles sont à la fois politiques et militaires. La constitution de la République la conduisit à étendre successivement sa domination sur l'Italie et la Sicile, puis sur les Gaules et l'Espagne, sur Carthage et enfin sur le monde hellénique; elle lui permettait de se relever promptement de ses revers; et par le mélange qu'elle présentait de tous les systèmes politiques combinés entre eux, elle appelait à elle tous les peuples et leur permettait de vivre paisiblement sous son empire; par là Rome tendait à la domination universelle (iii, 2 *et sq.*). La légion, qui est décrite au vi^e livre, fut l'instrument par lequel Rome vainquit et soumit les peuples tour à tour, comme sa manière d'organiser les provinces soumises fut le moyen employé par elle pour les retenir sous sa dépendance.

Polybe professe une admiration sérieuse pour les institutions civiles et militaires des Romains, comparées à celles des autres peuples; mais il ne se laisse pas pour cela aveugler sur les vices inhérents à la civilisation romaine et, avec cet esprit philosophique qui régnait alors dans la société gréco-égyptienne, il aperçoit nettement que la puissance de Rome, comme toutes les autres choses, est destinée à s'accroître pendant un certain temps, puis à dépérir et à disparaître. Nous citons ce passage :

« Que toutes choses cachent en elles-mêmes une cause de dépérissement et de changement, c'est ce qu'il est à peine besoin de développer; la force des choses suffit à nous en donner l'assurance. Or toute forme de gouvernement se détruit par deux sortes de causes, les causes extérieures et les causes intimes et innées; les premières sont accidentelles et ne peuvent être l'objet d'une théorie, les secondes ont une marche réglée. Quelle forme politique naît la première, quelle est la seconde et dans quel ordre elles se succèdent, nous l'avons dit ailleurs : de sorte qu'il suffit, dans les conditions données, de savoir réunir les principes et les conséquences, pour prévoir dès aujourd'hui l'avenir. Or, selon moi, il est fort clair. En effet quand, après avoir échappé à de grands et nombreux périls, un Etat possède une puissance prépondérante et incontestée, il est évident que, le bien-être s'y établissant pour longtemps, les mœurs tournent au luxe et les hommes convoitent avec plus d'ardeur qu'il ne le faudrait les fonctions supérieures et les autres avantages. Le mal croissant, la décadence commencera par l'ambition de commander et par la honte qu'on aura à vivre hors des honneurs ; à cela s'ajouteront le luxe et la vaine somptuosité. Le peuple prendra l'initiative de la révolution lorsque, d'une part lésé par l'avidité des riches, de l'autre il s'enflera d'orgueil par les flatteries des ambitieux. Car alors plein de colère et ne prenant plus conseil que de la fureur, il ne voudra plus obéir ni rester l'égal de ses chefs, il voudra être tout à lui seul. Alors l'Etat prendra le plus beau de tous les noms, il s'appellera liberté et démocratie; mais ce sera en réalité la pire des choses, l'ochlocratie... Voilà ce que nous avions à dire de la constitution romaine. vi, 57.

L'ouvrage de Polybe comprenait quarante livres et racontait en détail l'histoire des peuples conquis par les Romains ou en lutte avec eux, depuis l'année 264 jusqu'à l'année 146, qui est celle de la prise de Corinthe par Mummius. Il ne nous en reste que cinq livres complets, avec de longs fragments des trente-cinq autres livres. Les lacunes répandent quelque obscurité dans un ensemble à la formation duquel tous les événements de l'histoire devaient concourir. Mais la suite des faits est rendue plus saisissable par le soin que prend l'auteur de rappeler souvent, au commencement des livres, le point où elle est parvenue. Toutes les histoires très-développées présentent ce même caractère, qu'elles exigent du lecteur une attention plus soutenue et un continuel effort de mémoire, que les résumés philosophiques lui épargnent le plus souvent. Mais les histoires comme celle de Polybe ont l'avantage d'entrer beaucoup plus que les autres dans la réalité, de nous montrer les hommes dans leurs actions intimes et quotidiennes et de faire ressortir les petites causes qui agissent successivement et modifient presque toujours les effets que les grandes causes auraient produits. Au fond il n'y a aucune obscurité dans l'œuvre de Polybe : elle exige seulement que nous prenions la peine de la bien comprendre.

Du reste cette histoire est toute politique et militaire; c'est une œuvre purement hellénique, qui se rattache à celles de Thucydide et de ses imitateurs, mais avec cette exactitude des observations et cette reproduction consciencieuse des détails, qui caractérisaient la science grecque depuis Aristote. L'étude de faits bien constatés est pour Polybe la base de l'histoire; et cette étude ne peut se faire que si les faits sont énumérés aussi complétement qu'il est possible et reproduits dans leur ordre naturel par la description ou le récit. Ces conditions imposées à la science semblent la ralentir dans sa marche et devoir donner naissance à des œuvres froides et incapables de soutenir l'intérêt; il n'en est rien. La grande tragédie que Polybe raconte se divise en une multitude innombrable de scènes; mais une pensée unique la domine toujours; et depuis le moment, où pour la première fois on voit les Romains intervenir dans les affaires de la Grèce, cette action venue du dehors va grandissant en force et en étendue, jusqu'au moment où elle absorbe tous les mouvements d'hommes et de choses qui s'accomplissent en Orient, au Sud et dans l'Occident.

Une seule chose manque à l'œuvre de Polybe : il n'a vu que les transformations politiques du monde gréco-romain; il n'a pas saisi les changements qui s'opéraient dans les idées religieuses et sociales. Le rôle spirituel d'Alexandrie lui échappe; il ne voit pas venir de l'Orient tout ce monde d'idées nouvelles qui envahissait la société grecque, au même moment où Rome la soumettait par les armes; et en annonçant la chute à venir de la grande république, il n'apercevait pas la société religieuse dans laquelle elle devait enfin être absorbée. Mais l'histoire ne peut fonder ses prévisions que quand elle a, comme base scientifique, des séries de faits accomplis ou sur le point de l'être : or les séries des événements religieux n'étaient pas encore, au temps de Polybe, parvenues à un point assez avancé de leur développement, pour qu'un homme principalement politique pût en saisir et en signaler les conséquences.

La langue et le style de Polybe sont tels que les avaient faits les trois siècles d'élaboration qui l'avaient précédé. La langue grecque avait éprouvé des changements analogues à ceux qu'éprouva la langue française entre l'époque de Louis XIII et celle de Voltaire : elle avait perdu ce qui lui restait encore de raideur et avait acquis une flexibilité inconnue de Thucydide et même de Xénophon. Polie par une sorte de frottement continuel dans les assemblées publiques, dans les écoles des philosophes, dans le commerce et dans l'usage quotidien des gens instruits, elle n'offrait plus aucune résistance à la pensée et permettait de tout exprimer avec une facilité merveilleuse. Il y a beaucoup de ressemblance entre le style de Polybe et celui du Siècle de Louis XIV ou de l'Histoire de Charles XII de Voltaire. Mais quant à la pensée, il y a dans le livre grec plus de sérieux, de sincérité et de vraie philosophie que dans ces deux derniers ouvrages. Car l'époque où vivait Polybe ressemblait à beaucoup d'égards à la nôtre : la Grèce avait passé par une suite de révolutions, qui l'avaient instruite à ses dépens et dont la France de Louis XV n'avaient pas encore fait l'expérience. Elle l'a faite depuis ; et le livre de Polybe est beaucoup mieux compris de notre siècle, qu'il ne l'était des siècles précédents : c'est à présent que nous pouvons comprendre ce que l'école péripatéticienne et après elle Polybe, entendaient par une histoire *pratique*, puisque nous pouvons, mieux que nos ancêtres, saisir la haute portée politique et morale de l'histoire gréco-romaine et du grand livre où elle est racontée. Nous savons comme lui que les commencements et les prétextes des événements n'en sont pas les causes et que celles-ci sont d'une nature abstraite ou psychologique et précèdent quelquefois de beaucoup les actes qui en manifestent la présence. Nous avons, nous aussi, soit par les travaux de nos écrivains, soit par notre propre expérience, appris à dégager ces causes, et c'est en cela que le livre de Polybe, plus que beaucoup d'autres, est encore utile et intéressant pour nous.

Polybe avait aussi composé un livre de géographie, et un livre de grammaire : il ne nous reste de l'un et de l'autre que de très-courts fragments.

II. Une nombreuse génération d'historiens suivit l'époque de Polybe. Les uns sont grecs, d'autres sont latins, mais écrivent en grec ; quelques-uns étaient d'origine étrangère. Les sujets qu'ils traitent se rapportent le plus souvent aux choses de l'Egypte et de l'Orient ; mais à mesure que les années s'écoulent le point de vue romain prédomine davantage, et, dans l'histoire de Rome prise comme rendez-vous de toutes les histoires particulières, les historiens s'accoutument à regarder l'établissement de la monarchie impériale comme le point vers lequel convergent tous les événements. Ils ne purent saisir le mouvement vers l'unité religieuse qui s'opérait alors et dont les effets ne se firent sentir que plus tard ; mais la multiplicité des livres relatifs à la Perse, à l'Inde, à l'Egypte et même aux Juifs, montre combien les esprits se préoccupaient de ces éléments, étrangers à l'Italie aussi bien qu'à la Grèce, mais avec lesquels la Grèce et l'Italie allaient être obligées de compter.

Nous ne possédons que des fragments généralement assez courts des écrivains qui ont précédé Diodore.

ALEXANDRE surnommé le *Polyhistor*, né à Milet vers 150, après avoir été prisonnier de Corn. Lentulus fut affranchi et vécut à Rome au temps de Sylla ; il fut l'élève de Cratès et le maître d'Hygin, le mythographe. Durant sa longue carrière, il écrivit vingt-deux ouvrages relatifs à l'histoire, à la géographie, à la grammaire et à la philosophie. Ses trois œuvres historiques avaient pour objet l'Italie, la Chaldée avec l'Assyrie, et les Juifs. Ses livres de géographie se rapportaient pour la plupart à l'Asie mineure, à l'Egypte et à l'Inde. Son écrit philosophique avait pour sujet les dogmes pythagoriciens. Les fragments qui nous restent du Polyhistor montrent que ses livres étaient des compilations d'auteurs originaux assez nombreux et par lesquels les Grecs avaient été initiés aux choses orientales. C'est là en effet que nous voyons apparaître pour la première fois les histoires suivies d'Abraham, de Moïse, de Joseph, de David, de Salomon, de Jérémie et d'une foule d'autres personnages bibliques.

POSIDÒNIOS, Ποσειδώνιος, d'Apamée, dont nous avons cité le nom à la fin de la période précédente parmi les stoïciens, tint durant cette période une place honorable entre les historiens. Outre une vingtaine d'ouvrages de philosophie et de science, il écrivit une histoire en cinquante-deux livres, faisant suite à celle de Polybe : cette histoire embrassait les événements de tous les pays depuis l'année 146, où finissait l'ouvrage de son grand prédécesseur, jusqu'à l'année 96, où Cyrène fut réduite en province romaine. Il semble ainsi, que l'ouvrage de Posidònios était un annuaire dans lequel chaque livre répondait à une année écoulée. Quoi qu'il en soit, nous apercevons clairement que, dès cette époque, l'histoire avait pris une extension qu'elle n'avait pas eue aux siècles précédents et qu'elle était devenue universelle. — Le traité de Posidônios Περὶ Ὠκεανοῦ, *De l'Océan,* était une suite aux œuvres géographiques d'Eratosthène ; c'était un livre à la fois mathématique et physique, rempli de descriptions exactes et intéressantes, et où l'auteur se donnait pour tâche d'expliquer les faits après les avoir bien constatés. Son style est agréable, vif, élégant, et sa manière d'écrire a servi de modèle aux meilleurs géographes et historiens des temps postérieurs. La plupart des fragments qui nous restent de lui ont été conservés par Strabon, Joseph, Plutarque et Athénée.

Le roi des Parthes, Hyrôdès (Surôdha), et le roi d'Arménie Artavasda, qui fut pris par Antoine en l'an 34 et mourut quatre ans après, écrivirent des histoires en langue grecque.

A la même époque à peu près, Juba, roi des Maures, qui tout jeune avait orné le triomphe de César, et à qui Auguste restitua une partie de son héritage, composait en grec une masse considérable d'écrits estimés. Il avait fait son éducation à Rome, où il avait épousé une fille d'Antoine et de Cléopatre. On cite de lui une douzaine d'ouvrages sur des sujets très-variés, et particulièrement une *histoire romaine* en deux livres, des *Assyriaca* en deux livres, trois livres sur *les affaires de Libye,* et une *histoire du théâtre* en dix-sept livres. Ce qui nous reste des écrits de Juba est bien sec et ressemble à des tables des matières plutôt qu'à des récits d'histoire : les Maures ne semblent pas avoir été une race d'hommes très-littéraire.

J'ai cité en passant ces trois rois, pour montrer combien les études historiques gagnaient de terrain à l'époque d'Auguste.

Théophane, Θεοφάνης, de Mitylène, fut un des hommes les plus considérables de son temps. Il vint probablement s'établir à Rome pendant la guerre de Mithridate, à l'époque où un autre historien, Castor, gendre du roi des Galates, Déjotare, était assassiné avec sa femme par son propre beau-père. Théophane devint l'esclave, puis l'affranchi de Pompée avant l'année 61 ; il fut connu de Cicéron et d'Atticus et donna souvent aux politiques de Rome d'excellents avis sur les affaires de l'Asie, qu'il connaissait fort bien ; mais le conseil qu'il donna à Pompée vaincu, de fuir en Egypte, n'eut pas le succès qu'on en pouvait attendre ; Théophane disparait de l'histoire après la mort de son ami. Il avait écrit *La guerre de Mithridate ;* il ne nous en reste que six courts fragments.

Timagène, Τιμαγένης, d'Alexandrie, fils d'un agent de change royal, fut prisonnier de Pompée en 55, conduit à Rome, vendu, acheté par Faustus fils de Sylla, affranchi, cuisinier, porteur de litière, maître de rhétorique, familier d'Auguste, puis chassé par lui du palais ; au sortir de là, il se retira à Tusculum et mourut à Albano d'un vomissement forcé. Il avait écrit une vie d'Auguste, qu'il brûla quand celui-ci l'eut chassé. Ecrivain fécond, maître et prédécesseur d'Asinius Pollion, Timagène, avec un esprit mordant et un style acéré, composa un grand nombre d'écrits. Presque tout est perdu. Son *Histoire des Rois* avait probablement pour sujet les successeurs d'Alexandre, quoique rien ne prouve absolument qu'il ne s'y agit pas d'autres rois. Il avait encore écrit un livre sur *les Gaulois* et un *Périple,* dont il ne nous reste rien.

J'omets un grand nombre de noms moins connus, pour m'arrêter un instant sur celui de Nicolas de Damas,

Νικόλαος, homme considérable qui fut l'ami d'Auguste et d'Hérode-le-Grand, roi des Juifs. Nicolaos était frère de Ptolémée fils d'Antipater et de Stratonice. Né vers l'an 64 il étudia la grammaire, la poétique, la rhétorique, la musique, les mathématiques, la philosophie. De mœurs élégantes, d'un esprit charmant, d'une érudition variée, il fut homme du monde en même temps que savant distingué. En l'an 20, il vit à Antioche les ambassadeurs indiens qui se rendaient à Rome. Quatre ans après, il fit avec Hérode le voyage du Pont, visita la Troade et l'Ionie, plaida à son retour la cause des Juifs et partit pour Rome avec le roi. Là il sut, en l'an 8, concilier à ce prince la faveur d'Auguste ; parut encore pour plaider contre les Juifs la cause d'Archélaos (4 av. J.-C.) et passa le reste de sa vie dans l'étude, loin de la société mondaine des patriciens.

Nicolas avait écrit des comédies et des tragédies estimées, une entre autres intitulée *Suzanne* (à moins que celle-ci ne soit de Jean de Damas ou de quelque autre auteur). Mais ses principaux ouvrages étaient son *Histoire universelle*, καθολικὴ ἱστορία, sa *Vie d'Auguste*, sa propre *biographie* et son recueil de *coutumes singulières*.

Son Histoire universelle, en cent quarante-quatre livres (12×12), commençait par les Assyriens et les Mèdes, puis traitait des temps mythologiques de la Grèce et de la Lydie, ensuite de l'Arcadie, et entrait, après le retour des Héraclides, dans le domaine des faits historiques, comprenant l'Asie, la Grèce, l'Italie et tout l'Occident. Les récits se développaient de plus en plus à mesure qu'ils approchaient du temps où vivait l'auteur. La plus grande partie de l'ouvrage de Nicolaos ne doit être considérée que comme un travail de seconde main, dont les matériaux peuvent être aujourd'hui même rapportés quelquefois aux auteurs d'où ils ont été tirés. Les principaux d'entre ces derniers étaient Xanthos, Denys de Mitylène, Hellanicos, Ctésias, Ephore et Posidônios. On trouve parmi les fragments qui nous restent un passage textuellement reproduit de Denys d'Halicarnasse; mais cela ne peut pas avoir de conséquences sérieuses, car ce morceau a pu être attribué par ceux qui l'ont cité aux deux auteurs également, quoiqu'il n'appartînt évidemment qu'à l'un des deux.

Nous possédons de Nicolas de Damas son autobiographie presque complète et la plus grande partie de la vie de César Auguste; en outre cent quarante-six fragments ou citations de ses Coutumes singulières, et de longs et nombreux passages de ses Histoires, appartenant presque tous aux premiers et quelques-uns aux derniers livres. Les récits sont agréables et biens tournés, écrits dans cette langue facile qui, depuis l'époque de Polybe, était la langue ordinaire des écrivains grecs et qui exerça dans ce temps même une si grande influence sur le style des écrivains latins. Voici, pour exemple, un passage emprunté au viie livre des Histoires :

« Déjà Crésus était assis sur le bûcher, et avec lui quatorze Lydiens; des Perses portant des torches y mettaient le feu tout autour. Au milieu du silence Crésus pousse un grand cri et appelle trois fois Solon. Cyrus l'entend et pleure, persuadé qu'il commet un acte condamnable en brûlant, pour céder aux Perses, un roi qui ne valait pas moins que lui. Déjà les Perses commençaient à se troubler, les uns en regardant Crésus, les autres en voyant leur prince gémir de ce qui se passait, et ils demandaient que l'on sauvât Crésus. A l'instant Cyrus ordonne à ceux qui l'entouraient d'éteindre le bûcher; mais le bûcher brûlait et il devenait impossible d'en approcher. On dit qu'alors

Crésus levant les yeux au ciel pria Apollon de le secourir, puisque ses ennemis, malgré leur propre désir, ne pouvaient le sauver. Or ce jour-là l'orage était au ciel depuis le matin, mais il ne pleuvait pas; quand Crésus eut fait sa prière, le ciel se couvrit aussitôt de ténèbres, les nuages s'amoncelèrent, les tonnerres et les éclairs devinrent continus : une telle pluie se précipita, que non-seulement le bûcher fut éteint, mais que les hommes eurent peine à se sauver. On couvrit aussitôt Crésus d'un vêtement de pourpre. Quant aux hommes, épouvantés par les ténèbres et par l'ouragan et foulés sous les pieds des chevaux que les éclairs effrayaient et que les coups de tonnerre mettaient au galop, ils furent saisis d'une terreur divine et se rappelèrent les paroles de la Sybille et de Zoroastre. Ils criaient encore plus fort que l'on sauvât Crésus, et prosternés à terre ils adoraient, en implorant la miséricorde de Dieu. Depuis ce jour les Perses, selon la pensée de Zoroastre, ne voulurent plus que l'on brûlât les morts ni que l'on souillât le feu d'aucune autre manière et ils remirent en vigueur cet antique usage. » VII, *frag.* 68.

Le récit que l'on vient de lire a une couleur mystique et même un peu supertitieuse sur laquelle il est difficile de se méprendre; elle devait plaire aux lecteurs de ce temps, qui voyaient les idées religieuses se mêler aux choses les plus ordinaires de la vie. Ne venait-on pas de voir en pleine Athènes un de ces ambassadeurs indiens cités plus haut, le *çramaṇa Jighana*, monter volontairement sur le bûcher et se faire périr dans les flammes au milieu du peuple assemblé? Voy. Nicolas de Damas, CXVI, *fr.* 91.

III. Nous arrivons à Diodore de Sicile, Διόδωρος, contemporain de Nicolas de Damas et qui naquit pour ainsi dire à l'autre extrémité du monde hellénique, dans la petite ville d'Agyrion. Ce que nous savons de sa vie est presque entièrement tiré de sa préface. Il a soin de nous apprendre qu'il parcourut une grande partie de l'Europe et de l'Asie, pour voir par lui-même les lieux dont il devait parler ; qu'il séjourna longtemps à Rome et qu'il y acquit une connaissance approfondie du latin et des documents historiques que la ville pouvait fournir ; qu'il visita également l'Egypte et s'y rencontra avec les prêtres du pays et les envoyés Ethiopiens, de qui il apprit beaucoup de choses. Trente années de sa vie furent employées par lui à réunir et à mettre en œuvre les matériaux de son grand ouvrage, lequel dut paraître quelque temps après la mort de César et avant la bataille d'Actium, ou du moins fort peu après ce dernier événement. Pendant ces trente années de travail, Diodore compulsa un grand nombre d'ouvrages, dûs aux historiens et aux géographes des temps antérieurs. Outre les anciens auteurs, il cite Agatharchide, Denys de Mitylène, Hécatée d'Abdère, Duris de Samos, Jérôme de Cardie, Diyllos et plusieurs autres. On est étonné de ne trouver dans son livre ni le nom de Bérose, ni celui de Manéthon ; mais rien ne prouve que ces auteurs ne fussent pas cités dans la partie de l'ouvrage qui a été perdue. Toutefois le nom de ces écrivains originaux semblerait devoir se rencontrer dans le premier et dans le second livre, qui traitent de l'Egypte et de l'Assyrie.

Nous possédons de la *Bibliothèque historique* de Diodore quinze livres complets, savoir les cinq premiers et dix autres qui vont du onzième au vingtième ; les fragments du reste sont peu considérables. L'ouvrage entier comprenait quarante-quatre livres et se divisait en trois sections de longueur inégale. « Les six premiers livres de notre ouvrage, dit Diodore (I, 4), renferment les faits et les légendes antérieurs à la guerre de Troie, à savoir trois livres pour les antiquités barbares et trois pour les légendes helléniques. Dans les onze livres suivants nous avons écrit les événements de tous les pays depuis l'époque troyenne, jusqu'à la mort d'Alexandre. Dans les vingt-trois derniers livres nous avons rangé les faits, accomplis jusqu'au commencement de la guerre entreprise par les Romains contre les Celtes (guerre des Gaules), guerre dans laquelle C. Julius César, à qui ses actions ont fait donner le surnom de Dieu, soutint de nombreux et rudes combats contre les nations gauloises et étendit la domination romaine jusqu'aux îles Britanniques; or cette expédition commença la première année de la 180ᵉ olympiade, Hérode étant archonte à Athènes. »

Telle était la disposition des matières dans l'ouvrage de Diodore. Les quinze livres qui nous en restent nous permettent de nous faire une idée très-exacte de ce qu'était l'œuvre toute entière. Son titre de *Bibliothèque* était fort bien choisi : c'est moins en effet une œuvre littéraire que la juxtaposition de beaucoup de livres différents. Depuis que Polybe avait signalé Rome comme le point vers lequel convergeaient toutes les histoires, cette unité systématique n'était plus à découvrir; elle était adoptée par les historiens; ceux-ci ne faisaient plus que reprendre avec plus ou moins de détails les événements passés dont il avait montré l'ensemble, et ajouter aux récits de leurs devanciers ceux des événements les plus récemment accomplis; on tenait ainsi l'histoire à jour, comme un livre de banque. Il faut cependant remarquer que l'archéologie faisait des progrès, que les voyages lointains se multipliaient et s'étendaient, que les annales des anciens peuples s'éclairaient un peu plus chaque jour, qu'enfin la marche des événements présents faisait de mieux en mieux comprendre celle des faits passés. On ne refaisait pas éternellement la même histoire, quoique le fond sur lequel on travaillait semblât invariable. Le livre de Diodore est donc intéressant à deux points de vue, comme reproduction, dans des conditions un peu nouvelles, des livres antérieurs et comme complétant ou étendant le terrain de l'histoire.

Quant au style et à la partie simplement littéraire de cet ouvrage, on en peut dire à peu près ce que l'on dirait de tous les auteurs de ce temps. C'est une langue souple, facile, élégante, claire surtout et sans aucune prétention à la poésie ni à la hauteur des idées et des expressions. Peu de qualités du reste, mais aussi peu de défauts. Ce n'est point par la forme que Diodore peut nous intéresser, mais par les faits qu'il raconte et qui sont pour nous une mine en quelque sorte inépuisable.

Denys d'Halicarnasse, Διονύσιος, naquit vers l'an 54 avant J.-C., étudia la rhétorique dans les écoles d'Asie, vint à Rome vers l'âge de vingt-cinq ans, c'est-à-dire en l'an 29 et y resta jusqu'à sa mort, qui arriva l'année 7 avant J.-C. Là il enseigna la rhétorique et employa les heures qu'il avait libres à étudier les temps anciens de sa nouvelle patrie, dans la pensée d'en écrire l'histoire. Cette histoire, sous le nom d'*Archéologie romaine,* parut peu de temps avant sa mort; elle se composait de vingt livres dont nous possédons un peu plus que la première moitié et des résumés dans Plutarque (vie de Camille) et dans les trois premiers livres d'Appien. Le but que se proposait l'auteur était de réconcilier les Grecs avec les Romains leurs maîtres, en montrant que ces derniers n'étaient pas, comme beaucoup de gens le pensaient, les descendants d'hommes barbares et de brigands, mais un peuple de noble origine et de la même race que les Grecs. Cette pensée, qu'adopte et que veut démontrer Denys, avait cours alors chez les Romains de la belle société; c'est elle que développait Virgile, presque en même temps que le rhéteur d'Halicarnasse; elle plut beaucoup aux hommes du pouvoir dont elle flattait la vanité; mais sa fausseté ne lui laissa prendre aucun crédit aux yeux des Grecs, lesquels conservèrent leurs sentiments nationaux sans en rien sacrifier. La domination de Rome passa sur eux, sans jamais être acceptée par eux. La tentative malheureuse de Denys eut l'inconvénient, comme celle de Tite-Live qui est aussi du même temps, de présenter les choses de l'ancienne Rome sous un faux jour qui les déforme et qui nous met aujourd'hui encore dans de fréquentes perplexités. Cependant, telle qu'elle est, l'Archéologie romaine est précieuse pour nous, parce qu'elle nous dévoile un grand nombre de faits anciens relatifs à l'Italie, qui sans elle nous seraient entièrement inconnus.

En elle-même l'œuvre historique de Denys est dépourvue de critique; non-seulement cet écrivain comprend mal la constitution ancienne du peuple romain et l'assimile beaucoup trop à celle des Athéniens; mais, devenu Romain, il semble avoir perdu de vue son propre pays et n'aperçoit presque rien de ce qui se passe dans l'orient de l'empire. Dans sa forme cette œuvre est fort défectueuse. Au rebours de Nicolas de Damas, Denys développe d'autant moins son sujet qu'il approche davantage du temps présent; dans les premiers livres il est d'une prolixité décourageante pour le lecteur. Les quatre premiers livres vont jusqu'à l'établissement de la République; le cinquième jusqu'à la dictature; les cinq suivants jusqu'à la réélection des décemvirs. La seconde partie s'étendait jusqu'en l'année 264, qui est celle où commence l'Histoire de Polybe.

La moitié des ouvrages de Denys se compose d'écrits purement littéraires, dont quelques-uns valent mieux que son Archéologie : ses quatre morceaux relatifs à *Lysias*, à *Isocrate,* à *Isée* et à *Démosthène* sont loin d'être sans valeur, ainsi que les quatre lettres adressées à des Romains et qui roulent également sur des sujets de critique. Il a le grave défaut de traiter de la rhétorique en historien et de l'histoire en rhéteur; mais, sans être profonds, ses jugements littéraires montrent du goût, de la réflexion et de bons principes de critique; son défaut en cela est d'être parfois trop sévère pour des auteurs qu'il a lui-même imités et qu'il est souvent loin d'avoir égalés. Denys en effet professe toujours et ne semble écrire que pour donner des modèles de style à ses élèves : il s'écoute parler; sa phrase est oratoire, périodique, harmonieuse, souvent grandiose et pleine d'une magnificence artificielle. Mais c'est être injuste envers lui que de l'accuser de n'avoir pas connu sa langue, d'avoir emprunté des mots à tous les patois et d'avoir introduit des mots et des expressions qui sont presque des solécismes. La langue de Denys est celle qu'on parlait et qu'on écrivait de son temps, langue mêlée, il est vrai, et que le progrès des idées, comme le rapprochement des peuples et des civilisations, forçait à se transformer, mais qui chez le professeur d'Halicarnasse est plus élégante, plus soignée et peut-être même plus correcte que chez la plupart des écrivains de son temps. Cette préoccupation de la forme n'est pas plus grande chez lui que chez son contemporain latin Tite-Live. Les discours châtiés qu'il met dans la bouche de personnages anciens et barbares, Tite-Live les leur prête aussi. Cet usage datait de loin et le père même de l'histoire, Hérodote, avec moins d'invraisemblance mais sans plus de vérité historique, l'avait déjà suivi et Thucydide avait mis dans la bouche de certains personnages des discours qu'ils n'avaient jamais prononcés. Il faut comprendre que c'était là une conception de l'art qui eut dans les premiers temps une grande valeur et qui devint, comme tout le le reste, avec les années une convention et une forme vide. C'est là précisément ce qui caractérise la décadence de la littérature et des arts ; or Denys est un auteur de la décadence ; mais Tite-Live et même Virgile ne le sont pas moins, si on les considère comme élèves des écoles helléniques.

IV. Il y a loin pourtant du professeur Denys au savant Strabon, Στραβων, son contemporain. Si nous ne possédions pas à peu près complète la *Géographie* de ce judicieux et exact écrivain, nous ne pourrions nous faire qu'une idée très-vague des contrées habitées par les anciens et de leurs connaissances géographiques. Strabon a réuni dans son grand ouvrage les faits rapportés par un nombre très-grand d'autorités compétentes, qu'il prend soin de citer, soit pour s'appuyer sur elles, soit pour les critiquer, soit pour couvrir sa propre responsabilité ; la liste de noms d'auteurs que l'on pourrait extraire de Strabon montrerait à elle seule combien ses recherches ont été étendues et consciencieuses et aussi combien les études géographiques avaient préoccupé de tout temps les Hellènes et s'étaient progressivement étendues. Mais il faut bien comprendre que Strabon n'est pas un simple compilateur intelligent; quoiqu'il n'eût pas pu visiter tous les lieux qu'il avait à décrire, il s'était donné la peine de faire de longs et de nombreux voyages, dont les limites avaient été au nord l'Euxin et la Crimée, au sud l'Ethiopie, à l'ouest la mer Etrurienne, à l'est l'Arménie. Sa grande fortune lui avait permis d'accomplir ces voyages dans les meilleures conditions et de s'entourer de tous les livres et de tous les documents qui en pouvaient accroître l'utilité. Ses recherches étaient rendues plus fécondes par la bonne et solide éducation qu'il avait reçue. Sa vie, examinée de près, montrerait en quelque sorte au complet les moyens dont les Grecs d'alors pouvaient user pour s'instruire et pour se mettre au courant de la science : le principe de leur éducation semble avoir été d'aller d'école en école; Strabon, né en 66 à Amasée, ville du Pont, étudia successivement à Nysa en Carie sous la direction du grammairien Aristodème, à Tarsos chez le stoïcien Athénodore, à Séleucie de Cilicie chez le péripatéticien Xénarchos, et à la fin il vint, comme tous les meilleurs esprits d'alors, à Alexandrie, pour y approfondir les mathématiques et l'astronomie. C'est avec une telle préparation qu'il entreprit ses voyages et qu'il commença son grand travail sur la géographie ancienne et moderne. Ce livre ne parut pas avant l'année 19 de l'ère chrétienne; et Strabon mourut vers l'année 23 ou 24.

Ses Γεωγραφικά se divisent en dix-sept livres, dont les deux premiers sont une introduction à la fois historique, critique et cosmographique à la géographie. La description commence au livre troisième, qui, avec les sept suivants, passe en revue tous les pays de l'Europe; les six livres qui suivent traitent de l'Asie, et le dix-septième de l'Egypte et de la Libye. Le caractère dominant du traité de Strabon est suffisamment développé dans son introduction : l'auteur y montre la relation qui unit la géographie à la philosophie, c'est-à-dire à la science d'une part et à la littérature de l'autre, ou, ce qui revient au même, au développement de l'humanité. Cette pensée très-juste de considérer la terre, non comme un lieu où agissent uniquement des forces physiques, mais aussi comme le théâtre de l'activité humaine, conduit l'auteur à unir à la description topographique de chaque pays un tableau des races et des institutions humaines qui s'y trouvent, ainsi que la notice des villes qui y ont existé à différentes époques. De cette réunion de tableaux et parfois de récits résulte une sorte de narration animée et comme une histoire, à la fois naturelle et politique, des différentes contrées du globe. Strabon, qui est demeuré Grec, malgré l'engoûment de la plupart de ses contemporains pour Rome, s'élève beaucoup au dessus de cette prétendue unité, sagement indiquée par Polybe mais exagérée par ses successeurs, et voit qu'aux confins de la domination romaine et même dans des pays beaucoup plus voisins vivent des hommes et des civilisations qui n'ont avec celle de Rome aucune communauté. Quoique les pays les plus en dehors de la société grecque et de la domination romaine n'aient pas été visités par Strabon, il attache un intérêt particulier à les décrire et à démêler ce que ses prédécesseurs en avaient raconté de vrai ou de faux ; il applique à cette recherche une critique parfaitement judicieuse et les erreurs qui se trouvent dans son ouvrage ne doivent pas être attribuées à son ignorance personnelle ou à de la légèreté, mais à l'impossibilité où tout le monde était alors de se procurer de plus exacts renseignements. Il savait que la géographie est une science progressive, qui s'enrichit par des découvertes toujours nouvelles et dans laquelle il restait encore beaucoup à trouver :

« Nous pensons, dit-il, qu'après les découvertes successives qui ont été faites, la majeure partie reste encore à faire; et si nous réussissons à y ajouter quelque chose, notre entreprise sera justifiée. Nos contemporains doivent beaucoup à la domination romaine et à celle des Parthes aussi bien qu'à l'expédition d'Alexandre. Celui-ci nous a dévoilé l'Asie et tout le nord de l'Europe jusqu'au Danube; les Romains tout l'ouest de l'Europe jusqu'à l'Elbe qui coupe en deux la Germanie, ainsi que les pays au delà du Danube jusqu'au Tyras; les pays situés au delà jusqu'au Palus Méotide et au rivage qui se termine chez les Colchidiens, nous en devons la connaissance à Mithridate et à ses généraux; les Parthes nous ont fait connaître l'Hyrcanie, la Bactriane et les Scythes qui habitent au delà et que l'on ne connaissait guère auparavant. Nous avons donc quelque chose de plus à dire que nos devanciers. I, 2. »

En réalité Strabon est le véritable successeur de Polybe, moins par la nature de son ouvrage que par la justesse et la profondeur de son intelligence. Cette succession paraît beaucoup plus réelle encore, quand on voit que Strabon, outre sa Géographie, avait composé une *Histoire* (ἱστορικὰ ὑπομνήματα) en quarante-trois livres, pour faire suite à celle de Polybe, et conçue exactement dans le même esprit; cet ouvrage prenait les événements où l'historien de Mégalopolis les avait laissés et les conduisait jusqu'à la mort de César. Il ne nous en reste rien. Au contraire il ne nous manque presque rien de sa Géographie, qui demeure pour nous en ce genre l'œuvre capitale de l'antiquité hellénique.

II. LITTÉRATURE, GRAMMAIRE.

Le développement de la science alexandrine avait suscité un grand nombre d'érudits, de grammairiens et de littérateurs dont les écoles avaient suffi pour illustrer certaines villes. Rhode, Pergame, Tarsos, Antioche et beaucoup d'autres cités, attiraient de toutes les parties du monde grec les jeunes gens que des causes particulières empêchaient d'aller à Alexandrie. Lorsque la Grèce eut été conquise par les Romains, ceux-ci, qui pour la plupart étaient fort ignorants, sentirent promptement leur infériorité et demandèrent à la Grèce des livres et des maîtres pour les instruire. Tout ce monde occidental courut aux études littéraires, qui n'étaient pas moins utiles à Rome qu'elles l'avaient été dans Athènes; et l'on vit s'accroître en quelques années dans une étonnante proportion le nombre des professeurs que la Grèce avait coutume de produire. Les Grecs devinrent ainsi les précepteurs des Romains, comme ils devenaient aussi leurs peintres, leurs sculpteurs et leurs architectes. Si l'on réunissait en une seule liste les noms de maîtres grecs cités dans les auteurs du dernier siècle de l'ancienne ère et du premier de l'ère chrétienne, on serait étonné de sa longueur. Certainement tous ces hommes plus ou moins instruits ont contribué pour une part considérable au progrès des idées et à la diffusion des lumières. Le mélange des deux civilisations, comme aussi le progrès de la science et l'action des idées orientales, détachait de plus en plus ces maîtres et leurs élèves des vieilles formules du polythéisme et ouvrait la voie aux dogmes nouveaux. Quelle part revient à chacun d'eux dans cette préparation de l'avenir, c'est ce qu'il est impossible de savoir, de même que nous ne pourrions pas dire aujourd'hui dans quelle mesure nos maîtres et nousmêmes participons au mouvement général qui porte l'humanité en avant : mais que cette part soit réelle, c'est ce qu'il est également impossible de nier.

La maison des Scipions avait donné et continuait d'encourager par son exemple les Romains à accueillir les belles connaissances de la Grèce et à chercher pour euxmêmes le premier rang dans la marche des idées. Cornélie et les Gracques étaient presque des Romains hellénisants. Sylla, par réaction contre l'ignorant Marius, avait encouragé les lettres à Rome, tout en ruinant Athènes, et transporté dans la Ville la bibliothèque d'Apellicon. Il vint un temps où tout Romain qui voulait tenir un rang distingué dans son pays, devait avoir pour maîtres des Grecs et compléter en Grèce son éducation. Parmi les Grecs qui se firent remarquer à cette époque dans les lettres, il faut citer le poète *Archias,* pour qui Cicéron fit un plaidoyer resté célèbre (en 61) et qui fut l'ami de Hortensius, de Lucullus et de plusieurs autres personnages romains; *Polyœnos* de Sardes, ami de César et d'Antoine et connu pour ses épigrammes; les poètes érudits *Dionysios* de Charax et *Skymnos* de Chios, qui écrivirent en vers sur la géographie durant le dernier siècle ; les maîtres de Cicéron, *Démétrios* de Syrie et *Apollônios Molon ;* celui d'Auguste, *Apollodoros* de Pergame ; ceux de Tibère,

Théodoros de Gadara et *Potamon;* enfin le célèbre et trop peu connu de nous *Cécilius*, juif de Calé-acté, client du Romain Cécilius Métellus, dont il prit le nom, ami de Cicéron, protégé d'Auguste et l'un des plus féconds littérateurs de son temps : cet Israélite semble paraître alors au sein de la plus haute société romaine, comme pour démontrer avec quel libéralisme elle commençait à s'ouvrir à toutes les idées et à toutes les nations. Il avait beaucoup écrit, et ses ouvrages étaient appréciés à Rome; malheureusement il ne nous en reste rien.

Nous devons distinguer, dans la foule des littérateurs gréco-romains de cette époque, le fabuliste BABRIOS, Βάβριος appelé aussi *Gabrias* et dont on ne sait au juste ni la date, ni l'origine, ni la nation, mais qui ne peut être éloigné du temps d'Auguste, puisqu'il a servi de modèle à Phèdre. Son nom même ne paraît pas grec et ressemble au perse Gobrias et à l'hébreu Gabriel. Quant au fond de ses fables, il est tout oriental, comme l'étaient déjà les récits populaires, mis sous le nom du fabuleux Esope et dont les originaux indiens ont été retrouvés dans un livre sanscrit, le *Pancha-tantra*. Nous n'avons pas à faire ici l'histoire d'un genre qui n'a presque rien d'hellénique, sur lequel se sont exercés en se jouant Socrate et des hommes célèbres d'Alexandrie, et qui n'est parvenu à prendre une forme arrêtée qu'à l'époque où nous sommes de la littérature hellénique, c'est-à-dire au moment où l'hellénisme tendait à disparaître dans la civilisation romaine et plus encore dans la grande société naissante. C'est peut-être là tout le mérite de Babrios : c'est quelque chose en effet d'avoir mis en vers grecs ces apologues qui circulaient alors dans tout l'Orient, depuis les mers de la

Chine, et de les avoir publiés sous cette forme au milieu des Romains, qui se mirent aussitôt à les traduire en leur langue. Il ne faut pas chercher d'invention dans les fables de Babrios, puisque le fond des récits lui était donné ; mais on peut en étudier la forme, qui est souvent agréable, quoique inférieure à celles que La Fontaine a su trouver. Le premier recueil de Babrios contient cent vingt-trois fables et a été publié à Paris en 1844 par Boissonnade ; le second, qui en contient quatre-vingt-quinze, a été publié à Londres en 1859 par M. Cornewall Lewis, d'après le manuscrit trouvé par M. Minoïde Minas au mont Athos. Le style de Babrios est un peu sec, mais vif ; la pensée ne se développe pas longuement, mais elle a du nerf, et l'expression offre des saillies qui la font ressortir. Voici une fable que l'on pourra comparer aux imitations qui en ont été faites :

LE LOUP ET L'AGNEAU.

Un loup vit un agneau égaré loin du pâturage ;
il ne s'élança pas violemment sur lui pour l'emporter,
mais il cherchait une accusation pour excuser sa haine :
« C'est toi qui l'an passé, tout petit que tu es, as médit de
[moi. » —
« Je ne suis pas de l'an passé ; je suis né cette année. » —
« C'est donc toi qui viens tondre mes prairies ? » —
« Je n'ai pas encore mangé d'herbe ni été au pâturage. » —
« Tu n'as pas non plus sans doute bu à la source où je bois ? » —
« Je tète encore la mamelle de ma mère. » —
Alors il saisit l'agneau et le mange :
« Au moins, dit-il, tu ne laisseras pas le loup sans dîner,
» quelque habile que tu sois à défendre ta cause. »

III. LITTÉRATURE GRÉCO-ORIENTALE.

Les auteurs que nous venons d'étudier représentent le courant hellénique des idées, soit dans le Levant, soit à Rome. A côté de ce mouvement s'en produisait un autre, moins étendu, mais plus puissant et dont les chefs étaient persuadés que l'avenir leur appartenait. Ses représentants se partagent en trois séries, auxquelles on peut donner pour drapeau les noms de Moïse, d'Hermès et du Christ.

I. PHILON, Φίλων, d'Alexandrie, que l'on appelle ordinairement Philon le juif, est l'écrivain le plus connu de la littérature mosaïque au temps d'Auguste. Né entre les années 30 et 20 avant notre ère, il passa la plus grande partie de sa vie dans sa ville natale, alla à Rome vers l'année 40 demander à Caligula la liberté du culte pour ses compatriotes, et revint, avec la commission dont il faisait partie, sans avoir même été reçu par l'empereur. Nous savons qu'il fit peu après un voyage à Jérusalem. A partir de ce moment on le perd de vue et la date de sa mort est ignorée. Rien ne prouve que Philon ait eu quelque relation avec les apôtres : ces rapports prétendus semblent avoir été inventés par les historiens de l'Eglise, pour expliquer les ressemblances qui existent entre les doctrines du philosophe et celles des chrétiens. Ces ressemblances s'expliquent d'elles-mêmes : en effet Philon était Pharisien et par conséquent appartenait à cette ligne Kénite qui, par Ithamar, Caleb, David, Abraham, remonte à l'origine de la race blanche de Juifs personnifiée sous le nom de Caïn et qui a conservé la tradition secrète ou orientale pendant toute la durée du peuple élu. C'est en partie de cette même tradition qu'est né le christianisme, et c'est à cette même ligne que les généalogies évangéliques rattachent Jésus.

La qualité de Pharisien donnait à Philon une liberté de penser que ne possédaient pas ou que n'avaient pas su conquérir les Juifs noirs de Jérusalem, représentés par les successeurs de Zadok, les Sadducéens. Cette liberté était accrue par son séjour à Alexandrie, c'est-à-dire en un pays où les doctrines du monde entier se donnaient rendez-vous depuis trois cents ans, se combattaient ou se mêlaient, sans donner lieu à aucune persécution ni morale ni matérielle. De plus Philon paraît avoir reçu une éducation toute hellénique ; il connaissait les anciens auteurs grecs, il les cite assez fréquemment. Il avait vécu dans un milieu philosophique qui n'avait rien de juif ; très-versé dans le platonisme, il avait pris aussi quelque chose des pythagoriciens, des stoïciens et même des épicuriens, sectes dont les formules et les expressions se rencontrent souvent dans ses écrits. De cette variété d'idées puisées par lui dans la société même au milieu de laquelle il vivait, Philon tira une doctrine qui avait l'avantage de les réunir dans un ensemble plus ou moins harmonieux et qu'il cherchait à appuyer sur les textes de la Bible. Mais, comme il ignorait probablement les langues étrangères, même l'hébreu, l'alliance qu'il rêvait ne se réalisait dans ses écrits que grâce à une interprétation artificielle et arbitraire des textes. Cette interprétation va si loin, qu'elle ôte aux récits de la Bible tout caractère de réalité et les transforme en autant d'allégories.

Du reste c'est là un des traits les plus saillants de la littérature à laquelle Philon appartient : ARISTOBULE, le juif, avait déjà tenté un système interprétatif du même genre, pour mettre d'accord les traditions helléniques avec celles du peuple d'Israël. Après Philon, les auteurs des Evangiles, canoniques ou apocryphes, les auteurs des Epîtres et les Pères de l'Eglise, Jésus lui-même, dans les discours de lui que les auteurs sacrés nous rapportent, pratiquèrent la même méthode. Il n'y a donc pas lieu de s'étonner que Philon l'ait suivie. Mais comme elle est tout à fait en opposition avec celle des rabbins de Jérusalem, ce fait, entre beaucoup d'autres, nous montre que l'auteur alexandrin se rattache aux apocryphes des Septante, aux paraphrases chaldaïques, à la science libre ou gréco-alexandrine des Ecritures, et qu'il est dans le même ordre d'idées que Saint Luc, Saint Paul, Saint Jean et surtout que l'auteur de l'Epître aux Hébreux.

Les idées de Philon sont répandues dans un grand nombre d'écrits, qui sont presque tous des commentaires psychologiques et métaphysiques de versets de la Bible. Le fond en est platonicien, beaucoup plus que juif; la forme en est à la fois grecque et orientale : elle est grecque quant au style, qui est élégant, élevé, grandiose et se rapproche parfois de celui de Platon, son modèle; elle est orientale quant aux images et aux symboles. Parmi ces derniers plusieurs appartiennent à la Perse ou à l'Inde, d'où Philon semble les avoir reçus sans le savoir; d'autres sont empruntés au judaïsme, d'où ils ne sont jamais sortis; le plus grand nombre ont passé tout faits dans le christianisme. Le Dieu éternel et unique, Père du monde, auteur de toutes choses, coéternel avec la mère idéale des êtres telle que nous la trouvons dans les vers orphiques, μήτηρ, τροφός; ἠδὲ τιθηνή; le Verbe premier né, fils unique du Père, roi des anges, médiateur, image de l'Etre, pontife suprême; l'Esprit saint, principe vivificateur; la Trinité, l'hymne eucharistique, la sainte-table, la vie contemplative, le troupeau des fidèles et le Pasteur divin; enfin un grand nombre d'autres éléments du symbolisme chrétien se rencontrent partout dans Philon, vivifiés par une métaphysique à la fois orientale et platonicienne, mais, après tout, à peu près étrangère au mosaïsme.

La morale de Philon est très-pure et très-élevée; elle se sépare nettement des mœurs mondaines de l'Egypte; mais elle prend pour fondement la science et non l'ignorance. Dans son livre *Des Chérubims*, après avoir énuméré avec éloge les sciences et les arts de la société où il vivait, l'auteur ajoute :

« Dans cette belle demeure que le genre humain s'est ainsi préparée, toutes les choses humaines se rempliront de bonnes espérances, attendant que les puissances de Dieu descendent. Elles viendront, apportant les lois et les commandements du ciel pour la consécration et la sanctification, selon les ordres que le Père a donnés. Ensuite, vivant de la même vie et mangeant à la même table que les âmes amies de la vertu, elles feront germer en elles la nation bienheureuse. »

Ces arts et ces sciences, dont il attend de la science divine la consécration, sont ceux de la société hellénique et orientale et non pas ceux de la société égyptienne. Pour lui l'avenir du monde se débat entre deux pôles opposés, dont l'un est le bien et l'autre le mal; le bien est à l'Orient et viendra de l'Euphrate; le mal est du côté opposé, il a pour personnification l'Egypte polythéiste et athée. Et il répète pour preuve cette formule si expressive du prophète Zacharie : « Voici venir un homme qui s'appelle

336   SECTION DIXIÈME.

Orient »; et plus loin : « Otez du milieu de vous vos dieux étrangers, purifiez-vous, changez de vêtements, puis levons-nous et montons à Béthel. » (1) (π. συγχύσεως διαλέκτων.)

Le renoncement au luxe et la pratique de la vie sainte sont aux yeux de Philon la condition du salut pour les particuliers et pour les empires :

« Crois-tu, dit-il au voluptueux, qu'aucune chose humaine existe réellement et substantiellement et ne soit pas comme soutenue en l'air par une vaine et trompeuse opinion, à la manière des songes mensongers? Si tu ne veux point examiner la fortune privée des individus, regarde les vicissitudes des royaumes et des nations. La Grèce fut florissante autrefois, mais les Macédoniens lui ont ôté sa force. La Macédoine fleurit à son tour; mais, divisée et mise en pièces, elle est demeurée faible jusqu'au jour où elle s'est éteinte entièrement. Avant les Macédoniens la Perse fut prospère; un seul jour détruisit son vaste empire. Aujourd'hui les Parthes, dominés naguère par les Perses, les dominent à leur tour et les sujets sont devenus les maîtres. Jadis l'Egypte répandit un immense éclat; mais sa haute fortune a passé comme un nuage. Que sont devenues l'Ethiopie, et Carthage et la Libye? Où sont les rois du Pont? Où en sont l'Europe et l'Asie, en un mot toute la terre habitée? Lancée de haut et de bas, ballottée comme un vaisseau sur la mer, n'est-elle pas en proie à tous les vents? Le Verbe divin, que le vulgaire appelle hasard, conduit sa danse en rond; il circule à travers cités, nations et pays, distribuant à chacun chaque chose, et changeant les fortunes avec les temps : afin qu'un jour, ne faisant plus qu'une cité, la terre entière adopte le meilleur des gouvernements, la démocratie. » (Ὅτι ἄτρεπτον τὸ θεῖον.)

Cette transformation du monde peut être l'œuvre d'un seul homme, d'après Philon :

---

(1) *Beth-el* signifie la maison-de-Dieu.

« Déjà des familles, des cités, des pays, des nations, des contrées de la terre, par l'action bienfaisante d'un seul homme vertueux, ont joui d'une grande félicité : surtout lorsqu'avec la pensée du bien Dieu lui avait donné une puissance irrésistible. En réalité le juste est l'appui du genre humain : tout ce qu'il a, il le met en commun pour l'usage de tous et il donne sans mesure; ce qu'il ne trouve pas en lui-même, il le demande à Dieu qui possède toutes choses; Dieu ouvre le céleste trésor, fait pleuvoir les biens comme la neige, et tous les espaces terrestres en sont inondés. Voilà les présents que Dieu accorde à la prière de son Verbe. » (Π. ἀποικίας).

Voilà donc la pensée qui s'agitait dans cette portion du monde judaïque, qui ne tenait qu'en partie à Jérusalem ; elle s'ouvrait à tous les souffles de l'Orient et de la Grèce, qui venaient se rencontrer dans Alexandrie. Au temps où Philon l'exprimait en termes si clairs et si hardis, grandissait dans la Galilée celui que le vieux parti juif devait, avant la mort de Philon, crucifier dans Jérusalem, et en qui l'Occident devait plus tard reconnaître le Verbe divin, sauveur du monde.

Soixante ans après la naissance de Philon, naquit (en l'an 37) l'historien JOSEPH, Ἰώσηπος, fils de Mathieu, issu d'une ancienne famille sacerdotale et asmonéenne. Il avait reçu une bonne éducation, lorsqu'il s'attacha à la secte des Pharisiens : ce fut un homme d'action, mêlé aux événements politiques et militaires de son temps. Quand il eut compris que l'avenir de sa nation était perdu et que ni les villes de Judée, ni Jérusalem elle-même ne pouvaient plus sauver leur indépendance, il embrassa la cause des Romains et s'efforça de servir d'intermédiaire entre eux et ses compatriotes. Les moyens qu'il employa en faveur des siens et aussi dans son propre intérêt, ne méritèrent pas toujours d'être approuvés ; il poussa la condescendance jusqu'à la flatterie, se glissa jusqu'auprès de Poppée dont il devint le favori, et plus tard sut se rendre agréable à Vespasien, devint son client et prenant le nom de la famille impériale, se fit appeler Flavius. Dans la guerre des Romains contre la Judée, il accompagna Titus, assista à l'incendie de Jérusalem et ensuite se retira à Rome où il mourut, vers 97, à l'âge de soixante ans.

Ce Flavien de nouvelle date est un véritable juif. Il n'a pas su, comme Philon, s'affranchir de l'esprit étroit de sa race ; il en avait tout l'orgueil et l'aveuglement dans la théorie, toute la servilité dans la pratique. Quoiqu'il semble avoir connu les Chrétiens, qu'il ait apprécié favorablement les Esséniens et les Thérapeutes, qu'il ait étudié les traditions des Grecs et leur philosophie, assisté dans le Levant et dans Rome à la grande révolution morale et religieuse qui s'y accomplissait, il demeura au milieu de ce grand mouvement d'idées un pur israëlite, rapportant toute l'histoire du monde à celle de sa petite peuplade et s'imaginant que toute la civilisation hellénique tirait son origine de Moïse.

Son *Archéologie judaïque* en vingt livres n'offre qu'un médiocre intérêt dans toute la partie qui répond à la Bible ; mais elle est fort intéressante, quoique beaucoup plus succincte, pour tout le reste, parce qu'elle est le document le plus important que nous ayons sur cette partie de l'histoire du Levant. A vrai dire cet ouvrage, malgré son titre, n'était pas une archéologie, puisqu'il s'arrêtait à l'an 66 de notre ère et comprenait les événements dont l'auteur avait été témoin ; de plus, pour tout ce qui concerne l'antiquité judaïque, l'ouvrage est absolument dépourvu de critique et rempli d'idées fausses, étroites ou exagérées. Cependant comme l'histoire de la nation juive était close depuis l'année 70 et que l'*Archéologie judaïque* ne parut qu'en 93, on peut dire que l'auteur écrivait l'histoire du passé.

Sa *Guerre de Judée*, en sept livres, écrits d'abord en araméen puis traduits en grec par l'auteur, est le complément de l'Archéologie, quoiqu'elle ait été publiée dix-huit ans plus tôt, en 75. Cette histoire, beaucoup plus importante que l'autre, s'étend depuis la prise de Jérusalem par Antiochos, en 170, jusqu'à la destruction de cette ville par Titus. En réalité la disparition de Jérusalem et la dispersion des Juifs qui l'habitaient ont été pour le monde un événement de peu de conséquence : l'avenir du monde ne dépendait pas de ces petits faits, perdus dans l'histoire de l'empire romain; le christianisme et son extension n'avaient à peu près rien à démêler ni avec Jérusalem, ni avec les enfants d'Israël. Cependant c'est toujours une histoire bien dramatique que celle d'un peuple qui combat pour son indépendance et qui succombe en la défendant; et le drame est plus saisissant encore lorsque ce peuple est petit et qu'il ne craint pas d'engager la lutte contre un colosse pareil à l'empire romain.

Le traité *Contre Apion* est un autre complément de l'Archéologie et avait pour but de défendre contre ce grammairien l'antiquité des choses judaïques. Ce traité est en deux livres; son principal intérêt vient des citations qu'il renferme de Manéthon et de plusieurs auteurs Grecs.

Le morceau *Sur les Machabées* paraît une composition de rhétorique et n'a point de valeur. On citait sous le nom de Joseph un Περὶ τοῦ Παντὸς ou traité *de l'Univers*, qui est perdu et qui semble avoir été composé par le presbytre de Rome Caius, par Origène ou peut-être par Hippolyte.

Enfin nous possédons de Joseph sa *Vie*, écrite par lui-même et dont il n'y a pas de raison sérieuse de contester l'authenticité.

II. La littérature hermétique nous jette dans un tout autre monde. Qu'est-ce que *Hermès trois-fois-très-grand,* Ἑρμῆς τρισμέγιστος, auquel ces livres sont attribués ? Nul ne le sait. Le nom de ce dieu était, depuis le temps d'Alexandre, employé par les Grecs comme équivalent de celui de *Krishṇa;* si c'est ici le cas, l'épithète de *trismégiste* s'expliquerait d'elle-même, et l'on aurait en même temps l'explication de ce fait que beaucoup d'expressions, de formules et même de phrases des écrits hermétiques se trouvent intégralement dans le Chant-du-Bienheureux *(la Bagavad-gîtâ)* et ne se rencontrent nulle part ailleurs. Il suffirait qu'un tel livre fût tombé au milieu de la société grecque, soit en Egypte soit ailleurs, pour rendre compte de presque toute la littérature hermétique ; à sa suite viendrait également se placer un livre qui a joui, ainsi que ceux d'Hermès, d'une grande autorité pendant les premiers siècles de l'Eglise, le *Pasteur d'Hermas;* car *Krishṇa* est aussi le Pasteur, *Varshṇéya;* et la *Bagavad-gîtâ* a pour interlocuteur *Krishṇa*.

Il n'est pas douteux que la plupart des livres hermétiques, sinon tous, ont été faits en Egypte dans les premiers temps de l'ère chrétienne. Le judaïsme ne s'y montre presque jamais ; l'hellénisme a fourni quelques idées et quelques noms ; un seul morceau, la Κόρη κόσμου, a une couleur tout à fait égyptienne et, quant aux doctrines, est fort inférieur à tous les autres. Mais des noms, des faits et des allusions assez fréquentes montrent que les auteurs écrivaient sur le sol égyptien. — Quels étaient-ils? Rien ne le fait connaître. Le retour perpétuel d'Asclépios, comme interlocuteur principal, semble seulement indiquer que ces écrits ont procédé de la secte des Thérapeutes. Cette secte, primitivement juive peut-être et affiliée aux Esséniens, se composait probablement alors d'hommes de plusieurs nations, mais surtout d'Hellènes. — Quant au nom de Tat, est-il égyptien, ou bien est-ce le Tat de la célèbre formule indienne *Aum, Tat, Sat* (1), ou enfin le *Tathâgata* des bouddhistes? C'est ce qu'on ne peut aisément décider; mais rien n'indique que ce soit le Tôth des hiéroglyphes.

Les livres hermétiques passaient pour renfermer vingt mille vers : ils ne nous sont malheureusement parvenus qu'en fragments et quelquefois même dans une traduction latine. Tels qu'ils sont, ils exposent une doctrine parfaitement nette, dont nous avons vu les éléments apparaître dans le monde grec dès l'époque des guerres médiques, se développer de siècle en siècle, se revêtir de formules presque religieuses dans les poésies orphiques et pythagoriciennes, et gagner du terrain dans la littérature et dans la société. Cette doctrine est un panthéisme parfaitement pur, tel qu'il est dans le poème sanscrit cité plus haut.

« De qui les vivants reçoivent-ils la vie et les immortels l'immortalité? Qui produit les transformations? Que ce soit

---

(1) Voy. la *Bagavad-gîtâ*.

matière, corps ou essence, sache que ce sont là des énergies (çaktyas) de Dieu ;... tout cet ensemble est Dieu ; et, dans l'univers, il n'est rien qui ne soit Dieu. Ainsi il n'y a ni grandeur, ni rapport, ni qualité, ni forme, ni temps au delà de Dieu ; car il est tout, il pénètre tout, il enveloppe tout. Adore cette parole et prosterne-toi, mon fils, et rends à Dieu le seul culte qui lui convienne, qui est de n'être pas mauvais. » *Frag.* xii.

Le morceau intitulé *Poimandrès* (1) contient la théorie du feu, de la vie et de la pensée, sous la figure du Vase sacré contenant la liqueur du sacrifice. Cette même théorie se trouve plus expressément figurée de la même manière dans le morceau intitulé le *Cratère,* c'est-à-dire le Vase où se fait le mélange de l'eau et du vin. Car c'est un des caractères les plus remarquables de la littérature hermétique, caractère qui est celui de tous les livres sacrés de l'Inde, qu'elle présente les doctrines sous deux formes, à savoir en langage simple et par figures symboliques. Ce symbolisme, identique à celui des premiers chrétiens tel qu'il se voit dans les peintures des Catacombes, dans les rituels de l'Église et encore ailleurs, signale les auteurs de ces livres comme affiliés à une société secrète, qui ne voulait pas livrer ses dogmes à la curiosité, ni les laisser s'amoindrir dans la discussion. Les symboles les

---

(1) Ce mot est formé contrairement aux usages de la langue grecque et constitue un barbarisme, si on lui donne le sens de *pasteur des hommes* ou d'*homme pasteur* ; de plus il serait seul de cette espèce. Il paraît donc être un mot étranger, revêtu d'une apparence grecque. Si cela est, il peut répondre à un mot sanscrit formé de *puńs* et de *antara*, signifiant le Principe masculin c'est-à-dire l'*Esprit divin*, contenu dans les êtres pensants et identique à *Purusha*.

couvraient et les fixaient : c'est du reste ce qui est énoncé en ces termes dans le fragment onzième du Livre II (1).

« Je te rends grâces, Dieu suprême, qui m'as illuminé des rayons de ta divinité. Pour vous, ô Tat, Asclépios et Ammon, gardez ces divins mystères dans le secret de vos cœurs et couvrez-les de silence. »

C'est la recommandation que *Krishna* adresse à *Arjouna*, lorsqu'ils ont terminé leur entretien. Deux choses en effet méritent surtout notre attention dans presque tous les livres hermétiques : l'identité des doctrines qu'il renferment avec celles de l'Inde, et l'identité des symboles qu'ils proposent avec ceux des chrétiens. D'un autre côté ni le nom ni la théorie du Christ ne s'y rencontrent; ce ne sont pas des livres chrétiens; il ne semble même pas que leurs auteurs aient eu quelque idée du Christ; mais par la théorie du Verbe, qu'ils reproduisent à chaque instant, ils paraissent s'être assez rapprochés de la théorie chrétienne, pour qu'à l'époque de Constantin, Lactance, qui les regardait comme des livres déjà anciens, ait pu dire avec étonnement que « Hermès avait découvert presque toute la vérité; » seulement il ajoute « je ne sais comment », preuve que les livres avaient une origine mystérieuse et ne se rattachaient pas aux doctrines égyptiennes que tout le monde à cette époque pouvait encore connaître. Il semble que le doute soit levé pour nous, et que l'Inde doive être considérée comme le berceau de la littérature hermétique.

Son influence fut très-grande sur la société nouvelle et

---

(1) Ces chiffres renvoient à la traduction de M. L. Ménard, 1866.

se confondit avec celle des chrétiens proprement dits, jusqu'au jour où, par l'exagération de la doctrine panthéiste, les philosophes alexandrins poussèrent les docteurs de l'Eglise vers la doctrine opposée, qui a prévalu jusqu'à nos jours. Cette exagération ne se rencontre pas encore dans les livres d'Hermès : ils ont donc pu servir de point d'appui aux gnostiques de toute opinion. Il faut seulement remarquer que la *gnóse,* qui est « la connaissance de Dieu » n'apparaît pas ici pour la première fois et qu'elle est déjà dans Philon et même dans les poésies orphiques antérieures à la conquête romaine. Cette *gnóse,* mot qui traduit exactement le mot sanscrit *véda,* est la *vidyâ* que, depuis les anciens temps, les brâhmanes n'ont pas cessé de révérer comme la source de la science, de la force morale et de la béatitude.

On peut donc regarder les livres d'Hermès comme un des plus forts anneaux qui unissent l'Orient et l'Occident. Mais on voit aussi en les lisant que la pensée hellénique y a presque entièrement disparu et qu'elle s'est comme fondue dans une doctrine catholique, comme on disait alors, c'est-à-dire universelle :

« Le langage est différent, dit Hermès; mais l'homme est le même (les langues diffèrent chez les hommes d'une nation à l'autre); mais le Verbe parlé est un, et, par la traduction, on voit qu'il est le même en Egypte, en Perse et en Grèce. » I, 12.

Cette doctrine universelle cheminait à cette époque avec une extrême énergie; elle s'écrivait dans des livres grecs, latins, syriaques, araméens; elle se pratiquait secrètement ou ostensiblement chez les Esséniens, les Thérapeutes, les Chrétiens et dans les sociétés qui leur étaient affiliées dans tout l'empire; elle s'affirmait sous les pierres dont les Juifs lapidaient à Jérusalem le malheureux Etienne; elle s'enseignait à l'Aréopage par la bouche de Paul; elle siégeait dans un grand nombre de villes du Levant, et venait fixer son centre principal dans Rome même à côté du trône des Césars. Le vieux monde s'enfuyait avec une rapidité merveilleuse; l'hellénisme n'était déjà plus qu'à la surface des choses; le fond lui échappait; deux efforts encore et il allait disparaître pour toujours.

IIe ÉPOQUE. LES ANTONINS. (96 — 237.)

L'érudition grammaticale, littéraire et scientifique, l'histoire ramenée à la biographie, l'archéologie de l'art, voilà ce qui caractérise la littérature grecque à l'époque des Antonins. C'est un âge de choses pratiques, de fondations utiles, de restaurations. L'enseignement, qui avait eu jusque-là un caractère presque privé, si l'on en excepte l'Egypte des Ptolémées, s'organise dans tout l'empire. Un grand nombre de villes ont des professeurs attitrés et payés par l'Etat; Rome présente comme type une véritable Faculté des lettres, où il y a six chaires ou fauteuils, θρόνοι, occupées par des docteurs portant le titre, redevenu honorable, de sophistes. Les écoles de Tarse, de Rhode, de Pergame, d'Athènes, d'Antioche, d'Alexandrie, de Rome, de Lyon, de Marseille, acquièrent une célébrité qu'elles doivent à l'éclat de leur enseignement plus qu'à sa profondeur. Les empereurs Antonins accordèrent des priviléges aux professeurs de grammaire, de médecine, de rhétorique et de philosophie, priviléges qui sont constatés par les Pandectes. Le professorat devint une voie pour parvenir aux honneurs et pour faire fortune; car outre le million consacré annuellement par Vespasien à l'instruction publique, les professeurs recevaient un paiement, fixé par eux, des personnes qui assistaient à leurs leçons. D'un autre côté la parole publique étant toujours en grand honneur, on voyait des hommes fort riches se faire professeurs publics : une grande liberté de pensée et de parole régnait dans l'empire, principalement dans sa patrie orientale, où il semble que le niveau, passé en quelque sorte sur les esprits par la domination romaine, se faisait sentir moins lourdement. Les empereurs en général et l'administration romaine se montrèrent tolérants pour les doctrines, tant qu'elles restèrent dans le domaine de la spéculation; et ils n'opposèrent la force et quelquefois les violences de la loi que quand ces doctrines passaient dans la pratique et produisaient des conséquences en opposition évidente avec la législation. S'il en était autrement, on ne comprendrait pas comment tant de doctrines nouvelles et de croyances religieuses, venues de toutes les parties du monde, ont pu s'énoncer et se prêcher en liberté, au même moment où des chrétiens et d'autres sectes plus ou moins mystérieuses étaient poursuivis par les empereurs reconnus pour les plus honnêtes gens. Mais aussi des doctrines purement spéculatives et un enseignement qui ne veut pas sortir de la pure théorie, deviennent promptement stériles et tournent aisément à la plus vide rhétorique, lorsque à côté d'elles s'élèvent des dogmes puissants, représentés par des hommes actifs, énergiques et pleins de foi, et que ces dogmes ne vont à rien moins qu'à réformer la morale, la politique, la société et même l'humanité toute entière.

I. ÉRUDITION.

Dion, Δίων, surnommé Chrysostome, est un type parfait de la rhétorique inaugurée à cette époque. Par sa date il appartient presque à l'époque précédente et il forme la transition entre celle d'Auguste et celle des Antonins. Né à Pruse vers l'année 50, il acquit de bonne heure une grande célébrité comme rhéteur; en Egypte où il voyageait, il vit Vespasien, le suivit en Italie, s'établit à Rome et y enseigna; plus tard, devenu suspect à Domitien, il fut chassé de Rome vers l'an 82, voyagea misérablement chez les Gètes et les Scythes; il était au camp romain sur le Danube lorsque Domitien fut assassiné. Dion, par son habileté et son éloquence entraîna le vote des soldats en faveur de Nerva, revint à Rome, y jouit d'une grande faveur auprès de Nerva et de Trajan, et mourut en 117.

Il nous reste de lui quatre-vingts discours et cinq courtes lettres, avec quelques fragments d'autres écrits. Il avait de plus composé huit livres sur les vertus d'Alexandre et quatre livres pour défendre Homère contre Platon. Les discours de Dion sont de ceux que l'on ne peut pas juger avec une parfaite sécurité, si ce n'est au point de vue des idées, de la composition et du style : car leur principal effet était dû au débit parfait et à la voix charmante de l'orateur, qualités dont nous ne pouvons pas nous rendre compte. Le fond des idées est en général assez pauvre; il n'apporte à peu près rien de nouveau en aucune chose : des anecdotes connues, des faits depuis longtemps constatés; des récits de pays lointains le plus souvent controuvés ou exagérés; des doctrines vagues, où il est presque impossible de juger si Dion croyait aux dieux ou s'il n'admettait que ce Dieu unique, père céleste, dont les Perses et les brâhmanes avaient seuls, dit-il, la connaissance ; en politique rien d'arrêté ; une morale assez pure, mais d'une solidité douteuse ; voilà ce que l'on trouve comme fond de cette éloquence d'arrière saison.

La forme en est élégante, étudiée, un peu monotone. Le style est clair, travaillé, dénotant une connaissance approfondie de la langue grecque et une longue étude des anciens auteurs. Dion raconte agréablement : on pourrait détacher de ses œuvres un assez grand nombre de petits récits, qui seraient autant de modèles de narrations oratoires. Il apprécie finement les choses de l'art et donne quelquefois des renseignements qui ne sont point inutiles à la critique de nos jours. Comme il aime les légendes et surtout celles qui viennent d'un peu loin et avec lesquelles le public qui l'écoutait n'était pas encore familier, ses discours peuvent à cet égard être instructifs pour nous-mêmes et nous fournir des données historiques intéressantes.

Favorinus, Φαβωρῖνος, est un nom latin revêtu d'une forme grecque. Ce Latin était d'Arles, en Provence ; de plus il était eunuque et par conséquent avait la voix un peu grêle pour un rhéteur. Il n'en devint pas moins un ami d'Hadrien, un rival de Polémon à Smyrne, un familier de Plutarque. Elève de Dion Chrysostome, il est probablement l'auteur du discours *corinthiaque* attribué à son maître. Académicien et presque sceptique il écrivit trois livres sur l'imagination, un sur Plutarque et dix sur le pyrrhonisme. Il ne nous en reste rien.

Apollônios Dyscolos vivait entre les années 80 et 145, à Alexandrie. C'était un grammairien, dans le sens moderne de ce mot : il parait avoir le premier ramené les règles de la langue grecque à une syntaxe positive ; il nous reste de lui deux écrits, sur la Syntaxe et sur le Pronom.

Faut-il compter Hérode-Atticus, Ἀττικὸς Ἡρώδης, parmi les gens de lettres et le comprendre dans cette histoire ? Il écrivit peu, quelques discours seulement, qui sont perdus. Mais il parla beaucoup, et montra l'exemple d'un homme considérable que l'éclat d'une grande fortune n'empêchait pas de rechercher la réputation d'homme éloquent et de beau parleur. De plus, avec la fortune qu'un heureux hasard avait mise entre les mains de son père et qu'il tenait de lui, Hérode exerça une grande influence sur les arts et la littérature de son temps, par l'usage qu'il en sut faire. Le théâtre qu'il construisit au pied de l'Acropole d'Athènes et qui porte son nom ou celui de sa femme Régilla, le Stade qu'il fit réparer et garnir de gradins de marbre pentélique, témoignèrent de son amour éclairé pour les choses de l'esprit et en encouragèrent puissamment la culture. Il mourut en 180 à Képhissia, où il s'était fait au milieu des jardins et à l'une des sources du Céphise une charmante habitation.

Jules Pollux, Ἰούλιος Πολυδεύκης, de Naucratis, qui vivait entre les années 120 et 180 et qui florissait sous Commode, fut un grammairien distingué. Son *Onomasticon* n'est pas une œuvre littéraire ; c'est un catalogue de mots grecs rangés d'après l'ordre des matières, c'est-à-dire d'après leur signification et leur emploi. Nous le citons comme un livre très-utile et dont les philologues de nos jours ne peuvent se passer. L'auteur fut quelque temps le chef, c'est-à-dire, en quelque sorte, le doyen des professeurs de l'école d'Athènes.

Maxime, Μάξιμος, de Tyr fut contemporain de Pollux, mais plus jeune que lui d'une vingtaine d'années. Quoiqu'il ait écrit sur des sujets le plus souvent philosophiques, il fut cependant un rhéteur, plutôt qu'un philosophe. Il était professeur de rhétorique à l'Athénéum de Rome, à peu près au même temps où Pollux enseignait la rhétorique à Athènes. Son oraison funèbre de Paris, fils de Priam, est un pur exercice oratoire, comme on en faisait en Grèce depuis bientôt quatre cents ans et qui n'a ni plus ni moins de valeur que les déclamations de l'école d'Isocrate. Dans ses autres discours, qui ressemblent moins à des œuvres oratoires qu'à des dissertations écrites ou à des commentaires, Maxime de Tyr est plus rhéteur que moraliste et plus moraliste que philosophe. Il y a peu à tirer, soit pour les lettres soit pour la science, de ses discours sur l'origine du mal, sur le démon de Socrate, sur l'objet de la philosophie, sur la nature de Dieu, qui sont pourtant les meilleurs des quarante-un qui nous restent de lui. Ce dernier offre cependant cet intérêt, de montrer combien à cette époque la notion de Dieu s'était séparée des formes usées du polythéisme, sans toutefois engendrer dans la société, je ne dirai pas païenne mais hellénique, aucun système qui ressemblât à une religion. Maxime est un représentant affaibli du platonisme : la force vivante de l'avenir n'était plus là ; l'hellénisme allait se mourant.

Hermogène, Ἑρμογένης, de Tarsos, fut, quelques années

après, un des exemples frappants de ce que pouvait produire l'enseignement laïque, si bien établi par les Flaviens et les Antonins. A quinze ans, d'après le récit de Fabricius (IV, 33) il parlait en public ; Marc-Aurèle vint l'entendre et le trouva admirable. A dix-sept ans il avait écrit et il publiait une *Rhétorique* en cinq livres, ouvrage que nous possédons et qui fut le livre classique de cet enseignement pendant plusieurs siècles. A vingt-cinq ans, ce cerveau d'une croissance précoce et artificielle se désorganisait et l'illustre rhéteur tombait dans l'imbécillité. On disait de lui : « il a été vieillard parmi les enfants, il est enfant parmi les vieillards ». Cet « épileur de style » comme on l'appelait, ce ξύστηρ avait composé pourtant un livre qui peut être regardé comme le type le plus parfait et la règle de l'enseignement classique à l'époque des Antonins. C'est une analyse pratique de toutes les figures oratoires et des moyens qu'un rhéteur pouvait mettre en usage pour produire un discours accompli ; mais c'est en même temps une œuvre absolument vide d'idées.

Un autre genre de folie frappa l'un des hommes les plus distingués de cette époque, un de ceux dont la vie et les œuvres sont les plus curieuses à étudier, P. ÆLIUS ARISTIDE, Αἴλιος Ἀριστείδης. Il était né en Mysie près de l'Olympe dans la ville nommée alors Hadriani ; son père, Eudémon, était un des archiprêtres de l'Asie, attaché au service de Zeus Abretténos. Aristide fut élevé dans un milieu rempli de piété et de superstition païenne ; son père nourricier avait commerce avec les dieux et sa nourrice fut ressuscitée par Esculape. Le jeune homme eut ensuite pour maîtres Alexandre le grammairien, un des Philostrates, Hérode Atticus et enfin Polémon de Smyrne.

Pour compléter son instruction il entreprit, selon l'usage d'alors, des voyages en Asie, en Afrique; il vit l'Egypte, la Galilée, la Syrie et conversa avec ces Juifs qu'on appelait alors « les impies de la Palestine »; il vint à Cos et à Cnide, où étaient deux célèbres écoles de médecine. Dès ce temps il paraît avoir été fortement attiré vers les doctrines de la secte médicale d'Asclépios, dont les Thérapeutes ou guérisseurs étaient une branche égyptienne. Mais il tomba malade en voyage et put difficilement parvenir jusqu'à Rome. Ce mal avait son siége dans le système nerveux et paraît avoir été d'une extrême violence; il dura dix années avec toute son intensité et mit ensuite trois ans à se guérir. Tout cet intervalle fut employé par Aristide à faire de temple d'Esculape en temple d'Esculape, à travers l'Asie mineure et les îles, des voyages de santé qui ne s'élevèrent pas à moins de trente. Il se soignait par les eaux chaudes et par les eaux froides, couchait dans les temples d'Esculape et y faisait des *nuitées*, à Pergame, à Smyrne, à Cyzique, à Lébédos. Là il voyait les dieux de la santé, surtout Asclépios, lui apparaître, converser avec lui et lui donner des conseils sur sa maladie et sur ses affaires. Son agitation morbide n'interrompait point ses travaux d'esprit; il apprenait toujours, il lisait, il écrivait, il parlait, il chantait en vers les louanges du dieu duquel il espérait son rétablissement. Son âme exaltée s'exprimait dans des discours pleins d'élan et d'émotion, qui entraînaient les esprits; les applaudissements le suivaient partout; l'empereur lui faisait offrir les priviléges accordés au plus haut degré du professorat; les Smyrniotes le nommaient archiprêtre de l'Asie; les villes élevaient de son vivant des statues en son honneur; à

Smyrne en 177, il était invité par Commode à parler devant lui et devant la famille impériale, et là il était accueilli par de frénétiques battements de mains.

Cet homme, qui semblait n'avoir qu'un souffle de vie et que tant d'admiration et de sympathie entourait, nous a laissé cinquante-cinq déclamations presque toutes intéressantes et quelques-unes très-volumineuses. Elles sont écrites dans un style savant et élégant, suivant les règles partout enseignées de la composition : leur forme est parfaitement artificielle. Au fond, elles montrent toute entière la personne qui les a écrites, avec son état maladif, son exaltation, ses songes superstitieux, ses visions. Elles dévoilent aussi toute une face du paganisme aux abois, que son organisation impériale semblait défendre, mais qui n'agissait plus sur les âmes que par les formes extérieures du culte, par de vaines terreurs et par des espérances plus vaines encore. Ses six discours sacrés, ἱεροὶ λόγοι, où il rend compte de ses *incubations* dans les temples d'Asclépios, sont d'un intérêt navrant pour les esprits droits, mais bien instructifs pour ceux qui étudient les religions à leur déclin.

On a dit qu'Elius Aristide avait eu des relations avec les chrétiens et qu'il avait pris quelque chose de leurs doctrines. Rien ne le prouve. Il y avait alors des chrétiens enthousiastes, mais il y en avait beaucoup de fort sensés, et des illuminés se rencontraient ailleurs que parmi eux ; Elius fut une sorte de somnambule ou, comme on dit à présent, de *spirite;* mais cette maladie de l'esprit et de son organe ne semble pas avoir rien à démêler, ni alors ni jamais, avec la foi chrétienne. Malgré le mal dont il était tourmenté, Aristide n'en fut pas moins un des hommes les plus remarquables et l'un des meilleurs écrivains de son temps. Ses écrits ont les formes de la rhétorique; mais ils ne sont vides ni d'idées ni de faits; lui-même a été mêlé aux choses de la vie et n'a pas été un simple rhéteur. Ses récits sont souvent d'un intérêt puissant; celui qu'il adressa à Marc Aurèle après le tremblement de terre qui en 178 bouleversa la ville de Smyrne, soutint à la lecture l'attention sympathique de l'empereur; mais quand celui-ci vint à lire le passage qui se termine par ces mots « cette ville, naguère charmante et renommée entre toutes pour sa beauté, offre un tableau lamentable composé de ruines et de cadavres; les vents y soufflent sur un désert », il fondit en larmes et prit la résolution de la rebâtir. Dès l'année suivante, Smyrne renaissait de ses ruines et bénissait Aristide qui l'avait ressuscitée.

PHILOSTRATE, Φιλόστρατος, est le nom de trois écrivains, le père, le fils et l'arrière-petit-fils. Le second, plus célèbre que les deux autres, fut à la fois un rhéteur et un artiste. Son père avait composé beaucoup de livres de rhétorique, quarante-trois tragédies et quatorze comédies. Les ouvrages du fils, qui nous sont parvenus, consistent en deux livres de descriptions de tableaux, des Héroïca ou portraits de héros de la guerre de Troie, des vies de Sophistes en deux livres, et une vie d'Apollônios de Tyane. Tous ces écrits ont un intérêt historique incontestable, non à cause de leur valeur littéraire qui est médiocre, mais parce qu'ils fournissent des documents précieux à l'histoire de l'art et à celle des idées. Les Εἰκόνες sont un livret de musée, fait d'après une galerie de tableaux existant à Naples chez un particulier; la forme en est oratoire et apprise; c'est l'œuvre d'un professeur de rhétorique, instruisant un jeune homme et lui faisant apprécier des œuvres d'art ; le style est rempli de mots affectés, de formes obscures, d'expressions recherchées, qui tiennent pour la plupart à la difficulté qu'on rencontre toujours à reproduire par la parole des sculptures ou des tableaux. Il en résulte que l'auteur, tout en décrivant ce qu'il voit, s'efforce surtout à en faire ressortir le caractère moral ; son langage est pittoresque et plein d'images, il unit le sentiment à l'érudition ; les descriptions, quand elles sont simples et naturelles, comme celle de l'Orphée par exemple, sont excellentes et peuvent servir de modèle en ce genre. Enfin, nous devons nous estimer heureux de posséder ces débris de l'œuvre des Philostrate, puisque sans eux nous n'aurions sur la peinture antique que de très-vagues et très-peu nombreux renseignements. Pausanias et Pline en fournissent beaucoup moins que Philostrate et les peintures des maisons de Pompei, quoiqu'elles montrent parfois du talent, ne sont que des œuvres de second ou de troisième ordre en comparaison de celles que Philostrate a décrites.

Sa vie *d'Apollônios de Tyane* est un des écrits les plus curieux de cette époque. Philostrate l'écrivit pour complaire à sa protectrice Julia Domna, femme de Septime-Sévère. Ce personnage, né en Cappadoce et à peu près contemporain de Jésus, avait beaucoup voyagé en Orient et en avait rapporté des doctrines et des exercices de thaumaturgie, qu'il pratiqua en Grèce pendant plusieurs années. Honni des uns, presque adoré des autres, il vint à Rome sous Néron, en fut chassé, connut Vespasien à peu près au temps où Joseph devenait aussi son protégé, et s'établit à Ephèse où, sous le nom d'école pythagoricienne, il créa un centre de thaumaturgie et de symbolisme oriental, dont l'influence paraît avoir été considérable. A l'époque de Philostrate les progrès du christianisme étant devenus une des préoccupations des empereurs, Apollônios, qui passait pour un personnage divin et dont on racontait de nombreux miracles, parut propre à être opposé à Jésus et fut, selon une expression récente, comme un Christ païen au milieu du troisième siècle. Vaine tentative; les jours de la vieille religion étaient comptés; on ne pouvait pas plus la faire revivre, même au moyen d'un Christ fabriqué tout exprès, qu'on ne pouvait faire revenir les jours de Sophocle, ou d'Eschyle ou d'Homère.

ATHÉNÉE, Ἀθηναῖος, de Naucratis en Egypte, est à très-peu près contemporain du second Philostrate; il vécut longtemps à Alexandrie, et paraît avoir publié à Rome son grand ouvrage, sous le règne d'Alexandre Sévère, vers 228. Il avait composé une *Histoire des rois de Syrie*, qui est perdue. Nous avons ses *Dipnosophistes*, Δειπνοσοφισταί, en quinze livres : les deux premiers et une partie du troisième ne nous sont parvenus que dans *l'abrégé*, ἐπιτομή, qui en fut fait peu de temps après lui, on ne sait ni où ni par quel auteur. Cet ouvrage, dont le titre signifie *Les docteurs à table* ou *le Souper-des-savants,* est une sorte d'encyclopédie sous la forme d'un dialogue; on y trouve une collection de jugements sur les poètes, les historiens, les philosophes, les orateurs, les médecins, avec un nombre immense de citations; on y lit les noms de plus de six cents auteurs, qui sans Athénée nous seraient totalement inconnus. Mais ce qui domine dans cet ouvrage ce sont des renseignements sur la vie domestique des Grecs et des autres peuples, sur leurs arts, leurs productions, sur les animaux et les plantes de plusieurs pays. Tout cela forme un mélange qui n'a rien de littéraire ; on y parle également d'Homère et des concombres, de Pythagore et des salaisons ; des réflexions judicieuses sur les modes musicaux des Grecs s'y lisent à côté de descriptions circonstanciées sur toutes les manières de manger des peuples connus. On pourrait donc extraire plusieurs manuels de la volumineuse compilation d'Athénée. Il serait impossible de la lire d'une manière suivie ; mais au moyen d'un *index* bien fait on peut y puiser une foule de connaissances non-seulement sur les écrivains et les artistes de la Grèce, mais sur un grand nombre de sujets. Athénée est une des mines les plus abondamment exploitées par l'érudition moderne. C'est de lui aussi qu'ont été extraits le plus de fragments d'auteurs anciens, dont les ouvrages entiers ont été perdus. Les *Dipnosophistes* ont été également utiles aux érudits de l'antiquité : à peine Athénée était-il mort que son livre était en quelque sorte mis au pillage et fournissait des matériaux aux autres rhéteurs de son temps. On en fit un abrégé pour l'usage des personnes qui voulaient s'instruire sans devenir des érudits ; mais le livre lui-même fut entre les mains de tous ceux qui prétendirent à l'érudition, depuis Elien jusqu'à Sylburge.

La période des rhéteurs plus ou moins savants que nous passons en revue peut être close par les noms d'Oppien et d'Élien. Le premier, Ὀππιανός, était un Gréco-Latin d'Anazarbe en Cicilie, qui suivit à Malte son père exilé et composa dans cette ile, à peu près dépourvue de gibier, un poème en quatre chants sur la chasse. On lui a attribué aussi un poème de longueur à peu près égale sur la pêche, qui dans ces dernières années a été reconnu pour apocryphe. La *Chasse,* Κυνηγητικά, est une compilation dont les matériaux ont été empruntés on ne sait à quels auteurs; ces emprunts ont été faits quelquefois avec peu de discernement et souvent reproduits sans critique. Les emprunts que Buffon a pu faire à Oppien prouvent peu en faveur de ce dernier, puisque Buffon lui-même était un naturaliste de cabinet. Ce n'est donc pas le savant ni l'homme exact dans ses descriptions qu'il faut chercher dans l'auteur, mais le versificateur qui, presque au sortir de l'école, s'exerça sur un sujet probablement encore assez nouveau de son temps. Avec ces réserves, il est possible de trouver dans Oppien des descriptions vives, animées, agréables, comme en un genre différent on en trouve dans Philostrate. Oppien avait à peine trente ans quand il mourut.

Quant à Elien, de Préneste, c'était un Romain écrivant en langue grecque sur des sujets empruntés à d'autres auteurs, et qui de nos jours serait simplement considéré comme un plagiaire. Auditeur du touriste Pausanias, connu du premier Philostrate, il attendit à peine la mort d'Oppien et d'Athénée pour piller leurs écrits et en tirer ce qui se trouve de moins mauvais dans les siens. Professeur de rhétorique à Rome, il écrivit une *Tactique,* des *Histoires diverses,* un ouvrage sur les *Caractères des animaux* et des *Lettres;* on citait aussi de lui des livres sur la *Providence,* sur les *Manifestations de la divinité,* un écrit *contre Héliogabale* fait après la mort de ce prince. Ce sont des livres de bien peu de valeur que les Animaux et les Histoires d'Elien : nulle critique, nul ordre, nulle composition, nul souci de l'art, ni de la vérité; une rhétorique vide d'idées, un style plein de néologismes, d'expressions hasardées, de formes obscures; et, au fond de tout, cette idée fausse que de la comparaison des animaux avec l'homme ressort leur supériorité par rapport à lui. Un progrès restait pourtant encore à faire : un jour devait venir où Elien serait appelé par Suidas μελίγλωσσος, l'homme à la langue douce comme le miel.

II. HISTOIRE.

On est accoutumé à voir dans PLUTARQUE, Πλούταρχος, un historien et un érudit, un biographe exact et sincère, plutôt qu'un prêtre, un métaphysicien ou un moraliste : c'est pour cela que nous le plaçons ici parmi les historiens, quoiqu'il ne se soit jamais proposé d'écrire un livre d'histoire.

Plutarque était né vers l'année 40 à Chéronée, aux confins de la Béotie. Elève d'Ammonios et de Favorinus, il alla à Rome sous Trajan, y fit en grec quelque leçons publiques, y connut plusieurs Romains distingués, mais n'y apprit pas assez le latin pour pouvoir tirer de cette connaissance quelque parti. Cependant sa valeur personnelle lui valut l'estime de Trajan, qui le fit surintendant d'Illyrie; sous Hadrien il devint procurateur de la Grèce, archonte de Chéronée et prêtre d'Apollon pythien. Plutarque était marié et avait des enfants, dont plusieurs moururent jeunes; lui-même fut un modèle des vertus domestiques. Il mourut vers l'année 120.

Pour avoir de Plutarque une idée exacte et complète,

il ne faut point séparer ses biographies de ce qu'on appelle ses œuvres morales; car tous ces écrits ont un seul but, qui est d'encourager les hommes à bien faire et cet encouragement il le tire soit de l'histoire, soit des choses ordinaires de la vie, soit de doctrines religieuses ou philosophiques. L'esprit béotien, sans éclat mais sérieux, revit tout entier dans cet auteur : c'est un homme pratique, pour qui la théorie n'a que peu de valeur par elle-même si elle ne sert à la moralité et au bonheur de l'homme. Il a composé un nombre étonnant d'écrits, en général assez courts, dont aucun n'a pour objet une théorie pure, non pas même ceux qui semblent se rapprocher le plus de la métaphysique platonicienne ou de la polémique philosophique. Ce grand nombre d'ouvrages comprend des traités sur toute sorte de sujets : ils ont rapport à la religion, à la métaphysique, à la morale, au droit public, à la politique, à l'administration, à l'histoire, à la littérature, aux sciences, à l'éducation des enfants, au mariage, à la musique. La division qu'on a généralement adoptée des œuvres de Plutarque en *Vies des hommes illustres* et *OEuvres morales,* en donne une idée insuffisante et même fausse; car d'une part ses biographies sont des histoires morales, et d'un autre côté ses *Dix orateurs,* ses *Dits des rois et capitaines* grecs ou romains, sa *Vie d'Homère,* si elle est de lui, son traité sur la *Malignité d'Hérodote,* se rattachent assez directement à l'histoire.

Si je ne me trompe, Plutarque a été avant tout un collecteur de faits, de mots célèbres et d'idées répandues dans les livres. Quand il lisait un auteur, je me figure qu'il était assis la plume à la main et qu'il notait au passage tout ce qui lui paraissait digne de remarque. Nous avons de lui un assez grand nombre d'écrits, tels que ses *Propos de table*, ses *Dits célèbres*, ses *Actions vertueuses des femmes*, son *Banquet des sept Sages*, dans lesquels les faits et les idées sont à peine coordonnés. Il ne me semble pas avoir procédé autrement pour la plupart de ses autres écrits : il passait d'un sujet à un autre, mais il ne quittait le premier qu'après avoir lu les ouvrages qui en parlaient; et lui-même alors résumait ses idées sur la matière et composait un petit traité. Nous ne devons pas oublier en effet que Plutarque n'est presque pas sorti de son pays, qu'il y a vécu un grand nombre d'années, partagé entre l'exercice de sa prêtrise, les soins de sa petite administration communale et sa vie intérieure, dont la majeure partie était consacrée à l'étude. Plutarque voyait peu de personnes, parce que Chéronée n'était pas un lieu de passage ni un point du monde que l'on allât visiter; il pensait donc avec les livres; jouissant d'une fortune suffisante et vivant très-modestement, il pouvait se procurer, en les achetant ou en les empruntant, les manuscrits dont il avait besoin et dont il extrayait la matière de ses propres traités. De cette manière il ne devint ni un historien, ni un savant, ni un rhéteur, ni même un homme d'action; il devint un érudit, et fut une sorte de bénédictin païen. La bonté de son âme, ses sentiments de famille, la conscience qu'il avait de sa responsabilité comme prêtre, comme administrateur civil et comme maître de maison, répandent dans tous ses écrits un charme qui voile la sécheresse de l'érudition. C'est par ses qualités tout humaines que Plutarque est devenu populaire chez les modernes, plus peut-être qu'aucun autre écrivain de l'antiquité.

Au fond, ses écrits sont d'une médiocre valeur et dénotent, avec un cœur droit et pur, une intelligence de second rang. En religion, tout prêtre d'Apollon qu'il est, il s'écarte beaucoup des croyances de la Grèce ; son livre d'*Isis et Osiris*, son traité de l'*Ame du monde*, ses *Oracles de la Pythie*, ses réflexions *sur le mot* Εἰ du temple de Delphes, son livre *De la superstition,* montrent un païen fort éloigné déjà des vieilles doctrines et presque détaché de l'anthropomorphisme. Au-dessus des dieux à la figure humaine, dans lesquels il ne voit que des noms divers d'une même divinité, il place les bons et les mauvais anges, δαίμονες, attachés à chaque personne durant et après la vie ; au-dessus des anges deux principes universels, l'un bon, l'autre mauvais, qui rapprochent sa religion de celle de Zoroastre ; au-dessus de ces principes, un organisateur éternel de la matière, qui n'est peut-être que le bon principe lui-même et qui a au-dessus de lui l'Etre absolu et non créateur, de qui tout dérive. — La philosophie de Plutarque est surtout pratique. Quoique platonicien et développant volontiers à sa manière les théories du maître, qu'il comprend assez mal, il a en matière de morale et de conduite ce bon sens qui caractérise l'esprit béotien depuis le temps d'Hésiode et qui est également éloigné des Stoïciens et des Epicuriens ; il a composé plusieurs écrits contre les philosophes de ces deux sectes, cherchant à ramener l'une et l'autre doctrine aux conditions de la vie réelle.

Nous ne pouvons rendre compte ici des quatre-vingts écrits de Plutarque compris sous le nom d'œuvres morales et qui, par les anecdotes sans nombre dont ils sont remplis, se rattachent étroitement aux œuvres que l'on a coutume d'appeler historiques. Les *Vies des grands hommes* ne sont guère en effet que des recueils d'anecdotes, destinées à mettre en lumière le caractère et surtout la moralité de chacun d'eux. Comme l'auteur était un homme studieux, qui résumait ses lectures et faisait beaucoup d'extraits des livres qu'il lisait, ses lectures sont devenues des traités ou des biographies, dont les éléments avaient été choisis par lui conformément à ses goûts et à ses idées d'honnête homme et d'érudit consciencieux. Il en est résulté que ces biographies sont loin de présenter les images complètes et vraies des personnages : elles négligent souvent les grands faits historiques pour mettre en lumière les actions de la vie privée. Plutarque professe que cette manière d'écrire la vie des hommes célèbres est non-seulement plus utile que toute autre pour le lecteur, mais plus propre à nous les faire bien connaître : cette idée n'est pas parfaitement juste, car les grands événements et la conduite politique des hommes supérieurs aux autres sont le plus souvent dirigés par de grands mobiles et par des conceptions de l'esprit dont leur vie privée est incapable de rendre compte. Du reste, Plutarque donne souvent aussi les vrais motifs qui ont décidé ses héros dans les grandes circonstances de leur vie publique; il se trompe quelquefois, parce qu'il ne va pas toujours au fond des choses et parce que ses livres ne sont après tout que des compilations; mais ses *Vies parallèles* n'en sont pas moins pour nous une mine abondante de renseignements historiques du plus haut prix. Il ne nous en reste que vingt-deux pour Rome et autant pour la Grèce; Plutarque en avait composé un plus grand nombre; mais le reste est perdu.

Comme écrivain, Plutarque n'occupe pas un rang élevé dans la littérature hellénique; non-seulement il n'a égalé aucun des anciens; mais il est demeuré inférieur à la plupart des écrivains de son temps. Ses écrits sont de valeur fort inégale : quelques-uns, sous la forme de traités didactiques ou de dialogues, ont été mieux travaillés que les autres; tels sont le traité *de la Colère*, la *Tranquillité de l'âme*, la *Superstition*, l'*Exil*, les *Délais de la justice divine*, œuvres de mérite qui rappellent plusieurs ouvrages latins sur les mêmes sujets. Mais la plupart des ouvrages de Plutarque sont mal composés ou n'offrent même aucune trace de composition. Le style en est négligé, parfois incorrect et semble renfermer un assez grand nombre d'expressions provinciales comme en employaient les gens de Chéronée. Ce n'est donc pas dans Plutarque qu'il faut étudier la langue grecque; il ne saurait non plus être regardé comme un modèle pour ceux qui veulent écrire l'histoire; il est faible comme philosophe; ses doctrines religieuses manquent de netteté : il n'est ni purement païen, ni homme de l'avenir; en matière de politique, il est soumis à la volonté toute-puissante des Romains qu'il n'aime pas et il administre sans liberté quoiqu'il soit amoureux de la liberté. Homme de second ordre en toutes choses, il a su intéresser les générations qui l'ont suivi par les détails infiniment variés que son érudition a recueillis, par sa bonhomie et sa sincérité, par le sentiment toujours vrai qui anime ses écrits, enfin parce qu'étant un homme du commun, il ne présente jamais une pensée qui ne soit accessible au commun des hommes.

Mais dans l'histoire des lettres et dans celle des idées, il n'a occupé véritablement qu'un rang très-secondaire, ne paraissant sur la scène du monde ni par ses écrits ni de sa personne, vivant enfermé dans une petite ville au fond d'une province reculée et laissant les événements s'accomplir autour de lui sans y prendre part.

ARRIEN, Ἀρριανός, fut très-différent de Plutarque, quoiqu'il s'en rapproche par la diversité de ses écrits. Il composa en effet une douzaine d'ouvrages traitant les uns d'histoire, les autres de morale; mais, si l'on excepte ses trois biographies de *Dion*, de *Timoléon* et du brigand *Tilliboros*, ce sont de véritables histoires qu'il a composées, à la manière des grands historiens des siècles précédents. Ses livres de philosophie ne sont pas non plus des compilations et ils prennent les choses de beaucoup plus haut que les petits traités de morale vulgaire laissés par l'érudit de Chéronée. En philosophie son maître fut Epictète; en histoire il se donna pour modèle et pour rival Xénophon. Lui-même aperçut entre sa propre carrière et celle de ce dernier une sorte de ressemblance, qu'il s'efforça de compléter en écrivant des ouvrages tout semblables aux siens. Arrien, comme Xénophon, composa une *Anabase* qui fut l'expédition d'Alexandre, une *Histoire des successeurs* de ce prince pour faire pendant aux Helléniques, une *Cynégétique*, une *Histoire des Parthes*, une autre de *Bithynie*, une des *Alains*, un *Périple* de l'Euxin, une *Tactique*, des *Indiques*. En parallèle avec les Mémoires de Socrate et les autres écrits philosophiques de Xénophon, Arrien rédigea les entretiens et discours de son maitre Epictète sous les titres de *Dissertations*, διατριβαί, d'*Entretiens*, ὁμιλίαι, et de *Manuel*, ἐγχειρίδιον, enfin une *Vie d'Epictète* qui est perdue. La vie d'Arrien ressembla aussi quelque peu à celle de

Xénophon : né vers l'année 100 à Nicomédie de Bithynie, il fut citoyen d'Athènes et de Rome. En 136 Hadrien le nomma gouverneur de la Cappadoce, et à ce titre il eut occasion de repousser victorieusement une invasion des Alains. En 146 il fut fait consul par Antonin, et enfin prêtre de Cérès et de Proserpine à Nicomédie, sa ville natale. Il paraît avoir passé là, comme Plutarque à Chéronée, le reste de sa vie dans le repos et l'étude. Il mourut sous Marc-Aurèle.

Des œuvres philosophiques d'Arrien il nous reste les quatre premiers livres des Dissertations, qui en contenaient huit; quelques fragments des Entretiens, et le Manuel tout entier. Ces ouvrages, d'après le témoignage de l'auteur, reproduisent exactement les propres paroles d'Épictète : cependant il est aisé de voir que le style en est travaillé, que l'art d'écrire que possédait Arrien n'y fait défaut nulle part, que la composition et la forme, aussi bien dans les parties que dans l'ensemble, y sont plus soignées qu'elles n'auraient pu l'être dans une exposition philosophique faite de vive voix. Le style de ces ouvrages rappelle celui de Xénophon, mais il est plus savant et plus étudié : comme on ne parlait plus au temps d'Arrien de la même manière que six cents ans avant lui, il a dû faire un certain effort pour se rapprocher de cette facilité qu'on remarque dans son modèle, et cet effort a empêché Arrien de tomber dans les négligences que l'historien des Dix mille a souvent commises. Il faut même ajouter qu'il y a dans le langage d'Arrien quelque chose de tendu qui provient de la rigueur des doctrines stoïciennes qu'il expose. Avec plus d'ampleur et moins de contention, son style n'est pas sans analogie avec celui de

Sénèque : il procède en quelque sorte par formules et par traits fortement accusés :

« Pour l'animal raisonnable rien n'est insupportable que ce qui est sans raison ; ce qui a sa raison d'être est supportable. Les coups ne sont pas insupportables par nature. Comment ? Vois comme les Lacédémoniens supportent le fouet, quand ils savent la chose raisonnable. S'étrangler n'est pas insupportable : quand un homme a compris qu'il y a une raison pour le faire, il s'en va et s'étrangle. » Διατρ. I, 2.

« Qu'est-ce donc qui trouble et frappe de stupeur le vulgaire ? Le tyran et ses gardes ? Pourquoi ? Cela ne doit pas être. Il ne se peut pas que ce qui est libre par nature soit troublé et empêché par un autre que soi-même ; ce sont ses propres opinions qui le troublent. Quand un tyran dit à un homme : « je te mettrai les fers aux pieds », celui qui estime haut son pied lui répond : « non, aie pitié de moi » ; celui qui a l'estime de soi-même lui dit : « si cela te semble utile, mets-les ». « Cela ne te fais rien ? » « Rien du tout. » « Je te ferai voir que je suis le maître. » « Et comment ? Jupiter m'a fait libre. Crois-tu qu'il voulût permettre qu'on réduise en servitude son propre fils ? De mon cadavre tu es le maître, prends-le » Διατρ. I, 19.

Le *Manuel d'Épictète* est un règlement de vie inspiré non-seulement par les doctrines stoïciennes, telles que l'école de Zénon les avait transmises, mais aussi par le spectacle des événements. A l'époque où vivaient Arrien et même Épictète, Rome avait vu les plus honnêtes gens frappés dans leurs biens ou dans leurs personnes par l'arbitraire et la violence des plus mauvais empereurs. Le stoïcisme s'était roidi contre les misères de la vie ; l'on en était venu à cette indifférence courageuse que montraient de leur côté les chrétiens persécutés :

« Que la mort et l'exil et tout ce que l'on redoute soient

chaque jour présents devant tes yeux, mais plus que tout la mort : ainsi rien de vil n'entrera dans ta pensée, et tu ne concevras aucun désir excessif. »

Et l'on s'accoutumait à se considérer ici-bas comme acteur dans une comédie, où le plus sûr était d'accepter son rôle quel qu'il fût et de le jouer pour le mieux. Le Manuel est tout rempli de ces sentiments; il ne se compose que de cinquante-trois articles, en général très-courts, où la morale pratique des stoïciens se trouve résumée. Ce petit livre n'en a pas moins exercé sur les esprits et sur les mœurs de beaucoup de personnes, soit dans l'antiquité, soit chez les modernes, une grande et salutaire influence.

Les livres d'histoire d'Arrien sont aussi l'œuvre d'un esprit distingué, sinon supérieur. Quoiqu'ils n'ajoutent rien à ce que l'on savait avant lui, si ce n'est peut-être pour la Bithynie et les Alains, ils résument les mémoires et les écrits d'un grand nombre d'historiens et de géographes ses prédécesseurs. Il ne nous reste que des fragments de son histoire des *Successeur d'Alexandre*, de celle des *Alains*, de celle des *Parthes* et de celle de *Bithynie*; mais les quatre livres de l'*Anabase*, que nous possédons, nous permettent d'apprécier cet excellent ouvrage. C'était une histoire complète des expéditions d'Alexandre-le-grand, depuis son avénement jusqu'à sa mort. Le sujet étant parfaitement circonscrit était un des plus beaux qu'un esprit judicieux et élevé pût choisir pour objet de ses études. Le style de l'Anabase est clair, limpide, parfois éloquent et place l'auteur au nombre des meilleurs écrivains. Le fond en est excellent : Ptolémée et Aristobule étaient les deux principales autorités d'Arrien; mais il avait tiré des documents d'un grand nombre d'autres auteurs et il avait su appliquer une critique intelligente à leurs récits discordants. On peut dire que, comme écrivain philosophe et comme historien, cet auteur est un de ceux qui ont fait le plus d'honneur à l'époque des Antonins et relevé l'éclat de l'hellénisme à son déclin.

Son livre *sur l'Inde*, Ἰνδική, est écrit en dialecte ionien, avec une grande pureté de style. Il ne semble pas avoir rien ajouté à ce que l'on savait de la géographie et des habitants de cette contrée. C'est comme un complément de l'Anabase, où l'auteur a surtout mis à profit les livres de Néarque, de Mégasthène et d'Eratosthène.

Les *Cynégétiques* sont moins un traité de la chasse qu'un manuel sur l'art d'élever les chiens.

Appien, Ἀππιανός, nous ramène aux interminables histoires romaines dont on avait vu le cadre s'agrandir et les matériaux s'accumuler depuis l'époque de Polybe. Son *Histoire romaine* semble avoir introduit cependant une nouveauté dans la disposition des parties : elle ne procède pas suivant l'ordre chronologique, ou d'après les rapports naturels des événements ; c'est comme une réunion d'histoires séparées les unes des autres, dont chacune traite d'un peuple en particulier, le prenant à son origine et le conduisant jusqu'au jour où il va se perdre dans l'unité romaine. Ce cadre était immense et ne pouvait que difficilement être rempli par un seul écrivain. Aussi, d'après ce qui nous reste d'Appien, voyons-nous qu'il a passé très-rapidement sur les premiers temps de chaque peuple et qu'il ne commence à en développer l'histoire que du moment où ce peuple entre en relations avec les Romains. Dans ces conditions, on voyait paraître successivement toutes les nations comprises dans l'*orbis romanus,* les Latins, les Italiens, les Samnites, les Gaulois ou Celtes, les Insulaires, les Espagnols, les Carthaginois, les Syriens, Mithridate, l'Illyrie, etc.; et ensuite commençait cette longue histoire des guerres civiles sur laquelle cinq livres écrits par Appien nous ont été conservés.

Appien a dû publier son Histoire romaine vers le milieu du second siècle. Nous ne connaissons exactement les dates ni de sa naissance ni de sa mort; mais il nous apprend lui-même qu'il fut avocat dans Rome et qu'il devint procurateur à Alexandrie, sa ville natale. Il florissait sous les empereurs Trajan, Hadrien et Antonin. Sa fonction d'avocat avait exigé de lui de sérieuses études : il écrivait le grec avec pureté : son style est clair, agréable, quoique ses récits soient un peu froids et qu'il manque d'imagination. De plus sa critique ne semble pas fort judicieuse; il prend dans des auteurs dont les idées ne s'accordent pas toujours entre elles; il néglige de parti pris les dates des événements, de sorte que la lecture de ses livres exige un travail de restitution synchronique souvent difficile à réaliser. Malgré ces défauts, qui suffisent pour mettre Appien parmi les historiens du second rang, nous devons nous estimer heureux de posséder les livres qui traitent de la guerre civile, parce qu'ils nous permettent souvent de rectifier les erreurs volontaires et les appréciations partiales de César.

Pausanias et Diogène de Laerte sont des écrivains de très-peu de valeur, et dont les livres, surtout ceux du premier, sont cependant pour nous d'un grand prix. Pausanias, Παυσανίας, dont la patrie et les dates sont inconnues, mais qui, par son style, semble se rattacher à l'Asie mineure, composa dans la seconde moitié du deuxième siècle son *Itinéraire de la Grèce,* que nous possédons. C'est un guide du voyageur, comprenant, outre le Péloponnèse, les provinces de l'Attique, de la Béotie et de la Phocide. L'auteur y décrit les lieux à mesure qu'il les visite, en donne les distances relatives, en dépeint la topographie, les édifices et les œuvres d'art, enfin il en recueille avec soin les traditions religieuses et nationales ; quelquefois il donne des récits développés d'événements historiques intéressants. Pour nous l'Itinéraire de Pausanias est une mine abondante de renseignements, sans laquelle un grand nombre d'objets existant encore sur le sol de la Grèce seraient autant de problèmes insolubles. Cependant les descriptions semblent plutôt faites pour des contemporains que pour la postérité : l'auteur passe quelquefois dans les villes d'un quartier à un autre, sans qu'il soit possible de le suivre. Ses expressions n'ont pas non plus toujours la précision que l'on voudrait trouver dans un ouvrage descriptif. Enfin il est crédule ; homme simple et de bonne foi, il consigne les légendes qu'on lui raconte, sans les interpréter : on l'en a blâmé quelquefois ; c'est au contraire une qualité pour laquelle il mérite d'être loué. D'ailleurs il dit dans son vIII^e livre, qui traite de l'Arcadie, qu'en étudiant les légendes de cette contrée il s'est convaincu que les anciens parlaient par symboles et qu'un sens mystérieux est caché sous les vieilles traditions. Il était donc moins crédule qu'il ne le paraît. Tels qu'ils sont, les dix livres de son Itinéraire sont encore aujourd'hui et seront longtemps le meilleur guide du voyageur en Grèce.

Diogène de Laerte, Διογένης ὁ Λαέρτιος, n'est supérieur à Pausanias ni comme écrivain, ni comme penseur. Son style est lourd et pénible; son langage est incorrect, plein d'expressions vulgaires et d'obscurités. Il raconte mal, quoiqu'il cherche plutôt à amuser qu'à instruire. C'est du reste pour une grande dame romaine, que l'on suppose être Julia Donma ou Julia Mammæa, qu'il écrivit ces dix livres, comprenant quatre-vingt-trois biographies; il ne pouvait pas songer à entrer bien avant dans des théories philosophiques, où sa noble lectrice n'aurait peut-être pas pu le suivre. Aussi le fond de son ouvrage est-il assez médiocre. S'il eût eu plus de critique et de jugement et aussi plus de connaissances littéraires, il eût pu néanmoins composer un livre meilleur qu'il ne l'a fait. Il suffit de lire sa préface pour se faire une idée de la confusion qui régnait dans son esprit : il y parle de beaucoup de choses, mais à tort et à travers, mêlant les autorités les plus inégales, ne contrôlant rien par lui-même, confondant les peuples, les époques et les doctrines, parlant de la Perse et des mages, des sages de l'Inde, de la vieille Égypte et des doctrines hermétiques sans y rien comprendre, et cela dans un temps où il lui eût été facile de vérifier ce qu'il avance ou de le rectifier. On ne peut donc avoir qu'une faible confiance dans les récits et les analyses de Diogène de Laerte. Et pourtant c'est un auteur que les historiens de la philosophie grecque sont heureux de posséder, parce que, étant le seul de son genre, il fournit des documents qu'on ne trouverait pas ailleurs. Les dates de sa naissance et de sa mort sont inconnues; il parle de Potamon comme d'un auteur presque contemporain; il parle aussi de la philosophie alexandrine comme d'une chose qui commence; enfin il est presque certain qu'il a été lié d'amitié avec Philostrate, l'auteur de la vie d'Apollônios de Tyane. Quant à son nom et au lieu de sa naissance, il n'est pas bien certain qu'il ne s'appelât pas Diogénianos, et l'épithète de Laertios peut se rapporter, comme nom de client, à une famille romaine aussi bien qu'à la ville de Laerte en Cilicie.

Diogène de Laerte est une ombre de Plutarque, qui lui-même ne fut ni grand philosophe ni grand historien. Dion Cassius, Δίων ὁ Κάσσιος, est l'ombre des grands historiens de l'école de Polybe; il est plus rhéteur qu'historien; il est plus impérialiste que rhéteur; il est plus ennemi de la vieille liberté romaine qu'il n'est impérialiste. C'était un de ces gréco-romains d'Asie qui, nés dans une ville de province et amenés à Rome dans le monde officiel par le hasard de leur naissance, se faisaient les adorateurs du système impérial et les adversaires de tout ce qui tenait encore ou avait tenu jadis pour la liberté : Romains sans vertu, Grecs de bas-empire. Fils de sénateur, né à Nicée en Bithynie vers l'an 155, Dion fut sénateur à vingt-cinq ans; édile et questeur sous Commode; préteur en 193 sous Pertinax; de la suite de Caracalla en Asie; préfet de Smyrne en 218, puis de Pergame; gouverneur d'Afrique sous Alexandre Sévère, puis de Dalmatie et de Pannonie; deux fois consul. Ce magistrat impérial, après avoir subi les honneurs sous tous les régimes, se retira enfin, malade et fatigué par les ans, dans sa ville de Nicée où il termina son *Histoire romaine*. Il avait écrit auparavant une *Histoire de Trajan*, des *Persiques*, des *Gétiques*, ouvrages perdus et d'une authenticité douteuse; une *Vie d'Arrien;* des *Récits de voyage*, ἐνόδια; un tableau des *Songes et prodiges* qui annoncèrent l'avènement de Septime Sévère, plate flatterie, qui fut récompensée par une lettre non moins flatteuse de l'empereur.

Son Histoire romaine était en quatre-vingts livres, et s'étendait depuis les temps primitifs de Rome jusqu'au règne d'Alexandre Sévère. Il nous reste des fragments des trente-six premiers livres, un abrégé par Xiphilin des livres 61-80, et les livres intermédiaires tout entiers. Toute la partie de cette histoire antérieure à son temps était traitée au moyen des livres, des mémoires et des documents officiels sans nombre, que sa haute position lui avait permis de réunir. A partir de Commode (180), année où lui-même devint sénateur, il n'eut qu'à consulter ses souvenirs, ses notes et celles que ses contemporains pouvaient lui procurer. Cette partie fut racontée par lui avec plus de détail que l'histoire des temps antérieurs; et elle était aussi de beaucoup la plus intéressante de son livre. Ce qui nous en reste, et même l'abrégé qu'en a donné Xiphilin, ont une assez grande importance aux yeux des historiens modernes. Seulement on est forcé de se défier sans cesse des affirmations de l'auteur, quand on sait qu'il était homme de parti et quand on voit la manière dont il a traité des hommes tels que Cicéron et Sénèque. Tout ce que l'on peut reprocher au premier, c'est une vanité inoffensive et quelquefois un peu de faiblesse; quant au second, Tacite n'hésite pas à dire qu'il représentait avec Burrhus le « parti de la vertu » à la cour de Néron; sa mort avait d'ailleurs assez chèrement racheté le luxe de sa vie. Il était donc convenable qu'un homme, qui avait autant de fois que Dion tremblé devant l'autocratie impériale, comme il le raconte lui-même, eût plus de respect, sinon de condescendance, pour des hommes qui valaient mieux que lui.

Comme écrivain Dion Cassius est un pur rhéteur : il

avait été à bonne école; son grec est pur, autant qu'il le pouvait être à cette époque; mais son style est oratoire, enflé, redondant, plein de vide et souvent vide de pensées. En voici un court exemple, qui permettra de juger du reste : après la lecture de la fameuse lettre de Tibère, les sénateurs qui, aux premières phrases, avaient adoré Séjan, et qui, aux dernières, le maudissaient, menaient en prison ce personnage si vite déchu :

« Jamais, dit l'historien, plus mémorable exemple de la fragilité humaine ne prouva qu'il n'est permis à personne de s'enorgueillir. Ils mènent en prison comme le plus faible des mortels, celui que dès l'aurore ils avaient tous accompagné au sénat comme une homme beaucoup plus puissant qu'eux. Naguère il leur paraissait digne de mille couronnes et maintenant ils le chargent de chaînes; naguère ils lui servaient de cortége comme à leur maître, et maintenant ils le gardent comme un fugitif et ils arrachent de ses mains le voile dont il veut couvrir sa tête. Ils l'avaient décoré de la toge bordée de pourpre et maintenant ils le frappent sur la joue; ils s'étaient prosternés à ses pieds, ils lui avaient offerts des sacrifices comme à un dieu, et maintenant ils le conduisent à la mort... Liv. LVIII, 11.

Cette vaine éloquence asiatique annonce déjà celle que déploieront au siècle suivant certains Pères de l'Eglise grecque et dont le discours de Saint Chrysostome pour Eutrope est un parfait modèle.

Si nous ajoutons ici le nom d'Hérodien, Ἡρωδιανός, nous aurons clos la liste des historiens grecs appartenant à l'hellénisme; ceux que l'on rencontrera dans les siècles suivants seront chrétiens ou ne vaudront pas la peine d'être nommés dans une histoire de la littérature. — Hérodien est un auteur de décadence; quoiqu'il s'efforce d'imiter les plus grands modèles de l'antiquité, son style est incorrect et aussi latin que grec. De plus il est inexact et ne tient pas compte de la chronologie. Cependant il a plus de mérite réel que Dion Cassius, son prédécesseur immédiat : il est moins artisan de style, moins homme du grand monde; mais il a un plus vif amour de la vérité et il est plus impartial. Son Histoire comprend des événements dont il a pu être le témoin, je veux dire cette affreuse période de despotisme violent et d'anarchie, qui s'étend depuis l'avénement de Commode en 180 jusqu'à l'époque de Gordien, 238. Malgré les défauts de son style et son insuffisance comme écrivain, Hérodien nous a pourtant laissé des tableaux et des récits saisissants des scènes tragiques de cette époque. Avec les noms d'empereurs qui la terminent, commence cette période, connue sous le nom d'Anarchie, pendant laquelle tous les éléments politiques de la constitution impériale entrent en lutte les uns avec les autres et s'épuisent tour à tour. De cette confusion sortira bientôt la monarchie proprement dite, qui amènera sur le trône des empereurs chrétiens. Alors la clarté recommencera à se faire au milieu des événements et l'histoire redeviendra possible. Seulement ce sera une histoire chrétienne, l'histoire d'Eusèbe.

III. PHILOSOPHIE MORALE.

L'époque des Antonins n'offrit aucun nom grec dans la culture de la philosophie théorique. Au contraire les applications de la philosophie occupaient un grand nombre d'esprits : tout le monde était moraliste; on faisait de l'histoire une science morale ou plutôt une morale en actions; le droit cherchait à se fonder sur la morale; les

Quant à Maxime de Tyr, nous en avons parlé précédemment en traitant de l'érudition à l'époque des Antonins.

Il nous reste à parler de Lucien, Λουκιανός, qui s'appelait peut-être aussi Lycin, Λυκινός, et qui a été infiniment supérieur à tous les écrivains grecs de son temps. Sa vie est aussi une des plus intéressantes de cette époque. Né sur les bords de l'Euphrate, à Samosate, vers l'année 125, il appartenait à une famille de sculpteurs; après avoir étudié un peu de temps cet art, il y renonça pour suivre la carrière littéraire. On parlait fort mal le grec à Samosate; il quitta donc son pays, suivit les écoles d'Ionie, passa en Grèce à vingt ans, et de là vint à Antioche pratiquer la profession d'avocat. Il y connut les chrétiens dont Antioche était un des principaux centres, y acquit de la réputation, puis visita la Syrie, la Palestine, l'Egypte, vers l'année 149, afin d'y étudier les mœurs et les religions orientales. Après avoir visité Rhode et Cnide, il vint à Rome, vers 150, y resta deux ans, s'occupant de philosophie; puis il se rendit en Gaule, y enseigna la rhétorique, s'y enrichit, et retourna à Samosate vers 164. Ses parents vivaient encore; il partit l'année suivante avec eux pour la Grèce; chemin faisant il vit en Cappadoce le fameux thaumaturge Alexandre, et arriva en Grèce avec ce Pérégrinus dont il a raconté l'histoire. Il avait alors une quarantaine d'années; à partir de ce moment, on le voit fixé à Athènes et enseignant dans cette ville. C'est là qu'il écrivit probablement tous ses ouvrages, dont ses longs voyages, ses notes et ses propres réflexions lui fournissaient la matière. Il mourut dans un âge avancé, on ignore en quelle année.

Parmi les quatre-vingts opuscules publiés sous le nom

rhéteurs même et jusqu'aux médecins tiraient de leurs théories des règles de conduite pour la vie pratique. Nous n'avons pas à revenir sur Plutarque et Arrien, dont nous avons parlé précédemment et qui ont été des moralistes plus peut-être que des historiens. Nous devons ajouter à leurs noms ceux de Marc-Aurèle et de Maxime de Tyr. Le premier, qui fut empereur de 169 à 180, n'était pas Grec; mais il possédait le grec aussi bien que le latin et il choisit cette belle langue pour composer ses réflexions *A lui-même;* malheureusement il ne se donna pas la peine de vouloir être clair pour les autres. Son écrit se compose de pensées détachées, jetées sur le papier à mesure qu'elles venaient à l'esprit de l'auteur et revêtues de la première expression qui sortait de sa plume : cette expression n'est pas toujours la bonne. Aussi, comme écrivain, Marc-Aurèle n'a-t-il exercé aucune influence sur le développement de la pensée grecque. Comme philosophe, il est un élève des stoïciens. Comme écrivain et comme philosophe, il est resté bien inférieur à Arrien; ses *Pensées* sont loin de valoir le *Manuel* de ce dernier auteur. De plus il y eut quelque chose d'étrange dans la pensée de Marc-Aurèle : un stoïcien ne devait être ni fauteur des vieilles divinités ni persécuteur des cultes nouveaux; ce stoïcien impérial fut l'un et l'autre. L'empereur, dans l'âme de Marc-Aurèle a donc dominé le stoïcien; et ces pensées qu'il s'adressait à lui-même dans le for de la conscience où réside le « dieu intérieur », laissaient le chef de l'Etat agir en vue de l'Etat, comme une seconde personne étrangère à la première. Il est juste de dire toutefois qu'en dehors des matières religieuses, Marc-Aurèle a été le plus stoïcien et le plus honnête des empereurs.

de Lucien, il y en a plusieurs qui sont aujourd'hui généralement reconnus pour apocryphes ; nous citerons entre ces derniers *le Philopatris*, *l'Ane*, *le Néron*, *les Amours*, *l'Alcyon*. C'est donc surtout d'après ceux dont l'authenticité n'est pas douteuse, que l'on doit apprécier cet auteur. Lucien forme avec son époque un contraste extraordinaire : peu d'hommes ont eu plus de bon sens que lui dans un temps qui en ait montré moins ; esprit solide, il ne s'est laissé ébranler par aucune des extravagances ou des tentations qui l'entouraient. En matière de religion, il ne croit ni à ces vieilles divinités païennes dont il voit les cultes s'écrouler autour de lui, ni à ces faiseurs de miracles dont son siècle admirait les pouvoirs surnaturels. Il confond sans doute les chrétiens avec les sectateurs des thaumaturges ; mais il avait quelque raison de les confondre ; car les dogmes et les pratiques des vrais chrétiens étaient encore un mystère et l'on voit, par l'histoire de *Pérégrinus,* que beaucoup de gens se croyaient chrétiens qui n'avaient point franchi le seuil des catacombes ou des églises et suivaient le premier imposteur faisant des miracles au nom du Christ.

La stupidité de ces foules populaires est merveilleusement mise en scène à la fin de cet écrit ; ce Pérégrinus, après avoir cherché vainement par toute sorte de voies à se faire passer pour un être supérieur, après s'être pour cela fait chrétien et avoir attiré autour de sa personne de nombreux admirateurs, annonça qu'enfin il quitterait la vie et qu'aux prochains Jeux Olympiques, en présence des peuples assemblés, il se jetterait et disparaitrait dans les flammes. Il avait tenu sa promesse. Lucien avait assisté à cet horrible spectacle de la vaine gloire poussée jusqu'au fanatisme ; il avait éprouvé cette pitié et cette colère que l'admiration des ignorants excite en nous dans de pareilles circonstances ; c'était le soir :

« En revenant, dit-il, l'esprit tout plein de pensées diverses, je rencontrais beaucoup de gens qui allaient voir, eux aussi ; ils croyaient le trouver encore vivant ; car on avait répandu le bruit qu'il monterait sur le bûcher au lever du soleil, comme font les brâhmanes. Je les faisais retourner sur leurs pas en leur disant que la chose était finie ; quelques-uns pourtant avaient à cœur d'aller voir la place et d'en rapporter quelque reste du bûcher. J'avais bien du mal de leur raconter tout et de répondre à toutes leurs questions. Si j'avais affaire à un homme comme il faut, je me contentais de lui dire les faits comme je viens de te les dire à toi-même. Mais s'il s'agissait de ces sots qui écoutent tout ébahis, j'ajoutais de mon crû quelque détail tragique, qu'au moment où le bûcher flambait et où Prôtée (Pérégrinus) s'y était élancé, la terre avait tremblé violemment et mugi, qu'un vautour s'était envolé du milieu de la flamme en prononçant à haute voix ces paroles : « j'ai quitté la terre, je monte à l'Olympe. » Ces gens stupéfaits adoraient en tremblant et me demandaient si c'était vers l'orient ou vers le couchant que le vautour s'était envolé ; je leur répondais ce qui me venait à l'esprit. — Je retournai donc à l'assemblée ; là je vis bientôt un homme à cheveux blancs et qui semblait certes digne de foi, à ne voir que sa barbe et sa mine respectable. Il parlait de Prôtée et racontait que, peu après la crémation, il l'avait vu couvert d'un vêtement blanc et qu'il venait de le laisser se promenant tout lumineux et couronné d'olivier sous le Portique aux sept-voix. A tout cela il ajoutait le vautour, jurant qu'il l'avait vu lui-même s'envoler du bûcher. Et c'était pourtant ce même vautour, que j'avais lâché un peu auparavant pour couvrir de ridicule la folie et la stupidité de tout ce monde. » *La Mort de Pérégr.* 38 *et sq.*

L'*Icaroménippe* présente le phénomène opposé, c'est-à-dire la chute rapide des vieilles religions païennes, l'abandon des sacrifices et la déchéance finale dont les dieux étaient menacés. Cette pensée se développe sous la forme d'un dialogue entre Ménippe et son ami, dialogue où sont exposées la diversité des opinions des hommes, surtout en matière de religion, et les contradictions qui régnaient dans tous les éléments de la société humaine. Le voyage de Ménippe dans les régions célestes et les discours que l'auteur fait tenir aux dieux sont d'une force et d'une éloquence que les Grecs ne connaissaient pas encore :

« Il y eut un temps, dit Jupiter à Ménippe, où j'étais appelé le dieu prophète et médecin, où l'on disait de moi : « les rues sont pleines de Jupiter, les marchés publics en sont pleins; » Dodone et Pise étaient splendides et attiraient tous les regards ; la fumée des sacrifices m'empêchait d'y voir. Mais depuis qu'Apollon a établi à Delphes son oracle, Asclépios son hôpital à Pergame, depuis qu'il y a en Thrace un Bendidéon, un Anubidéon en Egypte et, à Éphèse, un Artémision, tout le monde y court, on y fête des assemblées, on y dresse des hécatombes; et moi, comme un vieillard passé de mode, on croit me faire assez d'honneur si tous les cinq ans on m'offre un sacrifice dans Olympie ; mes autels sont aussi froids que les Lois de Platon et que les raisonnements de Chrysippe. » *Icaromen.* 24.

Le même sujet est traité dans un acte de haute comédie, intitulé *Jupiter tragédien*, Ζεὺς τραγῳδός, où Lucien fait tenir à ce dieu un discours fort éloquent sur les dangers que les philosophes font courir à la vieille religion nationale par leurs discussions et leur incrédulité. Mômos répond qu'à voir la manière dont les dieux se conduisent dans le monde, les philosophes n'ont peut-être pas tout à fait tort. On les appelle; ils paraissent; ils discutent; et la conclusion de toute la scène est qu'il existe sur terre une variété et une confusion infinie de religions :

« Ainsi donc, dit Timoclès, les hommes et les peuples se trompent en croyant aux dieux et en les fêtant? — Tu fais bien, répond Damis, de me remettre en mémoire les opinions des peuples; car elles prouvent combien tout ce que l'on dit des dieux est peu solide. La confusion est extrême et chacun pense à sa manière : les Scythes sacrifient à un sabre, les Thraces à Zamolxis, fugitif qui vint chez eux de Samos, les Phrygiens à Mên, les Ethiopiens au Jour, les Cylléniens à Phalès, les Assyriens à une colombe, les Perses au feu, les Egyptiens à l'eau. L'eau est une divinité commune à tous les Egyptiens : pourtant ceux de Memphis ont pour dieu un bœuf, ceux de Péluse un ognon, d'autres un ibis ou un crocodile, d'autres un cynocéphale, un chat, ou un singe. N'est-ce pas là une plaisanterie, bon Timoclès? »   *Zeus trag.* 42.

La vie d'*Alexandre* de Paphlagonie, thaumaturge que Lucien connut et fréquenta dans son voyage de Samosate à Athènes, est un tableau plein de couleur et de passion, où l'auteur dévoile les fourberies de ces magiciens, qui pullulaient dans l'empire. Cet Alexandre avait pour ennemis les Chrétiens, dont il voulait supplanter la religion naissante, mais surtout les épicuriens, dont la science, toute fondée sur l'expérience, renversait ces prétendus miracles, et enfin les athées qui, rejetant les dieux, n'étaient point disposés à se laisser séduire par les imposteurs. Celui-ci s'était mis sous l'invocation d'Esculape, dont le culte et les sectes étaient alors fort en honneur. Lucien dévoile les cérémonies occultes qu'il accomplissait, et le style de l'auteur y prend cet accent de bon sens outragé qui règne dans plusieurs de ses écrits.

Si l'on ne voyait que ce côté des œuvres de Lucien,

PÉRIODE GRÉCO-ROMAINE. 383

les personnes à la fois crédules et timides le pourraient juger très-injustement et ne voir en lui qu'un adversaire de toute croyance bonne ou mauvaise. Elles devront lire, outre ses *Dialogues des morts*, qui sont le plus connu de ses écrits, son traité *Comment on doit écrire l'histoire* et elles s'assureront qu'il y avait dans l'esprit de Lucien des principes très-solides et d'une justesse incontestable :

« Selon moi, dit-il, l'historien doit être sans crainte, incorruptible, libre, ami de la franchise et de la vérité; il doit, comme parle l'auteur comique, appeler figue une figue, et bateau un bateau; il ne donnera, il ne cédera rien à la haine ni à l'amitié, par pitié, par honte ou par respect humain; juste juge, bienveillant pour tous dans la limite de l'équité, il sera dans ses livres comme un étranger sans patrie, ne relevant que de lui-même, n'obéissant à aucun pouvoir, ne cherchant pas ce que pensera tel ou tel, mais racontant les faits comme ils ont eu lieu. » πῶς δεῖ τὴν ἱστορ. 41.

Et plus loin il ajoute cette règle de style :

« Comme la pensée de l'écrivain a, selon nous, pour limites la franchise et la vérité, son langage aussi doit avoir pour seule et unique règle de montrer clairement le fait et de le mettre dans tout son jour, sans employer des termes obscurs et hors d'usage ni des mots de carrefour et de taverne, n'usant que d'expressions intelligibles pour tous et que les gens instruits approuveront. Que son style ne soit orné que de figures naturelles et exemptes de toute recherche; autrement ses discours ressembleront à des mets trop fortement assaisonnés. *Ibid.* 44.

Nous ne pouvons rendre compte ici des soixante-dix ou quatre-vingts opuscules dont se compose l'œuvre entière de Lucien. Il y en a beaucoup cependant qui mériteraient une étude particulière; on peut dire en effet que, comme auteur et comme écrivain, il s'est toujours conformé aux règles que nous venons de citer. Il en résulte que les écrits de Lucien doivent compter parmi ceux qui nous intéressent le plus, soit à cause des tableaux de mœurs, des récits et des expositions de doctrine qu'ils renferment, soit parce que cet auteur est presque le seul qui, étant, comme il dit, ἄπολις καὶ ἀβασίλευτος, représente toute une classe de personnes instruites, exemptes d'enthousiasme, de crédulité et de servilité et que leur éloignement pour tout ce qu'ils voyaient empêchait de se mettre en avant et de se faire l'organe des autres. Si Lucien nous manquait, nous ne saurions pas qu'il existait une telle classe de gens honnêtes et d'esprits non infatués. Son existence au contraire nous est démontrée par le succès même qui accompagna Lucien pendant toute sa carrière de professeur public à Athènes et par la liberté dont il n'a cessé de jouir. Il est évident que c'est cette classe de personnes instruites qui la lui assurait, et que s'il n'avait pas tenu en quelque sorte la balance égale vis-à-vis des sectateurs des anciens dieux, des dieux nouveaux et des thaumaturges, Lucien aurait eu dès cette époque le sort qu'eurent plus tard, sous un empereur chrétien, des philosophes plus inoffensifs que lui.

On s'est plu à faire de Lucien un chrétien renégat : accusation frivole et sans fondement; il n'a jamais été ni catéchumène ni membre d'aucune Eglise; il n'a donc pu connaître le christianisme que par ouï-dire. D'autres l'ont transformé en violent ennemi des chrétiens, et on a, pour étayer cette accusation, traduit avec malveillance un passage de la Mort de Pérégrinus. Nous allons donner en finissant la traduction exacte de ce morceau, afin que chacun en puisse penser ce qu'il voudra :

« En ce temps aussi, Pérégrinus étudia la merveilleuse sagesse des Chrétiens, fréquentant en Palestine leurs prêtres et leurs scribes. Qu'en advint-il? En peu de temps ils ne furent plus que des enfants en comparaison de ce prophète, de ce coryphée, de ce président d'assemblée qui était tout à lui seul. Il interprétait et commentait les livres, en écrivait beaucoup lui-même; ces gens le regardaient comme un dieu, le prenaient pour législateur et l'élisaient pour président. Aussi bien vénèrent-ils encore ce grand personnage qui fut crucifié en Palestine pour avoir introduit dans le monde ces nouvelles cérémonies. »

Pérég. 11.

Le récit de Lucien est fait sans passion contre ces chrétiens abusés par un imposteur; il a les caractères de bonne foi et d'indépendance qui se retrouvent dans tous ses écrits. Quant aux dogmes fondamentaux du christianisme, Lucien n'en parle nulle part, et il les a certainement ignorés. On ne peut donc voir en lui ni un ami, ni un ennemi de la religion à laquelle l'avenir était réservé. On peut même dire qu'il l'a servie sans le savoir, en portant les coups les plus rudes aux vieux cultes païens et au charlatanisme religieux, avec lequel elle a été longtemps confondue. Tout compté, l'écrivain de Samosate fut une de ces rares figures dont l'expression vive et saisissante reflète à elle seule une grande partie de l'opinion publique de leur temps; ses écrits, courts, nombreux et acérés, ont été comme autant de traits que le bon sens public lançait de toute part contre les mauvaises doctrines et les pratiques vicieuses qui venaient l'assaillir. S'il eût été dans l'ordre des choses que Lucien de Samosate devint chrétien, aucun des Pères de l'Eglise grecque ne l'eût égalé en verve et en éloquence; il eût assuré le triomphe de sa religion, ou sa foi, unie à sa hardiesse, eût fait de lui un martyr.

IIIᵉ ÉPOQUE. DIOCLÉTIEN.

Un long silence dans la littérature suit l'époque des Antonins. Il est rompu par ce groupe de philosophes mystiques auquel on a donné le nom d'*Ecole d'Alexandrie*, quoiqu'ils aient presque tous enseigné et écrit loin de cette ville. Leur chef AMMÔNIOS SACCAS n'a rien écrit et ne compte par conséquent dans la littérature qu'à titre de fondateur d'école. On ne sait pas bien ce qu'était cet homme; il passe pour être né de parents chrétiens; mais son nom même est un problème; car à cette époque beaucoup de gens changeaient leur nom et s'en donnaient un autre qui fût approprié à leurs goûts ou à leurs idées; celui du prêcheur dont nous parlons rappelle le nom de l'Ammon égyptien; mais il offre aussi une étrange analogie avec celui du Mouni Çâkya qui était le Bouddha.

Tous les critiques s'accordent à considérer comme venues de l'Orient les doctrines qui s'agitaient alors dans le monde gréco-romain; mais quel est cet Orient, personne ne le dit. Sans compter les Juifs et les Egyptiens proprement dits, les premiers très-remuants et les autres à peu près annulés, il y avait alors les deux grands peuples orientaux des Perses et des Indiens, dont les systèmes religieux et métaphysiques différaient beaucoup entre eux quoiqu'ils fussent issus d'une origine commune. De plus l'Inde offrait deux corps de doctrines en antagonisme l'une avec l'autre, le brâhmanisme et le bouddhisme, dont l'un avait pour base puissante le Vêda et dont l'autre tirait sa force, moins de la nouveauté de ses théories, que de l'égalité qu'il proclamait et de son esprit de prosélytisme. D'un autre côté, nous voyons dans la société gréco-romaine du troisième siècle, outre les croyances et les cultes païens, qui avaient pour eux la possession, et les tentatives isolées de réforme qui se produisaient sur un grand nombre de points, deux courants de doctrines parallèles, souvent opposées, souvent aussi d'accord entre elles, le gnosticisme et le christianisme. Il n'y avait presque rien de grec ni dans l'un ni dans l'autre. Les *gnostiques* citaient des livres perses, les uns authentiques les autres fabriqués par eux, des Apocalypses (révélations) de *Zoroastre*, de *Zostrien* (zoroastrien), de *Nicothée*, d'*Allogénès*, de *Mésos*; de ces noms, les deux premiers sont clairs, le troisième signifie « vainqueur des dêvas et des darwands », le quatrième indique l'origine étrangère du livre, et le dernier ressemble au mot Mâsa qui est la Lune, représentée souvent dans les catacombes de Rome sous le nom de Mosès. Que la doctrine chrétienne ait représenté l'antique théorie âryenne de *Sûrya* (le père céleste), d'*Agni* (le feu sacré, qui est le Verbe, le médiateur et le Fils) et enfin de *Vâyou* (*spiritus*, l'esprit qui donne la vie), c'est ce qu'il est aisé de mettre hors de doute; de plus parmi ses pratiques, nous savons que le christianisme adoptait un certain nombre d'usages bouddhiques, la tonsure, le cénobitisme, la mendicité, et plusieurs autres, sans compter la grande doctrine de l'égalité des hommes devant Dieu avec ses conséquences morales et politiques. Mais les chrétiens ne livraient pas aux discussions mondaines leurs doctrines et leurs cérémonies : pour en obtenir la connaissance il fallait, comme dans l'enseignement bouddhique, franchir certains degrés : on pouvait toujours se présenter pour être inscrit parmi les catéchumènes ou auditeurs ; mais le catéchisme de ces *çravakas* gréco-romains ne faisait pas toujours d'eux des chrétiens, et ce n'était qu'après un long apprentissage et quand on avait fait preuve de persévérance, qu'on recevait les dernières formules du dogme et le baptême. Les gens du dehors ne pouvaient donc connaître les doctrines chrétiennes et la signification des rites et des symboles, qu'à la condition de se faire chrétiens puis rénégats, action déshonnète et qui n'était pas sans périls.

La position que prit l'école d'Alexandrie entre les doctrines du temps fut une des plus nettes de cette époque. Le nom de platoniciens que recevaient ses maîtres l'indique assez : ils se donnèrent pour mission de représenter l'hellénisme et luttèrent par conséquent d'une part contre les gnostiques et de l'autre contre les chrétiens. Toutefois, dans les discussions infinies auxquelles ce combat donnait lieu il y avait moins de simplicité et de clarté que la position générale prise par les uns et les autres ne semblerait l'exiger. En effet il y avait dans Platon lui-même un germe d'orientalisme, qui pouvait se développer et auquel les tendances des esprits à cette époque pouvaient donner une énergie nouvelle : c'est ce qui arriva ; les philosophes néoplatoniciens furent beaucoup plus mystiques que leur maître ne l'avait été. D'un autre côté les gnostiques n'étaient pas de purs orientaux : ils empruntaient de toute part, à l'Egypte peut-être, au mosaïsme sûrement et surtout à ce mosaïsme hellénisé, tel que nous l'avons vu dans Philon. Enfin la grande compréhension des dogmes chrétiens leur permettait d'accueillir beaucoup de doctrines platoniciennes ou gnostiques, qui n'étaient point en contradiction avec eux-mêmes et qui pouvaient au contraire concourir à leur développement métaphysique. Il y eut donc de nombreuses analogies entre ces trois écoles, dont l'une, celle des vrais chrétiens, conserva le caractère purement religieux, tandis que les deux autres restèrent à l'état d'hérésies ou de philosophies plus ou moins mystiques.

L'issue de la lutte n'eût pas été douteuse pour une personne qui aurait pu la voir de haut et en saisir à la fois l'origine et les tendances. Elle aurait compris en effet que le gnosticisme de *Basilide* et de *Valentin* était une doctrine incomplète, artificielle, pleine de fantaisie et que, si elle se rattachait au mazdéisme, elle était loin de le reproduire dans son ensemble et dans son unité. Dailleurs le mazdéisme n'était plus et même n'avait jamais été qu'une forme dérivée et pour ainsi dire une face de la grande et primitive doctrine àryenne contenue dans le Vêda; il se trouvait, quoique avec plus de portée métaphysique, dans une condition analogue au mosaïsme, et par conséquent la gnose ne pouvait avoir qu'un succès restreint. Le néoplatonisme n'était pas une religion, quoique par son mysticisme et ses allures il ressemblât autant à une religion qu'à une philosophie; de plus il représentait le passé et non l'avenir; l'hellénisme, auquel il se rattachait, touchait à son déclin et ne pouvait pas plus être sauvé qu'un vieil arbre dont on couperait les rameaux desséchés, pour greffer un fruit nouveau sur ceux qui conserveraient encore un peu de sève. Au contraire le christianisme, reproduisant les doctrines primordiales de la race aryenne dans toute leur plénitude, se constituant à l'état de religion avec des rites, des symboles, une métaphysique profonde et vraie, formant une Eglise dont les membres étaient frères, c'est-à-dire égaux, et qui avait une organisation hiérarchique déjà puissante, le christianisme avait un caractère de catholicité qui lui assurait l'avenir.

Les philosophes alexandrins manquèrent de foi dès la première génération : Ammônios n'avait rien écrit et avait fait promettre à ses disciples de ne point divulguer ses doctrines; Hérennius manqua le premier à cet engagement; Origène l'imita; Plotin se crut dégagé et livra à la discussion toute la métaphysique de son maître. Né en 205 à Lycopolis, en Egypte, Plotin, Πλωτῖνος, se livra, à vingt-huit ans, à l'étude de la philosophie et s'attacha à cet Ammônios Saccas que l'on disait inspiré de Dieu, θεοδίδακτος. A trente-neuf ans, il partit à la suite de Gordien pour l'Asie (243) dans l'intention de séjourner auprès des mages et des brâhmanes, afin d'étudier leurs doctrines aux sources les plus pures. Mais ce voyage fut interrompu par les événements et Plotin se rendit à Rome, où il enseigna et écrivit jusqu'en 270, année de sa mort. C'était un homme d'un tempérament faible et maladif, vivant de régime et méprisant les choses de ce monde, dont il ne pouvait tirer que peu de profit. Il fut longtemps sans écrire; il parlait ou plutôt il prêchait; son mysticisme et ses airs inspirés attiraient autour de lui beaucoup de fidèles, dont deux ou trois comprenaient à peu près ses paroles, et qui tous se laissaient charmer et le regardaient presque comme un dieu. Il faisait des miracles ou du moins on le croyait; pratiquant l'extase, il réussit quatre fois dans sa vie à s'unir à Dieu parfaitement, ce qu'il appelait ἕνωσις. Sa maison regorgeait de jeunes gens et de jeunes filles qui demeuraient suspendus aux lèvres du prédicateur et lui faisaient cortége ; il avait parmi ses auditeurs assidus des personnes de haut rang ; il compta même parmi eux l'empereur Gallien et l'impératrice Salonine. Il eût donc pu, si sa doctrine et la tradition de son école l'eussent permis, constituer une église et lutter avec des armes temporelles contre les chrétiens, les gnostiques et Manès, dont la doctrine dualiste attirait alors beaucoup de personnes.

Comme écrivain, Plotin occupe un rang peu élevé dans la littérature hellénique et n'y compte en réalité que parce qu'à cette époque il n'y a plus d'art d'écrire et que l'histoire des lettres se confond avec celle des idées ou même est tout à fait absorbée par elle. Paresse ou dédain, Plotin écrivait au courant de la plume et sa main reproduisait les mots comme ils lui venaient à l'esprit. Il ne relisait jamais ce qu'il avait écrit : ses phrases sont pleines d'obscurités et d'incorrections. Il savait à peine le grec : il disait ἀναμνημίσκεται au lieu de ἀναμιμνήσκεται. Pour servir sa métaphysique transcendante, les mots de la langue quittaient leur sens et en prenaient d'autres, qu'ils n'avaient jamais eus auparavant. Comme les gnostiques, les chrétiens et beaucoup d'hommes plus ou moins mystiques et souvent étrangers aux Hellènes, agissaient de la même manière, la langue se transformait avec une rapidité extrême : les sens détournés prenaient la place des significations anciennes. Comme beaucoup de ces prédicateurs parlaient au peuple, ils en prenaient le langage et l'introduisaient dans leurs écrits ; en retour le peuple recevait d'eux un grand nombre d'expressions et de formules auxquelles on n'avait jamais songé et qui les unes après les autres circulaient de bouche en bouche et finissaient par tomber dans l'usage commun. Quoique ce travail de transformation de la langue fût commencé depuis longtemps et qu'il eût même toujours existé, le troisième siècle peut néanmoins être considéré comme la période vraiment critique de la langue grecque, comme le temps où se brisa l'équilibre entre les formes anciennes et les formes nouvelles. Cette rupture, à laquelle tout le monde travaillait, eut néanmoins pour principaux auteurs ou pour aides les plus actifs les philosophes, les chrétiens et toutes les sectes mystiques qui se rattachaient à l'Egypte ou à l'Asie. La langue grecque ressemblait alors à une ville que l'on démolit et où les pierres tombent comme une pluie de tous les édifices publics et privés. L'œuvre de destruction était d'autant plus facile, qu'il n'y eut en ce siècle aucun auteur grec capable de représenter la belle langue antique et d'opposer par son exemple quelque obstacle à sa destruction.

Trois disciples de Plotin ont laissé un nom dans l'histoire, mais appartiennent plutôt à la philosophie qu'aux lettres. Ce sont Amélius, Porphyre et Iamblique. Ils avaient tous trois changé de nom : le premier s'appelait *Gentilianus* et avait reçu le nom *d'Amélius,* on ne sait pourquoi; il eût voulu qu'on l'appelât *Amerius,* du mot grec μέρος, pour signifier qu'il ne prenait point part aux biens et aux plaisirs de ce monde et qu'il leur restait étranger. Après la mort de Plotin, il se retira dans Apamée en Syrie, patrie du philosophe pythagoricien Nouménios, dont Plotin et lui-même estimaient beaucoup les doctrines. On dit que

Amélius avait été chrétien, et qu'il citait les paroles de saint Jean dans sa définition du Verbe ; mais c'est là une simple affirmation d'Eusèbe, dont la véracité n'est pas toujours certaine. Amélius était un adversaire des gnostiques ; il avait écrit quarante livres contre le prétendu livre apocalyptique de Zostrianos.

Porphyre, qu'on appelait aussi *Basile* et dont le vrai nom était *Melk,* était né à Batanée en 233. Ce que nous connaissons de sa carrière est contenu dans *la Vie de Plotin* dont il est l'auteur. Elève d'Origène et du rhéteur Longin, il se rendit à Rome vers l'âge de trente ans et là fut converti par Amélius aux doctrines de Plotin. Celui-ci le chargea de mettre en ordre ses propres écrits, dont le nombre à sa mort s'élevait à cinquante-quatre. Porphyre les distribua par ordre de matières en six recueils de neuf traités, recueils auxquels il donna le nom *d'Ennéades.* De plus il y ajouta des commentaires, des sommaires et des arguments et il corrigea les barbarismes et les phrases les plus mal faites. C'est dans cet état que les ouvrages de Plotin nous sont parvenus. Porphyre vécut à Rome auprès de son maître et ne le quitta que sur son ordre pour faire un voyage de santé en Sicile. Revenu à Rome après sa mort, il épousa dans sa vieillesse une veuve chrétienne, Marcella, mère de sept enfants; et il mourut lui-même vers l'année 304. Il avait réussi une fois à l'âge de soixante-huit ans à s'absorber en Dieu par *l'énosis.*

Adversaire des chrétiens, comme Amélius l'était des gnostiques, il écrivit soixante ouvrages, dont les plus célèbres sont : le Traité *contre les chrétiens* en quinze livres, qui fut en 435 brûlé par l'ordre de Théodose II; *la Lettre à Marcella; la Lettre à Anébon* contre le dualisme et les démons ; *l'Antre des nymphes,* où il se rapprochait beaucoup des doctrines mazdéennes ; le traité *contre l'usage des viandes ; la Vie de Pythagore,* celle de *Plotin ; l'Eisagogé* ou introduction aux Analytiques d'Aristote, ouvrage précieux et qui facilite singulièrement l'intelligence de ces derniers. Porphyre était fort instruit, bon écrivain autant que pouvait l'être un ascète oriental devenu platonicien ; mais aucun de ses écrits n'a le caractère d'une œuvre littéraire.

IAMBLIQUE (Iamlèk) était une sorte d'arabe de Syrie, qui vint à Rome comme beaucoup de gens y allaient. Il s'attacha à Plotin, dont les doctrines et les airs inspirés flattaient son mysticisme. Dépourvu de connaissances littéraires et de véritable talent, il écrivit plusieurs livres sur la doctrine pythagoricienne, une *vie de Pythagore* et une réponse à la lettre de Porphyre à Anébon. Il ne prenait des doctrines que ce qu'elles avaient de chimérique et d'insensé. Crédule à l'excès, vrai derviche avant Ali et Mahomet, il s'imagina qu'il devenait un philosophe grec, mais il ne fut jamais qu'un bédouin.

LONGIN, Διονύσιος *Cassius Longinus,* a connu et fréquenté presque tous les hommes de quelque valeur qui se signalaient à cette époque, soit dans les lettres soit dans la philosophie. Syrien de naissance, Romain par clientèle plutôt que par sa race, il voyagea beaucoup dans sa jeunesse avec ses parents ; il fut élève d'Ammònios Saccas, d'Origène et de Plotin et développa au contact de ces hommes célèbres l'esprit philosophique qui se remarque dans ses écrits. Il eut dans sa vie deux choses heureuses : la première fut d'être traité de philologue par Plotin, qui lui refusait du même coup le titre de philosophe et par là contribuait à retirer cet esprit élégant et vraiment grec du bourbier des discussions mystiques où il était exposé à se fourvoyer. La seconde fut qu'ayant été exclu de la sorte du cénacle gréco-romain, il vint se fixer pour longtemps à Athènes, et y vivre, comme avait fait Lucien, en face des belles œuvres toutes fraîches encore, du siècle de Périclès, des horizons si purs et si nets de la Grèce et dans le commerce des anciens et véritables Hellènes. Il resta donc philosophe autant qu'il convenait de l'être et représenta presque à lui seul l'hellénisme au troisième siècle. Il professa longtemps dans Athènes, il y fut maître de Porphyre, qui apprit de lui à mieux écrire que Plotin, et il y acquit une érudition variée et solide. En 269 il quitta cette ville, pour retourner dans son pays : là il fut connu de Zénobie, qui l'attira à sa cour, en fit son maître puis son ministre, refusa sur son conseil de se soumettre à la domination romaine et attira contre elle l'armée d'Aurélien. Vainqueur de Palmyre, Aurélien fit mettre à mort Cassius Longinus.

Il avait écrit beaucoup d'ouvrages dont il ne nous reste que des fragments : des commentaires *sur Platon, Démosthène, Homère,* des livres de *rhétorique,* un *lexique* attique, des livres de *grammaire;* des *conférences de philologie,* φιλολογικαὶ ὁμιλίαι; des livres de philosophie sur le *But de la vie,* l'*instinct* (π. ὁρμῆς), les idées, l'âme; un *éloge d'Odenath;* etc. — Le *Traité du Sublime,* π. ὕψους, qui forme, tel qu'il est, un ensemble complet, est le meilleur ouvrage sur le style que nous ait légué l'antiquité. La plupart des idées qu'il renferme sont çà et là répandues dans un grand nombre d'auteurs grecs et latins; mais l'auteur du livre n'en a pas moins le mérite d'avoir exprimé dans un bon langage des idées justes et bien plus élevées que toutes celles qu'on trouve chez les grammairiens des temps antérieurs. Nous ne croyons pas possible que cet ouvrage ait été composé par une personne résidant à Rome; c'est un livre grec, fait pour une société grecque et par un homme vivant au milieu d'elle. D'un autre côté le livre *du Sublime* renferme un assez grand nombre d'expressions qui ne semblent pas avoir pu appartenir au second ni, à plus forte raison, au premier siècle de notre ère, et qui sont du troisième. Si la citation célèbre de paroles empruntées au premier chapitre de la Genèse n'est pas une glose des temps postérieurs, elle indique aussi entre autres faits, un temps où l'on commençait à connaître dans le monde athénien les livres des Juifs. Or il semble qu'aux deux premiers siècles on les y ait totalement négligés. Enfin l'auteur du *Traité du Sublime* est tantôt nommé Dionysios, tantôt Longinus. Il a existé aux siècles précédents divers auteurs du nom de Denys; mais, si le livre est du troisième siècle, on ne peut l'attribuer à aucun d'eux et il est d'une valeur telle qu'à lui seul il eût fait la réputation de l'écrivain; celui-ci ne semble donc pas pouvoir être un autre que le Cassius Longinus dont nous parlons ici.

Dans son état actuel, le livre *du Sublime* paraît avoir fait partie du recueil intitulé *Conférences philologiques;* c'est un ouvrage plein de philosophie et non une déclamation oratoire; œuvre d'un esprit solide et d'un homme éclairé par la réflexion aussi bien que par l'exemple des meilleurs auteurs, il expose les conditions, non extérieures, mais en quelque sorte intrinsèques, qui donnent le caractère de la sublimité à un livre, à une pensée, à une expression ; et il montre que ces conditions se rencontrent moins dans la langue que parle l'auteur, que dans les conceptions de son esprit et dans la forme première dont il les revêt. On n'arrive donc pas au sublime par le travail du style. Mais ce travail n'en est pas moins nécessaire à quiconque veut être un bon écrivain. Le développement de ces idées et l'application qu'il en fait à beaucoup d'exemples pris chez des auteurs de diverses époques, rend la lecture du livre de Longin à la fois utile et agréable.

Les fragments qui nous restent de ses autres ouvrages sont peu nombreux. Les principaux sont des scholies au livre du grammairien Héphæstion, un morceau sur la rhétorique, et sa lettre à Porphyre citée par ce dernier dans sa vie de Plotin.

— La longue période presque improductive pour la littérature hellénique, qui comprend à peu près tout le troisième siècle, est marquée dans l'histoire des lettres chrétiennes par beaucoup de noms célèbres. Nous citerons seulement parmi eux ceux de Clément d'Alexandrie, d'Origène, d'Hippolyte, de Jules l'Africain, d'Eusèbe lui-même, dont l'œuvre appartient également au siècle suivant. Nous ne faisons pas ici leur histoire, qui nous conduirait insensiblement jusqu'à nos jours. Nous donnons seulement cette courte liste, prise dans une grande nomenclature, pour avertir que la balance penchait déjà fortement du côté du christianisme.

IVᵉ ÉPOQUE. JULIEN.

La sophistique, les romans et les Pères de l'Eglise composent toute la littérature grecque du quatrième siècle. Ces derniers y brillent de leur plus vif éclat : c'est l'âge des deux Grégoire, de Basile, de Jean-Chrysostome. Les romans y présentent une forme amoindrie de l'épopée, diminuée dans tous ses éléments. La sophistique offre à l'historien des lettres grecques plusieurs noms qui furent très-grands à cette époque et dont la gloire se réduit à mesure qu'on les regarde de plus près : tels sont par exemple ceux de Libanios et de l'empereur Julien.

I. LA SOPHISTIQUE.

Par le nom de sophistes nous continuons d'entendre professeurs et docteurs. Il y avait des sophistes dans toutes les parties de l'empire romain, en Occident comme en Orient, dans toutes les villes qui possédaient des institutions analogues à celles que nous nommons aujourd'hui *Facultés* ou *Universités*. Les plus célèbres de ces établissements étaient en Orient, c'est-à-dire chez les Grecs, et parmi eux florissaient surtout ceux d'Athènes et de Constantinople. Cette dernière ville en effet avait pris une importance nouvelle depuis que le centre de l'empire y avait été transporté; mais c'était toujours Athènes qui, à cause de sa langue, de ses monuments et de ses traditions, continuait à être regardée comme le véritable centre des études classiques. Byzance, par sa position géographique, attirait des gens de toutes les nations, qui apportaient chaque jour à la langue usuelle quelque tribut nouveau et en faisaient un idiome de plus en plus barbare. Les Albanais, les Slaves, les Latins et les Asiatiques formaient dans cette ville une population plus nombreuse que celle des Hellènes et de cette époque date la mutilation de la langue grecque, dont les Grecs d'aujourd'hui s'efforcent de réparer les effets; le mal recommencerait à se produire, mais avec plus d'énergie encore, si leur malheur voulait que Constantinople leur échût en partage et qu'Athènes cessât d'être leur capitale. A l'époque de Constantin et de ses successeurs immédiats, cette dernière ville se trouvait encore éloignée des influences étrangères et vivait sur le fonds que lui avait légué l'antiquité. Beaucoup d'hommes instruits et de jeunes hommes studieux venaient y compléter leur éducation et y trouvaient de savants professeurs et une société littéraire distinguée. Mais il faut ajouter qu'ils n'y restaient pas longtemps, parce que la carrière littéraire conduisait aux honneurs et que le centre du gouvernement attirait à lui tous ceux qui avaient l'ambition de parvenir.

Thémistios forme avec Libanios et Himérios une triade de rhéteurs qui remplit de sa renommée le quatrième siècle.

Himérios, Ἱμέριος, né à Brousse en 315, fut un véritable rhéteur, dans le sens antique de ce mot. Son père, nommé Aminios, l'avait été avant lui et avait joui d'une certaine réputation. Himérios après avoir fait ses études à Brousse où son père enseignait, vint à Athènes compléter son éducation et ne tarda pas à enseigner à son tour. Comme il n'y avait pas de chaire vacante qu'il pût ambitionner, il acquit de la renommée en allant de ville en ville ouvrir en quelque façon des cours libres de rhétorique : il visita ainsi les villes et les Universités de Brousse, de Constantinople, de Thessalonique, de Corinthe, de Lacédémone ; et ce fut après ces longs et nombreux essais qu'il obtint une chaire à Athènes. Il acquit dans cette ville une grande célébrité comme professeur ; il eut parmi ses élèves trois hommes qui, après avoir été des amis d'école, se séparèrent et combattirent dans des camps opposés : Grégoire de Naziance, Basile et l'empereur Julien. Ce dernier avait conçu beaucoup d'admiration et d'estime pour son maître ; il en fit en 362 son secrétaire. Depuis cette époque Himérios disparait du professorat. Engagé après la mort de Julien dans la polémique religieuse, il devint aveugle dans sa vieillesse et mourut épileptique en 386.

Himérios avait composé un grand nombre d'ouvrages didactiques. Il nous reste de lui vingt-quatre *discours* et une dixaine de fragments : ces morceaux sont à peu près tous des modèles à l'usage de la jeunesse et roulent sur des sujets imaginaires, quelquefois singulièrement choisis. On voit en les lisant que les procédés d'enseignement adoptés depuis l'époque d'Isocrate par les écoles grecques et ensuite par les écoles latines, n'avaient pas changé ou n'avaient reçu que de petites modifications. Aux règles de composition que nous trouvons exposés dans les ouvrages de plusieurs rhéteurs grecs ou latins, on ajoutait toujours la lecture et l'analyse des anciens auteurs, principalement des orateurs et des philosophes. Himérios connaissait sa langue et savait l'écrire, mais il ne semble pas qu'il se soit jamais élevé bien haut dans l'ordre des idées.

Avec une éducation toute semblable, Thémistios, Θεμίστιος, eut une toute autre destinée. Né en Paphlagonie vers 325 et un peu plus jeune que Himérios, il suivit les écoles du Pont et s'y distingua de bonne heure par ses aptitudes de rhéteur et de philosophe. A peine sorti des bancs des écoles, il composa pour les œuvres d'Aristote un savant commentaire, dont il nous reste une partie. Ce livre fit sa réputation. Il enseigna dès lors la rhétorique et la philosophie en Asie mineure et en Syrie. Il était à Ancyre en 347, lorsqu'il adressa à Constantin, qui passait dans cette ville, un discours que nous possédons et qui lui ouvrit la carrière des honneurs. Appelé à Constantinople, il fut en 357 nommé sénateur par le successeur de Constantin, fut honoré de deux statues, et fait préteur en 361. Trois ans après, Julien son protecteur étant mort, il alla complimenter en Galatie, Jovien, le nouvel empereur. Il eut aussi à prononcer des discours devant Valentinien et Valens, et devant Théodose. En 384 il fut nommé préfet de Constantinople et bientôt tuteur du jeune Arcadius ; il mourut en 390.

Thémistios fut le type de l'homme public, du fonctionnaire impérial et du parfait magistrat. Comme il vécut soixante-cinq ans, dont il passa plus de la moitié dans les honneurs, il vit plusieurs empereurs (plusieurs rois, βασιλεῖς, comme on disait alors) se succéder sur le trône et, malgré la diversité de leurs idées et de leurs règles de gouvernement, il eut à leur adresser des discours officiels ou des rapports qui le plus souvent étaient des éloges. L'ancienne Grèce ne connaissait pas cette classe de fonctionnaires dont la stabilité était plus grande que celle des chefs de l'état et dont la création est due à l'ordre établi par l'administration romaine dans les services publics.

Mais comme ils n'étaient point en général inamovibles, les changements d'empereurs exigeaient souvent de leur part une flexibilité de principes, qui pouvait facilement tourner à la corruption ou à la servilité. Thémistios a fait l'éloge de princes qui ne le méritaient guère et que ses fonctions publiques l'obligeaient, sinon à flatter, du moins à ménager. Nous possédons plusieurs de ces discours et la lecture en est instructive. On y verra qu'à côté de l'homme officiel il y avait aussi en lui le magistrat intègre et l'homme de bien, qui cherche à tirer le meilleur parti de son autorité et à se rendre utile. Nous signalerons entre autres *le discours à Jovien* où il demande à ce nouvel empereur d'assurer la liberté des cultes ; celui qu'il prononça en 367 en faveur de la clémence ; les conseils au *jeune Valentinien,* discours écrit en 369. Il y a dans la plupart de ces écrits une véritable éloquence ; Thémistios était un homme fort instruit, aimant beaucoup les anciens, lisant toujours Platon et imitant son style. Il fut peut-être le meilleur écrivain de l'époque de Constance.

LIBANIOS, Λιβάνιος, est plus connu des modernes que Thémistios, et pourtant il lui fut inférieur en tout. Né à Antioche vers 314, il se rendit à Athènes en 334, y connut beaucoup d'hommes distingués et y remplaça quelque temps un professeur absent. Au retour de ce dernier, Libanios chercha fortune dans plusieurs villes universitaires, en Asie mineure, puis de nouveau à Athènes, où il ouvrit une école privée, ensuite à Nicomédie sous l'Olympe, où il passa cinq ans ; il chercha alors à s'établir dans Constantinople et retourna enfin à Antioche sa patrie, il y mourut en 390. Cette instabilité ne fut pas seulement dans sa destinée ; elle était dans son caractère. Ambitieux et vaniteux, mais se heurtant contre des obstacles sans cesse renaissants, il devint d'un commerce difficile et son esprit était toujours disposé à contredire. Cependant son talent d'orateur et son érudition lui valurent une grande renommée et l'admiration de Julien et de Théodose. Julien le fit questeur. Mais, comme il vivait dans le concubinage et qu'il avait des enfants que la loi romaine ne pouvait reconnaître, il ne put jouir de la même considération que Thémistios dans une société à la fois prude et corrompue. Il fut, comme Himérios, le professeur de saint Basile et il le fut aussi de saint Chrysostome.

Il nous reste de Libanios un grand nombre d'écrits : des *lettres,* les unes réelles, les autres fictives ; cinquante *exercices* de rhétorique sur des sujets imaginaires ; des *progymnasmata* en treize livres ; des *arguments* à tous les discours de Démosthène ; *la Vie* de cet orateur et enfin soixante-six *discours*. Le style de ces ouvrages ressemble à celui des autres rhéteurs du temps ; l'étude avait épuré le goût de leur auteur, qui s'efforce toujours de se rapprocher des meilleurs modèles. Ce style est du reste fort travaillé et souvent artificiel, comme les pensées mêmes qu'il revet. Tout attique qu'il est et formé d'après les règles les mieux définies que les écrivains d'aucun peuple aient possédées, il sent toujours la rhétorique et n'a pas le naturel des anciens auteurs. La cause en est facile à saisir : au temps de Constantin il y avait deux langues fort différentes l'une de l'autre, celle de la conversation et la langue écrite ; il fallait pour employer cette dernière faire effort pour oublier l'autre ; et cet effort ne pouvait aboutir au succès que s'il était dirigé par les règles de la rhétorique et par l'exemple des bons auteurs.

La spontanéité et avec elle l'originalité avaient donc disparu des œuvres littéraires ; et cette face de l'hellénisme allait chaque jour s'anéantissant.

Un seul homme à cette époque a quelquefois échappé à cette littérature de collége qui brille dans Libanios : c'est JULIEN, Julianus. Rudement éprouvé par la vie dans sa jeunesse, puis parvenu au trône, il eut le sentiment de la réalité et de la responsabilité qui pesait sur lui. Elevé par des maîtres chrétiens, tonsuré, baptisé, devenu lecteur sacerdotal des livres saints, il put connaître à fond la religion nouvelle. A Nicomédie, où Eusèbe était occupé de son éducation, il connut Libanios et lut ses livres avec avidité. Plus tard mis en relation avec le célèbre thaumaturge d'Ephèse, Maxime, il étudia avec passion les dogmes païens et se fit initier aux mystères de Diane. C'est aussi à cette époque qu'il s'instruisit dans le culte de Mithra, c'est-à-dire dans le mazdéisme, qui était devenu une des religions étrangères les plus répandus dans l'empire. Envoyé à Athènes par Constance, il y eut pour condisciples et presque pour amis Grégoire de Nazianze et Basile; mais là encore, au lieu de persister dans le christianisme, qui n'avait été pour lui qu'une éducation d'enfance, il se faisait initier aux mystères d'Eleusis. Rappelé à Milan et fait César, il épousa la princesse Hélène et partit pour le gouvernement des Gaules. Acclamé empereur par ses soldats, il marchait par le Danube sur Constantinople, lorsque Constance mourut ; et il fit son entrée dans cette ville comme empereur légitime.

Peu d'hommes sur le trône ont eu un aussi profond sentiment des devoirs d'un chef d'état. Malheureusement Julien vivait dans un temps où presque personne ne jouissait de cet équilibre, qui fait la justesse et la force d'une intelligence. Elevé dans le christianisme et incliné par ses études comme par ses goûts vers les anciens cultes, il crut pouvoir leur rendre la vie qui leur échappait, en mêlant au paganisme hellénique un principe philosophique emprunté aux néoplatoniciens et un élément religieux que lui fournissait la doctrine persane. Ses traités du *Roi-Soleil* et de *la Mère des dieux* contiennent sur ce point les renseignements les plus instructifs. D'un autre côté Julien voyait derrière lui tout le glorieux passé de la race gréco-romaine, dont la civilisation croulante faisait ressembler le christianisme à une invasion de la barbarie ; cette idée lui semblait plus évidente encore, lorsqu'il considérait les mauvaises mœurs de beaucoup de chrétiens et la conduite méprisable ou odieuse de ses deux prédécesseurs, Constance et Constantin, qui avaient été chrétiens, eux aussi. Il s'accoutuma facilement à regarder la foi nouvelle comme une superstition, qu'il fallait décourager afin de rendre à l'hellénisme régénéré l'énergie vitale qu'il allait perdre.

Julien n'était ni injuste, ni tyrannique. Sa *lettre à Thémistios*, le fragment admirable de sa *lettre à un pontife* ; celle qu'il adressait *au Sénat et au peuple d'Athènes*, sa consolation *à Salluste,* sont autant de preuves de sa douceur naturelle, de l'élévation de ses sentiments et de l'instinct de charité universelle qui était devenu pour lui un système. Mais il croyait que la vieille religion revivifiée pouvait, mieux que celle du « Juif mort » comme il disait avec dédain, conduire les hommes à la pratique de la vertu et cela sans secousses et sans révolutions. Le langage prophétique, avec ses expressions violentes et ses outrages, répugnait à cette nature paisible, tendre et un peu rêveuse, que l'étude de l'antiquité avait encore adoucie. Quand il fut sur le trône, sa préoccupation la plus vive fut de rendre à l'ancienne religion son énergie morale, de faire pénétrer par elle dans la pratique les dogmes élevés que la philosophie et certaines religions étrangères avaient mis au jour, et en même temps de réduire, par des moyens moraux et par des voies administratives, l'influence acquise et croissante du christianisme. Il n'y avait en cela rien d'impie, ni surtout de perfide ; toute la conduite de Julien procédait d'une idée que l'on peut qualifier de fausse, mais qui à cette époque était au moins discutable et qu'il n'a jamais dissimulée. La mort seule en a arrêté la réalisation.

Son *Misopôgôn* est un exemple de sa manière de procéder à l'égard des chrétiens qui l'insultaient. Avait-il eu tort de replacer dans Antioche les restes de saint Babylas, qui avaient envahi l'enceinte d'Apollon ? C'est un point à discuter entre les historiens. Mais il eut certainement raison de répondre aux grossièretés des habitants d'Antioche par un écrit plutôt que par des punitions, qu'il avait le droit de leur infliger. Le discours qu'il composa alors sous le titre de *Misopôgôn* ou l'Ennemi de la barbe est un pamphlet plein de verve et de naturel où l'on ne sent presque pas la rhétorique.

Son livre intitulé *les Césars* est au contraire une œuvre d'art, une vraie composition littéraire. On pourrait lui donner pour titre le Jugement des morts : car c'est une revue des empereurs romains, auxquels Julien a ajouté César et Alexandre et qui sont amenés en scène par Hermès et par Silène. Chacun y rend compte de ses principes, de ses sentiments et de sa conduite; l'appréciation est sévère, la critique est parfois sanglante. C'est une page d'histoire tantôt juste, tantôt passionnée, écrite dans un style énergique, précis et coloré; mais elle montre moins la vraie figure des personnages qu'elle dépeint, que leurs images altérées par la main maladive de l'empereur Julien. Il n'y est pas doux pour ses pairs, même pour Marc-Aurèle, dont il aurait fait volontiers son modèle. Il est dur pour Constantin, qui avait fait plus de mal au paganisme que de bien à la religion chrétienne; il est juste pour Constance, dont il avait fait jadis des *Éloges* qui sont des persifflages sans pitié; quand à la fin du débat il abandonne les empereurs chacun à sa divinité, Constantin se livre à la Mollesse qui le caresse, le pare de pourpre et d'or et le remet à la Débauche.

En résumé, Julien s'est trompé, mais n'a voulu tromper personne. Il a fait, pour ranimer l'hellénisme en le réformant, un court et suprême effort. La même cause qui devait donner tort aux gnostiques, condamnait au même sort son *Roi-Soleil* et sa *Mère-des-dieux;* son œuvre ne devait pas mieux réussir que l'œuvre de Plotin et de cet autre Iamblique, dont il s'était fait un objet d'admiration. Tout ce qu'il y avait de bon dans l'hellénisme, c'est-à-dire ses éléments sociaux et politiques, passait dans le christianisme et permettait d'appliquer à l'occident une doctrine que l'orient avait « tenue cachée depuis le commencement » des sociétés aryennes. De plus au lieu de vouloir, comme Julien, employer le pouvoir d'un empereur romain au rétablissement d'une religion mourante et à sa réformation, les chrétiens, qui à cette époque étaient les plus forts, employaient la force morale de l'idée nouvelle à la reconstruction de la société, dont ils s'assimilaient peu à peu les meilleurs éléments. Ainsi la tentative de Julien devait échouer, lors même que sa vie aurait eu plus de durée, et elle fut comme un de ces derniers mouvements convulsifs que fait un être mourant avant d'expirer.

II. ROMANS.

Les romans forment une des dernières et en même temps des plus obscures parties de la littérature hellénique. La plupart des récits contenus dans ces livres ne se rapportent à aucune date précise, quoiqu'il s'y entremêle assez souvent des faits ou des noms historiques; leurs auteurs sont le plus souvent inconnus, parce que les noms sous lesquels ils nous sont parvenus sont ordinairement imaginaires et quelquefois simplement appropriés à la nature des événements ou des idées que développaient les auteurs. On est donc réduit à chercher pour cette période littéraire des limites approximatives et à considérer surtout le tissu des faits, les idées et la langue des divers écrits qu'elle renferme. L'historien se trouve à l'égard des romans grecs à peu près dans la situation où l'on est en face de la littérature sanscrite.

Parmi les histoires plus ou moins romanesques écrites en prose, il est possible de reconnaitre deux séries, qui pourtant se rapprochent et se confondent presque sur quelques points : une série purement hellénique et une autre qui tient à l'Orient. La première, que l'on peut rattacher aux *fables milésiennes* d'Aristide de Milet, comprend les noms de Parthénios, de Diogène, de Longus, de Lucius de Patras, de Xénophon d'Ephèse, et même de Théodore-prodrome et d'Eumathe. La seconde est moins nombreuse et comprend les noms d'Héliodore, d'Achille Tatius, de Chariton, d'Iamblique, auxquels on pourrait ajouter celui de Lucien comme parodiste des romans sérieux.

I. Nous ne savons presque rien des *fables milésiennes,* si ce n'est que Apulée donne encore ce nom à un récit de la légende de Psyché qui date du quatrième siècle. Son caractère était évidemment grec et psychologique et n'avait aucune attache avec la littérature indo-persane.

Il en est de même des trente-six petites narrations qui nous sont parvenues sous le nom de PARTHÉNIOS avec le titre d'*Aventures d'amour*, ἐρωτικά. Ce sont des historiettes très-courtes, extraites et abrégées d'un grand nombre d'auteurs, dont Parthénios cite les noms; la plupart se rapportent à des légendes héroïques ou mythologiques et ressemblent moins à des compositions littéraires qu'à des matières données par un rhéteur à ses élèves pour qu'ils les lui rendent développées. Ce Parthénios n'appartient pas encore à la vraie époque des romans; il vivait au temps d'Auguste.

Nous n'avons du roman de DIOGÈNE, Ἀντώνιος Διογένης, que l'analyse donnée par Photius. Cet ouvrage avait pour titre Ἄπιστα, les *Choses incroyables* que l'on voit au delà de Thulé. Il était en vingt-quatre livres et racontait les aventures de voyage d'un Arcadien nommé Dinias dans le nord de l'Europe et de l'Asie et jusqu'à l'île de Thulé; là il trouve une jeune Tyrienne, Dercyllis, qui lui raconte elle-même son histoire; et cette rencontre devient le point de départ d'une longue suite d'aventures souvent invraisemblables et au milieu desquelles Pythagore et surtout son disciple Zamolxis occupent une place importante. Ce fait pourrait rapprocher la date de Diogène de celle de Philostrate ou peut-être même de Porphyre. Du reste tous ces récits étaient faits d'après des auteurs antérieurs dont Antoine Diogène citait les noms.

Le vrai roman hellénique se dégage dans *Daphnis et Chloé*, pastorale (ποιμενικά) dont ni la date ni l'auteur ne sont connus avec certitude. Le nom de LONGUS se lit, mais d'une manière indécise, sur les manuscrits; et quant à l'époque, il n'y a, ni dans les auteurs ni dans le livre lui-même, rien qui la puisse exactement déterminer. Mais que l'œuvre soit purement grecque et exempte de toute influence étrangère, c'est ce dont la lecture de l'ouvrage ne permet pas de douter. Abstraction faite de toute moralité, cette pastorale est une œuvre charmante, d'une composition irréprochable, pleine de naturel, et d'un style qui rappelle les bonnes époques de la langue, malgré les néologismes qu'il renferme. L'auteur n'a point cherché à voiler les idées ou à ne les exprimer qu'incomplétement, comme on le fait presque toujours aux époques de décadence; il va droit devant lui sans reculer devant la réalité, et en cela il montre un art véritablement hellénique. Comme peintre de la vie pastorale, il est supérieur à Théocrite; il a sur lui l'avantage qu'au lieu de détacher de cette vie des montagnes quelques petits tableaux de genre d'un développement très-borné, il suit chez deux enfants naïfs et ignorants la marche d'un sentiment naturel et tout puissant. Seulement il est vrai de dire que ce sentiment est presque tout physique et que par conséquent ces peintures de l'amour ne sont après tout que celles de la volupté.

L'*Ane,* dont l'auteur est inconnu et qui a été attribué tour à tour à Lucien et à un Lucius de Patras peut-être imaginaire (quoique l'auteur se donne lui-même ce nom), est une parodie de la sorcellerie, dont le monde gréco-romain du second, du troisième et du quatrième siècle était infesté. Ce poëme en prose est l'œuvre d'un homme de bon sens et d'humeur joyeuse. Si l'on en pouvait retrancher deux ou trois scènes licencieuses, qui malheureusement sont dans la nature du sujet, il serait un modèle de gaîté burlesque et servirait mieux que beaucoup d'autres livres à l'amusement des gens d'esprit. C'est une idée aussi heureuse que bizarre d'avoir imaginé un homme curieux et incrédule à la recherche d'une séance de magie et qui, en l'absence de la sorcière, fait essai de ses drogues et se voit métamorphosé en âne. Les aventures de cet âne humain peuvent ensuite se développer à l'infini, dans des scènes d'une forme bizarre et d'un fond très-vrai et très-solide. L'*Ane* de Lucius est malheureusement très-court et nous amuse un moment sans beaucoup nous instruire. Du reste on n'en pourrait faire une étude complète qu'en la comparant à l'Ane d'or d'Apulée, comparaison étrangère à l'histoire que nous écrivons.

Rien de moins intéressant que les aventures d'*Habrocome et d'Anthia* par Xénophon d'Ephèse, quoique ce roman soit écrit avec assez d'élégance. C'est une imitation assez froide d'ouvrages de plus de valeur, dont il nous reste à rendre compte.

II. Pour se faire une juste idée de la série gréco-orientale des romans, il faudrait posséder plusieurs données qui nous manquent encore en partie, mais que l'on ne doit pas désespérer d'acquérir. L'examen de ces livres nous montre, mais d'une manière un peu indécise, que la Syrie et la langue syriaque ont été l'un des canaux par lesquels les poésies orientales ont pénétré dans le monde grec; et par ce mot orientales il faut entendre l'Inde, puisque la Perse ne semble pas avoir eu jusqu'à cette époque une littérature proprement dite. Que l'Inde ait fourni à la Grèce un élément littéraire nouveau, dans le temps où le christianisme prenait possession de l'Occident, c'est ce qui est prouvé par le livre de *Josaphat et Barlaam* (Ἰωασὰφ καὶ Βαρλαάμ) attribué faussement à Saint Jean Damascène et qui appartient à un moine Jean, de Damas, antérieur à Mahomet. Le texte grec de Jean doit être regardé comme une version, faite au sixième siècle ou même plus tôt, d'un livre syriaque qui semble perdu et dont la date peut se rapporter à la période des romans. Ce livre fut l'œuvre d'un chrétien et pourrait passer pour un roman grec, du moins au point de vue littéraire, quoique les deux héros du récit aient été canonisés par l'Eglise de Rome; en effet plusieurs livres de cette période, qui sont reconnus pour des romans, ont été composés par des évêques et l'impression qui résulte de leur lecture est quelquefois excellente. Or nous possédons dans le *Lalitavistâra* l'original sanscrit dont le livre syriaque, la version grecque de Jean et toutes les versions qui ont été faites depuis, sont des imitations : cet original n'est pas postérieur au troisième siècle avant J.-C.; et celui dont il raconte la vie et les actions n'est autre que le Bouddha Çâkya-mouni. Voilà le point solide d'où il faudrait partir pour faire l'histoire des romans grecs auxquels la Syrie et les pays voisins ont pu servir de centre de fabrication.

A leur tête et de beaucoup supérieur aux autres est le livre intitulé *Ethiopiques* ou *histoire de Théagène et de Chariclée*. C'est un ouvrage d'une très-grande valeur historique. On lit dans la dernière phrase qu'il fut composé par un homme de Phénicie, de race solaire, nommé Héliodore, fils de Théodose. La Phénicie à cette époque, c'était la Syrie et sa langue était le syriaque ; sous ces deux noms d'hommes de race solaire on peut écrire Sûryadatta et Dèvadatta, qui ont la même signification. Les deux extrémités de l'espace rempli par les aventures de Théagène et de Chariclée sont le temple de Delphes où se noue leur chaste amour, et l'Ethiopie dont ils deviennent les souverains. Ces deux âmes, où la pureté s'unit à l'intelligence et la douceur des mœurs à l'énergie dans la patience et dans l'action, figurent la civilisation hellénique dans ce qu'elle avait de meilleur et un élément étranger qui semble apparaître depuis quelques temps et produire d'étonnants effets. C'est en Ethiopie que cette nouvelle puissance morale est mise en action par l'auteur : ce pays, situé au delà de Syène et d'Eléphantine, est, dans le livre, habité par des hommes de couleur ; mais le roi et la reine, qui sont nègres, ont déjà subi une influence étrangère ; ils portent les noms âryens de Hydaspe et de Persina. De plus ils ont une fille qui est née blanche par un miracle et qui n'est autre que cette belle et pure Chariclée. Enfin il existe dans le pays une vieille religion barbare et sauvage représentée par des rites inhumains ; mais les prêtres sont des étrangers venus d'Asie, des missionnaires apportant avec leurs prédications la justice, la miséricorde et la charité. Celui d'entre eux qui joue le rôle de conseiller du roi porte un nom caractéristique : il se nomme *Sysimithrès (Çutchimitra)* l'ami-des-purs, le protecteur des innocents. La reconnaissance de la blanche Chariclée comme fille du roi Hydaspe et son hymen avec Théagène ont pour effet immédiat l'abolition des sacrifices sanglants en Éthiopie et le triomphe de la religion nouvelle. Tel est le sens du roman de Théagène et Chariclée.

Quant à sa composition elle est très-savante et mériterait une étude particulière. Elle consiste en séries convergentes d'épisodes rattachés les uns aux autres par le fil que suit la destinée des deux principaux personnages. Ces épisodes sont d'une étonnante variété. Ils font passer successivement sous nos yeux tous les éléments essentiels des civilisations riveraines de la Méditerranée et particulièrement de celles de la Grèce et de l'Egypte, désormais dominées par le principe nouveau de justice et de charité venu de l'Orient. Il y a dans ce livre des scènes d'une grâce charmante, celle par exemple de la première entrevue de Chariclée et de Théagène, qui est comme une reconnaissance de deux âmes pures; il y a quelque chose, non de platonique, mais de mystique et d'oriental, dans l'amour de ces deux êtres charmants, dont nulle pensée, nul désir, nulle force extérieure, violente ou séduisante, ne peut altérer l'innocence. Rien de grec dans cet amour : Râma et Sitâ peuvent seuls en offrir un autre exemple. Il y a des scènes d'un caractère indien, dont les analogues se trouvent dans plusieurs poèmes sanscrits : telle est celle de Chariclée sur le bûcher, et la grande épreuve du feu au xe livre. Il y a aussi des scènes persanes : le livre viiie est presque tout rempli par des intrigues de harem. Au livre vi^e, on lit une opération de nécromancie du caractère le plus étrange, accomplie par une vieille Egyptienne, qui ressuscite son fils pour l'interroger. Les scènes helléniques sont d'un grand éclat : telle est la description des fêtes de Delphes au premier livre; tel est ce livre x^e, qui n'a pas son analogue dans toute la littérature gréco-romaine, parce que, si les tableaux en sont grecs, l'esprit en est absolument indien. Enfin une grande variété de descriptions se rencontre dans tout l'ouvrage et en augmente l'intérêt : l'auteur connaissait l'Ethiopie et le cours du Nil, mais il connaissait aussi la Grèce et tout l'Orient de la Méditerranée.

Il y eut un Héliodore qui fut évêque de Tricca en Thessalie. On prétend qu'il est l'auteur de Théagène et Chariclée; mais rien n'est moins prouvé que cette attribution. Si elle est légitime, il faut admettre que le roman fut écrit avant que l'auteur se fît chrétien, qu'il avait séjourné en Syrie, qu'il avait lu des livres sanscrits ou du moins des imitations syriaques de ces livres et qu'enfin, également nourri de la littérature et des traditions de l'ancienne Grèce, il avait compris qu'une alliance s'opérait depuis longtemps déjà entre la civilisation hellénique et les grands dogmes de l'Orient. Tout cela n'a rien d'invraisemblable et l'on peut bien admettre que celui qui avait conçu Théagène et Chariclée ait été conduit par ses propres idées à se faire chrétien. Avait-il quelques données historiques qui nous manquent encore, et savait-il à quelle époque les missionnaires de l'Asie âryenne étaient venus prêcher en Ethiopie? Peut-être. Il est certain qu'il met les événements de son livre à une époque assez reculée, puisqu'alors, d'après le roman, non-seulement les fêtes de la Grèce étaient en pleine vigueur, mais de plus l'Egypte était sous la domination des Perses et le Grand-Roi y luttait contre le vieux sacerdoce égyptien (v. vIII.). Mais il y avait aussi en Egypte une classe de prêtres intelligents et bons, représentés dans le roman par le vieux Calasiris, et qui protégeaient en quelque sorte la circulation des doctrines nouvelles dans la vallée du Nil.

Les critiques s'accordent à regarder *Leucippe et Clitophon*, par ACHILLE TATIUS, comme une imitation de Théagène et Chariclée; et l'on raconte aussi que l'auteur se fit chrétien et parvint à l'épiscopat. Cela n'est point impossible, puisque de nos jours, Fénelon a composé le Télémaque. Mais on ajoute que Tatius avait écrit son roman avant de se faire chrétien. Quoi qu'il en soit, l'imitation demeura loin du modèle. On voit paraître aussi, dans Leucippe et Clitophon, la Phénicie, Tyr, Beirout, Péluse, l'Egypte, le Nil, des brigands Ethiopiens, le Phénix et sa légende. Mais en réalité l'auteur paraît avoir peu connu la vallée égyptienne, ne s'être pas bien rendu compte des forces morales et religieuses qui luttaient de son temps, et il n'a fait réellement paraître dans son livre que la mythologie grecque. Achille Tatius est un platonicien : son roman est honnête; son style est élégant; mais sous ces dehors, que l'on peut approuver, se voilent aussi certaines scènes que la morale est loin d'accepter.

Le *Chéréas et Callirhoé,* attribué à CHARITON, est plus médiocre que le roman de Tatius. L'auteur n'a point d'haleine; ses récits sont d'une sécheresse insupportable; sa psychologie est vulgaire. Il y a dans son livre des scènes dépourvues de bon sens, admissibles dans un livre tel que l'Ane, mais que le sérieux de Chariton ne permet pas d'endurer. De plus l'auteur ne distingue pas les civilisations : il met le langage d'un Grec dans la bouche d'un Mithridate et du roi Artaxercès. Ses imitations presque littérales des passages les plus connus des grands écrivains, ont le tort de rappeler ces derniers. L'auteur se met plusieurs fois en scène pour dire ce qu'il va faire et pour expliquer où il en est de son récit : ces précautions sont d'un écrivain mal habile. Enfin la donnée générale du roman est inadmissible : car il nous présente une femme aimant passionnément son mari et qui prétend lui rester fidèle tout en épousant un autre homme.

Les *Babylonica* du Syrien Iamblique, né peut-être vers la fin du règne de Trajan mais probablement très-postérieur à cette époque, étaient une histoire décente dans le genre des Éthiopiques d'Héliodore; nous n'en possédons qu'une analyse donnée par Phôtius et d'après laquelle il semble que le roman de Iamblique a dû être écrit d'abord en syriaque ou peut-être même en persan (c'est-à-dire sans doute en pêhlvi), pour être ensuite mis en grec. Son titre, *Rhodanès et Sinnônis*, est étranger à la langue des Hellènes; il en est de même de la plupart des noms qui se rencontrent dans l'analyse de Phôtius : parmi ces noms il s'en trouve plusieurs dont la nature syriaque peut être reconnue; tels sont par exemple ceux de Soræchos, de Borochos, où l'on trouve aisément les mots Sirach et Baruch. Du reste il n'y a presque rien à tirer de l'analyse telle que nous l'avons, si ce n'est qu'elle montre par un fait de plus le rôle que jouait alors la Syrie dans la transmission des idées.

Il ne restait plus un seul auteur païen dans l'empire, que cette contrée continuait encore d'être un des centres où se fabriquaient les imitations grecques des livres orientaux. Les chrétiens s'y approvisionnaient de matériaux littéraires, de légendes et d'histoires, comme l'avaient fait les païens dont on vient de parler. Nous pourrions par conséquent poursuivre jusque dans le moyen-âge l'étude des romans grecs ; mais notre tâche ne s'étend pas jusqu'aux temps chrétiens et cesse là où l'antiquité hellénique disparaît.

III. Pour clore la période de Julien il nous reste encore à dire quelques mots d'un genre qui n'était pas absolument nouveau à cette époque et que les Latins avaient aussi cultivé, le genre épistolaire. Les modernes ont quelquefois adopté la forme d'une correspondance entre deux ou plusieurs personnes pour composer des histoires suivies, qui reçoivent ordinairement la forme du récit ; mais les lettres fictives des deux rhéteurs grecs n'ont pas de lien entre elles et sont indépendantes les unes des autres.

ALCIPHRON, Ἀλκίφρων, nous en a laissé trois livres, formant un total d'un peu plus de cent lettres entièrement imaginaires. Les noms des correspondants sont souvent faits à plaisir et pour exprimer leur caractère ou leur situation. Quelquefois aussi ce sont les noms de personnages historiques bien connus, tels que Praxitèle et Phryné, Ménandre et Glycère. Il arrive quelquefois que ce sont des lettres collectives, comme celle que les hétères de Corinthe sont censées écrire à celles d'Athènes. Beaucoup d'entre ces épitres sont ingénieusement controuvées et agréablement écrites. Au fond elles ont fort peu de valeur, et ne peuvent guère servir qu'à donner quelques renseignements utiles sur les mœurs des Grecs au troisième siècle et au quatrième, si toutefois la vie d'Alciphron s'est étendue jusqu'alors. Encore ces détails de mœurs sont-ils souvent peut-être surannés ; car il paraît en emprunter plusieurs aux poètes de la nouvelle comédie.

Aristénète, Ἀρισταίνητος, est probablement le sophiste qui périt au tremblement de terre de Nicomédie en 358. Il parle d'Alciphron comme d'un correspondant de Lucien et l'on peut admettre qu'ils étaient morts tous deux lorsque Aristénète écrivait. Le nombre total des lettres qu'il nous a laissées s'élève à cinquante et une. Ce sont des compositions de rhétorique sur des sujets plus ou moins badins et licencieux ; on y voit une femme engageant sa servante à se faire son entremetteuse, un adultère insistant auprès d'une femme vertueuse, une courtisane écrivant à un jeune homme qui en aime un autre. Tout cela est artificiel et mérite à peine qu'on en parle ; mais il est nécessaire que nous constations à quel point de sa marche la littérature grecque était parvenue au quatrième siècle. Car, il faut bien le remarquer, les lettres d'Alciphron et celles d'Aristénète représentent alors, avec l'Ane de Lucius et la pastorale de Daphnis et Chloé, ce que l'art hellénique produisait de meilleur à lui seul et sans aucun secours étranger. On peut dire qu'il touchait au terme de sa carrière et qu'il allait bientôt disparaître.

— Chez les chrétiens les lettres grecques comptaient alors parmi leurs noms célèbres ceux de Grégoire de Nazianze, de Basile, de Grégoire de Nysse, de Jean-Chrysostome ; quelle différence !

Vᵉ ÉPOQUE. JUSTINIEN.

La reconnaissance du christianisme par Constantin, non comme la religion de l'Etat mais comme l'une des religions tolérées et publiques, avait eu deux conséquences principales : les gens de tous les cultes avaient désormais le droit d'entrer dans les églises sans passer par les degrés de l'initiation et d'y entendre la prédication évangélique sans l'autorisation des évêques ; en second lieu la présence de beaucoup de gens non convertis en face de la chaire chrétienne forçait les prédicateurs à s'appesantir principalement sur la morale, à se moins préoccuper de la métaphysique et à négliger presque entièrement les symboles et leur interprétation. Ceux-ci se réduisirent peu à peu à leurs figures ou à leurs formules les plus générales, les plus simples et les plus accessibles au peuple, tandis que la morale chrétienne et les institutions ecclésiastiques qui en assuraient le succès prenaient dans les discours et dans les livres une place de plus en plus considérable. D'ailleurs la distinction des prêtres et des fidèles devenait de plus en plus tranchée, surtout en Occident, à mesure que l'organisation de l'Eglise se modelait davantage sur celle de l'empire. Il est vrai que ce dernier fait avait lieu surtout dans le monde latin où l'autorité de l'évêque de Rome devenait par degrés le pouvoir central d'une vaste Eglise. Mais si l'Orient se défendait contre cette unité du pouvoir ecclésiastique et gardait ses Eglises indépendantes ; comme d'un autre côté l'empereur n'avait pas dans cette partie du monde la même puissance qu'il avait dans l'autre, la proportion y était la même qu'en Occident entre le progrès des idées nouvelles et l'affaiblissement de l'ancien esprit.

Au commencement du quatrième siècle l'art grec n'existait presque plus, et la littérature classique n'était plus représentée que par quelques hommes isolés, que la pensée publique ne soutenait plus. Alexandrie et Athènes, l'une par ses bibliothèques, l'autre par ses traditions, furent les derniers centres de productions littéraires ayant encore un caractère hellénique ; mais elles furent envahies à leur tour par l'esprit nouveau et, des hommes qui s'y distinguèrent, les uns passèrent spontanément au christianisme, les autres furent par ordre impérial réduits au silence ou exilés.

I. POÉSIE ÉPIQUE.

Du reste les genres étaient tellement épuisés, que les esprits amis de la littérature se trouvaient réduits aux abois. Le théâtre était tellement tombé dans le mépris que, non-seulement les docteurs chrétiens, mais Julien lui-même en interdisaient comme immorale la fréquentation ; et vraiment si l'on en juge d'après l'Ane de Lucius et d'après ce que Procope raconta plus tard de Théodora, femme de Justinien, il n'était pas possible à une personne qui se respectait, d'y assister. L'éloquence politique était morte depuis longtemps parce qu'elle n'avait plus où se faire entendre, et l'éloquence religieuse avait passé dans le domaine des chrétiens. L'histoire n'avait plus l'autonomie que Lucien réclamait pour elle, depuis que l'empire était devenu une monarchie pure et que le Prince portait le titre de roi, βασιλεύς. La philosophie seule pouvait encore écrire et lutter tant que cela lui serait permis ; et l'érudition pouvait recueillir les vieilles traditions helléniques, les mettre en vers, et produire, à l'imitation d'Homère, des images de l'ancienne épopée. C'est ce que firent l'une et l'autre, mais leur dernier effort fut bientôt épuisé.

Un rhéteur de Panopolis en Egypte nommé Nonnos, Νόννος, qui semble avoir résidé comme érudit à Alexandrie puis à Athènes, composa un poème épique en 21,000 vers intitulé *les Dionysiaques* ou les Légendes de Bacchus. Cet auteur avait certainement été à bonne école : il maniait la langue épique avec une dextérité étonnante ; ne négligeant aucune des règles de langage ou de versification énoncées par les grammairiens, il composait des vers non-seulement élégants et faciles, mais dont la prosodie était irréprochable. Dans son immense poème, que Wilford croyait avoir été fait à l'imitation des épopées sanscrites, Nonnos réunit toutes les légendes qui de près ou de loin se rapportaient au mythe de Dionysos, les rangea dans un ordre qu'il choisit et leur donna pour centre l'expédition de Bacchus aux Indes. Par là son poème put être en quelque sorte calqué sur l'expédition d'Alexandre-le-Grand, à laquelle les Grecs l'avaient quelquefois comparée. Les historiens et les géographes lui fournissaient sur les contrées de l'Orient un grand nombre de documents dont il pouvait se servir. De plus les érudits avaient déjà publié sur les légendes mythologiques un très-grand nombre de récits, qu'il suffisait de réunir et de coordonner pour en former la matière d'une épopée. Enfin la mystique du culte de Dionysos fournissait un élément surnaturel et symbolique, assez clair par lui-même pour rendre intelligible le plus grand nombre de ces légendes, dont la culture de la vigne, la préparation et la puissance enivrante du vin fournissait d'ailleurs une suffisante explication.

On est étonné cependant que, placé entre les religions de la Perse, de l'Inde, de la Grèce et des chrétiens, Nonnos ait presque entièrement négligé la signification théologique du vin, considéré comme la liqueur du sacrifice et comme réceptacle du Verbe divin (1); il ne fallait cependant ni beaucoup d'attention, ni une très-haute intelligence pour la comprendre. Son poème aurait à la vérité cessé d'être purement hellénique, mais il aurait acquis dans la poésie et dans l'histoire une importance supérieure même à celle du roman d'Héliodore. L'exemple de Nonnos nous prouve qu'au commencement du cinquième siècle, époque où il florissait, une épaisse barrière existait encore entre l'érudition grecque et les idées nouvelles. En effet quand celles-ci eurent été révélées, nous ne savons comment, à Nonnos, il se fit chrétien et le chantre des légendes de Dionysos composa une *Paraphrase de l'Evangile de saint Jean.*

Quand il écrivit son immense poème des Dionysiaques, il n'était qu'un simple érudit; son épopée ne porte aucune trace des idées chrétiennes; c'est un amas souvent indigeste de tout ce que l'hellénisme pouvait lui fournir sur son sujet. S'il a connu, comme quelques-uns le croient, les épopées indiennes, il n'en a tiré que leur commun défaut, qui est la longueur, les descriptions sans fin et les

---

(1) Dionysos est la seconde épiphanie du principe divin sous cette forme; la première était Ζαγρεῦς; la troisième fut Ἴαχχος. Le mot Διόνυσος ou Διώνυσος peut s'expliquer par le sanscrit *Divanuja* ou *Divánuja*, second fils de *Div*, qui est Ζεῦς.

dialogues interminables. Quant à son procédé de composition, il est à peu près toujours le même, et il consiste à décrire, soit directement soit à mots couverts, le phénomène naturel, puis à détacher tout à coup et à présenter sur l'avant-scène la figure symbolique et vivante qui le représente; dès lors ce n'est plus la grappe qui se développe, c'est Sémélé enceinte de Bacchus; ce n'est plus le sarment qui s'allonge avec ses vrilles ou cornes, c'est le taureau qui gravit la colline; la vigne elle-même est ailleurs remplacée tout à coup par Ampélos, et ainsi du reste. Toutes ces figures symboliques agissent ensuite, parlent, se rapprochent ou s'opposent, chacune selon sa nature. Tel est du reste le caractère de toutes les mythologies.

La légende de Dionysos se déroule à travers les quarante-huit chants de Nonnos d'une façon régulière. Elle commence à l'enlèvement d'Europe par Jupiter changé en taureau. C'est au huitième chant seulement que Sémélé met au monde le Dionysos imparfait que Zeus achève de former en le cousant dans sa cuisse. Il naît, grandit, s'entoure d'un cortége, devient puissant et se prépare à conquérir l'Orient. Le chant treizième et une partie du suivant donnent le dénombrement de son armée. Elle se met en marche et les combats que le dieu livre à travers l'Asie se poursuivent jusqu'au chant quarante. Là commence le glorieux retour de Dionysos par l'Arabie et par Tyr, où le dieu chante un hymne au Soleil, son générateur éternel. De ce rivage, il se rend en Lydie, en Phrygie, en Europe, particulièrement en Thessalie, et à Thèbes d'où il était parti. C'est de cette ville que le dieu passe en Attique, puis à Argos, en Thrace et en Phrygie, où de son union avec

Aura naît le mystique Iacchos, troisième *avatâra* ou incarnation du principe divin. A la naissance d'Iacchos, Dionysos remonte au ciel boire le nectar dans l'assemblée des dieux.

On voit que le poème de Nonnos est régulièrement composé. Nous ferons une seule remarque touchant la légende qu'il raconte. Les Indiens dont il parle sont des hommes à la peau noire et non des âryas ; c'est ainsi que l'auteur les qualifie toujours ; or on savait fort bien depuis Alexandre que les âryas de l'Inde sont blancs. Il faut donc voir dans la conquête de l'Inde par Dionysos une forme hellénique et très-ancienne de la légende védique, qui nous montre les Aryas venant de l'ouest, conduits et inspirés par Sôma (qui est identique à Bacchus) et soumettant à leur empire les sauvages habitants de l'Indus, les Dasyous « à la peau noire, race impie et qui ne reconnaissait pas les dieux ». Nonnos n'avait pas lu le Vèda ; s'il eût connu cette légende, elle eût donné à son poème un tout autre aspect. Il n'a donc été qu'un pur archéologue, un simple érudit alexandrin, jusqu'au jour où il s'est fait chrétien.

Nonnos a fait école. L'imitation des épopées est devenue comme une mode au cinquième siècle et l'on a vu se produire, d'après les règles qu'il avait suivies, un assez grand nombre de poèmes en langue et en style homérique. Quintus, Κόϊντος, de Smyrne, après avoir gardé les brebis dans un clos voisin de cette ville, prit goût à la poésie et devint élève des Muses et probablement de Nonnos. Il nous reste de lui, en huit mille huit cents vers à peu près, un poème épique dont le sujet commence où finit l'Iliade et se termine à l'incendie de Troie et à la dispersion des héros grecs sur la mer. Les quatre chants de Quintus sont composés avec une symétrie vraiment naïve et méritoire ; ils se ressemblent tous : ce sont toujours des combats ; un héros mort est pleuré ; un autre arrive de l'étranger pour lui succéder ; mais un plus fort que lui parait aussi chez les ennemis, essaie sa valeur sur le menu peuple des héros, puis rencontre son grand adversaire ; il le tue, on le pleure, et le récit continue de la même manière. Ainsi se remplit le temps mesuré par les destins ; à la fin, les deux partis étant fatigués et épuisés, c'est-à-dire au XII° chant, les Achéens se mettent à fabriquer le cheval, le mènent dans la ville, en sortent la nuit, brûlent la citadelle, tuent les hommes, emmènent les femmes et reprennent le chemin de leur pays. Mais une tempête les noie ou les disperse ; c'est ce que tout le monde savait.

Le bon berger Quintus s'est montré poète studieux et honnête ; il a appris avec beaucoup de scrupule le dialecte de l'Iliade ; il a versifié fort bien et beaucoup plus purement que Homère. Mais il n'a fait qu'une œuvre monotone, parce qu'elle était surannée.

CoLouthos, Κόλουθος, fut Egyptien comme Nonnos. Il florissait à la fin du cinquième siècle et au commencement du sixième. Poète fécond dans le genre épique, il écrivit des *Persica*, des *Calydoniaca* en six chants, des ἐγκώμια ou *Eloges*. Il ne nous en reste rien. L'*Enlèvement d'Hélène*, qu'on lui attribue et qui est d'une authenticité douteuse, décrit en 392 vers les noces de Pélée, la Discorde, les Amours, le jugement des Déesses, leur querelle, la séduction et le rapt de la femme de Ménélas.

L'auteur met Sparte sur le bord de la mer : que cela serve à le juger.

Qu'est-ce que Musée, Μουσαῖος, auteur prétendu du petit poème d'*Héro et Léandre?* On l'ignore : on ne sait ni sa date ni le lieu de sa naissance, ni même s'il a jamais existé sous ce nom. Quoi qu'il en soit, le récit en 341 vers qui lui est attribué est agréablement composé; il est très-simple, comme les légendes de dames enfermées dans des tours, qui se racontent encore aujourd'hui auprès de chaque πύργος τῆς Κυρίας de la Grèce moderne. Mais l'amour de Héro et de Léandre est moins pur qu'on ne l'a prétendu : les deux amants ne sont naïfs ni l'un ni l'autre; ils savent très-bien à quoi ils s'exposent, elle en recevant le jeune homme dans la tour où ses parents l'ont reléguée, lui en traversant un bras de mer souvent agité. On n'est pas surpris qu'il se noie et il fallait vraiment qu'il fut pris de la fureur de Vénus pour se mettre à la nage par un temps pareil. Aucune raison sérieuse ne l'y engageait. Voilà tout ce que l'on peut dire de cette pièce de vers, du reste assez bien écrite, mais à laquelle on ne peut sérieusement comparer les 21,000 vers de Nonnos.

Nous finissons avec Tryphiodore, Τρυφιόδωρος, grammairien de la fin du cinquième siècle, à peu près contemporain de Colouthos. Il écrivit en vers la légende d'*Hippodamie* et une *Odyssée* en vingt-quatre chants, dans chacun desquels manquait la lettre de l'alphabet portant le numéro correspondant; ainsi dans le chant I il n'y avait pas d'α, dans le chant II point de β, et ainsi de suite. Voilà à quoi les descendants de Sophocle passaient alors leurs temps. Notre grammairien avait également écrit des *Ma-*

rathoniaca. De tous ces ouvrages, il ne nous reste rien. Le morceau que nous avons de Tryphiodore est intitulé la *prise de Troie* : il se compose de 681 vers écrits en assez mauvais style, dans lesquels on trouve une invocation à la Muse, un tableau de la fatigue des combattants, une description du cheval de bois, et l'épisode de Sinon. Le récit est sec, froid et traînant et ne mérite pas d'être lu, si ce n'est comme dernier fragment de la littérature hellénique et comme exemple de sa décadence et de sa chute.

II. ÉCOLE D'ATHÈNES.

L'esprit scientifique n'avait pas éprouvé la même déchéance que le génie littéraire, parce que la science n'a pas de vieillesse, comme en ont une ces formes poétiques que revêt successivement la pensée chez les peuples artistes. Quand celles-ci se sont montrées chacune en son temps et qu'elles se sont effacées les unes les autres, l'esprit du peuple qui les a produites demeure comme une terre épuisée. Mais la science n'a pas de limites ; ses découvertes s'ajoutent indéfiniment les unes aux autres ; ce qui passe, ce sont les systèmes plus ou moins étroits dans lesquels les savants ou les écoles cherchent à les enfermer. Toutefois il y a un système universel vers lequel l'humanité marche sans relâche et dans lequel tous les systèmes particuliers viennent s'absorber en se dépouillant de ce qu'ils ont d'individuel, d'exclusif et de faux.

L'école d'Alexandrie, depuis le temps d'Ammônios Saccas, s'était donné pour tâche la synthèse de tous les systèmes. Plotin avait tenté de la réaliser immédiatement, non en suivant une méthode philosophique rigoureuse, mais en s'élançant par une sorte d'extase jusqu'à la source de l'être et de la vérité, de laquelle découlent toutes les vérités. Ses successeurs immédiats adoptèrent et mirent en pratique ses procédés, de sorte qu'au fond la science fit alors peu de progrès réels et adopta plus de chimères qu'elle n'établit de propositions démontrées.

Mais l'esprit du siècle changeait et les philosophes, comme les savants et les littérateurs érudits, comprenaient que l'étude des faits, leur critique et leur analyse étaient les conditions inévitables de la grande synthèse à laquelle on aspirait. Les philosophes néoplatoniciens du cinquième siècle furent tous des commentateurs et des érudits : cette science des faits, à laquelle ils s'attachaient, avait pour but non-seulement de poser les bases solides de l'édifice à construire, mais de dégager les éléments communs qu'ils renfermaient et dont le seul rapprochement devait faire ressortir l'unité de la science universelle. Au temps où Nonnos rassemblait en un vaste poème les légendes qui composaient le mythe de Dionysos et en formait une unité, Proclus suivait la même marche dans l'étude des philosophies et des religions.

PROCLUS, Πρόκλος (ou Proculus) était né en 412 à Byzance d'une famille latine ou peut-être d'une famille grecque qui avait adopté un nom latin. Il passa son adolescence à Alexandrie, où il eut pour maîtres Orion et Léonas, puis le physicien Héron et le philosophe platonicien Olympiodore. A vingt ans, il se rendit à Athènes, seul centre où l'on pût philosopher en liberté, depuis le meurtre de la belle et savante fille de Théon, Hypatie. SYRIANOS, dont nous possédons un commentaire sur la métaphysique d'Aristote, y enseignait la philosophie avec le titre de διάδοχος. C'est de lui probablement que Proclus reçut, comme une tradition de l'école, le projet de faire la synthèses des philosophies et d'en réaliser l'unité. Mais devenu chef de l'école à son tour, Proclus agrandit singulièrement cette idée, comprit que la pensée humaine se développe par deux voies parallèles, la religion et la science, établit entre ces deux fonctions de l'intelligence une sorte d'équation et prononça le premier que la recherche de l'unité ne devait pas moins porter sur les religions que sur les philosophies.

Pour accomplir cette tâche il prit avec beaucoup de discernement la doctrine d'Aristote comme méthode et celle de Platon comme fond de la philosophie nouvelle. Le procédé qu'il proposait et qu'il suivait était lent, mais régulier. La matière était immense, mais la première règle de la méthode est que tous les faits soient réunis, analysés, discutés, et à cette condition la science peut s'établir sur un fondement inébranlable. Proclus n'admettait pas l'enthousiasme comme procédé scientifique et il considérait l'extase comme un état particulier de la pensée, qui peut se produire quand la science est faite et non quand elle commence. Proclus ne fut donc point un prédicateur comme Plotin, mais un homme calme et maître de lui-même ; il doit au contraire être rangé parmi les hommes, si rares au siècle précédent, chez qui l'esprit et le corps, et dans l'esprit les diverses facultés, présentèrent cet équilibre, sans lequel la science est impossible. Il travaillait toujours, mais sans fatigue, vivant de peu, tenant une conduite irréprochable, beau de corps, bon et secourable pour tous. Pendant une vie qui dura soixante-treize ans, il composa, outre une vingtaine d'ouvrages qui sont perdus, un traité de *théologie*, στοιχείωσις θεολογική, un traité de *mathématiques*, un autre d'*astronomie*, des *commentaires* sur plusieurs dialogues de Platon, des arguments *contre les chrétiens*, une *chrestomathie* grammaticale. Son langage était distingué, comme il convenait à la ville dans laquelle il enseignait ; le style de ses ouvrages est pur, naturel, assez élégant, quelquefois élevé, toujours classique.

Proclus était en état, par la solidité de son esprit et par sa facilité au travail, aussi bien que par son heureuse mémoire, d'exécuter l'œuvre d'unification qu'il avait conçue et entreprise et qui eût été la grande œuvre du temps où il vivait. Pourquoi ne réussit-il pas ? Les anciennes philosophies se résumaient dans les trois systèmes d'Aristote, de Platon et des stoïciens, puisque la méthode d'Aristote comprenait tout ce qu'il y avait de bon dans l'épicurisme. La première fournissait une méthode, mais qui n'était en réalité applicable qu'à l'analyse de faits parfaitement définis et non des matières de psychologie et de théologie. La dialectique de Platon, malgré la hauteur où elle l'avait conduit, était à peine une méthode ; elle laissait la porte ouverte à beaucoup de conceptions fantastiques ; enfin elle avait le grand défaut d'aboutir à un dieu trop abstrait, duquel il était ensuite bien difficile de faire découler la réalité et la vie. Ce dernier élément se trouvait dans le stoïcisme, mais jeté comme une doctrine venue du dehors, comme un article de foi et non comme un objet de démonstration. On voit que la pensée hellénique avait manqué l'un des buts essentiels de la philosophie et que la synthèse qu'on en pouvait faire serait elle-même d'autant plus insuffisante comme théorie, qu'elle serait historiquement plus exacte.

L'étude méthodique des religions, en admettant l'équation formulée par Proclus, pouvait conduire à la découverte de cet élément que la philosophie n'avait point aperçu. Mais il eût fallu que les philosophes platoniciens d'Athènes fussent en même temps des philologues et qu'ils eussent entre les mains, non des relations de voyage souvent inexactes, ou vagues, ou mensongères, mais les textes fondamentaux des grandes religions de la race àryenne. L'Avesta était sous leur main, puisque le mazdéisme régnait dans toute l'Asie occidentale et que la Perse était alors florissante sous le sceptre des Sassanides. L'Inde était fréquentée des Grecs, qui s'y rendaient par terre et par mer ; si la recherche des textes eût été considérée par eux comme une des conditions de la science, ils se fussent aisément procuré ceux des Vèdas et des autres ouvrages sanscrits, dont il semble que des imitations de fantaisie se faisaient déjà à cette époque en syriaque et en grec. Les matériaux manquèrent aux philosophes d'Athènes : leur travail d'analyse et d'interprétation ne porta que sur les mythes de la Grèce, c'est-à-dire sur les mythes àryens les plus défigurés par la poésie.

Enfin la position que la philosophie alexandrine avait prise dès sa naissance en Egypte et qu'elle conservait à Athènes vis-à-vis du christianisme, fermait l'intelligence de ses maîtres aux dogmes de la religion nouvelle. Les écrits de Proclus contre les chrétiens prouvent que cette hostilité n'avait pas cessé, depuis le temps de Plotin et de Porphyre : les platoniciens ne virent dans le christianisme qu'une superstition de création nouvelle et, offusqués par son symbolisme, ils n'aperçurent pas le lien qui le rattachait à l'Orient et qui faisait de lui précisément cette doctrine universelle à laquelle ils aspiraient.

Vainement les successeurs de Proclus, Damaskios, Olympiodore, Simplicius, hommes vraiment distingués par leur érudition comme par leur style, s'efforcèrent-ils de compléter et de perfectionner l'œuvre du maître. Le néoplatonisme ne pouvait aboutir au terme qu'il cherchait à moins que, par ses recherches mêmes, il n'eût recontré l'idée du Dieu-Vivant, qui lui manquait, et que, par un changement complet d'idées, l'école d'Athènes ne fût devenue chrétienne. Dans l'un comme dans l'autre cas, l'hellénisme, dont elle était la dernière et suprême expression, était condamné à périr.

L'empereur Justinien, qui ferma les écoles de philosophie par son édit de 529, eût pu épargner cette honte au christianisme, à la conscience duquel le meurtre d'Hypatie pouvait suffire. Quand un mourant est si près de la tombe, à quoi sert de lui ôter violemment la vie, même quand il semble avoir été notre ennemi? L'historien byzantin Agathias raconte que Damaskios, Simplicius, Evlamios, Priscianus, Isidore de Gaza, Hermias et Diogène de Phénicie quittèrent l'empire et s'en allèrent en Perse. Là régnait un prince Sassanide, intelligent et ami des hommes instruits, Husrawa (Chosroès Noushirwan). Il avait fait écrire, probablement en syriaque, cette première histoire de Perse qui servit de base au Livre des Rois (*Shah-nâmeh*) de Firdouci, et avait lui-même composé un recueil de maximes qui furent mises en vers par Saadi. De plus il envoya dans l'Inde une mission d'érudits pour copier et traduire les fables du *Pantchatantra*, qui, transmises sous le nom de Bidpaï, ont été le point de départ de tous les fabulistes modernes. Husrawa, l'ami des Grecs, donna l'hospitalité aux savants exilés. Mais l'exil est toujours l'exil : quand la paix eut été conclue en 553 entre la Perse et l'empire, les philosophes rentrèrent dans leur pays. Une des conditions imposées par Husrawa était qu'ils pourraient continuer en paix leurs travaux. Cette liberté leur fut laissée; mais ils n'enseignèrent plus. Une Grèce silencieuse ne saurait se comprendre; l'hellénisme entra dans le repos des morts; mais les discussions ne firent que changer de théâtre et le Bas-empire, tout chrétien qu'il était, n'en fut pas plus exempt que la Grèce des siècles passés.

La fin des choses inspire toujours quelque tristesse, surtout quand elles ont été belles et resplendissantes de lumière et de vie. Cette mélancolie qui nous atteint ne tient pas à la nature des choses, mais à notre propre nature. A la vérité chaque phase de la vie n'a qu'une durée assez courte comprise entre deux limites situées à l'infini. Mais à chaque phase en succède une autre. Comme notre imagination nous place toujours dans un point déterminé du temps où nous nous sentons vivre en quelque sorte avec les hommes qui l'ont occupé quand cette phase est à son déclin, il nous semble que nous déclinons avec elle et que nous aussi nous allons nous perdre dans l'infini. Mais c'est là une illusion pure. La phase hellénique a été l'une des plus glorieuses que l'humanité ait traversée. Les peuples chrétiens sont venus après et ceux d'entre eux qui, jusqu'à présent, ont acquis la plus belle renommée sont ceux qui, dans des conditions nouvelles, ont le mieux conservé le souvenir et le plus fidèlement reflété l'image de l'astre éclatant que nous venons de voir s'éteindre.

FIN DU SECOND ET DERNIER VOLUME.

INDEX.

Abraham, II, 279.
Alciphron, II, 418.
Accentuation du grec, I, 26.
Achæos. Pr. 1. — A. poète trag. I, 365.
Acteurs, 287 ; — A. tritagoniste, 362.
Aditi, Mêna, Ἄττιν, Μῆνα, II, 273.
Adonis, I, 67.
Ægéon ou Briarée, I, 82.
Ægimios, poème béotien, I, 136.
Æolos, fils de Deucalion, I, 187.
Aganippe, I, 123.
ἀγαθόν (τὸ), II, 159.
Agathon, poète, I, 366.
Agésilas, II, 110, 112.
Agias de Trézène, I, 97.
Agni, vêdyuta, I, 227 ; II, 9; 233 ; 273 ; 387.
ἀγῶνες, concours appelés Jeux de la Grèce, I, 265.
Achille Tatius, II, 416.
ἀγόρηφι, I, 127.

Ahura-mazda (Ormuzd), et Ahriman, I, 339 ; — 308. — II, 9.

αἶγες les vagues, I, 22.

Αἴλινος, I, 64.

Akarana des Perses, II, 160.

ἀλαζών, le fanfaron, II, 174.

Albanais. Pr. 2 — II, 399.

Alcée, poète de Lesbos, I, 189.

Alcibiade, II, 58.

Alcidamas, sophiste, II, 50; orateur, 196.

Alcmane, I, 201.

Aleuades (les), I, 211, 262.

Alexaménos, phil. socratique, II, 154.

Alexandre-le-Grand, I, 340. — A. le polyhistor, II, 313. — A. le thaumaturge, II, 382.

Alexandrie construite, II, 242.

Alexis, II, 143.

Amare, potare, II, 139.

Amasis, roi d'Egypte, I, 144.

Amélius, II, 392.

Amitraghata, II, 278.

Amômétos, hist., II, 279.

Ammônios Saccas, II, 386.

Amphitryon, I, 124.

Amschaspands et Darvands, I, 339.

Anacréon, I, 211.

ἀνάγκη, I, 347.

Ananios, I, 171.

Anapeste, I, 152.

ἄναξ, I, 89; — ἄνακτες, seigneurs féodaux, 109, 112, 113.

Anaxagore, I, 341; II, 54.

Anaxandride, II, 141.

Anaximandre, I, 221.

Anaximène, I, 221.

Anchise et Vénus, I, 118.

Andocide, II, 64, 65.

ἀνδρεια, II, 103.

Andron, historien, II, 115.

Androtion, historien, II, 115.

ἀνέρες, hommes de race âryenne, I, 112; ἀνὴρ βασιλεύς, ἀνὴρ ἥρως, etc., ibid.

Anges gardiens, II, 52 [voyez δαίμων].

ἄνθρωπος, homme en général, I, 112. — Anthropomorphisme, I, 108.

Antiochos, d'Ascalon, II, 294.

Antiphane, II, 140.

Antiphon, orateur, II, 59; 150.

ἀντίφωνον, l'harmonie, I, 193.

Antissa, école de poésie orphique et lyrique, I, 187, 192.

Antithèse, procédé oratoire, II, 132.

Ἀοιδός, aède, I, 87; — absence d'aèdes dans l'Iliade, 88; — aèdes, dans l'Odyssée, hommes du peuple, chantres, directeurs spirituels, 90. — Aèdes fictifs, 91; — 113; — 126.

ἄπειρος, I, 26; — τὸ ἄπειρον, I, 221.

Apollon : sa lutte contre Python, I, 117; — A. musagète, 140. — A. pythien figuré à Delphes, 231. — A. assis à la droite de Zeus, II, 256.

Apollônios Dyscole, II, 349.

Apollônios de Perga, II, 285. — A. de Rhode, II, 257. — A. Molon, II, 329. — A. de Tyane, II, 355.

Apollodore de Pergame, II, 329.

Appien, II, 369.

Aratos, de Sicyone, II, 306. — A. de Soli, II, 261.

Arcadie, I, 122.

Arcésilas, philosophe, II, 293.

Archélaos de Milet, I, 345.

Archias, poète, II, 329.

Archiloque, I, 165.

Archimède, II, 284.

Architecture hiératique, I, 142.

Arctinos de Milet, I, 97.

Ardouisoura, le Styx des Médo-Perses, I, 129.

Arès, I, 121 ; — 124.

Argonautes : ne sont pas cités dans l'Iliade, I, 106 ; — 340, 338. — Argonautiques d'Apollônios, II, 258 ; — d'Orphée, II, 259.

Arignoté, fille de Pythagore, I, 219.

Arion (le cheval), I, 29 ; 124. — A. poète, I, 198.

Aristarchos, orateur, II, 60. — A. poète trag., I, 365. — A. critique, II, 288.

Aristénète, II, 419.

Aristide (Ælius), II, 351.

Aristobule, II, 333.

Aristogiton, orateur, II, 196.

Aristophane, II, 25 ; 81. Les Acharniens, 32 ; les Chevaliers, 33; les Nuées, 34 ; les Guêpes, 36; les Oiseaux, 37 ; les Grenouilles, 39; le Ploutos, 41. — A. de Byzance, II, 288.

Aristote, I, 100; II, 216 ; ses Analytiques, 217 ; sa Rhétorique, 221 ; sa Poétique, 224 ; sa Politique, sa Morale, 224 ; sa Métaphysique, 226. Son école, 227, 275.

Aristoxène, poète comiq., I, 325.

ἁρμονία, le mode musical, I, 181 ; — harmonie dorienne, phrygienne, lydienne, 182 ; — harmonie du style, II, 119.

Arrien, II, 365.

Artavasda, hist., II, 314.

Arwan, I, 29. — Le mont Aroanion, ibid. — Arion (arwan), 124.

Aryas. Pr. 6. I, 17. Leurs migrations, I, 19. — Leur langue, I, 21. — Leurs hymnes I, 41 et sq. — Leur marche vers la Grèce, I, 51. — II, 425.

Asclépios, II, 82; 341, 351, 352, 353.

Ascra, son climat, I, 131.

Asouras, I, 308.

ἀσπὶς Ἡρακλέους, le Bouclier d'Hercule, I, 124.

Astronomie, poème béotien, I, 136.

Astydamas, poète trag., I, 365.

ἀταραξία, II, 181.

Ἄτη, I, 334 (Atys, 333) ; — ἄτης λειμών, 348.

Athanès, historien, II, 101.

Athéna, I, 125, 128. Βουδεία, Βοαρμία, Μυδεία, II, 253.

Athénée, II, 356.

Athènes, modèle des démocraties ioniennes, I, 144, 163; ses revenus, son rôle, 354; ses révolutions, II, 2; se dépeuple, 242; ses écoles, 398.

Athlothète, I, 351.

Attis, I, 67. II, 273.

Attock, II, 278.

Αὐλός, I, 51; 53 — 150 — 260.

Aum, Tat, Sat, II, 341.

Auteurs des hymnes, I, 48.

Avatâra, II, 425.

Avesta, II, 247, 275, 289, 432.

Babrios, II, 330.

Babylone, I, 221, 349 — Bab-el, II, 280.

Bacchus, V. Dionysos.

Bacchylide, I..., 326.

Baptiseurs, pièce d'Eupolis, II, 138.

βασιλεῦς empereur, II, 421.

βασιλεῖς, rois féodaux, I, 112.

Basilide, gnostique, II, 389.

βάσις, marche cadencée, I, 267.

Batrachomyomachie, I, 98.

Béotie (description de la), I, 122; — 127; — poèmes béotiens, leurs dates relatives, I, 134; — relations extérieures de la Béotie, 135, 140.

Berezat, le Bérécinte, I, 53.

Berg, montagne, I, 53.
Bérose, II, 280.
Bhagavad-gîtâ (la), II, 274, 340.
Bhûmi, I, 48.
Bible (la), II, 333.
Bion, poète, II, 268.
Borj, montagne sainte des Iraniens, I, 84.
βωμός, l'autel, I, 48.
Bouc (sacrifice du), I, 229.
Bouddha (le), I, 330; II, 275; Βούττα, 278 ; 386.
Bouddhagourou, I, 145. — Bouddhisme, II, 84, 341, 412.
Bouteille (la), coméd. de Cratinos, I, 324.
Brahma neutre des Indiens, II, 160. — Brâhmanes, I, 20, 31, 166, 217; II, 380.
Brihat, I, 53.
Brontinos, mystique, I, 219.
Bruchion (le), II, 246.
Bulgares. Pr. 3.

Cadmos, de Milet, logographe, I, 240.
Çakti, I, 29.
Calliclès, sophiste, II, 50.
Callimaque, poète, II, 253, 257.
Callinos, poète d'élégie, I, 147.
Callistrate, son scolie, I, 259.
Canon, I, 374, II, 121.
Cantilènes carlovingiennes, I, 88, 89.
Carnéade, II, 293.

Catalogues (les), poème béotien, I, 136.
Cécilius, de Calacté, II, 330.
Centaures, les Gandharvas, I, 230. — Le C. de Chérémon, I, 366.
Cérès et Proserpine, I, 119.
Cercops, mystique, I, 219.
César, détruit la bibliothèque d'Alexandrie, II, 303.
Céyx, roi d'Iolcos, I, 125.
Chæréas et Callirhoé, II, 416.
Chaldéens, II, 280, 313.
Chamites. Pr. 6.
Chandragupta, Σανδράκοττος, II, 277, 278.
Chansons de gestes, I, 70.
Chants cypriens, I, 97. — Ch. sacrés des Hellènes, I, 46.
Charon, historien, I, 334.
Chélys, ancienne lyre, I, 187.
Chérémon, poète trag., I, 366.
Chérilos, poète tragique, I, 235.
Chéronée (bataille de), II, 193.
Chionidès, poète comique, I, 239.
Chœur tragique, loi de son développement, I, 232. Ch., choristes, 288.
Chôliambe, sorte de vers, I, 171.
Chosroès (Husrava), II, 433.
χορός, chœur de danse, bal, I, 202. — χ. διδάσκειν, — ἀσκεῖν, — ἱστάναι, 289. — Chorèges, I, 289.
Christianisme. Pr. 7. — II, 368, 387.

Chrysothémis le Crétois, I, 52 ; — 87.
Citharistes, I, 126.
Cléanthe, II, 295.
Cléon, orateur, II, 56.
Clitodème, historien, II, 115.
Colouthos, poète, II, 426.
Cômos, voy. Kômos. — Comédie, I, 237 et sq.
C. sicilienne, 325.
Concours de poésie au temps d'Hésiode, I, 132.
Constantinople, II, 398.
Corax, II, 48.
Cordax, danse bachique, I, 323.
Corinne, I, 260.
Corybantes, I, 53 ; 178 ; 187.
Costume dramatique, I, 287.
Cothurne, κόθορνος, I, 228, 286.
Couronne (procès de la), II, 210.
Cratès, de Mallos, II, 289.
Cratinos, Cratès, poèt. comiq., I, 324.
Çravakas (les), I, 388.
Crète, I, 17 ; Crétois, 52.
Critias, I, 366 ; II, 50, 64 ; 150.
Ctésias, II, 98 ; ses περσικά, ses ινδικά, 99.
Culte de Delphes; son établissement, I, 120 ; — C. d'Eleusis, ibid.
Cycle troyen, I, 97.
Cycnos, le Çushna védique, I, 124, 126.
Cyrus, roi de Perse, I, 144, 201, 330, 332. — C. le jeune, II, 102.

δαίμων, ange, I, 348; II, 52 ; 272 ; 295, 362.

Damaskios, II, 433.

Daniel, rab-mag, I, 330 ; II, 91.

Daphnis et Chloé, II, 410.

Darius, I, 330, 333.

Déimachos, hist., II, 278.

δεινότης, I, 391.

Démade, II, 197, 209.

Dêmêter, I, 119, 121, — figurée à Eleusis, 231. II, 250.

Démétrios de Phalère, II, 197, 275, 286. — D., de Syrie, II, 329.

Démocharès, II, 197.

Démodocos, aède fictif, I, 91.

Démon, historien, II, 115.

Démosthène, orateur, II, 195, 201 et sq.

Denys l'ancien, I, 366. — D., d'Halicarnasse, II, 321. — D., le jeune, II, 100.

Descente de Thésée et de Pirithoos, poème béotien, I, 136.

Descriptions dans Homère, I, 102 ; leur exactitude, 103 ; leur caractère, 104.

Deucalion, I, 19 ; père d'Æolos et fils de Prométhée, 187.

Deus ex machinâ, II, 11.

Dêva, I, 43.

Devins, aux temps héroïques, I, 111.

Diagoras, II, 54.

Dialecte attique, I, 23. — D. grecs, I, 21. — D. épiques, I, 74. — D. lyriques, I, 177.

Dialectique, dans Platon, II, 160.

Dialogue dramatique, ses lois de composition, I, 293.

διάνοια, II, 159.

Diaphragme de Dicéarque, I, 81 ; II, 282.

Diascévastes, premiers éditeurs d'Homère, I, 100 ; 139.

διαζώματα, I, 282.

δικαιοσύνη, II, 103.

Dieu, père du monde, II, 334, 348.

Dieux de la Grèce, I, 28, 72. — D. Olympiens, 82. — Dieux et Titans, 127. — Dieux dans Pindare, 270.

Digamma, I, 22.

Dinarque, orateur, II, 213.

Diodore, de Sicile, II, 318.

Diogène (Antoine), II, 409.

Diogène d'Apollonie, I, 344. — D., de Laerte, II, 371.

Dion Chrysostome, II, 347. — D. Cassius, II, 373.

Dionysios, géog., II, 279. — D., de Charax, II, 329.

Dionysos, dieu de la liqueur sacrée, I, 227 ; — sa tête antique, 228 ; — sa fête, 229 ; — fiancé à la femme de l'archonte-roi, 231 ; — son théâtre à Athènes, 284. — Dionysiaques, I, 228. — Διόνυσος, Διώνυσος, Divanuja, II, 423.

Diorthountès, correcteurs du texte d'Homère, I, 100; II, 287.

διφθεραὶ βασιλικαί, II, 98.

Diphile, II, 183.

Dirghatamas, I, 56.

Dithyrambe, I, 229. — D. d'Arion, 198.

Divanuja, II, 423.

Diyllos, hist., II, 276.

Dôros. Pr. 1. — Doriens, II, 70.

Douris, de Samos II, 276.

δρᾶμα, l'action tragique ou comique, I, 231, 232. — Drame, Pr. 8.

δρόμοι couloirs, I, 282.

ἐκκλησία, I, 391.

Eccyclème, exostra, I, 284.

Ecole de Cos, II, 82. — Ec. de Cnide, ib.

Ecphantide, poète comique, I, 239.

Ecriture, son antiquité, I, 98.

Editions d'Homère, I, 100.

Eées (les), poème béotien, I, 136.

η et ω, lettres inventées par Simonide d'Amorgos, I, 171.

ἐγκράτεια, II, 403.

Egypte, sous l'influence grecque, I, 144; sous les Perses, II, 90, 92; au IVe siècle, 138, 151; sous les Ptolémées, 178; 244.

— Egyptiens, I, 18; II, 386, 415, 335.

εἱμαρμένη, I, 299.

Elée. Eléates, I, 223.
Elégos, élégie, I, 147.
ἔλεοι de Thrasymaque, II, 121.
Elien, II, 358.
ἑλληνικόν (τὸ), I, 354.
Embatéria ou énoplia, marches militaires, I, 150.
Emmélie, danse chorale, II, 291 ; 322.
Empédocle, I, 224, 346.
ἐγκώμια, chants lyriques, , 264, 266.
Enée, I, 118.
ἕνωσις, II, 391, 393.
Ephore, historien, II, 236.
Epicharme, poète comique, I, 326 ; 346.
ἐπικώμιον, chant lyrique, I, 266.
Epicure, II, 230.
Epidictique (genre), II, 129.
Epigène, de Sicyone, I, 232.
Epigones, I, 97.
Epiménide de Crète, I, 218.
ἐπινίκια ou odes triomphales, I, 263 et sq.
Episode, ἐπεισώδιον, dans le drame, I, 234, 290.
Epistate, I, 354.
ἐπιστήμη, II, 215.
Epithalame de Pélée et de Thétis, poème béotien, I, 136.
ἐπιθυμία, II, 162.
ἐπῳδός, sorte de distique, I, 165, 167, — 3ᵉ partie du rhythme lyrique, 204.
Ἔπος, I, 87, 147, 165. — ἔπεα, I, 91.

— Epopée : propre aux peuples âryens, I, 71. — Epopées droites, 93 ; épopées implexes, 95. — Epopées alexandrines, 95. — L'épopée est l'histoire féodale, 115 ; — est ionienne, 139.

Eratosthène, II, 281, 285.

ἔργα καὶ ἡμέραι, I, 131.

Erinna, élève de Sapho, I, 197.

ἥρωες, seigneurs féodaux, I, 112.

Erôs bachique ou Kômos, I, 230.

Eschine, II, 205.

Eschyle, I, 300, 326, 370 : les Suppliantes, 305 : Prométhée enchaîné, 307, 338 ; l'Orestie, 310.

Ἡσίοδος, Hésiode, I, 123.

Esope, I, 169.

Esséniens, I, 349. II, 234, 247, 338, 344.

Ester (Atossa), I, 330.

Esymnète, fonction publique à Mitylène, I, 189.

Ethiopide, I, 97.

Eubule, orateur, II, 198, 205. — E. poète com. II, 141.

Euclide, géom. II, 284.

Eugammon, de Cyrène, I, 98.

Eumolpe ; son nom, sa légende, I, 50.

Eunomia, élégie de Tyrtée, I, 149.

Euphorion, poète trag. I, 365. — E. de Chalcis, II, 257.

Euphranor, II, 96.

Eupolis, II, 28.

Euripide, II, 3 : l'Hécube, 4 ; l'Hippolyte, 9 ; l'Hé-

INDEX. 451

lène, 10 ; les Troyennes, 13 ; l'Alceste, 16 ; l'Hippolyte, 18 ; l'Andromaque, 23. — 40.

Eurythmie, I, 203 ; II, 119.
Exode ou sortie du drame, I, 290.

Fables milésiennes, II, 408.
Feu (le), chez Héraclite, I, 222. — Doctrine du feu, II, 84.
Fravarchis (férouers), II, 52.
Favorinus, II, 348.

Γᾶ καὶ Θάλασσα, pièce d'Epicharme, I, 327.
Gamme diatonique, I, 180.
Gange, le Styx des Indiens, I, 129.
Ganymède, Kanwa-mêdya, I, 105.
Genèse d'Hésiode, I, 129.
Genres musicaux, τρόπος, I, 176 : diatonique, chromatique, 183 ; enharmonique, 184 ; leurs effets, 185. — G. littéraires, leur loi, I, 145.
Gérévantô, les Corybantes, I, 53.
Gnomon établi à Sparte, I, 221.
γνῶναι, εἰπεῖν, πρᾶξαι, I, 393.
Gnose, gnostiques, II, 344, 387.
Gorgias, II, 49.
γουνεὺς ἄραψ II, 253.
Grèce. Son sol, I, 14. — Son climat, I, 15. Sa géographie, I, 16. — Centre de civilisation, I, 16.
Grégoire VII, en 1073, brûle les poètes lyriques, I, 189.

γυμνοσόφισται, ascètes brâhmanes, II, 277.

Hagnonide, II, 198.
Harmodios et Aristogiton, scolie, I, 258.
Hécatée d'Abdère, II, 279.
Hégésippe, II, 198, 206.
Hellen, Pr. 1 ; I, 187.
Hellènes, venus de l'Asie centrale, Pr. 6. — leurs relations, I, 16, 18. — Civilisation hellénique, I, 13 ; ses déplacements, 14. — Hellénisme, Pr. 2, 5 ; sa loi, Pr. 7 ; I, 39, 361.
Héra (Junon), I, 309.
Héraclès et Cycnos, mythe solaire, I, 124, 126.
Héraclite, I, 221, 327.
Hérennius, II, 390.
Hermès, I, 117 ; — le fils d'Hermès, 122. — H. trismégiste, II, 340. — Les Hermès, II, 29 ; 250.
Hermésianax, II, 250.
Hermogène, II, 350.
Hérode Atticus, II, 349.
Hérodien, II, 375.
Hérodote, I, 329, II, 69.
Héros : leur nature, I, 72 ; 84 ; — sacrificateurs à l'armée, 111 ; — leur rôle dans les épopées, 114.
Hésiode : postérieur à l'Odyssée, I, 70 ; — l'Homère béotien, 124 ; — nom collectif, 136, 139.
Hétairies ou sociétés secrètes, II, 52, 59.
Himâlaya, I, 84 ; Ἰμήλαιαν, II, 279.
Himérios, II, 399.

Hipparque, géom., II, 285.
Hippias, d'Elis, II, 50.
Hippocrate, II, 82.
Hippocrène, II, 123 127.
Hippônax, I, 171,
Histoires attiques (Ἀτθίδες), II, 114.
Homéoméries, I, 342.

Homère : sens de ce nom, I, 93 ; 97 ; fondateur d'école ; ses disciples, 97 ; nom collectif, 139. Ses éditions, II, 287. — Poésies homériq., Pr. 8.

Hyagnis (*suyajña*), I, 54.
Hymen, hyménée ; sens de ces mots, I, 58.

Hymne, I, 41 et sq. — Son caractère oriental, 66. Hymne funèbre, 60, 61. — Hymnes, antérieurs à la langue grecque, 66. — Hymnes homériques, 89 ; à Apollon, 116 ; à Hermès, 117 ; à Aphrodite, 118 ; à Dêmêter, 119 ; à Dionysos, 121 ; à Arès, 121 ; à Pan, 121. — Hymne, différent de l'ode, 173.

Hypatie, II, 429, 433.
Hyperbolos, orateur, II, 58.
Hypéride, orateur, II, 213.
Hyrodès, hist., II, 314.

Iambe, ἴαμβος, pied métrique ; mot étranger au grec, I, 164, 166.
Iambé, I, 167.
Iamblique, II, 394. — I. romancier, II, 417.
Ἰαωλκὸς, Iolcos, I, 106 ; — 125.
Ἰατρικά, œuvres médicales d'Empédocle, I, 347.

Ibycos, poète lyrique, I, 208.

ἰχναίας βραβεύς, II, 253.

ἰκρία les gradins, I, 281.

Ἱερεῖς, les prêtres, I, 49 ; 109.

Iliade, modèle des épopées d'Occident, I, 70 ; — son dialecte, 74 ; — ses descriptions, 76 ; — pays où elle fut composée, ibid. — Animaux de l'Iliade, 79 ; — ses dieux, physiques, colossaux, 81 ; — son Olympe réel, 81. — Grossièreté de ses héros, 85 ; — ses rois, 86. — L'Il. est un purâna, 95.

Ἱμερόεν κιθάριζε. I, 64.

Incubations, II, 353.

Inde, II, 244, 432. — Indiens. Pr. 7, 8. I, 20. — I, 49. Originalité de leurs productions, I, 37. — II, 334, 343, 386.

Indra, I, 124.

Institutions de Chiron, poème béotien, I, 137.

Intrigue dans le drame, I, 373.

Iôbacques, poésies d'Archiloque, I, 167.

Iolaos, I, 125.

Ion, Pr. 1. — Ion (l') de Platon parle de rhapsodes, I, 101. — I, poète trag. I, 364.

Ioniens, II, 70.

Iophon, poète trag. I, 365, 368.

Ironie scénique, I, 372.

Isée, son école, II, 134.

Isocrate, II, 124 : son panégyrique, 126 ; son Aréopagitique, son Symmachique, 127 ; sa Lettre à Philippe, son Panathénaïque, 128 ; son Nicoclès, son Démonicos, son Archidamos, 129; son Antidosis, 130.

ἰσονομία, l'égalité, II, 70.

Ister, historien, II, 115.

Jérusalem prise, II, 339.
Jérôme de Cardie, II, 276.
Jésus, II, 300, 334, 337, 356.
Jĭgana, indien, II, 318.
Josaphat et Barlaam, II, 412.
Josèph, hist., II, 337.
Juba, hist., II, 314.
Juifs, I, 349; II, 247, 313, 345, 332, 386.
Julien, II, 401, 403, 404.

Kàla, le temps, Chronos, 1, 217.

καλοκαγαθός, II, 104.

καθαρμός, purification, I. 347; II, 231, 260. — — κάθαρσις dans le drame, I, 311.

Karkinos, poète trag. I, 365.
Kavi, Kâvya, I, 96.
Kômos, le Kâmos dorien, le Kâma sanscrit, I, 230, 237. — 321.

Κόρη κόσμου, II, 340.

Kṛishṇa, II, 277, 340, 343.
Kuça, disciple de Vâlmîki, I, 98.
Kûrdaka (κόρδαξ) danse de Kâma, I, 323.
Kykéon (çikhâyôni), II, 256, 274.

Lalita-vistâra, II, 412.

Lamproclès, poète, I, 207.

Langue grecque, I, 20. Ses qualités, I, 25, sa persistance; I, 27; dans Homère, 22; dans Sophocle, 372. —

Langues âryennes : sanscrit, perse, grec, latin, slave, germain, celtique, II, 24.

Lasos d'Hermione, I, 257, 261.

Lâva, disciple de Vâlmîki, I, 98.

Légendes dans l'Iliade, I, 105; — dans l'Odyssée, 106.

Lénéennes, I, 228.

Lesbos, patrie de la poésie lyrique, I, 186. — Ses mœurs, 194.

Leschès de Lesbos, I, 97.

λέξις, II, 221, 237.

Libanios, II, 402.

Lieux communs, II, 62.

Litanie, I, 45. —

λιτανεύειν, II, 273.

Littérature hellénique : son caractère religieux, sa réalité, son idéalisme, I, 33, 34; régularité de sa marche, I, 35; son originalité, I, 36. Sa loi, I, 38.

Λόγος et μῦθος, l'histoire et la fable, I, 240, 334. — Λόγος καὶ Λόγεινα, com. d'Epicharme, I, 327. — ἱεροὶ λόγοι de Cercops, I, 219; — d'Elius Aristide, II, 353. — Λ. le Verbe divin, II, 235, 295. — Logographes historiens, I, 240; L. avocats, II, 56, 62.

Loi de l'hellénisme, I. 39. — L. des contrastes,

du dédoublement, de symmétrie, des actions implexes, dans le drame, I, 295, *et sq.;* dans l'Orestie, 310.

Longin, II, 394.

Lucien, II, 378.

Lucius de Patras, II, 411.

Lycambès et ses filles, I, 166, 172.

Lycophron, II, 250, 287.

Lycos, historien, II, 276.

Lycurgue, orateur, II, 207.

Lyre, I, 166, 187; — poésie lyrique, ce que c'est, 175; — son origine âryenne, 177. —

Lysias, II, 116.

Macédoine, II, 172.

Mæson, poète comique, I, 325.

Magnès, poète comique, I, 239.

Mahâbhârata, I, 94.

Mahâtman, l'âme du monde, II, 234.

Manéthon, II, 281. — Le faux M., II, 264.

Marc-Aurèle, II, 377.

Marcello, musicien de Venise, I, 195.

Margitès (le), poème homérique, I, 166, 168.

Mariage de Céyx, poème béotien, I, 136.

Marsyas, I, 53, 54; — 87.

Martyalôka, I, 348.

Masque tragique, son invention, I, 234, 285. M. comique, 321.

Maxime de Tyr, II, 350, 377.

Mâyâ, II, 274.

Mazdéisme, II, 90 *et sq*.
Médée, l'industrie humaine, I, 227.
Mégasthène, II, 277, 278.
Mélampodie, poème béotien, I, 136.
Mélanthios, historien, II, 115.
Méléagre, poète, II, 269.
Mélétos, I, 366.
Mélinno, I, 198.
Mélissos, I, 224.
Mélodies, $μέλη$, dans le drame, I, 291.
Ménades bachiques, I, 230.
Ménandre, II, 173, 175, 179; 231.
Merveilleux épique, I, 71.
Métrodore, l'athée, II, 231.
Mimnerme, poète d'élégies, I, 152.
Minos, Manou, I, 105.
Mithra, II, 404.
Mitylène, figurée par un navire, I, 191.
Mixolydien, mode musical, I, 193.
Mnémosyne, I, 127.
Modes musicaux, $τόνος$, $ἁρμονία$, I, 175, 181. Mode éolien, 257.
Mœurs oratoires, II, 62.
$μοῖρα$, I, 299.
Moïse, II, 279.
Morsimos, poète trag. I, 365.
Morychie (la), II, 167.
Moschos, II, 268.
$Μουσική$, I, 156.

Musée, poète, I, 52, 54.

— Musée (le) d'Alexandrie : ses travaux sur Homère, I, 101. II, 246, 286, ses bibliothécaires, 253, — Musée, poète, II, 427.

Muses. Leur origine, leurs surnoms, leur séjour, I, 51 ; en Béotie, 123 ; 127 ; 140.

Musique phrygienne, I, 53. — Musique des Grecs, I, 47, 178 et sq. — Effet de l's, 257.

μύστη νεοφάντη, II, 273.

Myllos, poète comique, I, 239.

Myrtis ou Mourtis, I, 260.

Mystiques du sixième siècle av. J.-C., I, 216.

Mythes grecs, I, 29. — Mythe du cheval, I, 29. — Vérité des Mythes, I, 33. — Mythe d'Apollon et de Python ; d'Indra et d'Ahi, I, 52.

Nabuchodonosor, I, 189.
Nannô, joueuse de flûte, I, 154.
Ναός, I, 49.
Νάρθηξ bachique, I, 228.
Νέμεσις, I, 299.
Néophron, poète trag., I, 364.
Nicandre, II, 262.
Nicias, II, 58.
Nicolas, de Damas, II, 315.
Ninive, citée par Phocylide, I, 164.
Nombre, II, 119.
Nomes, I, 157.
Noms des dieux. Pr. 2. — N. des héros, Pr. 2. —

N. grecs anciens, Pr. 1. — N. grecs chrétiens, Pr. 4. — N. grecs étrangers, Pr. 3. — N. helléniques, Pr. 2.

Nônacris, I, 128.

Nonnos, II, 422.

Νοῦς, I, 342, 343; — 345. II, 159, 217.

Nymphodore, hist., II, 276.

Oannès, II, 280.

Ode. Pr. 9. I, 47; — sa nature, 173; ᾠδή, ἀοιδή, ἀείδω, ibid.; différente de l'hymne, ibid.

Odéon de Périclès, I, 356.

Odyssée : son dialecte, 74; — ses tableaux fantastiques, 77; — ses descriptions vraies, 78; — une erreur grave, 80. — Lieux où elle fut composée, 80. Ses dieux, idéaux, éloignés, spirituels, 83. — Elégance de ses héros, 85; — ses rois, 86; — ses aèdes fictifs, 91. — L'Od. est un kâvya, 96.

OEuf du monde, I, 217.

OEuvres et jours, poème de la plaine, I, 132.

οἰτόλινος, I, 65.

οἰωνιστής, augure, I, 111.

Olen, son nom, I, 52, 54; — 87.

Olympe de Bithynie, I, 81. — O. idéal de l'Odyssée, 83. — O. des Muses, 128. — O. caucasien, 309.

Olympiodore, III, 433.

Olympos, I, 53; — 87.

ὀνειροπόλος, devin, I, 111.

Onomacrite, éditeur d'Homère, I, 99, mystique, 219.

Oppien, II, 357.

Orchestre, I, 281.

Ὀργεῶνες, confrérie religieuse, III, 135.

Origène, phil. néoplat., 390, 393. — O. chrétien, II, 397.

Orient, son influence à Alexandrie, I, 177, 226 ; à Athènes, 361 ; II, 53, 55, 91, 158, 163, 171, 180, 235, 247, 259, 275, 302, 351, 415.

Origine des Grecs, I, 17 ; — de la tragédie et de comédie, 226.

Ormuzd et Ahriman, I, 31.

Ornithomancie, poème béotien, I, 136.

Orphée ; identique à Ribhu ; sa légende ; I, 55 ; 61, 63, 64 ; — 87 ; 187. — II, 354. — O. de Crotone, I, 99. — Orphiques, I, 42, 45, 47, 121, 216, 225 ; II, 249.

Orthiens (nomes), I, 188.

Otfried Müller. Pr. 5.

Othrys, I, 127.

παιδικά, I, 206, 209.

παλλάδα περσέπολιν, chant de Lamproclès, I, 207.

παμφάγε, παγγενέτορ, II, 274.

Pamphôs, I, 87.

Pan, I, 121. — Les Pans (skr. pânas) pileurs de raisin, I, 229.

Pandore, I, 133.

Panjâb, II, 99.
Pantchatantra, II, 330, 434.
Panthéisme, chez Héraclite, I, 222.
Panyasis, I, 331.
Parabase, I, 322.
παρασκήνια, I, 283.
Parasite (le), rôle créé par Epicharme, I, 327.
Parthénios, romancier, II, 409.
Parménide, I, 224.
Parodos, ou premier chœur, I, 290.
Pasteur (le) d'Hermas, II, 340.
Parthénies, chœurs de jeunes filles, I, 202.
Parthénon, I, 297, 356.
Patroclès, hist. II, 278.
Pausanias, II, 370.
Pays grecs, I, 13.
Pâyu, le Soleil, I, 63.
Péan, péanistes, péanographes, I, 62, 63.
Pécile, portique, I, 356. II, 233.
Pélasges. I, 18.
Pélops. I, 19. — Guerre du Péloponnèse, II, 69, 71.
Père du monde (le), II, 274.
Pérégrinus, II, 379, 384.
Périandre de Corinthe, I, 199.
Périacte, machine, I, 284.
Périclès : son siècle, I, 353, 390 ; son éloquence, 394 ; II, 195.
Période de style, II, 122.

περίστυλον, colonnade, I, 297.

Perses, Pr. 7. I, 20; — tragéd. d'Eschyle, 302; — leur empire, 337 et sq.; 349; 352. — II, 55, 69, 90; 151; 193; 216; 244; 334; 386.

Persinos, mystique, I, 219.

Petite Iliade, I, 97.

Peuple (le) : dans l'Iliade et l'Odyssée, I, 86.

Phallophories, I, 227.

φανῆς, le Soleil, II, 250.

Phanoclès, poète, II, 250.

Phanodème, historien, II, 115.

Phémios, aède fictif, I, 91.

Phéniciens. I, 18.

Phérécyde de Syros, I, 218.

Phidias, I, 357.

Philémon, II, 182.

Philétas, de Cos, II, 250.

Philippe, roi, II, 111 ; 19 et sq.

Philippide, poète comiq. II, 177, 187.

Philistos, II, 100.

Philochore, historien, II, 115.

Philoclès, poète trag. I, 365.

Philon, le juif, II, 332. — Ph., de Larissa, II, 293.

Philostrate, II, 354.

Phocion, orateur, II, 200, 205, 214.

Phocylide, I, 163.

Phormis, poète comique, I, 325.

Phrygiens. I, 19.

Phrynichos, I, 235.

φύλαι, I, 289.

Phylarque, hist., II, 306.

φύσις, I, 278. — περὶ φ. 221, et sq.; 343, 347. — II, 7.

Pierres (les), poésies, II, 263.

Pigrès, I, 98.

πῖλος, feutre, I, 287.

Pindare, I, 178, 260. — ses maîtres, 261; proxène athénien, 262; — ses odes triomphales, 263 et sq. — ses rhythmes, 265. — 326; 370. II, 288.

Pisistrate, éditeur d'Homère, I, 99, — 160 — 211 — 339; II, 287.

πιθανόν, II, 293.

Pittacos, tyran de Lesbos, I, 189.

Plans des villes grecques, I, 357.

Plastique ancienne, I, 142.

πλαστογράφους, faussaires, II, 265.

Platon, I, 366. II, 97, 101, 123, 150 et sq. Sa République, 162, 166; son Timée, 163; ses dialogues en général, 166. Son école, 216, 219. — 288. — 430.

Pléiade alexandrine, II, 251.

Plotin, II, 390.

Plutarque; Isis et Osiris, II, 282; 359.

πνεῦμα, l'esprit, II, 9.

Pnyx. I, 15. II, 64, 170, 195.

Poèmes épiques, I, 92. — ποίημα, ποίησις, ποιητής, 92, 96.

Poimandrès, II, 342.
ποιμένες λαῶν, I, 113.
Politeia, élégie de Tyrtée, I, 149.
Pollux, gramm., II, 349.
Pôlos, sophiste, II, 50.
Polybe, II, 305. — 326.
Polyen, II, 329.
Polycrate, tyran de Samos, I, 211.
Polythéisme grec, ses rapports avec l'art, I, 31.
Porphyre, II, 393.
Posidônios, II, 313.
Potamon, II, 330.
Pratinas, poète satyrique, I, 236.
Praxitèle, II, 96.
Premier-né (le), II, 273.
Prêtres mariés, I, 110; leur fonction, ibid.
Prise d'Œchalie, I, 97.
Proclus, II, 429.
Prodicos II, 50.
Prologue du drame, I, 290; II, 11.
Prométhée d'Eschyle I, ... , 338.
προοίμια ou hymnes homériques, I, 116. — πρ. d'Empédocle, 347.
Propylées, I, 356.
προσόδια, marches religieuses, I, 264.
Protagoras II, 47, 54.
ψυχή, I, 343.
Ptolémée Soter, II, 275.
Purânas, I, 95 — 219.

Purusha, II, 343.
Pycnon, πυκνόν, en musique, I, 184.
Pyrrhon, II, 230.
πύργος τῆς κυρίας, II, 427.
Pythagore, I, 224 ; son institut, 225.
Pythagoriciens : leur influence sur la musique, I, 178 ; — sur Pindare, 261. — Leur origine, 145. — Se mêlent aux Orphiques, 219. — 326.

Quenouille, poème d'Erinna, I, 197.
Quatre-Cents (les), II, 59.
Quintilien : son jugement sur Hésiode, I, 131.
Quintus de Smyrne, II, 425.

Races humaines, I, 17. — R. grecques, I. 21.
Râmâyana I, 96.
Ῥάπτω, coudre, I, 91.
Religion changée. Pr. 4. — R. grecques, I, 28.
Retours (les), I, 97.
Rhapsodes : au temps de Platon, I, 70 ; — 91 ; — 139.
Rhianos, II, 257.
Rhinton, II, 270.
Rhythmes, I, 47 ; — propres à la poésie lyrique, 174 ; — ce que c'est, 175 ; — remplacent les vers, 145, 188.
Ṛibhu (Orphée), I, 55 et sq.
Rois féodaux, I, 112.
Roma, ode attribuée à Erinna, I, 198.
Romans francs, I, 70.

Romains (les), II, 328, 331, 345.

Sabas, I, 67.
Sacrifice, I, 43. — Sacr. primitif, I, 48.
Salamine, élégie de Solon, I, 157.
σάλλεν (ψάλλειν) danser, I, 202.
Samudra (le), vase du sôma, I, 230.
Sapho, I, 192. Sa légende, ibid. — Son école, 197. — 216.
σάρκας, la chair, II, 3.
Sardes, ville des caravanes, I, 148, 201. II, 110.
σαρμάναι, les çramanas bouddhistes, II, 277.
Satyres, chevriers, I, 229 ; — drame satyrique, 236.
Scazon, sorte de vers, I, 171.
Scène, σκηνή, I, 283.
σκεῦος, masque comique, I, 321.
Scipions (les), II, 183, 307, 329.
Scolie, σκολιόν, ou chanson de table, I, 258.
Scopas, II, 96.
Scylax, géog., II, 283.
Sécos, I, 45.
Séleucides (les), II, 178, 245.
Sémélé (sômalâ), la grappe de raisin, I, 227.
Semiélèges, sorte de mètre poétique, I, 167.
Sémites. Pr. 6, 7.
Sénèque, II, 367.
Septante (les), II, 290.
Sérapeion (le), II, 246.

Shah-nâmeh, II, 433.
Sibylla, fille de Bérose, II, 280.
Silène, l'outre de vin, I, 229.
Simplicius, II, 433.
Skymnos, II, 329.
Syrianos, II, 429.
Syrie, syriaque, II, 412.
Simonide d'Amorgos, I, 169. — S. de Céos... 326.
Socrate, II, 8 ; 51 ; 34 ; 46 ; 108 ; 137 ; 149.
Solo, chant de l'acteur en scène, I, 292.
Solon, fait réciter Homère, I, 99. — Son influence, 155 ; — ses poésies ; 157 ; — 301.
Sôma, I, 56 ; — 227.
Sophistes, leur rôle, II, 46.
Sophocle, I, 367 : le Triptolème, ib.; l'Antigone, 374 ; l'Electre, 377 ; les Trachiniennes, 379 ; l'OEdipe-roi, 379 ; l'Ajax, 383 ; le Philoctète, 384 ; l'OEdipe à Colone, 386.
Sophocle le jeune, I, 365.
σοφός, I, 212, 221.
σωφροσύνη, II, 103.
Sotadès, II, 271.
σωτήρ, sauveur, II, 256, 271.
Sparte, II, 26.
Spirite, II, 353.
Spondaïques (σπονδή), (nomes) I, 188.
Stasimon, chœur dans le drame, I, 290.
— στάσεις, 322.

Stasinos de Cypre, I, 97.
Strabon, II, 324.
Stésichore, I, 204. τὰ τρία Στησιχόρου, 205.
Stratége, I, 354.
Styx : sa description, I, 12«.
Sublime (traité du), II, 396.
Sumna, I, 41 ; sumna, sumanas, I, 59.
Sûrya, II, 387.
Susarion, I, 238.
Sûta, I, 89, 90, 95.
Symboles, dans les épopées homériques, I, 108.
Syssities, repas publics de Sparte, I, 150.

τάξις, II, 119, 221.
τέχνη II, 216, 220, 225. — τ. ῥητορική, II, 48, 61.
— τεχνικὸν πῦρ, II, 234.
Télégonie, I, 98.
τελεῖος, I, 26.
Télèphe, poème d'Archiloque, I, 167.
Téménos, I, 45. — T. du Cyllène, 122.
Temple dorique, sa forme, I, 297.
Terpandre, I, 187, 188.
Tétrachordes, I, 180.
Thalès, I, 220.
θαμβήτειραι, sorcières, II, 260.
Thamyris, musicien cité dans l'Iliade, I, 87.
Théagène et Chariclée, II, 412.
Théâtre I, 281. — Ses dimensions, 299 ; — T. de Bacchus, 356.

★

Thèbes, son école lyrique, I, 260. — Thébaïde, I, 97.

Thémistios, II, 400.

Théocrite, II, 265.

Théodecte, poète trag., I, 366 — orateur, II, 200.

Théodore de Gadara, II, 330.

Théogonie, poème des montagnes, I, 127 ; — 189.

θεοί, I, 43. — θεοδίδακτος, II, 390. — θεοπρόπος, devin, I, 111.

Théophane, hist., II, 215.

Théophraste, II, 228.

Théopompe, II, 200, 238.

θεωρικόν, caisse des théâtres, I, 362.

Théoris, femme de Sophocle, I, 368.

Théramène, orateur, II, 60, 64.

Thérapeutes, I, 349 ; II, 90, 247, 338, 344, 352.

Thésée (temple de), I, 356.

Thespis, I, 233.

Thiase bachique, I, 229.

Θνητῶν λειμῶνα, I, 348.

Thrace. I, 17.

Thrasymaque, II, 50.

Θρῆνος, le pleur, I, 59. — θρηνητικός, I, 185.

Thucydide, II, 66.

θυμός, II, 162.

Thurii (Sybaris), II, 100, 117.

Thymélé (la), autel de Bacchus, 229, 281.

Timagène, hist., II, 315.

Timoclès, mystique, I, 219.
Timocréon, de Rhode, I, 257.
Timon, le sillographe, II, 270.
Tirade rhythmée, dans le drame, I, 293.
Tisias, rhéteur, II, 48.
Tite-Live, II, 324.
τὸ ἕν, τό πᾶν des Eléates, I, 223. — τὸ ἓν ὄν, II, 160, 163.

Ton musical, demi-ton, tiers de ton, quart de ton, I, 179.

τόπος, l'espace, II, 164.
Touraniens, Ταῦροι, II, 260.
τράγος, τραγῳδία, son origine, sens de ce mot I, 231 ; — 236.

Trente tyrans (les), II, 64.
Triade hellénique de Zeus, Poseidôn et Hadès, I, 30.

Trilogie, I, 295, 363.
Trinité (la), II, 335.
Tritagoniste, I, 362.
Trochaïques (nomes), I, 188.
Tryphiodore, II, 427.
τρυγῳδός, I, 238.
Tynnichos, son péan, I, 259.
Tyrans : période des tyrans, I, 143.
Tyrtée, poète d'élégies, I, 149.

ὕβρις, I, 334.
Ulysse, I, 114.

ὕμνος, I, 41.
ὑποκριτής l'acteur dramatique, I, 233.
Utopies, II, 161.
Uttarakurus (les), II, 277, 279.

Valentin, gnostique, II, 389.
Vâlmîki, poète ou kavi indien, I, 96, 98.
Vâyou, l'esprit, II, 387.
Vêda. I, 19 ; 30 ; 41 et sq.; — Inde védique, 115 ; — Vêda, 124, 126 ; — métrique du Vêda, I, 165 ; — 177, 199 ; — 227, 229. — 307. — II, 233, 246, 273, 289, 344, 389, 425, 432.
Vénus, fardée, I, 85. — Son culte à Lesbos, 194.
Verbe (le), premier-né, II, 334, 343.
Viçwadêvî, II, 113.
Vie d'Homère par Hérodote, histoire fictive, I, 92.
Vihâras ou couvents indiens, I, 225.
Virgile, élève des Alexandrins, I, 70. — II, 322.
Vlaques, Pr. 3.
Voyage autour du monde, poème béotien, I, 138.
Vulgate (la) de Saint Jérome, II, 291.
Vyâsa, l'Homère indien, I, 95.

Xénophane, I, 223, 327.
Xénophon II, 68, 102. Ses Helléniques, 104 ; son Anabase, 106 ; ses Souvenirs de Socrate, 107 ; son Apologie de Socrate, 109 ; son Banquet, 109 ; sa Cyropédie, 110 ; etc. Son Economique, son Hiéron,

etc. 114. — Imité par Arrien, II, 365. — X. d'Ephèse, II, 411.

Xisuthros, II, 280.

ξόανον, I, 49.

Zagréus, 1ʳᵉ forme de Dionysos, I, 217, 219. II, 423.

Zend, I, 177.

Zénodote d'Ephèse, II, 287, 289.

Zénon d'Elée, I, 224. — Z. le philos. II, 233, 245.

Zeus : sa cour, dans l'Iliade, I, 82 ; dans l'Odyssée, 109 ; — dans le Bouclier d'Hercule, 124 ; — dans la Théogonie, 127 ; — au temps de Solon, 161 ; — son mariage avec Héra figuré à Samos, 231 ; — dans Pindare, 271, 272 ; — chez les mystiques, 217 ; — dans le Prométhée, 308 ; — chez Euripide, II, 7 ; — chez les Alexandrins, 273 ; Apollon assis à sa droite, 256 ; chez Aratos, 262 ; chez Cléanthe, 295 ; chez Lucien, 381. — II, 423. — Z., Abretténos, II, 351.

Zoïle, II, 201.

ζῶον, ἀίδιον, II, 293.

Zopyre, éditeur d'Homère, I, 99 ; — 219

Zoroastre, I, 145, 339. II, 111, 275, 280, 362, 387.

Zostrien, II, 387.

FIN.

www.ingramcontent.com/pod-product-compliance
Lightning Source LLC
Chambersburg PA
CBHW052127010526
44113CB00034B/826